한국기독교문학총서 5

홍 문표 에덴시학(詩學) 연구

철학박사
문학박사 李 英 芝

창조문학사

머리말

하나님이 하시는 일을 바라보게 하시게 하는 이 책은 『홍 문표 에덴시학(詩學) 연구』 입니다. 홍 문표 에덴시학 연구 명제 선택은 홍 학자께서 에덴시학을 평생의 시학으로 하기 때문입니다. 홍 문표 어른의 에덴시학은 하나님의 아들 사랑을 지상의 연가로 하여 영원히 사는 법을 눈으로 보여줍니다. 더구나 성경원문 신명기 6장 4절 에덴의 에 곧 '눈 ע 에'와 덴의 '데 ד 데'를 큰 글자로 합하여 아들을 증거로 한. 지상의 연가 곧 기독교 주기도문이 전해주는 지상의 연가 에덴시학이기 때문입니다.

한국어로는 어른으로 접근 에덴이 아들이고 아들을 얻은 어른의 가슴 곧 절대자 그 분 사랑을 평생 전하는 홍 학자의 에덴시학 연구입니다. 홍 시인 고향 백제의 본래 우리말 이름은 에덴의 다른 이름 '얻은' '언덕'입니다. 감히 고조선의 문화가 세계문화의 시초가 되는 어른 · 부여 · 에덴 아들을 얻은 절대자 어른 그 분 사랑 전하기 홍 문표 학자의 에덴시학이 유일하게 살아 숨 쉬는 행복지수지표 연구입니다. 이런 호사로 하여 본 연구자에게는 홍 학자에게서의 일평생 늘 푸른 · 변함없는 에덴시학 행복지표에 저도 행복하여지고 싶은 열정에 이 책이 주어졌습니다. 홍 문표 시인의 영역인 모더니즘 계열 서정 시인이 지닌 특징을 찾자 입니다.

연구방법의 접근은 형식이 달라지면 내용이 달라진다는 예술성의 강조입니다. 본 연구는 시적인 삶이 곧 에덴시학이 되는 홍 문표 에덴시학 연구에 요구되는 하이퍼1)성을 연구방법

1) 원래 HIPER(하이퍼)는 HIgh Performance with Efficiency and Reliability의 약자로 20%의 연료 연소성능 향상과 높은 열적성능 · 강화된 내진성능을 나

으로 합니다. 홍 시인의 시 언어예술성으로 들어나는 모더니즘 서정성 깊이는 신에게 감사하는 시 언어입니다. 하나님이 허락하심에서 마음껏 자유로울 수 있는 시의 숨 쉼이 무엇인지! 사람이 행복할 수 있는 비결 홍 문표 에덴시학 연구입니다.

현대시 쓰기 물결이 도입되면서 얻었던 장점들을 한국고유의 서정성과 조화 이루기가 가능한 시의 진실을 찾는 이 책의 작업입니다. 시어가 지닌 무한의 도전 · 묵시적 · 그리고 계시적 시어들이 그토록 감정을 빼버리고 사물언어만을 주장하는 존재론적 모더니즘 시의 특성에 살아 숨 쉼에 대한 감사! 한결 부드러운 모더니즘 서정시 정의가 되겠습니다.

그러나 이 연구에 정답을 얻자는 것은 아닙니다. 어느 것도 정의 내려질 수 없는 인간의 불완전성과 유한함이지만 다만 홍 시인이 지닌 하나님을 믿으면서 가능해졌던 에덴시학 메시지가 무엇이고 이 메시지를 통하여 무엇을 드러내고자 하는 가입니다. 시 속에서 자유로워지고 싶은 예술성과 시를 통하여 본 연구자가 보기에 늘 흐르면서도 늘 푸르름을 간직하며 살아 숨 쉬는 비결이 무엇인가를 찾고자 합니다. 리듬과 이미지에서 탈 관념화하려는 모더니즘 시에 서정성이 더하여 얻어지는 모더니즘 서정시가 열린 시학으로서의 가능성 연구입니다. 눈으로 보여주기 시학이 되는 이 연구는 모더니즘 시계열의 서정시인 홍 문표 박사시인 시가 기독교의 참다운 특징이 되는 의미와 형식을 다 찾아보자는 의도도 숨어 있습니다. 동시에 고향을 부여로 하는 홍 문표 시인 모더니즘 계열의 서정시인의 멋도 찾습니다. ~ 2019. 5. 30 李英芝

타내기 위해 High Performance란 용어를 선택했고 여기에 높은 효율성과 신뢰성을 나타내기 위해 Efficiency and Reliability를 조합했다. 따라서 이 논문에서는 보다 긴밀한 연결로 좋은 효율성을 얻어내기 위한 최선의 방법이라는 뜻으로 한정한다.

홍 문표 에덴시학(詩學) 연구

목 차

제 1장 서론

(1) 본연구의 목적과 의의

본 연구는 홍 문표 박사의 에덴시학 연구를 목적으로 하였다.

이 지상에서 살아 숨 쉬는 시를 추구하는 에덴시학은 홍 문표 박사의 평생 철학이고 · 시론이ㄱ · 신앙적 메시지이다. 에덴시학 연구는 하나님(1948년 광복절 애국가 제창 '하느님'이 아닌 '하나님' 녹음기록)의 흔적 바로 사람이 숨 쉬는 일에 대한 경이와 신비로움을 일구어 낸 홍 문표교수의 노력과 업적이 너무나 크고 방대하기 때문에 그 중에서 일면을 에덴시학이라는 관점에서 탐색하고자 함이다.

하나님은 언제나 자기를 절대적으로 들어내지 아니 하신다. 다만 하나님의 숨 쉼을 The the Ha द द हअ 河(하) 저저기에 물 하河[1]의 바로 숨 시는 물의 언어 하! 물을 먹고 말씀을 먹고 숨 쉬기에 좋아서 웃는 우리의 산목숨이 그 증거이다. 이 증거를 홍 학자는 평생 에덴시학으로 한다. 숨 쉼 은유 이미지와 리듬으로 한 홍 시인이 하나님의 신비로운 흔적을 어떻게 나타내 구원의 문학사역을 담당하고 있나에 본 연구자는 집중한다.

세상에는 훌륭한 삶 · 하나님의 흔적을 잘 나타낸 분들이 많다. 본 논문은 그 중의 한 사람인 신학박사와 문학박사로서 학자이며 ·

---

1) 강상원, 「사라진(沈沒) 무제국~ 東夷族에 母國」(서울: 朝鮮世宗太學院, 2013)., 27, 63.

시인이며 · 목사인 홍 문표박사가 추구하고 있는 에덴시학의 의미와 가치를 존중하고자 한다. 본 논문에서 홍 교수에 대한 호칭은 편의상 '홍 문표' 혹은 '홍 시인' · '홍 문표 비평가' · '홍 문표 박사' · '홍 목사' 등의 이름으로 하였다.

본 연구자의 연구 입장은 그의 광범위한 문학 전체가 유기적으로 연결되어 있다는 입장이다. 따라서 가능하면 그의 삶과 학문과 창작과 이론들을 종합적으로 검토하면서 이를 하이퍼[1)]적으로 접근 임의로 선별하여 그 깊이를 얻으려 한다. 홍 문표 박사 일생의 방대한 저술과 · 시집과 비평서들의 일관성은 깊고 넓은 것들임에도 불구하고 일관된 에덴시학을 형성하고 있다. 그 일관성은 하나님의 흔적을 사모하며 에덴시학의 삶을 실천하려는 홍 문표 교수의 살아 숨 쉬는 발자취! 에덴으로 가는 길! 그 긴 세월의 시간을 넘어선 통일된 흔적으로 강물이 되어 흐르고 있기에 충분한 연구의 가치가 있다.

사람의 시야는 참으로 한정적이어서 보아온 것만 말할 수 있고 기억할 수 있고 그리고 시나 논문으로 쓸 수 있다. 경험되지 않는 것은 어떠한 경우 · 시나 소설이나 학문이나 어디에서도 나타나지 않는다. 상상이라는 이미지인 이미 경험된 것이 다시 재생산되는 것이다. 홍 문표 교수는 아주 어릴 때부터 교회에 불리어 들어갔고 · 그리고 교회 내에서 생활하면서 기독교 교육을 받았다. 이 결과

---

1) 원래 HIPER(하이퍼)는 HIgh Performance with Efficiency and Reliability의 약자로 20%의 연료 연소성능 향상과 높은 열적성능 · 강화된 내진성능을 나타내기 위해 High Performance란 용어를 선택했고 여기에 높은 효율성과 신뢰성을 나타내기 위해 Efficiency and Reliability를 조합했다. 따라서 이 논문에서는 보다 긴밀한 연결로 좋은 호율성을 얻어내기 위한 최선의 방법이라는 뜻으로 한정한다.

에서 오는 그 긴 세월의 지속성으로 하여 논문이나 시나 에세이나 어디에서든지 하나님의 살아 계심의 발견 경험이 녹아나 에덴시학을 만들었다. 그의 방대한 저술이나 시학이나 열정적인 삶은 일관되게 에덴을 지향하고 있을 뿐만 아니라 특히 업적과 삶을 시적으로 신앙을 실천 에덴 시학의 시인 · 시학자 · 비평가 · 연구자이다.

(2). 연구사

홍 문표박사와 관련한『홍 문표 에덴시학 연구』는 일차적으로 본 연구자가「동천시의 늘 푸른 강물에 대한 상징성」을 통해 동천시가 지닌 신비성을 통한 상상력의 신화를 언급[1]하기 시작하여 · 다시 한국적 정서의 연결을 논한 바[2] 있다. 이어서「나비야 청산가자의 음향리듬과 해체리듬[3]」에서 시어 '정상'을 통한 기독교 시인이 지닌 겸손의 척도를 탐구한 바 있다. 다시『에덴시학』의 하이퍼성[4]에서 일관성 있는 연결고리 에덴시학에 대한 집념과 이를 확인하는「물[5]의 초월성과 현실성과 회복성에 관한 연구」[6]와『물에 대한 신학과 문학의 비교연구』[7]에서 신앙의식의 척도[8] ·

---

1) 李 英芝 · "동천시 늘 푸른강물이 듯이의 상징성,: 「창조문학」(서울: 창조문학사 · 1995) · 75~92.
2) 李 英芝 · "동천시 늘 푸른강물이 듯이의 상징성2" · 「창조문학」(서울: 창조문학사 · 1995) · 51~80.
3) 李 英芝 · "나비야 청산가자의 음향리듬과 해체리듬," 『오늘의 한국문학』(서울: 양문각 · 1999) · 981.
4) 李 英芝 · '에덴시학의 하이퍼성'(서울: 한글사 · 2000)한국크리스천문학계간지).
5) מַיִם(마임 · 물).
6) 李 英芝,「물의 초월성과 현실성과 회복성에 관한 연구」(서울:서울기독대학교신학대학원 · 서울기독대학교출판부 · 2008).
7) 李 英芝,『물에 대한 신학과 문학의 비교연구』(서울: 영예문학 · 2008).
8) 李 英芝 · 『물에 대한 신학과 문학의 비교연구』(서울: 창조문학사 · 2008) · 57.

그리고『물의 신학과 문학』[1]에서 그 긴밀도를 다시 재점검한 바 있다. 홍 문표 문학에 대한 접근은 본 연구자의 관심분야인 물의 생명성이 말씀과 문학 · 특히 홍 문표교수가 평생 일관된 관심으로 하는 에덴시학에 관련한 정서와 긴밀하다. 이 정서의 긴밀성은 계속 관심을 기울이고 있는 홍 교수의 에덴시학이 지금도 계속되는 시 비평을 통해 확산되고 있다.

홍 문표 교수의 문학세계에 대한 연구는 임 범송의「홍 문표 시론과 백두산 시」[2]에서 백두산 시의 뜨거운 정열을 예로 들면서 문학에서의 시학권위의 정기를 내세웠다. 유 창근의「구원과 상상」[3]은 홍 문표 교수의 두 번째 시집『지상의 연가 ~늘 푸른 강물이 듯이』를 통한 평범한 사람들의 구원의식에 대한 원형적 조명으로 자유시에서의 내재율과 강물을 통한 구원의식을 내세운다. 안 수환 역시 두 번째 시집『지상의 연가 ~늘 푸른 강물이 듯이』를 통한「홍 문표의 시세계」[4]에서 정신에 대한 표상이 아니라 정신에 대한 고문임으로 역설하여 생명력을 불어 넣었음을 연구하였다.

엄 창섭은 홍 문표 시인의 만남과 조화의 경이로움을 소중한 삶과 집짓기와 예언자적 시인의 존재와 소임 그리고 인간 존재의 탐구와 날아오름으로「상상력의 자유로움과 진동하는 언어」[5]로 연구하였다. 김 석환은 『囚人과 바다』가 지닌「홍 문표 시의 기호

---

1) 李 英芝 · 『물의 신학과 문학』(서울: 창조문학사 · 2012).
2) 임 범송 · "홍 문표의 시론과 백두산 시," 『오늘의 한국문학』(서울: 양문각 · 1999) · 969.
3) 유 창근 · "구원과 상상," 『오늘의 한국문학』(서울: 양문각 · 1999) · 1010.
4) 안 수환 · "홍 문표의 시세계," 『오늘의 한국문학』(서울: 양문각 · 1999),1019.
5) 엄 창섭 · "상상력의 자유로움과 진동하는 언어~~ **홍 문표 시인의 만남과 조화의 경이로움**," 『인식의 전환과 현대시의 변주』(서울: 제이 엔 씨 · 2009) · 163~171.

학적 연구」[1]를 초점으로 실존의 한계를 초월과 지향 의지가 지닌 이상세계의 기독교적관점으로 조명하였다. 정 명호의「홍 문표 시세계의 실존주의적 독법」[2]은 한계상황에 대한 실존적 자각을 절망과 한계상황으로 몰고 가는 과학주의 비판과 이를 회복하는 자연의 체험과 예술적 상상력을 높이 사 정상의 언약이 가지는 희망의 세계를 바라는 행복추구로 연구하였다. 홍 성식의「문학의 제자리 찾기」[3]는 비평서『한국문학과 이데올로기』에서 문학의 반이데올로기 선언을 통하여 문학의 순수성을 지향한다는 주제로 연구하였다. 이 진영은「지상에서의 시간동안」[4]을 에세이집『지상의 선택』이 기지는 '눈부신 만님' 너와 내가 지상에서의 시성인들이 누릴 수 있는 자유로 연구하였다.

이상의 연구방법을 자료로 하면서도 본 연구자는 이미 홍 교수의 비평부문으로 한국크리스천문학상을 수상할 때의 수상비평서에 대하여 대상수상 평을 하게 되었던 이력이 본 에덴시학 연구에 동인이 되기도 하였다. 본 연구자의「에덴시학의 하이퍼성」이라는 제목으로 발표한 본 연구자의 홍 문표 비평 대상수상 평은 그가 중견시인과 무명의 시인을 막론한 작품들을 대상으로 하여 평가한 그의 비평서『에덴시학』[5]을 집중 연구하였다.

이 안에는 '홍 문표 박사의 시적 상상력과 감성의 시학' 박진환

---

1) 김 석환 · "홍 문표 시의 기호학적 연구," 『오늘의 한국문학』(서울: 양문각 · 1999) · 1025.
2) 정 명호 · "홍 문표 시세계의 실존주의적 독법," 『오늘의 한국문학』(서울: 양문각 · 1999) · 1046.
3) 홍 성식 · "문학의 제자리 찾기," 『오늘의 한국문학』(서울: 양문각 · 1999) · 1061.
4) 이 진영 · "지상에서의 시간동안," 『오늘의 한국문학』(서울: 양문각 · 1999) · 1072.
5) 李 英芝 · 크리스천문학 수상작에 대한 평.

이영지 권오욱 황엽 임향 유해린 배경숙 장태숙 박경혜 김영태 여명옥 이상례 조완수 장혜영 조명숙의 시평이 있다. '존재탐구와 화해의 시학' 곽문환 박명용 김사림 노수빈 박재천 김문옥 박영숙 동옥균 조임생 이훈식 김영천 최대남 오차숙이 있고 '지속의 시간과 창조적 시학' 성기조 김후란 최일환 문효치 백준찬 표희은이 있다. '절제된 언어와 일상의 시학' 신웅순 김석환 육종관 김수년 김영태 장병천 신계전 선홍기 임향 배진희와 '살풀이의 시학' 문효치 박진환 신규호 유승우 이용주 임보 장금순 정의홍 홍해리 권천학 김규화의 작품을 논하고 있다.

이 비평서가 타임머신을 탄 하이퍼 텍스트성을 띄면서 접근된 특징은 시인의 개성적인 특징을 에덴으로 가는 사람의 아름다운 몸짓이라는 거대한 주제로 접근하는데 있다. 이 평론서에서 홍 대상수상자의 시평대상은 모두가 대가의 시인들만은 아닌데서 대상결정의 단초가 된다. 오히려 평범한 시인이나 무명의 시인들도 많다. 홍 비평가에게는 서열이 없고 우열이 없다. 그의 시안(詩眼)은 모든 사람을 깊은 사랑으로 바라보며 각 시인들이 숨 쉬는 공간을 칭찬한다. 이러한 에덴의 시학 꾸며 가기는 시인들 각자의 개성을 존중해주고 칭찬해주면서 아주 섬세한 시인의 세계를 시로 사랑하는데 있다. 그 예리한 붓끝에서 또 하나의 창조적 세계를 창작해가는 어우러짐이다. 사랑이 뚝뚝 묻어나는 따뜻한 사랑의 붓끝으로 하여 그 대상 하나하나를 향한 따뜻한 시선에 있다. 시인이면 누구나 가지고 있는 각기 다른 시인의 우수함 · 본인 자신도 몰랐던 세계를 에덴의 시학으로 바라보아 시인의 소중함을 대변해 주는 홍 학자의 소중한 사랑은 옆에 서서 속삭여 주며 다독여 주는 눈빛이 있다. 시인들의 소망을 · 숨겨진 은유의 소리를 냉정하게 그리고 철저하게 칭찬으로 아껴주는 목소리는 바로 곁에 서서 같이 바라보는 행복의 합창이다. 이 비평서는 비평가 혼자만이 시인들을 향하여 날카롭게 회초리로 때리는 것이 아니다. 시인과 평론가가 어우러져 에덴의 나라를 회복하려는 숨 쉬는 목소리다.

시인들이 써 놓은 그들의 진지한 시는 인간의 영원한 꿈의 세계로의 길 찾기를 떠난다. 시인들이 그토록 바라던 꿈의 세계를 향한 몸짓을 눈으로 시로 읽어간 홍 비평가는 그들의 내면에 함축하고 있는 숨겨진 언어의 절제성이 가지고 있는 내면의 목소리를 찾아낸다. 비평가에 의해 들어나는 일은 숨겨진 시인들의 나 찾기이다. 이 삭막한 문명 속에서 나를 찾는 작업은 싱싱한 식물들의 푸르른 삶의 현재이다.

과학자들[1]이 사물을 분석하듯이 홍 비평가는 보이는 시적 언어를 보이지 않는 내면의 함축성의 깊이로 들어가 그 해설을 과학적 우수성의 목소리로 찾으려 했다. 전후좌우와 위아래와 그리고 시각으로 엮어진 시인들의 4차원적 세계는 물론 · 보이지 않는 세계 즉 은유된 시인들의 특성까지도 그들의 돌돌말린 경직된 비밀 찾기에 홍 비평가는 노력한다. 마치 숨은 그림 찾는 방식으로 · 온유한 사랑으로 풀어주기를 하는 것이다. 홍 비평가는 긴 벼랑의 절벽에 붙어서 절실하게 말하는 시인들의 내면의 갈구를 하나님의 뜻으로 전달하기에 골몰한다. 절망을 건져 올리는 상실의 회복을 위한 온갖 고뇌[2]를 나타낸다. 이 『에덴의 시학』 에서 인간의 나약성 만큼

1) 미국의 물리학자인 리자 랜덜(프린스턴대 교수)과 래먼 선드럼(스탠퍼드대 교수)과 1998년 보이는 세계와 보이지 않는 세계인 12차원의 세계를 찾는 물리학자 스티븐 호킹.

2) 엄 창섭 · '상상력의 자우로움과 진동하는 언어~홍 문표 시인의 만남과 조화의 경이로움' 『인식의 전환과 현대시의 변주』 (서울: 제이 엔 씨 · 2009) ·

에 하나님 뜻이 겻 들여 지는 의미를 찾아 나선 홍 학자의 역할은 아주 중요하다. 이 세계는 아주 작은 내면 · 나약한 사람 · 시인이 홀로 설 수 없는 바로 그 인간실존을 하나님의 편에서 해결하려고 홍 비평가는 노력한다.

지구가 둥글다고 사약을 먹어 가면서까지 주장한 과학자도 있지만 우리들의 선조들은 이미 그보다 오래전에 사람의 엉덩이도 둥근데 지구가 둥글지 않겠느냐는 지혜를 찾을 줄 알았듯이 보이지 않는 시인들의 함축된 언어 내면에 자리 잡은 사랑이야기를 찾아서 시인의 신화를 찾아주는 홍 비평가이다. 과학자들의 열두 차원 이야기를 야단스럽게 꺼내는 것보다 오히려 인간성을 중요시한다.

이미 열두제자를 홍 학자는 열두시인의 중요성으로 인식했다. 홍 평론가는 기독교 열두시인동인 모임을 만들고 그 믿음의 세계를 실천하기 위하여 믿음의 평론으로 열두 차원의 12시인 모임의 회장역할을 했다. 사랑의 목소리 하나님의 절대세계에 대한 홍 비평가의 흠모는 절대세계의 완전지향에 대한 인간의 탐색으로 절대진리를 사모하는 한사람의 시인이다. 그러기에 지금도 시평을 맡아 시의 은유로 가려진 신비를 풀어낸다. 비평가이자 시인으로 활동하면서 그의 창작 깊이는 바로 시를 통한 은유의 깊이다.

왜 그토록 홍 학자는 에덴 시학을 갈망하는가. 왜 현재형의 에덴을 꿈꾸는가? 그것은 바로 홍 비평가가 하나님으로부터 부여받은 사명감이이라는 자아 인식에서이다. 그리고 그 사명의 구체적 실천은 서로 화합하여 우리가 되는데 있다.[1)]

163~171.

1) 李 英芝 · 「에덴시학의 하이퍼성」 『 크리스천문학』 (서울: 한글사 · 2000. 봄). 17회 한국크리스천문학상(2000년 1월 17일) 수상 평.

본 연구자는 홍 시인의 시집『나비야 청산가자』[1])에서「산이 산인 것처럼」시를 통해 절대 이상향인 산을 시적 육성으로 18회나 반복하고 있음을 발견하였다. '눈물'과 '믿음'과 '당신'과 '우리'와 '노래'로 마침내 에덴으로 가야할 사람들이 시인들임을 본 연구자는 탐구하였다.

그리고 그 리듬의 구조를 이렇게 제시하였다.

산 · 산=눈물 · 눈물 · 눈물 · 눈물
산 · 산=믿음 · 믿음 · 믿음 · 믿음
산 · 산=당신 · 당신 · 당신 · 당신
산 · 산=우리 · 우리 · 우리 · 우리
산 · 산=평화 · 평화 · 평화 · 평화
산 · 산=노래 · 노래 · 노래 · 노래
산 · 산= 산 · 산 · 산 · 산

홍 시인의 4차원의 공간 기호적 시의 회화적 은유의 시적 하이퍼텍스트성은 산이란 시적 이미지기호를 18회로 모던 초 현실 기법을 제시한다. 4차원의 세계를 모더니즘 시로서의 가치로 그리고 서정으로 들어낸다. 그리고 그 회수에서 모더니즘의 서정성을 지닌 네모의 회화적 특수성을 발견한다. 시인이자 비평가인 홍 교수는 우리들이 사는 세계를 중요시하고 그 목소리로 12차원 시적 서정으로 알아낸다. 이 세계를 다스리는 하나님의 절대세계를 지향한 그의 시 이론에서 그는 코노테이션이라고 하였다. 그는 내면적인 절대 진리를 사모하는 시인들의 시를 격려해 주며 서로 사랑의 빨간 깃발을 같이 꽂고 갈 것을 제시한다.[2])

1) 홍 문표 · 『나비야 청산가자』(서울: 양문각 · 1997).
2) 홍 문표 · 『당신이 당신일수 있다면』(서울: 창조문학사 · 1985).

(3). 연구방법

그리고 가장 가까운 방법으로 홍 비평가는 시인들의 시집의 비평을 통해 에덴시학을 이를 해결[1]한다. 이에 오래전부터 관심을 가졌던 본 연구자의 연구가 이번 『홍 문표 에덴시학(詩學) 연구』 동기부여가 되었다. 뿐만 아니라 홍 박사 자신의 평론집 『에덴의 시학』 · 시집 『囚人과 바다』 · 『지상의 연가 ~늘 푸른 강물이 듯이』 · 에덴의 꿈 『나비야 청산가자』 · 고향의식 『정든 땅 언덕』 · 신앙시집 『십자가 십자가』 · 그의 자전적 시학 에세이를 통해 계속 강조했던 그의 시학을 탐구하였다.

『홍 문표 에덴시학(詩學) 연구』 를 연구하는 방법은 성경 원문 히브리어와 필히 관련하여 진다. 그 이유는 홍 문표 박사가 평생 일관하고 있는 에덴시학의 이 '에덴'이 바로 히브리어 원문에서의 발음 그대로이기 때문이다. 더욱 경이로운 것은 이 에덴이 우리 한국 사람이 늘 쓰는 우리말 '얻은'[2]이 에덴이라는 점이다. 호사스럽게도 홍 교수시인의 얻은 에덴시학은 그의 고향 백제의 우리말 이름 그대로이여서 우리 민족 보여주기이고 홍 시인의 에덴 시이고 홍 문표 박사의 에덴시학이라는 점이다. 울며가 아니라 웃으며 바라보는 즐거움을 지닌 에덴 시학이다.

그 이유 또한 에덴의 '에' 첫 글자가 눈을 의미하는 보여주기 시학(視學)이어서다. 숨 쉬며 살아 있는 것들을 바라보는 즐거운 눈의

---

1) 「에덴시학의 하이퍼성」 Ibid.

2) edhen 어든: 에덴: 「동서언어의 뿌리」 (2015 · 동영상 · 참조): 강상원 · 「사라진(沈沒) 무제국~ 東夷族에 母國』 (서울: 朝鮮世宗太學院 · 2013) · 姜相源, 『東國正韻실담어註釋(강 상원 · 동국정운실담어주석)』 (서울: 명륜학술원 · 2018 3판) 강 상원 박사 동양철학자 · 사학자 · 번역가(2017.12.4)동영상 산스,크리스트어(실 담어) 연구자.

중요성은 눈으로 볼 수 있는 에덴 개념과 일치한다. 죽어서야 얻는 에덴시학이 아니라 살아 숨 쉬는 현재의 에덴 가능성이다. 천국이 눈으로 보여 지는 시학[1]이라는 본 연구의 목적성을 수반한다.

이 절체절명의 눈으로 보여 지는 일은 시의 경우 이미지이다. 이 보여 지는 사실의 중요성은 하나님이 그의 실체를 숨기고 우리에게 흔적 · 이미지로 보여주시기 때문이다. 더 확실한 것은 하나님의 증거인 히브리어 '아드'[2]에 있다. '아드'는 홀로 쓰이지 아니하고[3] 늘 '오래'와 합하여 '영원'을 강조한다. '아드' 글자는 영원[4]히 아버지와 아들관계가 형성될 때에만 성서에서 제시된다. 하나님은 아들을 내세워 가장 중요한 증거로 삼으신다. 바로 '아'[5]를 원문에서 큰 글자로 하고 이 특정한 문장 끝의 '드'[6]를 함께 큰 글자로 같이 배열하여 '증거' '아드'[7]로 한다. 아들 예수님을 '증거'[8]로 하는 '증거'[9] 곧 "이스라엘아 들으라 우리 하나님 여호와는 오직 하나인 여호와시니[10]"이다. 이 증기는 하늘에서 땅 까지 내려오는 아득한 거리를 회중[11]이 모이어 바라보게 하는 무리[12]가, 증인[13]이다.

1) 눈과 관련 시학은 目(목) · 視(시) · 示(시) · 睩(녹) · 瞻(첨) · 眺(조) · 睹(도)로 논의 될 수 있다.
2) עַד(아드 · 증거).
3) George H. Van Kooten · *The Creation of Heaven and Earth* (Leiden: Brill · 2005) · 61:
4) לָעַד(레아드 · 영원까지 · 시 19: 10 · 영원히 · 22: 26 · 111: 3 · 10 · 12: 3 · 9).
5) ע(아).
6) ד(드).
7) עד(아드).
8) הָעֵדוּת (하에두트 · 증거)출 25: 22 · 26: 33 · 34 · 27: 21 · 30: 6 · 26 · 36 · 31: 7 · 39: 35,40: 3 · 5 · 21; 레 16: 13; 민 24: 3; 수 4: 16.
9) אֲרוֹן הָעֵדוּת(아론 하에두트 · 증거궤).
10) שְׁמַע יִשְׂרָאֵל יְהוָה אֱלֹהֵינוּ יְהוָה | אֶחָד(쉐마아 이스라엘 엘로헤이누 여호와 | 에하드 · 신 6: 4)

때문에 본 연구는 무리들[1]이 모두 볼 수 있는 눈을 중요시한다. 살아 숨 쉬는 자가 눈으로 보여 지는 증거 모두가 지닌 '눈 - 아인' 으로서만 보여 지는 에덴시학이다. 홍 시인의 시 주인공은 한 사람이 아니라 다수이다. 그분이 무리[2]앞에 나타나 보여주셨던 일 예수님 역사이다. 빽빽한 구름[3]으로 눈에 보여 지는 일은 여호와의 영광[4]이며 그 증거 구름[5]이다. 이 '큰 구름'[6]은 오늘날 우리가 쓰는 따옴표이다. 세계 어디에서나 같은 ' '(요약표)나 " "(따옴말)의 원형 구름! 말씀이 보여 지는 세계가 바로 에덴천국이다. 이를 평생 연구하는 홍 문표 학자의 학문이 에덴시학이다.

눈으로 보여 지는 하나님이 만든 에덴 천국! 그 중의 한 예는 온갖 꽃들의 향연과 풀과 나무와 구름과 하늘과 공기가 청청한 아름다운 자연이다. 이 안에 홍 시인이 살면서 하나님 말씀대로 살면 금상첨화의 에덴천국이 된다. 이 에덴을 바라보는 무리들은 많은 백성 · 민족 · 열방 · 만민 · 국민 · 만국 · 열국 중에서 하나님을 받는 무리이다. 에덴과 마찬가지인 눈 글자로 시작된 백성들 '암밈'[7]에게는 중요한 일이 일어난다. 바로 에덴시학은 한 사람만을 위한 세계가 아닌 다수를 향한 황금비율의 가치이다. 홍 문표 교수

11) הָעֵדָה(하에다 · 회중가운데서 · 민 26: 9)
12) 출 3: 1; 신 20: 9; 수 6: 26; 삿 4: 7 · 5: 21 이하 생략
13) 출 23: 1; 레 5: 1; 민 5: 13 · 35: 30 이하 생략.
1) 대하 13: 4 · 15: 2; 욥 16: 10; 잠 5: 14; 겔 30: 10 이하 생략.
2) בַּעֲדַת(바다트 · 무리 가운데 · 민 26: 9).
3) עָבִים(아빔 · 구름 · 삿 5: 4).
4) 왕상 8: 11.
5) עָבִים(아빔, 왕상 18: 45).
6) עָנָן גָּדוֹל(아난 가돌 · 큰 구름 · 겔 1: 4).
7) עַמִּים(암밈); עַמִּים(암밈)은 מִים + עַ이며 이때의 ע(아 · 눈)는 눈 עַיִן(아인 · 눈)으로 눈의 쌍수이다. 눈 עַיִן(아인)은 עַמִּים(암밈 · 백성 · 민족 · 열방 · 만민 · 국민 · 만국 · 열국)의 소경의미와 더 나아가 샘의 의미(스트롱 넘버 5869)까지.

의 에덴시학은 눈으로 보여 지는 천국을 향한 많은 대상을 향한 에덴시학이다. 홍 시인은 그의 시에서 이 다수를 주인공으로 한다.

본 연구자의 『홍 문표 에덴시학(詩學) 연구』는 보여 지는 그리고 보이는 바 · 그대로의 『홍 문표 에덴시학(詩學) 연구』이다. 이 연구 가치는 홍 문표 학자의 시는 개인이 아니라 시 속에서 우리가 살아 움직여서이다.

에덴시학의 홍 문표 신학박사는 문학인으로서의 삶을 에덴시학에 둔다.

> "그렇다면 분열된 자연과 인간의 관계를 어떻게 회복할 것인가. 이 회복의 진리는 이미 하나님이 먼저 시행한 것이다. 하나님은 배반한 인간들과의 관계를 회복하기 위하여 성육신이라는 특단의 조치를 취하신 것이다. 말씀이 육신이 된 사건이 바로 그것이다. 관계 회복은 어느 한 쪽이 다른 한 쪽에 동화되는 비상한 사건이 아니고는 화해는 불가능한 것이다. 이러한 회복의 원리가 바로 시에서 메타포(metaphor)로 실행되고 있는 것이다. 시학에서 의인화라든지 감정이입이라든지 · 은유라든지 하는 표현기교들이 모두 분열된 자연과의 회복을 위한 화해의 방식이라는 말이다."[1)]

홍 문표 교수가 추구하는 에덴시학은 '우리 함께'라는 커다란 철학을 제시한다. 문학박사와 신학박사로서의 창조문학 잡지와 말씀과 문학잡지 · 한국문인교회 · 그리고 논문들과 단체를 이끌어가는 현장에서 증명된다.

그러기에 『홍 문표 에덴시학(詩學) 연구』에 대한 연구방법 접근도 다양할 수밖에 없는 하이퍼성을 띈다. 이 방대성에도 불구하고

---

1) 홍 문표 · "자연 친화의 지극한 시학" 「창조문학」 93호(서울: 창조문학사 · 2014 여름호) · 8~20.

에덴시학 연구를 위한 소기에 목적을 달성하기 위해서는 주로 시집을 중심으로 할 수 있다. 그 이유는 첫째 시집『囚人과 바다』에서 에덴의 상실로 인한 바다의 메시지를 전함이어서이다. 예를 들면 비유 이미지인 경우 여름내 불을 질렀어도 구원받을 수 없는 지극히 인간적인 절망감의 한계성을 표면구조로 해서이다. 둘째 시집『나비야 청산가자』시집에서는 날마다 자연속의 청산과 나와 결합을 다짐하기에 그러하다. 그리고 이 시집의「성산일지」나「날마다 산에 올라」등에서 하나님의 영과 홍 문표 시인과의 시적 결합을 보임으로써 하나님과의 거리 좁힘의 가능성을 예시해 주기 때문이다. 셋째『지상의 연가 ~늘 푸른 강물이 듯이』는 강물을 대상으로 한 인간과 강의 관계에서의 시적 에덴시학을 소원한다. 때문에 홍 시인은 끊임없이 길 떠나기를 강행하면서 긴장의 삶을 에덴을 향하는 발걸음의 중요성으로 제시한다. 도착지점에서 시의 외연과 내포의 긴장감을 해소함으로써 시적 긴장치를 해소한다.

곧 에덴시학의 가치는 인간의 감성을 영성으로 바꾸는 일에 있다. 구체적인 표현은 홍 시인의 시어 '눈물 몇 점'이라는 결론을 본 논문에서 찾아낼 수 있어서 본 연구자로서 영광이다. 이는 영성으로서의 사랑의 삶을 실천하려 하는 뚜렷한 생의 목적을 시인의 시적인 삶으로 만들어 낸 홍 문표 시인이자 학자에서 발견할 수 있는 시인의 감성이어서이다.

따라서 구체적인『홍 문표 에덴시학(詩學) 연구』방법은 눈으로 보여주기~目(목) 視(시) 示(시) 睩(녹) 瞻(첨) 眺(조) 睹(도)~의 절정인 시각성이나 실제성을 중심으로 한다. 살아있는 자의 움직이는 모습을 보는 연구자로서는 시적 화자 · 은유적으로는 물 위를 걸어가는 시인의 영적 모습이 눈에 보여서이기 때문이다.

물 위를 걸어가는 일의 기적은 바로 성경 상에서 예시된다. 홍 시인반의 이 에덴시학에서의 물위 걷기는 불을 켜고 가기이다. 이를 본 연구자는 시를 통한 홍 시인의 신앙영웅으로 비춰보려 한다. 인간은 물 위로 걸을 수 없다. 그러나 하나님의 명령으로 움직이는 홍 시인의 물 위 걷기는 문학박사와 신학박사로서의 길 그리고 목사로서의 길이기에 물 위 · 말씀위로 걷되 불을 켜고 걷는 신앙영웅이라 본 연구자는 지칭한다.

연구방법은 이미지 시학연구이다. 구체적으로는 시적화자의 몸짓인 행동을 통해서 찾을 수 있다. 이러한 구체성의 문제제기는 바로 홍 문표의 삶이 물위에서 물에 침몰하지 않고 불을 켜고 살아가는 삶을 추구하기 때문이다. 따라서 이 논문은 홍 문표의 꿈이 하나님이 원하시는 꿈 중의 하나라는 합일을 찾을 수 있다는 기대치에 있다. 그러기에 이를 인간 편에서 보면 거대한 영웅 신화시가 된다. 눈으로 보이는 하나님 것에 대한 모방 곧 예수님 닮기를 찾아보기이다. 그럼으로 본 연구는 홍 시인의 존재자체가 어디까지나 하나님이 만들어 놓은 피조물이기에 하나님이 홍 문표를 보여주신 그대로의 시적 화법에 주목한다.

홍 시인의 시선은 늘 그분에게로 향한다.

처음으로
하늘 땅 만드시고
빛이 있으라
만물들이 빛을 따라 일어났으니
보시기에 좋았더라

하늘엔 궁창이 있고

그 위엔 커다란 물 보따리

낮에는 햇빛으로
밤에는 달빛으로
저 눈부신 별들의 보석상자
보시기에 좋았더라

숲속엔 노루 사슴 뛰어 놀고
바다엔 파닥이는 물고기들
공중엔 새들의 노래
정말 보시기에 좋았더라

그러나
당신의 형상대로
모두가 생육하고 번성하라
그렇게 펑펑 복을 내리셨으니
이제는 당신 보시기에
심히 좋았더라

~ 홍 문표「보시기에 심히 좋았더라」[1)]

하늘의 물 보따리 · 말씀의 보따리를 쥐게 된 홍 문표의 생애에서 귀중한 하나님의 일 사역은 이 지상에서의 하나님 일을 그대로 알리기이다. 홍 문표는 그의 목회생활에서 사람의 중요성 · 동시에 홍 문표 자신의 중요성을 제시한다. 아울러 우리 자신이 얼마나 중요한 사람인가가 된다.

이 귀중한 사람의 일은 하나님이 우리를 닮은 사람을 만들었기 때문이라는 것이다. 여기에서 우리는 성부와 성자와 성령의 삼위일

1) 홍 문표 · 「우리를 닮은 사람을 만들자」(서울: 동천아카데미 5층 · 2013). 한국문인교회 예배시간에 설교 중에 낭독.

체 곧 우리 셋이 힘을 합하여 만들어 낸 사람이라는 이야기이다.

> 창 1:26절과 함께 봉독하실까요. “하나님이 이르시되 우리의 형상을 따라 우리의 모양대로 우리가 사람을 만들고 그들로 바다의 물고기와 하늘의 새와 가축과 온 땅과 땅에 기는 모든 것을 다스리게 하자 하시고” 그 동안 모든 만물은 하나님의 말씀 · 즉 “이르시되” God said로 창조하셨습니다. 그런데 인간을 창조하실 때에는 “우리가”라는 복수로 협의해서 창조하심을 보게 됩니다. 여기서 우리란 바로 삼위일체 하나님 · 즉 성부 · 성자 · 성령의 하나님입니다. 더욱 놀라운 것은 “우리의 형상을 따라 우리의 모양대로 우리가 사람을 만든다”고 했습니다. 히브리어에서는 형상을 외형적이고 신체적인 것으로 · 모양은 추상적인 것으로 영적이고 도덕적인 것으로 구분합니다. 그렇다면 하나님은 3위 일체는 그들의 외모와 본성까지 꼭 닮은 인간을 만드셨다는 말이 됩니다. 그만큼 인간의 전 인격이 하나님의 성품과 속성을 이어서 지음 받았다는 사실을 보여주는 것입니다.1)

홍 목사는 절대치의 에덴시학 논리로 우리들 모두인 사람이 중요함을 알린다. 절대 창조는 하나님만이 하셨다는 홍 목사의 신앙심은 하나님 뜻에 의한 그토록 중요한 우리이다. 우리는 혼자만이 아니라 우리이다. 이에 본 연구는 에덴시학의 구체적인 보여주기가 하나님이 만들어낸 하나님의 사람을 열어보는 감동으로 시작한다. 그 중에 한 분이 홍 문표! 동시에 우리들 자신에게 비쳐지는 일이다.

홍 문표 교수의 내면의식은 ‘내가 아니면 안 된다’에 있다. 영웅의식이다. 여기서 영웅의식이란 전쟁영웅이거나 정치적 영웅이 아니라 끊임없이 어떤 사명감을 향하여 과감히 도전하고 실천하고

---

1) 홍 문표 “우리의 모양대로 사람을 만들자”(서울: 한국문인교회 · 2013) 예배 설교 문(창 1:26~31) · 2013. 6. 23.

희생하려는 열정적인 인생태도에 대한 표현이다. 따라서 본 연구자는 한 사람의 학술이나 시를 평가하기 보다는 신앙적 영웅의식을 지닌 시인을 바라보는 관점으로 시선을 모으고 · 물 위로 걸어가며 마음으로 불을 켠 · 그리고 세상을 감사와 사랑의 시선으로 바라보려한 홍 시인 일생의 눈을 중요시 하고자 한다. 바로 한 사람 홍 문표 의 눈물 몇 점을 본 연구에서 찾아 낸 것이다.

말씀의 강에서 끊임없이 졸졸 흐르면서 빠른 발걸음으로 만났던 진지한 순간의 문제들을 시간을 아끼며 건저올린 저술과 시가 홍 문표 박사에겐 있다. 그러기에 참으로 고독하면서도 보람 있어 하는 홍 문표 의 행복 학설[1] 에덴시학이 그것이다. 그러기에 이 전달메시지인 만남[2]을 위해 절대추구의 하나님을 목표로 끝없이 길 떠나기를 계속하는 홍 문표 신앙영웅[3]의 길 떠나기는 그 삶의 밑바탕에서부터 비롯된다.

> 78년 교회에서는 안수 집사로 추대 한단다. 반가운 소식이지만 두렵다. 신앙에 대한 자신의 반성과 새로운 계기가 되어야하겠다.[4]

> 1월 21일
> 모처럼 교회에 나갔다.[5]
> 지상의 아름다움은 결국 하늘의 아름다움이겠지 모두가 감사한 일이다.[6]

---

1) Gaston Bachelard · 「물과 꿈: *L'equ et les Rêves*」 · 이가림 역 (서울: 문예출판사 · 1998) · 83. 김 현 · 「바슐라르 연구」 (서울: 민음사 · 1981) · 53 · 192~195.
2) 힉스이론: 이휘소 비운의 전체 한국의 물리학 박사가 이름붙인 만남의 조건이 만들어내는 소멸된 입자의 남아있음 원리.
3) 1971년 1월 1일 강릉중앙감리교회 집사.
4) 78년 1월 1일 · 「어느 날의 일기」 제목에서
5) 1978년 1월 21일 일기전부.
6) 호주여행 2007년 7월 29일 일기에서.

홍 교수는 처음에는 외국여행을 통해서 국위선양을 한다는 생각[1]이었지만 차츰 다수 만남들의 반복을 통해 일어났던 아주 오래전부터의 에덴시학이 형성되기 시작한다. 외국에서의 신앙 확인[2]의 경우 나 혼자만의 길이 아닌 대중을 위한 하나님의 일을 한다는 막중한 책임감과 준비의 시작이 있다.

> 정 지용의「향수」는 그 시어가 신선하고 정말 향수에 대한 절절한 감정이 드러나고 있어 많은 사람들의 공감을 얻고 있습니다. 그러나 이것은 극히 인간적인 감정이고, 과거에 집착하고, 현실에 집착하는 보통사람들의 감정입니다. 현재를 불행하게 생각하는 사람에게는 과거로 회귀하려는 감정과 미래로 나아가려는 감정이 있습니다. 외롭고 괴로울 때 사람들은 고향과 어린 시절과 친지를 그리워하며 감상에 젖습니다. 이러한 시들이 독자의 감정을 유발하는데는 효과적입니다. 그러나 사실상 과거로 갈수 있는 것은 아닙니다. 그러기에 이런 과거지향의 시는 매우 비현실적입니다.
>
> 기독교는 단호히 이러한 징시를 배격합니다. 전능하신 하나님이 계시고 오늘의 불행을 극복할 수 있는 새 하늘과 새 땅이 있기 때문입니다.
>
> 따라서 성도는 과거를 버리고 오늘을 버리고 선장이 되신 하나님을 따라 계속 미래로 길을 떠나야 합니다.[3]

이처럼 시와 설교를 통해본 그의 신앙과 철학은 하나님을 따라 계속 길 떠나기 하여야 한다는 것이다. 이미지로 비추어 본다면 물

---

1) 1980년 4월 27일 일기(이국에 와서 국위 선양을 한다는 결심)에서.

2) 1980. 9월 21일 일요일 · 풀브라이드케스로 같이 온 황 경식(서울대) 교수에게 전화를 한 것이 인연이 되어 오늘 11시에 만나잔다. 이국땅에서 한국인을 만나는 것은 반가운 일이다. 캐톨릭 이어서 천주교에 간단다. 알메니움 교회 망명 인을 중심으로 모인 이 교회는 끝나자 지하실에서 티파티를 한다.

3) 홍 문표 · 「길 떠나는 영웅 아브라함」(서울: 동천아카데미 5층,2013. 10.13) 설교.

위에서의 불 켜기이다. 이러한 홍 문표 목사의 말씀을 든 불빛과 햇빛의 일차적 접근은 고향 이름마저 '태양리' 임을 시적 이미지로 지적할 수도 있다. 그냥 우연이라고 하기에는 신화적인 요소가 아주 짙다. 일시적이 아닌 일생의 에덴시학 지속성으로 하여 신앙영웅 신화라는 표제가 붙는다. 홍 문표 탄생지역은 '충남 부여군 구룡면 태양太陽리 일역日力[1] 마을이다.

태양리에서 태어난 홍 시인의 신화스러움에는 태양리에 얽힌 기록으로 증명된다.

> 태양리를 왔다. 여전히 건강한 부모님의 모습이 다행스럽다. 소를 팔아 80만원을 받았다고 흐뭇해하신다.
>
> ~ 홍 문표 · "1978년 1월 15일," 「어느 날의 일기」에서

따라서 홍洪씨 가문의 물 이미지와 태어난 곳의 불 이미지의 최대 긴장치가 기본적으로 신화로 형성된다. 이른바 시의 특성이 지니는 시의 외연과 내포의 긴장성이 코노테이션[2]으로 연결된다. 이 외연과 내포의 확인은 일차적으로는 형식주의 비평방법으로 얻어지며 덧붙여 심리주의 비평방법으로 태양리라는 불 이미지와 홍씨 가문 물 이미지로 하여 신화비평방법의 덧붙임까지 가능하게 한다. 홍 문표의 에덴시학 연구가 다소 신화비평적인 방법이 첨가되는 것은 신화적인 요소가 개인 홍 문표 주변에서 늘 일어나기 때문이다. 그가 신앙인으로 회심하게 된 동기를 보면 태양리 산에서 나무를 하여 가지고 내려오다가 꿈결처럼 들려오는 당시 전도 여행 온

1) 홍 문표 · 『당신이 당신일수 있다면』(서울: 창조문학사).
2) 「좋은 시의 조건과 창조시학」(서울: 곰 달래 문화 복지 센터, 2014) · 8월 9일 세미나 주제발표.

전도 단들이 부르는 태양리 교회내의 찬송가에 이끌리어 교회에 발걸음을 들여놓으면서부터 홍 문표 교수의 불 켜기 인생은 절대 신앙과 결부될 수밖에 없었다.

특히 홍 문표의 신화적인 신앙 영웅성은 오랜 세월 작업해온 다량의 많은 보통 시인들 시집에 대한 홍 문표 교수만의 비평에서도 확인된다. 기네스북에 오를 정도로 많은 양의 시 해설들이 그때그때 아름다운 날개를 달고 하늘로 오른다. 그것은 무명 시인을 비롯하여 누구든지 홍 문표 교수에게 닥아 오면 시의 내용에 알맞은 최대의 해설로 좋은 시가 탄생한다. 물 · 말씀으로 · 더 나아가 의태의 절대화로 작품에 대한 호평을 한다. 그의 비평은 권위적인 여타 비평가 특유의 난타전이 아니다. 단순히 해설 부탁을 받은 어느 한 시집 해설에 그치는 것이 아니다. 거기엔 언제나 비평가 홍 문표의 영웅적인 삶이 진하게 어우러진 합일로 꽃을 피우는 답변이 있다.

이러한 홍 문표식의 시집 해설비평은 그 결론을 에덴시학으로 한다. 그는 늘 이 세상에서 살고 있는 시인의 시적 화자의 존재가치를 절대화시킨다. 존재의 귀중함을 역설해준다. 곧 절대 존재를 찾아 길 떠나기를 실행하는 시편마다의 메시지는 그만큼 세상을 긍정적으로 살아가라는 행복론으로 이끌어 준다. 그리하여 수많은 시 해설을 받은 사람들은 행복하게 시 짓기를 계속한다. 여기에 행복시학(幸福視學)이 존재한다. 그럼으로 홍 문표의 에덴시학(詩學)은 행복을 추구하는 시학이며 그 주제는 하나님 안에서이다.

그러므로 홍 문표 비평가 손에 쥐어져있는 작품에 대한 비평의 강점은 목숨 살려주기의 처절한 답변이다. 죽음에서 건져지는 행복비평(幸福批評)으로 하여 홍 문표 비평가도 살고 시인도 살고 시도 살고 나라도 살고 국민도 사는 에덴시학이다. 시를 쓰는 사람이 축복받은 존재라는 의식을 넣어주는 에덴시학 그것은 비평이 아니라 축복(祝福)의 메시지이고 한 신학자의 일관된 희망과 행복의 신탁이다. 숨 쉬게 해 주는 절대자의 권한을 대행해 주는 행복신학이 에덴시학이다. 시 적으로 설명하면 하 하고 숨 쉬는 고마움을 아 하고 감탄하는 에덴시학이다.

따라서 본 논자의 연구는 유한한 삶 속에서 무한한 긍정으로 세상을 살아가라는 홍 문표 교수의 수많은 사랑의 메시지들 · 세상을 향하여 개별적으로 던져져 있는 현상들을 좀 더 총체적으로 또는 체계적으로 모아보는데 있다. 이는 바로 홍 문표 문학과 신학의 보다 객관적이고 사실적인 이해를 돕는 것이며 그 깊이와 넓이에 대한 바른 평가의 시작이기도 하다. 그러기에 어떤 비평방법만을 고집하지 않을 것이며 언제나 하나하나씩 닥아 오는 삶에 절대 충실 하는 홍 문표 교수의 철학의식을 형식비평이 가지는 시의 리듬과 메타포는 물론 내포적 코노테이션이 갖는 함축성과 다양성을 역사주의나 심리주의나 신화비평 또는 기독교적인 입장까지 고려하면서 겉모양과 그 내면에 숨어 있는 시의 깊이를 탐색하게 될 것이다.

홍 교수의 인생이나 시학을 신앙영웅이라는 말에 오해가 있을 수 있어 좀 더 부연한다. 사람이 중요시 되는 관점은 영웅 신화에서 찾아진다. 라딘 박사는 영웅 신화의 주기를 제시하였다. 영웅 신화 주기는 트릭스터 주기 · 토끼주기 · 붉은 뿔 주기 · 그리고 쌍둥이 주기[1)]이다. 영웅 신화의 특징은 이 지상에서 죽지 않고 살아남는 무조건 적인 이김을 기본 상징으로 한다. 영웅 신화의 상징

1) 조셉 엔더슨 『인간과 무의식의 상징』(서울: 집문당 · 1983) · 118 참조..

은 계절의 주기에서도 봄 · 여름 · 가을 · 겨울의 일생을 다 살고 도 봄이 되면 다시 살아남는 · 그리고 다시 꽃이 피는 황금률에서 찾아진다. 인생주기 신화에서 사람 또한 자식 생산하는 아버지는 영웅이다. 영웅 아버지에 의해 이 지상에 아이들이 남는다.

그렇다면 영웅 신화와 신앙영웅 신화와의 변별성은 무엇인가.

> 우리는 애급의 노예로 팔려간 요셉이 총리까지 된 것은 지혜로움과 성실한 인간성으로 보고 있습니다. 그러나 그의 삶은 철저히 하나님을 의지하고 하나님의 도우심을 받는 인물인 것을 알 수 있습니다. 그는 보니발 아내의 유혹을 뿌리치는 과정에서 이렇게 말합니다. 창 39:9 "내가 어찌 큰 악을 행하여 하나님께 죄를 지으리이까" 그는 하나님을 경외했고 철저히 하나님의 사람으로 살고자 했습니다.
>
> 이처럼 하나님에 대한 믿음이 있었기에 하나님께서도 그를 도와 형통하게 하셨습니다. 요셉이 보디발 아내의 유혹을 물리치고 감옥에 있는데 창 39:21 "여호와께서 요셉과 함께 하시고 그에게 인자를 더하사 간수장에게 은혜를 받게 하시매" 창 39:23 "여호와께서 그를 범사에 형통하게 하셨더라" 감옥에 있는데도 하나님이 요셉과 하셔서 간수장과 죄수들을 감화시키고 그가 하는 일들을 형통케 하셨습니다.
>
> ……
>
> 요셉은 배신한 형제들을 용서하십니다. 주님도 부활 후 제자들을 위로하십니다. 마지막으로 요셉은 야곱의 대가족을 애급의 고센땅에 안착시켜 번성케 합니다. 주님은 성도들을 위한 하늘나라를 예비하셨습니다.[1]

시에서의 신앙영웅의 정의는 시를 통해 하나님 백성이 되는 구

---

1) 홍 문표. '요셉의 꿈과 신앙영웅의 탄생;(서울: 한국문인교회 · 2014. 3. 9),예배 설교 문 중에서.

속사 속에서 하나님 바라기의 홍 시인의 눈[1]이 이 지상에서 에덴을 열려하고 싶음이 홍 시인박사의 평생 시의 목표이다. 지상에서 하나님 나라 이루기를 위한 홍 목사의 갖가지 주어진 사역을 담당하고 이를 시의 기법으로 시집에서 제시하는 이른바 문학과 신학 두 개를 들고 그 상생성을 찾으려한다. 이 홍 문표의 자존심은 어떠한 환경도 이를 멈추게 할 수 없는 절체절명의 하나님이 내리는 지상명령이다.

하나님을 향한 사랑실행 과정은 하늘을 우러르는 시선이다. 홍 시인이자 문학 · 신학자 홍 문표 교수는 수평적 이 지상에서 에덴 시학을 위한 연가를 부르며 하늘을 수직으로 우러른다.

낮에는 햇살들이 누리에 가득하고
밤에는 별들이 반짝이는 하늘 꽃밭
나는 밤마다
하늘에 오르는 꿈을 꾸어요

하오나 내 욕망의 나무 사다리는
언제나 추녀 끝에 멈추는 절망
떨어지는 겨울 날개
홀로이 외로운 빈들에서
차가운 돌베개 끌어안고
아득한 하늘만을 우러러 봅니다.

그제야 보이시는 하늘 사다리
땅에서 하늘 끝에 걸어 놓은
오색 빛 무지개
하늘 문이 열리네요
천사들이 오르내리고

---

1) נון(눈 · Nun · 물고기 · 규정).

말씀의 꽃비가 온 땅에 내리네요

내가 너와 함께 있으리라
어디를 가든지 너를 지키리라
너를 이끌어 이 땅에 오게 하리라

오 벧엘 · 당신의 거룩한 집

주여
날마다 하늘사다리를 보게 하소서
말씀의 꽃비로 충만한
하늘나라가 되게 하소서[1]

-- 홍 문표 「하늘 사다리」[2]

시를 통한 하늘을 향한 홍 교수의 시선은 우러름이다. 이것은 지상에서의 에덴 열망을 담아 하늘 오르기이다. 문학 · 학술 공동 단체에 대한 관심과 이를 실천하기 위한 방법으로 사용되는 하늘 우러름은 신앙영웅을 만드는 결정적인 이유다. 문학자와 시인으로서만이 아니라 본격적으로 신학수업을 실행하면서 어릴 때부터의 하늘을 교육받아온 수직적 에덴시학 열망이 신앙영웅으로서의 강도를 더 높인다. 사명감과 소명감의 목적 있는 삶은 홍 박사 개인의 신화일정이다. 시대와 연대를 초월해서 에덴을 바라보는 시선이 옛날이나 지금이나 변하지 않는다. 하나님을 우러르며 길 떠나기를 멈추지 않는 이 지상에서의 삶 · 두 세계 ~ 문학과 신학 · 한별과 홍 문표 · 홍 문표와 동천東川 이 두 개의 묶음 다발들을 들고 가는 여정은 화합을 위한 거대한 화해의 작업이다.

---

1) 홍 문표 · '하늘 사다리' 한국문인교회 예배순서지(서울: 한국문인교회 · 2013.12.08).
2) 한국문인교회 예배시의 홍 문표 목사시인의 시: 「하늘사다리」(서울: 동천아카데미 · 2013. 12. 8).

인간 홍 문표의 산실에서 일어나는 충돌이 만들어 내는 점액은 그 안에 있는 하나님만으로 하여 용해되면서 하나의 몸체 시인의 눈물 몇 점이 된다. 곧 좋은 시의 조건과 창조시학을 위해서 학문 방향과 홍 문표박사의 마음 곧 몸과 마음의 만남을 조화롭게 하는 일은 신앙영웅만이 할 수 있다.

이성적 일정을 가진 신앙영웅은 자주 고향을 찾으면서 그 서정성을 덧입힌다. 이 눈에 보여 지는 메시지는 하나님이 주신 동산이 현존하는 것에 대한 애착이다. 곧 고향 부여이다. 물에 불 켜기 위해서다. 홍씨 가문이 지니고 있는 환경 · 물의 창대함 이미지를 지닌 홍洪 성씨와 호 동천東川에서 얻어지는 그 물 위로 걸어가기다 ·

물을 잡은 홍 문표 · 물은 기독교 시학에서 쌍수이다. 쌍수인 물[1] 두 개[2]에서 그 중 좋은 물을 만들기 위해 예수님은 걸으시고 또 제자에게 물 위로 걸으라! 명령하시었다. 이 흔적을 사모하는 말씀의 길 · 물 위로 걸으며 말씀의 불을 켠 시인이며 · 학자이며 신학자로서의 불을 켠다. 신앙영웅의 길이다. 이때의 신앙 영웅 개념은 "아브람이 여호와를 믿으니 여호와께서 이를 그의 의로 여기시고[3]"에서 찾아보듯이 그리고 "예수께서 이르시되 내가 곧 길이요 진리요 생명이니 나를 말미암지 않고는 아버지께로 올 자가 없느니라,"[4] "하나님이 세상을 이처럼 사랑하사 독생자를 주셨으니 이는 그를 믿는 자마다 멸망치 않고 영생을 얻게 하려하심이라[5]" 와 "오직 의인은 믿음으로 말미암아 살리라[6]" 그리고 "복음에는

---

1) מַיִם(마임 · 물).
2) ם(맴 · 물)과 מָ(마 · 물) 가운데 ִי(이 · 쌍수표시).
3) 창 15:6.
4) 요 14:6.
5) 요 3:16.
6) 롬 1:17.

하나님의 의가 나타나서 믿음으로 믿음에 이르게 하나니 기록 된 바 오직 의인은 믿음으로 말미암아 살리라함과 같으니라[1]"로 이어지는 목사로서의 신앙 강조의 설교[2]진행이다. 특히 시집『지상의 연가 ~늘 푸른 강물이 듯이』시집에서 들어난 지상의 연가적 삶이란 다름 아닌 예수님이 주인공이이다. 진리의 말씀인 물[3]에 불을 켬으로써 늘 푸르름으로 하려는 홍 시인의 자아 의지 메시지이다.

홍 문표 에덴시학은 한계성을 가진 인생길에서 하나님의 말씀을 실현하는 삶에 웃음을 웃어야하는 사명과 소명이 있다. 홍 문표 하면 늘 웃는 사람이리는 백제의 미소가 있다. 시와 학문의 거대한 충돌이 조화롭게 되는 마력은 하나님에 대한 절대 신앙을 감각화하는데서 얻어진다. 곧 인생을 시처럼 살아가는 방법이 동원된다. 인생을 시처럼 살아감이 홍 문표 교수의 철학이다.

> 나는 생애에서 세 번째로 죽음의 정신적 고뇌를 경험하면서 산을 오르기 시작했고 · 산을 오르며 천상의 목소리를 조금씩 들을 수가 있었다. 아내와 걷던 그날의 꽃길도 찾을 수 있었다. 매일 밤 약을 먹어야 잠을 잘 수 있는 처지였지만 산길에 익숙하면서 차츰 건강도 좋아졌다. 나는 다시 시를 쓸 수가 있게 되었고 · 연구도 강의도 자신 있게 할 수 가 있게 되었다. "시인이 어떻게 그 많은 일들을 하나" 그 질문에 대한 대답은 간단하다. "시적으로 살고 시적으로 일을 하니까" 그렇다. 나의 삶은 시적이기를 소망한다.[4]

"시적으로 살고 시적으로 일을 하니까"의 생활철학은 혼자만의

---

1) 롬 1:17.
2) 홍 문표 · "언약의 하나님과 아브람"(서울: 동천아카데미5층 · 2013. 11.10)한국문인교회 예배 설교.
3) 진리라는 뜻을 지닌 히브리어 물 מַיִם(마임 · 물)은 ם(멤)과 מ(멤)이 두 개.
4) 홍 문표 · '오늘도 청산을 오르며',『에덴의 시학』(서울: 창조문학사 · 1999). 81.

삶이 아니라 이 세상을 소독하는 일에 비유된다. 예수님 삶을 닮기이다. 예수님 닮기를 위해 소독하는 모습의 구체성은 모세가 모세의 무리들을 이끌고 산에 올랐을 때 연기가 자욱한 현장에서 보인다. 연기는 히브리어로 '아솬'이며 '연기가 · 그 연기가 · 연기같이'를 3회[1] 되풀이하며 소독의 의미를 신성시한다.

홍 시인의 시집 · 『지상의 연가 ~늘 푸른 강물이 듯이』는 시내 산에 구름이 소독으로 드러난다. 소독은 홍 시인의 시적 화자 물고기를 시켜서 하나님의 사역자 메시지다. 이 소독은 홍 문표교수에게 늘 따라다니던 불면증을 소독하고 · 몇 번의 수술을 소독하며 예수님 사역자로서의 목사생활을 통하여 얻은 신앙의 힘이 된다. 본인스스로도 모를 만치 신들린 사람처럼 · 그리고 에덴시학에 미친 사람처럼 하나님 일을 열심히 한다. 모든 영광을 하나님에게로 돌리는 신앙영웅의 시선은 하나님이 원하시는 꿈 중의 하나이다.

본 연구자의 '홍 문표 에덴시학詩學 연구'는 어떤 틀에 박힌 연구논문이거나 학술적인 과학이기를 고집하지 않는다. 과학적이면서도 비과학적이고 · 산문적이면서도 시적이고 · 신화적이면서도 비신화적이고 · 객관적이면서도 극히 주관적이고 신앙적인 담론으로 엮어갈 것이다. 그러나 다분히 시적인 경향에 기울어진다. 왜냐하면 본 연구자가 운문분야의 시인이고 시조시인이기 때문이다. 이 연구는 홍 문표 문학과 인생을 신앙영웅 만들기로 미화하려는 것이 아니다. 화해와 구원 지향의 신앙영웅다운 뜨거운 열정이 시와 비평과 신앙을 통하여 어떻게 불꽃으로 타고 있는 지를 종합적으로 조명한다.

---

1) עָשַׁן(아솬 · 연기가 · VQAMZS · was –on a smoke ἐκαπνίζετο · 출 19:18) · 그 연기가 עֲשָׁנוֹ(아솨노 · 그 연기가 · NMS.MZS · the smoke thereof · ὁ χαπ νος · 출 19:18) · 연기같이 עֶשֶׁן(에쉰 · 연기같이 · P.NMSG · as the smoke of · ὡς χαπνος · 출 19:18).

제 2장 에덴

1. 홍 문표 에덴

홍 문표 박사는 '에덴시학'의 철학을 일생동안 주장한다. 이 에덴은 환희와 즐거움과 쾌락이라는 사전[1)]상의 뜻이 있다. 즐거움은 바로 웃는 일이다. 바로 우리말 그대로 하하이다. 한국인의 자랑스러운 웃음 그것은 이미 수 만 년 전부터로 발견되어지는 우리말 하하 웃음의 언어 하나님의 숨 쉼 The the Ha द द हअ 河 저저기에 물 하 河[2)] · 히브리어 하 ה 숨 쉼! 성경은 이 하나를 온통 성경전체에 도배하신다. 그러기에 말씀 따라 숨 시는 물의 언어 하! 물을 먹고 말씀을 먹고 즐거움을 찾아 떠나는 신앙영웅의 신화는 시인에 의하여 숨 쉬며! 성서 에덴[3)] 문법은 현재진행형이다.

여호와 하나님이 동방의 에덴에 동산을 거기 (창 2:8)[4)]

· שָׁם	וַיָּשֶׂם	מִקֶּדֶם	בְּעֵדֶן ~	גַּן	אֱלֹהִים	יְהוָה
거기	두시고	동방의	에덴에	동산을	하나님이	여호와
AB	CW.VQIMZS	P.NMS	P.NE~	NMS	NMP	NE

---

1)George V. Wigram · 『구약 성구사전: *The Korean's Hebrew and Chaldee Concordance of the Old Testament*』 · 김만풍 역 (서울: 기독교 문화협회 · 1993). · 1999.

2) 강상원, 「사라진(沈沒) 무제국~ 東夷族에 母國」 (서울: 朝鮮世宗太學院, 2013)., 27, 63.

3) עֵדֶן 에덴 ~ 복락 · 기쁨: 창 2:8 · 10 · 15 · 3:23 · 24 · 4:16; 사 51:3; 겔 28:13 · 31:9 · 16; 18 · 36:35.

4) 여호와 하나님이 동방의 에덴에 동산을 창설하시고 그 지으신 사람을 거기 두시고(창 2:8).

1. 에덴의 '~에~ 눈'

(1). 눈

숨 쉬며! 성서! 에덴 의미는 문법으로 현재진행형이다. 이 현재형은 가장 시적인 현재진행형으로 창작되어 진 것이다. 시적 어법 현재 춤추기 · 즐기기이다. 시인들은 시를 쓸 때 과거와 미래까지도 모두를 현재로 한다. 시에서 현재로 즐기면서 가장 행복한 시인이 된다. 에덴시학에서의 '에덴' 첫 글자 '에'는 히브리어 에덴 עֵדֶן의 ע~눈이다. 눈으로 보여 지는 현재진행이다. 길 떠나기의 새로운 도전을 늘 하는 홍 문표 박사는 그의 신앙 대상인 하나님 바라기의 현재 눈을 가진다. 에덴의 '에' עֵ(아인) 눈이다. 눈은 히브리어로 עַיִן(아인 · Ayin · 눈) · 발음 '아인' · 수치는 70이다. 히브리 문법은 수치를 중요시한다. 7이 절대 신성수인데 이의 10배나 되듯 하나님의 절대사랑을 그대로 옮겨 전하려는 홍 문표 신학자에게는 하나님 말씀이 그대로 눈에 '보이네'와 '뵈네'[1] 감탄사를 연발하며 설교준비에 바쁘다.

시인에게 올바른 대답 · 진리를 분별할 수 있는 눈이 열리면 온 세계가 다시 현재진행형의 시로 보인다. 삶의 진정성의 가치 도전장은 우리말 '보이네'와 '뵈네' 히브리어 브에네 · 뵈네[2] 모두 같다. 한국말과 히브리어가 같은 이유는 우리 말 범위가 우리 조상들이 세계의 반을 차지했던 역사를 가지고 있어서이다. 우리말이 온 세계 어디에서나 발견되는 예에서이다.

---

1) בְּעֵינֵי(브에네 · 뵈네 · 보시기에 · 왕하 24:9 · 19).
2) Ibid.

에덴의 눈 '에' 아인[1]은 눈 · 대답 · 의견과 그리고 구름 · 가난 · 겸허 · 온순 의미이다. 눈은 하나님이 눈동자같이 사랑하는 하나님 백성일 때 이 모든 의미가 같이 주어진다. 둘째 날의 노아는 여호와의 선히 여기심[2]의 눈 안[3]의 하나님 은혜의 눈을 발견한다. 그래서 방주를 120년 동안 짓는다. 하나님 은혜 발견자는 120년 동안 이 지상에서 하나님 일을 할 수 있다. 사람이 120살까지 살 수 있다. 사역자 눈은 하나님 말씀으로 둘러싸여 있을 때 향기가 난다. 모세는 시내 산에 올랐을 때의 빽빽한 구름이 모세를 둘러쌌다. 말씀이 둘러 싼 것이다. 홍 목사의 일생은 말씀 속에 둘러싸여 있다. 그 증거는 일생의 연구 서적 · 창조문학 · 말씀과 문학 · 한국분인교회에서의 문학 설교에서 증명된다. 항상 말씀으로 둘러싸인 시평을 부탁한 분들에게 친절히 전한다. 말씀을 따온 따옴표 · 요약 표 속의 말 · 말씀 구름을 그대로 옮겨오거나 요약하여 사는 일생의 홍 문표 학자이다. 일생동안 말씀을 중심으로 한 문표 삶으로 연구 · 말씀전하기 · 시 · 시평이다.

하나님께서는 첫째 날에서 일곱째 날까지를 지으시고 하나님 보시기에 좋았더라 하시었다. 이 사역은 마음속에 하나님을 밴 · 전적으로 어릴 때부터 교회 안에서의 생활경험으로 인한 홍 시인의 일생동안의 하나님 사모로 에덴동산지기의 눈이 되어 에덴 안에[4]서 살아온 아득한 어린 시절부터 지금까지 변하지 않는다.

홍 문표 목사는 불 분리 전치사 · '베'[5]를 늘 덧붙여 에덴의 '

---

1) עַיִן(아인 · Ayin · 눈).
2) בְּעֵינֵי יְהוָה(베에네 여호와 · 여호와의 선히 여기심 · 민 24: 1).
3) בְּעֵינֵי(브에네 · 눈 안에 · 창 6: 8).
4) בְּעֵדֶן(베에덴 · 에덴 안에).
5) בְּ(브에 · 베 · 단순 쉐바,불완 전 쉐바 · 안).

에'[1]와 합하여진 몸에 밴 기독교 정신으로 철두철미 완벽하게 문학 설교의 에덴시학을 자신의 몸을 불사르며 하나님 일에 집중한다. 설교「얍복강 가에서 다리를 절며절며」[2]에서 신앙영웅 야곱이 자신의 가솔들을 먼저 보내고 하나님 바라기 눈이 될 때 하나님은 만나 주신다는 것이다. 다음날 이전과 다른 야곱이 된「시내 산의 언약과 하나님」설교를 눈의 중요성[3]으로 한다. 모세가 광야 40년을 마무리하고 가나안에 들어가기 직전[4] 하나님 사랑하심이 눈동자같이 지키셨음[5]을 설교한다.

성경 창세기는 하나님이 첫째 날에서 일곱째 날까지를 지으시고 하나님 보시기에 좋았더라 하시었다. 하나님 보시기에 좋았다는 하나님이 행복을 느끼시는 단계이다. 현재를 긍정적으로 즐겁게 사는 삶은 가장 이상적인 삶이며 이를 즐기는 시인이 이 세상을 사는 가장 행복한 사람이다.

홍 시인은 이에 관하여 시를 지었다.

처음으로
하늘 땅 만드시고
빛이 있으라
만물들이 빛을 따라 일어났으니

---

1) 'עֵ'(에 · 장모음 이름 체레 · 에 · 눈).
2) 홍 문표 · '얍복강 가에서 다리를 절며절며' 한국문인교회 설교(서울: 한국문인교회 · 2014. 1. 12).
3) 홍 문표 · '시내 산의 언약과 하나님' 한국문인교회 설교(서울: 한국문인교회 · 2014. 6. 8).
4) 신명기 32장 10~12.
5) 여호와께서 그를 황무지에서 짐승의 부르짖는 광야에서 만나시고 호위하시며 보호하시며 자기 눈동자같이 지키셨도다 마치 독수리가 그 보금자리를 어지럽게 하며 그 새끼 위에 너풀거리며 그 날개를 펴서 새끼를 받으며 그 날개위에 그것을 업는 것같이 여호와께서 홀로 그들을 인도하셨고 함께한 다른 신이 없었도다. ~ 신명기 32장 10~12.

보시기에 좋았더라

하늘엔 궁창이 있고
그 위엔 커다란 물 보따리
낮에는 햇빛으로
밤에는 달빛으로
저 눈부신 별들의 보석상자
보시기에 좋았더라
숲속엔 노루 사슴 뛰어 놀고
바다엔 파닥이는 물고기들
공중엔 새들의 노래
정말 보시기에 좋았더라

그러나
당신의 형상대로
모두가 생육하고 번성하라
그렇게 펑펑 복을 내리셨으니
이제는 당신 보시기에
심히 좋았더라

～ 홍 문표 「보시기에 심히 좋았더라」[1)]

여호와 보시기에 좋은 세상은 사람이 보기에도 좋은 세상이다. 하나님이 만들어 놓은 눈을 가진 홍 시인은 하나님이 하나님의 일을 사역하게 하시는 눈[2)]이다. 이 눈[3)]은 마태복음 5장 3절에 "마음이 가난한자는 복이 있나니 천국이 저희 것이요"이다. 가난은 순수한 예수님에게로 발 돋음 되는 마음의 순수이다. 하나님의 도움 받지 아니하면 한 발자국도 나아가지 못하는 중요한 눈[4)]이다.

눈은 하나님 은혜를 받고 감사하는 때의 눈이다. 여호와의 선히

---

1) 홍 문표, · 「우리를 닮은 사람을 만들자」(서울: 동천아카데미 5층 · 2013). 한국문인교회 예배시간에 설교 중에 낭독.

2) עֵי.(에).

3) עַיִן(아인 · Ayin · 눈).

4) עֵינֵי(에네 · 눈).

여기심[1]에서 둘째 날의 노아는 여호와의 눈 안에[2] 있는 하나님 은혜를 발견함으로써 방주를 짓는다. 노아는 은혜를 입고 그 은혜를 갚기 위하여 120년 동안 배를 만들었다. 홍 시인은 평생을 하나님의 뜻을 전하는 에덴시학을 철학으로 하여 하나님이 선히 여기시는[3] 하나님의 눈 안에[4]에 들어 에덴시학의 배를 만든다.

홍 시인은 이 눈[5]으로 물[6]위를 걸어가는 삶을 산다. '너희는 세상에 빛이라 산 위에 있는 동네가 숨기우지 못할 것이라(마 5:14) 하심을 사역하기 위해 시인의 눈 밝음 · 불을 켜고 이 세상의 험한 파도 위를 걸어간다. 네 몸의 등불은 눈이라 네 눈이 성하면 온 몸이 밝을 것이요 만일 나쁘면 네 몸도 어두우리라(눅 11:34)한 좌우명으로 살아간다. 하나님의 사랑함을 자신이 가장 많이 받는다는 신앙을 가진 홍 문표 시인은 눈에 보이는 하나님의 일을 하려 한다. 그 중의 하나는 시 작업이다.

눈[7]은 마음의 거울이다. "마음이 가난한자는 복이 있나니 천국이 저희 것이요"(아 5:3) 순수한 예수님에게로 발 돋음 하는 마음의 순수를 가진 사역자 시인의 시안(詩眼)[8]은 하나님이 사랑함을 은혜로 여기고 하나님의 도움으로 하나님 보시기에 좋은 세상을 하나님 은혜로 받고 신앙영웅의 시를 짓는다.

홍 시인의 시집 『지상의 연가 ~늘 푸른 강물이 듯이』의 시적 화자는

---

1) בְּעֵינֵי יְהוָה(베에네 여호와 · 여호와의 선히 여기심 · 민 24: 1).
2) בְּעֵינֵי(브에네 · 눈 안에 · 창 6: 8).
3) בְּעֵינֵי יְהוָה(베에네 여호와 · 여호와의 선히 여기심 · 민 24: 1).
4) בְּעֵינֵי(베에네 · 눈 안에 · 창 6: 8).
5) בְּעֵינֶיךָ(베에나이하 · 그대의 눈에 · 창 16: 5 · 6).
6) כָּל~מַיְנֹת תְּהוֹם(콜~마예노트 테홈 · 모든 깊음의 샘들 · 창 7: 11).
7) עַיִן(아인 · Ayin · 눈). 눈~目(목) · 視(시) · 示(시) · 睩(녹) · 瞻(첨) · 眺(조) · 睹(도).
8) עֵינֵי(에네 · 눈).

물고기이다.

> 어느새 내 속에서도 백마강물이 흐르게 되었고 · 내 혈관 속에는 계백의 처절한 기개와 삼천궁녀의 한 맺힌 눈물이 스며들게 되었다[1]

홍 시인은 백마강 물고기와 백마강 전설의 늪을 자전적 해설(1992)로 알린 뒤 25년 넘은 2015년에 왜곡된 역사였음을 밝힌다.

> 맨 처음 하늘은
> 별을 만들고 땅을 만들고
> 하늘의 문 빗따리 풀어
> 강을 만들었다
>
> 강은 산을 만들고
> 들을 만들고
> 사람들은 강가에서
> 역사를 만들고
> 꿈을 만들었다
>
> 금강도 그랬다
> 천리장강 구비치는 강물은
> 삼도 땅을 돌고 돌며
> 비단 폭의 산을 만들고
> 낮은 데는 넉넉한 들을 만들고
> 고을 마다 역사를 만들고
> 꿈을 만들었다
>
> 공주는 곰나루의 꿈을
> 부여는 백마의 꿈을
> 그래서 공주는 금강을 웅진강이라 했고
> 부여는 백마강이라 했다
>
> 말 馬는 크다는 뜻이니
> 백마강이란 맑고 큰 강이라는 뜻이며

---

1) Ibid

그러기에 맑고 크고 바르고 힘세고 영리함이
부여인의 정신이고 영원한 이상이다
그런데 누가 이 신성한 백마강에
더러운 먹물을 뿌렸는가
소정방이 백마고기로 이 강의 용을 낚았기에
백마강이라 했다니
이 무슨 해괴한 개소리인가
백마강 명칭은 소정방이 훨씬 예전부터
부여강의 별명으로 불렀다는 기록이
백제사에 뚜렷하거늘
누가 감히 백마강의 도도한 앞길에
가증한 돌을 던졌는가

무력의 패배는 한 순간이지만
역사의 오염은 오래도록
지워지지 않는 독물로 남는 것
아직도 적들이 깔아놓은
저주의 굿판에서 어리석게 놀고 있는
웃음거리가 있다면
이 또한 얼마나 부끄러운 일인가
이제 왜곡된 소정방이 백마강 괴담은
지워버려라 태워버려라
백마강은 아주 오래된 예전부터
멀고 먼 내일까지
맑고 크고 바르고 힘차고 영리하게
부소산을 감돌아 대회로 가고
부여인의 가슴에서 세계인의 가슴으로
세차게 흘러가는
영원한 백마강이다

~ 홍 문표 「예전부터 백마강이다」

『정든 땅 언덕 위에』 시집에 소속되는 이 시는 어릴 때의 하나님 은혜를 받은 홍 시인의 이력과 결코 분리되지 않는다. 어린 시절부터 어머니에게서 들은 이무기의 승천이야기가 물고기[1])와 접목[2])되면서 홍 시인의 삶은 비상한다. 이무기 승천의식으로!

(2). 에덴의 '눈~물고기'

타임머신을 타고 홍 시인은 늘 푸른 강물이 듯이 연작시 『지상의 연가 ~늘 푸른 강물이 듯이』 시집을 만든다. 시적 화자 이무기 승천의식이다. 어머니로부터 들은 이무기 이야기가 시적 화자 물고기 눈[1]을 통하여 승화한다. 하나님의 축복을 받은 은혜로 뚜렷한 하늘바라기 승천의 목표의식으로 변한다. 히브리어 모음 부호 '체레' ‥ 가 더하여[2] 장모음이 되면서 물고기 두 마리 근거가 되면서 성경은 두 번 반복반다. 고기 두 마리는 성경상의 중요한 철학적 근거이자 홍 문표 교수의 에덴시학의 반복리듬 철학이다. 더 나아가 하나님의 집안이라는 접속어두로 한 '베에~덴'[3] 마음에 밴 몸에 밴 철학이 된다. 홍 철학자의 삶은 에덴을 뱃속에 넣어 살아가는 삶이다. 홍 문표가 지금도 에덴동산을 인생철학으로 하는 에덴 글자에는 물고기 두 마리가 있다. 이 물고기는 예수님이 5,000 명을 먹이고도 다섯 광주리가 남은 일화로 유명하다.

홍 시인의 물고기 두 마리[4]에 대한 「오병이어」 시가 있다.

비록 보리떡 다섯 개
물고기 두 마리 일지라도
당신의 손에서는
오천 명이 먹고도 남는
넉넉한 양식입니다

내 가진 것

---

1) ן(נוּן · 눈의 어미형).
2) נוּן(눈 · 물고기).
1) Ibid.
2) '‥'가 된 형태 'עֵ'(에 · 장모음 에).
3) בְּעֵדֶן(베에덴 · 에덴 안에).
4) נ(눈 '물고기 · 영원 · 규정).

보리떡 다섯 개 그보다 더 작은
목숨뿐 일지라도
그마저 당신 앞에 내어 놓는
믿음이게 하여 주시옵소서

내 가진 것
생선 두 마리 그보다 더 작은
부끄러움뿐 일지라도
그마저 당신 앞에 내어 놓고
자비를 구하게 하여 주시소서

낮추는 자 하늘 위로 높이시고
높이는 자 땅 밑으로 낮추시는
당신의 공평한 정의

주여
보리떡으로 살아가게 하소서
물고기 두 마리로 살아가게 하소서
그마저 당신 앞에 내어 놓는
가난한 믿음이게 하여 주시옵소서

~ 홍 문표「오병이어」[1)]

홍 시인의 에덴을 밴 삶은 시집 『지상의 연가 ~늘 푸른 강물이 듯이』에서 뚜렷해진다. 이 시집을 지을 1992년에서 25년이 지나『시몬아 네가 나를 사랑하느냐』신앙시집에서 여전히 두 마리 물고기가 주인공이다. 이러한 집념은『십자가 십자가』시집에서 아예 시집 제목조차 두 번의 반복리듬으로 한다. 그리고도『옥합을 깨트리고』신앙시집이 더 하여 두 권이 된 신앙시집을 만든다. 두 번의 반복리듬이다. 이무기가 하늘로 오르는 비상의 탈바꿈이 된 홍 시인은 현실을 뛰어넘는 삶의 눈높이를 하늘로 올리는 에덴시학 철학으로 한다.

1) 홍 문표 · 『시몬아 네가 나를 사랑하느냐』(서울: 창조문학사 · 2915).

아울러 홍 문표 시인에 의하여 늘 사랑받는 5월 의식도 5층탑을 통한 역사의식 바로잡기이다.

어찌 그리도 당당한 모습이냐
천오백년 그 모진세월
온 몸이 찢기고
할퀴고 짓밟혔으면
이제는 지쳐서
신음소리 뿐이겠거늘
참으로 질기고 독한 목숨이로다

어제 그리도 침묵으로 버티고 서 있느냐
그날의 기억이 너무 참혹하고
너무 원통해서
눈물은 마르고
입은 말을 잊었느냐
아니면 훼손된 역사를 바로잡고
그날의 진실이 바르게 세워지지 않으면
결코 눈을 감을 수 없어
그렇게 앙다물고 버티고 서 있는 것이냐
어찌 그리도 누군가를 기다리고 있느냐
백제만 망한 게 아니라
신뢰는 망했고
당도 망했는데 그것이 덧없는 역사인 것을
그리도 저들은 새로운 역사를 쓰고 있는 것을
아직도 그날의 망령에 붙들려
자책하고 주저하는지 깨어나라 일어나라
이제는 지난날의 백제가 아니라
새 백제 새 하늘을 만들어라
지금도 부여 땅 한복판에 서서
하늘보고 땅을 보고
사방을 둘러보면서
층층히 그 날의 염원을 쌓아놓고는
그렇게 누군가를 기다리는구나

～ 홍 문표 「오층탑아」

누구에게나 좋아하는 시어가 있기 마련이다. 홍 시인은「오층탑아」하고 부르면서 기다림의 서정성을 내 고향 부여의 뚜렷한 발자취 숫자 5를 즐겨 쓴다. 왜곡된 역사의식 바로잡기 목표는 개인 홍 학자만의 것이 아니다. 대한민국의 목표이며 그리고 세계유산등재의 이유가 되어야 할 만큼 풋풋한 5월과 함께 한다.

홍 시인에게는 늘 소명의식 5월 봄날이미지가 있다. 이러한 강점이 신앙영웅 시가 되게 한다. 하늘높이 오르는 한국인의 꿈이 홍 시인의 고향에서 발견된 백제금동 향로가 홍 시인에 의해서 그 빛을 낸다. 이러한 신화적인 홍 시인의 내면의식은 『지상의 연가 ~늘 푸른 강물이 듯이』 시집마저 5부로 구성한다. 그 안의 시적화자 물고기는 이무기이고 시적 발신인 홍 시인은 고기[1] 두 마리가 되어 있다. 홍 시인은 시집『지상의 연가 ~늘 푸른 강물이 듯이』에서 에덴[2]의 엔[3] · 물고기 두 마리가 된다. 하늘바라기다. 에덴 발음 음가 n · ㄴ이 입천장에 붙듯이 하나님 나라 사역에 딱 붙는 5월 이미지로 겹치게 한다.

세계노벨 문학 수상 작품 영화 '쿼바디스'에서 베드로는 "주여 어디로 가시나이까"의 길을 찾는다. 주인공 비니키우스와 소국 공주 리기아는 서로 누군지를 확인하려 막대기로 모래에 물고기를 그려 서로들 기독교인임을 확인한다. 신앙시인의 깊은 마음속에는 결코 혼자가 아닌 물고기로 신호하는 신앙의식이 있다. 하나님을 믿고 평생 에덴시학을 실천하는 『지상의 연가 ~늘 푸른 강물이 듯이』[4]의 하늘바라기(1992) 이무기는 하늘로 오르고 25년이 지나서도

---

1) 홍 문표 · 『에덴의 시학』(서울: 창조문학사 · 1999) · 43.
2) עֵדֶן(에덴).
3) ן(Nun · 물고기).
4) 홍 문표 ·『지상의 연가 ~늘 푸른 강물이 듯이』(서울: 창조문학사 · 1992).

여전히 시로 백제 하늘로 높이 오른다. 25년은 5의 5배이다.

영화 '쿼바디스'의 여자 주인공 리기아가 그린 물고기는 5천명을 먹이고도 남은 물고기 두 마리[1]이다. 홍 문표 교수는 평생 대상들을 향하여 물고기 두 마리의 기적으로 하늘나라 소망을 일깨워 준다. 이러한 사역은 삶의 버릇 그대로의 물고기 두 마리로 오천 명을 먹이고도 남기신 예수님의 제자 그 분의 나팔수 에덴시학 지기이다. 그리스도를 전하는 눈빛을 반짝반짝이며 백마강을 바라보는 5월 이미지로 하늘을 꿈꾼다. 사람들의 마음을 읽어가며 에덴동산을 알려야[2] 한 소명의식은 자신의 에덴을 갈고[3] 닦아 생명나무가 무럭무럭 자라도록[4] 하는 5월을 좋아한다. 창화하는 소리[5]로 현실의 고향에서 5월의 아름다운 강산을 체험하며 대한민국이 아름다운 강산의 나라임을 알린다. 단아하고 소박하고 그리고 아담한 나라임을 그리고 그 주인공이 누구인지를 홍 시인은 백제 부여 하늘에서 에덴시학으로 찾는 기쁨에 전율한다.

에덴에는 각종 보석 곧 홍보석과 황 보석과 금강석과 황옥과 홍마노와 청옥과 청보석과 남보석과 홍옥과 황금으로 단장 된 소고와 비파[6]가 있다. 가지가 많아 꽃이 아름답게 피어 있는[7] 5월이다.

---

1) 마 14: 19 · 15: 36; 막 8: 6; 눅 9: 16 · 24: 30; 요 6: 11.
2) 여호와 하나님이 그 사람을 이끌어 에덴동산에 두사 그것을 다스리며 지키게 하시고(창 2:15)
3) 여호와 하나님이 에덴동산에서 그 사람을 내어 보내어 그의 근본된 토지를 갈게 하시니라(창 3:23).
4) 이 같이 하나님이 그 사람을 쫓아내시고 에덴동산 동편에 그룹들과 두루 도는 화엄검을 두어 생명나무의 길을 지키게 하시니라(창 3:24).
5) 대저 나 여호와가 시온을 위로하여 그 모든 황폐한 곳을 위로하여 그 광야로 에덴 같고 그 사막으로 여호와의 동산 같게 하였나니 그 가운데 기뻐함과 즐거워함과 감사함과 창화하는 소리가 있으리라(사 51:3).
6) 네가 옛적에 하나님의 동산 에덴에 있어서 각종 보석 곧 홍보석과 황보석과 금강석과 황옥과 홍마노와 창옥과 청보석과 남보석과 홍옥과 황금으로 단장하였

에덴[1]은 노아가 올라간 아라라트산[2]이라는 학설이 있다. 고도 3,500 ~ 1,500m 사이 목초와 향나무로 덥히어 오늘날도 주민들이 양떼를 방목한단다. 아르메니아 인들이 노아 홍수 이후 세상에 나타난 최초의 사람[3]이 사는 에덴동산은 아락세스[4] 골짜기에 있고 노아 아내가 매장된[5] 알구리[6]는 대협곡 근처로 노아가 처음으로 재배한 포도원이 있다[7]고도 한다. 에덴동산의 가장 높은 봉우리 미시스[8] 혹은 아르리다그[9] 산은 반 호수에 약간 북동쪽 대략 해발 1700 피트에 있다. 에덴동산은 아라라트 산 아락세스[10] 골짜기로 알려져 있고 · 아라라트는 아르메니아다. 아락시스강과 반과 오루미아 호수 사이 아르메니아 동쪽 산지로 노아의 방주가 머문 곳[11]! 알구리[12] 대협곡 근처 노아 포도원이 있다는 것이다..

었음이여 네가 지음을 받던 날에 너를 위하여 소고와 비파가 예비 되었도다(겔 28:13).

7) 내가 그 가지로 많게 하여 모양이 아름답게 하였더니 하나님의 동산 에덴에 있는 모든 나무가 다 투기하였더라(겔 31:9).

1) עֵדֶן(에덴 · 복락 · 기쁨 · 창 2:8).

2) 높이가 해발 17,000 피트임을 언급하였다. 아라라트 산은 오늘날의 터키와 이란(한국의 10배 크기) 및 아르메니아의 국경선이 맞닿은 지점에 위치하는데 11km 떨어진 두개의 봉우리로 이루어 져 있다. 고도 이 아라라트 산은 고도 5,107 높이로 터키에서 가장 높은 봉우리로서 눈 덮인 완추형을 이루며 그 정상에는 만년의 빙하가 있다. 소 아라라트 산은 3,873m이다.

3) 페르시아 전설에 의하면 인류의 발상지로 아라트 평원 위에 마을이 있었으며 노아가 그 곳에 제단을 쌓고 제단을 쌓았다는 곳이며 포도원을 꾸몄다.

4) Araxes.

5) Marand.

6) Alghuri.

7) (Encyclopedia Britanica · "Ararat(1956) II: 엄원식 · 구약 성경의 수비학에 대한 탐구 · op. cit · 18에서 재인용). Dillmann · op. cit · 282~283: Skinner · op. cit · 168; 그리고 König · *Die Genesis* · 354 등은 창 8: 4를 잘못 해석하였다고 보았다.

8) Massis.

9) Agridagh.

10) Araves.

11) 디렉스 바이블.

(3). 고향 부여

홍 문표 교수의 고향은 부여이다. 부여의 신비가 있다. 백제는 우리말 ᄋᆞᆫᄃᆞᆱ ·ᄋᆞᆫᄃᆞᆰ[1]의 음차(音借) 및 차자(借字)이다. 연진(連進) 발음되는 일본 건국신화에 그대로 전해진다. 신라 탈해왕이 무덤에서 들고 나왔다는 ᄋᆞᆫᄃᆞᆱ ·ᄋᆞᆫᄃᆞᆰ이 지금의 백제 본 우리말 이름이다. 한자 차자가 된 百濟는 우리말 언덕이다. 百 · 100은 '온'이니 어려울게 없고 百濟(백제)의 '濟(제)'는 제주도를 담라 · 탐라한데서 찾아진다. · 제주도에서 찾아진 '제'에서 백제의 이름을 찾을 수 있다. 百濟(백제)의 '濟(제)'와 ㄷ 원래발음 · 탐라도가 제주도 · 월미도가 달미도 등이 증명하여 주는 온 누리에 가득한 거대한 큰 땅이다. 언덕이다. 백제는 韞櫝(온덕)[2] · 安曇(안담)[3] · 安積(안적)[4]으로 한자(漢字)차자(借字) 등[5]에서 찾아진다. '검소하지만 누추하지 않고 화려하시만 시치스럽지 않는'[6] 나라! 두만강 부근 豆莫樓(두막루) 達末樓

12) Alghuri.

1) 百濟(온닯) 豆莫樓(두막루~부여시가 지금도 있음~나라이름) 幹朶里(간타리: 오도리의 음차 간타리~두만강 지역 여진족 여 씨성있음) 오도리(용비어천가에 기록됨) 百은 우리말 '온' · 十濟의 十은 우리말 '덕'이다. '濟'는 탐라를 제주(탐~제, 제주도 탐라국!). 제물포: 제물량 · 월미도는 달미도(다소면 소속)이다. 닯 · 닭 · 덞 · 덕 등. 백제국명을 그대로 물려받은 유전자 전북 임실군 덕지면 청담리를 안담(온닯 · 안닯)홀. 탐라국 덕담 · 온담의 온의 한자음은 百이다. '제'는 닯 · ᄃᆞᆱ · 닯 · 닭 · 덞 · 덕 · 들! 황해도 연백 죽담성의 '죽'은 듁 한자 借字 · 덕담의 음차 한자로 죽담 십제(十濟~덕닯~우리말)이다. 거대한 땅 · 크담 · 크더라 일본에서는 백제를 구다라라! 한국 충남 부여 굿뜨레! 언덕 · 다리 · 높이 솟은 다락 · 놓은 지대 단군왕검이 세운 수도 아사달은 난공불락 성!

2) 무덤에서 나온 관이라는 의미. 삼국사기에 무덤에서 쓰고 나온 금관 온덕이 고구려로 도망하였다 기록.

3) 일본 군사를 이끌고 백강 전투에 투입된 사람 안담 · 오늘날 일본 안도미끼이름의 안도 성씨가 있다. 백제를 일컬은 이름.

4) 일본성씨 안덕.

5) 소벌도리 · choistube(2018.412) 영상에서.

6) 儉而不陋 華而不侈: 김부식의 삼국사기 백제 온조왕 新宮에 대하여 평했던 말로 백제본기에 적기를...十五年 春正月 作新宮室 儉而不陋 華而不侈: 온조왕

(달마루) 大莫樓(대막루) 大莫盧(대모루) 모두 부여이름이다. 중국 역사서에는 위나라가 백제와 싸웠다는 기록이 있다. 삼국사기 백제에 대한 소개로 백제와 전 백제 북부여라고 기록하고 있다. 장춘 · 하르빈 중간에 부여시가 지금도 존재한다. 지금도 부여 여씨 왕손 성이 존재한다. 그러기에 부여에서 고구려 · 신라가 나왔다. 중국 2세기 중엽부터 존재한 요서지방 중심으로 한 백제 근초고왕은 그의 세력을 지금의 남부여로 확장한다. 한성을 중심으로 한 충남 남부여 부여! 온돌 문화 부여는 성왕이 백제를 다시 부여제국이라는 명칭으로 바꿀 만큼의 부여와 백제가 넓나 든다. 소부리는 부여에 지금도 있다. 이에 버금가는 '조선' 명칭이 바로 아츠라[1] 아츰 · 아침의 나라이다. 백제의 우리말 이름은 가장 알기 쉽게 접근하면 으뜸가는 벌판 · 언덕이다. 언덕은 사투리 어덕(대전 광역시 중구 · 경부 상주 · 충북 청주) · 오덕(충남 부여 · 충북 옥천 · 평남 중산) ·안덕(전북 완주 · 경북 포항 · 평북 선천)이 지금도 불리어 진다.

1500년의 수면을 끝내고 백제시대 모습들이 유네스코에 등재됨을 기뻐하는 축제(충남 부여군에서 개최된 백제문화제)가 있었다. 천오백년 침묵하던 백제 정신을 되살려 홍 시인은 그의 예술혼을 시로 고향하늘로 타임머신을 태운다. 홍 문표교수시인에 의해 '예가 바로 백제의 하늘이다」 ~ 백제금동대향로에 부쳐[2]' 시로 비상한다.

15년 봄에 새로 궁궐을 지었는데 '검소하지만 누추해 보이지 않고 화려하지만 사치스럽지 않다'.

1) '아스라' 곧 앛슨 · 앛슬 · 앛슨 · 앛츤 · 안츤이 변하려 아츰의 나라 조선이다. 앗. 아스라이 멀리 까지 펼쳐지는 거대한 땅 '朝鮮'이다.http://www.choistube.kr 소불도리.

2) 百濟金銅大香爐는 고대 삼국 시대 백제의 유물 향로. 17세기전반에 높이 62.5㎝ · 직경 19㎝ · 무게 11.8㎏로 충청남도 부여군 부여읍 금성로 5 · 국립부여박물관에 문화재 국보 제287호로 등재. 충청남도 부여군 부여읍 능산리 절터에서 출토(1993년 12월 12일 부여 능산리의 백제시대 고분군(古墳群)과 사비

높으디 높은 상상봉에서
두 날개 활짝 펴고
꼬리마저 하늘로 치켜든
봉황의 장엄한 자태
하늘로 하늘로 치솟는
저 불사의 황금빛 날개 짓을 보아라
여의주 목에 걸고
눈빛은 하늘너머 우주를 응시하며
가슴엔 생성의 하늘 뜻 뜨거워
햇살처럼 쏟아내는 축복의 향내가
천지에 가득하여라
예가 바로 백제의 하늘이다

온통 산들이다
스물 네 겹 층층이 솟아오른 청산이다
계곡엔 철철철 명경의 강이 흐르고
호수엔 고기들 떼 지어 논다
숲에는 사철 꽃들이 웃어대고
온갖 새들이 지저귀는 곳
사람들은 노루 사자 호랑이와 더불어 산다

성(泗泌城) 나성(羅城)터 중간에 위치한 백제유적 발굴 현장) 몸 연꽃봉오리로 · 뚜껑은 산 모양 · 정상에 봉황 · 아래에는 용 배치하였다. 신선이 용과 봉황과 어우러져 물 가운데 박산(博山) 즉 신선세계의 별천지 이상향의 박산향로. 뚜껑 박산은 5단 · 각단이 5봉우리 · 큰 산 25개의 각단은 엇갈리게 배치하 연결한 49봉우리로 중첩. 최정상에 봉황과 상상의 동물 37마리와 악사(樂士) 5인을 비롯한 17인의 신선. 나무 6그루 · 향연구멍(香煙穴) 12개 · 산길과 산 사이 시냇물과 폭포와 낚시터 호수.

향로몸체는 연꽃 뚜껑인 산의 5단과 일치시키려 된 5단 연판에 2인의 신선과 25마리의 물가를 맴도는 동물과 물고기와 수중 동물이며 역시 물과 관련한 용이 향로를 입에 물고 몸통 · 꼬리 · 수염 · 머리카락 모두 연꽃과 당초문 조각이다. 몸통 맨 바깥쪽이 바다 파도이고 맨 위 봉황은 비상의 몸짓으로 날개와 꼬리가 50도 가량 기울며 춤을 추며 묘음(妙音)과 오음(五音)소리를 낸다. 물에 있는 연꽃에 의해 화생된다. 배열은 정상에 봉황 · 산의 5방위와 5단과 각 단 5봉으로 5곳의 박산문(博山文)을 남긴 원앙 5마리 · 악사(樂士)5인 · 구멍을 2겹으로 뚫어 향연구멍(香煙穴) 12로 한다.

그림에 악사가 있는데 도교의 신선과 봉황새는 절로 노래하고 절로 춤을 추며 악사도 음악을 연주한다. 연꽃 봉오리 형 뚜껑은 봉래산(蓬萊山)의 삼신산(三神山). 백제금동대향로는 도교적 이상향 향로로 7세기전반에 제작.

악사들의 청아한 연주소리 들려라
나무들이 춤을 춘다
새들이 춤을 춘다
산들이 춤을 추고 하늘도 춤을 춘다
예가 바로 백제의 하늘이다.

연꽃이다
연분홍 꽃밭이다
잎 새 마다 하늘을 꿈꾸는
무궁한 하늘나라다
애오라지 하늘을 머금었기에
세속의 더러움에 물들지 않는
저 청청함의 지고한 숨결
모두를 품에 안고
안식과 풍요를 빚어내는
꽃잎들의 지극한 잎들의 정성
예가 바로 백제의 하늘이다

황룡이다
백마강 이무기가 황해를 박차고
방금 하늘로 승천하는 용트림이다
천지를 뒤흔드는 열망의 몸부림이다
입으로는 불꽃을 뿜으며
앞발로는 구름을 헤치고
갈기로는 바람을 휘저으며
청산의 나라 연꽃의 나라 머리에 이고
구만리장천으로 날아오르는
저 우람한 생명력의 소용돌이
예가 바로 백제의 하늘이다
부여 땅 골짝마다
지금도 천오백년 침묵을 깨고
솟아오르는 그날의 향연香煙
더욱 높이 올라라 더욱 멀리 내뿜어라
백제의 하늘이여

~ 홍 문표 「예가 바로 백제의 하늘이다」 ~백제금동대향로~에 부쳐

홍 시인의「예가 바로 백제의 하늘이다」시는 백제금동대향로가 평소 홍 시인이 추구하는 에덴시학의 청산이 이상향 세계와 같음을 시로 드러난다. 이무기가 하늘로 오르는 시상은 1992년에 발표한『지상의 연가 ~늘 푸른 강물이 듯이』의 시적 화자인데 2015년「예가 바로 백제의 하늘이다」~백제금동대향로~에 부쳐 작품과 하이퍼로 연결 뚜렷한 역사바로잡기의 선두가 되어 있다. 어릴 때부터 어머니로부터 늘 들었던 그 이무기가 하늘로 오르는 홍 시인의 비상의식은 백제의 하늘에 오르는 에덴 시학 확대이다.

홍 시인의 1992년 시「~ 늘 푸른 강물이 듯이 · 42」피리젓대는 남풍을 부르는 십자성 언저리의 피리젓대이다. 에덴의 시학의 구체적인 대표시어 무궁화와 진달래와 쑥부쟁이의 피리젓대가 삼현육각 나팔로 장구치고 노래하는 즐거움의 날이 '후일'의 그 후일 바로 2015년 10월 3일 축제의 밭이다. 무궁화는 고조선의 국화꽃이다. 성경에서 샤론의 꽃이다. 가는 길을 멈추지 않아 축제의 주인공 시적 화자 이무기[1]는 영원의 시간을 건져 올린다.

무절제한 하늘 오르기가 아니다. 신화 소 12구멍으로 타임머신을 탄 신기루처럼 쏟아져 내리는 축복을 받을 수 있는 하늘과의 소통! 성경의 드보라가 우리 우리 우리 일어나 깨어나라 깨어나라 부르짖었던 그 날갯짓으로 홍 시인이 내 고향을 위해 · 내 이웃을 위해 그리고 내 나라를 위해 전 세계를 위해 일어나라! 노래한다. 그것은 소부리 사비성[2]이 되고 백제가 되어 그대로 대한민국 수

---

1) 늘 푸른 강물이 듯이· 43.

2) 백제라면 다른 이름 十濟(십제)와 남부여라는 이름이 가장 우리에게 알게 쉽게 접근된다. 이력은 지금의 서울 한성을 수도로 하였었다. 삼국사기에는 남부여를 기록하면서 북부여를 기록한다. 북부여는 요서지방의 영지성을 점령한 여암이었다고 강종원 교수는 중국사서에서 부여의 여씨 성을 칭한 인물임을 증

도 서울이 부여가 된다. 홍 시인은 고향은 부여이다. 바로 우리의 몸짓 대한민국의 모습이다. 단아하며 검소하되 누추하지 않고 화려하되 사치스럽지 않는 대한민국 시인의 노래로 거듭난다.

뿌리가 없이는 현재가 있을 수 없다. 이 뿌리에서 대한민국은 하늘로 오르는 에덴시학의 꿈을 홍 시인에 의하여 이루어지게 한다. 전 세계에 한국을 안내한다. 유네스코에 등재된 에덴시학은 하나님을 위한 길에 선 사람이 왜 전 세계의 이목을 집중하는지 · 왜 한류가 그토록 전 세계로 웅비하는지를 · 왜 우리가 세계를 지배하던 하늘천국을 보여준 이 땅의 사람들! 검소하지만 누추하지 않고 화려하지만 사치스럽지 않는 시인 고향 이야기를 알릴 수 있는 지다.

에덴은 인간이 갈망하는 유토피아의 세계이다. 시인에 의하여 그토록 사람들이 갈망하는 에덴을 알릴 수 있는 기회를 그야말로 운 좋게 얻은 홍 교수는 이에 못지않게 성서에서 하나님 일[1]한 사람이 축복 받는 일임을 보여준다. 홍 문표 교수는 직장을 위해 그리고 가족을 위해 그리고 사회를 위해 더 나아가 제자들을 위해 막연한 에덴이 아닌 현실의 에덴 에덴시학 가능성을 알린다. 온 정성을 다해 쏟는다. 절대자를 위한 사역하는 목사로서의 삶을 하나님의 일 사역으로 한다. 이름이 표시해주듯이 글로 그리고 입으로 말씀전하기 사역이다. 이 입은 피[2] 사역이다. 피를 가진 산 자의 은혜 갚기이다. 은혜를 하나님이 베푸[3]시니 태어난 홍 시인 자신

명한다 하였다. 중국사서에 기록된 백제왕 성씨는 한 결 같이 여씨임을 조법종 우석대교수는 주장한다. 한국은 온돌문화로 유명한데 이 온돌이라는 이름에서 뚜렷한 근거가 찾아진다.

1) 히스기야(대하 31:2)…그 수하에 에덴과(대하 31:15)…직임을 맡아(대하 31:5)… 나눠주되(대하 31:15)… 직임에 수종되는 사람에게 다 나눠주며(대하 31:17).
2) פִּי(피 · 입 · 신 8: 3).
3) בְּפִי(베피 · 입에 · 민 23: 12).

의 고향을 백제금동대향로에 부쳐 알린다. 에덴시학을 펴내는 홍 시인 고향 백제의 하늘은 그 푸르름으로 전 세계에 빛나 오른다. 사람은 떡으로만 사는 것이 아니요 여호와의 입[1]에서 나오는 말씀으로 산다. 이 말씀으로 사는 줄을 너로 알게 하려 하시기에 신앙시인 입술에서 청산의 시로 낭송된다. 홍 시인 입[2]에 베푸시는 말씀을 시가 지닌 절제력으로 낭송된다. 홍 시인 입에[3] 주신 에덴시학은 여호와를 항상 송축하기를 입에[4] 두는 일이다. 하나님이 홍 시인 나에게 베푸[5]시는 축복의 입을 소박하지만 누추하지 않고 화려하지만 사치스럽지 않는 우리 대한민국의 보편성의 진리를 황금 에덴시학으로 알린다.

그러기에 하나님이 베푸[6]시는 말씀은 달기가 꿀과 같다. 네가 그들에게 말하고 그 입에 말을 주는 네 입에 베푸[7]시는 하나님의 축복이 있다. 홍 시인의 말씀사역은 하나님 축복으로 타임머신을 타고 에덴시학 문학 설교 입[8]으로 전해진다. 하나님이 베푸시는 말씀으로 한국문인교회에서 실행된다. 하나님의 입[9]에서 지혜와 지식과 명철을 내기에 입[10]을 조금도 떠나지 마라[11]시는 말씀 따라 산다. '내게 보라 내가 내 말을 네 입에 두었다'[12] 하시었기에 백제

---

1) פִּי(피 · 입 · 신 8: 3).
2) בְּפִי(베피 · 내 입에 · 민 22: 38).
3) בְּפִי(베피 · 입에 · 민 23: 5).
4) בְּפִי(베피 · 내 입에 · 시 34: 1).
5) Ibid.
6) בְּפִי(베피 · 내 입에서 · 겔 3: 3).
7) בְּפִיו(베피브 · 네 입 · 출 4: 15).
8) מִפִּיו(미피브 · 입에서 · 욥 37: 2).
9) מִפִּיו(미피브 · 잠 2: 6).
10) מִפִּי(미피 · 시 119: 43).
11) בְּפִיךָ(베비카 · 사 51: 16).
12) בְּפִיךָ(베피카 · 네 입에 · 출 13: 9).

사비천도[1] 푸른 감청색의 뿌리로 시를 쓴다. 바로 시인의 대문에 칠해진 색이다. 한국의 색 감청색이 타임머신을 타고 홍 시인 대문에 와 있다.

늘 푸른 강물이 듯이
부재한 당신의 숨결을 찾아
시간들의 지층을 뒤적입니다,
강가에 주저앉은 망부석
형제는 빗물에 씻기어
강물이 되었어도
당신의 체온을 날개 되어
아침마다 은빛으로 기상합니다.
무성한 피안의 갈대숲으로
아른한 당신의 예감이기에
자주 빛 갑사댕기 씹으며
오늘도 강가에 서서 기다리고 있습니다.
금년에도 망우리 언덕에는
지절대는 할미꽃
당신의 애잔한 숨결이 확실하온데
가버린 왕손은 돌아오겠지요.

---

1) Sabicheondo · 泗沘仟都: 538년(성왕 16) 백제 성왕이 도읍지를 웅진(熊津: 충청남도 공주)에서 사비(泗沘: 충청남도 부여)로 옮긴 사건이 있다. 성왕을 도와 성왕계 왕족들 · 사씨(沙氏)·목씨(木氏)·연씨(燕氏)와 같은 대성(大姓) 귀족 · 그리고 근시관료와 신진세력이 천도계획에 따라 사비 도성에 해당하는 부소산성(扶蘇山城) 축조 · 왕궁·능사(陵寺)·사원·간선도로 등 도읍지의 기반 시설로 지배질서 확립과 왕권강화를 이룩하려 하였고 · 백제중흥을 염원하였다. 아울러 중흥의 성취를 위해 여러 방면에서 체제정비 중앙의 16관등제와 22부제 실시 · 지방통치조직인 방·군·성제(方郡城制) 실시 · 불교교단 정비 등의 개혁정치를 통해 중흥을 실현해나갔다. 551년(성왕 29)에는 신라와 함께 고구려 공격을 추진하여 70여년 만에 한성고토를 회복. 고구려와 신라의 배신으로 한강유역을 빼앗기고 이로 인해 554년(성왕 32) 관산성전투(管山城戰鬪)에서 신라 매복병에 의해 시해. 성왕의 죽음과 함께 백제의 중흥은 미완의 개혁으로 끝나고 만다. 약화된 왕권을 회복하고 국가체제의 면모를 일신하기 위해 계획적으로 추진된 사비천도는 중흥정치를 위한 사비천도 전개과정은 한국 고대국가 정치개혁의 한 모델을 제시해주고 있다.

구름타고 오실
새하얀 약속은
행여 오늘밤은 아닐는지,
낚시 대 물속에 세우고
빨간 손수건 하나 목에 걸었습니다.
여기는
대한민국 서울 서대문구 홍은동 397의 26번지
문은 무쇠빗장이지만
진한 감청색 칠을 하였습니다.

허허로운 대지에
바람은 멎고
오늘도 황토 빛 일몰이 잘려가지만
늘 푸른 강물이 늣이
기다리게 하소서,
기다리다
기다리다
흘러가는 강물이게 하소서.

~ 홍 문표 『지상의 연가 ~늘 푸른 강물이 듯이·44』[1)]

진한 감청색은 높푸른 한국의 가을 하늘 · 백제의 날 백제의 색이다. 홍 시인 집 대문의 감청색은 왕조를 기다리는 색이다. 왕조 만나러 시적 화자 이무기가 여의도 고수분지에 조각배가 다닐 것을 알고 짐을 내려놓는 일이다. 부여의 구뜨레! 으뜸! 큰 나라 · 근민족 · 큰 사람 시인으로서의 신앙영웅 길 떠나기 · 시인의 오십평짜리 그 주소이다. 대문에 별 달아 반짝이게 하고 밤새 잠을 자지 않고 시적 화자는 돌기둥에 목숨 끈을 백지수표 한 장으로 키한 뼘 늘리는 물결 소리로 오십년 세월을 견딘 이무기 · 일백년쯤의 욕심을 접고 별 하나 부르는 강가 이무기에게 기적이 온다. 강가 할미꽃의 기적 숨결은 지중해의 망부석을 들고 온 빗물 체온이

---

1) 홍 문표 · 『지상의 연가 ~늘 푸른 강물이 듯이·44』 44(서울 창조문학사 · 1992).

다. 날개가 아직도 살아 있음을 감사하며 몸단장을 한다. 아침의 은빛 그 갈대에 갑사댕기 길게 늘이고 기다리는 강가 · 망우리 언덕 숨결을 가진 왕손이 되는 기적의 아침 · 낚시 대 끝에 빨간 손수건을 달아 둔 대한민국 서울 서대문구 홍은동 397의 26번지에서의 홍 시인! 지금의 서대문구 가좌로 86 동천아카데미이다.

홍 시인 집 문에 달린 무쇠빗장은 감청색이다. 하나님의 은혜로 '에덴시학'을 하늘로 향하게 하는 홍 시인의 환희와 즐거움[1]이 있는 하늘이 감청색이다. 하늘 빛깔을 문의 색으로 칠한 즐거움은 긍정적으로 사는 에덴동산에서의 늘 웃는 홍 시인 · 백제인의 모습! 부여인의 모습이 홍 문표 현재 천국 에덴 바라기이다. 에덴[2]은 현재진행형[3]이다. 가장 시적이 되는 현재 진행형 색채이다.

지금 백제금동대향로에서 봉황이 춤추는 노래가 진행형이다. 홍 교수의 현재진행형 일생은 시적 화자의 춤추기 · 즐기기의 진동이다. 신앙시집 두 권 『시몬아 네가 나를 사랑하느냐』 [4]와 『십자가 십자가』 [5]에서 현재를 시적으로 하는 진동의 춤추기이다.

시적으로 사는 시인의 길은 에덴시학의 길이다. 에덴 철학의 길

---

1) George V. Wigram · 『구약 성구사전: *The Korean's Hebrew and Chaldee Concordance of the Old Testament*』 · 김만풍 역 (서울: 기독교 문화협회 · 1993). · 1999.

2) עֵדֶן 에덴 ~ 복락 · 기쁨: 창 2:8 · 10 · 15 · 3:23 · 24 · 4:16; 사 51:3; 겔 28:13 · 31:9 · 16; 18 · 36:35.

3) 여호와 하나님이 동방의 에덴에 동산을 거기 (창 2:8)

שָׁם	וַיָּשֶׂם	מִקֶּדֶם	בְּעֵדֶן	~	גַּן	אֱלֹהִים	יְהוָה
AB	CW.VQIMZS	P.NMS	P.NE	~	NMS	NMP	NE
거기	두시고	동방의	에덴에	~	동산을	하나님이	여호와

강이 에덴에서 발원하여 동산을 적시고(창 2:10)

לְהַשְׁקוֹת	מֵעֵדֶן	יֹצֵא	וְנָהָר
P.VHNG	P.NE	VQPA	C.NMS
적시고	에덴에서	발원하여	강이

4) 홍 문표 · 『시몬아 네가 나를 사랑하느냐』 (서울: 창조문학사 · 2015).

5) 홍 문표 · 『십자가 십자가』 (서울: 창조문학사 · 2015).

이다. 백마강 물에 낙화처럼 떨어졌다는 왜곡을 바로 잡는 신앙영웅이 시인이다. 이무기가 하늘로 오르는 홍 시인 마을 전설을 찾아 그 진실을 알리는 소명의식이 춤춘다. 역사왜곡을 바로잡는 땀의 노력이다. 일생의 에덴시학이 즐거움의 삶이다. 여기에 홍 문표 시인이며 학자이며 목사의 무게가 있다. 홍 시인에게는 에덴시학의 길이 현재를 행복하게 할 수 있다는 확신이 있다. 홍 시인 눈[1]으로 하나님이 보시기에 좋은 세상을 시로 나타낸다.

처음으로
하늘 땅 만드시고
빛이 있으라
만물들이 빛을 따라 일어났으니
보시기에 좋았더라

하늘엔 궁창이 있고
그 위엔 커다란 물 보따리

낮에는 햇빛으로
밤에는 달빛으로
저 눈부신 별들의 보석상자
보시기에 좋았더라

숲속엔 노루 사슴 뛰어 놀고
바다엔 파닥이는 물고기들
공중엔 새들의 노래
정말 보시기에 좋았더라

그러나
당신의 형상대로
모두가 생육하고 번성하라
그렇게 펑펑 복을 내리셨으니
이제는 당신 보시기에
심히 좋았더라 ~ 홍 문표 「보시기에 심히 좋았더라」[2]

---

1) עֲי(에) עַיִן(아인 · Ayin · 눈).

2). 에덴의 가슴

(1). 에덴의 '데'

홍 시인의 에덴 시학 에덴의 '데'는 장소 곧 홍 문표와의 관계는 '문'에서이다. 이 문은 '히브리어'로 '데' 곧 가슴이다. 사람에게는 가슴이 중요하다. 가슴에 마음이 들어 있어서이다. 성서에서 에덴의 '데'[1] 히브리어 '달레트' 수치는 4이며 바로 소통되는 문[2]이다. 음가는 ㄷ이다. 대표적인 사람은 다윗이며 다윗은 마음으로 지극히 하나님을 사랑하여 성경은 다윗의 자손 예수라 칭해진다. 다윗은 언제든지 하나님께 묻고 그 답대로 행동하였다. 유대 민족의 장막 문을 말하는 이 문은 올바른 길을 가기 위해서는 반드시 통과하여야 하는 문이다. 가슴과 가슴이 통하여야 하는 가슴 문이다.

하나님과 늘 소통하기를 원하는 홍 시인은 충청남도 부여군 부여읍 부여면 태양리(太陽里) 일역(日歷)마을에서 태어났다. 일어나는 마을이다. 태양을 바라 일어나는 가슴의 마을이다. 태양을 가진 마을을 가슴에 가지고 일어서는 홍 시인 에덴시학의 역사가 일어나는 태양마을이다. 의미 그대로이다. 이 하이퍼성 접근 · 홍 교수는 많은 제자들의 시 해설을 맡는다. 이미 600여 분의 시평이 기네스북에 오를 정도 분량이다. 시 해설로 가슴을 열어 소통한다. 제자들의 직장을 구해준 숱한 일화와 더불어 앞에서 하나님의 뜻으로 인도하는 신화 쓰기에 바쁘다. 하나님이 만드신 홍 문표! 늘 앞으

---

2) 홍 문표 · 「우리를 닮은 사람을 만들자」(서울: 동천아카데미 5층 · 2013). 한국문인교회 예배시간에 설교 중에 낭독.

1) עֵדֶן의 ד(달레트 · 문 가슴).

2) דֶּלֶת(달레트 · dalet · 문).

로 나아가 예수님 기둥 문에 매달려 · 하나님 가슴 안에서 하나님의 일 하기를 홍 학자이다. 하나님 진리의 기둥에서 하나님일의 사역 담당 목사이다. 예수님의 일을 흠모하는 한국문인교회 담임목사이다. 하나님 그 분 사랑에 매달려 있다.

피아노를 잘 치려면 피아노에 매달려야 하고 공부를 잘하려면 공부에 매달려야 한다. 믿음이 좋으려면 예수 그리스도에게 매달려야 한다. '너희 중에 누구든지 지혜가 부족하거든 모든 사람에게 후히 주시고 꾸짖지 아니하시는 하나님께 구하라 그리하면 주시리라(약 1:5)이다. 하나님 문에 매달려[1] 평생 글 문(文)으로 홍 문표의 문(文) 이름값을 한다.

홍 문표 의 이름 문과 동일성을 지니는 히브리 글자 달레트[2]는 우리말 그대로 달렸다. 즉 문이 달렸다 이다. 이 말은 우리말과 산스크리트어의 긴밀성에서 보인다. 전 세계에 널리 우리말이 퍼져 있는 증거! 통과하고 소통하는 목적을 지닌 문은 하나님을 흠모하는 사람들이 드나드는 문이다. 예수그리스도의 길로 가는 여정으로 마음이 가난하여 이웃을 돌보고 사랑하며 함께 가야 하는 에덴시학의 문이다. 시는 하나님의 뜻이 들어 있을 때 구원의 문학이 된다. 신앙의 구원형식을 문학의 힘으로 하나님의 가슴 안에서 예수님을 닮는 일을 홍 시인은 에배헌시로 한다.

한국문인 교회 예배시간은 시로 드림 실천 시간이다. 시인들의 시로 헌신한다.

■ 광고
· 주제에 맞는 신앙시를 준비하시어 예배 시 낭송하도록 하겠

1) ㄱ(달레트 · 문 가슴).
2) Ibid.

습니다[1]

▣ 광고: · 다음 예배 설교 주제는 '화해의 신앙과 시학'(창 33장)입니다. 본문을 읽으시고 주제에 맞는 신앙 시 또는 평소에 쓴 신앙 고백시를 준비하여 예배 시에 헌시로 낭송하겠습니다.[2]

한국문인교회 예배진행은 예배시간에 헌시드림 시간이 있다. 하나님 가슴에 매 달려[3] 올라[4]가는 시간이다. 삶을 하나님에게 온전히 맡기고 예수님의 길을 흠모하며 신앙의 힘을 얻는 시를 발표하게 시인들을 동참시킨다. 뜨거운 사랑을 길어 올리는 문 하나님의 말씀에 뜨겁고 끓는 가슴으로 뭉치기를 소원하는 마음의 눈을 열어 예수님의 문을 드나드는 신앙인들이 모이게 하는 한국문인교회 담임목사는 홍 문표 목사이다.

신앙인들을 인도함에 말씀 전하기 위한 홍 목사의 설교가 있다. 한국문인교회 예배를 통하여 공식적으로 입으로 '페'[5]하며 입으로 쏟는 홍 문표 목사 표! 말씀을 입으로 쏟아놓는 말씀전하기 표[6]가 있다. 아주 철저하게 준비하여 논문으로 작성한 한 뒤에야 좋은 표 홍 문표 이름그대로 말씀 표를 들고 평생 강단에서의 문학 강의의 익숙 된 버릇대로 말씀 전하기 한다. 하나님 일의 입[7] 사역이다.

하나님께서는 오늘 우리에게도 이름을 묻고 계십니다. 너의 이름

1) 2012. 1.5일 주일예배의 주보에서.

2) 2014. 1.12일 주일예배의 주보에서.

3) ד(דָּלֶת · 달레트 · 가슴).

4) עָלָה(올라 · 너는 올라가서 · 신 3:27; 시 18:10) · עֹלֶת(올레트 · came up · 창 41:22) · 번제 עֹלַת(올라트 · 번제 · 민 29: 6 · 6) · עֹלֹת(올로트 · 번제 · 창 8: 20) · עֹלֹת(올로트 · 번제로 · 창 8: 20).

5) פ(페 · 입).

6) הַפֶּתְחָה(하페테하 · 문밖 · 창 19: 6) · 문밖의 פֶּתַח(페타흐 · 문밖 · 창 19: 11) · 문밖의 מִפֶּתַח(미페타흐 · 문밖 · 출 12: 23 · 민 16: 18).

7) פֶּה(페하 · 입) · 입 פִּיהָ(피하 · 입 · 민 16: 30).

이 무엇이냐. 저는 홍 문표라는 이름이 음성적으로 강하나 의미는 좋다는 자부심을 가집니다. 넓을 홍(洪), 글월 문(文), 자루 표(杓洪) 널리 문장으로 주도권을 잡는 다는 뜻이지요. 그러나 하나님이 저에게 이름을 묻는 것은 그런 세상적인 의미의 이름이 아니라 너의 본심, 너의 내면에 도사린 참 모습이 무엇이냐는 질문인 것입니다. 하나님의 자녀로 목회자로, 선생으로, 지아비로, 문인으로 너의 진심이 무엇이냐는 질문입니다. 여러분의 진짜 이름이 무엇입니까. 신실한 크리스천입니다. 하나님이 기뻐하실 만큼 대단한 문인입니다.

야곱은 환도 뼈가 부러져 절름절름 거리고서야 자기의 실체가 사기꾼 야곱인 것을 솔직히 고백하고 하나님께 매어 달렸습니다. 절박한 야곱에게 찾아오신 하나님은 우리 인생을 다스리기 위해 우리에게도 찾아오십니다.[1)]

홍 문표 신학박사의 삶은 말씀 전하기 삶이다. 하나님은 사역자를 통해 그의 흔적을 남긴다. 사역자 홍 목사 말씀이 입 밖으로 전해지며 돋아난다. 말씀의 싹은 새로운 싹을 사람들이 볼 수 있듯이 눈에 보이도록 말씀의 새로운 싹을 틔운다.

홍 시인 목사가 '다윗'처럼 '돋아'[2)]난 삶의 싹을 전하는 시이다.

당신만이 길이요 진리요 생명인 것을
말씀의 마디마디가 내 살과 뼈에 새겨지는
당신의 선연한 문자
내 혈관에 흐르는
선홍의 피가 되게 하시고
나의 중심이 되게 하시고
나의 목표가 되게 하소서

~ 홍 문표 「3월의 기도」에서

---

1) 홍 문표 · 한국문인교회 설교(서울: 한국문인교회 · 2014. 1. 12) 예배시의 설교에서.

2) דוד(도드 · 삼촌 · 연애 · 레 10:4 등) · 돋아 דדיה(다데하 · 도다 · 잠 5:19) · 돋아 דדי(다데 · 돋아 · 겔 23:3).

(2). 결혼

성서에서의 결혼 은유는 이스라엘 백성과 하나님과의 관계[1]이다. 이 지상에서 홍 문표는 하나님의 뜻을 따라 신 용호와 결혼하였다. 아내! 신용을 제일로 하는 홍 문표의 가슴에 돋아[2]있는 아내이다. 하나님의 사역을 담당하는 남편 따라 홍 문표의 신부로서의 천국 여인 아내 신 용호이다. 에덴을 좋아하는 이의 아내이다. 에덴에서 좋아함을 항상 '보라'[3]는 듯이 홍 시인은 늘 아내를 자랑하는 일생이기도 하다. 아내를 자랑하는 일은 어디에서나 나타나기 마련이다. 홍 문표의 아내 자랑은 그야말로 대단하다. 아내 신 용호는 신용으로 가족과 남편 · 자식 · 형제를 우선하는 한마디로 현모양처이다. 이 아름다운 하나님의 선물에 대하며 감사하며 구름위로 둥 뜬 행복한 삶을 노래하며 사는 홍 문표이다. 하늘로 오르신 분에 대하여 본 그대로 오심[4]을 항상 신앙 시로 쓰게 해 주는 아내를 가진 홍 문표이다. 아내의 장점은 순수 그대로 심신산골 에덴동산을 밤나무로 장식하고 그 순수의 땅에서 고사리로 솟아나 자란다. 이를 철직으로 아는 순수의 마음 깊이에는 하나님이 주신 귀한 선물임을 고백하는 아름다운 신앙이 토대이다. 순수의 땅을 훼손하지 않고 밤낮을 이 영농작업에 전념한 그럼으로 하여 값으로 계산할 수 없는 가치가 생산된다.

---

1) 강 성열 · 『성경으로 보는 결혼 은유』 (서울: 성광 문학사 · 1998) · 210.

2) דּוֹד(도드 · 삼촌 · 연애 · 레 10:4 등) · 돋아 דֹּדֶיהָ(다데하 · 도다 · 잠 5:19) · 돋아 דַּדֵּי(다데 · 돋아 · 겔 23:3). דּוֹד(도드 · 돋아)나 בֶּן~דֹּד(벤~도드 · 돋아). 합환체...합환체의 דּוּדָאִים...מוּדָדָאֵי(두다임..미두다에이 · 합환체...합환체 · 창 30: 14) · Rhonda Bumette Bletsch · *My Bone and My Flesh: The Agrarian Family in Biblical Lae(Israel · Kinship · Women* (Ann Arbor: U · M · I 1999) · 80

3) הִנֵּה~עָב(힌네~아아브 · 왕상 18: 44).

4) 히 12: 1.

3). 에덴의 '앤'

히브리글자 에덴의 '덴'[1]에서 '데'를 뺀 '엔'은 믿음세계를 가진 홍 문표 교수에게 있어선 하나님이 주신 구름이다. 이 구름은 성서에서 말씀 의미이다. 오로지 말씀으로 만 살아야 함이 히브리어 하나님의 오른손 요드 י[2] 원형 구름이어서이다. 성경의 구름은 아나니[3] · 아빔[4]이다. 모두 첫 글자가 눈 아인 ע이다. 아인 ע! 무엇을 보는 눈ע은 다윗에게서 예수님으로 이어진다. 예수님 구름[5]을 타고 에덴에서의 홍 시인 눈은 빈딧불이가 된다. 어둠을 밝히는 여름날 저녁 무렵 달이 떠오르기 시작하면 나타나 짝 짓기를 하는 부여농원을 좋아하는 눈이다. 아내와 함께 비가 오게 하는 하늘[6]길에 같이 있다. 이곳에서 안식하며 하나님 말씀들 듣고 날아오를 수 있는 힘을 얻는다. 그래서 하나님 은혜에 보답하는 힘을 얻는다.[7] 큰 은혜 갚기의 힘[8]을 얻는다. 문학박사에서 신학박사로 바뀌어진다. 다윗은 다윗의 자손 예수라 불리운다. 다윗은 성전을 짓기 전 미리 감사예물[9]로 드리었다. 다윗은 33년의 세월을 은혜 갚기

---

1) עֵדֶן의 ד(달레트 · 문 가슴).
2) י(요드 · 하나님의 오른손).
3) עֲנָנֵי(아나니 · 구름 · 단 7:13) ·
4) עָבִים(아빔 · 구름 · 시 104: 3).
5) עִם~עֲנָנֵי שְׁמַיָּא כְּבַר(임~아나네 쉐마야 · 하늘 구름 · 단 7: 13).
6) שְׁחָקִים(쉐하킴 · 하늘 · 잠 8: 28).
7) ...추격하리로다 גָּד גְּדוּד יְגוּדֶנּוּ(고드 게두드 예그데누 · 박격을 받으나 ...추격하리로다 · 창 49: 19)에서 ד(달레드)의 2회의 리듬은 물론 겸하여 גּ(기멜)과 גּ(기멜)이 지니는 히브리어의 낙타 곧 · 주인에게 보답 · 잘 먹여주니까 주인에 보답하기 위하여 등에 짐을 지고 사막 길을 걸으며 보답하는 뜻이 제시되듯이 낙타는 사막에서 운반의 사역을 담당하면서 그 주인에게 은혜를 입고 은혜를 갚는다.
8) 다윗이 그를 향한 끓는 가슴에서 33년 동안 예루살렘에서 온 이스라엘과 유다를 다스리며(삼하 5: 5) 하나님께 보답하듯이.

하였다. 이 33년은 창세기에서 하나님: 엘로힘이 33회[1] 언급된다. 예수님 생애 나이이다. 홍 목사는 자신의 삶을 무엇으로나 모두 그분 전하기의 삶을 33세의 두 배 66세에 신학을 시작한다. 2회 리듬이다. 예수님의 흠모리듬이다.

홍 시인이 성서를 보는 눈에 다윗에게서 온 예수님으로 구름[2] 타고 오심이 있다. 그래서 에덴시학을 펼친다. 홍 시인에게로 온 하나님의 방법이다. 아침 열시면 햇빛을 등에 업고 산을 오른다. 흥얼거리면서 자연을 만끽한다. 부여농원의 곡식들과 나무들에게 비가 오게 하는 하늘[3]길에서 홍 목사는 하나님 말씀 듣는 법을 배운다. 끊임없이 조물주에게 배우며 하나님 은혜에 보답하는 힘[4]을 얻는다. 큰 은혜 갚기의 힘[5]을 얻어 한 달에 한 번씩 부여 문인시 강좌를 연다. 문학박사와 신학박사 두 개의 전문지식자로서 믿음의 자손 다윗의 자손 예수라는 의미를 깊이 마음에 새기며 다윗이 성전 짓기를 미리 감사예물[6]로 드린 33년의 세월을 2배로 늘린 은혜 갚기로 한다. 성서 창세기 1장 1절에서부터 2장 3절까지 하나님 엘로힘이 33회[7] 언급되는 예수님을 홍 시인 학자는 알린다.

---

9) 역대상 29장.
1) 창 1: 1~ 2: 1.
2) עִם~עֲנָנֵי שְׁמַיָּא כְּבַר(임~아나네 쉐마야 · 하늘 구름 · 단 7: 13).
3) שְׁחָקִים(쉐하킴 · 하늘 · 잠 8: 28).
4) ...추격하리로다 גָּד גְּדוּד יְגוּדֶנּוּ(고드 게두드 예그데누 · 박격을 받으나 ...추격하리로다 · 창 49: 19)에서 ד(달레드)의 2회의 리듬은 물론 겸하여 גּ(기멜)과 גּ(기멜)이 지니는 히브리어의 낙타 곧 · 주인에게 보답
5) 다윗이 그를 향한 끓는 가슴에서 33년 동안 예루살렘에서 온 이스라엘과 유다를 다스리며(삼하 5: 5) 하나님께 보답하듯이.
6) 역대 상 29장.
7) 창 1: 1~ 2: 1.

2. 홍 문표와 에덴

홍 목사의 삶은 신화스러움을 가진다. '문학과 말씀' 잡지를 33회로 한다. 결코 계획 적인 것은 아니지만 예수님 이 세상의 생존 기간과 같다. 그리고 창조문학을 115회로 하고 있다. 절대자 그 분 진히기의 삶을 전한 이력이다. 성서에처럼 홍 문표의 삶은 예수님을 믿은 후의 삶 33의 2회 리듬인 66세에 신힉박사학위에 도전하였다. 그리고 영상매체를 통한 선교와 직접 한국문인교회를 운영한다. 사역자로서의 웃게 해주는 행복바이러스가 있다. 모두들 만나고 싶어 하고 그리고 목소리를 듣고 싶어 한다. 이 행복 바이러스는 정확한 조언과 행복한 웃음을 바라는 간절한 소망 같은 것에 보답하는 미소가 있다. 만나면 즐거워짐으로 만나기를 원하고 그리고 누구에게나 항상 대화하기를 열린 교육으로 한 인자한 목소리 그리고 늘 항상 웃는다. 이러한 열정으로 홍 박사가 지닌 해박한 물의 환경1) 말씀의 테두리를 벗어나지 아니한다.

홍 교수가 지닌 이름 그대로의 열정으로서 이 물 위를 불로 걸으며 웃음의 보람을 숨기지 아니한다. 홍 교수는 신앙의 절대 신앙을 목표로 하였기에 하나님으로부터 물 위로 걸으라는 허락을 받고 표가 되는 불을 켠다. 바로 물 위를 걸으라 하시었던 예수님에게 명령을 받아 삶의 진정한 자신감을 얻을 수 있는 비결이 무엇인지를 깨닫게 해 주는 마력이 있다.

---

1) 홍 문표(洪文杓)의 문(文)은 말씀 · 물과 관련 된다.

1). 홍 문표

홍 교수의 시 같은 삶은 물 위로 걷기이다. 하나님 은혜의 불로 예수그리스도의 길을 흠모하는 홍 목사에게는 물위에 불 켜고 걷는 매우 기분 좋은 일로 시처럼 사는 시인의 삶이다. 홍 목사의 현재의 목회생활은 비잉 둘러서 온 길이다. 이스라엘 백성들이 에덴을 11일이면 갈 길인데 광야 40년 비잉 돌아 입성[1)]하였듯이 홍 교수 또한 일찍부터 올수도 있었던 지난날[2)] 66년을 에둘러 목사 지금에의 사역에 열중한다.

하나님을 먼저 언급하려는 본 논자의 하나님의 경외의식에 의하여 먼저 예수님은 이 세상에 오시기를 육신의 몸을 입기 위하여 요셉과 마리아를 아버지와 어머니로 하였다. 이스라엘은 가부장적인 가족제도에 의해서 조직된 강력한 공동체이다. 거기에는 아버지가 반드시 존재한다. 대가족에서는 세대와 연령이 앞선 연장자 웃어른이 있다. 홍 교수도 믿음의 아버지가 되어 존경과 복종과 신뢰를 목숨처럼 아낀다. 홍 문표 교수의 가정 역시 아버지 존재로 인한 대가족의 형성체다. 홍 교수가 가족과 더 나아가 생활을 책임져야 하는 소명의식의 면모가 전해진다.

> ……만사위로서 책임을 느낀다.
> ~ 「어느 날의 일기」(1878 · 1 · 14)

> .....결혼 시킨다면 부모님으로서나 나로서 웬만큼 일을 다 한….
> ~ 「어느 날의 일기」(1878 · 1 · 15)

---

1) 민 21:4~5.
2) קָצָה(카짜 · 싫어하노라 · 종말 · 끝 · VQAFZS · loatheth · προσώΘισεν · 민 21:5).

....난 몸 전체로 산다고 했다.

~ 「어느 날의 일기」(1878 · 4 · 25)

한국적인 대학교수생활은 연구하고 학생지도하고, 공동체의 이익을 위한 보직도 맡아야하고, 사회에 봉사도 해야 한다. 이러한 시대적 요청과 현실적 여건에서 나는 어쩌면 가장 한국적 현실에서 그 모두를 충족시킨 교수라고 할 수 있다. 나는 보직도 많이 했고 · 저술도 많이 했고, 강의에도 충실하고자 했고, 사회적 활동도 노력하려고 했다.

그러나 불안, 초조, 불면이라는 천형적인 장애는 급기야 약을 먹어야만 잠을 잘 수 있을 지경에 이른 것이다. 그 동안의 지나친 강행군, 그 복합적인 행동이 결국 견디기 어려운 심리적 장애로 발전한 것이다.

그러나 식자우환이라고 해야 할까. 하나님의 경고와 돌보심이라고 할까. 나는 심리적 장애를 통하여 자신을 돌보는 인생을 살게 된 것이다. .... 그보다는 차라리 독서를 하고 저술을 하는 편이 보다 충실한 삶이라는 생각이 든다.

~ 「어느 날의 일기」(2000 · 7 · 23)

홍 문표는 이 세상에서 하나님이 주신 시간의 한정성을 최대한 활용한다. 시간 쪼개기의 바쁜 일정으로 가정이나 사회에서 아버지 역할을 담당한다. 홍 세창(洪 世昌)과 이 동월(李 東月) 사이에서 태어나 얻은 홍(洪)성 그대로 거대한 물이미지에 둘러싸여 잘못하면 물에 빠지기 쉬운 氵(삼수변)의 많은 물에서 살아남는다. 바로 백제 성왕이 사비천도(泗沘仟都) 하여 외부 교역 소통을 중요시하였듯이 지리적 조건 그대로가 말하는 백제 나라 번영 위해 소부리 사비로 옮겼듯이 홍 문표는 숱한 병고에서 이겨나게 한 하나님 은혜에 보답하려 에덴시학의 천명을 준수한다.

홍 교수의 아버지 함자 세창 '세(世)는 총획 5획이다. 일평생의 뜻과 아울러 오로지의 뜻에 의하여 물로 싸여진 삶의 상징성을 이어간다. 더구나 '창(昌) 함자는 총획 4 획은 2회 날과 해와 태양과 낮 부수가 두 번 창성과 창성하다와 흥성하다와 그리고 번성하다와 아름답다와 곱다와 및 착하다와 선량하다의 뜻까지 광범위하다. 그래서 더하기 물의 삶이 총 획 8획에서 뜻하듯이 대량의미가 보태어진 거대한 바닷물 위에 홍 문표 학자의 삶은 그대로 물 위에서 · 말씀위에서 문(文)의 글월과 문장과 어구 그리고 글과 글자와 문서와 서적 및 책과 문체로 아담하게 산다. 소박한 백제의 문양으로 청 푸름 감색이 채색되어 있다. 빛깔이 있다 · 무늬와 학문과 예술과 법도와 예의와 조리까지 그야말로 넓은 바다 위에 뜬 하나님을 섬기는 삶이다. 홍 세창에서 아들 문표에게로 이어지면서 보다 깊고 뚜렷한 구분으로 문학과 더불어 이름이 뜻하는 글 잘 전하기 말씀전하기 삶이다. 그러므로 아버지 홍 세창과의 관계에서 만들어내는 거대한 물줄기의 흐름위에 일평생 바다와 같은 우리 인생의 날을 잘 살도록 인도하는 시대를 앞서가는 면모를 홍 시인은 보여준다.

하나님이 지금도 사랑하사 물위로 걸어가는 길임을 홍 교수는 시나 저술에서 고백한다. 몸속에 70%이상을 주신 물이 성서에서 1090회의 반복리듬을 타듯이 '바다 290회[1] · 바다는[2] · 바다가'[3] · 바다에서부터'[4] · 바닷가에[5] · 바다의[6] · 바다에서[7] · 바다

1) 창 1: 10; 수 16: 3.
2) 대하 4: 6 · 10; 시 114: 3; 계 12: 12.
3) 출 14: 21 · 15: 10; 수 17: 10 · 19: 29; 욥 28: 14; 시 42: 7 · 95: 5 · 104: 25; 잠 8: 24; 사 50: 2; 렘 6: 23; 렘 51: 42; 겔 26: 3; 욘 1: 11 · 12 · 13; 나 3: 8; 합 3: 10 · 계 4: 6 · 16: 3 · 20: 13.
4) 민 11: 31; 시 72: 8; 사 24: 14.
5) 출 14: 2,.
6) 창 1: 26 · 28 · 9: 2 · 32: 12 · 14: 27; 민 11: 22; 신 33: 19; 수 13: 27; 왕상 7: 26; 대하 4: 5; 욥 12: 8; 시 8: 8 · 65: 7 · 89: 9 · 93: 4; 잠 8: 28

를'[1] · 바다와'[2] 같이 "하나님이 가라사대 천하의 물이 한 곳으로 모이고..... 모인 물을 바다라 칭하시니라"[3]하셨듯이 홍 시인은 온통 둘러싸인 바다[4] 세파 삶에서도 물[5] 위를 하나님이 명령하여 걸어가면서 하나님 일을 목사 현직으로 한다.

홍 교수는 세월[6]사역을 담당한다. 하나님이 창조하신 세계를 흠모하는 창조문학단체를 이끈다. 하나님 높임[7]의 경외인식으로 인해 하나님의 말씀을 철저히 준행 하나님만이 물을 끌어 올리시기에[8] 말씀 따라 시 · 논문 · 비평서 모두 신앙 고백 물 위에 불 켜 걷기다.

불 켜기 고향 마을 '태양리' 소재 시가 있다.

낮에는 햇살들이 누리에 가득하고

· 29 · 사 10: 22 · 23: 4 · 60: 5; 렘 5: 22 · 33: 22; 겔 26: 16 · 27: 9 · 29 · 38: 20 · 47: 8 · 10; 호 4: 3; 욘 1: 15; 합 1: 14, 습 1: 3; 롬 9: 27; 고후 11: 26; 유 1: 13; 계 8: 8.

7) 왕상 5: 9 · 18: 44; 욥 14: 11; 시 107: 24; 사 63: 11; 단 7: 3; 암 8: 12; 미 7: 12; 슥 9: 10; 막 5: 13; 요 21: 1; 행 28: 4; 고전 10: 2; 계 13: 1; 18: 17 · 19.

1) 신 30: 13; 수 24: 7; 왕상 7: 23 · 24 · 25 · 39; 대하 4: 2 · 3 · 4; 느 9: 11; 욥 26: 12; 시 66: 6 · 74: 13 · 78: 13; 전 1: 7; 사 10: 26 · 11: 9 · 16: 8 · 51: 10 · 15; 렘 31: 35 · 48: 32 · 51: 36; 겔 31: 15; 암 7: 4; 나 1: 4; 합 2: 14 · 3: 8; 마 8: 26; 막 5: 13; 요 6: 17; 행 27: 5; 계 7: 2 · 10: 2.

2) 출 14: 2 · 20: 11; 레 11: 9; 왕상 7: 44; 왕하 25: 16; 대상 16: 32; 대하 4: 15; 느 9: 6; 시 36: 6 · 69: 34 · 96: 11 · 98: 7 · 135: 6 · 146: 6; 사 57: 20; 렘 52: 20; 단 11: 45; 욘 1: 9; 학 2: 6; 마 23: 15; 눅 21: 25; 행 4: 24 · 14: 15; 계 10: 5 · 6 · 8 · 14: 7.

3) 창 1: 9~10.

4) יַמִּים(얌밈).

5) ם · מְ(멤 · 물 · 멤 · 물.

6) 창 4: 3 · 47: 9.

7) 민대훈, 『바르트와 레비나스가 본 형상 금령 해석』 · 178.

8) 계 22: 1.

밤에는 별들이 반짝이는 하늘
꽃밭
하늘에 오르는 꿈을 꾸어요
하오나 내 욕망의 나무 사다리는
언제나 추녀 끝에 멈추는 절망
흩날리는 겨울날에
홀로이 외로운 빈들에서
차가운 돌베개 끌어안고
아득한 하늘만을 우러러 봅니다

그제야 보이시는 하늘 사다리
땅에서 하늘 끝에 걸어 놓은
오색 빛 무지개
하늘 문이 열리네요
천사들이 오르내리고
말씀의 꽃비가 온 땅에 내리네요

내가 너와 함께 있으리라
어디를 가든지 너를 지키리라
너를 이끌어 이 땅에 오게 하리라

오 벧엘 · 당신의 거룩한 집

주여 날마다 하늘사다리를 보게 하소서
말씀의 꽃비로 충만한 하늘나라가 되게 하소서
~ 홍 문표 「하늘 사다리」[1)]

다리가 부러지고서야

당신만이 강의 주인이신 것을 알았나이다
나는 죄인 야곱입니다
나를 잡아 주세요
이제부터는 다리를 절며절며
죽어도 당신만을 붙잡고 가겠나이다
~ 홍 문표 「얍복강 가에서」에서

---

1) 하늘사다리 · 한국문인교회 2013.12.22. 예배설교 중에서 창작시 발표.

어릴 때 교회를 통하여 열어간 에덴시학 그대로의 긴 사역이 홍 교수에게는 있다. 홍 교수에게는 늘 말하는 '마 임'이 되는 물이 있고 부여 '굿 뜨레' 최고 · 가장 으뜸 · 가장 크다 로 서로 격려하며 배를 타고 들어오는 사람과 나가는 사람들을 태워[1] 소통을 원하는 부여인 기질이 있다. 눈의 아들 여호수아[2] 같이 목사로서 양무리들을 에덴동산으로 인도하는 사역이 있다. 예수 그리스도 하나님 아들 구세주를 믿는 신앙영웅 신화 시를 쓰는 홍 교수의 에덴을 향한 · 현재진행형의 삶이 있다. 12회[3] 반복리듬 금동향로에서 내 뿜는 12구멍의 하늘 향한 번제 그 우뚝한 금동향로의 산 봉오리를 청산으로 시화한다. 이러한 홍 시인의 철저한 에덴[4]시학은 하나님으로부터[5] 왔기에 정확한 길 안내자이다. 예수그리스도의 길에 서는 일에 그는 주저함이 없다.

현재 억울하게 기록된 정림사지(定林寺止)가 있다. 불살라지고 소멸되어 지금 왜곡된 기록민 남았다할지라도 · 비록 오층탑만이 남았을지라도 · 홍 학자에게는 소정방이 왜곡 기록한 왜곡된 낭설 기록을 벗기는 임무가 있다. 대한민국 역사의 현장이 홍 시인에게는 하나님의 뜻이 있는 내나라 내 고향 살리기이다. 1500년이 지난 그래서 아무리 오래 되었더라도 언제나 하나님 뜻을 살피려는 홍 시인의 에덴시학 그 청 푸른 감청색 하늘로 벗겨낸다.

---

1) 내가 구로 구덩이에 내려가는 자와 함께 음부에 떨어뜨리던 때의 열국으로 그 떨어지는 소리를 인하여 진동하게 하였고 물 대임을 받은 에덴의 모든 나무 곧 레바논의 뛰어나고 어름다운 나무들로 지하에서 위로를 받게 하셨느니라(겔 31:16).

2) 대상 7: 27.

3) עֵדֶן(에덴 · 복락 · 기쁨 · 창 2:8 · 10 · 15 · 3:23 · 24 · 4:16; 사 51:3; 겔 28:13 · 31:9 · 16; 18 · 36:35)

4) עֵדֶן(에덴 · 복락 · 기쁨 · 창 2: 10).

5) מֵעֵדֶן(미에덴 · 에덴으로부터(창 2:10).

못다 이룬 꿈은 언젠가 누구에게 의해서 이루어진다. 대한민국의 모습 바로 백제의 수도였던 그 아름다움의 멋이 무엇인지 타임머신을 타고 날개를 치며 하늘로 오르며 참다운 문화를 꽃피울 수 있는 역량! 홍 시인이 방목하는 잡지사는 늘 자신의 자가 비용으로 작품을 실어주며 방목한다. 이 자부심의 가치는 그의 논문에서 · 시 비평에서 · 강연에서 · 영상매체 · 전자도서 · 저서에서 그대로 노출된다.

굿뜨레에서 자란 홍 시인! 그의 에덴[1]철학은 어느 순간에 돌발된 것이 아니다. 홍 시인은 지금 그의 향토 부여 농장에서 주거한다. 바로 홍 박사 부인과 충남 부여 밤 매향 농원에서 밤을 생산하여 그리고 오디를 생산하며 심산(心山)을 향유한다. 하나님에 의한 에덴동산[2] 그 경험이 오층탑으로 날아오르고 · 백마강으로 백마를 타고 날아오른다. 백제를 사랑하는 지도자가 밤새동안 백성을 걱정하며 앉았던 왕의 그 따뜻한 구들이 지금 하늘을 날아오른다. 에덴의 꿈이 날아오른다.

부여에덴동산! 높은 심심산골! 내산면 주암리 녹간 마을 103번지에 위치한 홍 시인의 아내 신 용호! 같이 그들만의 농원에 있기를 늘 소원한다. 홍 시인이 그토록 좋아하는 홍 시인의 아내는 현재 충청남도 부여군 내산면 주암리 녹간 마을 103번지 밤 매향 자연농원에서 밤을 재배한다. 그리고 오디를 생산한다. 홍 문표교수의

---

1) 너의 영화와 광대함이 에덴 모든 나무 중에 어떤 것과 같은 고 그러나 네게 에덴나무와 함께 지하에 내려갈 것이요 거기서 할례 받지 못하고 칼에 살육당한 자 중에 누우리라 이들은 바로와 그 모든 군대니라 나주 여호와의 말이니라 하라(겔 31:18).

2) 사람이 이르기를 이 땅이 황무하더니 이제는 에덴동산같이 되었고 황량하고 적막하고 무너진 성읍들에 성벽과 거민이 있다 하리니(겔 36:35).

눈이 머무는 곳이다. 마음이 머무는 곳이다.

홍 문표의 삶은 예수님을 믿은 후의 삶이 33의 2회 리듬인 66세에 신학박사학위에 도전. 지금도 여전히 하나님의 일을 사역하는 한국문인교회 담임목사이다. 담임목사는 늘 웃는다. 사람은 누구나 마음이 즐겁게 되기를 원한다. 누구로 하여 마음이 즐겁게 되면 웃게 된다. 이 웃는 즐거움은 행복바이러스이다. 행복이 전해진다. 뚜렷한 목표를 지닌 홍 문표의 삶은 행복바이러스이다. 늘 웃는다.

홍 문표는 물의 환경[1]이지만 · 아버지와 그의 이름이 가지는 이미지가 물이지만 · 홍 문표의 열정으로서 이 물 위를 불로 걸으며 보람을 가진다. 홍교수가 믿는 신앙의 절대자로 하여 물 위로 걸으며 표를 붙이고 불을 켠다. 이러한 기분 좋은 일은 예수님이 “베드로야 물 위를 걸으라” 하시었던 것처럼 홍 교수는 계간 창조문학[2]과 말씀과 문학[3] 그리고 한국기독교선교협회[4]와 한국문인교회[5]를 들고 현재 물 위로 불을 켜고 걷는다. 그냥 걷는 것이 아니라 하나님은혜의 불로 · 철저히 준비하여 예수그리스도의 길을 흠모하는 목사의 불 켜고 걷는 매우 기본 좋은 일로 여긴다. 시처럼 사는 인생은 즐거움이다. 홍 목사의 현재의 목회생활은 에덴 시학의 길을 여전히 떠나는 일정이다. 인생의 길을 에덴으로 가는 길로 정한 길에는 행복자의 웃는 모습이 있다. 가나안에 입성[6]하기 위해 가짜![7]를 버리고 진실의 일 말씀전하기다.

---

1) 홍 문표(洪 文杓)의 문(文)은 문 · 말씀 · 물과 갊다.
2) 1990년 5월 21일 등록 바 1390. 총 91호(현재 2013.12.1.)까지.
3) 2001년 9월 15일 등록 문화바~02887 총 24(2013.9.1.)호.
4) 2012. 1. 8 발족.
5) 2012.1. 28 창립예배.
6) 민 21:4~5.
7) קָצָה(카짜 · 싫어하노라 · 종말 · 끝 · VQAFZS · loatheth · προσώΘισεν · 민

(1). 아빠!

하나님을 먼저 언급하려는 본 논자는 하나님 경외의식에 의하여 먼저 예수님이 이 세상에 오시기를 육신의 몸을 입기 위하여 요셉과 마리아를 아버지와 어머니로 함부터 전한다. 이스라엘은 가부장적인 가족제도에 의해서 조직된 강력한 공동체이다. 거기에는 아버지가 반드시 존재한다. 대가족에서는 웃어른이 있다. 홍 교수도 이를 겸한 믿음의 아버지가 되어 존경과 복종과 신뢰를 목숨처럼 아낀다. 한국은 가족제도에 의해서 조직된 형태이다. 홍 문표 교수의 가정 역시 아버지 존재로 인한 대가족의 형성체다.

직접적으로 홍 문표는 5자녀의 아빠이고 아내 신 용호도 그의 남편을 평생 아빠! 라고 부른다. 홍 문표는 위 아래층을 사무실로 사용하면서 아래층의 따님 수정이가 '아빠~'하고 늘 부른다. 히브리어에 근거한 아빠야[1]는 절대 분에 대한 경외이다. 하나님인 내[2]가 사랑하는 백성들의 집에 거하기를 희망하는 기독교집안이다. 가족 모두가 하나님께 즐겨 나아가기를 희망하며 소망사 '하'[3] 아주 감탄하며 우러르는 집안이다. '하'는 숨 쉼 곧 삶의 의미이다.

아드님 성혁은 홍 교수님을 '아버님'하고 부른다. 아버지를 존경하는 말이다. 히브리어에 아비헴[4]이 있다. 누구에게나 계신 아버님 · 하나님 아버지는 홍 문표 신앙의식을 따르는 홍 문표의 가계와 교수님의 아버님 함자 세창(世昌)과 관련한 바다이미지 모두 세상의 물과 관련되어지는 아버지[5] 존재를 경외하는 집안이다.

21:5).

1) אָבָה(아바 · 즐겨하다 · 원하다 · 기뻐하다 · 신 1:25).
2) 성서에서 절대자를 말함.
3) ה(하 · 소망사).
4) אֲבִיהֶם(아비헴 · 너희 조상 · 대상 24:19).
5) עַבְדִּי(아브디 · 내 종 · 대상 17:4).

아빠라는 말은 아카드어에서 찾을 수 있다. 이에 대한 발견은 히브리어 '얌을 위하여'1) 에서 일차적으로 시작된다. 하나님이 바다 세상의 파도를 주관하신다. 바다 얌2)은 아카드어와 관련된다. 아카드인들은 바다를 아빠 · ayabba3)라 했다. 이 아빠 언어의 변천 순서는 '아'를 처음으로 하고 같이 겹치는 아카드어의 순서에 따른 a~ab~ba=>ayabba>(a)yabba>(a)amba>Yamm>yām까지 온다.

처음 a~ א 배운다 뜻이 · 아빠ab~אב(아빠)로 바뀐다. 좋은 아빠를 만나야 바다 '얌'4) 같은 세파를 이긴다. 홍 문표 시인의 시집 ~『지상의 연기 ~늘 푸른 강물이 듯이』에서 찾아지는 시적 화자와 연계하면 강물과 연계된다. 홍 시인은 물을 소재로 한 이 신앙 시에서 아빠의 눈물사랑을 보인다. 시적 화자 바다의 물고기 의인법으로 은유 세파 파도를 이기는 법5)을 가르친다.

---

1) לַיָּם(라얌 · 얌을 위하여 · 사 11: 9).
2) David Toshio: יָם(얌 · yam).
3) David Toshio. Tsumura · 57: In Amarna Akkadian · the sea is always referred to in forms of *ayabba*(EA 74~20 · 9: 47 · 105: 13 · 114: 19 · 151~42 · 288: 33 · 340: 6) · never spelt as *ta~am~tu*(except in Adapa text [356: 50 & 51] which is written in a standard Akkadian) · I owe this information to DR. R. S. Hess. See also CAD · A · 1(1964) · 221(also in Mari & SB literary text) · W.F. Albright & W. L. Moran · "Rib~Adda of Byblos and the Affairs of Tyre(EA 89)," JCS 4(1950) · 167; cf JA Knudtzin · *Die Ei~Amarna~Tafeln: mit Einleitung und Erläuterungen.* Ⅱ(Aalen: Otto Zeller · 1915) · 1528 on Tâmtu. It might be postulated that the Sumerian loan word *ayabba*(<=a~ab~ba) in West Semitic experienced the following Phonological change: a~뮤~ba=>*ayabba*>a(yabba>(a)yabba>(a)yamba>yamm~>yām. For EA 89 · see now W. L. Moran · *Les Lettes d'El~Amama: Correspondance diplomatique* 여 *pharaon* (LAPO 13: Paris: Cerf · 1987) · 277~8.
4) יָם(얌).
5) יָם(얌 · 바다).

(2). 동천(東川) 호의 변경으로 본 겸손

홍 문표 교수는 호를 동천(東川)이라 하였다. 사전상의 속성 개념으로는 동천(冬天) · 동천(東天)이 있다. 그러나 홍 시인의 호 동천(東川)은 사전에 나와 있지 않는 신조어 동천(東川)이다. 젊은 시절 · 한때 호를 '한 별'로 한 경험이 있다. 큰 별이 되고 싶어서이다. 그러나 외람되게도 이 한 별은 절대자에게만 해당되는 의미를 홍 학자가 깨달은 후 호 한 별은 동천으로 바뀌어 진다.

홍 교수의 아버지 홍 세창(洪 世昌)과의 필연적으로 관련되는 아드님의 동천 이미지는 물 이미지다. 부자간 모두 물 이미지의 창성함이다. 홍 교수의 삶은 문학에서의 그 많은 양의 물 · 말씀으로 한국문단의 문패역할을 한다. 하나님의 일을 사역하는 · 다름 아닌 말씀의 불을 들고 세상의 파도를 잠재우려는 사역이다. 시인이 갖는 시에서의 신앙영웅 신화 시는 하이퍼성으로 하여 바다의 신[1] 바로 물고기가 하늘로 승천한다. 시인의 시적 화자에 따르는 '아빠' 이미지로 연결된다. 하나님이 바다 · 세상의 파도를 주관하심과 같이 하나님이 주신 몸으로 아빠의 역할을 담당 세상의 파도를 이겨나가며 한 가정을 주관하는 아빠 사역이다. 이 이중 이미지는 한 가정에서의 가장으로서 세상의 파도를 잠재운다.

---

1) David Toshio. Tsumura · 54: In Ugaritic · Ym is often "personified" and refers to q divine enity · the sea~god Yam. However · the term is used as a common noun without any divine personification even in mythological contexts · as in the cases of *Ym(thm)* in q. 23 [52]: 30 · an expression "fish from the sea" dg bym (1. 23[52]: 62~63) and a divine epithet *rpt atrt ym* "Lady" Atirat of the sea(1. 4[51]: 1: 13~14[14: ~15] · 21[22] · Ⅲ: 25 · 28~29 · 34; 1: 6: 1: 44 · 45 · 47 · 53 [49]: 1: 16 · 17 · 19 · 25]). cf. Albright's Yahweh and the Gods of Canaan (London: Athlone Press · 1968) · 166 · Hower · cf. The Phrase *aṯrt ṣrm"* (Aṯirat of the Tyrians" (UT 19. 428).

사실은 1월부터 검인정교과서 작문 원고를 집필했다. 교과서 본문 1000여 페이지 그리고 교사용지도서 1500페이지 너무나 벅찬 과제였다. 통과될지는 모르지만 만일 된다면 그건 인세 얼마 받는다는 문제보다 그 만큼 후학들에게 뭔가 중요한 것을 남기는 계기가 된다. 그것은 학위를 받는다는 것 이상으로 중요한 일이다. 나는 학위를 늦추는 한이 있더라도 이것만은 해 보겠다는 생각이었다.

~ 「어느 날의 일기에서」(1978년 4월 18일)

……

폭포 뒤로해서 조금 평탄한 길, 안개가 온몸을 휩싸고 후미는 보이지 않고 몇 사람 앞에 간 인물도 안 보인다. 바로 해발 2700미터 정상에서 홀로 구름에 싸인 순간이다.

나는 참 아름다워라 찬송을 했다. 주기노문과 사도신경을 외우고 소리 내어 기도했다. 이 부족한 것을 사랑하시고 오늘 여기까지 올라서게 하신 하나님, 감사합니다. 더욱 이 민족을 사랑하게하시고 남북이 통일이 되게 하시고, 저에게 주어진 사명[1]감당하게 하소서 아멘

~ 「어느 날의 일기에서」 (1989년 8월 17일)

고통이 없고는 사랑이 없고
죽음이 없고는 부활이 없다는 당신의 역설
감람나무 잎 새마다
달아놓은 독선이여
그리하여 하늘에 오르신 당신이여
다시금 푸르른 청산을 밟고 오실
당신의 약속이여

~ 홍 문표 「감람산」에서

이 겸손은 자신이 자신이 에덴동산에서 흘러내려오는 물이 아니라 에덴을 향하여 길 떠나기를 멈추지 않는 · 영원히 길 떠나기를 희망하는 나그네 사역이다. 에덴을 향하여 흘러가는 물이어야 하겠

1) 홍 문표 · 연변대 학술기행 「다시 중국을 찾아」 1989년 8월 17일.

다는 동천 홍 문표가 즐겨 부르던 호 한별을 동천으로 바꾸는 의변경의식 기저에 냉철한 이성이 존재한다. 이 점[1]으로 하여 즐겨하던 '한 별'을 동천(東川)으로 바꿔 신이 아닌 인간으로서의 신과의 냉철한 분리의식을 경험한 신앙이다.

홍 시인의 아호 동천(東川)의 "川(川)"은 히브리말로 나할[2](나할 · 시냇물)이다. 이 '나할'은 유업 · 기업의 의미이다. 동천의 '천(川)은 동쪽으로 흐르는 물의 소명 유업이다. 밝음이 있는 곳을 향하여 하나님이 계신 곳을 향하여 끊임없이 길 떠나기를 하는 소명의식이다. 곧 유업을 얻는 일이다. 홍 시인의 동천(東川) 히브리말 '내해' · 유업 의미는 작은 시냇물로 졸졸 흐르는 냇물이다. 아주 열심히 그리고 맡은 일에 최선을 다하는 일이 홍 학자의 일상 에덴시학이다.

이 에덴시학을 실천하기 위한 소명의식을 가진 홍 교수 유업인 '내해 · 나의 것'늠 곧 자신의 것이 아니라 하나님의 것임을 명심한다. 홍 시인의 시에서 등장하는 물고기는 히브리어 נ(눈 · 물고기)이다. 물고기는 문법상 성경 원문 문장 접두사의 역할을 늘 한다. 영원의미를 겸하면서 내해로 받은 유업 · 기업 글자가 지닌 목적격 어미 ל(목적성 의미)가 다시 또 더 붙어 나의 할일 '나할'[3]이 된 · 동천의 천(川)이다. '내가 할 일'의 순수한 에덴 시학의 동적 삶이다.

에덴 시학에서의 미래지향적 언어 '할'일을 찾아 세상을 향하여

---

1) 理想(이상) · 李霜(이상) 등의 사전에 기록되어진 명사를 찾을 수 있지만 이해경은 '이상'이름으로 즐겨 사용. 본명 김해경 1923년 3월 이전에 만들어졌다는 경성고 졸업앨범 속에는 이상이 자필 서명한 이상의 이름이 나타난다. 문학사사상자료실 · '이상은 공사장에서 주운 이름인가?' · 문학사상 · 1975. 8 (서울: 문학사상사 · 1975. 8) · 326.

2) 李 英芝 · נָחַל『한국인이 복을 받는 물은 생명이다와 한국말과 성경의 히브리어와는 닮았다. 그 이유』(서울: DSB 한국문학방송 · 2009) · 386.

3) נָחַל(나할).

나아간다. 할 일이 있다. 이 사역은 하나님 일 사역이다. 홍 학자의 앞에는 늘 할 일이 있다. 물의 사역이 있다. 말씀 사역이다. 사람이 늘 물을 먹어야 사는 삶에서 더 나아가 말씀 먹으며 · 말씀의 물을 먹으며 말씀의 물을 입으로 내어야 할 일이 크다. 바로 그 사역이 에덴 시학의 문학이다. 인간의 마음을 다스리는 일이다. 신학이 지닌 하나님의 말씀 안에 하나님이 그의 백성들을 얼마만큼 사랑하는지를 알려주어야 할 일이다. 신앙을 가진 홍 문표의 모든 일 · 창작 작업 · 학술저서 · 모두 그 안에 든 신앙에서 솟아난다. 다른 이에게 물을 먹어야 할 일이다. 그는 항상 할 일이 많다. 구체적으로 홍 문표(洪 文杓)의 문(文)이 지닌 히브리어 발음 달레트 · 가슴으로 늘 감격한다.

소년처럼 수줍게 감격하는 홍 문표박사의 뜨거운 가슴은 원어 그대로 뜨거운 가슴이다. 유일하게 생각 · 사상 · 마음을 글로 나타내 뜨거운 마음을 전달해야 할 일에 홍 문표이 문(文)은 시인의 가슴 소명감이 있다. 이른바 이름값이다. 육신의 아버지가 주신 홍 문표의 '문(文) · 발음은 '문'이지만 '물'과 깊은 철학을 겻 들여 마음 속에서 솟아나는 뜨거운 하나님에 대한 사랑을 쏟아내야 할 일을 하는 물 · 말씀사역이다. 이 소명이 가슴에 담아져 그 마음이 쏟아져 말로 평생 사역 한다. 사실 뜨거운 가슴은 다윗에게 있었다. 다윗은 다윗의 자손 예수님이 되는 계보의 영광을 얻는다. 당신만을 믿는 믿음이 있다.

할 일을 하는 물 · 말씀사역 · 시인의 시 사역이다.

눈으로 뵈올 수는 없어도
하늘만큼 가득한 당신이기에
난 당신만을 믿어요

고향을 떠나라 하시니
정든 땅 버리고
아비 친척도 버리고
내 유년의 꽃반지
아롱아롱 세월도 다 버렸어요
눈부신 햇살 따라
반짝이는 별 빛 따라
남쪽하늘 바라보며
당신 언약 바라보며
훠이훠이 따라왔지요

내 지금은 앙상한 나뭇가지
밤마다 외로운 바람이지만
당신은 아침마다 타오르는 횃불
너무도 뜨거운 불길이기에
난 당신만을 믿어요

내년엔 가지마다
꽃들이 휘 들어지고
주렁주렁 맺은 결실
들녘엔 당신의 알곡들로 가득하겠지요

눈으로 뵈올 수는 없지만
하늘만큼 가득한 당신이기에
난 당신만을 믿어요

~ 홍 문표 「난 당신을 믿어요」[1)]

문(文)과 물은 말씀이라는 물의 이차적 시의 은유관계이다. 문(文)의 물은 홍 문표의 가슴에 가득한 마음의 물이다. 물[2)]의 성 · 말씀의 성에서 쏟아져 나온 말씀의 창대함은 홍 문표의 洪과 이름의 첫자 문(文)에서 쏟아져 나와 물이 · 말씀이 계속 전하여 지는 · 말

1) 홍 문표 · '난 당신을 믿어요'(서울: 한국문인교회 · 2013. 12. 8). 설교중 시.
2) 李 英芝 · "2회 리듬 찾기" · 『물의 신학과 문학』 (서울: 창조문학사 · 2013) · 554~570).

씀사역의 광장이다. 계속 쏟아져 나오는 말씀사역이다.

물이나 글은 반드시 동적 이동을 전제로 한다. 이동하면서 이쪽과 저쪽을 연결 · 크게는 강을 건너야할 · 요단강을 건너는 이동을 전제로 한다. 홍(洪)시인의 가슴에 가득한 물 · 문(文) · 달레트[1] 달렸다는 · 홍 문표 가슴에 늘 달려 있는 · 하나님 가슴에 늘 달려 · 예수님 가슴에 늘 달려 있다. 말씀이 달려 있다. 홍 문표교수의 가슴은 듣는 가슴에 쏟아놓게 하는 성경말씀이 늘 달려 있다. 말씀 표(杓) 칼자루를 늘 들고 있다. 비평가로서의 칼자루이다. 글쓰기의 칼자루 표(杓)이다. 칼자루에 의해서 쏟아 놓는 물은 말씀을 전달한다. 글 칼자루를 쥐고 가르치고 문서화한다. 이 소명이 이제는 큰 그릇이 되어 있다. 문학계에서는 작품으로 · 이론으로 · 신학계에서는 신앙 시로 · 신학저서로 예수님의 잔을 흠모하는 홍 교수이다. 각종 저술은 문단이나 · 기독교시사에 거대한 핵으로 군림하는 현재의 한국문인교회 목사이다.

이미 고향시절에 아름다운 음악이 들려오는 소리에 빨려 들어간 교회의 첫 시작 발걸음[2]으로 부터 사역이다.

> 아무데나 예수 나를 이끌면
> 아무데나 예수 따라 가려네
> 예수같이 아니 가면 낙 없고
> 항상 주와 함께 가면 겁 없네
> 아무데 가든지 두렴 없겠네
> 아무데나 주와 함께 가려네
>
> ~ 「아무데나 예수 나를 이끌면」 구 찬송가 582장

하나님이 계획 하신 하나님의 선택은 정말 알 수 없는 일이다. 다만

---

1) ㄱ(달레트).
2) 1953년 8월 10일 경 · 태양교회.

그에 이끌리어 살아온 사역자 에덴농원! 홍 교수의 농원은 부여면 내산 리[1]에 있다. 밤 산으로 되어 있는 농원이다. 밤의 수확을 위해 알 톨이 굵은 것으로 개종하여 해마다 밤나무에서 자연으로 떨어지는 밤을 수확한다. 그리고 유기농으로 인한 고사리 수확 또한 웰빙 특산물이다. 일일이 홍 교수의 아내가 손으로 말랑말랑한 고사리 대궁부분을 꺾어 손 모양의 잎 끝을 잘라 버리고 삶아서 하나님이 주신 에덴동산에서 만들어낸다. 이 유기농은 누구의 입으로 들어가던지 그 사랑이 전해지는 한국의 맛이다. 좌우로 산이 둘러싸이고 산 아래로 보이는 넓은 시야에서 홍 교수의 에덴은 홍 목사의 눈에 의해 에덴시학을 더욱 알차게 한다. 하나님 때문에 보호되어지는 농원은 홍 시인에게 있어서는 하나님의 땅[2]이다.

홍 총장의 부여 농원은 마치 이스라엘의 예루살렘이 Y字형의 중앙에 자치하여 잘 보호되며 물 위에 흘러가는 모양으로 되어 있다. 북쪽 한 면만 남겨 놓고 북동쪽으로 스코프스 산 · 동쪽으로 감람산(재림 징조의 장소로서 열 처녀 중 슬기로운 다섯 처녀의 기름 준비하는 곳(마 23~25)이듯이 · 마치 동남쪽으로 범죄산 · 남쪽으로 나쁜 충고의 산이 있어서 예루살렘 성이 어머니 팔에 안긴 아기로 감싸여져 있듯이 놓여있다. 아내가 있는 농원을 홍 문표는 지상의 에덴으로 시화한다. 마치 홍 교수 어머니 품이듯이! 홍 총장 삶의 방식은 드넓은 바다[3]같은 삶으로 바다[4] 보물을 건져낸다.

에덴 이것은 홍 시인에게 몸과 마음을 달래주는 영양소이다.

---

1) 충청남도 부여군 내산면 주암리 녹간 마을 103번지 밤 매향 자연농원.
2) Hesse. Lyman Hurlbut · Ibid.
3) יַמִּים(얌밈 · 바다).
4) Ibid.

(3). 에덴농원

에덴 농원은 심신을 맑게 해주는 청량지역의 내산면 고향 산 · 고향 언덕이다. 일제하에서 말살 되어 간 고향 이름 찾기의 주소가 되는 언덕 바로 에덴 언덕에 산다. 바로 백제의 우리 이름이다. 하나님이 주신 내 산이다. 내 산리에 있는 내 산에 산다. 홍 시인에게 있어서 아내 신 용호는 말 그대로 신용으로 그의 삶을 지탱해 주는 약초이다. 천국 여인 신 용호가 만들어 주는 · 마치 예루살렘이 이스라엘의 중심지이듯 오로지 남편을 위하고 아이들을 위하는 한국 전통적인 한국최대의 여인상으로 하여 홍 문표는 행복하다. 이 홍 문표는 아내 신 용호 깃발을 높이 달고 있다. 행복한 모습이다. 집 둘레의 밤 나무지기가 되어 밤 톨 자람 밑에서 나오는 고사리의 순 · 아내로 하여 차가운 바람이 지나가고 새봄이 되면서 돋아나는 사랑을 감사한다.

홍 문표는 온 생애의 날을 늘 아내[1] 곁을 떠나지 아니한다. 형제를 떠나지 아니하며 자녀들[2]과 함께[3] 산다. 출판사 업무를 잘 지켜[4] 하나님의 일을 알린다. 홍 목사가 하나님의 말씀을 오늘날까지 지킨 날들[5]은 광야바다의 삶에서 홍 시인이 살아 있는 날들[6] 현재이다. 사람은 마음의 고향을 두고 산다. 홍 문표 교수의 삶은 창조문학과 말씀과 문학잡지를 만들면서 이웃과의 가깝기를 좁힌다. 아내와의 거리를 좁히고 · 독자와의 거리를 좁히고 · 한글을 중요시하여 가능하면 한글사랑을 실천한다. 한 번도 한글운동이

---

1) 신 용호(申容鎬) 밤 매향 농원경영.
2) 홍 성민 홍 성혁 홍 수정 홍 예랑 홍 미랑
3) 아들 성혁은 동천(東川) 아카데미 4층 · 딸 수정은 3층에 산다.
4) 홍 문표 아드님 성혁: 출판사 부장직위.
5) יָמִים(얌임 · 날들 · 수 22: 3).
6) יָמִים(얌임 · 날들 · 민 9: 19 · 20).

라는 팻말을 달고 거리로 나서지 않으면서도 그 거리를 좁힌 · 결코 말씀의 강을 떠나지 않으면서 · 하나님에 의해 보호 되어 진다. 홍 문표는 이스라엘 땅과 이 땅의 예루살렘 성 세 골짜기 · 동쪽 기드론[1] 골짜기 · 힌놈[2]골짜기 사이의 티로피온 골짜기(Tyropoen Valley)로 둘러싸여 있는 히브리어 쉰[3] 모형이듯 하나님에 의하여 보호된 삶을 살아간다. 자신을 하늘[4] ~히브리어 글자 이 ש(쉰 ·치아)[5] 모형으로 끊임없이 연단하면서 어둠에서 · 북에서 남으로 방향 틀기 한다. 밝음으로 방향을 바꾼다. 그런 다음 서에서 동으로 뻗어 내리면서 이스라엘 산이 기드론 골짜기와 합류하듯이 예루살렘 성을 서쪽과 남쪽에서 격리시켜 천연 요새가 되듯이 · 세상과의 뭇별들과 격리하여 사는 · 오직 예수님 별을 닮는 세속이 아닌 요새를 만든다. 홍 시인의 농원 밤나무농원은 마치 이스라엘 첫째 산은 감람산 · 그 맞은 벽 편에 있고 예루살렘 성보다 높고 둘째 감람산 북쪽에 있는 스코푸스(Scopus)산이 감람산과 연결되면서 북방의 방어를 담당함과 같다. 셋째 산 감람산 남쪽으로 연결된 범죄 산(Mount of pffence)동남쪽에서 예루살렘을 호위하듯 · 기드론 골짜기를 따라 세 개의 산이 예루살렘 성을 두른 것처럼 · 그리고 넷째 산이 힌놈의 골짜기의 서쪽으로 서산(Western Hill) · 힌놈의 골짜기 남쪽으로 나쁜 충고의 산이 남쪽과 서쪽에서의 방어를 담당하듯 · 홍 문표의 현실 부여 에덴동산은 골짜기와 산들로 보호되어 있다. 황금성 역할인 요새[6]가 예루살렘이듯 그리고 5개의 산이 보호하는 지형

1) קִטְרוֹן(Kidron).
2) הִנֹּם(Hinom).
3) ש.
4) שָׁמַיִם(솨마임 · 하늘).
5) שֵׁן(솨 · 연단 · 이: 齒).
6) 권 혁승 · 『성경 지리』 (서울: 서울 신학 대학교 · 2002) · 66. 80 · 96.

으로 되어 있듯이 · 여호와께서 그의 백성을 지금부터 영원까지 두르시리로다(시 125: 2)의 치아 ש(쉰) 형태의 성경말씀이듯이 · 홍 시인의 부여농원 현실 둘레는 문학 · 신학 · 그리고 아이들 곧 성혁과 각기 위아래에 층에 살면서 보호받는다. 그리고 아내를 보호와 주위의 보호하는 형태로 그 거리를 좁힌다.

홍 문표의 삶은 하나님이 예루살렘 성을 보위하듯 · 하나님이 홍 문표를 보위하는 삶 · 몇 번의 수술이 있었지만 삶 이어가기는 늘 다른 사람의 시평 · 새로운 비평작업을 육필로 써 내려가면서 · 그 많은 저서를 일일이 손으로 쓴 원고로 수작업 하며 · 건강도 회복되어 졌다. 기적이다.

고교시절 공부를 많이 하려고 각성제 복용 등

나의 첫 번째 죽음의 고비는 고3때 밤새기 공부를 한다고[1)]
잠 안 오는 각성제 '뇌신'[2)] 을 복용[3)]
두 번째 고비는 오십이 되어 기슴에 종양이 생긴 것을 확인[4)]

수술[5)]을 하게 하나님이 하시면서도 하나님의 보호하시는 현재이다. 마치 홍 교수 농원의 산이 양쪽으로 있으면서 고향 집을 보위하는 형상이듯 하나님의 보호를 받는다.

---

113 · 152 · 229~236.

1) 홍 문표 · 『에덴의 시학』(서울: 창조문학사 · 199). · 63.

2) 현재 · 내 고통의 증세란 육체적인 것 보다 심약한 정신 때문일 것 같다. 왜 마음이 약할까. 지금까지 세상살이에는 약한 적이 없었는데 내 자신의 건강에 대해서는 너무나 소심하다. 고교 졸업시 각성제를 먹고 당했던 충격이 결국은 소심증으로 고생하게 되었다. 아직도 육체적인 고통에는 대담하지 못하다 ~ 1988. 5. 5일 일기.

3) 1958.12.10.쯤.

4) Ibid.

5) 탈장수술 ~ 1988년 5월 50세 · 맹장수술 ~ 2008년 8월 5일 세브란스병원 · 치핵수술 ~ 2013. 5. 7~9: 성도병원 913호 입원.

2). 에덴을 찾는 길

홍 문표 교수의 시학이 되는 에덴 찾기는 사랑 문제와 관련된다. 사랑이 보호받는 일이다. 육신 아버지의 거대한 세창(世昌) 곧 세상의 파도 위에 어머니 동월(冬月) 달 안에 · 아내 신용호의 깃발로 그리고 수정(따님) 미랑(따님) 예랑(따님)을 보호하며 맑음을 내리는 에덴의 생활을 한다. 에덴의 새싹 성혁(막내 · 자영업 사장)과 성민(장남 · 부경대교수)과 더불어 대의 문을 이어가간다. 최첨단의 전자책을 만들고 그리고 강의하면서 실험과 실제를 겸한 하나님의 일 꿈꾸기의 꿈 동산을 만든다. 그 일은 멈추어지지 않는다. 꿈을 들고 일어나라는 하나님 말씀 따라 멈추지 않는다. 절대의 '높임'[1]을 가진 '그'[2]와의 거리 좁히기를 예수님이 사랑으로 하시었듯이 홍 문표 교수도 이 사역의 역할을 다윗처럼 뜨거운 가슴으로 한다. 다윗의 아들 솔로몬의 작품[3]의 아가서처럼 · 홍 문표는 에덴에 있다. 구체적인 이유는 하나님의 절대사랑을 만나기 위해서 · 가깝게는 가족이 있어서이다. 하나님 가족들이다.

구약에서 제시하는 절대사랑의 가치는 아가서에서 찾아진다. 사랑과 관련 · 에덴에 '나의 사랑하는 자'[4]가 있는 곳이다. 에덴에는 나의 사랑하는 그(하나님)이가 있기 때문에 홍 문표는 늘 밤 매향 에덴에 산다. 절대자 하나님 그[5]가 있다. 사랑 성서 아가서는 제목

1) 민대훈 · 『바르트와 레비나스가 본 형상 금령 해석』(서울: B & A · 2007) · 178. "유월절 식사의 최후의 만찬," 『教授論文集』,第8輯,(서울: 서울 기독 대학교 · 2004) · 46.

2) 홍 문표 · 『문학설교학』 (서울: 창조문학 · 2011) · 265~266).

3) 그러나 솔로몬의 아버지 다윗을 이야기하지 않고는 아가서를 논의할 수 없다.

4) NMS.CXS.

5) 그는 성서에서 절대적 존재 · 李 英芝 · 『물의 신학과 문학』(서울: 창조문학

'시로 하시림'[1] 발음 · 시로 하시림 그대로 문법은 피동 · 존경어 표시 '시로 하시림'한다. 아름다운 동산에서 하시림· 이 지상 부여 농원에서 아가의 사랑이 하시림 실현된다. 하시림! 존경어 단단히 자리 잡은 아가서의 에덴동산을 홍 문표 시인은 현실 부여 에덴 농원에서 찾는다. 솔로몬[2]과 술람미[3] 사랑 이야기처럼 · 사랑 실천 에덴 모두 여성 여성문법 의미 '하'[4]로 자주 그리고 존경으로 한다. 아주 많이 신학 깊이를 찾아 오늘도 아내 신부와 더불어 산다. 아내를 높이며 존경한다고 홍 문표 교수는 늘 말한다.

하나님이 계신 곳은 에덴 · 현실에서 고향 부여이다. 에덴에는 홍 문표 아내가 있다. 에덴동산 부여면 주암리[5]! 하나님이 계신 동시에 아내가 있는 에덴동산!

홍 시인은 『나비야 청산가자』 시집을 통하여 절절히 사랑시를 구가한다.

> 나비야 청산가자
> 범나비 너도 가자
>
> 하늘하늘 옥색치마
> 자줏빛 꽃 댕기
> 아직도 손끝에 파닥이는
> 그날의 부끄러움

사 · 2013) · 364(그를 절대 따르며) · 419(하나님 그에게 절대 순종할 때) · 533(절대자 그를 위하여).

1) שִׁיר הַשִּׁירִים(시르 하시림 · 아가라 · 아 1:1).
2) שְׁלֹמֹה(쉴로모 · NE · 고유명사).
3) שֻׁלַמִּית(쉴람미트).
4) ה(하 · 소망사). : 한국 시인들은 '아버지여'라고 시를 쓴다. 히브리어에 עַבְדְּךָ (아브데하 · 주의 종 · 대상 17:24)가 있다. 한국어에 끝 글자를 '하'로 표시한 『용비어천가』 가 있다. '임금님이여'이다. 같은 '하'의 לְפָנֶיךָ(레파네하 · 주앞에서 · 대상 17:27).
5) 충남 부여군 내산면 주암리 녹간 마을 103번지 밤 매향 자연농원.

스물다섯이었지.
우리는 뜨거운 가슴뿐이었지.
너의 순진한 눈시울에
나는 몇 번이나 죽음을 약속하며
가난한 마음하나
푸르른 날개를 달고
아, 새벽처럼 달리던 숲길이었지

종달새 지저귀는 들길을 지나
두견화 손짓하는 언덕을 지나
산 도화 피멍든 꽃잎을 뿌리며
바람처럼 푸르른 언덕길
이슬처럼 영롱한
네 가슴속의 진주

그 맑고도 황홀한 순결의 날개를 펴고
오색 빛 고운 햇살
그 선연한 빛깔 사이로
사뿐사뿐 달려오던
네 아련한 기억

나비야 청산가자
범나비 너도 가자

~ 홍 문표「나비야 청산가자 1」[1)]

현실 에덴동산 홍 시인의 절절한 연애 시는 성경의 아가서와 관련된다. 흔히 이야기 하는 솔로몬이 사실 쉘로모[2)]로 발음되는 것에 비유하면 홍 문표 쉬는 곳이다. 또 술람미 여인이라 한 성경원음 쉘람미트[3)]처럼 · 쉘렵니다 · 홍 문표의 에덴은 아내 신 용호로 인한 쉼이 있다. 신앙인으로서 하나님의 신부인 홍 문표의 하나님

1) 홍 문표 · 『나비야 청산가자』 (서울: 창조문학사 · 200).,140~141.
2) שְׁלֹמֹה(쉘로모).
3) שֻׁלַמִּית(쉘람미트).

동산이다. 부여 농원은 홍 시인 에덴동산이다. 이곳에 하나님의 사랑이 돋아[1] 있다. 하나님의 향이 스며 나와[2] · 좋음[3]이다.

좋음[4]은 어린 처녀들 · 어린 알라[5]들이 모여[6] 둘러싸며 하나님의 신부를 사랑하며 아파[7]하는 모습이 함께 있어서다. 사랑하는 사이이다. 성경 아가서가 제시한 진심으로 에덴을 찾는 자의 사람들에게 나를 왕에게로 나를 인도하도록 모시겠니![8] · 모셔진 에덴동산이다. 하나님의 인도를 받아 가기에 아내에게 왕 대접을 받는다. 에덴이다.

홍 시인은 『나비야 청산가자』 시집을 통하여 청산가자의 청유로 권한다. 가자라는 말은 같이 들 봐[9]이다. 이 공유성과 함께 우리 가서 말씀을 나르자[10]한다. 에덴동산이 좋은 이유는 말씀을 나를 수 있어서이다. 충분히 쉬고 나서 일을 할 수 있다. 이때의 기쁨표현은 그야말로 좋아 "낚일라"[11]이다. 좋아 낄길[12]거리면서 · 에덴을 향하여 왔다갔다 · 오랜 동안 하나님 일 하기 딱 좋다. 홍 학자 교수 시인의 비밀이 여기에 숨어 있다.

---

1) דֹדַיִךְ(도데이하 · 하나님의 사랑이 · 아 1:2).
2) שְׁמָנֶיךָ(스마네이하 · 네 기름이 · 아 1:3).
3) טוֹבִים(토빔 · 아름답고 · 아1:3).
4) 히브리 발음 טוֹב(토브)는 한국말 '좋은'. 한국 고어에서는 '좋은'이 '됴은'이다.
5) 경상도 방언에서는 아직 결혼하지 않은 아이들을 통칭하는 말이다.
6) עֲלָמוֹת(알라모트 · 처녀들이 · 아 1:3).
7) אֲהֵבוּךָ(아흐부하 · 너를 사랑함이 아 1:3). * '아파'와 '아파림'
: 어미들은 새끼들을 놓으며 '아파'한다. 히브리어에 새끼가 עֳפָרִים(아파림 · 새끼 · 아 7:5)이다.
8) מָשְׁכֵנִי(모시겠니 · 처녀들 너는 나를 인도하라 · 아 1:4).
9) בָּךְ(바하 · 너를 인하여 · 아 1:4).
10) נָּרוּצָה(나루자 · 우리가 달려가리라 · 아 1:4).
11) נָגִילָה(나길라 · 우리가 기뻐하며 · 아 1:4).
12) גִּיל(길 · 좋아하며 · 아 1:4).

(1). 아들 홍 문표

하나님의 일 사역자 홍 문표는 공동체를 운영하는 리더이다. 그러나 그의 철학은 서로 같이 하여 · 이제 낯이 익어[1] 서로 공유하며 · 에덴동산에서 노니는 발걸음 · 기쁨이다. 그러기에 말씀 듣고 철저히 준비한다. 자신감으로 차 있다. 모두를 인도하려는 준비 작업 완수 · 그러고 나서는 홍 시인은 그의 설교나 특강이나 또는 영상매체 모두 듣고 보는 이로 하여금 감탄 · 그의 열정과 그리고 철저한 준비에 경탄한다. 무리들은 아파한다. 이 아파라는 뜻이 바로 서로 사랑하는 사이이다. 아하푸![2] '사랑하여' 히브리어는 단수가 아니다. 복수 우리들이다. 여기에 에덴시학의 큰 묘약 힘이 있다. 자연히 홍 학자를 따르는 무리가 결성된다.

따르는 무리들은 신부이미지이다. 성서는 이스라엘 백성들을 신부들이라 한다. 이스라엘아 너는 행복자로다 · 하나님 신부들 모두는 행복 자들 · 말씀 사모자! 영혼의 갈급함을 찾아 그 갈급함을 채움 받는다. 그러기에 시인이 된 사람들은 물질이 아닌 영혼의 갈급함을 채우는 선물을 절대자로부터 받은 사람들이다. 홍 문표 시인이자 교육자 그리고 신앙인과 같이 있는 사람들이다. 주위에서들 비록 쉬어라[3] 할지라도 멈추지 않는다. 늘 긴장하며 하나님의 일을 많이 하느라 · 빛을 많이 쬐어서[4] 검을 찌라도 · 아가서의 솔로몬의 여인처럼 · 비록 검을지라도 처럼 · 하나님 일을 멈추지 않는다.

홍 시인의 시집 『지상의 연가 ~늘 푸른 강물이 듯이』는 1 · 2 · 3 ·

---

1) נַזְכִּירָה(나즈키라 · 우리가 기억하며 · 아 1:4).
2) אֲהֵבוּךָ(아페부하 · 처녀들이 너를 사랑함이 · 아 1:4).
3) 쉬어라 שְׁחוֹרָת(쉬호라 · 비록 검으나 · 아 1:5).
4) שֶׁשְּׁזָפַתְנִי(쉐쉐자파트니 · 쬐어서 · 아 1:6).

4~52호 '늘 푸른 강물이 듯이' 모두 반복구조이다. 물 흐름이다. 물 흐름과 달과의 상응성 · 어머니 동월(冬月)로 하여 수직구조를 가진다. 아들은 홍 문표 · 호 동천(東川) · 어머니는 달 · 아들은 동쪽으로 흐르는 시냇물이다. 하늘의 달과 동쪽으로 흐르는 시냇물과의 관계는 하늘과 땅이라는 뚜렷한 수직 구분이다.

홍 문표의 어머니 동월(冬月) · 겨울 달이다. 홍 시인은 어머니를 "떡 바다 들녘의 한 섬지기 옥답"으로 한다.

아버님은
구룡포 하늘의
찌렁한 목소리
어머님은
떡 바다 들녘의
한 섬 지기 옥답

아버님은 일백 리 쭉 뻗은 신작로
평생을 달리시며
훤한 꽃길 닦으시고
어머님은
비옥한 이랑의 벽오동 심으시고
새벽마다
하나님께 기도드리셨지

이제는
우리 다섯 남매
치렁한 오동나무 줄기가 되고
아버님의 그 길을 걸으며
어머님의
그 이랑을 밟으며

오늘도
파아란 하늘을 둘러봅니다.
당당하신 아버님

자애로우신 어머님
선연한 그 모습
쟁쟁한 그 목소리
구름자락 휘날리며 굽어보십니다.

～ 홍 문표 「어머님 · 아버님」[1)]

내 유년의 강물에 띄워진
지상의 그림자
소중하게 길들여진 꽃신들과
몽땅 연필로 새긴 서투른 글자
이미 태어날 때부터 저질러진
배냇짓의 웃음을 버리기엔
너무나 믿음이 연약합니다.

바람소리
강물소리

～ 홍 문표「늘 푸른 강물이 듯이」·10[2)]

백마강 하류 엿바위 부근에서
지금도 천년의 물빛이듯이

～ 홍 문표「늘 푸른 강물이 듯이」·17[3)]

늘 푸른 강물이 듯이
어머니
억센 삼배 혀끝에 녹여
긴긴 밤을 동여매고
속살 비치는 고운 무릎에
자장가 새기시며
별을 따서 꽃 그리고
달빛 모아 땀을 뜨시는 색동저고리

---

1) 홍 문표 · 열두시인 시집 『아침의 노래』(서울: 쿰란출판사 · 2002) · 205～206.
2) 홍 문표 · 『지상의 연가 ～늘 푸른 강물이 듯이』(서울: 창조문학사 · 1992) · 32～34.
3) 홍 문표 · 『지상의 연가 ～늘 푸른 강물이 듯이』 49～50.

꿈속에서도
일곱 빛깔 무지개의 나라
꽃수레로 나를 태워
하늘로 내어 미시는 다사로운 기쁨
눈동자 한 가운데
나를 숨겨주시는 지극한 평안이여,

내 환한 얼굴에
당신의 슬픔을 씻고
내 슬픈 눈짓에
당신의 살을 저미시는
끈적거리는 역설의 인연이여,

사철 구비지는 강물은
내 영혼의 발바닥을 적시우고
이생의 고달픈 들길에
풍요의 꽃 무덤으로 황홀합니다.

이 도도한 사랑의 강폭에
수목들은 무성하고
굽이굽이 언덕마다 계절이 가득한
열 두 폭의 산수화

그날 남루했던 모시적삼
때 묻은 은가락지
그토록 소중했던 모본단 저고리
주름진 손마디 틈새마다
꽃 댕기 부끄러운 얼굴이
오늘도 시나브로 물살 집니다.

～ 홍 문표「늘 푸른 강물이 듯이」· 49[1)]

홍 문표 시인의 시 이미지 강물은 어머니와의 관계이다.

---

1) 홍 문표 · 『지상의 연가 ～늘 푸른 강물이 듯이』 · 120～121.

(2). 달과 물

홍 문표의 어머니 이름은 동월(冬月)이다. 달을 노래한 시조로는 황진이의 시조가 있다. 황진이 시조에는 달과 관련한 물의 "청산리 벽계수야…"[1]가 있다. 안(內) 이미지이다. 안에 사랑이 내재한다.

황진이 시조에서의 안(內) 이미지이다.

*표 1 황진이 "청산리 벽계수야…"에서의 안(in) 이미지

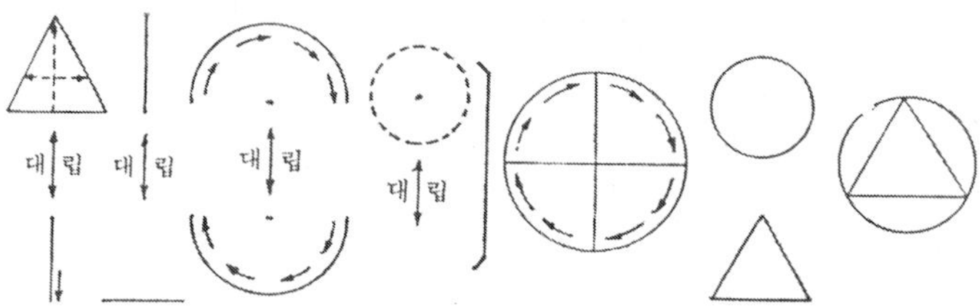

~ 황진이 시조 "청산리 벽계수야….[2]

황진이는 시조의 시적 화자를 달 안에 벽계수가 들게 한다. 벽계수는 달 · 그녀의 소유 즉 '내해(나의 것)[3]이다. 이 내해는 동천이나 동천 어머니가 지니고 있는 사랑이 내재하는 은혜 갚기로 부지런히 삶을 살아가는 어머니의 아들 동천 · 내해(나의 아들)이다. 어머니에게서 받은 사랑 · '내해'는 물려주신 몸이다. 하늘향하기 곧 『囚人(수인)과 바다』 시집에서의 「바람의 유혹」 시 '내해(內海)[4]이다.

황진이 시조의 동류(東流) 명월(明月)의 물이 동쪽으로 흐른 물이

1) 청산리벽계수용이동류이막과일도창강난재견차유며월영사해동악부'(青山裏碧溪水容易東流爾莫誇一到滄江難再見且留明月暎沙海東樂府).

2) 青山裏碧溪水容易東流爾莫誇一到滄江難再見且留明月暎沙海東樂府 · 청산리 벽계수야 수이감을 자랑마라 일도 창해하면 다시 오기 어려웨라 명월이 만공산한데 쉬어간들 어떠리 · 해동악부(현대어로 필자역).

3) 李 英芝 · 『물(מַיִם)에 대한 신학과 문학의 비교연구』 (서울: 창조문학 · 2008) · 60.

4) 홍 문표 · 『囚人과 바다』 (서울: 창조문학사 · 1980) · 100.

타임머신을 타고 홍 문표 호 동천(東川) 물과 리듬을 같이한다.

동천(東川)과 어머니 동월(冬月)의 관련성은 효의 관점이고 모자지간 그리움 이미지이다. 동천이 동쪽으로 흐르면서 쳐다본다. 모자관계는 유업의 의미로 접근된다. 예수님과 마리아 관계는 빛 바로 낮과 밤 이미지이다. 한국 시인 이 상(李 箱)도 백모와의 관계에 비추어 또한 그러하다. 동천(東川)과 어머니 동월(冬月)의 월(月)이 밤 달이라면 동천(東川)의 동(東)은 동쪽 곧 해 뜨는 밝음 이미지이다. 해 뜨는 곳에서 동천은 일어선다. 일어나 일을 한다. 살아간다.

우리나라 사투리로 일어나라! 누구야 '인나'라 한다. 헬라어 그리스어 인나 ἰνα[1]이다. 38년 된 앉은뱅이 보고 침대에서 일어나 걸어라! 명령 일어나 걸어라! 우리 고어 **흔나!** 오늘날 발음 **은나**, 산스크리트어[2] 인나! 하나이다. 우리 들은 누구보고 하나 가져오라를 은나(êna: -1에서부터 1까지 오는 수 이미지의 순수 우리말)!가져 오라한다. 라틴이[3]에시도 그리스이[4]에시도 '은나! 가져오라' 우리말 흔나이다. 세계에서 쓰던 우리 소리중 하나[5]의 예[6]이다. 일어나 일 하는 우리 국민 일어서기 잘한다. 일 나가갈 때도 일 나간다 한다.

---

1) 인나, 마태복음 9:6: GREEK~ENGLISH NEW TESTAMENT(1971, 21).
2) 산스크리트어를 데바나가리어라 한다. ग ga घ gha न na ङ ṅa ञ ña ण ṇa ड ḍa द da ध dha ढ ḍha र ra ल la ऋ ṛ · r̥ ॠ ṝ · r म ma व va ब ba भ bha स sa ष ṣa श śa ऌ 4 अ a आ ā इ i ई ī उ u ऊ ū य ya ḷ · l ॡ ḹ · l̥ ए e · ē ऐ ai ओ o औ au ज ja झ jha च ca छ cha क ka ख kha ट ṭa ठ ṭha त ta थ tha प pa फ pha ह ha.
3) êna 스테반 원어성경 上(서울: 원어성서원 · 2000언. · 627 · 레위기 5:7,
4) êna 스테반 원어성경 上(서울: 원어성서원 · 2000언. · 627 · 레위기 5:7,
5) 온 땅에 구음이 하나 ëv(은나)이요 언어가 하나ëv(은나)이었더라(창 11: 1); http: · blog.daum.net · paulsong · 15863203 ·
6) 산스크리트어와 한민족사투리 부로그: http://www.blog.daum.net · paulsong · 15863203.

(3). 입

홍 문표의 고향은 부여[1]이다. 본 히브리어를 연구하는 사람으로서「근초고왕」[2] 드라마가 보여준 부여 왕 이름 '어라하'임에 주목한다. 히브리어에 엘라하[3]가 있다. 홍 문표의 태생지는 부여이고 이곳을 비롯하여 오늘의 홍 시인이며 에덴시학의 철학자이며 문학박사 · 시인 어린 시절이 있다. 왕 · 어라하 성격을 지닌 근원의 뿌리가 있다.

홍 문표는 배우기를 좋아한다. 이러한 삶의 노력은 배움의 연속 · 학력 석사과정부터 박사과정을 두 번씩[4] 수행한다. 성서에서 배움은 알레프[5]인데 '봐 이렇게[6] · 봐라[7] 4회 · 봐 이봐라'[8]하며 배우기를 권한다. 하나님을 향한 숨쉬기로서 누구나 겪었던 숨 막히는 가난의 삶을 하나님의 전지전능을 믿으면서 숨 쉬게 된 배움으로 일어선다. '봐라 · 이거라'의 홍 학자는 큰 별이 되어 있다.

홍 문표의 하나님 알기는 부여군 부여면의 태양리 태양교회에서 출발한다. 태양리 태양교회에서 들려오는 찬송[9]

---

1) 부여는 고구려와 백제 이전의 국가이었다. 별족 고구려와 백제, 부여시조 동명. 근초고왕 낙랑 태수로 임명, 북부여 세력 확장으로 세워진 남부여! 발해와 가락국도 이 부여와 관련(13회 한민족 미래포럼 다시 보는 백제사 방영: 글로벌 백제의 역사와 문화, 한국 전통문화대학 이도학 교수 2015. 11. 29).
2) 드라마: 근초고왕 · KBS1 토, 일 21시 40분 · 60부작 북부여에 세력 확장 지금의 남부여를 만든다.(2010.11.06.~2011.05.29.).
3) אֱלָהַיָּא(엘라하 · 신들 · 렘 10:11).
4) 석사과정을 두 번(서울교육대학교 대학원 · 고려대학교,대학원) · 박사과정을 두 번 (명지대학교 대학원 · 서울기독대학교 대학원) · 박사가 둘(문학박사 · 신학박사).
5) א.
6) וַיַּרְא(바이레아 · 하나님이 감찰).
7) בָּרָא(바라 · 창조 완료)
8) וַיִּבְרָא(바이쁘라 · 하나님이 창조하시고 계시는).
9) 찬송가 "아무데나 나를 이끌면...".

아무데나 예수 나를 이끌면
아무데나 예수 따라 가려네
예수같이 아니 가면 낙 없고
항상 주와 함께 가면 겁 없네
아무데 가든지 두렴 없겠네
아무데나 주와 함께 가려네

~ 「아무데나 예수 나를 이끌면」 구 찬송가 582장

홍 문표가 듣고 이끌리듯 · 당시 전도단의 찬송에서 시작된 이 하나님 배움 시작은 하나님 사랑 배우기였다. 이 필수적 사랑방법 · 그리스도를 통한 사랑을 통해 세례를 받았다.[1] 홍 문표에게 향한 하나님의 사랑은 홍 문표에겐 하나님의 신성[2]익히기이다.

하나님이 창조하고 초청하여 감찰하시면서 싹을 낸 · 그리고 울창한 나무가 되어 있는 지금의 홍 문표는 하나님이 허락한 언약을 믿는다. 그리고 지금의 삶 안에서 아직도 끝[3]나지 않은 하나님의 높은 뜻을 배움[4]에 아직도 머문다. 시대를 뛰어넘는 하이퍼의 전자시스템 홈페이지구축을 비롯하여 한 개인의 일이 아닌 모두의 공유를 위해 홍 문표의 삶을 끝내지 않으신 하나님 은혜에 감읍하는 삶이다. 하나님이 허락하신 홍세창의 아들로 하나님의 백성들을 초청하기 위하여 싹을 내면서 지금도 계속 하나님이 사랑하심 표시 안에서 묵묵히 그러나 그 형상이 드러나는 장음화 한 기법에서 싹 냄을 실시한다. 이제 그 은혜 갚기는 곧 어머니 동월에 대한 애틋한 정성의 눈물에 답이다. 태양 교회가 마음의 고향이 되면서 홍

1) 1958. 태양교회 임 달호 목사에게서.
2) 창세기 1:1~2:3에서는 배움의 의미 진행 어미형 א(알레프)이 '싹' תַּדְשֵׁא(타데쉐아 · 싹) 3회 + '내라' וַתּוֹצֵא(바토쩨아 · 내라)의 2회를 합하여 10회.
3) ת(타브 · 완성 · 십자가 · 표시).
4) א(알레프).

문표의 삶은 드넓은 바다를 · 말씀의 바다로 만들려 · 에덴시학의 실천을 위해 물에 뜨며 배움을 그리고 실천을 헤엄치고 있다. 태양리에서 불 켜고 있다.

에덴의 모습을 단편적으로 보여준 예는 사랑하는 사람과의 만남 · 이 지상에서 결혼의 모습이다. 박 지성[1]과 연인 만남[2]에서 그 분에게 향하는 특별한 감정을 '골 넣는 것보다 o oo 만나는 게 더 좋아'라고 하였듯이 홍 문표 시인은 신뢰로 쌓여진 아내를 사랑한다. 신학적 철학 설교에서 홍 문표 목사는 다음과 같이 설교한다.

> 창 1:26절과 함께 봉독하실까요. "하나님이 이르시되 우리의 형상을 따라 우리의 모양대로 우리가 사람을 만들고 그들로 바다의 물고기와 하늘의 새와 가축과 온 땅과 땅에 기는 모든 것을 다스리게 하자 하시고" 그 동안 모든 만물은 하나님의 말씀 · 즉 "이르시되" God said로 창조하셨습니다. 그런데 인간을 창조하실 때에는 "우리가"라는 복수로 협의해서 창조하심을 보게 됩니다. 여기서 우리란 바로 삼위일체 하나님 · 즉 성부 · 성자 · 성령의 하나님입니다. 더욱 놀라운 것은 "우리의 형상을 따라 우리의 모양대로 우리가 사람을 만든다"고 했습니다.
>
> 홍 문표 목사 설교문「우리의 모양대로 사람을 만들자」에서[3]

삼위께서 우리[4]가 · 나서[5]서 아담[6]하게 우리의 형상대로 베

---

1) 박 지성(32 · 퀸스파크 레인저스)은 2002 한 · 일 월드컵 '4강 신화'의 주역으로 활약했다. 2010 남아공월드컵 대표팀의 주장을 맡아 한국의 원정 16강행을 이끈 한국 축구의 영웅이다. 박지성은2005년 잉글랜드 프리미어리그의 명문 구단 맨체스터 유나이티드에 입단해 리그 우승 4회 · UEFA 챔피언스리그 우승 1회의 영광을 누렸다.

2) 20일 오전 9시 30분 경기 수원월드컵경기장 컨벤션웨딩홀에서 기자회견을 열고 SBS 김민지(28) 아나운서와의 열애설에 대해 구체적으로 밝혔다.

3) 홍 문표 · "우리의 모양대로 사람을 만들자," 한국문인교회 예배 설교 문(서울: 한국문인교회 · 2013) · 6월 23일.

짤[1]일을 제시한 성서는 우리를 닮은[2] 사람을 만들자고 제의한다. 눈에 보임을 목적으로 한 하나님은 에덴동산에 남자와 여자를 두고 눈에 사람이 세상을 다스림을 보이도록[3] 하시었다. 홍 시인은 사랑하는 자녀를 위해 몸 전체로 들이미는[4] 하나님의 세계에서 하나님께로 위[5]로만 향해 하나님의 움직임[6]으로 열심히 살아간다.

아주 아담[7]하게 하나님을 바라[8]며 에덴동산이 좋은 이유를 증거하며 확인한다. 에덴동산이 빛날 수 있는 것은 자기인 남자와 그 남자가 오 내게 와라고 하는 여자가 있어서이다. 에덴동산은 결혼의 매력이 있는 곳이다. 이 부부사이에서 통용되는 '자기'가 있어서 · 자기[9] 오 내게 와[10] · 홍 문표와 신 용호는 잉꼬부부이다. 하나님의 에덴동산 완료형은 하나님 · 우리가 만든 것[11]이다.

홍 문표는 그의 삶 전체의 시학 · 에덴시학으로 한다. 봐 이 보라고[12] · 하나님 이 분이 있는 이 곳을 사람들에게[13] 보여주는 우리[14]가 되어 하나님의 말씀을 들으며 살아가는 동산 · 늘 푸르[15]고

---

4) אֱלֹהִים(엘로힘 · 창 1: 26 · 우리)가 셋(나와 대행자와 성령(숨쉼 · 보혜사).
5) נַעֲשֶׂה(나아세 · 우리가 만들고 · 창 1:26).
6) אָדָם(아담 · 아담.창 1:26).
1) בְּצַלְמֵנוּ(베잘레메누 · 우리의 형상을 따라 · 창 1:26).
2) כִּדְמוּתֵנוּ(키드무테누 · 우리의 모양대로 · 창 1:26).
3) וְיִרְדּוּ(브이르두 · 그로 다스리게 하자 · 창 1:26).
4) בִדְגַת(비드가트 · 물고기와 · 창 1:26).
5) וּבְעוֹף(우브오프 · 새와 · 창 1: 26).
6) וּבַבְּהֵמָה(으바브헴마 · 육축과 · 창 1: 26).
7) הָאָדָם ~ אֶת(에트~ 하아담 · 사람을 · 창 1:27).
8) בָּרָא(바라 · 창조하시되 · 창 1:27).
9) זָכָר(자카르 · 남자 · 기억 · 창 1: 27).
10) וּנְקֵבָה(우네케바 · 여자를 · 기록 · 창 1: 27).
11) אֹתָם(오탐 · 그들을 · 창 1:27).
12) וַיְבָרֶךְ(바이바레크 · 복을 주시며 · 창 1:28).
13) 창 1:28.
14) אֱלֹהִים(엘로힘 · 하나님 · 창 1: 28 · 우리).
15) פְּרוּ(프루 · 생육 · 창 1:28).

푸르러[1] 움마![2]소리가 나도록 감탄되는 곳에 홍 시인은 산다. 하늘나라사모로 베껴 와서[3] 우리도[4] 해냈어! 하고 자랑하는『지상의 연가 ~늘 푸른 강물이 듯이』를 쓰며 늘 푸른 강물이 듯이의 삶을 산다. 홍 교수 부부의 은혜 갚는 에덴동산(창 1:28) 힘[5]이 있는[6] 곳이다. 아내는 봐요 말을[7] 들어보라며 애교로 하나님의 힘을 나타[8]내 준다. 하나님이 늘 열매 맺게[9] 하는 삶의 현장 · '우리'의 것은 '조렇게"[10] 잘 자란[11]다면서 자랑하는 아내는 자녀와 남편을 위해 대천에 가서 한국의 제일 싱싱한 어물을 사서 요리해 건강식을 제공한다. 자녀들 행복해 서로 얼굴을 앞으로[12] 대고 앞에[13] 앉아 하나님의 계약[14]을 실행하는 알[15]을 낳는 곳에 사는 즐거움으로 하나님의 궁창[16]과 땅[17]을 본다.

---

1) וּרְבוּ(우르부 · 번성하여. 창 1:28).
2) וּמִלְאוּ(움미레우 · 충만하라 · 창 1:28).
3) וְכִבְשֻׁהָ(베끼베솨 · 땅을 정복하라 · 창 1:28).
4) וּרְדוּ(우르두 · 다스리라 · 창 1:28).
5) אֱלֹהִים(엘로힘 · 하나님이 · 창 1: 28).
6) הִנֵּה(힌네 · 보라 · 창 1:29).
7) וַיֹּאמֶר(바요메르 · 가라사대 …하시니 · 창 1:29).
8) נָתַתִּי(나아타티 · 내가 주노니. 창 1:29).
9) 구제하기 위하여 나타낸 נָתַן נָתַן(나탄 나탄 · 너는 반드시 구제할 것이요 · 신 15:10)에덴동산을 성서는 계속하여 2회의 리듬으로 나타 נָתוֹן תִּתֵּן(나아톤 티텐 · 구제 · 신 15:10)내시어 구제의 목적을 나타내신다.
10) זֹרֵעַ(조레아으 · 맺는 · 창 1:29).
11) זֶרַע(자라 · 씨 · 창 1:11 · 15:3) · זַרְעֲךָ(자라 · 네 씨가 · 창 22:17)고 하나님의 만든 자손들이 자람 זַרְעָם(자람 · 자손 · 에 9:27) · זַלְעַ(자라오 · 종족을 · 에 10:3).
12) עַל~פְּנֵי(알~페네 · 면의 · 창 1:29).
13) עַל~ פְּנֵי(알~ 페네 · 위에 · 창 1: 2).
14) עַל ~פְּנֵי תְהוֹם · עַל ~פְּנֵי הַמָּיִם(알 페네 테홈 · 깊음 위에 있고 · 알페네 하마임 · 수면 위에, 창 1: 2).
15) עַל(알).
16) עַל ~פְּנֵי רְקִיעַ הַשָּׁמָיִם(알~ 페네 레키아으 하솨마임 · 궁창에는 · 창 1: 20).
17) עַל~ הָאָרֶץ(알~하아레쯔 · 땅에 · 창 1: 20)에서 פְּנֵי(페네 · 얼굴).

3). 부여출신

에덴동산실현의 장소! 하나님이 숨 쉬게 '하여'1) 숨 쉬는 홍 문표와 아내 신용 호와 같이 경영하는 에덴동산 부여동산 · 부여 언덕 · 홍 문표 시인은 하나님과의 계약2) 이행 장소로 알고 있다. 에덴동산의 나무3)들 사이로 오고 가며 하늘에 반짝이는 별을 보고 · 지상에서 저녁 달 뜨는 무렵이면 반딧불이가 나와 짝을 짓는 모습에 감동 · 홍 문표는 하나님의 답을 들으며 시의 인생을 풀어4) 나간다. 향기 가득 넘치는 밤나무 향기 곁에서 자라5)주는 만나6)를 먹고 건강하다.

아내 힘을 얻어 어울림을 위한 인터넷 광장을 만들며 혼자가 아닌 너희7)들을 향해 이거야8)라며 에덴동산을 증언 한다. 영원히 존재하는 자9) · 하나님으로 하여 숨10) 쉬는 사역 아침11)의 부지런으로 에덴동산을 걷는다. "나는 나다"12)의 그분이 만드신13) 부여농원의 땅14)을 경작15)하며 시적 삶에 충실16)하는 일17)로 고향에서 시

---

1) הָיָה(하야) 같은 의미로 הָוָא(하바) · אֱוָה(아바)도 있다.
2) G. W. Anderson · *The History and Religion of Israel* (Oxdord University Press · 1966) · 14.
3) הָעֵץ~ כָּל~ וְאֶת(베에트~콜~하에쯔 · 모든 나무를 · 창 1: 29).
4) עֵץ~פְּרִי(프리~에쯔 · 나무열매 · 창 1:29).
5) זֶרַע(자라 · 씨 · 창 1:11 · 15:3) · זַרְעֲךָ(자라 · 네 씨가 · 창 22:17) · זַרְעָם(자람 · 자손 · 에 9:27) · זַלְעַ(자르오 · 종족을 · 에 10:3).
6) כְּזֶרַע(케제라 · 씨 같고도 · 출 16:30).
7) לָכֶם(라켐 · 너희 · 창 1:29).
8) יִהְיֶה(이흐예 · 되리라 · 창 1:29).
9) יְהוָה(여호와).
10) ה(헤).
11) 출 29: 39 · 29: 41,30: 7,34: 2 · 34: 4; 레 6: 12,20.
12) Eγω έιμι ὁ ών · I am who I am (70인 역).
13) "He who creates what comes into existence," William Foxwell Albright · *Yahweh and the gods of Canaan* (A eisenbrauns · 1968) · 171.

창작을 가르치는 일을 겸한다.

부여는 부여 12대 왕의 딸 이름 부여화[1]에서 찾아진다. 홍 시인 아내 있는 곳 부여다. 아담이 하와[2]를 찾듯이 농사의 자부심을 보게[3] 해주는 아내 동산을 오르며 하나님의 힘[4]을 본다. 아아싸[5] 하며 매우[6] 좋아[7] 하는 하나님 구원[8]의 현장이다.

---

14) הָאָרֶץ(하아레쯔 · 땅의 · 창 1: 30).
15) חַיַּת~וּלְכָל(울레콜~하야트 · 또 모든 짐승과 · 창 1:30).
16) וּלְכָל(울레콜 · 모든 · 창 1:30).
17) הָאָרֶץ ~ עַל(알~하아레쯔 · 땅에 · 창 1: 30).
1)בַּיהוָה(베야웨 · 여호와 안).
2) חוה(하와): Albright · *Contributions to Biblical Archaeology and Philology* · p.374; M. Noth · *Exodus* (Philadelphia: The Westminster Press · 1962) · 44.
3) 경상도 사투리로 보이께로 · 즉 보니까. וַיְהִי בֹקֶר(바예히 ~ 보케르 · 아침이 되니 · 창 1:31).
4) אֱלֹהִים(엘로힘. 창 1:31).
5) עָשָׂה(아아싸 · 그 지으신 · 창 1:31). עָשָׂה(아아싸 · 행하신 · 신 3: 21) · עָשָׂה(아아싸 · 여호와께서 행하시고 · 애 2: 17) · עָשָׂה(아아싸 · 행하시는 · 단 9: 14) · אַתָּה ~ עָשָׂה(아세~아타아 · 우리에게 행하시려니와 · 삿 10: 15) · עָשָׂה(아아싸 · 이적들을 행하신 · 수 24: 17) · אֱלְעָשָׂה ~אֵת(에트 엘르아아싸 · 행하시는 하나님 · 대상 2: 39)이 있다. 한국어 '에헤디야 · 어얼싸 좋다 · 얼시구 좋다' 등의 의미는 하나님이 행하시는 일을 보고 즐거워하는 탄성.
6) מְאֹד(메오드 · 많은 · 창1:31 · 13: 13 · 17: 2 · 20 · 30: 43 · 47: 27 · 왕하 10: 4 · 에 4: 4 · 시119: 167)로 하는 성경의 근거는 수메르 어로는 šar2 · 그리스어로 saros · 아카드어로는 마아두 ma~a~du · 히브리어는 메오드이다. 이 뜻은 '많은'이며 예를 들면 왕 계보에서 한 왕이 3600x8년을 통치했다는 것이다. 8번의 큰 숫자의 햇수를 통치했다는 것은 수메르어로는 샤르 šar2 ~ussu이다. 샤르=3,600. 우쑤=8 즉 한 왕의 통치기간으로6x8년 혹은 60x8년으로 계산한다. 노아가 산 햇수가 950년인데 900년대는 100년 단위의 제일 높은 수이다. 수메르 왕 계보를 이오 수메르 법으로 보면 엔멘루안아의 3,600x12 · 또한 창 13: 13 · 17: 2 · 20 · 30: 43 · 47: 27; 왕하 10: 4; 에 4: 4; 시 119: 167에서 그 최상급을 의미한다.
7) תוֹב(토브 · 좋았더라 · 창 1:31) 모두 한국어의 고어와 현재어에 쓰인 말이다. '좋은'과 '토브'와 '좋아'와 '툐바'는 히브리어 תוֹב(토브 · 좋은 · 창 1:4 · 10 · 12 · 18 · 21 · 25 · 31)와 טוֹב(토브 · 선한 · 창 1:4 · 2:9; 출 2:2; 신 1:35 · 5:33; 욥 10:3; 시 135:3; 사 7:15)로 한국식 고형 '됴타 · 됴븐'이다. 히브리어에 טוֹבָה(툐바 · 좋아 · 민 14:7; 욥 9:25)가 있다.
8) 대상 16: 35; 시 65: 5 · 68: 20 · 79: 9 · 85: 4 · 95: 1.

제 3장 囚人과 바다 에덴시학

1. 만남을 위한 분리의 황금비율 비밀

제 3장 에덴의 모더니즘시학(詩學)은 홍 문표 시인의 서정성과 홍 문표 문학박사가 지닌 이성(理性)과의 긴장관계이다. 하나님이 주신 우수한 머리로 어떻게 하나님 일을 하려하는 시이나. 따라서 본 연구는 홍 문표 시인의 황금비율을 풀어라! 이다. 두 개의 비율 이성과 감성 비율이 3:4가 되는 철학을 제시하려 한다. 홍 시인의 감성! 하나님이 주신 이성을 어떻게 사용하는가에 기울어지면서 철저히 신앙영웅 기점에 서 있는 홍 시인이 어떻게 에덴철학을 위한 신앙영웅 신화를 쓰고 있냐에 문제 제기이다.

참 자유를 얻고자 하는 홍 시인이 그의 자아, 그의 정체성을 모더니즘 서정시로 승화시키는 작업을 확인하면서 본 논문은 서정성과 이성이 만나는 아이러니에 집중한다. 이 아이러니의 비밀은 끝까지 어느 한 쪽을 고집하는 것이 아니라 조화를 그 목표로 한다. 그 비율은 이성이 3이고 감성이 4라는 관점이다. 파이 황금률이다. 기본 명함판 비율이다. 십자가 비율이다. 이에 모더니즘 서정 시인이라는 홍 시인의 자리를 얻기 위한 조화를 문제로 제기한다.

홍 시인이 어떻게 진리 찾기의 그 먼 길 떠나기를 감성으로 실천 하는가. 이때 동원되는 것이 홍 문표 에덴시학이다. 가장 이성적인 평론가요 문학박사이며 신학박사인 그가 어떻게 시인의 감성으로 신앙영웅 신화시를 쓰느냐의 문제 제기다.

홍 시인은 한국의 현대시 전문지「시문학」으로 등단한 모더니즘 계열 시인이다. 모더니즘 계열의 문 덕수 · 김 종문으로 부터 추천을 받았다. 그는 현재 모더니즘 계열인 한국 현대시인 협회 고문이다. 김 기림[1] · 조 연현[2] · 임 종국 · 이 어령 · 김 춘수 등은 모더니즘의 정의를 인간의 비극성을 관찰한 것이라 하였다. 그만큼 모더니즘은 이성중심이다. 그럼에도 홍 시인은 보다 차원 높은 시인의 감성! 뛰어넘기 · 초월성 · 종교적 · 구원의 서정시학 영성으로 한다. 모더니즘 시의 나와 네가 다르고 인간과 자연이 분열되어 모두가 고립된 이성의 시학에서 출발한 홍 시인의 모더니즘은 분리 곧 나, 자아를 위해 길 떠나기 한다. 그리고는 마침내 시를 통한 자아를 회복하여 구원에 이르는 모더니즘 서정의 에덴시학에 이른다. 이 단초는 에덴 시 학자 홍 교수가 시 정신을 높이는 차원[3]의 시어의 주지적 이미지[4]에 주력하면서도 현실을 넘어서는 절대 세계를 지향하는 구원의 문학[5]을 최대의 에덴시학으로 하는데 있다.

---

1) 이상시가 모더니즘 시라는 정의는 1930년대 김기림에서부터 시작된다. 이상의 시를 T. S 엘리옷에 견주어 우울한 현대의 병리학을 기술하기에 가장 알맞은 암호를 고안했다: 김기림, "현대시의 발전" (조선일보, 1934), 17, 12~24.

2) 조연현, "자의식의 비극" (白民, 1949. 1), "현대정신의 해체"(문예, 1949. 11).

3) 이어령, "이상론" (서울 문리대 학보 3권 2호, 1955).

4) 김춘수,『한국현대시 형태론』(서울: 해동문화사, 1958), "이상의 시" (문학예술, 1956, 9),『시론』(서울: 문장사, 1961), "이상의 죽음" (사상계, 1956, 7).

5) 정명환, "부정과 생성"『한국人과문학사상』(서울: 일조각), 1964.

1). 모더니즘 시의 분리의식 넘기

(1). 나를 찾기

『囚人과 바다』에서 나를 찾기는 길을 떠나야 찾을 수 있다. 떠나는 이유는 수인(囚人)이어서이다. 홍 시인은 첫 시집 제목을 『수인囚人과 바다』라 하였다. 수囚는 사전 상에서 '가두다 · 갇히다 · 자유를 빼앗다 · 감금되다 · 사로잡다 · 죄인 · 죄를 짓고 갇힌 사람 · 옥사獄舍 · 포로 · 인질의 사람'이다. 수인囚人은 옥에 갇힌 사람 · 법령에 의하여 교도소에 구금된 사람이다. 이에 상응되는 바다는 물 덩어리이고 보다 자유로운 물결이 있다. 의미의 확대는 인간의 한계성과 이를 넘어서기이다.

모더니즘 시인이 가지는 이성적인 분리를 홍 시인은 제목에서부터『수인囚人과 바다』라 하여 인간의 한계성과 유한성에 대해 바다로 도전 한다. 수인은 갇힌 사람이다. 그러나 시의 특성으로 하여 바다 이미지가 주는 자유로운 사람이 있다는 문제제기이다. 이 원리로 라면 '바다'라는 개념에서도 바다 같지 않는 바다와 정말로 바다인 바다가 있다. 그래서 산 바다와 죽은 바다 두 개가 엄연한 실존이라면 이 산 바다로 나아가야 한다. 산 바다에는 고기가 산다. 생명이 사는 열린 바다이다.

다음 홍 문표 시집『수인囚人과 바다』시어 이미지 분석이다.

*『수인囚人과 바다』1)이미지 분포

구분		시어	빈도	%
상	신	신의 영역: 대지를 어루만지며 · 구만리 하늘까지 풀어버린 당신의		

1) 洪文杓,『囚人(수인)과 바다』(서울: 창조문학사 · 1987).

<table>
<tr><td rowspan="6">승적유추</td><td>계</td><td>사랑 · 님의 뜻이 위대하옵니다 · 당신의 말씀 · 당신의 어린양· 당신의 입김 · 먼 발치로 옷자락 휘감는 당신의 예감 · 온몸을 태워 · 대지를 녹이시고 · 주여 · 낙엽이 뒹구는 길목에서 · 당신이 지나시던 발자국을 · 언제까지나 기다리고 계시는 정성 · 잠자던 영혼 들을 일깨워 · 파아란 하늘과 · 반석에 새기시던 당신의 약속 · 하나 · 주여(8)</td><td>17</td><td>2</td></tr>
<tr><td>인간계</td><td>인간: 그 깊은 가슴(3) · 나의 작은 가슴 · 내 영혼의 뜰 · 당신(3) 당신의 어린양 · 당신의 자녀(3) · 동방박사 · 목숨 · 목자(2) 용광로 같은 가슴 · 아기예수 · 이브의 눈짓 · 초록의 날개를 달아주시고 · 주여 · 올갈엔 내내 기도하게 하시고 · 꽃처럼 화안한 너와의 미소 · 하나님 · 추수군</td><td>23</td><td>3</td></tr>
<tr><td>동물계</td><td>날짐승: 백구 한 마리 · 한 마리 새
동물: 물굽이 같은 양들 · 양떼(2)</td><td>5</td><td>0.9</td></tr>
<tr><td>식물계</td><td>식물: 노오란 꽃씨 · 들국화 · 영혼의 식탁(2) · 꽃</td><td>5</td><td>0.9</td></tr>
<tr><td>물질계</td><td>자연어: 가을 · 가을 하늘(5) · 강물 · 골목길 · 구천 · 나팔소리 · 녹원 · 눈보라 · 뜰 · 문 · 반석하나 · 봄(2) · 봉우리 · 별 · 비개인 여름 · 비취 빛 · 아지랑이 · 아침햇살(2) · 언덕 · 초록의 강가 · 진리의 갑주 · 초록빛 바다 · 보랏빛 · 빛 · 보름달 · 양지바른 언덕 · 여름은 참으로 위대하였습니다 · 은백색의 꽃무늬 · 이랑 · 초록빛 부활 · 초롱 · 촛불 · 파도 · 평화의 나팔소리 · 하늘 · 한점 · 태양 · 태고 · 햇빛 쏟아지는 벌판 ·
문명어: 가죽 종이 · 교회당 종소리 · 님의 땅 · 새벽종 · 식탁 · 예배당(2) · 외투 · 은빛 종소리 · 청동의 진한 떨림 · 하늘엔 영광 땅에는 온통 기쁨 · 화사한 눈길 · 하얀 눈길 · 한줄기 바람
지명: 골고다 언덕 · 골고다 제단 · 베들레헴 · 마리아 · 말구유 · 사마리아여인</td><td>66</td><td>11</td></tr>
<tr><td>계</td><td>121</td><td>121</td><td>20</td></tr>
<tr><td rowspan="3">하향적유추</td><td></td><td>신계</td><td></td><td></td></tr>
<tr><td>인간계</td><td>인간: 일그러진 얼굴 · 절망 · 지쳐버린 동공 · 마지막 심장마저 노리는 · 소복 · 소복한 삼남매 · 시커먼 주검 · 하얀 옷깃 · 하얀 눈물 · 현깃증 · 눈 나라 공주 · 얼굴</td><td>13</td><td>2</td></tr>
<tr><td>동물</td><td>사나운 부리 ·</td><td>1</td><td>0.1</td></tr>
</table>

	계			
	식물계	나목 · 책갈피에 끼워진 풀잎 · 핏빛 철쭉들	2	0.3
	물질계	자연어: 가을 · 골짜기 하늘(2) · 구름 · 눈 · 눈보라 · 들개바람 먹구름 · 바람 · 밤의 흉계 · 비 · 시커먼 추럭 · 오색빛 주검 · 오월의 허공 · 해벽 · 도적맞은 들녘 · 바람 · 바람소리 · 벼랑 언덕 문명어: 깃발 연기 · 메마른 시간 · 철조망 명: 한계령 고개	26	4
	계	43	43	7
순수유추	신계			
	인간계	인간: 그이 · 귓가 · 춘향 신체: 안으로 충혈된 가슴 · 단란한 식구들의 언어 · 열병 · 애기 간 · 열병 · 온몸은 모닥불처럼 전율하고 · · 입술 · 초록꽃 웃음 · 청옥빛 순결 · 체온 열두겹 치마폭에 어두움 가리우고 역사의 포말을 빗질하며 칠보단장한 신부야	14	2
	동물계	날짐승: 갈매기 · 깃털 · 비늘 · 뻐꾸기(2) · 종달이 · 호랑나비	6	1
	식물계	화초: 국화 · 꽃 · 꽃밭 · 진달래 · 코스모스 꽃길	6	1
	물질계	자연어: 가을 · 강기 강물(2)구름 · 그림자 · 기상나팔 · 날개 · 단비 · 동산 · 바다 · 바람(2) · 밤(3) · 별 · 별들 · 불꽃 · 비(2) 빛 · 산 · 오월 · 아지랑이 · 언덕바지 · 운무 · 이슬 · 창공 · 태양(2) · 하늘(3) · 허공 · 호롱불 · 꽃밭 문명어: 골목길 · 등불 · 초가집	39	6
	계	107	107	18
이성유추	신계			
	인간계	인간: 가슴 · 그이 · 긍정 · 기도, · 기침소리 · 수인(囚人)(2) · 내운명 · 분신 · 손 · 온몸 · 여인 · 열병 · 입김 · 초병(2) · 휘파람 · 너의 심장은 붉은 장미 한 다발 · 일월의 빛살을 향하여 · 봄날의 대지를 향하여 · 섬광처럼 번뜩이는 슬기 · 용광로 같은 사랑의 노래 · 이성과 정열로 수놓은 오색빛 무지개 신체: 물구나무 · 발걸음 · 분화구 같은 충동 · 성형수술 · 손짓 투망 · 너의 이력서 · 향수의 노래를 부르리라 · 광장 · 성장 · 긍정 · 용광로의 교훈 · 형성 · 정녕(2) 인명: 사임당 · 율곡 · 이브 · 오대조 할아버지의 사랑방	39	6
	동물	날짐승: 갈매기 · 날개짓 · 白鷗 · 불새 · 하얀 비둘기 한 쌍 동물: 용트림 · 인디안의 말발굽소리 · 쌍마(4)		

	계	곤충: 노오란 나비(2) · 불나비 · 이무기 · 잠자는 나비의 꿈	16	2.9
	식물계	열매 : 씨알 초목: 겨울나무(4) · 꽃 · 숲 · 대숲(2) · 몸짓 · 미루나무 · 상수리 나무(2) · 산은 온통 갈망의 몸짓 · 숲 · 수목들 · 언제까지나 합장한 나무 · 나무 · 나무들의 염원 · 노오란 국화향기 · 오만하게 버틴 겨울 초병이여! · 뿌리 · 자운영이 어우러진 떡 바다 · 진달래 꽃길 · 진달래의 울음 · 그 천년의 밤을 지켜온 결심 · 옥수수 · 뿌리 깊은 나무 · 靑松(4) · 청송가지 · 청송 잎 · 풀벌레 · 하늘만큼 우러르는 나목의 가지	33	5.9
	물질계	자연어: 가을(3) · 강가 · 강물 · 구름 한 자락 깔고 · 깃발 · 동해를 비껴 누운 언덕 · 대숲 · 등성이 · 등불 · 들녘 · 바다(2) · 바닷가 바람(5) · 별들 · 봄 · 봄바람 · 봄비 · 부활 · 불꽃(2) · 불길 · 비 · 비바람 · 산 · 산은 온통 금빛으로 비상하고 · 산등성 · 삼월 · 나무도 없는 山頂 · 산정 · 선채로 굳어 버린 석탑 수면 · 시월 · 아지랑이 꽃길 사이 · 아침햇살 · 약속의 꽃비 · 오월(2) · 오월의 강가 · 오월의 하늘 · 용꿈을 꾸고 있는 바다 언덕 · 아침 햇살 · 여름햇살 · 이슬 · 정한 강물 · 직사광선 · 청명한 하늘 · 초록의 하늘(4) · 파도 · 푯대 · 태양(2) · 하늘(6) 해 · 매캐한 고향바람 · 한줄기 바람 문명어: 그물에 걸린 싱싱한 바다 · 구슬 · 기차 · 길목(3) · 깃발 · 도시 · 링컨이 가던 길 · 대양 · 대양을 가르는 거선 · 동구밖 · 등불 · 바구니에 넘치는 아침 바다 · 벽(2) · 별들의 비밀 · 문지방 · 미장이 · 빌딩 · 벽 · 샘이 깊은 물(3) · 상행열차 샘이 깊은 물가 · 신작로 · 오후 두시 · 이조의 달빛 · 창문 · 창틈 · 초롱 · 포도 · 케네디가 가던 커튼 · 지천으로 쏟아지는 태양(2) · 파도 · 화살 · 칼 지명: 남도 천리 · 명지의 동산 · 영산강 들머리 · 의사당 꼭대기 · 포도 · 창 명: 구선봉 · 금강산 · 낙타봉 · 대관령 · 백두산 · 東海 대관령 태백 · 태평양	117	20
경험유추	계	205	205	35
	신계			
	인간계	인간: 그이 · 농부 · 동공(3) · 두부장수 · 뻰디기 · 머리 · 문둥이 · 살기 · 숨통 · 심장 · 아씨 · 애기 간 · 얼굴 · 작부 · 장수 진달래 화관쓰고 얼굴을 감싸주던 내 고향의 누이 · 약장수 신체: 겨울이 무너지는 소리 · 나래 · 늑골속 · 다사로운 그이의 체온에 온몸을 앓아 · 라일락향기처럼 달콤한 체취 · 벼랑에 메	939	

		달린 미소 · 손짓 · 숨바꼭질 재채기 · 걸음 · 밀물처럼 밀려오는 초록빛 함성 · 오색빛 꽃무늬 햇살 · 어머니의 젖가슴 같은 그 너그러움 · 하늘 · 한줄기 바람 · 고목의 가지가 바라르 떤다 · 하체 인명: 순아 · 어머니 · 영아 · 정아 ·		6
	동물계	곤충: 누에	1	0.1
	식물계	초목: 가지 · 나목 · 낙엽 · 마지막 잎새 · 떡갈나무 · 꽃망울 화초: 맨드라미 · 봉선화	8	1.3
	물질계	자연어: 가을(2) · 강변 · 고개 · 구름 · 너그러운 바다 · 비단구름 노을 땅 · 대지 · 돌작밭 · 먹구름 · 무지개 · 바다 · 바다는 온통 코스모스 꽃밭이다 · 바람 · 대낮 · 꽃비 내리는 벌판 · 밤산 · 산허리 · 석양 · 안개 · 오월(2) · 온통 하늘에 가득한 향기 코스모스 · 하늘(4) 장독대 · 항아리 · 화석 문명어: 갈포지 · 광장 · 거리 · 골목길 · 동양의 나무 · 나라글 · 땅 · 대합실 · 무지개빛 색동저고리 · 미장이 · 벽지 · 비와 바람 · 망원경 · 신문지 · 옥색치마 · 자동차 빌딩 · 전신주 정거장 · 포장마차 · 창호지 · 초롱 · 태양 지명: 간이역(2) · 논티 고개 · 돌팽이 · 동해바다 · 밤나무 골 · 삼거리 · 수구백이 · 오세암 · 작교 · 장승백이 마을 · 장승백이 언덕 · 태백 · 해금강 · 함박골 · 홍남골	58	9
	계	106	106	20
계	총계	582	582	100

시집『수인과 바다』에서의 이미지 분포는 상승적 이미지에 20% · 하향적 이미지에 14% · 순수유추에 18% · 이성유추에 11% · 경험유추에 37%로 되어 있다. 경험유추에 관심도가 가장 높은 것은 모든 시인들의 보편적 특징이다. 문제는 모더니즘 계열이 지향하는 이성유추의 이미지 보다는 홍 시인은 상승 이미지에 관심이 더 높다. 홍 문표 시인이 모더니즘 서정시인의 싹을 내기 시작하는 것은 첫 시집 『囚人과 바다』에서이다. 그것은 상승이미지가 보여주는 20% 비율에서이다.

(2). 진실! 그 목숨 같은 그리움

모더니즘 시인들이 이성유추의 시어를 최다빈도로 한다는 통념을 홍 시인은 과감히 깬다. 상승이미지에 대한 20% 관심이다. 현대시의 모던 계열 추구의 이성 사유 보다 홍 시인은 하늘바라기의 초월적 사유에 있다.

홍 시인은 어떻게 진실을 찾고자 함을 시로 시작 하였을까. 『수인과 바다』 이미지는 수인! · 갇힌 사람이 갇히지 않는 자유를 희망함의 간절함! · 하늘 쪽으로 눈을 돌린다. 현실에 갇혀 있는 수인과 바다의 고기가 푸른 파도를 헤엄치며 바다로 떠나가기 시의 아이러니가 있다 · 길을 떠나는 일은 이성사유이다. 이성이 있기에 참 자유의 진실을 찾는다. 그래서 홍 시인은 모더니즘 시인의 의식으로 길을 떠난다. 진실을 찾고자 그는 첫 시집 『수인과 바다』의 제일 첫 1부에서 첫 제목 「골목길에서」 진실을 찾는다.

> 두부장수
> 뻰디기 장수
> 돌팔이 약장수의 넉살 좋은 사설에
> 걸음을 멈추고
> 힐끔 웃어 보는 후미진 광장
>
> 밤에는 포장마차 초롱이 길을 밝히고
> 나는 무심코 하늘을 본다
> 별들도 골목길에 내려와 이 밤을 즐긴다
>
> ~ 홍 문표 첫째 번 시집 『囚人과 바다』 첫 작품 「골목길에서」 에서

홍 시인은 "눈부신 거리가 두려워 골목길을 걷는" 중이다. 걸으면서 본 것은 "자동차가 뛰고" "빌딩도 뛰고" "사람들도 뛰는 거리"이다. 시간은 "노을 멍한 하늘"의 시간이다. 이 시간에도 재채기를 하는 체질을 가졌기에 언제나 "현기증"이라 했다. 빛이 두려워

골목길로 들어섰는데 보이는 것은 뛰는 것들뿐이다.

그 토록 빛이 두려워 골목길에 들어섰건만 보이는 것은 빛을 향해 모두 뛰는 모습뿐이다. 뛴다는 말은 활동을 한다는 말이다. 일을 한다는 말이다. 그들 중 더러는 잘못 뛰는 모습도 보면서 히죽 웃어도 본다. 이 빛 때문에 저녁노을 멍한 하늘인 시간에도 한두 번도 아니고 언제나 현기증이다. 그만큼 현기증 나도록 뛰어온 삶의 자신 투사이미지이다. 뛰는 '두부장수 · 뻔디기장수 · 돌팔이 약장수'까지 모두 뛰는 모습이다.

이들을 잘 보려 홍 시인은 걸음을 멈춘다. 본인은 빛이 두려워 쫓기 듯이 골목길로 들어섰는데 보이는 것은 빛을 향해 삶이 뛰는 모습이다. 한결같은 이들의 모습은 홍 시인의 경험유추 이미지 분포도에서 37%나 차지하는 눈으로 본 경험 기록이다. 실제 홍 시인은 일상에서 늘 뛰는 모습이다. 보려는 마음자세가 이미 있었기에 이 시에서 뛰는 모습을 본 것이다. 그리고 이러한 시각은 바로 모더니즘의식이다. 그늘진 골목 · 현기증 나는 요란한 세상은 바로 분열된 도시적 삶의 모습이었다.

그런데 그토록 빛이 두려웠던 홍 시인이 다시 더 확인 한 것은 삶의 뛰는 모습과 어울려 해가 지고 난 밤에도 포장마차 초롱이 길을 밝히고 있는 모습이다. 빛이 길을 밝히고 있다. 동네 골목길에는 별빛이 내려와 이 밤을 즐긴다. 이처럼 홍 시인의 첫 시집 『수인과 바다』의 출발은 바로 빛 아래서 움직이는 아름다운 세상의 경험들이 그의 무의식의 깊은 고랑을 연다. 바로 아주 젊어서부터 빛을 찾아 살아왔던 그 빛의 경험에 놀라면서 발견한 빛 그대로다. 그렇게 지금까지 살아온 삶의 확인이다. 경험유추의 일이다.

결정적인 『수인과 바다』 시집의 빛남은 무심히 하늘을 본 일이다. 하늘에서 빛이 오는 사실에 대한 생체리듬이다. 이를 “무심히” 라 하였는데 이는 일상 버릇의 반복리듬이다. 무의식적 심층구조에 자리 잡힌 하늘바라기이다. 이러한 일상의 경험에서 가장 깊이 자리 잡힌 빛에 대한 관심은 바로 상승적 이미지로 나티난다.

홍 시인의 목숨 같은 그리움을 찾는 「진실」 시다.

봄에는 초록빛
여름에는 보랏빛

달려도
달려도
바닷가에 머무는 발걸음
저렇게 검푸른
바다의 깊이는 천 길일까?
아니면 열 길일까?
가을하늘
가을의 눈보라

지고한 하늘에서
스스로 태우는 태양
그 성실한 단심
춘향이의 마음은
아직도 타고 있을까?

밤마다
당신의
당신의 문전을 서성이는
나의 목숨 같은 그리움
이제는 보름달만큼이나
뚜렷한 믿음일 수 있을까?

돌 작 밭에 뿌려진 씨알을 보며
농부의 얼굴을 보며
흘러가는 강물의 음성을 들으며……

～ 홍 문표 「진실」 1)

시 이미지를 분석한 결과에서 보는 홍 시인의 상승적 이미지의 관심도가 높은 진실 이유이다. 바로 본인이 그토록 찾고자 무엇인가 계속 찾아나서는 일은 하늘빛을 향해서이다. 길 떠나는 이유는 그 목숨 같은 그리움 빛을 찾아서다. 홍 시인 빛의 진실을 찾는 일이다. 그리고 진실을 찾는 일은 이성적 유추이다. 모더니즘 시인들이 하는 일이다. 그는 먼저 진리를 찾기 위한길이 하늘을 보는 일이고 지상에서 구체적인 행동은 진실 찾아 떠나는 일이었다.

시인은 말하기를 강물에 음성이 있다고 하였다. 그리고 시인의 눈으로 보아 들리는 음성이 있다. 또한 시인이 바라보는 눈에 비치는 들은 봄에는 초록빛 · 여름에는 보랏빛이다. 그래서 목숨 같은 살아있는 그리움이다. 목숨 · 들 · 강물소리의 일치다. 이것은 이 세상에 존재하는 인간에게 마음을 허락한 자의 진실전달이다.

홍 시인의 진실 찾기의 시간은 사방팔방 봄 · 여름 · 가을 · 겨울 언제나이다. 진리인 빛을 찾아 늘 산다. 모더니즘적 특징인 늘 갈급함 · 모자람을 느끼고 늘 찾았던 이성유추이다. 그런데 찾아나서며 눈으로 본 것은 봄에도 초록빛 · 여름에도 보랏빛 빛깔의 느낌! 마음의 서정이다. 이번에는 바닷가로 가 보았다. "저렇게 검푸른 빛이다" 그래서 이번에는 바다 깊이에 관심을 기울인다. 혹시 바다 깊이에 빛이 있을까해서이다. 시인은 빛의 깊이를 천길 정도로 가늠한다.

그리고 그 반대의 가을 하늘 빛을 본다. 그도 모자라 가을 끝자락의 눈보라 빛을 본다. 하얀 빛의 눈보라이다. 이 흰 빛이 내려오는 하늘은 "지고한 하늘"이다. 바다깊이를 "천 길이"로 한정했다면

1) 洪 文杓, 『囚人과 바다』 (서울: 양문각 · 1987) · 21~22.

하늘은 "지고한 하늘"이다. 바다 깊이와는 비교 되는 아주 높은 하늘이다. 거기에는 그분의 "태양"이 있다. 이 둘 비율은 3:4이다.

홍 시인의 고향은 "태양리"이다. 태양리의 시인이 태양을 바라본다. 지고한 하늘을 향해 시의 뛰어 넘기를 한다. 하늘은 "성실한 단심"이다. "춘향이의 마음"이 "타고 있을까"이다. 이 탐색 · 뛰어넘기는 홍 시인의 타는 가슴이다. 진실을 찾은 가슴이다.

이에 밤마다 진실을 알려 진실의 문을 두드리는 홍 시인 · 마음 깊이를 절대자와 비교한다. 자아를 알려 한다. 뚜렷한 믿음을 알려 한다. 그래서 지고한 하늘이 가진 뚜렷한 믿음이 자신에게는 "목숨 같은 그리움"이다. 목숨 같은 그리움이란 어떤 그리움일까. 갇힌 수인囚人이 되지 않으려 그 절박감으로 찾아 나선 그 삶의 그리움! 물고기가 사는 바다에 대한 목숨 같은 그리움! 옥중의 춘향이에게 목숨 같은 이 도령! 마음에 간직한 목숨 같은 그리움! 농부가 씨앗을 뿌려 삶을 이어 살아갈 수 있는 목숨 같은 그리움! 빛이 두려워 후미진 골목길로 들어서자마자 만난 목숨 같은 그리움! 몸짓! 그토록 뛰어 찾는 목숨 같은 삶의 그리움이다. 남을 속이는 약장수를 보며 히죽 웃어보는 자유이되 이 모습에 관심기울이지 아니하고 목숨 같은 그리움 찾다가 발견한 자신의 깊숙이에 있는 삶의 참모습 목숨 같은 그리움이다.

바로 나라는 존재는 빛을 찾아 이 목숨 같은 그리움을 찾아야 함을 이성으로 판단하자마자 절대 진실의 음성이 들린다. 강물의 음성이 들린다. 목숨 같은 그리움을 들려주는 음성이다. 그리움이 있는 곳은 땅 속이 아니라 하늘 저편에서 들리는 음성이다. 강물이 들려주는 하늘 저편의 음성이다. 춘향이야기! 하늘 저편에서 들리는 음성! 문학이야기 들려주는 하늘 저편! 감성의 음성이 자신을 향하여 들려준다. 너무나 감동하여 전율한다. 시인은 감동하면 된다. 그토록 갈망하던 진리인 진실의 음성을 홍 시인은 어디에서든지 하늘 저편이라는 상승 이미지를 시의 은유로 듣고 감동한다.

진실의 음성은 춘향이가 들려주는 사랑이야기가 되고 · 하늘 저편의 음성이다. 바로 진실의 음성은 사랑=진실의 등가성이다. 홍 시인이 목숨처럼 사랑을 느낀 전율로 다가오는 춘향이의 마음! 사랑을 목숨으로 바꾸는 그 진실! 시인이 그토록 찾고자 했던 사랑의 향기이다. 홍 시인은 이 도령을 향한 춘향이의 마음으로 사랑의 향기를 내면 되는 일이다.

홍 시인이 모더니즘적 서정 시인이라는 점은 바로『수인과 바다』라는 시집으로 명명한 이성적 선택에서 감성으로 뚜렷하게 바뀐 일이다. 바로 수인囚人을 느끼는 현실 모더니즘과 서정 시인이라는 뚜렷한 나 홍 시인의 구분이다. 봄 · 여름 · 가을 · 겨울의 뚜렷한 사계절을 통 털어서 하나로 들려오는 사랑 음성을 시인은 듣기만 하면 된다. 사랑! 느끼기만 하면 된다. 이제는 오히려 바다에서도 · 하늘 저편의 하늘 향기! 사랑 음성을 듣는다. 생애전부애서 · 어디에서든지 그 분의 사랑을 느끼고 듣고 그리고 즐거워하며 이 생을 사는 일은 바로 에덴시학자의 축복이다. 시종일관 한가지로 들려오는 사랑의 향기를 맡으며 홍 시인은 산다. 홍 시인이 그토록 찾아 나선 길에서 얻은 사랑향기이다. 얻은 부여 백제의 언덕이다. 내 고향 언덕이다.

홍 시인이 수인과 바다의 언덕에서 할 수 있는 일은 사랑이다.

2). 명령 마셔!

(1). 물을 마셔!

절대자는 사랑을 마시라고 한다. 이 사랑은 다름 아닌 숨을 쉬는 일이다. 숨을 마시는 일이다. 물을 마셔! 명령이다. 말씀을 마셔! 명령이다. 살아있는 일이다. 시적 화자 수인이 된 공간에서 살아있으려면 숨을 쉬어야 하기에 숨을 쉰다. 그러면서 홍 시인은 어디에서든지 하늘을 바라본다. 그 분의 음성을 듣고 그리고 숨을 쉰다. 그 분이 '마셔!'라는 명령에 따른다. 참 자유가 주어진다.

마시는 일! 히브리어도 "마셔"이다. 마셔 라는 명령은 절대자가 하셨지만 행동은 홍 시인이 하여야 한다. 말 글자 풀이로는 하늘로부터 들려오는 말씀이 눈에 보이어 내 것으로 만드는 일이다. 내 것으로 마시는 일은 일차적으로 물을 마시는 일이고 이 물을 먹는 일은 말씀을 마시는 일이다. 이 정도가 아니다. 사물의 보이는 것마다 그 분이 홍 시인에게 하시는 소리를 듣는 순간 마셔 라는 명령에 홍 시인이 스스로 마셔대는 일이다. 마음이 좋아지는 일이다. 3:4의 비율에서 4의 비율로 기우는 일이다.

감성의 시인이 난 물이 좋아 한다.

> 난 물이 좋아
> 맑디맑은 물이면 더욱 좋지만
> 진흙탕 물이라도 좋아
> 더러운 것도 좋아
> 물로 사는 나의 식욕은
> 뭘 먹어도 곰삭아
> 날마다 순수를 배설하고
> 시퍼런 결백으로

푸르른 깃대 하나 세우고
하늘만을 바라보며
널 기다리는 그리움이 되거든

난 뜨거운 것도 좋아
활활 타는 햇살이면 더더욱 좋아
널 먹고 서야
봄부터 기다려온
여린 꽃봉오리
붉디붉은 가슴 활짝 열고
네가 오는 소부리 길목에서
청사초롱 불꽃으로 태어나거든

~ 홍 문표[1)]「연꽃의 노래」

사람은 물을 떠나서는 살 수 없다. 그러나 특히 홍 시인에게 있어서 물은 그리움 그 자체이다. 물 마시는 · 말씀마시는 신앙깊이는 어릴 때부터 불려 들어간 교회 내에서의 생활에서 얻어진 신앙의 깊이다. 이 아련한 경험 무의식의 물 먹기는 생각만하여도 가슴 깊은 곳에서 피어나는 목숨 같은 그리움이다. 하늘나라가 그리운 영성이다.

아무데나 예수 나를 이끌면
아무데나 예수 따라 가려네
예수같이 아니 가면 낙 없고
항상 주와 함께 가면 겁 없네
아무데 가든지 두렴 없겠네

---

1) 고려대(문학박사) · 서울기독대(신학박사) · 시인 · 평론가 · 명지대 명예교수 · 전 오산대 총장 · 한국문인협회 부이사장 · 시집: 『수인과 바다』『지상의 연가~ 늘 푸른 강물이듯이』『나비야 청산가자』외 3권 · 평론집: 에덴의 시학』외 2권 · 수필집:『지상의 선택』 · 학술저서:『현대시학』외 20권 · 수상: 조연현문학상, 심연수문학상, 동포문학상 외 다수 계간「창조문학」「말씀과 문학」대표 · 한국 기독문학 선교협회회장 · 홍 문표 문학관 운영.

아무데나 주와 함께 가려네

~ 구 찬송가 582장

이 찬송 소리를 듣고 주를 영접하게 되었다는 그의 고백처럼 아무데나 예수 나를 어디에서든지 이끌어 주신다는 이 익숙한 삶의 버릇에서 시작된 들려오는 말씀의 물을 내 것으로 만드는 일은 모더니즘 서정시인이 하는 일이다. 내가 찾아서 내 꺼로 만드는 나만의 일이다. 기분 좋은 일이다.

거기엔 목숨 같은 그리움이 있다. 그 구원을 찾아 알아차린 홍 시인의 축복받을 일은 목숨 같은 그리움이 바로 그분의 사랑 음성이어서이다. 듣기만으로 부족하여 사랑을 마신다. 사랑 물을 먹고 사는 목숨 같은 진실의 사랑! 목숨 같은 그리움! 홍 시인이 알고 있는 사랑은 내 몸을 사랑하는 일이다. 하나님이 주신 귀한 몸! 목숨 같은 그리움이 하늘로부터 오는 사랑을 마시며 살아간다.

마셔!를 성경은 '하다'라는 뜻으로 한다. '마셔!' 일을 '마셔!' 사랑을 마셔! 그리움을 열심히 마신다. 절대에 대한 그리움의 사랑이 홍 시인의 가슴속에서 살이 찐다. 살아 오늘도 아주 열심히 말씀의 물로 훨훨 날아 올린다.

움직이는 행위 · 바시락 대며 졸졸 흐르며 내 할[1]일을 하는 홍문표 교수의 호는 동천이다. 물이다. 별이 아니다. 마음에 별을 간직하고 한 별이고 싶었지만 바꾸었다. 물로 기울었다. 황금비율 3:4 황금비율이다. 졸졸졸 빛을 따라 흐르는 시냇물이다. 아주 적은 일을 최선을 다해 자신을 위하여 열심히 하여 큰 바다가 되면서 수인을 벗어나 바다! 영영한 기업이 되게 하리라[2] 성경은 말했다.

---

1) נַחַל(나할/시냇가).

(2). 나를 사랑하라!

홍 문표는 아주 작은 일을 열심히 하는 단단한 모더니즘 시인이다. 이성유추의 작업 일이 차츰 차츰 커져서 문학박사이며 신학박사인 시인이 되었다. 호 동천東川의 천川은 시냇물이다. 시냇물이 흘러 큰 바다가 되듯이 큰 일 하나님의 일을 한다. 진정한 참 진실을 찾아 저 머나먼 인생길을 가면서도 언제나 그 분의 사랑과 음성을 마셔대는 일이다.

사랑의 결정체는 진실의 나를 찾는 일이다. 두렵지 않다. 이 엄청난 사랑을 위해 평생을 살아간 어디를 보나 들려오는 한결같은 절대자의 사랑음성 시집 『수인(囚人)과 바다』 의 그 수인(囚人)이 마신 그분의 사랑소리 · 나를 사랑하라! 때문에 홍 시인은 숨을 쉰다.

갇힘을 뛰어넘어 열림으로 한 목숨 같은 그리움! 자유의 갈구는 시를 통해 구원의 진실! 에덴시학 사랑! 진리가 너희를 자유케 하리라[1] 하시기에 목숨 같은 그리움의 사랑 목숨 같은 진실 하늘 저편에서의 사랑음성을 마셨다.

아주 뚜렷한 구분인 모더니즘시인과 서정 시인이 하나가 될 수 있는 일은 모더니즘 서정 시인이 되는 일이다. 나의 몸 · 나 자신을 사랑할 수 있는 특권을 행사 하는 일이다. 남을 사랑하라는 말은 흔히 하지만 성경은 철저하게 나를 사랑하라! 마셔라 한다. 이 동적(動的) 모티브는 살아 있으면서 내가 할 수 있는 일 그것은 다름 아닌 숨을 마셔라! 명령하시는 그래야 네가 살 수 있다는 생명을 마시는 일이다. 숨을 마시는 일 · 좋은 공기를 들이마시는 일이다. 좋은 사랑을 마시는 일이다. 마셔![2] 이 말은 명령어이다. 누가

---

2) וְנָחֲלוּ לְעֹלָם(베나할루 레올람/기업이 되게 하리라, 출 32: 13).

1) 요한복음 8장 32절.

왜, 바로 하나님이 우리를 살아 있으라고 숨을 마셔라 하시기에 마신다. 단단히 묶이어 옥에 갇혀 있으면서도 유일하게 살 수 있는 방법은 숨을 마셔! 그대로 직접 숨을 마셔라!

하나님이 명령하신 마셔는 불복종하면 옥에서 죽는다. 죽은 바다가 된다. 사랑을 마셔라! 이 두 개의 모더니즘과 서정이 하나가 될 수 있는 일 사랑마시기이다. 사랑마시기는 시 쓰기이다. 그러기에 시는 구원의 문학이다. 3+4=7 일주일! · 일주일이 평생 잘 살 수 있는 길이다. 시를 쓰는 일이다. 감성으로 기분 좋게 사는 일이다. 시 쓰지 않고 어떻게 살아갈 수 있는가! 홍 시인이 시를 통해 열어본 에덴의 철학 그것은 시를 쓰는 일이다. 분열과 분리의 모더니즘 시가 아니라 분열에서 통합으로 너와 내가 하나 되는 모더니즘 서정시를 쓸 수 있는 에덴시학의 즐거움을 행하는 모더니즘 서정시인의 일이다. 홍 시인은 모더니티를 뛰어넘는 모더니즘 서정시인으로 선다.

누구를 그리워하느냐에 따라 그 사랑의 깊이가 다르다. 시인은 통합과 화해의 시를 쓰라고 이 한마디를 전하기 위해 시인이 할 수 있는 유일한 시 쓰기를 권장 한다 · 교육한다 · 구원의 메시지를 전한다. 절대자를 향한 흠모와 절절한 그리움으로서만 가능한 하나님이 홍 시인을 사랑한 만큼 따라가려는 시를 쓴다. 인간들의 박수보다 하늘에서 잘 했다고 격려해주시는 사랑의 음성을 들을 수 있어서다. 그래서 홍 시인은 혼자가 아니다. 외람되게 절대자와 시인이 하나가 될 수는 없지만 감히 시를 통해 하나 됨을 절절한 그리움으로 한다. 목숨 같은 그리움이다. 홍시인은 나무로 선다.

---

2) מַעֲשֵׂה(마셔·하는, the work of, 욥 1:10, 잠 16:3).

3). 시어의 구도

(1). 9권의 시집과 12시어 구도

홍 시인은 나무 『수인과 바다』 『지상의 연가 ~ 늘 푸른 강물이듯이』 『정든 땅 언덕위에』 『시몬아 네가 나를 사랑하느냐』 『십자가 십자가』 『당신은 빛이시다』 『옥합을 깨트리고』 총 9권의 시집과 시 선집 『당신이 당신일 수 있다면』 나무로 선다.

권리이자 임무의 목적성을 가진 모더니즘에서 찾은 서정적 그리움의 가치 그것은 홍 시인에 의해 비평정학[1]으로 만들어진다. 홍 시인이 이성적 사고를 뛰어넘어 시적 구원으로 발돋움한 첫 시집 『수인(囚人)~과 바다』의 「진실」이란 시에서 말하는 여기를 보고 저기를 보고 모두를 보아도 들려오는 하나님의 사랑 소리를 마시기 시작한 이 처음시작은 이제 9권의 시집을 내었다. 일반적으로 아홉은 10에 가깝다. 그래서 성경에서 하나님 나라에 가까운 사람들 나이는 9백세를 넘었다. 아홉 권의 진동을 되풀이 하며 감동했다. 갇힌 몸에서 절대 그리움으로 발 돋음 하며 수인을 뛰어 넘어 하늘을 보자 눈이 열린다. 눈으로 본 세상 하늘 저편에서 들려오는 음성을 마시고 감히 그분과 홍 시인이 하나가 되어 물아일체의 시를 써 내려간다.

홍 시인은 너와 내가 하나가 되는 사랑의 시를 쓰는 일로 에덴시학의 정의를 내린다. 너와 내가 하나가 되어 사랑을 마셔! 음성을 듣고 용기를 얻는다. 물로 둘러싸인 바다에서 들리는 그의 목소리 그것은 사랑을 너의 것으로 만들라! 이었기에 그대로 실천하여

---

1) "批評政學의 수립과 그 방법," 조선일보, 1936. 21~22.

기적이 일어났다. 물속의 고기가 · 고기를 낚는 어부 · 사람을 낚는 어부가 된다. 평생을 교육 사업으로 대학 강단에서 · 문학모임으로 목숨을 물바다에서 건진다. 사물의 존재 속에 있는 하나님을 향한 절절한 그리움!

사랑을 들어 마시는 구도에는 법칙이 있다. 그것은 12구도의 법칙이다. 이 이행으로 바다 속에서 잘 산다. 바로 물고기가 되는 일이다. 고기가 자유롭게 유영한다. 그 삶의 증거인 호흡의 절대 진실을 알아보려는 홍 시인의 호기심 어린 탐구는 시집 『수인(囚人)과 바다』의 갇힌 사람과 바다를 등가성으로 한 바다부터 시작한다.

이성과 감성 · 자유롭지 못함과 자유로움! 수인과 바다에서 자아를 선택한 홍 시인의 모더니티는 감성의 자유로움을 택한다. 바다에 있는 시적 물고기의 자유로움이다. 3:4의 비율이다. 구속이되 자유로움이다.

홍 시인의 『수인과 바다』 시집은 6부로 되어있다. 이 6 수리의 2배인 2리듬이 되는 홍 시인의 『수인(囚人)과 바다』 시집 1부 "오후의 구도"는 12구도이다. 홍 시인의 시가 신화적인 요소를 지니는 이유가 되는 이 밀접성은 시집 『수인과 바다』를 6부로 나눈다. '1. 오후의 구도 · 2. 계절의 유혹 · 3. 바닷가에서 · 4. 대관령 연가 · 5. 목자의 뜰 · 6. 출발을 위한 서시'이다.

6부 중 1부 '오후의 구도'는 12 시어구도이다. 신화 요소가 다량으로 발견되는 홍 시인의 시 1부 '오후의 구도'이다. 이 처음의 알파와 끝의 오메가가 이어지는 신학철학이다. 성경 수리철학은 첫째를 하나라 한다. 이 때문에 처음의 홍 시인 '오후의 구도' 또한 처음 1부가 홍 시인의 시 전체가 되는 의미작용을 한다. 12작품으로 구성되는 일도 홍 시인의 신화요소가 된다. 12시어로 이어지는데

12라면 예수님의 12제자를 떠 올리고 일 년 열 두 달의 세계내의 신화구조이다.

이 보편성의 황금비율 신화구조는 시인의 설교를 통해서도 인식[1]된다. 홍 시인은 신의 인식을 기독교 시인으로서의 신과의 첫 손잡기로 한다. 세상과 분리하면서 길 떠나기를 하되 마침내 하나님과 손잡기이다. 평생 처음 내는 첫 시집 그리고 시인의 시 전체가 되는 『수인과 바다』의 첫 1부 '오후의 구도'는 12의 작품이 실렸다. 12 시어구도로 이어진다.

홍 문표의『囚人과 바다』시집 1부 "오후의 구도"

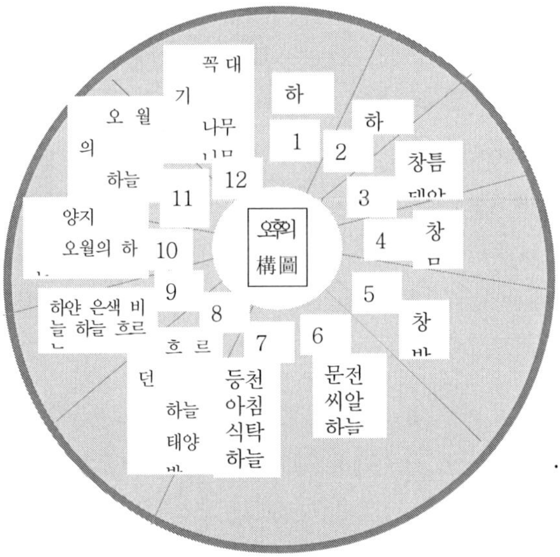

홍 시인의 시 전부의 의미소를 지닌 '오후의 구도'는 1. 하늘(「골목길에서」) ~ 2. 하늘 · 창틈(「오후의 구도」) ~ 3. 창문 · 태양(

1) 한국문인교회 예배(서울: 한국문인교회, 2014.10.12.)설교 본문. ~ 삿 5: 2:12.

「벽」) ~ 4. 창 밖(「비구상전(非具象展」)~ 5. 문전 · 하늘 · 씨알(「진실」) ~ 6. 등천 · 아침식탁 · 하늘(「飛天記」) ~ 7. 창 · 태양 · 꽃밭 · 흐르던 · 하늘(「아침」) ~ 8. 흐르는 · 태양 · 하늘 · 꽃 · 이슬(「꽃의 설화(說話)」) ~ 9. 하늘 · 하얀 은색 비늘(「둘이의 마음」) ~ 10. 양지 · 오월의 하늘 · 햇살(「언어의 꽃밭에서」) ~ 11. 오월의 하늘 · 미류 나무(「장승백이 시절」) ~ 12. 나무 · 나무 · 나무 · 하얀 비둘기 한 쌍(「워싱턴 가는 길」)으로 되어 있다. 홍 시인은 수인의 갇힌 길에서 떠나 열린 길 워싱턴으로 가는 길로 들어선다. 그리고 그 길은 하늘로 가는 길이다.

홍 시인의 의미소가 담긴 시집은『수인과 바다』1)이다. 신앙 메시지 '오후의 구도'를 통해 시어 하늘(「골목길에서」)로 시작하고 그 이음을 하늘(「오후의 구도」)로 한다. 하늘바라기 창문(「오후의 구도」)으로 갇힌 안에서 하늘을 바라보는 열린 시학이다. 하늘에 있는 태양(「벽」)을 향한 벽 안에서의 눈은 태양을 향하여 있다. 이쪽 벽 안에서 바깥의 경계선인 창문(「벽」)을 통하여 눈을 돌린 곳에는 태양이 있다. 태양을 본 것이다. 창 안이 아닌 창(「비구상전」)을 통한 하늘은 창 밖(「비구상전」)이다. 문전 · 하늘 · 씨알(「진실」)을 그 이미지로 하여 씨알의 진실을 알려는 의지를 모더니즘의 특징으로 한다. 더구나 등천(「비천기」)을 하려 한다. 따라서 밤이 아닌 아침식탁(「비천기」)에서 하늘(「비천기」)을 꿈꾼다.

하늘을 꿈꾼 아침 창(「아침」)을 연다. 태양(「아침」)을 바라본다. 그리고는 일을 한다. 하늘(「아침」)을 향한 꽃밭(「아침」)을 가꾼다. 그럼으로 하여 풍성한 꽃밭에서의 아름다운 꽃이 핀다. 이곳에서는

---

1) 홍 문표 , 『수인囚人과 바다』 (서울: 창조문학사, 1987), 12 ~39.

꽃(「꽃의 설화」)들이 만발한 꽃의 설화가 있다. 꽃밭에 태양(「꽃의 설화」)이 있는 하늘(「꽃의 설화」)이 들어와 있다. 이슬(「꽃의 설화」)이 있다. 이슬은 하늘에서 주는 선물이다. 이러한 신화구조는 밤이 아닌 아침 일찍 일어나 새벽이슬을 맞으며 길 떠나는 자에게 주어진다. 그러기에 하늘(「둘이의 마음」)을 가진 설화가 피어나는 아름다움의 하얀 은색 비늘(「꽃의 설화」)을 시인은 얻는다. 이슬이나 은색 비늘이나 이 세상에서 가장 아름다운 빛이다. 이 빛을 얻은 홍 시인의 눈은 길 떠나기 하면서 얻은 하늘의 선물이다.

하늘에서 은색 은총의 빛이 내린다. 은총의 빛은 어둠이 아닌 양지(「언어의 꽃밭에서」)에 있다. 계절은 오월(「언어의 꽃밭에서」)이다. 오월의 '햇살'(「언어의 꽃밭에서」)을 홍 시인은 집어 든다. 과거 장승백이 시절 오월의 하늘(「장승백이 시절」)에서 경험한 햇살이다.

햇살을 따라 마음을 하늘로 올린다. 햇살 따라 올려쳐다 본 거기에 미루나무(「장승백이 시절」)가 있다. 이 때 홍 시인이 한 그루 나무(「워싱턴 가는길」)로 선다. 한 번이 아니라 세 번이나 반복되는 나무 · 나무 · 나무 (「워싱턴 가는길」)로 선다. 홍 시인의 신화스러움이다. 신화스러움이란 나무로 선 홍 시인의 길이다. 결코 외로웁지 않다. 비둘기 한 쌍(「워싱턴 가는길」)이 같이 있다. 모세는 이스라엘 백성과 함께 물 샘 열둘과 종려나무 70주[1] 에 이르렀었다. 이러한 신화적인 접근의 가능성은 홍 시인을 신화적인 시인으로 만든다. 『수인과 바다』라는 바다 이미지가 이와는 전연 다른 나무다. 열두 시어 구도가 시어의 연결을 통하여 홍 시인의 내면구조는 하늘을 우러르

---

1) שְׁתֵּים עֶשְׂרֵה עֵינֹת מַיִם וְשִׁבְעִים תְּמָרִים(스템 에스레 에노트 마음 브쉬브임 트마림¨물 샘 열둘과 종려70주, ANCF NFPG NMP C.NMP, twelve wells of water and threescore and ten palm trees, Τώδεκα πηγαὶ ὑδάτων καὶ εβδουμήκοντα στελέκη φοίκον, 출 16:27).

는 한 그루의 나무로 서는 분명한 에덴시학 자이다.

그 증명은 시인의 전체 이미지가 되는 '오후의 구도'가 '하늘'(「골목길에서」) 시작하고 2번째 시 작품 시어 하늘(「오후의 구도」)을 2회의 리듬으로 한 긴밀성에 비추어 성경의 익숙한 리듬과 이어진다. 이러한 2차 언어의 기의는 '창틈'(「오후의 구도서」)이 있는 3번째 시어 '창문'(「벽」)을 통해 소통 한다. 이 이중의 중첩리듬은 좌우 균등의 리듬으로 4번째 시어 '창 밖'(「비구상전」)으로 연결된다.

홍 문표 시인의 시 창밖에 '태양'이 있다. 홍 문표 의 고향주소도 태양 리太陽里이다. 길 떠나기를 하는 신앙영웅 시의 리듬은 다시 5번째 '문전'(「진실」)을 설치한다. 그리고 이 안에 '씨알'(「진실」)을 매개로 한 '하늘'(「진실」)이 있다. '하늘'(「진실」)은 6번째 시어 '등천'(「비천기」)에서 화자 자아이다. 예수 그리스도의 일생 흠모이다. 이 지상에서 '아침식탁'(「비천기」)에 그분의 향기를 마시는 '하늘'(「비천기」) 이 있다. 신앙 내면리듬이다. 홍 시인의 생애의 가치는 예수님의 부활을 의미로 한 내면리듬이다. 식탁은 예수님이 마련한 아침식탁이다. 생명 씨앗을 먹는 아침이다.

하나님이 만들어 주신 식탁은 '하늘' 2회 리듬으로 하여 홍 시인의 생명과 관련되는 하늘이 그의 몫이다. 여전히 이 하늘이 7번째 작품의 시어 '하늘'(「아침」)에서 반복리듬 때문에 '창'(「아침」)을 통한 '태양'(「아침」)이 홍 시인에게 있다.

홍 시인은 태양리 출신이다. 홍 시인의 행복한 '꽃밭'(「아침」) 삶의 '흐르던'(「아침」) 기억이 저장된 약속의 땅! 가는 길은 산도 아니고 강도 아니고 워싱턴으로 가는 길이 홍 시인의 길이다. 이로 하여 모더니즘의 시인 몫이 된다. 홍 시인의 신화적 구성은 흑인에게 자유를 주고자 했던 미국 대통령의 그 자유 목숨 같은 그리움의 진실이다. 자유를 마시기 위해서 하늘을 우러러 자유를 마신다.

홍 문표 교수시인 시집의 시적 화자 수인의 갇힘에서 열림 『수인과 바다』 시집이 세상에 나올 무렵의 일기가 있다.

교회에서는 집사로 추대 한단다.

～ 「어느 날의 일기」 1978년 1월 1일

교회에 갔다가

～ 「어느 날의 일기」 1978년 1월 8일

또 일요일이다. 아무래도 오늘은 교회에 가야겠다. 그 동인 일을 반성 정리하고 참회해야겠다. 한국인 교회를 찾았다. 마침 캠브리지에 있었다. 캠브리지 한인교회, 대개는 미국인 교회의 방을 빌려 본다. 그래도 모처럼 교회를 가니 마음이 놓인다. 역시 나의 고향은 교회다.

～ 「Harvard 대학 수업 기」 1980년 11월 16일

이젠 2개월이 남았다. 빠른 것이 세월인가.
교회를 끝나…

～ 「Harvard 대학 수업 기」 1980년 11월 30일

교회에 가서 찬양대에 참석하고

～ 「Harvard 대학 수업 기」 1981년 1월 4일

연길 기독교장로교회를 찾았다.

～ 「연변대 학술기행」 1989년 8월 19일

홍 박사는 일기에서 고회가 고향이라고 하며 기독교 시인임을 표명한다. 시문학지에 문 덕수 김 종문의 추천으로 등단한 이유로 하여 정 지용 이 상 시가 언어의 예술임을 명시했던[1] 김기림에 이어 모더니즘적 시각성의 회화체를 수렴하는 언어의 건축 계열이다.

1) 김기림, "모더니즘의 역사적 위치", 『인문평론』, 1939, p.74: 최재서가 1939년 10월에 창간하여 1941년에 폐간.

(2). 숨 쉬는 생명리듬

홍 문표 시인은 하늘을 우러러 갈 길을 물었다. 그 답으로 고려대 대학원에서는 청록파의 조지훈 시인에게 석사학위 · 서울대 대학원에서 시문학파의 이 양하 시인에게 석사학위 지도를 받는다.

홍 문표 학자는 일생의 삶을 2회 생명의 리듬으로 한다. 33의 생명수에 33년을 더한 후 신학에 도전한 시의 음악성이나 전통적 서정에도 익숙한 분이다. 그의 시는 모더니즘적 주지성과 서정시의 감성과 종교적 신앙이 어우러진 모더니즘적이면서도 종교적인 서정시의 세계를 확보한다. 그의 시세계는 시적구원 · 종교적구원에 이르는 에덴 시학을 소망한다.

홍 문표 시인이자 비평가는 에덴의 시학 정의[1]를 시의 생명력은 리듬에 기초하는 것이라 했다. 리듬이란 곧 생명의 호흡인 들숨과 날 숨의 리듬이 생명이 되는 것으로 숨을 쉬는 에덴시학을 천명한다. 숨 쉼이 필요한 것은 수인 · 바다의 고기 · 그리고 모두이다. 시에서 사랑 호흡의 리듬 3 : 4 숨 쉼 시학의 리듬이다. 시를 통하여 얼마만큼 생명이 힘이 사랑이 살아 숨 쉬느냐의 생명리듬! 시의 생명을 유지하는 비결! 무생명의 흩어진 단어들을 모아, 이를 리듬으로 배열함으로써 감동력을 가진 시를 만드는 숨 쉬는 생명리듬 만들기를 한다.

이와 관련하여 에덴이 거론된 성경과의 관련[2]에서 흙으로 육적인간[3]을 만듦으로써 아담이 거처할 공간 곧 에덴동산[4]은 바로 숨

---

1) 홍 문표 '에덴의 시학'~창 2:7~25~ (서울: 한국문인교회, 2013. 7.14).설교문.
2) 창 1:27.
3) 창 2:7.
4) 창 2:8.

쉬는 공간이다. 수인이 숨을 쉬게 될 수 있는 공간 그리고 물고기가 좋은 물을 먹는 숨 쉬는 바다는 생명리듬의 장소이다. 사람이 생명나무아래 늘 푸른 강물이듯이 사는 생명나무!.

> 그렇다면 에덴동산에는 한쪽에 영생을 보장하는 생명나무가 있고, 다른 한쪽에는 죽음의 저주를 받게 되는 선악을 알게 하는 나무가 있다는 말이며 이들 각각의 나무에 매달린 과일은 하나는 영생으로 다른 하나는 선악과가 됩니다.
>
> 그런데 "하나는 생명나무요 다른 하나는 선악을 알게 하는 나무, 하나는 영생과 하나는 선악과라면 뭔가 논리적으로 맞지가 않습니다. 생명의 반대는 죽음입니다. 그렇다면 생명나무와 죽음나무, 또는 영생과와 사망과라 해야 대립관계가 분명합니다. 그런데 왜 영생이냐 죽음이냐를 결단하는 갈림길에서 생명나무와 선악을 알게 하는 나무라는 대칭어를 사용했을까 하는 것입니다.
>
> ~ 홍 문표 '에덴의 시학'[1]에서

홍 문표의 『수인과 바다』는 사느냐 죽느냐의 문제이다. 죽음이냐 영생이냐의 문제이다. 심판이냐 영생이냐이다. 감성의 세계에서 하나님을 찬양하고 순종하며 현실을 초월한 자유로운 영혼이 되어 영원한 에덴에서 사는 철학이다. 우리는 에덴동산이라면 저주를 받은 선악과만 생각한다. 그러나 에덴동산에는 생명나무가 있었다. 따라서 우리가 실낙원에서 복락원으로 가는 길은 생명나무를 회복하는 것이며 이는 인생이나 시에서 생명리듬을 회복하는 일이다. 에덴의 시학 원리는 시로서 하나가 되는 것이다. 모더니즘시가 분열이고 아담이 하나님과의 분열이라면 홍시인의 에덴의 시학은 분열에서 통합으로 너와 내가 하나 되는 만남과 화해의 시다. 바로 여기에 모더니즘적 서정시의 핵심이 있다.

---

1) Ibid.

(3). 시로써 하나 되어

하나가 되는 화합의 세계, 사랑의 세계가 바로 하나님의 창조 목적이었음을 보다 구체적으로 보여준 사건이 바로 여자의 창조입니다. 하나님은 창 2:18 "사람이 혼자 사는 것이 좋지 아니하니 내가 그를 위하여 돕는 배필을 지으리라" 이것은 모든 생명들의 음양조화의 원리에 근거한 것이겠지요. 그런데 이 음양의 관계, 남녀나 암수의 관계가 서로 대립된 관계가 아니라 둘이지만 하나라는 것입니다. 그것이 최초 여자의 창조에서 밝혀집니다. 하나님은 최초의 여자를 창조할 때 아담처럼 흙을 빌어 만들지 않고 아담의 갈빗대로 만듭니다. 이것은 여자를 남자의 종속적 존재로 만들었다기 보다 아담과 여자가 한 몸인 것을 말하려는 것이라 보아야 하겠습니다. 남자의 몸으로 만들어진 여자, 그러니 남녀는 한 몸이라는 것입니다. 서로가 한 몸이기에 동질감을 느끼고, 소중함과 사랑을 느낍니다. 그것이 저 유명한 아담의 시[1]를 통해 나타납니다.

"아담은 반려자 여자에 대하여 너는 내 뼈 중에 뼈요 내 살 중에 살이라"는 시적인 메타포를 사용했습니다. 얼마나 시적입니까. 성경에서 최초의 시는 아담의 이 최초 여자에 대한 이 찬가라 할 수 있습니다. 이 시를 보면 여자는 아담과 한 몸입니다. 내 뼈 중의 뼈요, 내 살 중에 살이라는 표현에는 가장 소중한 사람, 가장 사랑스런 사람이라는 뜻을 담고 있습니다. 남녀가 둘이 아니라 하나라는 입장을 창 2:24 결혼의 정의에서 다시 강조 됩니다.

"이러므로 남자가 부모를 떠나 그의 아내와 합하여 둘이 한 몸을 이룰지로다" 결혼은 둘이 하나가 되는 것입니다. 하나가 된다는 것은 구별된 관계에서 구별이 없는 관계 선악을 아는 나무의 관계에서 생명나무의 관계로 된 합함을 의미합니다.

홍 박사는 분리의 두 세계에 대한 관점을 부부의 관계로 조명하면서 분열하고 대결하는 것이 아니라 하나가 되고 한 몸이 되는

1) 창 2:23.

관계에서 이성적 사고의 최대 문제를 해결하려 한다. 키엘케고르가 지적한 순진무구의 상태를 지적하면서 때가 묻지 않은 상태, 그것은 선악을 구별하는 이성적 판단, 인간적인 지식 · 윤리 · 관습 · 이런 것 이전의 상태로 돌아가려는 상태가 시학의 원리이다.

그리하여 오늘날 새 하늘이니 새 땅이니 혹은 새 평화라는 지적이 새로운 어떤 세계를 새롭게 다시 만들자는 것이 아니라 시가 지닌 리듬과 메타포를 통해 하나님이 흙으로 만든 인간에게 주었던 회복의 관계를 냉정한 사고로서 얻어낸 결론이 에덴의 시학이다. 따라서 서로 화합하고 사랑하며 하나님과 더불어 영생하기를 바라는 마음을 가진 시인이 쓰는 시는 물심일여 · 물아일체의 경지에서의 에덴의 세계를 구체화 할 수 있다. 시를 쓰며 마음의 즐거움과 기쁨의 시학이 있기에 이 세상 무엇과도 바꿀 수 없는 경지에서 사는 시인의 행복이 있다.

따라서 홍 문표 시인의 시학이나 인생은 선악을 알게 하는 선악과의 세계가 아니라 생명나무의 영생과의 세계라는 것이며 그것이 바로 홍박사가 평생 시학을 연구하고 창세기를 읽으며 깨달은 "에덴시학"[1]의 철학이다. 이러한 홍 박사의 분리에 대한 깊은 관심은 그 깨달음의 경지가 오히려 철저한 분리를 겪은 깊은 냉철에서 점점 더 분리의식으로 나아가는 것이 아니라 하나님이 주신 감성의 중요성을 재인식하고 사람이 구원을 얻기 위한 길로 들어선 일임을 제시한다. 이는 신앙생활과 동일시되는 시학이고 철학이다. 죽음의 저주를 벗어나는 길은 예수그리스도를 통한 특별 사면, 특별한 은혜 · 그것이 하나님의 구속에서만 가능하다. 그 길만이 인간

---

1) Ibid.

이 가진 원죄에서 벗어나 구원하는 길이기 때문이다. 더 나아가 죽어서 천당 간다는 내세관에 앞서 살아서 예수를 믿으며 행복하게 사는 에덴의 삶을 추구하며 이를 문자로 그려보려는 것이 바로 시를 쓰는 에덴의 시학이라고 강조[1]한다.

홍시인의 그 목숨 같은 그리움의 에덴 시학은 단지 시나 시학으로 머무는 것이 아니라 그의 삶 그의 인생 전부가 에덴을 향한 목숨 같은 그리움의 뜨거운 시학이다. 그의 문학에 대한 학문적 그리움은 명지대를 거쳐 성균관대 · 고려대대학원 · 서울대대학원 · 미국 하버드대에 이르고 있으며 · 그는 단지 9권의 시집만 낸 것이 아니라 현대시학 · 시 창작원리 · 시어론 등의 저술로 이 땅에 시학이론과 · 창작방법을 선도적으로 이끌어 왔다.

현대문학논쟁사와 · 백년의 현대문학사 저술 · 현대문학비평이론서와 3백여 시인들의 방대한 작품 비평은 비평사의 큰 산맥이기도하다. 그의 에덴시학은 생활로도 실천된다. 그는 문학교육자로 중고교사 · 대학교수 · 학장 총장으로 실천했고 · 말씀과 문학 · 창조문학이란 잡지와 · 출판으로 문학을 실천했다. 66세에 신학대학원에 들어가 키에르케고르와 김현승 연구로 신학박사학위를 받고 기독교문학이론 · 문학설교학을 저술하였으며 최초로 문인교회를 설립하여 문학 설교 · 시적설교 · 시가 있는 예배문화를 개척 목숨 같은 그리움의 시처럼 연구하고 가르친다..

---

1) Ibid.

2. 치유와 햇살 시학

1). 햇살

본 논문은 홍 문표 시집 「囚人과 바다」의 모더니즘 서정시학을 중심으로 앞에서 논의된 '분열에서 만남으로'가 마침내는 '치유와 햇살시학'이 되며 치유의 햇살시학은 또한 영성의 시학이 되고 있음을 구체적으로 제시하고자 하는 데 있다. 홍 시인의 첫 시집 『수인과 바다』 시집은 홍 시인의 시적 화자 '수인'에 관한 시집이다. 시적 화자 '수인'이면서 탁 트인 바다를 갈망하는 홍 시인의 시집이다.

'囚人'에 대한 시적 화자의 인식은 다음과 같이 드러난다.

> 외로운 밤길을 방황하는 마음마다 (「언어의 꽃밭에서」)
> 지겨운 삶(「워싱턴 가는 길」)
> 가난처럼 남루한 침묵이 지루하였지만(「3월의 언덕에 올라」)
> 모멸과 거부가 교차되는 지점에(「3월의 언덕에 올라」)
> 가난했던 역사의 응얼들은(「5월의 강가에서」)
> 침묵으로 수절하는(「낙엽」)
> 겨우내 앙다문 나목(「나목」)
> 외로운 바람(「겨울나무」)
> 매마른 시간(「12월의 마음」)
> 눈물마저 얼어붙은(「멀리 보이는 금강산」)
> 떠나간 손짓(「간이역 주변」)
> 퍼렇게 멍든 수심(「오세암 입구」)
> 시커먼 주검(「소복」)
> 지겹던 세상의 인연(「소복」)
> 외로운 길가(「목자의 뜰」)

밤으로의 안타까운 시간(「영혼의 식탁」)
고독이 무성한 허허로운 밤길(「가을의 기도」)
남루한 육질의 장막(「내가 당신의 자녀가 되는 것은」)
남루한 밤의 흉계(「새해 아침에 1」)

이처럼 다양한 수인의 얽매임에서 벗어나고자하는 갈망의 이루어짐 그 가능성이 바로 하늘에서 햇살이 비쳐주기 때문이라는데 그의 햇살시학이 있다. 그런데 그의 햇살시학은 단순한 햇살의 비쳐줌만을 노래하는 것이 아니라 시인은 시적화자를 통하여 어둡고 외로운 수인이 어떻게 치유되어 가는지를 시적 언어를 통해 이동한다. 늘 하늘을 향하여 가기 위해서이다. 가는 이유는 치유를 위해서이다. 이 가능성은 햇살의 살 광선으로 받아 그 햇살로 다시 시인의 것으로 만드는 데에 홍 문표 시인만의 모더니즘적 서정 시인이 되게 한다. 한 개인의 삶이 가장 논리적인 햇살시학을 전개해 나가는 과정이기 때문이다. 그럼에도 그 길은 영성으로서의 가는 길이며 치유의 길임을 문제로 제기 한다.

햇살에 대한 사전적 해석은 해가 쏟아 내는 광선이라 하였다. 다시 광선의 개념을 빛의 줄기라 하였으며 물리학으로 빛이 공간을 직진할 때, 빛에너지가 전파하는 경로를 나타낸다 하였다. 그리고 선의 개념은 공간이기보다는 일직선의 모양새를 가진다. 이때 햇살에 대한 이해로 '살'이라고 할 때 날카롭게 비쳐주는 빛의 광선이 된다. 광선치료라는 숙어가 있는데 광선치료(light therapy) 또는 광치료(phototherapy)라 하여 선사시대부터 태양광을 이용한 (heliotherapy)치료법 이었고 해를 입지 않는 범위에서 일광욕을 하거나 또는 레이저나 LED램프와 같은 특별한 치료법을 말한다.

우리의 몸은 햇살이 몸속에 스며들어 비타민 D를 만들어 주며 뼈들 튼튼히 해 준다. 신앙적 차원에서 하나님이 비쳐주는 햇살은 사랑의 광선이어서 신앙인은 하나님이 비쳐주는 햇살을 받아 사랑을 먹고 사는 생명체이다.

이러한 명제에서 출발하는 『수인과 바다』 시집의 햇살시학은 하나님이 아닌 사람에게 "눈부신 아침 햇살이 마치 부챗살처럼 퍼진다"와 "비를 머금은 검은 구름 사이로 한줄기 햇살이 내려오는 걸 보았니?"라는 사전적 예를 들어볼 수 있다. 해에 대한 명칭은 '햇빛 · 햇볕 · 빛 · 빛깔 · 빛살 · 햇살 · 볕살 등이 있는데 홍 시인이 즐겨 쓰는 햇살은 '볕살'이 아닌 햇살이다. 볕살은 내려쬐는 햇빛을 볕살이라 하고 형태 분석을 볕과 살로 한다. 인터넷 자료 제시는 "나의 자리는 사무실에서 볕살이 가장 잘 든다"라 하였다. 때문에 이 구분은 햇살이 좀 더 강렬하게 한 곳에 내려쬐는 일이다. 그렇다면 햇살은 해와 살이다. 사전적 예에서와 같이 햇살 "나의 자리는 사무실에서 햇살이 가장 잘 든다"라는 말일 경우 볕살 보다는 한 곳에 더 집중적으로 광선이 들어오는 차이가 있다.

"나뭇잎 사이로 스며드는 따끈한 볕살을 쐬며 순영이는 오랜만에 편안함을 느꼈다."라고 인터넷에서 예를 들고 있는데 이에 견주어 보면 "나뭇잎 사이로 스며드는 따끈한 햇살을 쐬며 순영이는 오랜만에 편안함을 느꼈다"라기 보다는 "나뭇잎 사이로 스며드는 따끈한 햇살을 쐬며 순영이는 온 몸이 치료됨을 느꼈다"라는 문구가 더 잘 어울리는 햇살이다.

홍 시인은 『수인과 바다』 시집에서 많은 빈도로 '햇살'시어를 사용하였다. 그 범위는 상승적 이미지와 이성적 유추에서이다.

가을햇살이 익는다 (「둘이의 마음」)

이른 봄의 햇살을 품고(「언어의 꽃밭에서」)
아침 햇살이 (「장승백이 시절」)
아침햇살을 털고(「3월의 언덕에 올라」)
햇살을 쪼아대며(「바닷가에서 Ⅲ」)
바다는 마지막 타는 햇살을 씹으며(「바닷가에서 Ⅴ」)
아침햇살에(「아침바다」)
비개인 여름햇살을 움켜쥐고(「멀리 보이는 금강산」)
아침 햇살(「바람의 유혹」)
누리에 뿌려지는 아침 햇살(「새해 아침에 Ⅰ」)
햇살 따라 밀려오는(「겨울이 오기 전에」)
붉게 타오르는 아침 햇살과(「뿌리 깊은 나무」)

'햇살시학' 명제는 홍 문표 시인이 '해' 시어를 그냥 해보다는 '햇살' 시어를 다 빈도로 사용하였기 때문이다. 빛에 대한 많은 시어 중에서 유독 '햇살'광선을 받으며 홍시인의 시어들이 갖가지 상승 작용을 하면서 시적 상상력을 확산하고 있다. 우선 홍시인만의 '햇살'은『수인과 바다』시집에서 햇살시학을 만들어 내는데 피동이 아닌 능동태 주어들이 된다.

영원으로 이어지는
외길 언저리에
진한 합장으로 새겨진 자국마다
가을햇살이 익는다。

~ 홍 문표「둘이의 마음」에서

하늘에서 햇살이 내려오는데 오히려 홍 시인은 햇살이 익는다 라고 하고 있다. 이러한 시인만의 자유인 시어는 햇살이 주어이다. 바로 홍시인만의 시적 언어이다. 시에서 언어의 그 무한한 동질성의 은유적 추이는 다시 어두움의 언어가 아닌 양지바른 언덕바지에서 언어로 옮겨진다.

양지바른 언덕바지에서 언어는
이른 봄의 햇살을 품고
종달이 짖어대는 한낮
일제히 꽃을 피운다
별들을 쏟아 놓은 꽃밭이다。

바람이 불면 언어는
날개를 펴고
오월의 하늘을 나른다。
영롱한 호랑나비가 되어
조용히 가슴으로 내려와 앉는다。

무더운 날이면 언어는
구름을 타고 허공을 너울거리다
꽃밭에 쏟아지는 단비,
지심으로 파고드는 열정
기상나팔처럼 신명나는 리듬이다。

밤이면 언어는
등불이 된다。
외로운 밤길을 방황하는 마음마다
활활 타는 불꽃이다。

~ 홍 문표「언어의 꽃밭에서」

햇빛은 하늘에서 비취는 것이지만 홍 시인은 햇빛보다는 햇살을 그 주인공으로 한다. 그의 몸에 비취는 햇살을 받으면 그대로 받는 것이 아니라 홍 시인은 이 햇살을 자신의 시 속으로 집어넣는다. 햇살이 내려쬐면 다시 이 햇살이 주어가 되어 “가을 햇살이 익는다”이다. 그리고는 이 햇살은 양지바른 언덕의 언어가 되고 단비가 되고 꽃밭이 되고 리듬이 되고 등불이 되고 마음에 타는 불꽃이 된다.

(1). 햇살은 오색의 빛이 되고

홍 시인의 강렬한 햇살시학은 햇살은 오색의 빛이 되고라 하였다. 자신의 삶과 시적 상상력의 원천이 된다. 이는 그의 신앙에 근거한 하나님의 말씀이 되고 생성과 조화와 축복의 이미지가 된다.

이처럼 수인이란 죄인의 절망에서 벗어나 하늘에서 내리는 햇살을 맞으며 빛과 어둠의 철저한 분리를 통하여 홍 시인의 눈은 열려진다. 눈으로 봄에도 눈으로 봄과 느낌의 두 분류일 때 느낌 쪽을 더 선호한다. 가장 결정적인 것은 마음에 느끼는 햇살시학이다. 마음으로 처절하게 느끼는 햇살시학은 그 분으로부터 온 햇살을 맞으며 느끼는 '햇살 맞이' 자세이다. 이 엄연한 분리는 시어로 쓰여 진 시의 표면보다 이 시가 의미하는 내면적 의미에 더 큰 비중을 내포한다.

홍 시인의 햇살시학은 보다 구체적인 광학성의 빛이 되어 부채살처럼 또는 오색 빛 무지개처럼 분산되어 수인과 바다 전체가 다양한 빛으로 둘러싸여 있을 정도로 시어의 다 빈도 현상을 보인다.

일월의 빛살을 향하여(「너의 이력서」)
분홍빛 장미였다가는
이내 회색빛 구름이다(「오후의 구도」)
봄에는 초록빛
여름에는 보랏빛(「진실」)
우람했던 당신의 음성은
아직도 뜨거운 빛 되어(「비천기」)
밀물처럼 들려오는 초록빛 함성(「꽃의 설화」)
빛을 따라 얼굴을 주고(「둘이의 마음」)
오색 빛 꽃무늬 해살진다(「가을 산조」)
황토빛 칠월의 밀림사이로(「바닷가에서 Ⅳ」)
초록빛 부활이다(「목자의 뜰」)
회색빛 기억 속에 잠기고(「가을의 기도」)

빛나는 결실(「내가 당신의 자녀가 되는 것은」)
무지개 빛 색동저고리
밤길에 빛나는 덩그런 달빛(「명지의 동산에서」)
빛깔은 눈이 부신 아라베스크
…
정녕 빛나는 등불이어라(「너의 이력서」)
봄빛 하늘에 어깨를 펴고
…
피안의 불빛을 바라보자 새벽이 오는 밤(「출발을 위한 서시」)
햇빛 쏟아지는 벌판(「출발의 팡파레」)

홍 문표 시인의『수인과 바다』시집은 빛의 시집이다. 거기엔 분홍빛 · 초록빛 · 회색빛 · 보랏빛 · 달빛 · 봄빛 · 황토 빛 · 무지개 빛 · 불빛 · 햇빛 등 실로 지상의 밝음과 아름다움을 나타내는 모든 빛들이 빛나고 있다. '수인과 바다'는 먼저 햇살을 받으며 느끼고 · 익으며 그 분산하는 빛을 볼 때마다 전율하고 · 그리고 눈에 보이지 않더라도 빛의 시를 써내려가는 빛의 시집이다. 이 빛은 홍 시인이 믿는 믿음에 의해 시를 쓰는 삶의 경이로움이다.

시에서 가장 중요시하는 이미지는 성경에서 아이러니하게도 눈으로 보이는 일을 전부 가짜 · 곧 이미지로 한다. 히브리어로 마스크이다. 가면을 마세카아[1]라 한다. 기본형이 마스크이다. 가면 곧 마스크 · 마세카아[2]는 참 하나님 외에는 모두 가짜 · 가면 · 이미지이다. 그런데 홍시인의 햇살시학은 보고 안보고의 문제를 넘어서 그 분이 주는 빛으로 몸은 물론 마음의 치유를 경험한다. 그 중에서도 햇살 해가 광선으로 내려쬐는 강렬한 빛으로서이다.

---

1) מַסֵּכָה(마세카아 · 우상, 9: 13; 신 9: 12, 13, 27: 15; 왕상 14: 9 등).
2) מַסֵּכָה(마세카아) 민 9: 13; 신 9: 12, 13, 27: 15; 왕상 14: 9 등.

(2). 양지의 햇살

홍 시인의 햇살시학은 양지의 햇살이다. 햇살이 내려쬐는 범위가 넓어진 양지이다. 계절은 '오월'(「언어의 꽃밭에서」)이다. 오월의 '햇살'(「언어의 꽃밭에서」)이다. '오월의 하늘'(「장승백이 시절」)이다. 하늘에서 나무에 햇살이 비친다. '미류나무'(「장승백이 시절」) 하늘로 수직으로 치솟는 미루나무에이다. '한 그루의 나무'(「워싱턴 가는 길」)이다. 아니 '나무 · 나무 · 나무'(「워싱턴 가는 길」)세 나무에이다. 이들은 햇살을 받고서야 자란다.

햇살시인 시학은 그 범위를 더욱 넓혀 양지로 이동한다.

> 양지바른 언덕바지에 언어는
> 이른 봄의 햇살을 품고
> 종달이 짖어대는 한낮
> 일제히 꽃을 피운다.
>
> ~ 홍 문표「언어의 꽃밭에서」에서

양지바른 언덕은 햇살이 · 해의 광선 살이 강하게 내려쬐는 햇살의 공간 양지바른 언덕이다. 언덕은 백제의 우리말 이름이다.

양지바른 언덕이 되는 것은 햇살 때문이다. 햇살은 흰 빛이다. 한 빛이다. 봄의 햇살로 일제히 꽃을 피운다. 홍 시인이 꽃을 피운다. 햇살이 비치면 꽃이 햇살을 받고 꽃을 피운다. 여기에서 주어는 꽃이고 언어이다. 시인의 언어이다. 주인공은 홍 시인이다. 내려쬐는 햇살 은혜에 홍시인의 언어는 꽃을 피운다. 피동적인 꽃이 피워지는 일이 아니다. 하나님이 주신 자유 안에 그토록 소중한 시인 언어로 꽃을 피운다. 햇살을 주시는 분이 허락한 햇살이기에 홍 시인이 꽃을 피운다.

「수인과 바다」 시의 주인공 흰빛의 백구이다.

여름내 태양으로 불을 질렀어도
밤마다 먹구름 뭉쳐
숨통을 조였어도
끝내 침묵하는 절개

먼 하늘까지
질서처럼 쌓아올린 해벽
그 검푸른 장막 뒤뜰엔
억겁의 설화 속에 감금된
수인의 묵비권이 있다

언젠가는
해일 같은 실토를 할 것이라는
셈속이기는 하지만…

그러나 한 점
표적을 향한 의지는
아직도 수직으로 차단된 거리를
바장일 뿐
백구 한 마리 나래 퍼득여
시퍼런 날이 가슴 섬늑한
수평의 단애를 질러본다

~ 홍 문표 「수인과 바다」

철저한 이성주의 모더니즘의 그 분열상「수인과 바다」의 전반부를 후반부에서 서정적 열정으로 수인을 해결하기 위해 백구 한 마리가 난다. 시인은 백구 한 마리를 해상에 날린다. 시적 자아와 동일시된 백구는 자유의지로 난다. 반드시 백구가 날아야 할 이 이성적 서정은 절망을 벗어나는 일이다. 백구 한 마리의 '한'은 두 마리가 아닌 한 마리다. 구원을 받는 흰 빛을 받는 한 마리이다. 새는 하얀 빛의 새이다. 유구한 역사를 이어오는 하얀 빛 백의의 흰 새 구원의 메시지를 날리고 있다. 하늘로 비상한다.

홍 시인 시의 햇살은 바다와 산을 모두 금빛으로 만든다.

> 창을 열면
> 탁 트이는 바다
> 내륙으로 다가오는 당신의 옷자락 소리
> 그 풍만한 자유의 몸짓이여
>
> 청송가지 사이로
> 밤새워 잉태한 지맥의 언어들이
> 한줄기 바람 되어
> 내해를 달린다
>
> 아침 햇살
> 그 한 아름의 은총이
> 계곡에 뿌려지면
> 산은 온통 금빛으로 비상하고
>
> ~ 홍 문표「바람의 유혹」 에서

"아침 햇살 그 한 아름의 은총이 계곡에 뿌려지면 산은 온통 금빛으로 비상하고" 있다. 아침 햇살로 인하여 산은 비상한다. 능동형이다. 이 능동자는 "창을 열면"의 행위자이다. 홍 시인이다. 아무리 햇살이 다가온다 해도 내가 창을 여는 행위가 없으면 · 아무리 하늘의 말씀과 은총이 넘쳐도 내가 그것을 느끼지 못하면 햇살은 단지 자연현상일 뿐이다. 내가 창을 열어야 그제서야 "탁 트이는 바다"가 되고 거기에 "내륙으로 다가오는 당신의 옷자락 소리"가 들린다. 홍 시인이 듣는다. 더구나 그 탁 트이는 열린 공간에 한 아름의 아침 햇살이 뿌려진다. 이 모더니즘 시인의 이성적 행위 뒤에 오는 감동의 자유로움과 기쁨을 신의 은총으로 한다. 이러한 홍 시인이 마련하는 언어는 청송가지 사이로 밤새워 잉태한 지맥의 언어들이 한줄기 바람 되어 내해 달린다. 바다가 내해다.

홍 시인의 호는 동천東川이고 이 동천은 히브리어로 나할이며 내해이다. 지상에서 바라보는 바다이다. 그 탁 트인 구원을 내해로 하는 것이 홍시인의 기쁨이다. 상상력의 깊이는 언제나 마음의 깊이에서 솟아난다. 홍 시인의 이 지적인 모더니즘 태도에서 오히려 구원을 열망한다. 이 열망을 서정의 아침햇살로 치환한다. 한 아름의 광선을 맞는다. 은총이라 한다. 이 순서는 시의 문맥 그대로 노출되면서 시인은 신의 은총으로 황홀하다. 그리고 여기에 비상이 있다. 3중적 심층묘사이다.

이 비상은 모더니즘 계열의 대표시인 김기림 시의「나비와 바다」에서 보이는 분열과 그리고 절망과 비교된다.

아무도 그에게 수심을 일러 준 일이 없기에
흰나비는 도무지 바다가 무섭지 않다

청 무 밭인가 해서 나려갔다가는
어린 날개가 불결에 절어서
공주처럼 지쳐서 도라온다

3월 달 바다가 꽃이 피지 않아서 서글픈
나비 허리에 새파란 초생달이 시리다

～ 김 기림「바다와 나비」

창을 열면
탁 트이는 바다
내륙으로 다가오는 당신의 옷자락 소리
그 풍만한 자유의 몸짓이여
……
아침 햇살
그 한 아름의 은총이
계곡에 뿌려지면
산은 온통 금빛으로 비상하고

～ 홍 문표「바람의 유혹」에서

(3). 햇살과 황금비율

김 기림의 바다와 나비의 관계는 분열이고 절망이다. 이것이 모더니즘의 사물관이다. 모더니즘에서는 모든 사물이 제삼자인 타자로 되어 있다. 이 작품에서 나비는 바다가 자기가 태어났던 청무우밭으로 착각하고 접근하려다 실패하고 만다. 화합이 불가한 절망이다. 그러나 홍 시인에게 바다는 아침햇살로 내해가 되고 청산과 더불어 비상하는 금빛이 된다. 수인과 바다의 분열적 모더니즘이 마침내 청산과 더불어 하나로 통합되는 구원의 서정시가 된다. 홍 시인이 김기림과 차별화되는 경계다.

홍 시인의 '햇살'은 황금비율로 되어있다.

> 날이 새면
> 우리는 십자가 우뚝 선 예배당
> 언덕에 오르곤 했지.
>
> 봄이면 뻐꾸기 울음 따라
> 온통 진달래로 치장한 동산을 달리며
> 애기 간 먹는다는 문둥이 소문에
> 소스라치던 돌팽이 밤나무골,
>
> 미루나무 열병한 신작로 따라
> 휘파람 불며
> 허리 굽은 논 티 고개를 넘을 때면
> 언제나 마음은 오월의 하늘이었지
>
> ~ 홍 문표「장승백이 시절」에서

"날이 새면"의 자연 순리에 홍시인은 "우리는 십자가 우뚝 선 예배당/ 언덕에 오르곤 했지"와 "미루나무 열병한 신작로 따라/ 휘파람 불며/ 허리 굽은 논 티 고개를 넘을 때면"이다. 이 이성유추의 행위들은 가만히 은혜를 받기만 하는 것이 아니라 십자가 우뚝

선 예배당에 오른다. 그러면 주어지는 행복은 "언제나 마음은 오월의 하늘이었지"이다.

여기엔 나무와 · 오월과 · 오월의 하늘과 · 하늘에서 주는 햇살이 내리는 · 오월의 언덕이 있다. 황금률인 오방의 공간이 있다. 봄과 오월의 시인 가슴엔 언제나 예배당이 있고 푸른 하늘이 있고, 하늘만큼 넓은 바다가 있다. 세상에서 가장 신비로움의 나무들과 그 나무들이 가지는 꽃잎이 있다. 그래서 『수인과 바다』 시가 지닌 모더니즘 지성의 집요한 탐색으로 바다의 묵비권을 무너뜨린다. 나무와 햇살과 오월이 주는 행복을 십자가 언덕에 올라서서 보고 느낀나. 더구나 논티 고개를 넘어서면서 알아낸 기쁨은 황홀하여서 휘파람 불기까지 한다. 오월의 하늘아래서이다.

홍 시인이 5월의 5와 십자가의 비율을 알아낸 것이다. 이처럼 홍문표 모더니즘 서정성의 상상력은 나무와 꽃잎과 5월과 햇살이 있는 열린 세계를 찾는 일이다. 마치 모세가 떨기나무아래 시신 하나님을 발견하고 가까이 가려할 때 하나님이 "모세야 모세야 … 이리로 가까이 하지 말라 너의 선 곳은 거룩한 땅이니 네 발에서 신을 벗어라"(창 3:4~5)고 하신 것처럼 홍 시인이 바라본 시의 감성은 오월의 햇살에서 거룩한 분이 주시는 은총을 느낀 것이다. 휘파람소리가 절로 난다. 신이 난다. 신명이 난다. 은총의 햇살이 나뭇가지사이로 비췬다. 햇살이 지닌 해의 광선이 홍 시인에게 내려쬔다. 어릴 때부터 교회를 드나들게 된 그 기쁨이다. 예배당을 맴돌며 예배당에 들어가 살아온 일은 햇살을 받는 일이다. 햇살 나무로 살아가는 일이다. 봄이면 꽃이 피고 · 가을이면 열매 맺는 꽃나무들 · 원시림 속에서 나무들이 꽃피며 살아가듯이 그대로 홍 시인도 이 속에서 사는 햇살 사랑의 나날이다. 하나님의 흔적 · 보이지 않는 절대자의 흔적이 햇살을 통하여 내려쬐이는 삶의 경험이 주는 감동을 홍 시인은 그의 시어 속에 넣어 황금 율로 자리 잡힌다.

홍 시인의 햇살 시학은 꽃과 나무들이 사는 법칙에서 신의 능력을 발견한다. 생명들의 삶 · 황금비율로 접근한다. 신의 은총이다. 홍 시인이 고향 마을 산 속 깊이의 나무들이 다닥다닥 붙어 있으면서도 햇빛 꽃을 피우고 열매 보며 사는 생활은 과거 교회생활 공간이 재생산된 은총이다. 어디에서든지 내려 비치는 은혜이다.

그는 늘 절제의 미학을 가진다. 결코 너무 음식을 먹거나 너무 운동을 하거나 하지 않는다. 생활의 더도 덜도 아닌 한가위 같은 삶을 살아간다. 늘 보아온 원시림에 햇빛이 황금비율로 내려 비치는 황금비율을 보아온 경험이 재생된 것이다. 햇살은 홍 시인의 것이 되어 언제나 하늘을 나는 상상력으로 시가 되고 철학이 되고 일생의 좌표가 된다. 하나님의 은총이 내려쬐는 일의 감사 · 은혜 받음에 황홀 · 햇살 황금비율이 시인에게 내려쬐는 신의 은혜이다.

홍 시인은 경이의 눈으로 십자가비율을 대한다. 이 세상에서 숨어진 보편적인 파이비율에서다. 이 비율은 직 사각형(golden rectangle), 3 : 4 비율이다. 바로 홍 시인의 이성과 감성의 분리 비율 · 합하여 사랑이 될 때 완전한 절대의 사랑 · 안으로 점점 더 작은 황금 직사각형을 만들며 황금 대수 나선(logarithmic spiral)이 향하는 곡선 · 한 점 꽃 · 빨간 꽃이 핀 예수님 사랑을 시인은 본다.

한 송이 꽃이 햇볕과 물과 공기를 얻어 살아가는 생명들의 현주소를 홍 시인은 햇살로 받는다. 그리고 시속에 집어넣고 꽃피는 생명을 시로 알린다. 햇빛과 해와 햇살 어느 것으로 설명되든지 부활율이다.

식물은 줄기와 잎이 있다. 이 배열은 피보나치 수의 부활비율로 되어 있다. 이다. 부활 비율은 줄기의 비율이다. 줄기의 호(arc)가 어떤 엽저(leaf base)의 잎의 밑 부분에서 다음 엽저로 형성되던지 3:4의 비율이다. 어디에서든지 식물이 햇빛을 받고 살아가는 비율 법칙이다. 줄기 둘레에 분획(fraction)이 새겨지면서 계속 안으로 접어들어 한 점 꽃이 피는 비율 이것은 홍 시인에게 있어서 은총이며 숨 쉬는 황금나선구조1)이다. 이 비율은 1 : 1.6180339887…이다. 사랑의 나선형으로 잎들과 잎들 사이에 햇빛과 공기에 최대한 노출되는 꽃은 하나님만이 하실 수 있는 능력이다. 이 사랑의 나선은 예수님 가슴 안에 한 점 피로 종결 된 빠알간 꽃이다.

줄기의 호(arc)가 엽저(leaf base)의 잎의 밑 부분에서 다음 엽저로 형성되던지 3:4의 비율이다. 삶의 비율법칙이다. 둘레 분획(fraction)으로 계속 안으로 접어드는 파이비율 홍 시인에게 있어서 은총이며 숨 쉬는 황금나선구조2)이다. 하나님이 사랑으로 흘린 피로 설명되

1) 생물체 내에서도 정보를 담고 있는 DNA 구조 분자는 폭이 21Å(angstrom, 1억분의 1cm), 나선이 완전히 한 번 회전했을 때의 길이가 34Å으로, 둘 다 피모나치 수이다. Å분자는 문자 그대로 긴 황금 직 사각형 더미[Marl Wahl, *A Mathematical Mystery Tour*, (Tucson: Zephry Press, AZ, 1988), 128]를 이룬다. 원자 세계에서는 4가지의 근본적 비대칭(원자핵의 구조, 핵분열 파편의 분포, 많은 동위 원소의 분포, 방출되는 입자의 분포)를 이루는데 비 부활[J, Wlodarski, *The Golden Ratio and the Fibonacci Numbers in the Word of Atoms'* Fibonacci Quarterly (1963. 12), 61.]은 수소 원자의 양이 변하는 상태에서 핵이 연속적인 에너지 단계로 방사성 에너지를 얻거나 잃을 때, 원자의 전자에서도 피보나치 수(H. E. Huntley, 'Fibonacci and the Atom,' Fibonacci Quarterly (1969. 12), 523~524]가 존재하며 태양 주변의 각 행성의 공전주기를 인접한 행성의 공전주기와 정수(round numbers)에서도 피보나치 수는 해왕성(Neptume)부터 시작해서 태양을 향해 안쪽으로 감에 따라 그 비는 1 · 2, 1 · 3, 2 · 5, 3 · 8, 5 · 13, 8 · 21, 13 · 14를 이룬다.

2) 생물체 내에서도 정보를 담고 있는 DNA 구조 분자는 폭이 21Å(angstrom, 1억분의 1cm), 나선이 완전히 한 번 회전했을 때의 길이가 34Å으로, 둘 다 피모나치 수이다. Å분자는 문자 그대로 긴 황금 직 사각형 더미[Marl Wahl, *A Mathematical Mystery Tour*, (Tucson: Zephry Press, AZ, 1988), 128]를

는 이 신비는 느릅나무에서 호는 원주의 1 · 2 · 너도밤나무(beech)와 개암나무(hazel)는 1 · 3 · 살구와 참 나무 류(oak)는 2 · 5 · 배와 포플러는 3 · 8 · 아몬드와 아씨 버드나무(pussy willow)는 5 · 13 등에서 특히 아름다운 황금률을 이룬다. 자연을 늘 벗 삼아 사는 홍 시인 철학자는 하나님의 절대적인 내리는 은총을 시로 나타내며 감사감읍한다.

모더니즘 시에서 열린 공간을 만든 홍 시인은 시가 재생산되는 순간에 기독교 시가 되게 하는 이 이유를 알리려 한다. 오랜 반평생이 넘는 해수 속에 녹아 있는 시인 어릴 때의 경험이 다시 시로 나온다. 다름 아닌 신학사상이다. 예수님의 가슴에서 흘리는 피가 자연계에 흔적이 된 황금 율의 흔적을 홍 시인은 알아 본 것이다. 하나님이 알게 해 준 에덴시학 논리이다.

물의 각 또한 육각형이고 육각형의 내각의 총합은 720도 이고 외각은 360도이다. 정육각형의 경우 한각은 720도에서 6을 나눈 120도이다. 열두 사도와의 비율 탐색이 가능하다. 황금 율에서 벗어나지 않은 물 안 · 말씀 안에 홍 시인은 자유 누리며 시 작업한다.

이룬다. 원자 세계에서는 4가지의 근본적 비대칭(원자핵의 구조, 핵분열 파편의 분포, 많은 동위 원소의 분포, 방출되는 입자의 분포)를 이루는데 비 부활[J, Wlodarski, *The Golden Ratio and the Fibonacci Numbers in the Word of Atoms'* Fibonacci Quarterly (1963. 12), 61.]은 수소 원자의 양이 변하는 상태에서 핵이 연속적인 에너지 단계로 방사성 에너지를 얻거나 잃을 때, 원자의 전자에서도 피보나치 수(H. E. Huntley, 'Fibonacci and the Atom,' Fibonacci Quarterly (1969. 12), 523~524]가 존재하며 태양 주변의 각 행성의 공전주기를 인접한 행성의 공전주기와 정수(round numbers)에서도 피보나치 수는 해왕성(Neptume)부터 시작해서 태양을 향해 안쪽으로 감에 따라 그 비는 1 · 2, 1 · 3, 2 · 5, 3 · 8, 5 · 13, 8 · 21, 13 · 14를 이룬다.

2). 홍 문표 시의 황금비율

(1). 홍 문표 시의 황금비율

왜 홍 시인에게 12사도의 황금비율이 있는가의 문제제기는 홍 시인 『수인과 바다』 시집에서 홍 시인이 좋아하는 5월과 별이 지닌 별자리의 조화 자리리듬 오각형의 의소 시어들 37회에서이다. 그리고 물의 의소는 40회 사용되었다. 바로 이스라엘 백성들이 광야 40년의 세월처럼 그리고 모세가 그 물 위에서 건져진 것처럼 홍 시인은 물의 의소를 이 시집에서 40회 사용한다.

홍 시인의 별 선호도 의소들과 오각의 다섯 개념을 전제로 한 5월 의소들이 합하여 된 37회가 된 것이다. 더구나 홍 시인의 원의 소라가 할 수 있는 물이 가진 원자구조 6각형 의소 비율이 1 : 1.2 비율이다. 홍 시인의 황금비율은 열두제자와 열두 사도와 성경의 횡금비율을 따르는 별과 물의 비례 5 : 6비율인 것이다. 바로 1 : 1.2 비율이다. 하나님이 창조하신 나무와 나무 사이와 잎과 잎 사이의 비율은 1 : 1.6180339887… 비율이다. 이 근사치 홍 시인의 1:1.2 비율은 홍 시인은 하늘이 주신 이성과 서정비유 5 : 6이 된 것이다. 바로 자연의 조화리듬 별과 물의 황금비율 1 : 12비율이다.

이에 대한 궁금증이 되는 홍 문표 시의 황금비율을 알아내려는 이 논문에서 논의되는『수인과 바다』는 물을 전제로 한 장이다. 홍 시인이 가장 좋아하는 5월이 나타내는 오각형과의 관계비율 탐색이다. 하늘에서 내려오는 수직 구조는 일차적으로 홍 시인의 물과 별과 햇살 그리고 눈 좋아하기이다. 말씀 사역의 자의적인 시인의 길이라는 점이다.

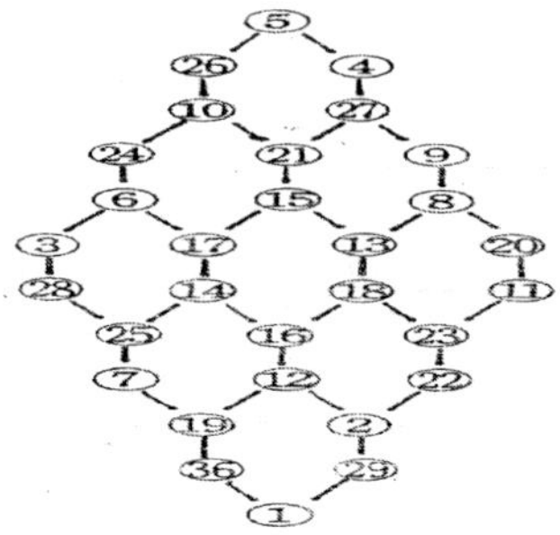

1)

바다 물에는 거북이가 있고 거북이 등은 6각형[2]이다 시인은 겨울에 내리는 눈에 관심을 모은다. 홍 시인은 눈을 좋아한다. 홍 시

---

1) ① 물 ② 낮은 밀도에서 4개의 물 분자덩어리 2개가 결합되어 입체적 형태의 육각형을 이루고 있는 구조 ③~⑦ 눈 결정의 육각형 기본 구조들 ⑧~⑨ 육각형 벌집 ⑩ 잠자리 눈 ⑪ 약 2만 8천 개 육각형 낱눈으로 이루어진 잠자리의 겹눈.

2) 최석정의 지수귀문도(地數龜文圖) 또는 낙서육구도(洛書六九圖)라 불리는 육각진은 최석정의 독창적인 연구로, 아직까지도 그 전모가 밝혀지지 않고 있다. 1부터 30까지의 수가 아홉 개의 육각형을 이루고, 육각형을 이루는 여섯 수의 합이 모두 93으로 일정하다. /이장주 교수 제공

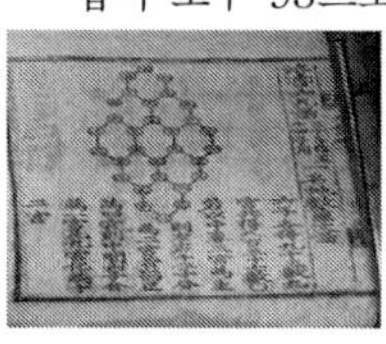 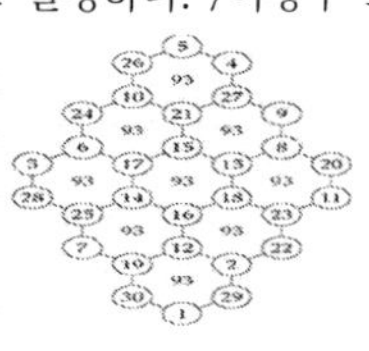

인 시집『囚人과 바다』외연은 물 이미지이지만 그 안에 내재한 소재는 햇살과 물과 별의 눈을 소재로 한 시집이다. 이 비율은 하늘과 수직구조로 5 : 6비율이 형성된다. .

눈 모양은 육각형이다. 홍 시인이 그렇게 좋아해서 그의 '호'로 '한 별'이라 하고 싶었던 별은 오각형이다. 물은 6각형이다. 비율은 5 : 6 비율 곧 1 : 1.2 비율이다. 12수리신비 탄생! 눈이 지닌 물 분자들이 육각형으로 배열되며 가장 아름다운 안정성을 보인 포근함에 기대어 느끼는 감성으로 홍 시인은 시를 통하여 아름다움 감탄만 하지 않고 말씀이 녹아 있는 말씀 전해주기로 한다. 조화의 리듬이다. 합하여 만들어내는 7의 완전수 리듬이다.

빛은 하늘에 있다. 물은 가장 대표적인 바다의 물이다. 이 빛과 물의 관계는 수직이다. 절대자와 사람 관계이다. 이 안에서 논의 될 수 있는 것은 말씀 관계이다. 물 사역이 말씀 사역이다.

누구의 가슴에도
파도처럼 일렁이는 한 해의 설레임
하늘하늘 아른대는 일곱 빛깔 무지개

주여
올해에는 그늘진 가슴마다
한 아름의 소망으로 가득하게 하시고
내딛는 걸음마다 웃음꽃
고운 향기로 가득한 꽃길이게 하소서

자박자박 눈길을 걸어오시는
당신의 선연한 발자국 소리
뼈 속까지 스며드는
말씀의 진한 떨림
문 밖에 계셔서
언제까지나 손을 흔들어 주시는
자상한 수화

~ 홍 문표 「새해 아침에」(2013. 1. 13. 예배헌시)에서

(2). 별과 눈의 비율

홍 시인의 『수인과 바다』가 전하고자 하는 물인 말씀의 진리가 지닌 비밀을 알고자 하는 황금비율은 물인 말씀의 이성과 감성의 아름다운 조화인 오월과 별의 자리황금비율 5각형의 황금비율이다. 언제나 홍 시인의 시에는 닥아 오는 햇살과 나무와 별과 새와 물과 눈이 나란히 황금비율로 자리 잡는다. 5 : 6=1 : 1.2 비율 곧 12수리의 신비가 탄생한다.

감람산 언덕배기
일백 년을 넘기기도 어려운 것이
우리들 목숨이거늘
이천 년 전 그날의 새벽을
빗돌처럼 지키고 있는
감람나무 한 그루

"여우도 굴이 있고
나는 새도 집이 있건만
인자는 머리 둘 곳이 없노라."
……
감람나무 잎 새마다
달아놓은 독선이여
그리하여 하늘에 오르신 당신이여
다시금 푸르른 청산을 밟고 오실
당신의 약속이여

～ 홍 문표 「감람산」(2014. 8. 19. 예배헌시)

주여 꿈을 꾸게 하소서
개나리 진달래
수선화 백합화
흐드러진 꽃밭을 지나
노루 사슴 이리 사자
함께 뛰노는
숲속을 지나

……
그곳은 사철
꽃피고 새 우는 나라
날마다 춤추며 노래하며
시와 찬양으로 화답하는
그런 꿈을 꾸게 하소서
~ 홍 문표 「주여 꿈을 꾸게 하소서」(2014. 3. 9. 예배헌시)

물 · 말씀 안에서 마음의 자유를 홍 시인은 누린다. 바로 조화의 아름다움을 추구하는 홍시인만의 황금비율은 유독 좋아하는 별이 놓이는 아름다운 오각형의 신비와 그리고 좋아하는 5월! 5각형 눈과 물이 지니는 6각형과의 비율 5 : 6 홍 시인의 황금비율 1 : 1.2 비율이다. 파이비올 최대근사치 · 하늘의 별자리가 지니는 완전한 아름다움의 자리 비율 · 5각형 자리와 물이 지닌 6각형의 비율과의 말씀 비율이다. 물과 별 황금비율 눈과 별 황금비율 햇살이 내린다. 하늘에서 홍 시인에게 내려쬐는 광선의 빛 햇살이다.

바로 홍시인의 서정의 이성으로 감성을 얻는다.

엉겅퀴 사이로
꽃들이 흐드러지고 있다

밤새 어둠을 마름하여
은하의 강가를 누비고
온몸을 살라 절규하던 별들의 꽃비
새벽이면 고목나무 등성을 타고 내려와
외로이 길가에 숨는다

강물은 하늘을 마시고
겨우내 새김질하다가
훤하게 뚫린 대지의 여백의
색칠을 한다
초록빛 부활이다

양지바른 언덕에
멋대로 어우러진 자유
허공을 휘젓는 손짓마다
물씬 풋내가 쏟아진다

목자의 옷깃이 나부끼는
사월의 들녘에 풀꽃이 웃는다
양떼들도 긴 이랑을 따라
아지랑이 나풀대는
봄을 뜯고 있다

～ 홍 문표「목자의 뜰」

홍 시인이 누리는 자유는 주님 안에서 주님이 주신 주님과 12제자의 비율 열두 사도 비율 안에서 자신을 즐긴다. 그러기에 하늘의 별을 아주 선호하고 이 별이 지닌 이미지를 4월의 들로 한다. 바로 4월 거기에는 시인의 신앙의식 부활이 있다.

하늘의 별이 내려와 숨는 곳을 홍 시인은 길가라 하였다. 밤새 어둠을 마름하여 은하의 강가를 누비는 시적 화자이다. 온몸을 살라 절규하던 별들의 꽃비이다. 그리고 새벽이면 고목나무 등성을 타고 내려와 외로이 길가에 숨는「목자의 뜰」이다. 이 뜰에는 강물이 하늘을 마시고 있다. 이러한 수직적 왕래는 생명을 살리는 비율이다. 이 때문에 홍 시인의 언덕은 양지바른 언덕이다. 풋내와 초록빛 부활이 결론이 된다. 이러한 양식을 양떼들이 먹고 있다. 하늘과 땅으로의 자유로운 이동이면서 부활은 양지바른 언덕에서 눈으로 보이는 봄을 뜯고 있다.

홍 시인은 이 4월 부활의 은혜로움에서 이제 그토록 좋아하는 5월로 이동한다. 시인만의 행복한 아름다움 추구이다. 시인의 눈빛은 오월의 아롱거리는 활력소를 만끽한다. 밀로의 비너스상과 프랑스 파리의 개선문과 파르테논 신전에서 발견되는 황금 분할 비율이 오각형위치이다. 오각의 긴 선분이 3등분되고 그중 가장 긴 선과 다른 짧은 선의 비율 1 : 1.6180339887…황금분할비율 활력소를 홍 시인은 마신다. 하나님이 만든 이 황금비율은 모든 생물들 특히 숲 속 깊은 나뭇가지와 잎 새 사이에서 발견된다. 심신산골 그 응달진 곳에서도 꽃들이 피는 비율이다. 나무 나무들이 맞 부비며 꽃 피우는 우주의 가장 아름다운 비밀이다.

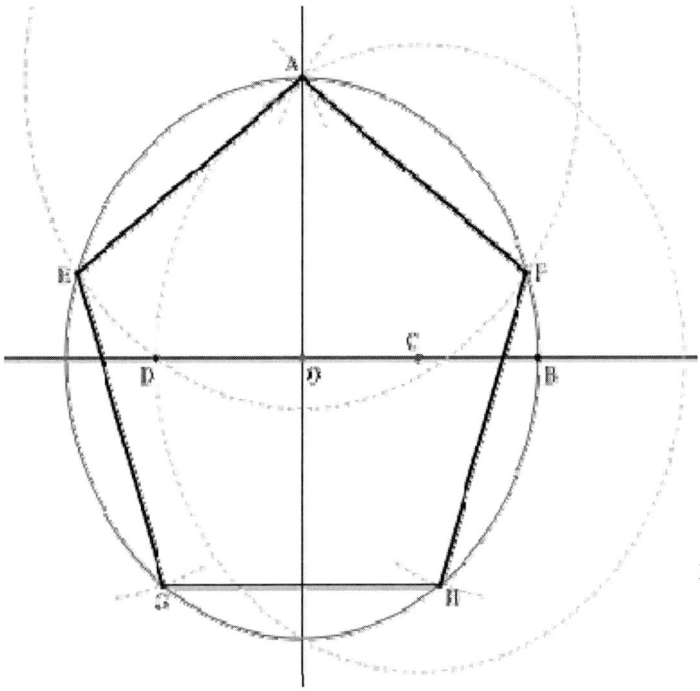

1)

한 원 안에는 생명을 잉태하는 원동력이 있다. 그 비율의 아름다

1) "짐보" 웨일스(Jimmy Donal "Jimbo" Wales, 1966년8월 7일~):2001년 공개된 위키백과에 기록. 피타코라스가 주장한 우주의 가장 아름다운 조화.

운 1 : 1.6180339887…황금분할이다. 이를 발견한 수학자 피타코라스는 신을 1로 2를 남자 · 3을 여자 · 2+3은 결혼이라는 것이다. 이 비율은 계속 오각형 안에서 탄생 · 오각형! 별이 오각형이다.

왜 그토록 하늘의 별을 보면서 수많은 시인이 노래하고 있을까. 가장 아름다운 저 하늘의 별처럼 되고 싶은 사람들의 꿈이 든 우주 그 중에서도 별은 홍 시인의 시에서 아름다웁고 가장 사랑스러운 대상으로 꿈꾸어진다. 코스모스가 되는 우주! 이 우주는 예술가들로 하여금 가장 아름다운 조각상이나 그리고 가장 아름다운 비율의 공간도 이 별모양의 자리이다. 이 조화를 시인들은 혹은 조각가들은 그리고 미술가들은 그 비밀의 황금균형을 잃지 않으려 한다. 홍 시인에게 있어서도 이 별은 시에서 시어로 자리 잡는다.

별은 홍 시인의 시에서 아름다웁고 가장 사랑스러운 대상으로 꿈꾸어진다.

> 별들도 골목길에 내려와 이 밤을 즐긴다(「골목길에서」)
> 별들을 쏟아놓은 꽃밭이다(「언어의 꽃밭에서」)
> 별들이 쉬어가는 포근한 안식(「바닷가에서 Ⅲ」)
> 밤이면 별과 함께 창공을 나르고(「산정에서」)
> 별은 활활 타고 있었다(「평화의 나팔소리」)
> 별들의 비밀(「샘이 깊은 물은」)

홍 시인은 늘 물의 리듬을 외연으로 한다. 시집을 6부로 정한다. 내면리듬은 별 모양 5각형 리듬을 좋아한다. 모자람이되 그 분 절대자가 채워주는 리듬이다. 홍 시인은 모더니즘 서정 시인으로 수인과 바다로 소재를 택하여 황금률 리듬을 가지면서 좋아서 늘 웃는 늘 웃는 행복의 에덴시학자이다.

제 4장 지상의 연가 에덴시학

1. 모더니즘 서정시의 신앙시학

1). 모더니즘의 서정시의 신앙시학

(1). 물고기 두 마리

모더니즘 서정시의 신앙시학이라는 논제는 홍 문표 문학박사의 시집 『지상의 연가 ~ 늘 푸른 강물이 듯이』 연작시를 통하여 드러나는 예리한 이성을 감성의 신앙 시로 만드는 철저한 절대자 흠모의 신앙 관점이라는 대시 문제를 제기한다. 따라서 이 시집을 통해 드러난 그의 시학과 신앙시의 깊이를 연구하는 장이 된다.

홍 시인의 『지상의 연가 ~ 늘 푸른 강물이 듯이』 연작시는 부제 '~늘 푸른 강물이듯이'를 연작시 52편 모두 작품 제목으로 「~늘 푸른 강물이듯이」라 하였다. 그리고 첫 장부터 강물에 고기들이 싱싱하게 살아 움직이는 생명의 강을 고기들의 비린내로 하였다.

늘 푸른 강물이듯이
그렇게 흘러가게 하소서
까마득한 땅 심지
투박한 암갈색의 원시로부터
허허로운 구천의 정수리까지

약수 삼천리

철근 콘크리트
논리로 헝클어진 갈대밭을 지나
서걱거리는 지식의 갯벌에서
태초의 정한 아침
물안개 자욱한 비린내로 흐르거나

~ 홍 문표『지상의 연가 ~ 늘 푸른 강물이 듯이· 1』에서

강물에 고기가 살고 있는 홍 시인의 ~「늘 푸른 강물이 듯이 · 1」은 강물에 고기들이 살아 있다는 표현을 비린내로 표현한다. 뿐만 아니라 시집 전체의 구성을 보면 고기들이 살아 있는 생명의 구조도를 이루고 있다.

1 2 3 4 5 6 7 8 9 10
11 12 13 14 15 16 17 18 19 20 21
22 23 24 25 26 27 28 29 30 31
32 33 34 35 36 37 38 39 40 41
42 43 44 45 46 47 48 49 50 51 52

시의 이미지를 획 던지듯 고기 두 마리 모양을 이루는 이 특이한 신화 시는 연작시의 각 제목의 수리를 홍 시인은 5부로 나눈다. 물고기와 물고기의 꼬리를 연상하는 52의 연작시적 구조도는 시의 메타포가 지닌 물고기의 활동을 내면 리듬으로 한다. 모더니즘시가 지향하는 언어의 건축물적 형태다.

'늘 푸른 강물이듯이'의 물고기 두 마리의 모형을 수치로 시각화한 근거는 다음과 같다.

1부 1에서 시작하여 10까지로 1부 10호 완성 의미
2부 11에서 시작하여 21까지로 2부 11호 물고기 두 마리 의미
3부 22에서 시작하여 31까지로 3부 10호 구성의 완성 의미

4부 32에서 시작하여 41까지로 4부 11호 물고기 두 마리 의미
5부 42에서 시작하여 51까지로 5부 10호 구성의 완성 의미

물고기 꼬리모형을 이룬 2부는 11의 두 개 곧 1숫자를 나란히 놓은 물고기 두 마리 형상이다. 오묘하기까지 한 물고기 두 마리 형상을 4부에서 다시 반복한 2회 리듬으로 한다. 그림으로 형상화된 물고기의 수치 메타포가 이미지화 된 물고기 두 마리다. 성경에서 예수님의 설교를 들으러 온 5천명을 먹이고도 12광주리가 남은 기적의 징표로 연상되는 이미지이다.

생명이 살아 있는 52편의 시 작품을 가지 어떻게 각각 독립되면서도 일정한 「~ 늘 푸른 강물이듯이」 제목으로 '지상의 연가'라는 것인가! 전체 52편마다 늘 푸른 풍요 주제와 만나면서 그 안에 생명이 살아 있는 늘 푸르듯이 흐름을 큰 주제로 한다. 이 변함없다는 전제성은 인간의 영역이 아니다. 신의 영역이다. 52편의 시들은 시인이 펼치는 문학의 초월적 상상력이 동원된다.

시집 순서 배열이 수평과 수직으로 만나면서 각 호는 일정한 틀을 벗어나지 않는다. 그러면서 각호마다 가로와 세로의 시학이 존재하게 한다. 「~ 늘 푸른 강물이듯이」와 『지상의 연가』가 하나라는 동일성으로 출발 거대한 연작시다. 수평으로 1호에서 52호까지가 만들어지는 연작시 52편은 다시 수직으로 시인의 감성을 이미지로 형상화[1]하면서 서정시인임을 알려준다. 이 둘이 만나는 십자 모양은 시적 화자의 이성과 시적 화자의 감성이 만나 모더니즘 서정시가 되게 한다. 바로 신앙시학이 문제제기이다.

---

1)Scholes. Robert, Structuralism in Literature,(London: Yale University, 1974). pp.71~74

(2). 당신을 향한 강물의 시학

홍 문표 시인의『지상의 연가 ~ 늘 푸른 강물이 듯이』는 당신을 향한 강물의 시학이다. 당신과 관련한 강물과 생명문제의 일체감은 다음의 예로 들 수 있다.

늘 푸른 강물이듯이
당신 곁에서
작은 등불이게 하소서
특별히 해 저문 벌판이나
엉겅퀴 어우러진 돌작밭이나
토사질의 바다
그 광란의 혀끝에서
마지막을 정리하는 순간에
당신이 내미시는
온돌 같은 손길이게 하소서.

어둠의 등뼈를 갈고
돌아가는 새벽의 슬픔들까지도
노래가 되게 하시는
당신 사역의 저만큼에서
우리도 가난한 촛불놀이를
준비하게 하소서

당신 곁에서
우리는 작은 연분홍 꽃송이
아지랑이 나풀대던 봄 길에서
오월의 강물 따라
그 잔잔한 수면 위를 걷고 계시던
당신의 발걸음소리

~ 홍 문표『지상의 연가 ~ 늘 푸른 강물이 듯이· 26』에서

이처럼 그의 시는 당신 곁에서, 당신의 손길을 느끼며 · 당신 사역의 저만큼에서 끝없이 맴돌며 흘러가는 연가다. 그런가하면 연작시 26호는 그가 신학적으로 증명되는 일[1]을 성경 수리 26과 긴밀히 연결되었다. 그런 다음 다시 41호와 42호에서 예수와 그리스도의 족보[2]를 알려주는 연작시 수리[3]로 일치시킨다.

언어를 잃고
사랑마저 감금된 빙하의 절벽에서
창세의 떨림만으로
~ 홍 문표『지상의 연가 ~ 늘 푸른 강물이 듯이· 41』에서

늘 푸른 강물이듯이
천년을 기다린 이무기
승천의 그날은 내일입니까?
……
남풍이 몰려오는
십자성 언저리에서
~ 홍 문표『지상의 연가 ~ 늘 푸른 강물이 듯이· 42』에서

홍 시인의 시가 신화시가 되는 근거는 지상에서의 하나님 이야기[4]를 연작시의 기능으로 하는데 있다. 시만이 지닌 고도의 은유기법[5]이 총 동원된 근거는 이무기의 승천개념에서 잘 나타난다.

이처럼 홍 문표 시인의 시집을 모더니즘 서정시의 신앙시학[6]이

---

1) יְהוָה의 ה(5) + ו(6) + ה(5) + י(10)= 26..
2) 41창세기 1:1~2:3의 41회 반복의 엘로힘과 일치하면서 이를 증명하는 신약에서의 예수님의 족보 41대와 42대를 상징성으로 한다.
3) 야곱은 마리아의 남편 요셉을 낳았으니 마리아에게서 그리스도라 칭하는 예수가나시니라(마 1:16) 그런즉 모든 대 수가 아브라함부터 다윈까지 열 네 대요 다윗부터 바벨론으로 이거할 때까지 열 네 대요 바벨론으로 이러한 후부터 그리스도까지 열 네 대러라(마 1:17)
4) 이훈구,『비유연구와 해설』(서울: 연합, 1992), 17.
5) 이 42의 숫자에 대하여는 요한계시록에서 이방인이 42달 동안 마당을 짓밟는다 함(계 11:2).

되게 하는 요인은 늘 푸른 생명성을 축으로 하고 「~ 늘 푸른 강물이듯이 · 41」에서 예수 이야기 · 그리고 그리스도 이야기는 42호에 맞춘다. 이 절대자 흠모는 바로 성경에서 말하는 예수의 족보가 14대와 14대와 13에서 예수 족보, 그리고 그리스도를 4대에 맞추는 점과 일치한다는 점에서 이 시집은 절대자를 흠모하는 신앙시로 자리하게 한다.

홍 시인은 평생을 말씀의 물에 서면서 말씀사역을 한다. 젊은 시절 한 때 호를 한 별이라 정했던 일화에서부터 시작되는 젊은 날의 꿈은『지상의 연가 ~ 늘 푸른 강물이듯이』에서도 여전히 그분 흠모를 연작 기법으로 한다. 시인은 수많은 별 중에 한 별이기를 바라 교육자로서의 신앙주제에 입각한 앞장서기 일생이다. 외람되게 그 분의 여정을 닮아 눈물여정의 시라는 가제를 덧붙일 수도 있다. 시적 주인공 고기 이무기가 겪는 이야기들이 때로는 눈물과 감동으로 하늘에 오르기 꿈꾸기 때문이다.

시집의 구조도가 보여주는 고기 모양이나 이무기가 하늘의 한 별을 사모하는 그리움은 홍시인의 눈물이 수반되는 「~ 늘 푸른 강물이듯이」라는 『지상의 연가』이다. 홍시인이 하늘의 황금비율 조화를 지상에 낙원으로 하는 에덴시학이다. 하늘 그 아름다운 비율의 별들의 수놓아 지기를 꿈꾸는 에덴시학자 홍 시인은 물 위에 말씀의 한 별을 노래하는 시인으로 산다.

---

6) 야곱은 마리아의 남편 요셉을 낳았으니 마리아에게서 그리스도라 칭하는 예수가 나시니라(마 1:16) 그런즉 모든 대 수가 아브라함부터 다윗까지 열 네 대요 다윗부터 바벨론으로 이거할 때까지 열 네 대요 바벨론으로 이거한 후부터 그리스도까지 열 네 대러라(마 1:17).

(3). 물 위에서 별 바라보기

오늘날은 대중의 스타가 우상으로 떠오르는 시대이다. 심지어는 대다수 사람들 특히 여성의 옷에 별들이 내려앉는다. 마치 다윗이 양치기 때의 하늘의 별을 보며 양을 보살폈듯이 일약 스타가 되는 꿈을 몸에 실어 유난히 반짝이는 별을 단다. 그러기에 이 지상에 수 놓여 지는 지상의 연가는 시를 통해 우리들 · 모두를 전제로 하는 조화와 평화를 꿈꿀 수 있게 이 시집은 안내한다. 바로 우리들이 좋아하는 우리라는 말처럼 홍 시인은 사람들과 홍 시인이 어우러지며 평생의 에덴시학을 앞장서기 한다.

부여인인 홍 시인은 몇 천 오백년이나 흘러오면서 바로잡혀지지 못한 백제 멸망의 원인을 부여 의자왕의 부패가 아님을 증명 한다. 부여를 고향으로 둔 시인으로써 역사바로잡기의 현재적 실천이다.

왜곡된 오염을 털고 순수한 낙화암 그대로[1]로 하자는 시다.

억년 강물을 지키며
지금도 당당하게 사비의 하늘을 받쳐 든
저 낙화암 절벽 언저리
올 해도 봄꽃들이 흐드러지고 있다
개나리 진달래 영산홍
꽃들은 온종일 햇살과 놀다가
밤에는 별들과 속삭이다가
새벽이면 백마강 물안개로
목욕을 하고는
아침이면 눈부신 햇덩이 하나
가슴에 품는다

저마다 그날을 잉태한 꽃들은
이제 날개를 펴고

---

1) 홍 문표 , 「역사는 사실의 기록인가?~ 왜곡 ·날조된 낙화암과 3천 궁녀설」 사비신문 11(2016. 9. 26).,7면의 소제목.

오월의 하늘을 나르며 나르며
금빛 꽃가루
강물에 뿌리며 뿌리며
풍요와 안식을 빌고 또 빌며
너울너울 춤을 춘다
봄꽃놀이를 한다
이것이 바로 낙화암이다

그런데 누가 감히
이 신성한 창세의 언덕에
가증한 흉계를 덧 씨워
하늘의 뜻을 더럽히고자 했는가
왕과 궁녀가 죽었다느니
3천 궁녀라느니
백제여인들이 꽃처럼 떨어졌다느니
누가 그 허망한 요설들로
찬란했던 백제사를 훼손하고
백제인들의 영혼마저
거짓의 핏자국으로 더럽히고자 했는가

낙화암은 그때나 지금이나
그 어느 날에나
봄이면 꽃들이 흐드러지고
저마다 풍만한 하늘을 꿈꾸며
연분홍 꽃잎 하늘하늘 뿌리면서
춤추고 노래하는
봄꽃놀이 언덕이다

~홍 문표 「낙화암의 봄꽃놀이」 전문[1)]

황룡이다
백마강 이무기가 황해를 박차고
방금 하늘로 승천하는 용트림이다
천지를 뒤 흔드는 열망의 몸부림이다
입으로는 불꽃을 품으며
앞발로는 구름을 헤치고

---

1) op. cit, 6면의 시 「낙화암의 봄꽃놀이」.

갈기로는 바람을 휘저으며
청산의 나라 연꽃의 나라 머리에 이고
구만리창천으로 날아오르는
저 우람한 생명력의 소용돌이
예가 바로 백제의 하늘이다

부여 땅 골짝마다
지금도 천년 침묵을 깨고 솟아오르는 그 날의 향연
더욱 높이 올라라 더욱 멀리 내 뿜어라
백제의
하늘이여
~「예가 바로 백제의 하늘이다 ~백제금동대향로에 부쳐」에서[1)]

흔히 시는 한 사람이 한 사람을 그리워한다거나 그 때 그 때의 느낀 개인의 서정이 시가 되는 데에 비하여 홍 시인은 다수의 대상이 주제가 되는 앞장서기이다.

다수의 대상을 주제로 하는 버릇이다.

누구의 가슴에도
파도처럼 일렁이는
한 해의 설레임
~ 「새해 아침에」(2013. 1. 13. 예배헌시)에서

흐드러진 꽃밭을 지나
노루 사슴 이리 사자
함께 뛰노는
숲속을 지나
……
그곳은 사철

1) 홍 문표 , 「예가 바로 백제의 하늘이다 –백제사 새롭게 보는 시와 이야기」 사비신문 5(2016. 8. 8)., 3면의 시 「예가 바로 백제의 하늘이다~백제금동대향로에 부쳐」.

꽃피고 새 우는 나라
날마다 춤추며 노래하며
시와 찬양으로 화답하는
그런 꿈을 꾸게 하소서

～ 「주여 꿈을 꾸게 하소서」(2014. 3. 9. 예배헌시)

'누구의 가슴에도' 좋은 꿈이 이루어지기를 바란다. '하늘하늘 아른대는 일곱 빛깔 무지개'를 그린 삶이 '내 딛는 걸음마다 웃음꽃'을 피우기를 모두에게 바란다. 모두의 '그늘진 가슴마다 소망이 가득하게' 되기를 바란다.

이러한 홍시인 시의 어느 곳에서든지 발견되는 다수 속에 들어가 같이 모두가 꽃길로 가자는 나비야 청산가자의 청유이다. 그러기에 시의 소명은 바로 『수인과 바다』 에서 시작되었고 물과 하늘의 별 의소 비율로 12라는 선호 철학을 꽃길이 되는 저 하늘의 별을 바라보는 『수인과 바다』 의 별로 한 것이다.

별들도 골목길에 내려와 이 밤을 즐긴다(「골목길에서」)
별들을 쏟아놓은 꽃밭이다(「언어의 꽃밭에서」)
별들이 쉬어가는 포근한 안식(「바닷가에서 Ⅲ」)
밤이면 별과 함께 창공을 나르고(「산정에서」)
별은 활활 타고 있었다(「평화의 나팔소리」)
별들의 비밀(「샘이 깊은 물은」)

의인법으로 진행되는 『수인과 바다』 시집에서 "별들도 골목길에 내려와 이 밤을 즐긴" 이들의 "별들을 쏟아놓은 꽃밭 → 별들이 쉬어가는 포근한 안식 → 밤이면 별과 함께 창공을 나르"는 우리들이다. 별처럼 같이 좋아하며 즐거워하며 우리의 별은 활활 타고 있다. 이에 그치지 않고 지상의 꽃길이 되는 『지상의 연가 ～ 늘 푸른 강물이듯이』에서 한 별을 향한 신앙영웅의 시학이 그 구체성을 드러내고 있다.

> 별빛 머금은 화려한 무도회(「늘 푸른 강물이듯이 5」)
> 하늘에는 별도 많고(「늘 푸른 강물이듯이 7」)
> 눈부신 별들이 강물에 쏟아지고(「늘 푸른 강물이듯이 7」)
> 별이 초롱한 시각이면(「늘 푸른 강물이듯이 16」)
> 별빛이게 하소서(「늘 푸른 강물이듯이 17」)
> 서쪽 하늘 물먹은 별들의 옷깃에 걸려 있고(「늘 푸른 강물이듯이 24」)
> 반짝이는 별보다 더 고운(「늘 푸른 강물이듯이 37」)
> 별들은 밤을 지배하고(「늘 푸른 강물이듯이 43」)
> 차라리 하늘에 널려 있는 별 하나(「늘 푸른 강물이듯이 41」)
> 별을 따서 꽃 그리고(「늘 푸른 강물이듯이 49」)

구체적으로『지상의 연가 ~ 늘 푸른 강물이듯이』에서 이 활활 타는 별들의 삶 이야기 연작시 52편은 시적 화자가 "별빛 머금은 화려한 무도회"를 연다. 같이 즐긴다. 보람과 즐거움과 기쁨과 가치가 힘께 "눈부신 별들이 강물에 쏟아지"는 무도회이다. "별이 초롱한 시각이면 → 별빛이게 하소서"를 높이 들어 건배한다.

『지상의 연가 ~ 늘 푸른 강물이듯이』 연작시 52편을 높이 들며 연작시 52편을 푸짐한 먹을거리로 내놓은 무도회 분위기는 "서쪽 하늘 물먹은 별들의 옷깃에 걸려 있고 → 반짝이는 별보다 더 고운" 삶이 있다. "별들은 밤을 지배하고 → 차라리 하늘에 널려 있는 별 하나"를 꿈꾸는 이 무도회는 모두 별 하나를 쳐다보며 우리는 별들 중의 별 하나이기로 건배한다. 즐겨 어울려 "별을 따서 꽃 그리고" 시를 쓰는 시인들이다.

앞장서기와 함께하기는 그의 시학에서 뿐만 아니라 그의 삶과 학문에서도 그대로 실천된다. 그는 시만 쓰는 시인으로 머무르지 않고 광범위하게 시학과 시 창작 방법을 개척했으며 문학사와 비평을 개척했으며 기독교문학은 물론 문학 설교학을 개척했으며 한국 초유의 문인교회를 설립했고, 대학교수로 총장으로, 창조문학지를 운영하면서 일천여 문인을 배출하기도 하였다.

그리하여 그의 시에서 우리들은 이제 서로 사랑할 수 있는 즐거움을 얻는 사이이다.

> 사랑할 수 있는 즐거움을 주소서(「늘 푸른 강물이듯이 25」)
>
> 일 년 내내 여름 같은
> 그런 사랑이게 하소서(「늘 푸른 강물이듯이 25」)

같이 즐기는 별들의 활활 타는 여름 같은 "당신 곁에서/ 작은 등불이게 하소서"의 연가를 쓰는 홍 시인에게 지상으로 내려온 별들이 하는 일 · 우리들에게는 철저히 절망하면서 눈물 흘리며 처절한 고독과 외로움이 있고 극복해야 하는 눈물이 있다. 『지상의 연가 ~ 늘 푸른 강물이듯이』 피켓을 들고 홍 교수 52세 때 시작한 52편으로 앞장선 눈물이 있다.

『지상의 연가 ~ 늘 푸른 강물이듯이』를 활짝 펴서 감성의 물아일체 기법으로 고독과 외로움과 절망을 넘어 이 길을 예수님의 제자 사역이 되는 12사도 중의 한 사람이 되는 눈물! 그러나 진리가 너희를 자유케 하리라는 자유로움에서 값진 눈물 시! 여기에 그의 모더니즘적 서정시인의 신앙시학이 있다.

2). 시인의 눈물을 들고

『지상의 연가 ~ 늘 푸른 강물이듯이』의 연작시를 홍 시인은 눈물 시로 한다.

흘러가는 강물에
꽃잎하나 띄우는
눈물이기 위해서다
~ 홍 문표「늘 푸른 강물이듯이 · 13」

내 영혼이 찬란한 지상의 의미로
서낭될 수만 있다면
파우스트여
그레첸의 눈물을 뿌리며
날마다 강물에 투신하는
유월의 연가를 부르겠습니다
~ 홍 문표「늘 푸른 강물이듯이 · 15」~

청사초롱 불 밝히고 덩실덩실 쿵덕쿵
~ 홍 문표「늘 푸른 강물이듯이 · 20」~

나는 울고 있을 뿐입니다.
~ 홍 문표「늘 푸른 강물이듯이 · 36」~

강물 깊이 잠기는 눈물의
선연한 아픔이게 하소서
~ 홍 문표「늘 푸른 강물이듯이 · 36」~
낙동강 하류
을숙도로 돌아가는 시간들의 한 맺힌
눈물이게 하소서.
~ 홍 문표「늘 푸른 강물이듯이 · 37」~

진달래로 울게 하소서
~ 홍 문표「늘 푸른 강물이듯이 · 38」~

네 눈 속에 가득한 눈물이 되어

~ 홍 문표「늘 푸른 강물이듯이 · 39」~

눈물을 흘리며 뿌린
안타까운 씨앗이지만

~ 홍 문표「늘 푸른 강물이듯이 · 48」~

당신의 숨결에서도
눈물이 쏟아지는 감성이게 하소서

~ 홍 문표「늘 푸른 강물이듯이 · 50」~

눈물 속에서 불 밝히기 하는 지상의 연가는 사랑의 눈물 시이다. 진짜 진한 사랑의 눈물로 만드는 진주는「~ 늘 푸른 강물이듯이』의 푸르름의 눈물이다. 희망을 안겨주는 눈물시학이다. 늘 푸르게[1] 오히려 푸르고[2] 푸른 마음을 주시[3]는 분을 주야로 묵상하며 홍 시인은 시냇가를 푸르게[4] 하는 시를 쓰자고 한다. 그 이유는 시냇가에 나무로도 푸르게[5] 하신 절대자 사모의 강물 그 푸르고[6] 푸르름을 우리에게 늘 푸른 강물이듯이 하시라는 일을 그대로 실천하고 싶은 마음이 담긴 일이다. 입[7]으로 시를 푸르게[8] 하자고 안내한다. 바로 시를 푸르게 쓰자고 평생 그 사역을 담당한다. 늘 푸른 강물이 듯이 흐르자는 것이다.

---

1) פֶּלֶג(페레그 · 하나님의 강, 시 65: 9).
2) 성경에서 하나님의 강은 단 한 번 시편에서 푸르게로 하나님의 강 푸르게פֶּלֶג(페레그, 시 65: 10).
3) 시 65: 9.
4) 알 페레그; עַל~פֶּלֶג(알~페레그).
5) עַל~פַּלְגֵי(알~ 파르게, 시 1:3).
6) פָּלַג(파라그).
7) פֶּ(파아).
8) פָּלַג(파라그).

2. 지상에서 부르는 연가

1). 신화구조

(1). 이야기가 있는 신화 시

홍 문표 교수의 『지상의 연가 ~ 늘 푸른 강물이듯이』 모더니티 에덴 시학은 앞서 논의한 2장의 홍 문표라는 한 사람의 몸체인 물 덩어리와 3장의 홍 문표 학자의 예리한 이성적 시선과 서정이 만나서 만들어내는 거대한 아름다운 눈이 지닌 시인으로서 바라본 시학의 장이다. 감성 이미지 『지상의 연가 ~ 늘 푸른 강물이 듯이』는 '지상의 연가'라는 거대한 제목 아래 일관되는 시 ~ 늘 푸른 강물이듯이 ~ 연작시로 1부 · 2부 · 3부 · 4부 · 5부 순으로 배열되어 있다. 이 시집은 일련의 일정한 10편이 각 부마다 배열되면서 그 사이에 2부와 5부는 1개의 작품이 더 넣어지며 특별한 미학의 장이 된다.

이러한 특성을 증명하기 위하여 본 논자는 보여주기와 보이는 관점의 차이를 극복하고 있는 52편의 시 작품 시 「~ 늘 푸른 강물이듯이」가 각기 어떻게 각각 독립되어 연작시 기능을 하고 있는지를 탐색한다. 이 연작시는 각 편마다 이 늘 푸른 풍요 주제와 만나면서 그 안에서 만들어지는 신화로 구성되어 있다. 홍 시인과 늘 푸른 삶을 보여주는 시들이 에콜 관계에 있음을 문제 제기한다.

그 구성은 다음과 같다.

1 · 2 · 3 · 4 · 5 · 6 · 7 · 8 · 9 · 10
11 · 12 · 13 · 14 · 15 · 16 · 17 · 18 · 19 · 20 · 21
22 · 23 · 24 · 25 · 26 · 27 · 28 · 29 · 30 · 31
32 · 33 · 34 · 35 · 36 · 37 · 38 · 39 · 40 · 41
42 · 43 · 44 · 45 · 46 · 47 · 48 · 49 · 50 · 51 · 52

에덴시학의 시들이 보여주는 「~ 늘 푸른 강물이 듯이」의 연작 시 순서배열은 수평과 수직으로 만나면서 각 호는 일정한 규격에 잡히어 있다. 이 틀을 벗어나지 않으면서도 각호마다 가로와 세로의 시학(詩學)이 되어 있다. 이 보이는 홍 문표의 시집 『지상의 연가 ~ 늘 푸른 강물이 듯이』는 지상의 연가 하나라는 거대한 연작 스토리를 만든다. 그것은 수평으로 이어지는 1호에서 52호까지가 만들어지는 연작시의 결과물을 보여주는 모더니즘 시이다. 그리고도 수직으로 만나면서 십자의 모양을 만들며 거대한 하나가 도어 전체가 만나는 모던 서정시학(抒情詩學)이다.

이에 대한 학문적 접근은 레비스트로스의 구조신화1)로 잡힌다.

---

1)Scholes. Robert · Structuralism in Literature,(London: Yale University · 1974). pp.71~74;

```
1 2 3 4 5   7 8
  2 3 4   6   8
1     4 5   7 8
1 2     5   7
    3 4 5 6   8
```

The next stage · that of arrangement · is the crux of the whole operation. In Lévi~Strauss'ss view a myth is a kind of message in code from the whole of a culture to its individual members. As long as a culture remains homogeneous · a particular myth will be simply aspects of the same message. The code can be broken and the message deciphered if we arrange it's the narrative order of their transmission to us. Here is the example in the example givev by Leévi~Strauss in his famous essay " The Structural Study of Myth · "in Structural Anthropology(pp. 209~10)

"myth will be treated as an orchestre score would be if it were unwittingly considered as a uniliner series; our task is no re~establish the correct arrangement. Say · for instance · we were confronted with a sequence of the type: 1 · 2 · 4 · 7 · 8 · 2 · 3 · 4 · 6 · 8 · 1 · 4 · 5 · 7 · 8, · 3 · 4 · 5 · 6 · 8······ · the assignment being to put all the 1's togher · all the 2's · the 3's · etc. ; the result is a chart:

(2). 푸른 그리움

시집『지상의 연가 ~ 늘 푸른 강물이 듯이』는 제목이 제시하듯이『지상의 연가 ~ 늘 푸른 강물이 듯이』를 보여주겠다는 모던 서정시학이다. 따라서 푸르름의 이미지에 대한 탐색이 요구된다.

위의 이미지 분석에서『지상의 연가 ~ 늘 푸른 강물이 듯이』는 상승적 이미지에 17% · 하향적 이미지에 12% · 순수유추에 14% · 이성유추에 11% · 경험유추에 46%로 되어 있다. 특히 경험유추에 관심도가 가장 높아 경험을 전제로 한 상승이미지 17% 순으로 체험 신앙의 내용을 드러낸다. 삶의 경험을 통한 신앙을 전제로 한 시인이라는 환유성을 가진다. 곧 기독교 신앙 시이다.

We shall attempt to perform the same kind of operation on the Oedipus myth · trying out several arrangements of the mythemes until we find one whish is in harmony with the principles enumerated above. Let us suppose · for the sake of argument · that the best arrangement is [that on page 7 [1]] (althoigh it might sertainly be improved with the help of a specialist in Greek mythology).

Let us consider the numerical model fist. In the reading the narrative string from left to right we notice quickly that 9 its is the highest number reached and that the sequence repats itself (though always partially · never completery) five separate times. Thus is supremely easy to do with numbers because they position themselves for us. We know where to leave gaps even when we write down the fist now. so that when we findly reach a 5 in the thir row · we know precisely where to put it. With the units of a myth things are not so simple (though with Propp's functions we would be on much firmer ground). The ahart of the Oedipus myth makers both the method and the acknowledge that Léci~Struss says that the use of his technique is "probably not legitimate" in this instance · since "the Oedipus myth has only reached us under late forms and through literary transmutations more conserned with esthetic and moral preoccupations than with religious or ritual ones:(p. 209). But a few pages laer be asserts that a myth consists of 'all its versions," and he is wuite ready to include Freud's version of the Oedipus story among the ochers. It is this fondness of Lévi~Strauss for eating his cake and having it to0~and then maintaining that it is really pie anyway · or that cake and pie are the same thing~which disconerts all but his most devoted admirers. But let us look at ahat he has done with the Pedipal cycle.

Fist of all · he has left out of lot. · but let's grant him the right to do this · at least provisionally. As the himself puts it · this demonstration but as what).

다음은 『지상의 연가 ~ 늘 푸른 강물이 듯이』의 시어 분포도이다.

『지상의 연가 ~ 늘 푸른 강물이 듯이』의 이미지 분포

이미지		시어	숫자	%
상승적 유추	신계	당신(6),	6	1
	인간계	인간: 눈물 · 늑골 · 당신의 체온 · 당신의 기쁨 · 당신의 발걸음 · 당신 사역 · 당신의 노래 · 당신의 눈빛 · 당신의 무릎 · 당신의 발밑 · 당신이 내미시는 · 온돌 같은 손길 · 당신의 숨결 · 당신의 애잔한 숨결 · 당신의 예정된 손금 · 당신의 청아한 노래 · 당신의 체온 · 목숨 · 몸통 · 몸만 하늘로 승천 · 미이라 · 사십일을 굶고서도 확실한 말씀 · 옷고름 · 잔기침 · 제 몸 · 제물 · 텅 빈 나의 목숨 · 풍만한 가슴 · 왕손 · 인명: 도적맞은 사마리아 사람 · 뼈마디 · 아담(3) · 아벨 · 이브(4) · 카인	38	7
	동물계	파충류: 이무기 · 날개 곤충: 승천하는 나비	3	0.5
	식물계	초목: 나무들의 줄기 · 보리수 잎새(2) · 부활의 꽃씨 · 씨앗 · 연꽃(2) · 무궁화 · 진달래	9	1.7
	물질계	자연어: 강 · 강 건너언덕 · 강물(3) · 꽃길 · 나팔소리(2) · 날개 · 늘 푸른 강물(17) · 당신의 손바닥에 패인 불빛 · 상채기 · 빛(2) · 당신의 창가 · 아침 · 이슬 · 지중해의 옥피리 · 제단(2) · 창세의 바람소리 · 천지 · 피안의 갈 대숲 · 하늘의 빗장 · 하늘 끝 · 하늘의 합창 문명어: 성전 · 세마포 · 침몰한 해적선 지명: 십자성 언저리	45	7
	계	101	101	17
하향적 유추		신계		
	인간계	인간: 걸인 · 고독을 순례하는 방랑자 · 노예 · 군화로 뭉게진 넓적다리 · 불면의 밤 · 사탄(2) · 여인의 눈물 신체: 문신 · 불안 · 멍든 혈액 · 문신 · 엉덩이 · 하체 화인 · 탄흔 · 족쇄 고유명사: 남한산성 입구에서 돌을 깨시던 · 심봉사 · 할아버지의 기침	19	3
	동물계	파충류: 뱀(2) · 비늘		

		동물: 천년묵은 여우	4	o,7.
	식물계	초목: 내손에 가득한 장미	1	0.1
	물질계	자연어: 강 · 대지가 배설하는 불길한 역사 · 바다 · 밤바람 · 바람 부는 언덕 · 바람의 함정 · 불모의 땅 · 빙하의 절벽 · 소돔 성 · 은 삼십 · 인당수 · 토사질의 바다 · 페인터로 치장한 미장이 문명 문명어: 골고다 언덕(2) · 교수대 · 구멍 뚫린 하늘 · 기름 · 아수라의 형장 · 외나무다리 · 일그러진 바위 · 칼날 · 내 욕망의 무지개 · 하늘 · 해적선	26	4
	계	74	74	12
순수유추	신계			
	인간계	인간: 꽃수레로 나를 태워 · 하늘로 내어미시는 다사로운 기쁨 · 눈동자 한 가운데 · 나를 숨겨 주시는 지극한 평안 · 나그네 · 내 환한 얼굴 · 눈 · 별을 따서 꽃 그리고 · 달빛 모아 땀을 뜨시는 · 알사탕 같은 하늘을 해와 달을 씹어봅니다 · 당신의 살을 저미시는 · 마음 한 가닥 강물에 적셔 · 강바람에 날려봅니다 · 눈빛만 스쳐도 가슴이 무너지고 · 구천에서 바스락거리는 · 당신의 숨결에서도 · 눈물이 쏟아지는 감성 · 어머님 · 서정시 · 열사 · 이상 · 훈련소 신병 신체: 꿀 먹은 벙어리 · 배냇짓 · 목청 · 웃음 · 피 · 손짓 지명: 진주남강푸른 물에 뿌려	21	3
	동물	날짐승: 대붕의 널직한 날개 · 새	2	0.1
	식물계	초목: 꽃 · 맨드라미 벼슬 · 진달래 화관 · 뿌리 · 열두폭의 산수화 · 코스모스	6	1
	물질계	자연어: 강물 · 꽃비 · 꿈에서나 하늘에 오릅니다 · 깃발 늘푸른 강물(17) · 모본단 저고리 · 물결 · 물빛 · 불꽃 · 별이 초롱한 시각 · 순금 · 봄길 · 별 · 불빛 · 비 · 빙벽의 고독은 · 나이아가라 폭포가 되고 · 주라기 화석으로 잠들었던 · 당신의 미소가 · 아침 강가에서 포시시 눈을 뜹니다 · 모시적삼 · 무지개빛 나라 · 사랑의 강폭 · 사철 구비치는 강물 · 색동저고리 · 수목 · 아지랑이 · 안개 · 오월의 강물 · 언덕 · 유년의 풀밭 · 은가락지 · 은하 · 일곱빛깔 무지개의 나라 · 장대 끝에 매달린 · 푸른 신호등 · 하늘 · 한줄기 강 문명어: 비수 지명: 북녘땅 빙산 얼음조각 · 삼각산 계곡 · 청계천 복	56	9

<table>
<tr><td></td><td></td><td>부 · 호남평야</td><td></td><td></td></tr>
<tr><td></td><td>계</td><td>85</td><td>85</td><td>14</td></tr>
<tr><td rowspan="5">이
성
유
추</td><td>신계</td><td></td><td></td><td></td></tr>
<tr><td>인간계</td><td>인간: 가난한 촛불 · 강물은 그냥 흐르는 것이 아니라 · 날마다 거듭나는 기적입니다 · 겨자씨 같은 믿음 · 나는 수줍은 장미 한 송이 · 낚시대 물속에 세욱 · 빨간 손수건 하나 목에 걸었습니다 · 남풍 · 노래 · 눈(2) · 당신과의 처음맹세 · 도강 · 목 · 목숨 · 밤마다 전율하는 복종 · 발자국 · 불꽃놀이 · 불길 · 숨(3) · 심장 젖무덤 · 진주보다 귀한 액체 · 차가운 눈빛은 서쪽 하늘 물먹은 별들의 옷깃에 걸려 있고
신체: 겨드랑이 · 눈 · 머리카락 · 목 · 발 · 비린 맛 · 살 · 오대조 할아버지 · 이브 · 향유로 감은 머리 · 화강암 가슴팍
인명: 무산선녀 · 로고스의 혈관</td><td>42</td><td>7</td></tr>
<tr><td>동물계</td><td>날짐승: 비린내 · 날개 · 비에 젖은 날개
거북(2) · 머리</td><td>6</td><td>1</td></tr>
<tr><td>식물계</td><td>초목: 꽃잎 · 남산 소나무(2) · 무명초 · 뿌리(2) · 연분홍 꽃송이 · 울창한 나무숲 · 자운영 꽃밭 · 장미 · 피리(2)
열매 : 알곡</td><td>15</td><td>2</td></tr>
<tr><td>물질계</td><td>자연어: 강가(2) · 강물(11) · 강물의 가지 끝에서 · 아침은 익어가고 · 강물소리 · 깃대 · 나팔 · 남이면 어떻고 · 북이면 어때 · 흘러서 하나가 되는 강물인 것을 · 강심에 박은 무지개 기둥 · 녹 · 고향길 · 금빛 · 돌비석 · 등불 · 망부석 · 무쇠 심줄 · 문자 · 물길 · 물살 · 바다 · 바람개비 · 바람소리 · 별들은 · 바위틈 · 불꽃 빛살 · 돌무덤 · 땅 · 밤 · 별들은 밤을 지배하고 · 꽃들은 눈부신 아침을 하나씩 머고 · 강물에 뿌리박은 돌기둥 · 물살 · 산 · 산비탈 · 산들은 강물에 잠들고 · 새벽 · 삼현육각 피리젓대 · 새벽하늘 난간 · 소나무가지 · 세마포 · 심지 · 알맹이 · 여리고성은 무너지고 영롱한 빛 · 오염된 일상을 강물에 수장하고 · 옥색치마 · 옥합 · 육지 · 이슬 · 인감도장 · 인고의 부스러기 · 정상 · 지상 · 지혈을 토하는 지사의 열망은 · 마침내 불꽃이 되어 · 누리에 빛나는 아침 · 청동 항아리 · 청산(2) · 하늘(4) · 하늘 가장자리 · 하늘에 널려있는 별하나 · 아니면 강가에 버려진</td><td></td><td></td></tr>
</table>

		조약돌 · ....해다마 무덤가에 돋아나는 · 꼬부라진 할미꽃 · 후미진 언덕의 민들레 · 한낮에도 발광하는 별빛 · 불길 · 황금빛 햇무리 문명어: 납덩이 · 옥색고무신 · 옷깃 · 은장도 깊은 가슴 불 · 촛불 · 청사초롱(2) · 콩크리드 옹벽 지명: 경상도 · 꼬부랑 할머니 아리랑 고개(2) · 나일강 남도 삼백리 · 동작동 무덤가 · 동해물과 바벨탑 · 백두 산 마르고 닳도록 · 두만강 · 망부석 · 백두산 · 백두산 천지 · 백마강 하류 엿바위 부근 · 피라밋 돌무덤 · 전라도 · 피타고라스의 돌무덤 하늘 두레박 · 한강 · 한 라산 · 한산 세모시	63	11
	계	126	126	11
경험유추	신계			
	인간계	인간: 가슴(2) · 가슴팍 · 각질 · 매캐한 고향냄새 · 꽃댕기 부끄러운 얼굴 · 꼭두각시 · 껍질 · 그녀 · 나그네 나는 · 내장 · 내 키는 겨우 한 뼘이었다가 · 까만 점이었다가 · 그저 흘러가는 물결소리 · 눈 · 눈물(7) · 눈물 몇 점 · 당신(4) · 동공 · 동결한 가슴 · 발 · 발등 · 뱃살이 갈라지는 웃음 · 막혔던 혈관이 뚫리듯 · 모가지비계덩어리 · 목숨(3) · 무명적삼 안쪽으로 · 내 생명의 짓무덤을 더듬던 · 사내(2) · 사지 · 속살 · 속살 비치는 고운 무릎 · 손 · 앉은뱅이 · 어금니 · 어머니 · 언덕빼기 · 얼굴 · 오랑캐 · 여인 · 영혼마저 애증 · 인욕의 분비 · 이방길의 나그네 · 저당 잡힌 미이라 · 애비 · 자식 · 혀 신체: 눈물 · 눈빛 · 둔부 · 등줄기 · 맨살 · 목덜미 · 발 발바닥의 피 흘림 · 발등 · 목숨 · 살 · 상처 · 색맹 · 심장 · 어둠의 등뼈 · 정수리에서 발목까지 · 진주 · 통증 · 푸석한 살결 · 현깃증 · 혈관 · 화염 · 흐느적 거리는 육질의 껍질 인명: 성춘향 · 양코백이 · 왕서방 · 이도령	88	14
	동물계	짐승: 여우꼬리 · 황소 눈깔 날짐승: 뱁새 모가지 동물: 고양이 턱수염 파충류: 꽃뱀 · 혀	6	1
	식물계	초목: 길섶 · 꽃 · 꽃가루 · 꽃무덤 · 꽃밭 · 꽃잎(2) · 대관령 골짜기의 철쭉 · 두견화 한송이 · 들꽃 · 뽕 ·		

		쑥부쟁이 · 나 무 · 수목 · 영산홍 꽃길 · 풀꽃데미 · 할미꽃 열매: 과일(2) · 낙엽	20	3
	물질계	자연어: 가위질 · 가랑비 · 가을 · 가을 비 · 가죽 · 가죽신 · 갈 대(2) · 갈대 숲 · 강(4) · 강가(3) · 강물(27) 강변(2) · 공간 · 거리 · 계곡 · 금가락지 · 기적소리 · 넝마 몇 점 · 늘 푸른 강물(8) · 대낮 · 돌개바람 · 땅(3) · 땅속 · 들길 · 등 · 물살 · 바다(5) · 바람 · 밤불길(2) · 빗물 · 새벽의 시들은 한 수 · 바람(3) · 밤(2) · 배 · 벌판 · 불꽃(2) · 불길 · 빛살 · 달 · 등불 · 삼월의 하늘 · 서리 · 새벽의 슬픔 · 샘 · 소복 · 악보 오월의 강물 · 억센 삼배 · 웅덩이 · 자주빛 갑사댕기 절벽 · 조각배 · 조약돌 · 종이학 · 지상 · 지팽이 · 진달래 · 진창 · 창가 · 폭포수 · 피리 · 하늘(6) · 하얀 손수건 · 수증기 · 한강물 · 대지 · 황토빛 일몰 · 문명어: 꽃마차 · 네온 · 누더기 · 도마 · 돌작밭 · 방울 · 백지수표 · 몽롱한 물레방아 · 몽롱한 아침안개 · 연탄불 아궁이 · 문밖 · 밀실 · 밤안개 · 백제의 비에 젖은 석탑 · 비수(2) · 빗장 · 손수건 · 신작로 · 주름진 손 · 꽃신 · 몽당연필 · 엽전 열닷 양 · 옷 · 왕관 · 외투 · 찌꺼기 · 창끝 · 철길 · 철문 · 철책 · 촉수 · 칼날 · 편지 한 장 지명: 김포 뜰 객토 · 나이야가라 폭포 · 낙동강 하류 · 망우리 언덕 · 무심천 · 백두산 천지 · 비탈진 언덕길 서역구만리 · 서울역 대합실 · 오십평짜리 자잘한 문명 · 여기는 · 대한민국 서울 서대문구 홍은동 397의 26번지 · 문은 무쇠빗장이지만 · 진한 감청색 칠 · 여의도 고수분지 근처 · 에베레스트 빙벽 · 63빌딩 꼭대기 · 을숙도 · 절두산 근처 · 영산강 · 한강 아랫도리 난지도 근처 호남선 완행열차 · 황토길 언덕 · 지명: 머나먼 망각의 레떼강	99	17
	계	213	213	37
계	총계	599	599	100

시인은 꿈도 파란 꿈 · 새파란 꿈 · 푸른 꿈이라 하고 청춘도 푸른 청춘이라 한다. 푸른 내 강이다. 바로 하나님의 강에 물이 가득하게 하셔 사역자들로 말씀 전하게 하시는 내 강이다. 홍 시인의 푸르름 지향 · 곧 에덴 시 학자의 전체가 되는 하나 시집 『수인과 바다』[1] · 두 번째 『지상의 연가 ~ 늘 푸른 강물이 듯이』[2] 에서 푸르름을 전제로 한다. 세 번째 시집 역시 『나비야 청산가자』[3] 또한 푸르름의 긴장언어를 통해 푸르름을 선택한다. 기독교 시인으로서의 하나님의 크신 사랑의 은혜를 갚으려는 푸르름이다. 푸르름!

홍 시인의 일생에서 푸르름 지향 · 에덴 시학자는 가장 하나가 되는 『囚人과 바다』[4]는 물론 두 번째 『지상의 연가 ~ 늘 푸른 강물이 듯이』[5]역시 푸르름을 전제로 한다. 그리고 세 번째 시집 『나비야 청산가자』[6] 또한 푸르름의 긴장언어를 통해 푸르름을 지향한다. 기독교 시인으로서의 이 진달 베시시에 대한 유주는 혼신의 노력을 다하며 하나님의 크신 사랑의 은혜를 갚으려 푸른빛을 바라보는 삶이 홍 시인이다. 하나님이 주신 사명을 다하기 위하여 어떻게 은혜를 푸르게 갚느냐이다.

푸른 삶을 지향하는 일의 접근으로 홍 총장이 'ㅇ'[7] 꼭지이응 좋아함을 들 수 있다.

---

1) 홍 문표 , 『囚人과 바다』(서울: 창조문학,사 1987).
2) 홍 문표 , 『지상의 연가 ~ 늘 푸른 강물이듯이』(서울: 창조문학사, 1992).
3) 홍 문표 , 『나비야 청산가자』(서울: 창조문학사, 2004), 수정판.
4) 홍 문표 · 『囚人과 바다』(서울: 창조문학,사 1987).
5) 홍 문표 · 『지상의 연가 ~ 늘 푸른 강물이 듯이』(서울: 창조문학사 · 1992).
6) 홍 문표 · 『나비야 청산가자』(서울: 창조문학사 · 2004) · 수정판.
7) 석 정호 · ''이응' 받침의 달콤한 상상,' 「문인글방」(서울: 문학방송 · 2008. 12. 10일).

2). 꼭지 이응을 좋아하는 시인

(1). 꼭지 이응 ㅇ 웃음의 시인

본 논문은 늘 진리가 너희를 자유케 하리라는 말씀을 치켜든 홍 시인의 시는 푸르름의 이미지를 전해주려 한다. 자유를 좋아하는 홍 시인이 사랑시학을 전해주며 함빡 웃을 때면 입주변이 이응 ㅇ 모양이 된다. 이 웃음으로 우리들의 가슴을 풍성하고 아름답게 하는데 이는 그의 시에서 그대로 드러난다. 홍 시인은 가장 대표적인 푸른 삶을 지향하는 일을 이응 ㅇ을 좋아하는 자유로움으로 한다.

늘 푸른 강물이 듯이
하나이게 하소서
둘도 하나
열도 하나
하나도 하나
이도령 성춘향이 하나이듯이
하늘도 바다도 하나이듯이
강물도 육지도 하나이듯이

산자도 죽은 자도
사랑도 그리움도
모두가 훠이훠이 아리랑고개
떠도는 구름
몽롱한 아침안개
바람 따라 넘어가는 아리랑 고개
양코백이
왕 서방
엽전 열 닷 냥
하늘보고 땅을 보고
노래하고 춤을 추고

꼬부랑 할머니 아리랑 고개

동해물과 백두산이 마르고 닳도록
두만강이 한강이고
한라산이 백두산이고
전라도로 경상도로 남도 삼백리

한산 세모시 옥색치마 휘날리며
열에 열골 물이 한데 합수하여
소쿠라지고 펑퍼져
넌출지고 방울져
청사초롱 불 밝히고 덩실덩실 쿵덕쿵
아리랑 아리랑 아라리요
아리랑 고개로 넘어간다
~ 홍 문표 『지상의 연가 ~ 늘 푸른 강물이 듯이· 21』

이미지 분포의 분석표에서 보이는 홍 시인의 가장 많은 시어는 꼭지 이응 ㅇ이고 · 가장 다 빈도 시어는 '사랑'이다. 따라서 홍시인은 모더니즘적이면서도 서정의 사랑시인이라는 닉네임이 붙게 된다.

'사랑'이라는 말은 슈메르어로 아카드어[1)]에서 발견된 사람이라는 말에서 발견된다. 아카드 인들은 수메르 인들로부터 음절~부호 뿐 만 아니라 단어~부호표의문자도 인수받았다. 아카드어 단어 šarrum을 šarrum"king"으로 읽고 아카드어에서 단어~부호로 LUGAL(혹은 LUGAL~um)이나 음절에 따라서 ša~ar~ru~um, šar~ru~um, šar~rum으로 기록 된데서 찾아진다. 사랑이란 단어는 사람에서 비롯된 것이 증명된다. 한국어 발음 그대로의 유사 치이다.

사랑이라는 발음은 한국인들이 입을 굴려 둥글게 발음하기에 한국인의 감성으로 숱한 노랫말이나 일상사에서 이 사랑 노래를 즐

1) 엄원식 편, 「아카드어 문법」(대전: 침례신학대학교출판부, 1997), 39:

겨한다. 사랑은 생각만 해도 달콤한 이 일에 온 국민의 이 '사랑' 선호도가 증명된다. 예부터 우리나라의 고유선호도이다. 고려가요의 후렴구에에서이다. 「이상곡」의 '다롱디우셔', 「청산별곡」 '얄리얄리얄랑성얄라리얄라', 「쌍화점」의 '더러둥셩다리러디러다리러디러다로러거디러다로러' 등이 한국 전통 소리 'ㅇ'[1]이다.

우리나라 시인들이 좋아하는 '사랑'이란 말은 전통적 감성의 대표적인 표현이다. 우리나라 사람들이 좋아하는 마음이 드러나는 이 사랑은 글자 모양이 둥근 것처럼 그 마음도 부드러운 울림이 있어서이다. 그러기에 둥근 밥상에 둘러 앉아 같이 밥을 먹고 강강수월래 로 빙글빙글 돌아가며 나라를 구하고 사랑한다. 사랑! 하고 부르며 가슴 설레이는 우리들의 정서이다. 못 말리는 국민의 정서다.

얼마만큼 좋아하는지는 시를 지을 때의 ㅇ 받침의 부드러운 의미를 불러와 아름다운 상상의 시가 되게 하는 연금술을 만든다. 홍 시인은 한국정서를 불러오는 이 사랑 시어를 『지상의 연가 ~ 늘 푸른 강물이듯이』 시집에서 17회 사용한다. 성경에서 17수리는 절대수치이다. 신성수[2]이다. 17은 신의 수이다.

시의 이미지는 시인의 기억 속에 저장된 과거의 경험이 재탄생된다. 신앙시인의 무의식 속에 저장된 경험이 재탄생된 것이다. 이 흠모의 선호도는 홍 시인의 일상사에서도 자녀들 이름까지 이 '이응'의 비음 섞인 달콤함을 즐겨 쓴다(미랑 예랑 수정 성민 성혁). 이 음가는 실제 소멸된 'ㅇ(이응)' 글자이지만 전자매체 시대로 하여 컴퓨터 안에서 재생되고 있다. 현재 그대로 생생하게 살아 있는 언어이다.

---

1) 석정호, ''이응' 받침의 달콤한 상상,' 「문인글방」(서울:문학방송, 2008. 12. 10일).

2) ה(5) + ו(6) + ה(5) + י(1 + 0) =17; 엄원식, "구약 성경의 수비학에 대한 탐구," 『복음과 실천』(대전: 침례 신학 대학교, 1998), 43.

'ᄉᆞ랑思郎!'[1]: 사랑이라는 말처럼 달콤하고 매력적인 말은 없다. 경상북도 영주 그리고 부석면 그것도 면이 아니라 매암정이라는 심심산골에서 자란 나는 어릴 때 이 사랑의 개념도 모를 때 늘 사랑이라는 말을 자주 들으며 자랐다. 조금 부유한 집이면 안채와 사랑채로 나누어 기역자 모양으로 집을 짓고 살게 되었는데 나의 집은 사랑채와 안채가 둘로 나뉘어져 있었다. 이 사랑채에는 아버지를 비롯한 남자들이 주로 머무는 별채였다. 안채에서 음식을 준비하고 사랑채로 밥상을 내갈 때면 사랑에 누가 와계시냐 몇 분이나 되느냐 그래서 몇 분이라면 숟가락이 더 놓이고 따로 밥상을 차리는 일이 종종 있었다.

물론 안채는 주로 어머님이 머무는 곳이고 안채의 반대 개념이라면 바깥채가 되어야 하는데 이 바깥이라는 말과는 달리 주로 아버지가 계시는 의미의 중요성으로의 사랑채를 요즘 와서야 깨닫게 되었다. 그 때 당시로는 당연히 아버지가 머무는 곳은 사랑채 곳 사랑의 곳이었다. 그 무뚝뚝하고 표현을 잘 아니하는 경상도 그곳에서 여성이 사랑하는 대상이 남성이고 그 의미의 문화재로 남편의 거주지를 사랑채로 하는 문화! 이토록 사랑스럽고 예쁜 이름을 들으며 자란 지난날 탓인지 이 사랑의미가 무엇일까 하는 무의식에서인지 이 의미를 연구하게 되는 일이 있게 되었다. 다름 아닌 사랑이라는 말이 우리가 늘 쓰는 '아파'라는 말로 발음된다는 사실을 알게 되었다. 더군다나 만약 어떤 여성이나 남성이 서로 사랑하는 사이가 된다면 말하기를 누구는 누구에게 '엎어져 있다' 혹은 '엎어졌다'라는 말도 있다는 것을 알게 되었다. 아파라는 발음의 해학적 이해로 가능한 일이다.

사랑하는 일은 상대방을 사랑하는 마음이 깊어져서 그 깊이가 아픈 상태까지 갈 수 있다. 그래서 인류의 역사는 위대하다. 목숨 바쳐 아파하며 사랑한 삶이 정말 멋 잇고 그리고 가치 있는 일이다. 겉으로 그냥 슬슬 넘기는 일이 아니라 진정 아파하고 온 일생을 다 엎어져서 보낼 수 있는 사랑이 좋다.

– 이영지 「사랑채」(문학의 숲 지에 발표)

우리 한국의 집들에는 아직도 사랑방 · 사랑채가 있다. 이 사랑채에 모든 이웃들이 드나든다. 우리들이 시 속에 살아 이웃과 더불어 사는 우리들의 정서가 그대로 드러난 예이다. 그 증명은 고도 백제의 부여 출신인 홍 시인은 고향에서 백제사비문학 신문을 통해 아직도 백제의 멸망 이미지가 충만한 패망의식에 도전한다. 한양이 수도였던 백제문화가 가진 우리들의 정서를 알린다. 사랑은 언제나 내리사랑이다. 부모가 자식을 사랑하는 사랑! 하나님이 늘 그의 백성들을 사랑하는 사랑, 예수님의 사랑을 내리받은 사랑! 이 사랑을 홍시인은 다수를 향해 별들 중의 하나인 별이 되어 오로지

1) 두시~초 20:29.

한 별을 흠모하는 신앙 시로 전해준다. 사랑대상 다수를 향해 시로 전하는 메시지는 평생 사랑시를 쓰는 오랜 노하우로 한다.

우리들은 사랑문으로 드나들며 노랑 · 다홍 · 파랑 · 주황 · 노랑 저고리 · 노랑나비 · 까망 · 깜장 · 하양 · 궁 · 주둥이 · 파랑 · 노랑 · 하양 · 홍총장 · 냉냉 · 총총 · 빙빙 · 강강 · 낭랑 · 양양 · 앙앙 · 창창 · 칭칭 · 깡깡 · 낑낑 · 망망 · 용용 · 졸랑졸랑 · 찰랑찰랑 · 이랑 · 몽롱 · 아롱아롱 · 알송달송 · 알랑알랑 · 달랑달랑 · 홍수정 · 홍미랑 · 홍예랑 등등 이응 소리로, 너랑 나랑의 정겨움을 홍 시인은 시집에서 신화소[1]로 늘어놓는다.

꼭지 이응은 음절의 끝소리에서 비음 '이응이''이응을''이응에' 등의 ㅇ받침소리 나는 즐겁고 경쾌하고 아름답고 달콤하다.

인생을 시처럼 살면 경쾌하고 아름답고 달콤하다. 시인만의 시처럼 사는 인생은 사랑 찾기의 인생이다. 보다 좋은 사랑이기 위해 혼자만의 사랑이 아니라 다 같이 즐기는 사랑을 만나려 늘 푸른 강물이듯이 인생의 여정을 보내는 일은 가만히 앉아서 기다리는 것이 아니다. 신앙영웅의 피나는 눈물과 고독과 외로움이 수반되면서 감당하여야 하는 일이다. 시를 통하여 하는 일은 시의 신앙영웅 기법으로 드러나는 일이다. 사실은 우리 모두 영웅의 길을 가는 사람들이다. 홍 시인의 시적화법은 한 별을 사모하여 우리도 별들 중의 한 별로 같이 사랑으로 가자이다.

---

1) 엄원식 편, 「아카드어 문법」(대전: 침례신학대학교출판부, 1997), 69; 이 반복 리듬은 아주 오랜 히브리어의 근원이 되는 아카드어에서 찾아진다. 라카라크stork · 살사루crieket · 발바루jackal · 판파누chamber for god · 단다누all~powerful · 캄캄마타ring 등의 수많은 예에서 한국 언어에 '판판 · 캄캄 · 바루바루 · 사르사르 · 살사루'.

(2). 물의 깊이로 찾아내는 푸른 그리움

홍 시인은 물 · 정확히 강물에서 푸른 그리움을 찾는다. 그 방법은 홍 시인의 강물이 상승 이미지 물질계에서 17회 반복리듬을 탄다. 붉은 강물이거나 검은 강물이 아니다. 이 푸른 그리움 찾기는 마음의 상태가 물과 관련되는 일이다. 가장 최선의 것은 흐르는 물[1]이다. 꿈의 깊이로 들어가는 물[2]이다. 우선 처음은 홍 시인 자신에게 말을 거는 이 늘 푸른 강물이듯이다. 그런 다음 시인 홍 문표와 대상과 깊이 들여다보며 대화의 장을 열어 만난다. 이 직접적인 부딪침은 홍 시인의 시에서 의태어로 그 모습을 드러낸다. 곧 이부기로 시학이야기를 단단히 묶는다.

동천(東川) 홍 문표 시인은 동쪽으로 흐르며 이야기를 열어간다. 그 목적은 늘 푸른 강물이 되기 위해서 흐른다. 대화의 장을 40회 사용하며 흐른다.

늘 푸른 강물이 듯이
그렇게 흘러가게 하소서.
~ 홍 문표『지상의 연가 ~ 늘 푸른 강물이 듯이· 1』에서

늘 푸른 강물이 듯이
마셔도
마셔도
분수처럼 솟아나는 허무
~ 홍 문표『지상의 연가 ~ 늘 푸른 강물이 듯이· 4』에서

늘 푸른 강물이 듯이
내 속에 잠복한 어두운 그림자
~ 홍 문표『지상의 연가 ~ 늘 푸른 강물이 듯이· 8』에서

---

1) Red Pine · *The Chinese text is taken from Lao~tzu's Taoteching* (SanFrancisco: Mercury House · 1996) · 16.
2) Gaston Bachelard ·『물과 꿈: *L'equ et les Rêves*』 · 이가림 역 (서울: 문예출판사 · 1998) · 38~39.

늘 푸른 강물이 듯이
아담의 갈빗뼈
가장 연한 늑골
이브는 사내들의 깊은 살 속에서 잠이 들고
～ 홍 문표『지상의 연가 ～ 늘 푸른 강물이 듯이· 14』에서

늘 푸른 강물이 듯이
당신의 무릎 앞에 배설된
싱싱한 목숨
당신이 원한다면
이 토실한 모가지
정수리에서 발목까지
통째로 드리리이다.
～ 홍 문표『지상의 연가 ～ 늘 푸른 강물이 듯이· 16』에서

늘 푸른 강물이 듯이
오늘이게 하소서
어제도 오늘이고
내일도 오늘이고
그리하여 오대조 할아버지 사랑방
문지방을 넘나드는
동심이게 하소서.
……
늘 푸른 강물이 듯이
오늘이게 하소서
어제도 오늘이고
내일도 오늘이고
그리하여 오대조 할아버지 사랑방
문지방을 넘나드는
동심이게 하소서.
～ 홍 문표『지상의 연가 ～ 늘 푸른 강물이 듯이· 17』에서

늘 푸른 강물이 듯이
나는 당신의 목덜미를 잡고
～ 홍 문표『지상의 연가 ～ 늘 푸른 강물이 듯이· 19』에서

늘 푸른 강물이 듯이
하나이게 하소서
～ 홍 문표『지상의 연가 ～ 늘 푸른 강물이 듯이· 20』에서

늘 푸른 강물이 듯이
살아있는 것들에게
영원이란 꼭두각시 노름이지만
그것은 시간이 아니라
없을 무(無)자이지만
그래도 순간보다는
영원이란 말이 부럽습니다
~ 홍 문표『지상의 연가 ~ 늘 푸른 강물이 듯이· 20』에서

늘 푸른 강물이 듯이
한 줄기 강물이고 싶습니다.
물결 따라 흘러가는
무심천(無心川)
……
늘 푸른 강물이 듯이
한 줄기 강물이고 싶습니다.
~ 홍 문표『지상의 연가 ~ 늘 푸른 강물이 듯이· 22』에서

늘 푸른 강물이 듯이
땅 밑이나
밭밑이나
폭포수 아래 웅덩이
영근 과일들의 모가지처럼
낮은 데로 흘러서 흘러서
마침내 침몰하는 평안이게 하소서.
~ 홍 문표『지상의 연가 ~ 늘 푸른 강물이 듯이· 24』에서
……
늘 푸른 강물이 듯이
~ 홍 문표『지상의 연가 ~ 늘 푸른 강물이 듯이· 25』에서

늘 푸른 강물이 듯이
당신 곁에서
작은 등불이게 하소서
~ 홍 문표『지상의 연가 ~ 늘 푸른 강물이 듯이· 26』에서
……
늘 푸른 강물이 듯이
오늘도 지워지지 않는 문자가 되어
속살을 비집는 고통입니다

~ 홍 문표『지상의 연가 ~ 늘 푸른 강물이 듯이· 28』에서

늘 푸른 강물이 듯이
평화이게 하소서.
……
늘 푸른 강물이 듯이
지순한 물빛으로 흐르는 평화이게 하소서.
~ 홍 문표『지상의 연가 ~ 늘 푸른 강물이 듯이· 30』에서

늘 푸른 강물이 듯이
우리는 만났다 헤어져야 하는
이방 길의 나그네.
……
그렇게 떠나가는 나그네이게 하소서
~ 홍 문표『지상의 연가 ~ 늘 푸른 강물이 듯이· 32』에서

……
당신이 주신 옥색 고무신
지상을 밟던 내 마지막 소유마저
강물에 던지고
늘 푸른 강물이 듯이
이별이게 하소서.
~ 홍 문표『지상의 연가 ~ 늘 푸른 강물이 듯이· 33』에서

늘 푸른 강물이 듯이
얼룩진 편지 한 장
돌아보니 산은 멀고
초췌한 밤이
회상의 다리를 절며
비탈진 언덕길을 내려옵니다.
~ 홍 문표『지상의 연가 ~ 늘 푸른 강물이 듯이· 34』에서

늘 푸른 강물이 듯이
순결보다 진한
때로는 사랑보다 뜨거워
동결된 가슴을 녹이고
응얼진 원망의 뿌리마저
관용으로 다스리는
진주보다 고운 액체

……
늘 푸른 강물이 듯이
눈물이게 하소서.
한 많은 여인의 눈물이 아니라
낙동강 하류
을숙도로 돌아가는 시간들의 한 맺힌
눈물이게 하소서.

～ 홍 문표『지상의 연가 ～ 늘 푸른 강물이 듯이· 37』에서

늘 푸른 강물이 듯이
후미진 계곡
영산홍 꽃 길 따라
삼월의 하늘을 돌아보며
응얼진 자국마다 피를 뿌리는
진딜래로 울세 하소서.
……
늘 푸른 강물이 듯이
울게 하소서.
울다가 지쳐서 피어나는
한 송이 애절한 꽃이게 하소서.

～ 홍 문표『지상의 연가 ～ 늘 푸른 강물이 듯이· 38』에서

늘 푸른 강물이 듯이
죽어버리게 하소서.
하루에도 열두번 죽어버리게 하소서.
주마등처럼 솟아나는
의식의 갈피마다
눈꽃처럼 하얗게 죽어버리게 하소서.
……
다시 죽는 강물이 듯이
하루에도 열두 번 죽어버리게 하소서.

～ 홍 문표『지상의 연가 ～ 늘 푸른 강물이 듯이· 39』에서

늘 푸른 강물이 듯이
절망하게 하소서.
……
절망하여 아무것도 아니게 하소서.

～ 홍 문표『지상의 연가 ～ 늘 푸른 강물이 듯이· 40』에서

늘 푸른 강물이 듯이
침묵하게 하소서.
……
천년을 가도 평안한
그렇게 철저한 침묵이게 하소서.
~ 홍 문표『지상의 연가 ~ 늘 푸른 강물이 듯이· 41』에서

늘 푸른 강물이 듯이
천년을 기다린 이무기
승천의 그날은 내일입니까?
아니면 억겁의 후일입니까?
……
억겁의 후일입니까
~ 홍 문표『지상의 연가 ~ 늘 푸른 강물이 듯이· 42』에서

늘 푸른 강물이 듯이
부재한 당신의 숨결을 찾아
시간들의 지층을 뒤적입니다.
강가에 주저앉은 망부석
형체는 빗물에 씻기어
강물이 되었어도
당신의 체온은 날개 되어
아침마다 은빛으로 기상합니다.
……
늘 푸른 강물이 듯이
기다리게 하소서.
기다리다
기다리다
흘러가는 강물이게 하소서.
~ 홍 문표『지상의 연가 ~ 늘 푸른 강물이 듯이· 44』에서

늘 푸른 강물이 듯이
자유이게 하소서.
……
늘 푸른 강물이 듯이
그냥 흘러가는 자유이게 하소서.
~ 홍 문표『지상의 연가 ~ 늘 푸른 강물이 듯이· 45』에서

늘 푸른 강물이 듯이

내 외로움 강물에 휑궈
땡볕에 말려볼거나.
~ 홍 문표『지상의 연가 ~ 늘 푸른 강물이 듯이· 46』에서

늘 푸른 강물이 듯이
어머니
억센 삼베 혀끝에 녹여
긴긴 밤을 동여매고
속살 비치는 고운 무릎에
자장가 새기시며
별을 따서 꽃그리고
달빛 모아 땀을 뜨시는 색동저고리
~ 홍 문표『지상의 연가 ~ 늘 푸른 강물이 듯이· 49』에서

늘 푸른 강물이 듯이
시가 되게 하소서.
황소 눈깔에
뱁새 모가지
고양이 턱수염에 여우꼬리일지라도
그렇게 이목구비가 또렷한 시가 되게 하소서.

눈빛만 스쳐도 가슴이 무니지고
구천에서 바스락 거리는
당신의 숨결에도
눈물이 쏟아지는 감성이게 하소서.
어금니가 빠질 듯한 아이러니
뱃살이 갈라지는 웃음이거나
기왕이면 내장까지 뒤틀리는
새빨갛게 물러버린 과일이게 하소서

그리하여
로고스의 혈관에도 더운 피가 흐르고
메마른 추상들의 손짓마다 코스모스 꽃비가 내리는
진짜 혁명

견고한 논리의 여리고성은 무너지고
피타고라스의 돌무덤
허물어진 바벨탑의 저만치에
젖과 꿀이 흐르는

순진한 시인들의 동화 국
시적 정의가 지배하는 무지개 빛 나라
꽃피고 새우는 그곳이
늘 푸른 강물이 듯이
그렇게 분명한 시가 되게 하소서.
~ 홍 문표『지상의 연가 ~ 늘 푸른 강물이 듯이· 50』에서

늘 푸른 강물이 듯이
노래하게 하소서.
불러도
불러도
신명으로 오열하는 노래
목청으로 부르는 노래가 아니라
맨드라미 벼슬처럼
내 살점의 구석구석으로
흘러넘치는 노래
~ 홍 문표『지상의 연가 ~ 늘 푸른 강물이 듯이· 51』에서

푸르른 마음만 지상에 두고
강물도 가고
세월도 가고
역류하던 나룻배
바람의 투박한 껍질을 주으며
물살을 빗질하던
사공의 흐느낌도
한 번 가면 돌아오지 않는
머나먼 망각의 레떼강이여
……
늘 푸른 강물이 듯이
푸르른 마음만 지상에 두고
소리쳐 흐르는 그리움이여.
~ 홍 문표『지상의 연가 ~ 늘 푸른 강물이 듯이· 52』에서

푸른 그리움이 40회 사용되었다. 일찍이 예수님이 40일을 금식 기도하신 것처럼 구약과 신약이 바뀐 세월이 400년인 것처럼 홍 시인의 보여주기 의지의 푸른 그리움의 정체를 알려는 목적성의 일차 발견 · 눈으로 보이는 시학은 「~ 늘 푸른 강물이듯이」의

시어가 52 편중에서 30작품에 반복리듬을 타고 있으며 한 작품에의 2회의 리듬까지 합하여 40회가 사용한다. 홍 시인과 성경과의 긴밀성은 부제 「~ 늘 푸른 강물이듯이」를 시어를 40회 사용 모세의 출 애급 기와 관련된다.

이와 연관한 신앙 시인에 대한 접근은 신앙 영웅 신화로서의 시작을 출 애급 기에서 모세의 물이 갖는 표면리듬의 물에 빠짐 이미지를 그 표면 리듬으로 한다. 그러나 내면리듬에서는 물에서 건져지는 ~ 늘 푸른 강물이 듯이 · 40 ~을 정점으로 한다. 시가 지닌 시의 외연과 내면을 일치시킨 홍 시인의 신앙의식에 의한 물에서 건져짐을 내면리듬으로 한다. 절대자와의 만남 곧 물 · 말씀을 앞세우고 일어선다.

반복리듬 40회의 ~ 늘 푸른 강물이 듯이는~는 푸름 이미지가 가지는 심상리듬을 물에 빠지지 않음 · '푸르게'의 삶을 살려 사력을 다하였던 기록을 찾아 볼 수 있나.

> 나와 물과의 인연은 어린 시절의 호기심과 두려움에서 시작되었다. 고향의 마을 앞엔 멍석처럼 펼쳐진 구룡포가 있고 그곳을 헤집고 지나가는 많은 물줄들이 있다. 그 중에서도 무량사가 있는 아미산에서 시작한 냇물이 우리 마을 모퉁이를 지나 구룡포 복판을 질러가는데 사람들은 이를 금사천이라고 하였다.(149)
>
> …
>
> 무더운 여름이면 갈 데라곤 금 사천 냇물이었다. 물장구도 치고 · 눈을 뜨고 잠수질 하면서 · 조개도 뒤지고 · 발끝에 걸리는 모래무지도 잡았다. … 나는 고등학교 3년을 구룡면에서 부여읍내까지 통학하였다. 그 중에서도 아침저녁으로 백마강을 건너는 일이
>
> …
>
> 이러한 강줄기를 밟으며 삼년을 지내다 보니 어느새 내 마음속

에서도 백마강 물이 흐르게 되었고 · 내 혈관 속에는

…

모든 생명의 원천은 산이 아니라 물이었고

…

따라서 강물은 인간만이 아니라 모든 생명체들이 존재할 수 있는 생명의 원천이 되고 있는 것이다.[1]

난 물이 좋아
맑디맑은 물이면 더욱 좋지만
진흙탕 물이라도 좋아
더러운 것도 좋아
물로 사는 나의 식욕은
뭘 먹어도 곰삭아
날마다 순수를 배설하고
시퍼런 결백으로
푸르른 깃대 하나 세우고
하늘만을 바라보며
널 기다리는 그리움이 되거든
난 뜨거운 것도 좋아
활활 타는 햇살이면 더욱 좋아
널 먹고 서야
봄부터 기다려온
어린 꽃봉오리
붉디붉은 가슴 활짝 열고
네가 오는 소부리 길목에서
청사초롱 불꽃으로 태어나거든

～ 홍 문표[2] 「연꽃의 노래」

---

1) 홍 문표 · 『지상의 선택』(서울: 창조문학사 · 1992).156～166.

2) 홍 문표, 고려대(문학박사) · 서울기독대(신학박사) · 시인 · 평론가 · 명지대 명예교수 · 전 오산대 총장 · 한국문인협회 부이사장 · 시집: 『囚人과 바다』 『지상의 연가 ～ 늘 푸른 강물이 듯이· 1』 『나비야 청산가자』 외 3권 · 평론집: 에덴의 시학』 외 2권 · 수필집: 『지상의 선택』 · 학술저서: 『현대시학』 외 20권 · 수상: 조연현문학상 · 심연수문학상 · 동포문학상 외 다수 계간 「창조문학」 「말씀과 문학」 대표 · 한국 기독문학 선교협회 회장

사람은 물을 떠나서는 살 수 없다. 그러나 특히 홍 시인에게 있어서 물은 그리움 그 자체이다. 호기심 많던 어린 시절 교회 내에서의 목사님 딸에 대한 연모의 싹틈을 비롯한 일화는 바다 건너 멀리 목사의 아내가 되어 떠나버린 순진무구한 아련한 그리움의 물바다 저편이 되게 하였다. 그리고 부여의 백마강을 바라보면서 교통시설이 여의치 않을 때 백마강을 헤엄쳐 건너던 학창시절의 추억 또한 물과의 깊은 시심을 가져오게 하였다.

홍 시인에게 있어서 물길 푸르름은 청사초롱을 만드는 꽃길이다. 이 이미지의 축적은 일생 청사초롱에 불을 켠 삶을 목표로 하는 승화이다. 절망을 넘어서는 일은 더욱 어머니를 통해 들어온 이무기의 변신을 꿈꾸는 홍 시인의 '푸르름' 선호도가 되어 갔다.

시집 『囚人과 바다』[1]에 관동대학교 교수시절 강릉생활 일기가 강릉 경포대의 바다 앞에 서면 바다의 그 푸르름이 마치 죄수가 그의 묵비권을 행사하는 것으로 시화 된 표면리듬이다. 이 표면리듬 「~ **늘 푸른 강물이듯이**」 시어 40회와 예수님이 40일 동안 금식이 오버랩된다.

홍 시인과 성경과의 긴밀성 시집 제목이 주는 『지상의 연가』는 하나님의 아들 사랑을 지상의 연가로 하여 영원히 사는 법을 눈으로 보여준다. 더구나 성경원문 신명기 6장 4절 에덴의 에 곧 '눈 **ע** 에'와 덴의 '데 **ד** 데'를 큰 글자로 합하여 아들을 증거로 한. 지상의 연가 곧 기독교 주기도문이 전해주는 지상의 연가 에덴시학이다. 이 푸르름은 『지상의 연가 』와 『나비야 청산가자』[2] 또한 제목부터 '청산' 그리움이다.

---

1) 홍 문표 · 『囚人과 바다』(서울: 창조문학사 1987).

2) 홍 문표 · 『나비야 청산가자』(서울: 창조문학사 · 1997),

3). 푸르른 눈물

(1). 푸른 그리움의 사랑을 찾아서

모세의 물에 빠짐! 하나님이 건져주심으로 한 성경 이야기가 있다. 성경말씀인 모세의 출 애급 기를 읽으면서 신앙인들은 하나님이 이를 건져주신다는 신앙의 보편성에 익숙해지고 그리고 시인은 이를 시화한다. 홍 시인을 하나님은 기독교 목회자가 되게 하였다. 현재 한국문인교회 담임목사이다. 인생을 어떻게 살 것인가. 주어진 삶이 무엇으로 보여 질 것인가! 홍 시인에게는 그의 태어난 곳인 백제의 수도 부여가 가지는 역사적 슬픔이 백마강과 함께 푸른 눈물로 존재한다. 고향 백마강과 관련한 그 밑뿌리가 홍 시인에게는 늘 따라 다닌다.

백제의 멸망과 함께 전설처럼 남아 있는 3천 궁녀들이 물속으로 그녀들의 생명을 밀어 넣었다는 백마강의 왜곡된 전설은 늘 백마강을 넘나들면서 어린 시절을 보낸 홍 시인의 고향 의식 속에 푸른 눈물이 된다. 물에 빠짐은 궁녀들의 자유였을까. 아닐꺼라고 부정하는 무의식의 그 깊은 고뇌가 드디어는 그 푸르름에 몸을 담구는 푸르름 의식 · 푸르른 내음새가 나는 홍 시인의 푸르름은 백제 왜곡역사 바로잡기로 하고 이를 밝히는 일에 전념한다.

그러기에 어린 시절 교회의 출입으로 인한 성서에서의 이 강이 푸르게[1]로 변신한다. 『지상의 연가 ~ 늘 푸른 강물이 듯이』 신앙영웅의 신화 시가 탄생한다.

이것은 다름 아닌 하나님을 가장 먼저 묘사하는 '당신'에 있다.

---

1) פֶּלֶג(페레그 · 프르게 · 시 65: 10).

이 당신은 처음과 끝을 3회로 한다. 감탄 의미를 가중시켜 절대적인 진리에 대한 동경에 몰입[1]된다. '나'의 존재는 호수의 통사적 배열로 동적 이동 '존재 → 하이얀 꽃 → 보석 → 장미 → 빠알간 사랑' 순서를 지닌다. 시인의 뜨거운 심장에서 피어나는 하나님 사랑 확인은 피와 동일시 된 예수님으로 은유된다. 1차적 평안에서 2차적 '너를 위해 죽는다'로 이동하며 하나님을 향한 절절한 사랑이 극대화된 신앙시를 만든다. 이 홍 시인의 강이 하나님의 강임에 스스로도 전율하면서 '푸르게'의 에덴시학이 되어 변함없이 푸르게의 삶에 열중 한다.『지상의 연가 ~ 늘 푸른 강물이듯이 』다.

시인이 대상을 바라보기 시작하면서 집중하면 시인의 눈은 거울이 된다.「백조의 무희」[2]가 있다. 주인공이 공작의 깃털 하나를 뽑아 하늘을 바라본다. 작가의 눈은 깃털에 머무른다. 이 표현을 바슐라르는 꼽힌 '눈'(l'oeil)이 거울(miroir)이라 하였다. 곧 마음이 머무르는 대상을 집중할 때의 시각(視覺)이다.

「원초의 공작」이 백의 눈[3]을 가지고 있다.

사랑스런 빠보!
사랑스런 빠보!
넌 무얼 보고 있니?
넌 무얼 듣고 있니?
어떤 사람이 올 건가?

---

1) Ibid ·『시조 창작 리듬 론: 시조와 동천 · 이상시를 중심으로』 · 347~391.
2) 스트린드베리 ·『백조의 무희』 불역판 · p. 329 · Gaston Bachelard · 『물과 꿈: *L'equ et les Rêves*』 · 이 가림 역 (서울: 문예출판사 · 1998) · 83. 김현 ·『바슐라르 연구』 (서울: 민음사 · 1981) · 48 · 재인용
3) 크로이체 Creuzer 『고대의 종교』 Religion de l'Antiquité · 기니어 역 · 제1권 · p. 168. (le paon primitif) · 공작의 깃털 무늬가 눈의 형태를 하고 있는 모습을 '깃털의 눈'이라고 함 · Gaston Bachelard · 『물과 꿈: *L'equ et les Rêves*』 · 이 가림 역 (서울: 문예출판사 · 1998),48 재인용.

누가 올 건가?
사랑스런 왕자님인가?
그 사람은 아름답고 멋진가?
넌 너의 푸른 눈으로 그 사람을 볼 수가 있겠지?

세상을 푸른 눈으로 바라보는 일생은 시인이 공작의 깃털 하나를 공중에 치켜들고 깃털의 눈을 뚫어지게 바라 봄[1]으로서 시인의 의지가 일생을 좌우하게 된다. 바라보여지는 대상과 곧 시인의 일치는 먼저 시를 쓰는 사람의 아름다운 마음과 상상이 한 대상을 향하여 집중할 때이다. 시인이 시를 쓸 때 시인의 푸르른 마음이 없으면 시는 푸를 수가 없다. '늘 푸른 강물이 듯이'로 제목의 부제를 붙일 수 없다. 그러기에 푸른 시인이 되고 시인의 눈은 늘 푸르름을 찾아 나선다. 홍 시인은 늘 푸르름을 지향하고 기독교 시인으로서의 신앙영웅 신화의 시를 푸르르게 한다.

옛날 시인들도 맑고 푸른 산에 올라가 소나무의 솔잎 냄새를 맡으면서 시인도 그 솔잎의 냄새처럼 맑고 푸르고 향긋한 솔잎 내음새가 나는 시를 썼다. 맑은 하늘을 보며 그 깨끗하고 푸른 하늘의 높은 기상을 닮는 시를 지었다. 높고 맑고 푸른 시를 시인은 맑고 푸른 하늘의 마음으로 시를 쓴다. 온 들판이 꽃이 피어날 때면 꽃따라 마음을 활짝 열고 꽃이 피는 그 사이로 날아드는 나비의 꿈을 시인은 시로 쓴다. 우리 조상들은 옷에도 풀잎과 꽃물을 들여 꽃 색과 풀잎색의 옷을 즐겨 입었다. 때문에 푸르른 냄새가 나는 옷으로 하여 아토피가 없는 시를 쓸 수 있었다. 벼이삭이 누릇누릇 들판을 황금색으로 펼쳐지면 그 사이사이에 넘나드는 메뚜기를 바

1) 스트린드베리 · 『백조의 무희』 불역판 · p. 329 · Gaston Bachelard · 『물과 꿈: *L'equ et les Rêves*』 · 이 가림 역 (서울: 문예출판사 · 1998) · 83. 김 현 · 『바슐라르 연구』 (서울: 민음사 · 1981) · 48 · 재인용.

라보며 시인은 시를 썼다. 온통 널려 있는 먹을 것과 입을 것과 살 것들의 푸르름을 통해 이를 시로 덧입고 살았다.

대대로 내려오는 마음속에 푸르름을 넣는 한국인들의 전통은 홍 시인에게도 그대로 옮겨진다. 홍 시인의 눈동자 속에 그대로 아름다운 푸르름이 들어 있다. 그러기에 푸르름으로 살려는 의지의 모더니즘 계열의 홍 시인은 푸르름 중심으로 보이는 에덴시학을 만든다. 이 보여주기 위한『지상의 연가 ~ 늘 푸른 강물이 듯이』에서는 늘 푸른 물이 있다. 이 고정된 의식은 의태어 늘 푸른 강물을 그대로 닮으려는 시를 써 한국의 높고 푸른 하늘처럼 지상의 연가[1] 늘 푸르름을 소원한다.

홍 시인의 세 시집의 제목이 제시하는 모두 푸르름 지향이다. 푸르름을 바라보면서 사는 삶은 우선 시인의 눈이 그러함을 증명하는 일이다. 푸르름은 푸르른 사랑을 원한다. 홍 시인의 눈은 한 봉지 사랑을 찾기 위한 본인 자신의 푸르름 지향이다.

> 나는 오늘도
> 남대문 야시장을 헤매며
> 한 봉지 사랑을 찾습니다
>
> ~ 홍 문표『지상의 연가 ~ 늘 푸른 강물이 듯이· 8』에서[2]

시적 화자의 "한 봉지 사랑을 찾습니다"의 일상은 오늘도 남대문 야시장을 헤매며 한 봉지 사랑을 찾는 일이다. 그 이유는 플 푸른 강물이 듯이를 위해서이다. 이 시의 메타포는 시 제목이 제시하

---

1) 셸리 ·『전집』· 라브역 · 제 1권 · p. 23. · Gaston Bachelard · 『물과 꿈: *L'equ et les Rêves*』 · 이 가림 역 (서울: 문예출판사 · 1998) · 83. 김현 · 『바슐라르 연구』 (서울: 민음사 · 1981) · 48 · 재인용.
2) 홍 문표 ·『지상의 연가』(서울: 창조문학사 · 1992) · 29.

듯이 일상에서 건져내는 한 봉지 사랑이다. 한 봉지 사랑을 찾는 삶은 푸르른 물 위에서 건져내는 일로 확대된다. 그것은 사랑 한 봉지를 위해서이다. 이 사랑은 일반 사랑이 아니라 성서에서 모세가 물에서 건져진 사랑 · 삶과 죽음의 두 갈래 길에서 삶으로의 길이다. 다름 아닌 홍 시인이 건져진 삶이다. 어릴 때의 교회에 발길이 시작되는 그 순간이기도 하다. 그러기에 홍 시인은 하나님에게로 향하게 해준 그 기적의 일에 답례를 위한 일생을 푸르르게 하려하는 의지를 덧붙인다. 그것은 진실이기 때문이다.

이 물 위 · 이 세상 험한 파도 속에서의 사랑 찾기는 『지상의 연가 ~ 늘 푸른 강물이 듯이』에서 40회 반복한다. 그리고 이 모양은 물고기와 물고기의 꼬리를 연상하는 52의 연작 시적 구조로 한다. 시의 메타포가 지닌 물고기의 활동을 내면 리듬으로 한다.

1 · 2 · 3 · 4 · 5 · 6 · 7 · 8 · 9 · 10
11 · 12 · 13 · 14 · 15 · 16 · 17 · 18 · 19 · 20 · 21
22 · 23 · 24 · 25 · 26 · 27 · 28 · 29 · 30 · 31
32 · 33 · 34 · 35 · 36 · 37 · 38 · 39 · 40 · 41
42 · 43 · 44 · 45 · 46 · 47 · 48 · 49 · 50 · 51 · 52

이미지를 획 던지는 식의 모더니즘 홍 시인 『지상의 연가 ~ 늘 푸른 강물이 듯이』는 5부로 구성되었다. 물고기 두 마리의 모형을 수치로 시각화한다. 1에서 시작하여 10까지로 1부에서 완성의 의미 10까지를 의미화하면서 다음 2부에서 21까지로 11개의 수치를 2부 조직으로 하면서 11의 두 개의 숫자를 나란히 놓는 물고기 두 마리의 형상이다. 각부에서 계속하여 그 개념을 강조한다.

(2). 사랑 찾는 모습

홍 문표 시인의 「~ 늘 푸른 강물이듯이」 시에서의 오묘하기까지 한 물고기 두 마리 형상은 11~22~32~42로 이어진다. 이 물고기 메타포는 신앙인을 상징한다. 그림이나 글자로 모형 화하는 것이 아니라 숨어져 있는 이 물고기의 수치 메타포는 이미지화 되면서 모더니즘 시인만이 할 수 있는 최대의 효과를 드러낸다. 이 물고기 두 마리는 성서에서 예수님의 설교를 들으러 온 5천명을 먹이고도 12광주리가 남은 기적의 징표이다. 곧 물고기 두 마리가 무엇에 사용되기 위한 것인지가 드러난 것이다. 그것은 이 홍 문표 교수가 늘 연구하며 가르치는 많은 대상을 말씀으로 사역하는 이미지다. 오로지 말씀전하기 달란트를 감당하는 이미지다.

지상의 연가를 쓰기 위한 목적은 「~ 늘 푸른 강물이듯이」가 되기 위하여서다. 하나님 흠모의 사랑 연가이다. 이스라엘 광야 40년의 세월과 그리고 예수님의 생애까지도 접목되는 홍 시인의 「지상의 연가」는 늘 준비과정을 즐기기(?)까지 하는 긴 기다림 세계의 완벽도이다.

시적 화자 물고기가 주인공인 「~ 늘 푸른 강물이듯이」의 시적 언어는 일상 언어와의 차이를 시각적으로[1] 한다. 완벽을 제일로 하는 삶 · 문학적 표현으로 보아도 파아란 이끼가 끼도록 기다리는 시인 일상의 버릇은 시에서 5월의 사랑을 선호한다.

사랑의 푸르름을 찾는다.[2]

---

1) 르돌프 아른하임 저 · 김 정오 역 · 『시각적 사고』(이대출판부 · 1988) · 98.
2) 李 英芝 · "동천(東川) 연작시의 5의소 핵리듬"『시조창작리듬론』(서울:창조문학사 · 1997) · 355~391.

바람이 분다
천년 이끼로 치장한
화강암 겨드랑을 파고드는
화창한 오후의 유혹이다

송화 가루 빗살무늬로
그리움을 찍어대는 메아리
고목나무의 흔들림
금년에도 기적을 선언하는
지층들의 뜨거운 반란이다.

은사시나무 잔등에 내리는
새하얀 정념
고호의 캔버스에 번지는
햇살들의 몽롱한 어지러움이다.

잎들은 왕성한 식욕으로
여름을 분비하고
가지는 고독을 씹으며
은박의 겨울을 만든다.

무수한 가버림의 껍질을 벗고
해마다 정절의 수액으로
제 몸을 지키는 산들의 결백

산은 늘
가버림과 만남의 길목에서
그냥 산으로 남는다

~ 홍 문표「산으로 남는다」[1)]

시인의 산은 늘 가버림과 만남의 길목에서 그냥 산으로 남는다. 산의 푸르름이 그 자리에서 늘 사랑 찾기 그리움은 아직도 모자람의 색채가 되어 있다.

1) 홍 문표 · 수정판『나비야 청산가자』(서울: 창조문학사 · 2008) · 35~36.

(3). 푸르른 사랑 찾기

이 그리움은 홍 시인에게 있어서 시가 된 아련한 그리움이다. 다시 말해서 모자람이다. 늘 떠남의 안타까움이 남아 있는 산의 푸른 그리움이다. 산의 푸르름 · 녹색 빛은 의미로도 모자람 · 무엇인가 모자람을 느끼는 초록색 의미다. 이 초록으로 늘 있는 산의 색채는 동시에 수학과 시학과의 상호관계를 드러낸다. 산은 시인에 의하여 수각(數覺)과 시각(詩覺)이 되면서 시각(視覺)이 된다. 다름 아닌 마음이 들어가 있는 푸르름 색체의 그리움이다.

푸르른 그리움으로 온통 물들어진 홍 시인에게 있어서는『囚人과 바다』· 애정 어린 호소의 음향리듬을 타는『나비야 청산가자』·『지상의 연가 ~ 늘 푸른 강물이 듯이』에서의 늘 푸른 강물에 대한 그리움으로 전철되어 진다. 그러기에 홍 시인은 푸른 그리움에 서 있는 시인이다.

그러기에 시인은 푸른 사랑 찾기로 길 떠난다. 시는 소설과 달라서 이야기의 줄거리 보다는 마음의 세계를 전달한 · 보이는 일 · 이미지의 연작시 「~ 늘 푸른 강물이듯이」이다. 마음의 시 · 이미지의 시 · 시학의 시이다. 늘 푸르름을 찾는 시인의 눈은 눈으로 봄(see)이 허락되는 늘 푸른 강물에 마음을 실어 그것도 사랑을 실어 · 그것도 모자라 푸른 사랑을 찾으려 연작시 1호부터 시작하는 길 떠나기를 실행한다.

이러기 위해서는 신앙영웅이 되어야 한다. 영웅이 아니면 가다가 중지할 수도 있기 때문이다. 영웅은 끝까지 이기어 이 지상에 남는 신화를 만들어야 한다. 홍 시인의 하는 일은 하나님을 만나기 위해 도전한다. 시로 하나님 만나는 그 순간을 위해 푸른 눈물의 일기를 쓴다. 이에 시적 신앙 영웅 신화가 쓰여 진다.

푸르른 그리움 · 무조건의 그리움 · 모자람의 그리움을 들고 완전한 사랑을 만나기 위해 길을 떠나는 신앙영웅의 길은 「~ 늘 푸른 강물이 듯이」에서 시작된다. 홍 시인에게는 한국인으로서 일찍부터 한국고유의 푸른 하늘과 더불어 이 세상에서 무엇보다도 가장 귀중한 희망의 냄새를 교회에 드나듦으로서 엮어갔다. 1960~70년 당시의 유행하던 부흥회에 찾아다니면서 영혼의 갈급함을 채우고 그로 하여 삶의 기쁨을 얻었던 기억은 바로 지상의 연가라는 이미지이다. 사랑을 전제로 한 부제 「~ 늘 푸른 강물이듯이」의 마음을 만들었다. 이 마음의 무게인 사랑을 찾아 이 지상에서는 모자람이 있기에 천상을 향한 시적 화자로 길 떠나기를 감행한다.

신화 즉 인류공동체에서 발견되어지는 보편적인 진리인 시에서의 구성 원리는 한국시인 홍 문표 시인이 내 세운 늘 푸른 강물이듯이의 시 52편이다. 시 5부로 나누어진다. 각기 10 → 11 → 10 → 10 → 11 편이 분배된 『지상의 연가 ~ 늘 푸른 강물이 듯이 』이다. 이 안에서 모자람의 그 남겨진 그리움의 정체는 무엇인가.

홍 시인은 연작시 『지상의 연가 ~ 늘 푸른 강물이 듯이 』에서 5부 안의 능기와 소기가 되는 10과 11편의 리듬은 신적 인간의 작품을 지향하는 심리적 긍정리듬이다. 홍 문표는 기독교시인답게 1 · 2 · 3 · 4 · 5 · 6 · 7 · 8 · 9호에는 '당신' 시어가 없다가 10호에 가서야 처음으로 '당신'을 부른다. 절대자에 대하여 절대 신앙의 차원을 내재리듬으로 한다. 만해가 하나의 점이 곧 우주의 원리와 통하는 동심원로 당신을 불교적 관점으로 한다면 · 홍 문표 기독교 시인은 절대자에게 대한 존칭으로 호칭을 5부로 은유하였다.

홍 문표시의 가장 큰 장점은 은유이다. 산포된 시어들이 지니는 동원되는 언어의 연결력이다.

3. 나와 당신

1). 5월에 빛나는

홍 문표 시의 응집력 시들은 시 「먼 훗날 다시 지상에」 에서 시어 ‘당신’이 15회이어서 5의 3번을 이루는 내재적 리듬에 있다. 이 때 시어 ‘당신’의 전체리듬은 5~5~10~5~5~10~3~3으로 흐른다. 바로 전통 시조의 흐름이다. 5~5~10 · 5~5~10의 2회 리듬이며 3~3 또한 3의 2회 리듬으로 10~10~10~3~3의 리듬으로 정의되면서 5로 구분된다. 곧 내재율리듬 수(數) 5와 10의 의소들은 생명에 대한 의미지수 ה(헤)의 숨쉬기의 의미다.

나와 당신은 살아 있는 자와의 끈끈한 관계이다. 소명의식을 가진 신앙영웅의 할 일이 많은 관계를 가진 사이이다. 이러한 의미심장한 나와 당신의 관계를 홍 시인은 5의 2회 리듬으로 한다. 바로 5월의 빛나는 존재로 한다. 삶이 지속되는 숨 쉼의 존재는 성서에서 ה(헤 · 5)로 한다. 숨 쉼 표시가 바로 이 헤 글자에서 형상을 만들어 내기를 한 쪽이 튀여 져 있는 모습으로 한다. 숨 쉼 표시이다. 침례신학대학 성경학자 엄 원식 교수도 성경의 신화소(神話素) 를 5로 하였고 윤 태주는 마방진 신화 소 5로 하였다. 한국에서도 이 오월은 나무를 꺾어 그냥 심어도 사는 양기가 가장 많은 달이다. 색채는 황금색이다. 누런 땅의 빛이다. 땅에서 온갖 식물이 그 얼굴을 왕성하게 드러내는 때이다.

시를 통한 홍 시인의 관심은 5월에 있다. 시인은 이 오월을 다빈도 반복리듬[1)]으로 한다. 홍 시인의 가치부여로 한다. 그리고「늘 푸른 강물이 듯이」[2)]의 '당신'은 51회나 반복된다. 여호수아서 23장에서는 여호수아가 마지막 고별설교에서 '너희 하나님'을 섬기라고 51회 반복한다. 홍 시인은「먼 훗날 다시 지상에」에서 시어 '당신'이 15회이다. 5의 3번을 반복한다.

시인이 좋아하는 리듬이나 언어는 항상 나타나기 마련이다. 홍 시인이 좋아하는 5 리듬은 가장 좋아하는 홍 시인의 시어 당신과 등가관계이다. 홍 시인 시어의 하이퍼성 '당신' 시어 배정이 5~5~10~5~5~10~3~3의 흐름이다. 각기 5~5~10 · 5~5~10의 2회 리듬이다. 이를 전통시조이론으로 접근하면 시조 작품 초장과 중장의 반복리듬이 된다. 3~3 리듬은 종장의 절대적 삼위리듬으로 그 자리를 굳힌다. 홍 시인의 내재율리듬의 수(數) 5와 10의 의소들은 성서에서의 생명에 대한 의미지수 ה(헤)이다.

홍 시인은 생명을 주신 분에 대한 감사가 특별하다.

> 늘 푸른 강물이 듯이
> 당신의 무릎 앞에 배설된
> 싱싱한 목숨
> 당신이 원한다면
> 이 토실한 모가지
> 정수리에서 발목까지
> 통째로 드리리이다.

---

1)「언어의 꽃밭에서」,「장승백이 시절」·「五月의 강가에서」,「바닷가에서 Ⅱ」「출발의 팡파레」·「늘 푸른 강물이 듯이 · 17」에서 ~(시집 『지상의 연가』)

2) 홍 문표 · 『지상의 연가』)「~ 늘 푸른 강물이듯이」(서울: 창조문학사 · 1992).

당신의 발밑에 엎드려
향으로 감은 머리
목을 씻고
발을 씻고
상한 영혼을 씻고
머리카락 한 올 한 올
촛불이 되어
이 한밤을 사르는
청사초롱이 되어,

당신 눈빛이 뿌려질 때마다
진동하는 두려움
나는 수줍은 장미한 송이
별이 초롱 한 시각이면
바람 부는 언덕에 올라
당신 창가에 머무는
피리를 불고
새벽이면 온 몸을 풀어
길섶에서 반짝이는 이슬이게 하소서

나는 눈멀고 귀먹은 무명초
남산 소나무 우뚝한 돌무덤
그 호젓한 바위틈에
온 몸을 감추고
뼈마디로 타고 오는
창세의 바람소리
그 황홀한 감촉으로
밤마다 전율하는 복종입니다.

～ 홍 문표 「늘 푸른 강물이 듯이」16[1)]

아버님은
구룡포 하늘의
저렁한 목소리
어머님은
떡 바다 들녘의

1) 홍 문표 · 『지상의 연가』 ～ 늘 푸른 강물이 듯이 (서울: 창조문학사 · 1992) · 47～48.

한 섬 지기 옥답

아버님은 일 백리 쭉 뻗은 신작로
평생을 달리시며
훤한 꽃길 닦으시고
어머님은
비옥한 이랑의 벽오동 심으시고
새벽마다
하나님께 기도드리셨지

이제는
우리 다섯 남매
치렁한 오동나무 줄기가 되고
아버님의 그 길을 걸으며
어머님의
그 이랑을 밟으며

오늘도
파아란 하늘을 둘러봅니다.
당당하신 아버님
자애로우신 어머님
선연한 그 모습
쟁쟁한 그 목소리
구름자락 휘날리며 굽어보십니다.

～ 홍 문표 「어머님 · 아버님」[1)]

홍 시인은 생명을 주셨으니 생명을 원하시면 드리겠다는 의지를 드러낸다. 얼마만큼 중요한지를 아버님과 어머님의 존재부각으로 한다. 그리고 이어지는 홍 시인의 시의 오월과 다섯 남매가 자리를 같이 한다. 바로 절대자의 삼위 그리고 부모 자신과 자식으로 이어지는 3 : 4의 자리를 내세운다.

---

1) 홍 문표 · 열두시인 시집 『아침의 노래』(서울: 쿰란출판사 · 2002) · 205～206.

이러한 철학성을 아름다운 5의 신빙성과 5월로 한 시의 기법은 이상시의 시제 5호에서 신의 존재에 대한 절대성이 2차적 의미로서 숨어 있고 사람의 생명이 얼마나 중요함을 알린다. 그 리듬은 다음과 같다.

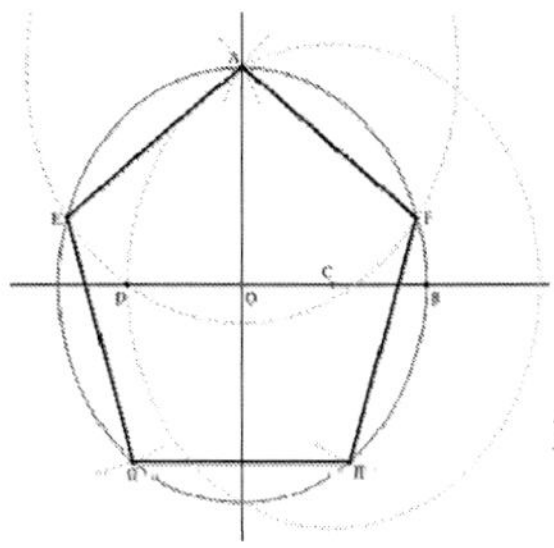

1)

이 5각형 리듬은 한 원 안에 존재하는 바로 모자람의 원리를 제시한다. 곧 버릴 것을 버린 뒤에 오는 모자람의 충족공간이다. 모자람을 한 원 안에서 표시하는 5각형 그것은 물이 생명을 잉태하는 원동력이 들어 있는 곳이다. 홍 시인의 오월 신호도는 5가 지닌 의미로 확대된다. 하나님이 그 의미를 스스로 숨기고 다만 생명이 잉태되는 흔적을 사람의 숨 쉼에 두었다. 때문에 기호로서는 완전한 도형 안에 존재하는 오각형[2]이다. 모자람의 시학이미지이다.

---

1) 지미 도널(미국) "짐보" 웨일스(Jimmy Donal "Jimbo" Wales · 1966년 8월 7일~):2001년 무료로 내용이 공개된 백과사전인 위키 백과 설립.

2) 이 정오각형 한 각의 크기는 108도이고 내각의 합은 540도이며 한 변의 길이가 a인 정오각형의 넓이이다.

$$A = \frac{5a^2}{4}\cot\frac{\pi}{5} = \frac{a^2}{4}\sqrt{25+10\sqrt{5}} \approx 1.72048a^2$$

점 O를 중심으로 하는 원은 O 위의 점 A를 골라 직선 OA를 그려 직선 OA와 수직인 직선을 그린다. 이 직선이 원 O와 만나는 곳을 점 B라고 한다. 점 O와 점 B의 가운데에 있는 점 C를 그린다. 점 C를 중심으로 하면서 점 A를 지나가는 원을 그린다. 원 C가 직선 OB와 만나는 곳을 점 D라고 한다. (이때 원 C가 직선 OB와 만나는 점은 두 개가 있다. 이 중 원 O 안에 있는 점). 점 A를 중심으로 하면서 점 D를 지나가는 원을 그린다.

(1). 황금 비율

숨쉬는[1] 황금 비율 대한민국의 5월은 가장 양기가 많은 달이다. 모든 생물이 그 생기를 가장 많이 내 놓으며 그 활력을 발휘하는 5월은 생물이 잘 자라는 때다. 5월은 생명력을 가지는 리듬의 때이다. 5월과 관련한 자리는 모자람의 자리이다. 아직 햇볕이 여름처럼 뜨거운 것도 아니고 열매가 있는 것도 아니다. 원안에 든 오각형의 자리가 제시한 모자람의 자리이다. 이 모자람의 인식은 바로 5월을 사랑하는 홍 시인으로 하여금 꿈을 갖는 5월의 눈빛이 된다.

절대의 공간 하나님의 집 안에서 인간이기에 모자람으로 있는 홍 시인은 지상의 연가를 쓰기 위해 늘 푸른 강물이 듯이의 마음으로 삶을 신앙영웅 신화로 쓰려한다. 여기에 홍 시인에게 『지상의 연가 ~ 늘 푸른 강물이 듯이 』가 있다. 꿈의 신화도이다. 이 특징은 3 : 2 비율이다. 작품 10편이 셋 그리고 11편이 2 2:2로 한다.

1 · 2 · 3 · 4 · 5 · 6 · 7 · 8 · 9 · 10
11 · 12 · 13 · 14 · 15 · 16 · 17 · 18 · 19 · 20 · 21
22 · 23 · 24 · 25 · 26 · 27 · 28 · 29 · 30 · 31
32 · 33 · 34 · 35 · 36 · 37 · 38 · 39 · 40 · 41
42 · 43 · 44 · 45 · 46 · 47 · 48 · 49 · 50 · 51 · 52[2]

원 A가 원 O와 만나는 두 점을 각각 점 E와 점 F라고 한다. 점 E를 중심으로 하면서 점 A를 지나가는 원을 그린다. 원 E가 원 O와 만나는 곳을 점 G라고 한다. 점 F를 중심으로 하면서 점 A를 지나가는 원을 그린다. 원 F가 원 O와 만나는 곳을 점 H라고 한다. 그리고 오각형 AEGHF를 그린다.

1) 수(數) 5와 히브리어 ה(헤 · 숨쉼 · to live)에서의 학설이 숨쉼을 위해서이다. 히브리 수(數) 5는 'ה'(헤)로서 숨 쉼 의미다. 히브리어는 글자의 순서의미가 있다. 그 순서는 처음 א(알렙) ⟶ ב(베트) ⟶ ג(기멜) ⟶ ד(달렛) ⟶ ה(헤) ⟶...... .로 이어지는데 이 ה(헤)는 5번째 자리에 있다.

2) 홍 문표 · 『지상의 연가』(서울: 창조문학사 · 1992).

(2). 연가

1부로 시작하면서 이어지는 5부까지의 연결이 1부 10편 2부 11편 3부 10편 4부 10편 5부 11편으로 된 5부이다. 1에서 시작하여 52에 이른다. 홍 시인의 나이 52세에 쓴 『지상의 연가 ~ 늘 푸른 강물이 듯이 』는 '연가' 사랑을 지상명령으로 한다. 선택의 여지가 없다. 가장 보편적인 진리 사랑이 주제이다. 절대 진리 사랑은 모자라는 사랑의 농도를 의지로 올리려 사랑을 찾아 길 떠나기 한다. 홍 시인은 사랑을 찾되 푸르른 사랑을 찾겠다는 것이 『지상의 연가 ~ 늘 푸른 강물이 듯이 』이다.

이 『지상의 연가 ~ 늘 푸른 강물이 듯이 』는 "늘 푸른 강물"을 절대시한다. 신의 영역이다. 이 절대 인식은 나와의 거리를 둔다. 동시에 내가 흘러간다는 의인법으로 하여 늘 푸름과 나와의 거리가 있다. 푸르름은 절대자에게만 있지만 이를 닮으려 시인은 오늘도 길 떠나기이다. 절대자와 나와의 거리가 있기에 찾아 떠난다. 사랑이 수반 수반된다.

「~ 늘 푸른 강물이듯이」는 연작시의 기능으로 하여 불가분의 연결을 그 핵심으로 언제나 푸르름과 흘러감이다. 소망하는 바람이 있다. 홍 시인의 사랑 있다. 이 연가는 시 52편 상호 흘러감이라는 나와의 거리인식에도 불구하고 연작시로 결합하는 관계로 하여 생성 결합 시인만이 만들 수 있는 푸르른 사랑을 만든다. 홍 문표 시인의 시들의 길! 사랑을 들고 가는 기독교적 접목으로 하여 그 긴장의 깊이를 신앙 영웅이 흘리는 신화의 깊이 「~ 늘 푸른 강물이듯이」 시에 사랑이 존재한다. 신과의 거리의 시인 사랑이다.

이 유기체의 작품이 보이는 흐름 · 늘 푸른 강물 『지상의 연가 ~ 늘 푸른 강물이 듯이 』5부 시어로 의미를 생성한다.

시어들은 다음과 같다.

제1부 유혹의 강가에서

1 『지상의 연가 ~ 늘 푸른 강물이 듯이·1』(이후 연작시 순서만 표시) 고향길 · 암갈색 · 아침 · 물안개 · 연지 곤지 · 갑사댕기 · 그리움 · 입맞춤 ⋯→

2 입 · 춘향 · 열두 · 때 · 분화구 · 강물 · 늘 · 들녘 · 낮 · 하늘 · 감색자락 · 아리 · 가슴 · 혀. 강물. 강가 · 가슴 ⋯→

3 가슴팍 · 땅 · 땅내 · 바람 · 뻬 · 모가지 · 망부석 · 갈대 · 햇살 · 하체 · 아침 · 그리움 ⋯→

4 그리움 · 분수 · 들녘 · 복부 · 바람 · 하늘 · 동화 · 이랑 · 자운영 · 꽃밭 · 다섯 남매 · 어머니 · 가슴 · 지상 · 사랑 · 눈물 · 분수 · 강물 ⋯→

5 강물 · 달빛 · 발끝 · 맨발 · 주름 · 귀청 · 삼월 화폭 · 피리 · 별빛 · 사랑 · 천년노래 · 바람 ⋯→

6 바람 · 강 · 배 · 체구 · 땡볕 · 허리춤 · 삼단 · 들녘 · 잎 · 땅내 · 은하수 · 여인 · 달 ⋯→

7 여인 · 달빛 · 강물 · 춤 · 물살 · 가슴 · 두 손 · 하늘 · 고전하늘 · 은빛날개 · 달빛 하늘 · 별 · 비단구름 · 목 · 하늘하늘 · 별 · 강물 ⋯→

8 강물 · 여인 · 그림자 · 깃발 · 비들기 · 날개 · 깃털 · 문지방 · 열두번 · 눈발 · 언덕 · 얼굴 · 물살 · 수채화 · 물감 · 꽃잎 · 남대문 · 야시장 · 보석 · 반지 · 물살 ⋯→

9 물길 · 호적등본 · 책갈피 · 책장 · 무대 · 물구나무 · 밀림 · 골짜기 · 물길 · 들 · 깃발 · 갯벌 · 물결 · 강바닥 · 눈물 · 청동거울 · 아침 ⋯→

10 아침 · 하늘 · 철조망 · 달빛 · 지상 · 얼굴 · 들녘 · 성전 · 채찍 · 오른손 · 바위 · 강물 · 꽃신 · 몽땅연필 · 글자 · 배냇짓 · 바람소리 · 강물소리 · 흙무덤 · 바람 · 해적선 · 바람 · 흙무덤 · 당신 ⋯→

제2부 사랑의 묘약

11 당신 · 화인 · 탄흔 · 비 · 가슴 · 벽오동 · 잎새 · 그리움 · 햇살이랑 · 코 · 창 · 형상 · 당신 · 박하향 · 유월 · 그리움 · 은빛 · 잎새 · 유년의 하늘 · 하오 · 너 ⋯→

12 너 · 강 · 물 · 심장 · 혈관 · 몽롱 · 도마 · 이름 · 물결 · 빗장 · 밤 · 창 · 미이라 · 나 · 꿈속 · 강물 · 눈물 ⋯→

13 눈물 · 너 · 강물 · 이브 · 뱀 · 아벨 · 카인 · 애비 · 발등 · 정강이 · 네거리 · 칼날 · 노래 · 목청 · 하늘 · 꽃잎 · 아담 ⟶

14 아담 · 꽃들 · 갈빗뼈 · 늑골 · 사내 · 잠 · 산들 · 꽃뱀 · 혀 · 오뉴월 · 눈빛 · 바람 · 세마포 · 동공 · 연꽃 · 은장도 · 안개 · 비 · 강가 · 옷 · 달 · 밤 · 사내 · 여인 · 강물 ⟶

15 강물 · 아담 · 사탄 · 이브 · 물살 · 혀 · 사십일 · 보리수 · 아침 · 목숨 · 왕관 · 가슴 · 옷고름 · 꼬리 · 여우 · 간 · 파우스트 · 하룻밤 · 한밤 ⟶

16 밤 · 당신 · 무릎 · 목숨 · 목아지 · 정수리 · 발밑 · 향유 · 머리카락 · 촛불 · 청사초롱 · 눈빛 · 장미 · 별 · 언덕 · 피리 · 길섶 · 무명초 · 남산 · 바위 · 창세 · 나는 ⟶

17 나는 · 백마강 · 할아버지 · 사랑방 · 문지방 · 백마강 · 엿바위 · 천년 · 물빛 · 석탑 · 남한산성 · 할아버지 · 기침 · 무지개 · 장미 · 당신 · 오월 · 육욱자배기 · 서정시 · 깃발 · 오대조 할아버지 · 문지방 · 그리하여 ⟶

18 그리하여 · 오대조 할아버지 · 숨 · 몸 · 피리 · 살 · 밤 · 방랑자 · 강 · 이랑 · 꽃 · 꽃밭 · 하늘 · 땅속 · 바람 · 강물 ⟶

19 강물 · 당신 · 등줄기 · 바다 · 발목 · 청산 · 겨드랑 · 물레방아 · 호남선 · 완행열차 · 영산강 · 창가 · 목 · 기적 · 아침 · 두견화 · 한송이 · 별빛 ⟶

20 강물 · 이도령 · 성춘향 · 하나 · 아리랑고개 · 구름 · 아침안개 · 아리랑 · 양코배기 · 왕서방 · 엽전열닷냥 · 하늘 · 땅 · 노래 · 춤 · 할머니 · 아리랑고개 · 동해물 · 백두산 · 한강 · 경상도 · 세모시 · 옥색치마 · 열골물 · 평퍼져 · 청사초롱 · 아리랑 · 강물 ⟶

21 강물 · 꼭두각시 · 조약돌 · 강가 · 가랑비 · 불꽃 · 강물 ⟶

제3부 지상의 평화

22 강물 · 무심천 · 백두산 · 불길 · 남 북 · 강물 · 뿌리 · 아침 · 물살 · 강바닥 · 하늘 · 찌꺼기 · 배 · 강물 ⟶

23 강물 · 칼날 · 연꽃 · 광채 · 문밖 · 네온 · 껍질 · 하늘 · 대합실 · 눈물 ⟶

24 눈빛 · 땅 · 발 · 폭포수 · 웅덩이 · 모가지 · 행복 · 과일 · 중량 · 발자국 · 눈빛 · 하늘 · 별 · 옷깃 · 냉기 · 뽕나무 · 행복 · 발바닥므하소서 ⟶

25 하소서 · 사랑 · 걸인 · 새벽 · 한숨 · 흉계 · 낙엽 · 가슴 · 바람 ·

강 · 물 ⋯›

26 강물 · 당신 · 등불 · 벌판 · 엉겅퀴 · 돌작밭 · 혀 · 당신 · 새벽 · 촛불 · 당신 · 꽃송이 · 봄길 · 오월 · 발걸음 · 여름 · 잎새 · 꽃가루 · 사랑 · 수화 · 등불 · 잔기침 · 꽃길 ⋯›

27 꽃잎 · 가죽 · 진주 · 알맹이 · 껍질 · 물살 · 여울 · 심줄 · 옹벽 · 빛살 · 유혹 · 날개 · 무지개 · 기둥 · 행복 · 샘 · 바다 · 하늘 · 눈물 · 새벽 · 꽃잎 · 도강 · 강 ⋯›

28 강물 · 금가락지 · 빛살 틈 · 뜰 · 황금빛 · 햇무리 · 하늘 · 밤 · 화강암 · 상체기 · 당신 · 겨자씨 · 산 · 알곡 · 몸 · 목숨 · 밤 · 아침 · 강가 · 앉은뱅이 · 한 강 · 물 · 문자 · 속살 · 한강물 · 목숨 ⋯›

29 목숨 · 살 · 바람개비 · 동작동 · 무덤가 · 돌비석 · 목숨 · 숨 · 문지방 · 물길 · 피라밋 · 돌무덤 · 파라오 · 나일강 · 파문 · 강심 · 빛 · 족쇄 · 사랑 · 여름 ⋯›

30 여름 · 갈대 · 옷깃 · 당신 · 손 · 발 · 제단 · 얼굴 · 하늘끝 · 사철바람 · 지팡이 · 가죽신 · 바람 · 발자국 · 가을 · 손짓 · 손끝 · 강 · 언덕 · 하늘 ⋯›

31 하늘 · 평화 · 항아리 · 구멍 · 벙어리 · 풀밭 · 동산 · 진달래 · 화관 · 어머님 · 눈 · 속 · 들보 · 형상 · 불길 · 바람 · 잔털 · 물결 · 눈 · 이 · 물빛 · 강물 ⋯›

제4부 이별 그리고 죽음

32 강물 · 하늘 · 나그네 · 백두산 · 선녀 · 두레박 · 소나무 · 뿌리 · 창세 · 북녘땅 · 얼음 · 삼각산 · 청계천 · 복부 · 호남평야 · 안개 · 고개 · 개나리 봇짐 · 대나무 · 지팡이 · 나그네 · 땅 · 가이사 · 비단결 · 강물 ⋯›

33 강물 · 가을 · 비 · 얼굴 · 피리 · 수면 · 악보 · 강물 · 밤 · 등 · 가슴 · 빛살 · 당신 · 종이학 · 밤 · 날개짓 · 갈대숲 · 바다 · 소금기둥 · 소돔성 · 여인 · 눈물 · 옥색고무신 · 손수건 · 하늘 ⋯›

34 하늘 · 강물 · 편지 · 산 · 밤 · 언덕길 · 소나무 · 목 · 젖무덤 · 지중해 · 옥피리 · 나라 · 발신 · 언덕빼기 · 불꽃놀이 · 불길 · 새벽 · 난간 · 이브 · 비린내 · 창밖 · 고향 길 · 불빛 속 · 당신 ⋯›

35 당신 · 생명 · 뿌리 · 목질 · 들녘 · 빛 · 물 · 뿌리 · 가슴 · 그림자 · 빛깔 · 산정 · 사랑 · 척추 · 손 · 가시밭 · 목숨 · 당신 ⋯›

36 당신 · 소매 · 늦가을 · 수면 · 물살 · 손수건 · 망자 · 노래 · 강가 · 바람 · 찬비 · 고목 · 목숨 · 통곡 · 고개 · 물살 · 고개 · 강물 · 깊

이 · 눈물 ⋯→

37 눈물 · 가슴 · 진주 · 너 · 손수건 · 순금 · 별 · 부스러기 · 지상 · 한방울 · 낙동강 · 하류 · 을숙도 · 강물 · 여인 ⋯→

38 여인 · 계곡 · 영산홍 · 꽃길 · 하늘 · 삼월 · 진달래 · 세마포 · 저승 · 황금 · 깃대 · 골고다 · 언덕 · 은 · 삼십 · 바람소리 · 바위 · 발목 · 꽃송이 · 심장 · 돛배 · 꽃 · 강물 ⋯→

39 강물 · 열두 번 · 주마등 · 눈꽃 · 넓적다리 · 군화 · 약속어음 · 형장 · 너 · 내 · 황혼 · 강 · 바다 · 네 · 눈 · 눈물 · 바람 · 난지도 · 나를 · 눈꽃 ⋯→

40 꽃잎 · 나를 · 에베레스트 · 빙벽 · 정상 · 절망 · 금빛 · 바다 · 여인 · 교수대 · 하늘 · 땅 · 이슬 · 아침 · 가슴팍 · 심봉사 · 인당수 · 파도소리 · 이상 · 63빌딩 · 밤하늘 · 골고다 · 언덕 · 절망 · 강물 · ~ 예수죽음 ⋯→

41 강물 · 까질 · 외피 · 빙하 · 절벽 · 창세 · 손짓 · 들녘 · 불꽃 · 망부석 · 손짓 · 들녘 · 한숨 · 불꽃 · 망부석 · 벙어리 · 납덩이 · 두꺼운 · 그(that) ⋯→

5부 먼 훗날 다시 지상에서

42 그(that) · 순한 · 처녀 · 이무기 · 억겁 · 날개 · 몸통 · 비늘 · 밤 · 몸부림 · 하늘 · 빗장 · 남풍 · 십자성 · 언저리 · 무궁화 · 진달래 · 쑥부쟁이 · 피리젓대 · 삼현육각 · 나팔 · 장구 · 자운영 · 그날 · 내일 · 후일 · 그 밤 · 꽃밭 ⋯→

43 꽃 · 밤 · 강물 · 밤낮 · 꼬리 · 여의도 · 고수분지 · 조각배 · 짐 · 넝마 · 걸신 · 귀신 · 오십 평짜리 · 바람 · 밤 · 아침 · 별 · 돌기둥 · 목숨 · 백지수표 · 한 장 · 키 · 한 뼘 · 점 · 물결소리 · 오십년 · 일백년 · 별 하나 · 강가 · 돌 · 무덤가 · 민들레 · 강물 · 할미꽃 ⋯→

44 할미꽃 · 숨결 · 시간 · 지층 · 망부석 · 빗물 · 체온 · 날개 · 아침 · 은빛 · 갈대 · 갑사댕기 · 강가 · 망우리 · 언덕 · 숨결 · 왕손 · 구름 · 오늘 · 밤낚시 대 · 빨간 손수건 · 목 · 대한민국 서울 서대문구 홍은동 397 26번지 · 문 무쇠빗장 · 감청색 · 대지 · 황토 빛 · 일몰 · 강물 ⋯→

45 강물 · 한마디 · 자유 · 흔적 · 기억 · 영혼 · 언덕 · 울창 · 나무숲 · 가지 · 뿌리 · 식욕 · 밤 · 불꽃 · 핏기 · 손금 · 감금 · 해마다 · 대관령 · 골짜기 · 철쭉 · 강변 · 풀꽃데미 · 옥합 · 날개 · 제살 · 강물 ⋯→

46 강물 · 땡볕 · 밤 · 연탄불 · 아궁이 · 나팔 · 비계덩어리 · 수증기 · 한뼘 · 도적 · 열사람 · 기름 · 하늘 · 대붕 · 날개 · 은하 · 알사탕 · 해 · 달 · 강바람 · 진주 · 남강 · 푸른 물 · 마음 · 꽃씨 ⟶

47 꽃씨 · 강물 · 업보 · 물살 · 새벽안개 · 형상 · 대지 · 훈련소 · 신병몸 · 제물 · 이슬 · 한낮 · 나무들 · 줄기 · 내장 · 바람 · 천년 그리움 · 하늘 · 설화 · 노래 · 기적 · 당신 ⟶

48 당신 · 혈관 · 철문 · 빙벽 · 나이아가라 폭포 · 주라기 · 화석 · 강가 · 눈 · 목숨 · 날 · 개안 · 장대 · 신호등 · 불빛 · 미소 · 씨앗 · 강가 · 약속 · 밤 · 기쁨 ⟶

49 기쁨 · 밤 · 어머니 · 삼베 · 혀 · 무릎 · 자장가 · 별 · 꽃 · 달빛 · 땀 · 색동저고리 · 꿈속 · 꽃수레 · 하늘 · 눈동자 · 평안 · 얼굴 · 눈짓 · 살 · 강물 · 영혼 · 밑바닥 · 들길 · 꽃무덤 · 강폭 · 수목 · 언덕 · 산수화 · 열두폭 · 모시적삼 · 은가락지 · 모본단 · 저고리 · 주름 · 손마디 · 틈새 · 꽃 댕기 · 얼굴 · 당신 · 무지개 ⟶

50 무지개빛 · 당신 · 나라 · 시 · 황소 · 눈깔 · 뱁새 · 모가지 · 고양이 · 턱수염 · 여우꼬리 · 눈빛 · 구천 · 눈물 · 어금니 · 뱃살 · 웃음 · 내장 · 과일 · 혈관 · 피 · 손짓 · 코스모스 · 여리고성 · 피타고라스 · 젖 · 꿀 · 공화국 · 꽃 · 돌무덤 · 바벨탑 · 가슴 ⟶

51 가슴 · 당신 · 노래 · 목청 · 맨드라미 · 벼슬 · 살점 · 그녀 · 골수 · 돌 · 기둥 · 심장 · 장미 · 산들 · 강물 · 잠 · 구름 · 숨 · 하늘 · 한줄기 · 빛살 · 지열 · 지상 · 열망 · 불꽃 · 아침 · 거북 · 당신 · 기쁨 · 나팔 · 소리 · 흑암 · 하늘 · 합창 · 지상 · 노래 · 강물 · 목 ⟶

52 목숨 · 강물 · 나룻배 · 바람 · 껍질 · 물살 · 빗질 · 사공 · 레떼[강 · 황토 · 언덕 · 살결 · 무명적삼 · 젖무덤 · 한줌 · 흙 · 눈물 · 점 · 잡동서니 · 너 · 나 · 그리운 · 그리움 · 고향 ⟶

1 고향길 ⟶

방대한 분량으로 시집의 시어 그대로 연결되는 결과는 놀랍게도 고향으로 가는 고향길이 열린다. 그 안에서 시인의 사랑이 노출된다. 홍 시인의 눈물이 있다. 홍 교수의 사랑하는 눈물이 드러난다. 홍 문표 시인이 모더니즘 계열의 서정시인 사랑이다.

2). 길 떠나면서 가지고 가는 사랑

홍 문표 시인에게는 순수를 지향하는 사랑이 시의 기저로 자리 잡는다. 이성 유추의 모더니즘 서정 시인이다. 시인의 길 떠나는 이유는 사랑의 이별이 있어서이다. 그러기에 이 사랑 찾아 길 떠나기를 시작한다. 제1부 '유혹의 강가에서' ~ 늘 푸른 강물이 듯이는 시적 이야기의 순서인 제1부 '유혹의 강가에서' 길 떠난다.

① 사랑 찾아 떠나는 강물(~ 늘 푸른 강물이 듯이 · 1 ~이후 이 표시로 함): 시적 화자는 유혹하는 강 때문에 고향을 떠난다. 입맞춤에서 떠나기 시작한다. 갑사댕기의 그리움 때문이다. 시집 '제일 첫 번째 작품(~1~)서 고향 길에서 암갈색 아침의 물안개와 연지 곤지 찍었던 그리움의 갑사댕기가 그리운 시점에서 출발한다. 그리움인 입맞춤에서 길 떠난다.

② 춘향이의 입술 맛이 된 강물(~ 2 ~): 입맞춤한 춘향 강물(~1 ~)경험 때문이다. 그 입술 맛은 열두 때 늘 만났던 분화구의 강물(~2~)이다. 늘 들녘 그것도 낮에 하늘을 보았던 감색자락 여인이다. 이 마음의 항아리 가슴을 달고 시적 화자는 강물 따라가는 가슴을 가지고 사랑을 찾는 자의 눈이 되어 강물 따라 떠난다.

③ 햇살 은총을 받는 강물(~ 3 ~): 길 떠나는 강물(~2~)이 햇살 은총(~3~)을 받는다. 땅의 땅내와 땅 바람과 땅의 뼈와 땅의 모가지까지 못 잊는 시적 화자 강물이 망부석이 되기까지 한다. 갈대까지 못 데리고 떠난 못난 강물하체에 내리는 아침 그리움 은혜이다. ④ 그리움 분수 강물(~ 4 ~): 햇살 은총강물 (~3~)이 그리움 분수강물(~4~)로 솟아 들녘을 흐르는 강물이다. 복부에 바람 들어 하

늘 동화 쓴다. 동화이랑이다. 이랑에 자운영 꽃밭 다섯 남매와 어머니 가슴을 만지는 지상 사랑이 그리움 분수강물이 된다.

⑤ 달빛강물(~5~): 그리움 분수강물(~4~)이 달빛강물(~5~)이 된다. 달빛으로 발끝을 물 위에 맨발로 딛고 주름을 타며 귀청을 울리는 삼월 화폭을 줍는 행복을 누린다. 피리를 불며 별빛 사랑을 천년노래로 부르는 달빛 강물 바람으로 흘러간다. ⑥ 삼단길이 강물(~6~): 달빛강물(~5~)은 삼단길이 강물(~6~)이다. 바람의 강이며 배이며 몸인 체구이다. 한낮 땡볕에도 허리춤에 물 흐름을 멈추지 않고 삼단 길이로 들녘을 적시는 잎이 되어 땅내를 맡아간다. 은하수가 되고 여인이 되고 달이 된다. 삼단길이 강물이다.

⑦ 여인의 춤 강물(~7~): 흐르는 삼단길이 강물(~6~)은 여인의 춤 강물(~7~)이다. 여인은 달빛이다. 강물 그 자체이다. 유혹하는 여인의 춤이다. 시적 화자는 물살에 가슴과 두 손을 담근다. 그리고 하늘을 닮는 고전하늘의 은빛 날개를 단다. 달빛 하늘이며 별이며 비단구름을 목에 걸어 하늘하늘 하는 여인이다. 별을 강물에 띄운다. 여인의 춤 강물이다. ⑧ 여인 강물(~9~): 여인의 춤 강물(~8~)이 이제 여인 강물(~9~)이 된다. 별이 뜨는 여인 강물이다. 그림자이다. 깃발을 든 비둘기이다. 날개에 깃털이 달리어 하루에 열두 번씩 언덕에 얼굴을 내미는 그리움을 줍는 물살이다. 수채화 물감이다. 꽃잎이다. 남대문 · 야시장에서 보석반지 발견 강물이다.

⑧ 물길 깃발을 든 강물(~10~): 여인 강물(~9~)이 이제는 물길 깃발 강물(~10~)이 된다. 차라리 호적등본이다. 책갈피에 끼워둔 사랑이야기이다. 책장에서 꺼내든 무대이다. 물구나무 서며 밀림사이의 골짜기에 들어선 물길을 깃발로 세운다. 이 물길은 물결이 되어 강바닥을 흐르는 눈물이다. 본래의 마음을 들어 낸 사랑하는 님

을 만나려는 마음이 얼마나 그리웠음 눈물이 청동거울이 되어 아침을 만날까. 이러한 시적 화자 홍 시인의 마음 푸른 강물 만난 여정은 연작시 첫 번째 작품 1의 시에서부터 9번째의 시까지 오는 동안 오랜 그 기다림을 갖가지 모습으로 그만큼 간절하고 처절했다. 그리하여 10번째의 아침 하늘은 철조망 사이의 달빛을 뒤로 하고 지상에 얼굴을 들어내는 성전이 되어 있다.

늘 푸른 강물이듯이 찾아 지상의 연가는 하나님이 이 세상을 이처럼 사랑하사 독생자를 주셨으니 저를 믿는 홍 시인이 강물로 떠났고 도착한 곳은 성전이다. 홍 시인의 시적 화자는 1부에서 강물이 성전이 된다. 홍 시인의 늘 푸른 강물이 듯이 길 떠나기를 하면서 성전에서 채찍을 드신 분의 오른손을 본다. 여기에 신앙영웅의 깊이가 시작되고 있다.

홍 시인은 꽃신을 신는다. 꽃신은 몸에 치장되는 최대의 호사 치이다. 꽃신은 몸을 치장하는 아름다움에 이어 몽당연필로 쓰는 시다. 마음의 아름다움! 겸손한 황금률이다. 배냇짓으로 읊조리던 어머니의 그리움과 이웃의 사랑과 연민! 끊임없이 바람소리에 귀 기울인다. 바람의 영적 신호를 알아들으려 한 뒤 성전에서. 영적 소식을 홍 시인은 전한다. 끊임없이 강연이나 특강에서나 어디에서든지 성전의 마이크를 잡는다.

홍 시인의 이미지는 동글동글한 사랑 시어를 사용 한다. 홍총장 이름이 제시하듯 동글동글한 사랑으로 뭉쳐져 있다. 늘 웃는 웃음이 동글동글하다. 너무 눈에 띄는 옷을 즐기지 않는다. .

(1). 사랑의 불꽃

성령에 취한 말씀 전하기의 홍 문표 교수는 거의 완벽하게 준비한 후에 임한다. 홍 시인에 의하면 영적 소식인 강물소리는 흙무덤을 헤쳐 나온 바람이며 · 해적선이 묻혀온 바람에서 얻은 당신이 있다. 당신은 바로 절대자이다. 일반시가 아닌 신앙시가 되는 근거는 바로 당신이었으며 이 당신은 절대자이다. 절대자를 찾기 위해 홍 시인의 신앙영웅 신화의 시가 있게 된다. 시에서 이야기를 얻어내는 시적 이야기의 순서인 제2부 '사랑의 묘약'은 신앙영웅이 되기 위해 사랑의 묘약을 얻으려 한다. 그러기 위해 길을 떠나면서 비를 만난다. 비는 성서에서 계심으로 발음됨과 같이 이 비 속에 절대자 하나님이 계심으로 말씀을 들고 내리는 비를 만난다. 비는 은혜의미이다. 성령 사랑의 불꽃 메시지이다.

① 비를 만나는 강물(~11~): 물길 깃발을 든 강물(~10~)이 비를 만나는 강물(~11~)이다. 시인은 시적 화자를 통해 비가 탄흔으로 박혀 있다. 비는 벽오동 잎 새의 그리움을 달고 햇살이랑 코를 달고 창에 어리는 당신을 들고 있다. 늘 푸른 강물이 비 맞는 모습은 박하향의 유월이며 그리움의 은빛묘약을 먹는 일이다. 그것은 잎새 그 유년의 하늘을 맛보는 사랑의 묘약으로 하여 하오의 너가 된다. ②꿈속의 강물(~12~): 비를 만나는 강물(~11~)이 꿈속의 강물(~12~)이다. 혈관이 몽롱해 진 홍 시인이다. 도마 위에 올려진 이름 위에 비가 와 물결이 인다. 물결에 빗장을 걸어둔 밤의 창이다. 나는 꿈속의 성령불꽃이다. .

③ 강물(~13~): 꿈속의 강물(~12~) 강물(~13~) 흐른다. 성령의 불꽃은 유혹에 넘어간 일을 깨닫는다. 유혹에 넘어간 이브 · 아벨의 불꽃 · 카인의 후회 · 애비의 발등이다. 애비의 정강이다: 신앙영웅

에비의 모습이다. 시적 화자 물고기 바다의 영웅모습이다. 성렬의 불꽃 아빠는 네거리에서 노래를 부른다. 목청을 가진 입술을 하늘로 올린다. 꽃잎 아담이 흐른다.

④ 아담에게(~14~): 강물(~13~)이 있다. 아담의 강물(~14~)이다. 아담은 꽃들의 갈빗뼈 노릇을 한다. 사랑하고 잠든 늑골 사내의 잠이다. 경험유추를 통해 들어내는 행복한 삶의 홍 시인 사랑의 묘약 불꽃이다. 오뉴월 시절에 겪었던 사랑의 묘약이다. 이 사랑 깊이는 지상의 일과 · 예수가 입으셨던 눈빛 바람을 타고 온다. 세마포 동공이다. 한국여인의 은장도다. 안개비를 지날 수 있는 · 비를 안 맞을 수 있는 강가의 옷을 입는다.

⑤ 오! 아담(~15~): 하나님이 만든 아담(~14~)은 사람 아담(~15~)이다. 이브의 물살로 있는 사십일의 아침 목숨이다. 예수님 40일 기도이다. 하나님이 주신 왕관 가슴을 얻는다. 옷고름을 가진 하룻밤이다. 불꽃의 사랑이다.

⑥ 사랑의 묘약(~16~): 오! 아담(~15~)이 사랑의 묘약(~16~)을 준 밤의 당신이다. 깜깜한 밤에도 늘 푸른 강물이 듯이 기도 무릎의 목숨이다. 목숨이 살아 있는 모가지 · 정수리 · 정수리에 향유 날리는 머리카락이다. 신랑 되신 예수님 만나려 등불을 켠다. 등불을 켠 청사초롱으로 하여 눈빛은 장미이고 별 언덕에 피리를 부는 길섶 무명초이다. 시적 화자를 통해 본 그분의 모습은 남산 바위에 이는 창세의 나다. 절대자 그이다.

⑦ 늘 푸른 강물의 나(~17~): 사랑의 묘약(~16~)을 먹은 후 늘 푸른 강물의 내(~17~)가 되어 있다. 나는 백마강 할아버지이다. 물속에 사는 나다. 사랑방 문지방을 드나들며 이야기를 들려주는 백마강이다. 엿바위 옆 천년 물빛 남한산성이다. 할아버지 기침이 어

느덧 내가 되어가는 늘 푸른 강물이 듯이의 강물이다. 오월 육자배기 서정시의 깃발이다. 오대조 할아버지의 문지방을 넘어와 대를 잇는 부지런함이다.

⑧ 오대조 할아버지의 숨결(~18~): 늘 푸른 강물의 내(~17~)가 되어 오대조 할아버지의 숨결(~18~)로 산다. 몸의 피리를 부는 살빛 홍 시인이 가진 사명감이다. 강 이랑에 꽃을 든 꽃밭이다. 하늘과 땅속의 바람을 채운다. ⑨ 나이면서 강물(~19~): 오대조 할아버지의 숨결(~18~)은 서로 닮아 나이면서 당신이다. 나와 당신과는 일체다. 등줄기 바다를 향해 같이 걷는다. 발목을 청산에 올린다. 겨드랑이의 물레방아로 호남선 완행열차를 탄다. 기적의 아침을 맞는다. 두견화 한 송이 별빛 되어 있다.

⑩ 이 도령과 성춘향 강물(~20~): 나이면서 강물(~19~)인 이 도령과 성춘향 강물(~20~) 하나 된 아리랑고개 구름이 · 아침안개가 아리랑 사랑이 되어 있다. 오! 눈물의 아리랑 고개 고향 옛 동산에서 같이 놀던 그리운 소꿉친구다. 뼈아프게 가족을 돌보는 가장 아리랑 고개를 넘는 일이다. 양코배기 · 왕 서방 · 엽전 열 닷 냥 역사의 아리랑고개를 넘는다. 삶의 고개를 넘는 동해물 · 백두산 · 한강 · 경상도 · 세모시 · 옥색치마 · 열골 물 · 펑퍼져 · 청사초롱 · 아리랑!: ⑪ 취한 강물(~21~): 이 도령과 성춘향 강물(~20~)이 강물에 취해(~21~) 강가 가랑비 사랑묘약을 먹는다. 불꽃 강물이. 물위에 불을 켜고 산다. 하나님이 홍 문표의 사역자를 불꽃으로 삼으신[1]다. 은혜의 비를 맞으며 홍 시인은 불꽃 시인이 된다. 성령의 사람이 된다. 사랑의 불꽃 시인이 된다.

---

1) 또 천사들에 관하여는 그는 그의 천사들을 바람으로 · 그의 사역자들을 불꽃으로 삼으시느니라 하였으되(히 1:7).

(2). 사랑의 불꽃으로 만든 지상의 평화

흔히들 일생을 고해 · 눈물의 바다라 한다. 홍 시인은 이 세월을 즐겁게 살려하는 사랑의 불꽃을 만든다. 문학단체를 만들고 그리고 많은 이들이 문학가로 등단하는 기회를 열어주는 사역자 홍 문표 시인의 시적 화자는 물 위에 불꽃을 켠다. 홍 시인의 상승적 이미지는 강물을 17회로 봉헌하며 사랑의 불꽃으로 만든 지상평화이다. 승리의 사랑불꽃이다. 감격한다. 서정시인이다.

홍 시인은 늘 푸른 강물이 듯이의 1 · 2부에서 길 떠나 움직이는 동안 사랑을 얻기 위해 길을 떠나는 시인이다. 감동하는 서정의 불꽃시인이다. 만나기 위해 · 하나 되기 위해 떠나는 시인의 사랑이 있다. 사랑을 만나기 위해서 사랑불꽃을 들고 떠난다.

① 제3부 '지상의 평화'(~22~): 은혜에 취한 강물(~21~)이 깨끗한 물로 지상의 평화(~22~)만을 위한 강물로 흐른다. 3부는 지상의 모습들이 전개된다. 강물이 백두산 불길이 된다. 강물 뿌리에 아침 물살이 있어서이다. 하늘이 배를 가지고 왔다.

② 하늘 대합실 강물(~23~): 지상의 평화(~22~)로 만들어진 하늘 대합실 강물(~23~)이다. 강물이 반짝반짝 햇빛을 받는 대합실이다. 홍 시인은 하늘 대합실을 얻고 싶은 사랑불꽃을 켠다. 눈빛이 불을 켠다.

③ 폭포수강물(~24~): 하늘 대합실(~23~)에서 흐르는 강물의 힘 폭포수강물(~24~) 사랑이 하얀 포말을 일으키면서 사랑을 내리 붓는다 · 달콤한 과일이다 · 행복 과일을 든 늘 푸른 강물이다 · 하늘별을 끌어당긴 옷깃이 팔락인다 · 하늘의 별이 그렇게 하라고 허락했다. 행복한 순간이다. ④ 늘 푸른 강물이듯이 하소서!(~25~): 폭포수강물(~24~)기도 늘 푸른 강물이듯이 하소서!(~25~) 사랑을

가진 새벽이다. 그렇게 하소서! 간절한 · 밤사이의 찌꺼기를 모두 없게 하소서! · 흰 순결의 바람 새벽이소서!! · 천사[1]들이게 하소서!

④ 여호와여의 강물(~26~): 늘 푸른 강물이듯이!(~25~)의 강물이 여호와여의 강물(~26~)이다. 당신이다 · 절대자이다. 이 시의 호수가 되는 26은 여호와 יְהוָה[2]의 헤 ה(5) + ו(6) + 헤 ה(6) + י(10)= 26으로 생물이 숨 쉬게 하는 주의 뜻이 이루어지는 신학 자리이다. 나와 당신의 일치한 그토록 원하는 사랑을 얻은 자의 기쁨 · 하나가 되는 순간 · 모더니즘 시인이 그토록 갈망하는 신앙의 서정 시인이 된 순간이다. 절대자가 주는 늘 푸른 강물이 듯이의 지상평화이다. 홍 시인의 사랑불꽃으로 얻어진다. 당신이 등불을 들고 벌판을 걸어오신다. 엉겅퀴 돌작밭을 지났다. 말씀의 혀가 있다. 사역자는

---

1) 또 천사들에 관하여는 그는 그의 천사들을 바람으로(히 1:7 전반부).

2) 1 여호와 우리 주 יְהוָה אֲדֹנֵינוּ.(여호와 아도나누) 어지 그 이름이 아름다운지요 מָה~ אַדִּיר שִׁמְךָ בְּכָל~הָאָרֶץ(마~앗디르 쉬마하 비콜~하아레쯔) 하늘 위에 주의 영광을 두셨나이다 אֲשֶׁר תְּנָה הוֹדְךָ עַל~ הַשָּׁמָיִם(아쉐르 힌네 호드하 알~ 하솨마임) 2 어린 아이와 젖먹이의 입으로 מִפִּי עוֹלְלִים וְיֹנְקִים.(미피 올레림 베요느킴) 주의 권능을 세우심이여 יִסַּדְתָּ עֹז(이사드타 오즈) 주의 대적을 לְמַעַן צוֹרְרֶיךָ(레마안 조르리하) 원수의 보수자로 잠잠케 하심이니이다 לְהַשְׁבִּית אוֹיֵב וּמִתְנַקֵּם(레하스비트 오예비브 우미트나킴) 4 내가 보오니 כִּי~אֶרְאֶה.(키~에르에하) 당신의 손가락으로 만드신 당신의 하늘과 שָׁמֶיךָ מַעֲשֵׂי אֶצְבְּעֹתֶיךָ(솨메아 마아쇠 에쯔베테이 조르리하·) 당신의 *베풀어두신 달과 별들을 יָרֵחַ וְכוֹכָבִים אֲשֶׁר כּוֹנָנְתָּה(야레아흐 베코카빔 아쉐르 커닌느타) 4 사람이 무엇이관대 당신이 우리를 생각하시며 מָה~ אֱנוֹשׁ כִּי~ תִזְכְּרֶנּוּ(마~에노쉬 키 티쯔크네누) 어린아이들이 동산에서 뛰 노는 것처럼 살라고 권고하시나이까 בֶן~ אָדָם כִּי תִפְקְדֶנּוּ(벤~ 아담 키 티프크데) 5 천사보다 조금 못하게 하시고 וַתְּחַסְּרֵהוּ מְּעַט מֵאֱלֹהִים(바트로하세후 므아트 메엘로힘 마~에노쉬) 다스라게 하나님 보다 조금 덜 지혜롭게 하시고 오너로 숨 쉬는 가슴과 머리를 주사 그리고 중심을 잡는 머리를 주사 영광을 주시며 וְכָבוֹד וְהָדָר תְּעַטְּרֵהוּ(베카보드 베하다르 트아트레후) 6 다스리게 하셨으니 תַּמְשִׁילֵהוּ בְּמַעֲשֵׂי יָדֶיךָ כֹּל שַׁתָּה תַחַת~ רַגְלָיו(타므쉴레후 마아쉐 야데하 콜 솨타아 타하트 라길라이브) 7 우양과 וְגַם בַּהֲמוֹת שָׂדָי צֹנֶה וַאֲלָפִים כֻּלָּם(베감 바하모드 솨데 쪼내 바알라핌 쿨람) 바닷길에 다니는 어족과 8 하늘에 새와 צִפּוֹר שָׁמַיִם וּדְגֵי הַיָּם עֹבֵר אָרְחוֹת יַמִּים(지포르 솨마임 우드게 하얌 오베르 아르호트 얌밈) 9 여호와 우리 주여 יְהוָה אֲדֹנֵינוּ(여호와 아도나이누) 어찌 그 이름이 아름다운 지요 מָה~ אַדִּיר שִׁמְךָ בְּכָל~ הָאָרֶץ(마~앗디르 쉬마하 비콜~하아레쯔) 하늘 위에 주의 영광을 두셨나이다 אֲשֶׁר תְּנָה הוֹדְךָ עַל~ הַשָּׁמָיִם(아쉐르 힌네 호드하 알~ 하솨마임).

그 밭에 서 있다. "모세야 네 신을 벗어라" 당신은 새벽 촛불을 든 꽃송이다. 평화의 봄 길을 주시는 이다. 당신은 오월의 발걸음이다. 여름의 잎 새이다. 꽃가루 사랑이다. 등불의 잔기침 울리는 꽃길이다. 봄의 햇빛부터 가을의 그 풍성함을 열어주는 은혜다. 꽃길이다.

④ 보석의 강(~27~): 늘 푸른 강물이듯이!(~25~) 보석의 강(~27~) 꽃잎이다. 진주 알맹이를 박은 물살이다. 강물은 여울을 빛살로 만들어진 보석이다. 날개에 무지개를 달았다. 행복은 당신으로 하여 얻어진 샘이고 바다이고 하늘이고 강물이 감격의 사랑불꽃이다. 새벽이 오며 꽃잎이 피는 강물을 건넌다. ⑤ 금가락지(~28~): 보서(~27~) 금가락지(~28~) 강물이 금가락지 빛살틈사이로 황금빛 햇무리가 하늘에 빛난다. 강물은 하늘에 빛나는 햇무리는 그리워한 당신이다. 절대자의 흔적이다. 절대자를 만난 날의 아침 강가이다. 강물은 속살이다. 한강물의 목숨이다. 살아 있게 한 하나님의 강물이다. 감사의 눈물이다. ⑥ 목숨(~29~): 금가락지(~28~)를 낀 목숨(~29~) 나의 목숨은 바람개비 돌비석으로 피라밋 · 돌무덤을 지나 파라오 · 나일강을 지나 통과의례 여름의 사랑불꽃이다.

⑦ 동행(~30~): 목숨(~29~) 동행(~30~)의 강물 그와 함께 절대일치의 강물의 여름은 당신의 손이며 발이며 제단이며 얼굴이며 하늘 끝의 사철바람 지팡이다. 늘 앞길을 인도하는 지팡이다. 강물인 나는 잘 흘러가기 위해 신을 신는다. 잘 가기 위한 신은 가죽신 바람의 발자국이다. 신앙영웅 시인이 신은 가을 강 언덕 하늘이다.

⑧ 하늘 평화 항아리 강물(~31~): 동행(~30~) 하늘 평화 항아리 강물(~31~)가 꿀 먹은 벙어리다. 풀밭의 · 동산에서 어머님 눈에서 늘 지키는 불길이다. 고개를 끄덕여 줄 바람에 불꽃을 켜고 있다.

(3). 서른 세 살의 나이

제4부 '이별 · 그리고 죽음'의 금기부는 서른세 살에 만들어지는 신앙영웅의 각오이야기이다. 예수는 이 지상에서 33살을 사셨다. 작은 예수로서의 홍 시인이 예수님 닮기의 흠모이다. ① 강물이 하늘 나그네(~32~): 하늘 평화 항아리 강물(~31~) 하늘 나그네(~32~)가 되어 이별이다. 하늘나그네이다. 백두산의 선녀가 되어 두레박을 들고 있다. 소나무 뿌리의 북녘 땅 얼음을 녹이는 삼각산이다. 남북한의 평화 북녘 땅과 삼각산 서울 위치의 그 거리를 좁힌다. 두레박에 물을 담는다. 말씀사역이다. 영원한 이별이 아니라 · 영원한 삶의 현재를 만들기 위한 눈물의 몸짓이다. 하나님임이다. 청계천 복부에 걸리는 기도이다. 호남평야를 돌아오는 안개이다. 고개를 넘는 괴나리봇짐이다. 나그네의 괴나리봇짐이다. 야곱의 나그네인생이다. 대나무 지팡이다. 비단결 강물에까지!

② 그리스도 만나는 강물(~33~): 강물이 하늘 나그네(~32~): 그리스도 만나는 강물(~33~) 가을비로 피리를 분다. 물위에 악보를 그린다. 때는 밤이지만 등과 가슴을 붙인 빛살로 당신을 그리는 종이학을 접어 밤의 날개 짓을 날린다. 미련이 남아 뒤를 돌아본 소금기둥의 소돔 성! 사랑의 그리움! 여인 눈물! 옥색고무신의 손수건을 들고 하늘을 바라본다.

③ 강물편지(~34~): 그리스도 만나는 강물(~33~)이 강물편지(~34~) 애절한 편지이다. 하늘은 강물 편지가 되어 있다. 흐르면서 재빨리 전하려 밤의 언덕길 그 위의 소나무 목을 붙들고 지중해 옥피리를 분다. 긴급신호를 보내는 발신의 불길을 새벽까지 난간에 붙들고 처절한 사랑 찾음의 눈물이다. 하늘로 올리는 강물 편지!

③ 당신인 생명을 얻고(~35~) :강물편지(~34~) 당신인 생명을 얻

고(~35~) 영원한 시간을 얻다. 덤으로 뿌리까지 얻는다. 들녘 빛의 물 뿌리를 가슴 그림자로 서 있다. 사랑의 손길을 잡아 주시고 화자인 나의 목숨을 살려주신 그 당신이다. 단절, 이별이 아니다.

④ 늦가을 물살 손수건(~36~): 강물편지(~34~)가 쓰여진 늦 가을 물살 손수건(~36~) 흔들며 노래를 부른다. 강가 바람을 듣고 찬비 맞으면서도 세상에서 우는 고개 물살이다. 고개를 강물 깊이 넣어 눈물을 흘린다. ⑤ 가슴의 진주(~37~): 늦가을 물살 손수건(~36~)에 싼 가슴의 진주(~37~) 손수건이다 · 순금이다 · 별 부스러기이다 · 한 방울 낙동강 하류 을숙도 강물의 여인이다. 미련을 듣고 있다. 사랑을 구가한다. ⑥ 계곡의 영산홍(~38~): 가슴의 진주(~37~) 계곡의 영산홍(~38~) 그대는 아름다운 여인 우리는 늘 푸른 강물이듯이 영원한 현재다. 꽃길의 하늘을 삼월의 진달래이게 하는 세마포의 길을 들어간다. 황금 깃대를 골고다 언덕에 올리고 자신을 낮추며 나는 죄인입니다 로 고백한 심장을 돛배로 한 강물이다.

⑦ 회개(~39~): 너무 아름다운 계곡의 영산홍(~38~)이 회개(~39~)한다. 강물에서 열 두번 주마등을 지나 눈꽃을 듣고 약속어음을 듣고 기도하며 회개한다. 기도로 흐르며 도착한 강 바다에 눈을 들어 눈물 바람을 난지도 눈꽃으로 꼽는다. ⑧ 예수님 흔적(~40~): 회개(~39~)하고 예수님 흔적(~40~)을 따르는 신앙영웅1 예수님 발자취 따라가기는 늘 푸른 강물이 듯이의 40번째에서 예수님 닮기의 흔적이 조명된다. 꽃잎은 나를 에베레스트 빙벽에 올리는 그 절망을 금빛 바다 여인이 있다.

3). 아빠

① 예수님 자리(~41~): 예수님 흔적(~40~) 예수님 자리(~41~)예. 홍 시인의 41번째 예수님이다. 기적의 사랑불꽃이 있다. 아버지를 향한 지극한 사랑불꽃이다. 목숨을 걸고 세워놓은 불꽃이다. 사역자 불꽃이다. 시인은 바다 위에서 불꽃을 들고 있다. 예수님이 물 위로 걸으라고 명령하여 물 위로 걸으면서 불꽃을 들고 있다.

② 아빠(~42~): 예수님 자리(~41~) 아빠(~42~) 제5부 이 지상에서 아빠 사역은 '먼 훗날 다시 지상에서' 아빠 사역을 하는 때이다. 훗날 다시 지상에 다시 돌아옴을 기약한 아빠는 절대자 그(that)가 등장한다. 절대자의 은혜로 먼 훗날 다시 만날 수 있는 그다. 이무기가 하늘로 오르기 위해 억겁의 날개를 몸에 달고 있다. 비늘을 접어 밤을 세는 피리젓대를 불며 절대자 그를 만나는 의식을 한다. 시의 화자는 하늘로 올라 그분을 만나기 위해 피리 끝에 마음빗장을 단다. 그 지점은 남풍을 부르는 십자성 언저리다. 무궁화와 진달래가 있다. 쑥부쟁이의 피리젓대 삼현육각 나팔로 장구 친다. 그날이다.

③ 이무기는 짐을 내려놓고(~43~): 아빠(~42~)가 허락하자 이무기는 짐을 내려놓는(~43~)다. 밤을 지난 새벽에 푸른 강물에 흐르면서 이무기는 여의도 고수분지에 조각배가 다닐 것을 알고 조각배를 타기 짐을 내려놓는다. 오십 평짜리 집이다. 집 앞에다 별을 달아 반짝이게 하고 아침을 맞이한다. 밤새 잠을 자지 않고 일해 온 시적 화자 이무기는 돌기둥에 목숨의 끈을 백지수표 한 장으로 헤 놓는다. 키 · 한 뼘 늘리는 물결 소리에 오십년 세월을 못 박은

이무기 · 일백년쯤의 욕심을 접고 별 하나 부르는 강가에서 돌로 민들레꽃이 된 이무기다. 이무기에게 기적이 온다.

④ 할미꽃 숨결(~44~): 이무기는 짐을 내려놓자(~43~) 할미꽃 숨결(~44~)이 살아 있게 된다. 지층해의 망부석을 들고 온 빗물이다. 체온의 날개이다. 몸단장을 한다. 아침의 은빛 그 갈대에 갑사댕기로 길게 늘이고 기다리는 처녀! 기다리는 강가 · 망우리 언덕 · 살아 있는 왕손이 되는 기적의 아침이다. 낚시대 끝에 빨간 손수건을 달아 대한민국 서울 서대문구 홍은동 397의 26번지 표를 단다. 바로 현실에서의 홍 시인의 주소이다. 이무기가 홍 시인의 시적 화자이다. 이무기는 홍 시인 심상의 물고기이다. 홍 시인이 늘 푸른 강물이듯의 시적 화자이다. 시적 화자 이무기의 문에 달린 무쇠빗장은 감청색이다. 거울을 달아놓아 얼굴빛을 살핀다.

⑤ 시를 쓴다(~45~) : 할미꽃 숨결(~44~) 시를 쓴다(~45~) 울창하도록 사랑했던 기억을 쓴다. 나무숲 가지의 뿌리로 붙들어 밤 불꽃으로 올리고 핏기로 손금에 달아 해마다의 대관령 골짜기 철쭉 강변을 만든다. 풀꽃더미에 옥합 날개 달아 · 강물에 띄우는 그리움이 피도록 문빗장에 달아둔다. ⑥ 나팔을 든 수증기(~46~): 시를 쓴다(~45~). 나팔을 든 수증기(~46~)는: 땡볕의 낮을지나 따뜻한 아궁이 기운으로 나팔을 든 수증기가 된다. 하늘로 오르는 이미지이다. 열사람 기름으로 하늘을 밝히는 대붕의 날개로 은하를 열어 알사탕 해를 달아 놓은 강바람이다. 나라를 살린 진주 남강 여인의 푸른 물이 있다. 나라를 살린 신앙영웅의 마음이 꽃씨로 되어 있다. 그 삶은 늘 푸른 강물이 듯이의 나팔을 든 수증기 삶이다.

⑦ 훈련(~47~): 시를 쓰는(~45~) 훈련(~47~)의 꽃씨가 늘 푸른 강물이 되도록 훈련시킨다. 몸 이슬을 나무들이 줄기를 뻗는 바람

이 되게 한다. 그 천년의 그리움을 하늘 설화로 노래한다. 시를 통해 신앙영웅 신화를 쓰는 이유이다. 당신이 시키는 일이어서이다.

⑧ 날개(~48~): 훈련(~47~) 날개(~48~)를 달고 빙벽 · 나이아가라 폭포에 눈으로 내린다. 불꽃 미소를 날린다. 불빛은 하나님 사역자들이다. 이 불꽃으로 전 생애를 태운 홍 시인의 삶이 미소 짓는다. 한 번도 아니고 계속하여 불꽃미소를 씨앗으로 낳는 강가의 언약 약속이다. 이 약속이 이루어진 날 시적 화자 늘 푸른 강물이 듯이의 보람이다. ⑨ 나팔을 든 수증기(~49~) : 날개(~48~) 나팔을 든 수증기(~49~)가 하늘로 오른다. 오르면서 홍 시인 어머니 젖가슴이 그립다. 삼베를 혀로 하여 무릎의 자장가로 홍 시인을 평화롭게 하던 그 안식의 별꽃을 따는 달빛 어머니이다. 어머니 그리움은 색동저고리 끝의 꿈속에 조용히 오는 꽃수레 하늘이다. 이 하늘그리움이 어머니의 눈동자 속에 얼굴을 묻고 눈짓으로 사는 아들의 살빛은 늘 푸른 강물이 듯이다. 들길 걸어오시는 열두 폭 치마의 어머니이다. 그리워하는 발길마다 은가락지 그 둥근 사랑을 보여주시는 어머니이다. 어머니가 입으시던 모본단 저고리의 그리움이다. 홍 시인의 주름진 손마다 틈새에 꽃 댕기가 생기게 하시는 어머니이다. 아직도 생생한 어머니의 평생은 수줍게 인생을 사시던 그래서 지금의 홍 시인이 있음을 감사하는 어머니다. 이 그리움의 추억을 지니기에 그리움 무지개의 영롱한 하나님의 약속을 믿는 시인 신앙 영웅이 되어 있다.

⑩ 하나님(~50~) : 나팔을 든 수증기(~49~) 하나님(~50~) 무지개빛 당신! 지상에서의 어머님만을 부르는 것이 아니라 바로 하나님을 찾는 홍 시인이기에 신앙영웅이 된다. 절대자로 모시어 들인 당신의 그 나라는 홍 문표 목사가 이끄는 한국문인교회담임목사 자

리에서의 사역이다. 바로 현실의 하나님 나라의 일이 있는 곳이다. 홍 시인 시의 꽃밭이다. 눈빛이 되어 있다. 불꽃 꽃밭이 되어 있다. 과일이 되어 있다. 신명을 바쳐 손짓하는 코스모스에 여리고성을 달아놓고 피타고라스 수학을 풀어간 일의 사랑불꽃이다. 그리고는 꿀 가슴을 만든다. 설교를 한다.

⑪ 가슴(~51~): 하나님(~50~) 가슴(~51~) 당신 그분의 가슴을 향하여 노래를 부른다. 설교를 한다. 힘껏 목청을 높인다. 자신을 뽐내는 것이 아니라 어디까지나 아름다운 모습인 맨드라미 벼슬의 삼점을 내어 장미가 산들거리게 두고 강물이 흘러가게 두는 자유를 누릴 줄 아는 시인이 되어 있다. 늘 건강을 하나님이 주시어 숨을 쉬는 시인이 되어 있다.

홍 시인은 오늘도 하늘 한줄기 빛살로 내려와 땅을 따뜻하게 해주시는 분의 은혜를 입는다. 지상의 열망을 불꽃 아침으로 하고 오래 사는 거북이의 사역 · 주님 당신 기쁨이 되게 나팔을 부는 하늘을 향한 합창을 한다. 이 지상에서 부는 노래가 늘 푸른 강물이 듯이 불꽃으로 흘러간다.

⑫ 나팔을 든 수증기(~52~): 가슴(~51~) 에 나팔을 든 수증기(~52~) 홍 시인 목숨은 강물 나룻배이다. 어디까지나 바람 껍질임을 역설한다. 그러나 주님 안에서이기에 불꽃사역으로 물살을 빗질한다. 사공의 레떼강 언덕 살결이다가 무명적삼 나와 너의 그리운 삶이다. 그리움 고향을 지닌 홍 시인 · 그의 눈에 사랑불꽃이 인다. 드디어 고향으로 돌아온 마음의 사랑불꽃이다.

(1). 사랑불꽃

「~ 늘 푸른 강물이 듯이 · 1」의 고향 길로 들어선 늘 푸른 강물이 듯이 리듬은 그 순서에 따라 다음과 같은 연쇄 망으로 간소화 연작시의 의미 이음의 의미소는 다음과 같다.

제1부 유혹의 강가에서
늘 푸른 강물이 듯이(이하 이후 생략) 1 고향 길 … 입맞춤 ⋯›
2 입 … 가슴 ⋯›
3 가슴팍 … 그리움 ⋯›
4 그리움 … 강물 ⋯›
5 강물 … 바람 ⋯›
6 바람 … 여인 달 ⋯›
7 여인 달빛 강 … 강물 ⋯›
8 강물 여인 … 물살 ⋯›
9 물길 … 아침 ⋯›
10 아침 … 당신 ⋯›

제2부 사랑의 묘약
11 당신 … 너 ⋯›
12 너 … 강물 눈물 ⋯›
13 눈물 너 강물 … 꽃잎 아담 ⋯›
14 아담 꽃들 … 강물 ⋯›
15 강물 아담 … 하룻밤 한밤 ⋯›
16 밤 … 나는 ⋯›
17 나는 … 그리하여 ⋯›
18 그리하여 … 강물 ⋯›
19 강물 그리하여 … 강물 ⋯›
20 강물… 열골 물 펑퍼져 청사초롱 아리랑 ㅇ발음과 ㄹ 발음강물 ⋯›
21 강물 … 가랑비 불꽃 강물 ⋯›

제3부 지상의 평화
22 강물 … 강물 ⋯→
23 강물 … ⋯→ 눈물
24 눈빛 … 하소서 ⋯→
25 하소서 … 강물 ⋯→
26 강물 … 꽃길 ⋯→
27 꽃잎 … 도강 강 ⋯→
28 강물 … 목숨 ⋯→
29 목숨 … 여름 ⋯→
30 여름 … 하늘 ⋯→
31 하늘 … 강물 ⋯→

제4부 이별 그리고 죽음
32 강물 하늘 … 강물 ⋯→
33 강물 … 하늘 ⋯→
34 하늘 강물 … 당신 ⋯→
35 당신 … 당신 ⋯→
36 당신 … 눈물 ⋯→
37 눈물 … 강물 여인 ⋯→
38 여인 … 강물 ⋯→
39 강물 … 나를 눈꽃 ⋯→
40 꽃잎 나를 … 강물 ⋯→
41 강물 … 그(that) ⋯→

5부 먼 훗날 다시 지상에서
42 그(that) … 밤 꽃밭 ⋯→
43 꽃 밤 … 강물 할미꽃 ⋯→
44 할미꽃 … 강물 ⋯→
45 강물 … 강물 ⋯→
46 강물 … 꽃씨 ⋯→
47 꽃씨 강물 … 당신 ⋯→
48 당신 … 밤 기쁨 ⋯→

49 기쁨 밤 … 당신 무지개 ⟶
50 무지개빛 당신 … 가슴 ⟶
51 가슴 당신 … 강물 목 ⟶
52 목숨 강물 … 고향 ⟶
1 고향길 ⟶

위의 시어 연쇄 망 탐색에서 제1부 유혹의 강가는 1 고향 길 … 입맞춤 ⟶ 2 입 … 가슴 ⟶ 3 가슴팍 … 그리움 ⟶ 4 그리움 … 강물 ⟶ 5 강물 … 바람 ⟶ 6 바람 … 여인 달 ⟶ 7 여인 달빛 강 … 강물 ⟶ 8 강물 여인 … 물살 ⟶ 9 물길 … 아침 ⟶ 10 아침 … 당신으로 하여 고향 길에서 시작된 마음의 행로가 밝은 아침에 이르면서 당신까지 와 있다. 사랑불꽃으로 와 있다.

이때 물의 흐름은 마음의 흐름으로 인체의 시어 입과 가슴과 가슴팍이 그리움이 되어 있다. 이 그리움은 강물에서 일으키는 바람 이미지이다. 따라서 이 바람은 시어의 선택 어에서 드러나는 여인과 달이 되어 있다. 홍 시인의 달 · 여인 · 달빛은 어머니의 이름 동월(冬月)과 연계성을 일차적으로 유추하게 된다. 이 대상에 대한 그리움의 무의식은 당신이라는 시어로 그 의미를 확대하면서 과연 시인이 의도하고자 하는 방향으로 흘러가고 있는지의 관심이 된다.

제2부 사랑의 묘약은 11 당신 … 너 ⟶ 12 너 … 강물 눈물 ⟶ 13 눈물 너 강물 … 꽃잎 아담 ⟶ 14 아담 꽃들 … 강물 ⟶ 15 강물 아담 … 하룻밤 한밤 ⟶ 16 밤 … 나는 ⟶ 17 나는 … 그리하여 18 그리하여 … 강물 ⟶ 19 강물 그리하여 … 강물 ⟶ 20 강물 … 열골 물 펑퍼져 청사초롱 아리랑 ㅇ 꼭지이응 발음과 ㄹ 리을발음 강물 ⟶ 21 강물 … 가랑비 사랑불꽃 강물로 되어 있다. 1부에서 '달'이던 것이 2부에서는 '당신'으로 변한다. 다시 '너'로로 변하며

'강물'이 되고 '눈물'이 된다. 이 '눈물'의 존재 너는 꽃잎이며 아담이다. 그리고는 한 대상으로 끝나지 아니한다. 꽃들이라는 복수가 된다. 이 꽃들은 강의 물 낱개가 아니라 강의 물들이 되면서 그리하여 강물은 열골 물 펑퍼져 청사초롱이 된다. 마음의 바다이다.

홍 시인 신앙영웅 시는 하나님을 섬기는 아련한 그 눈물바다이다. 아스라[1]한 사랑불꽃 바다이다. 이 '아스라'는 우리나라 '조선: 아스라'(조선)히 아주 드넓고 아주 넓은 공간이다. 하나님 흠모 시인의 사랑불꽃바다이다. 사랑불꽃 강물이 열골 물 청사초롱! 청사초롱은 사랑불꽃을 밝힘으로서 빨갛고 파란 아름다움을 드러낸다. 청사초롱이 열골 물 청사초롱이 되는데 홍 시인만의 특징이 있다. 바로 열골 물이다. 한 골 물이 아니라 열골 물이다. 일반적으로 열(10)은 절대수치이다. 완전의미를 지닌다. 하나님을 향한 불 밝히기는 한 초롱만이 아니라 열 번의 물 밝히기를 한다. 이 열 번은 무한의미를 내포한다. 하나님의 강물이 늘 푸른 강물이 듯이 불 밝히는 일이다. 끊임없이 떠나면서 그 물 흐름 속에 불을 밝히고 그것도 모자라 열 고을 물을 밝히는 일은 온 천하를 밝히는 사역이다. 홍 시인의 시적 사역은 신앙 영웅 신화시의 사랑불꽃이다. 환희의 사랑불꽃! 나그네 인생길을 홍 시인은 살만한 가치 사랑불꽃으로 바꾼다. 부모로서 · 교육자로서의 기쁨의 사랑불꽃이다.

---

1) '아스라' 곧 앚슨 · 앚슬 · 앚슨 · 앚츤 · 안츤이 변하려 아츰의 나라 조선이다. 앗. 아스라이 멀리 까지 펼쳐지는 거대한 땅 '朝鮮'이다.http://www.choistube.kr 소불도리.

(2). 기뻐 흐르는 마음의 사랑불꽃강물

일반의 강물이 아닌 마음의 사랑불꽃강물로 변한 홍 시인의 강물은 제3부 지상의 평화에서 22 강물 … 강물 ⟶ 23 강물 … 눈물 ⟶ 24 눈빛 … 하소서 ⟶ 25 하소서 … 강물 ⟶ 26 강물 … 꽃길 ⟶ 27 꽃잎 … 도강 강 ⟶ 28 강물 … 목숨 ⟶ 29 목숨 … 여름 ⟶ 30 여름 … 하늘 ⟶ 31 하늘 … 강물로서 강물인 마음의 평안의 강물이 하늘까지 닿게 된다.

이 강물은 이 과정에서 사랑불꽃강물로 된 홍 시인의 몸 전체이다. 간절한 소망을 하늘로 보내며 하나의 꽃잎사랑불꽃이 되어 있는 목숨이다. 이 목숨 같은 사랑불꽃강물이 울창한 여름을 이루면서 목숨을 유지하는 목표가 되어 있다. 이 강물은 지상의 강물이 아니라 하늘의 사랑불꽃강물이다. 하늘이미지를 지닌 천상에의 그리움이다. 이 그리움은 에덴을 지상에서 이루고자 하는 간절한 소망으로 하늘에 닿아 있다. 이로 하여 지상에서의 평화 · 즉 목적 있는 삶으로서의 가치기준이 홍 시인에게 사랑불꽃으로 된다.

때문에 사랑불꽃을 지닌 시어구사를 즐기는 홍 시인이의 시의 외연을 지닌다. 제4부 이별 그리고 죽음에서조차 32 강물 · 하늘 … 강물 ⟶ 33 강물 … 하늘 ⟶ 34 하늘 · 강물 … 당신 ⟶ 35 당신 … 당신 ⟶ 36 당신 … 눈물 ⟶ 37 눈물 … 강물 여인 ⟶ 38 여인 … 강물 ⟶ 39 강물 … 나를 · 눈꽃 ⟶ 40 꽃잎 · 나를 … 강물 ~ 예수 · 죽음 ⟶ 41 강물 … 그(that)로 이끌어 간다. 연작시의 목적성 그 도달점이 사랑불꽃 그(That)로 탈바꿈한다.

성서는 여호와를 호칭할 때는 3인칭 대명사 그는(He)을 사용한다. 하나님 God 이를 다시 호칭할 경우의 '그를(Him)' 사용 우리의 어법으로는 그분은(He) · 그분을(Him)이다. 그 분이란 말보다 더욱 높일 때 '당신'을 홍 시인은 사랑불꽃 그 분으로 한다. 당신 이 너무나 아름다운 존칭 우리의 품위 시의 어법 정서이다.[1)]

시어의 가장 달콤한 언어 당신이 켜는 사랑불꽃은 대상에 대한 극존칭[2)]이다. 사랑불꽃 당신 친밀하다. 온통 당신으로 일관된 홍 시인 시어 '당신'은 강물과 하늘이 등가성으로 존재하면서 강물이다가 하늘이다가 강물이 되는 그대향한 사랑불꽃이다. 이러한 현상은 「~ 늘 푸른 강물이듯이 · 32」에서만 한정된 것이 아니다. ⟶ 33 강물 … 하늘 ⟶ 34 하늘 · 강물 … 당신 ⟶ 35 당신 … 당신 ⟶ 으로 이어지면서 그것은 사랑불꽃이 된다.

이 사랑불꽃 눈물은 하이퍼성으로서의 연구결과에서 보는 바에 따르면 이 부분이 전체를 얻어내는 아주 귀중한 자료이다. 이러한 시어의 구성은 52편의 기인 강물의 흐름에서 푸르른 삶의 사랑불꽃 눈물이 투영된다. 홍 시인이 살아오면서 사랑불꽃을 켠 시 지상의 연가와 관련지어지면서 늘 푸르름을 얻기 위한 사랑불꽃이다. 이것은 더욱이 신학자로서의 눈물이다. 홍 시인의 연작시는 신화구조로서 사랑불꽃 시인 모습을 드러낸다. 늘 푸른 강물이이 듯에 대한 신화구조는 「~ 늘 푸른 강물이듯이」의 뚜렷한 고향의식으로 하여 고향을 찾는 곧 에덴동산에의 회복성에 감읍하는 감사의 사랑불꽃이다.

사랑불꽃은 시적 화자로서의 ~ 늘 푸른 강물이 듯이 36~ 당신 … 눈물 ⟶ 이 된다. 37 눈물 … 강물 여인 ⟶ 38 여인 … 강물로 이어진다. 그리고 ⟶ 39 강물 … 나를 눈꽃이 되게 한다. 드디어는 ⟶ 40 꽃잎 · 나를 … 강물 - 예수 · 죽음 ⟶ 41 강물 … 그

1) 홍 문표 · 『문학설교학』(서울: 창조문학사 · 2013) · 266.
2) Ibid.

(that)로까지 가 사랑불꽃이 된다.

사람의 사랑 중에 가장 귀중한 것이 나를 위해서 내가 아닌 누군가가 대신 목숨을 버리는 그 순간의 사랑불꽃을 이 홍 시인은 시로 읊는다. 따라서 ⋯› 로 이어지는 5부 먼 훗날 다시 지상에서의 다시 그(that)로 이어지며 「~ 늘 푸른 강물이 듯이 · 42」 그(that) … 밤 · 꽃밭 ⋯› 43 꽃 밤 … 강물 · 할미꽃 ⋯› 44 할미꽃 … 강물 ⋯› 45 강물 … 강물 ⋯› 46 강물 … 꽃씨 ⋯› 47 꽃씨 · 강물 … 당신 ⋯› 48 당신 … 밤 · 기쁨 ⋯› 49 기쁨 · 밤 … 당신 ⋯› 무지개 ⋯› 50 무지개빛 당신 … 가슴 ⋯› 51 가슴 · 당신 … 강물 · 목 ⋯› 52 목숨 · 강물 … 고향 ⋯› 1 고향 길 사랑불꽃을 켠다.

드디어 그 도달점은 5부 먼 훗날 다시 지상에서의 다시 그(that)로 하여 가장 소중한 밤이다. 이 밤은 사랑불꽃꽃밭이며 사랑불꽃꽃 밤이다. 동시에 시적 긴장으로 만들어낸 강물이며 할미꽃이다. 한 시 · 한 호 안에서가 아닌 다음호에서 발견되어지는 이 할미꽃은 호 「~ 늘 푸른 강물이 듯이 · 44」의 이름과 더불어 사랑불꽃 영생의 삶을 투영한다. 죽을 4자(字)를 두 번 써서 오히려 죽음이 아닌 사랑불꽃 그 예수님으로 한다. 이 확신은 강물 ⋯› ~ 늘 푸른 강물이 듯이 45~ 강물로 이어지면서 계속 ⋯› … 강물이 되는 ⋯› 46 강물이 … 꽃씨이다. 가장 귀중한 사명은 꽃씨를 남기는 일 ⋯› 47 꽃씨 · 강물에서의 꽃씨 사랑불꽃이다. 가장 조그만 꽃씨가 곧 … 당신 ⋯› 48 당신이다. 때문에 밤이어도 ⋯› … 기쁜 밤 사랑불꽃이다. 이 기쁨 ⋯› 49 기쁨 · 밤 기쁨은 밤이지만 … 당신 ⋯› 무지개 ⋯› 50 무지개빛 당신의 사랑불꽃이다.

이 당신은 홍 시인의 가슴이며 이 가슴에 절대자 그의 마음이 담기는 사랑불꽃 절대적 존재로 하여 홍 시인의 가슴은 이제 당신의 … 가슴 ⋯→ 51 가슴 · 당신의 아름다운 사랑불꽃 청사초롱이 되어 있다. 홍 시인의 삶을 지탱하는 강물목 사랑불꽃이다.⋯→ … 강물 목 ⋯→ 52 목숨 강물 … 고향 ⋯→ 1 고향길이다. 이 길은 고향길 사랑불꽃 길이며 하나님 당신에게로 가는 사랑불꽃 길이며 에덴동산으로 가는 사랑불꽃길이다.

이 길은 에덴시학이다. 눈에 보이지 않는 길이 아니라 눈에 보이는 지상의 에덴시학이다. 홍 시인은 시 52편을 눈으로 보여주면서 에덴시학의 증거이자 목표가 드러나며 추구하는 이상을 드러낸다.

홍 시인이 52세 때 쓴 『지상의 연가~ 늘 푸른 강물이 듯이』는 사랑불꽃 강물이다. 홍 시인의 가슴 사랑불꽃이다.

홍 시인의 눈으로 보는 시의 지상 에덴시학이다.

목숨이래야 한줌의 흙먼지
쥐어짜면 퍼렇게 얼룩지는
눈물 몇 점인 것을,
……
강물에 던지라지만
강물은 너무 차갑고
강물은 너무 외롭고
……
늘 푸른 강물이 듯이
푸르른 마음만 지상에 두고
소리쳐 흐르는 그리움이여

~「늘 푸른 강물이듯이 · 52」

마침내 잎들이 무성한
그리움의 바다
…… 연지 찍고
곤지 찍고 갑사댕기 나풀대며
고향 길로 달리듯이 그렇게 흘러가게 하소서
늘 푸른 강물이 듯이
그렇게 흘러가게 하소서

~「늘 푸른 강물이듯이 · 1」

3. 신앙시학과 물고기

1). 아빠와 물고기

홍 시인의 시적 화자는 물고기이다. 사랑불꽃을 들고 서 있다. 직립된 세로의 수직 구조 조직에서 나타난 사랑불꽃 물고기이다. 이를 탐색하는 방법은 각 부의 첫째 작품에서 10작품까지 · 그리고 11작품에 이르기까지의 구체적 그 동일성 · 유사성에서 얻어진다. 말하자면 구조주의가 갖는 세로의 연결점이다.

1부에서 5부까지가 각각 첫째작품과 둘째 작품 …10번째 작품의 연결고리 시어와 11번째 작품의 연결고리 잇기이다. 이 장의 목적은 홍 시인이 제시하는 사랑불꽃 도대체 무엇인지를 탐색하기 위해서이다. 사랑불꽃 정체를 시에 대한 해설이 아니라 과학적 구조를 통해서 찾아내자는데 있다.

이유는 홍 시인이 갖고 싶어 하는 생명의 줄을 잡는 사랑불꽃은 일어서기이다. 이 일어서기 생명의 줄 강물에 물고기가 있다. 물고기는 일반적으로 신앙인의 암호이며 표시이다. 문제의 핵심이 물고기이지만 홍 시인의 이 시집에서 물고기가 등장하지 않는다는데에서 논문의 문제제기가 된다. 이 시집에서 겨우 찾아진 것은 이무기이다. 이무기가 물고기가 되는 신앙인 은유의 사역자의미의 하나님의 일 하는 사역자와의 연계성을 찾는 일이다.

(1). 물고기

홍 시인의 지상의 연가 화자는 이무기이다. 홍 시인 고향의 이무기는 하늘을 올라 드디어 용이 된다는 민속신앙을 가지고 있다. 그럼으로 하늘을 오르고 싶은 신앙 시인의 바람이 하늘 소망하는 사역자로서의 활동이 이 시집에 내재한다.

이 사역이 무엇인지 그리고 어떠한 모습인지는 하이퍼성으로 찾게 된다. 「~ 늘 푸른 강물이 듯이」가 보여주는 신앙의 시어들이 그 빈도를 많이 함에 힘입어 물고기가 의미하는 하나님의 사역자 의미가 어떻게 시적 변이로서 드러나는지의 연결어는 다음과 같다.

①. 각 부 첫1번째 작품

1(이후 부 생략)부 1번째(이후 번째 생략) 시(이후 시 생략)(「늘 푸른 강물이 듯이 1」) ⟶ 잎 새
2~1(「11」) ⟶ 잎 새 · 한 길 · 가슴에 · 햇살 · 온 종일 이랑 · 하늘 두레박
3~1(「22」) ⟶ 한 줄기 · 가슴 · 북 · 우리들 · 하늘 · 푸른 · 강물
4~1(「32」) ⟶ 푸른 · 북녘 땅 · 우리들 · 하늘 · 하나 · 강물 · 하늘 두레박
5~1(「42」) ⟶ 늘 · 하늘 · 늘 푸른 강물

1부의 첫 번째 작품 '잎 새'는 2부의 첫 번째 작품 '잎 새'(「11)와 연결되면서 강물 푸름을 강조한다. 그리고 '이랑'(「2」)이 '가슴'(「3」)과 이어지면서 강물과 가슴과의 접목이다. 이때의 용기는 '하늘두레박'이다. 하늘두레박이 '우리'(「32」)와 연결되면서 상징성으로서 우리 모두가 하늘을 오르고 싶음을 그 기본구조로 한다.

이때 홍 시인은 과감히 '하늘빗장을 벗기고'가 2부의 1번째 「~

늘 푸른 강물이 듯이」의 '숱한 변심' 시어와 연결되면서 인간적 고뇌의 길을 '변심'으로 하고 있다. 두 번째의 첫 번 작품에서 시어 '변심'(「2」) 과 연결되기 때문이다.

②. 각 부 2번째 작품

2~2(「2」) ⟶ 변심 · 죽음
2~2(「12」) ⟶ 죽음 · 비밀 · 혈관
3~2(「23」) ⟶ 밀실 · 혈관 · 하늘 · 비틀거리다 · 강물
4~2(「33」) ⟶ 하늘 · 신음 · 강물
5~2(「43」) ⟶ 강물 · 불면 · 밤

이러한 세로짜기구조에서 보이는 변심이란 밤의 어둠을 벗어나고자 하는 시인의 열망이다. 왜냐하면 죽음(「12」)을 벗어나려 '혈관'을 통해 일어나는 마음의 결심이기 때문이다. 이 마음은 비틀거리다가(「23」)도 오직 늘 푸른 강물(「23」)에서 살 수 있음을 보여준다. 물고기가 살 수 있는 것은 홍 시인에게서는 하늘(「23」)의 물이다. 그 이유는 하늘(「23」) 바람이 있어서이다. 이 바람은 하늘에 참 존재 당신이다.

이 하늘 존재에 비하여 시적 화자 나는 신음(「43」)하는 초라한 존재이다. 나는 하늘만 응시하거나 신음(「33」)하는 강물이다. 그래도 견디는 것은 열매(「43」)를 맺을 수 있어서이다. 비록 불면의 밤으로 엮인 다음에 오는 개벽의 세월을 맞는 열매지만 나는 새벽에 하늘 빗장을 벗기고 남풍이 몰려오는 십자성 언저리에서 무궁화 진달래 쑥부쟁이 삼현육각 피리젓대 나팔 불고 장구치고 자운영 꽃밭을 나뒹굴며 얼싸안고 어우러지는 열매이다. 이러한 나는 각부 세 번째 나(「3」)와 연결된다.

③. 각 부의 3번째 작품

3~3(「3」) ⋯➝ 나 · 너
3~3(「13」) ⋯➝ 내 · 너 · 흘러가는 강물
3~3(「24」) ⋯➝ 흘러가게 · 흘러서 · 눈을 뜨고 · 늘 푸른 강물
4~3(「34」) ⋯➝ 늘 푸른 강물 · 눈부신 · 당신의
5~3(「44」) ⋯➝ 늘 푸른 강물이 듯이 · 당신의(3) · 목

시인은 목(「44」)을 통해 1부 모가지와 연결한다. 가만히 있지 않고 원을 만들며 목숨에 대한 절대가치를 부여한 목숨은 물이 있어야 한다. 그래야 나와 너(「13」)가 가까워 질 수 있다.

이때 시집 제목인 『지상의 연가~ 늘 푸른 강물이 듯이』로 확대되면서 사랑이 주제가 된다. 그것은 눈을 뜨는 일(「24」)이다. 늘 푸른 강물(「24」)에서의 생명 찾기는 늘 푸른 강물(「34」)이어야 하는 절대 조건을 홍 시인이 아닌 눈부신 당신(「34」)으로 한다.

이 절대값어치는 의인화된 생명체 어머니 당신(「4」)에 연결된다.

④. 각 부의 4번째 작품

1~4(「4」) ⋯➝ 어머니 · 늘 푸른 강물이 듯이 · 강물 ·
2~4(「14」) ⋯➝ 늘 푸른 강물이 듯이 · 강물 · 이랑 · 세마포
3~4(「25」) ⋯➝ 세마포 · 강 · 일흔 번씩 일곱 번 · 내 가슴 · 사랑 · 불꽃
4~4(「35」) ⋯➝ 둘째 날 · 가슴 · 불꽃 · 목숨처럼 사랑하게 하소서
5~4(「45」) ⋯➝ 하소서 · 불꽃 · 사랑

사랑(「45」)은 1부의 사랑이여(「4」)와 원을 그리면서 사랑의 절대조건 물고기가족을 질 높은 메타포로 한다. '늘 푸른 강물이 듯이'(「45」)에서 물고기의 자유로움 · 하나님 은혜 안에서의 자유가 있다.

흘러가는 자유(「45」)를 바라며 하나님의 강물 속에서의 물고기의 자유를 구가한다. 그리고는 강물 · 이랑 · 세마포(「14」)와 둘째 날의 강물(「35」)과 연결되면서 신학적 물이 된다.

⑤. 각 부의 5번째 작품

1~ 5(「5」) ⟶ 강물 · 사랑의 연가
2~ 5(「15」) ⟶ 6월의 연가 · 사십일 · 열 두 바퀴 · 잎 새 · 유월(
3~ 5(「26」) ⟶ 오월 · 늘 푸른 강물
4~ 5(「36」) ⟶ 떠남 · 강물 · 깊이 잠기는 눈물 · 일그러지는 수면 · 그 가슴 치는 통곡
5~ 5(「46」) ⟶ 대붕의 넓직한 날개 · 마음 한 가닥 강물에 적셔

강물은 각부의 다섯 번째 강물로 이어진다. 홍 시인의 하늘은 1부의 다섯 번째 별빛(「5」)과 이어지면서 천년의 사랑의 연가(「5」)는 6월의 연가(「15」)이다. 사십일과 열 두 바퀴와 잎 새로 한 물살 (「15」)이다. 더 나아가 오월의 마음평화(「26」)이다. 이러한 당신 안에서 누리는 마음의 자유는 온돌 같은 손길(「26」)이 있다. 그래서 강물 깊이 잠기는 물살(「36」)이 하늘까지 오르는 마음의 자유로움과 기쁨이다. 영혼을 맑게 해 주는 바람(「6」)에 의해서이다.

⑥. 각 부 6번째 작품

1~ 6(「6」) ⟶ 머리 · 바람난 여인
2~ 6(「16」) ⟶ 향유로 감은 머리 · 창세의 바람소리 · 새벽
3~ 6(「27」) ⟶ 새벽 · 강물
4~ 6(「37」) ⟶ 늘 푸른 강물이 듯이 눈물이게 하소서 · 강물
5~ 6(「47」) ⟶ 강물

이러한 마음의 자유구가는 강물(「47」)에 의해서 이루어진다. 『지상의 연가 -늘 푸른 강물이듯이』가 왜 연작 시어야 하고 또 강물을 주제어로 했는지 드러나는 일이다. 1부의 여섯 번째 '강 · 한낮'(「6」)과 이어지면서 원을 그린다. 이 원안 · 당신 안에서는 당신의 청아한 노래가 있다. 예수 그리스도로 인한 마음의 감동에서 일어나는 기적이다. 1부의 여섯 번째 '허리춤' 시어는 일곱 번째 춤(「7」)과 이어지면서 삶의 동적 전개가 원으로 이어지면서 춤춘다. 춤추는 지상에서의 연가(「6」)는 바람난 여인(「6」)이라는 특수한 언어로 향유로 감은 머리(「16) 여인이다. 예수의 발을 닦는 이야기로 은유된 바람이다.

머리 곧 홍 시인은 여성화자로 하나님을 향한 · 그리고 예수님을 향한다. 수줍은 장미 한 송이로 새벽이면 온 몸을 풀어 길섶에서 반짝이는 이슬(「16」)인 진주(「27」)이다. 진주이미지와 연결되는 소명형 '…하소서'의 눈물 꽃(「27」)이 되면서 너와 나 사이의 강물(「37」)로 흐른다. 만남을 위한 해결 방법은 지상의 사랑불꽃을 주는 일이다. 따라서 사랑불꽃은 강물의 눈물이 반짝이는 햇살을 받아 반짝반짝 빛나는 사랑불꽃(「37」)이다. 늘 강물에서 몸을 씻는 물고기의 사랑불꽃이다.

⑦. 각 부의 7번째 작품

1~ 7(「7」) ⋯→ 여인 · 달빛 · 강 · 강물
2~ 7(「17」) ⋯→ 강물
3~ 7(「28」) ⋯→ 강물
4~ 7(「38」) ⋯→ 강물
5~ 7(「48」) ⋯→ 강물

그럼으로 홍 시인의 강물(「48」)은 '새벽'(「7」)과 연결되면서 새로운 또 하나의 새벽을 위해 움직이는 물고기가 된다. 때문에 강물(「18」) 위로 사랑불꽃으로 유영한다. 아름다운 물속에 무늬를 그리는 존재는 물고기이다. 물속에 생명체 물고기 시의 내포다.

⑧. 각 부의 8번째 작품

1~ 8(「8」) ⋯→ 강물 · 흔들리는
2~ 8(「18」) ⋯→ 흘러서 · 강물
3~ 8(「29」) ⋯→ 강
4~ 8(「39」) ⋯→ 강 · 나를 위해 내가 죽는
5~ 8(「49」) ⋯→ 나를 숨겨주시는 강물이 듯이

시인 어머니 강물(「49」)은 보석반지(「18」) 가 되면서 사랑불꽃 완성형 원을 그린다. 이 이미지는 예수님이 홍 시인의 마음속에 늘 푸른 강물로 깊이 사랑불꽃이 되어 있어서이다. 때문에 그 물을 먹고 살 수 있음을 열둘(「9」) 시어로 제시한다.

⑨. 각 부의 9번째 작품

1~ 9(「9」) ⋯→ 아침 · 강물 · 강바닥
2~ 9(「19」) ⋯→ 아침 · 늘 푸른 강물이 듯이 · 강물 · 강 · 당신
3~ 9(「30」) ⋯→ 당신(2회) · 하늘
4~ 9(「40」) ⋯→ 하늘 · 골고다 언덕에서 · 오직 한 사람만 · 절망하 듯이 · 나를 절망하게 하소서 · 무조건 절망하게 하소서 · 철저히 절망하게 하소서 · 절망하여 아무것도 아니게 하소서 · 늘 푸른 강물이 듯이 · 절망하게 하소서 · 빙벽의 정상에서 절망하듯이 · 찬란한 금빛으로 절망하듯이 · 꽃잎의 화사한 가슴팍에서 절망하듯이
5~ 9(「50」) ⋯→ 늘 푸른 강물이 듯이

홍 시인의 시적 화자 늘 푸른 강물이 듯이(「50」)는 이제 그렇게 분명한 사랑불꽃시를 원한다. 늘 푸른 강물이 듯이의 흘러감의 장소는 꽃피고 새우는 그곳(「9」) 사랑불꽃이 피는 곳이다. 늘 푸름의 값어치는 오직 하늘나라 꿈꾸기에서 얻어지는 사랑불꽃을 원으로 표시한다. 물길 · 강바닥 · 청동거울 · 아침 · 이 아침 · 하늘 · 성전 · 채찍 · 오른손 · 바람소리 · 강물소리인 당신으로 하여 물고기의 사역은 물길에서 사람이 된 · 사역자 사랑불꽃 아침을 만나는 경이로움에 있다. 이유는 당신(「10」)으로 하여서이다.

⑩. 각 부의 10번째 작품

1~ 10(「10」) ⋯→ 당신 · 생명
2~ 10(「20」) ⋯→ 왕 서방 · 엽전 열 닷 냥 · 성춘향 · 아리랑고개 · 꼬부랑 할머니 아리랑 · 열 골 물 · 청사초롱 불 밝히고 늘 푸른 강물이듯이
3~ 10(「31」) ⋯→ 늘 푸른 강물이 듯이(2회) · 항아리 · 벙어리 · 형상
4~ 10(「41」) ⋯→ 벙어리 · 늘 푸른 강물이 듯이 · 사랑
5~ 10(「51」) ⋯→ 사랑

홍 시인의 시적 화자는 사랑(「51」)을 가진 신앙인 사랑불꽃이다. 물위에 유영하며 우람한 합창(「51」)으로 생명(「10」)과 원을 그리면서 사랑불꽃 아침 하늘 · 당신이 당신 · 햇살 · 이랑 · 너로 어우러진다(11). 물이랑 물고기로 그 유영의 폭을 사랑불꽃으로 확장한다.

⑪. 각 부의 11번째 작품

1~ 0
2~ 11(「21」) ⋯→ 당신 · 천지가 개벽하는 강물이게 하소서 · 무언의 강물이나 되련만 · 눈물이 강물처럼 영원한 것이라면

· 늘푸른 강물이 듯이
3~ 0
4~ 0
5~ 11(「52」) ⋯→ 푸르른 마음만 지상에 두고 강물도 가고 · 강물에 던지라지만 · 강물은 너무 차갑고 · 강물은 너무 외롭고 · 쥐어짜면 · 퍼렇게 얼룩지는 · 눈물 몇 점인 것을

사랑불꽃(「52」) 은 홍 시인이 서문에서 밝힌 눈물이 사랑불꽃으로 그 모습을 드러낸다. 시인은 어느새 내 속에서도 백마강물이 흐르게 되었고 · 내 혈관 속에는 조상의 나라지킴의 사랑불꽃으로 스며들어[1] 있다. 홍 시인의 사랑불꽃은 물고기 꼬리에 달린 빛이다. 홍 시인의 작품 배열의 물고기 형상은 모더니즘 형태로 형이상을 그리고 실제 시어로는 시에 물고기가 등장하지 않으면서 시적 내포에서 물고기 두 마리와 꼬리를 사랑불꽃으로 노출시킨다.

홍 시인의 작품 우수성은 이러한 언어배열의 리듬 · 외면구조를 통해 내면구조의 서정성과 일치하고 그 형상화를 모던 화 한다. 꼬리부분에 작품 숫자 중심으로 2편을 배치하면서 에덴동산 · 고향을 찾는 홍 시인의 사랑불꽃표이다. 사랑불꽃은 감회와 감격과 그리고 신앙영웅으로서의 푯말이다. 작품 마지막 각부의 11번째 작품 둘은 사랑불꽃을 가진 홍 시인 물고기의 꼬리표로 이어진다.

물고기는 로마시대 기독교 신도들이 박해를 피해 지하묘지 · 카타콤에서 활동할 때 서로 확인하는 암호이다. 서로 신분을 알 수 없을 때 물고기 그림을 그려 알린 신호이다. 이를 통해 기독교인임을 알리는 방법이다. 서로 마주보고 한 짝 씩 물고기의 꼬리를 맞추었다. 사랑불꽃꼬리표 물고기는 '하나님의 아들 구원자 예수 그

1) Ibid.

리스도'란 말의 희랍어 머리글자만 따면 물고기를 의미하는 '익투스'다. 물고기의 그림을 기독교인의 표시로 사용 홍 시인은 시로 표현하였다. 카타콤이후 300여년의 시간이 흐른 뒤 기독교의 상징은 물고기에서 예수십자가로 바뀌었다. 예수그리스도의 십자가가 기독교의 상징이 된 것은 이때부터 신학적 신호로 시작된다. 기도하고 예배드리기 위해 비밀리에 만나면서 이용한 바로 이 물고기 두 마리는 한 사람이 발로 땅위에 물고기 모양의 윗부분의 반을 그리면 다른 사람이 다가와서 그 나머지 아래 부분의 반을 그려서 같은 민음공동체를 알린다.

이 물고기 모양의 아이디어는 고대 그리스어로 쓰여 진 문자의 두문자어(acronym)로 부터 만들어 졌다. '물고기' 단어는 고대그리스어는 " I X O U S " (I χ Θ Y Σ) 로 쓰여 지고 · "익투스"로 발음된다.

IXΘUΣ
I : Iesus (예수스 : 예수)
X : Christus (크리스투스 : 그리스도)
Θ : Theos (떼오스 : 하나님)
U : Huios (휘오스 : 아들)
Σ : Sojomete (소조메테 : 구원자)

홍 문표 시인의 시집 『지상의 연가 ~ 늘 푸른 강물이듯이』는 늘 푸른 강물이 듯이를 통해 물고기가 바로 홍 시인임을 지적 화자 사랑불꽃표로 드러낸다. 은유의 「~ 늘 푸른 강물이듯이」를 통해 거대한 신앙고백을 한 홍 문표 시인의 시집 『지상의 연가 ~ 늘 푸른 강물이듯이』는 혼자만의 물고기가 아니라 아주 많은 물살위에 아주 많은 물고기들이 사랑불꽃 표 지상의 연가로 한다. "예수 그리스도는 하나님의 아들이시오 · 우리의 구원자이십니다" IXΘYΣ ~잌투스~라 고백하는 사랑불꽃표이다. 물고기 '예수 그리스도 하나님의 아들'을 시적으로 등가 시킨 물고기 꼬리 사랑불꽃 표다. 시중에 판매되고 있는 물고기 모양에는 대게 헬라어로 쓰여 져 있다. 초기 그리스도인들에겐 신앙의 고백이 되었던 사랑불꽃 표 알리기 위해 홍 문표 신앙 시는 그의 독특한 이성적 모형 안에서 드러내며 시인 감성 안에 물고기 사랑불꽃 표로 서정 시인을 드러냈다.

왜 바다와 강물 속에 있는 물고기가 그리스도인을 상징하는가. 이를 다비드 토시오(David Toshio)는 יָם(얌 · yam)을 아카드어와 관련하였다. 그들은 바다를 ayabba[1]라고 한다. '아빠'의 발음 그대로이다.

a~ab~ba=>ayabba>(a)yabba>(a)amba>Yamm>yām의 우가리트어 언어 변화에서 보여주는 얌[2] 물고기이다. 이 거대한 이슈를 시어의 연결을 통하여 드러난 홍 시인의 시는 각부마다 하나의 둥근 보름달을 그리어 사랑불꽃 표 사랑 완성을 시적 그리기로 하였다. 시를 과학적으로 분석해 얻어낸 중요한 사랑불꽃 표이다.

여기서 중요한 홍 시인의 시를 통해 드러난 사랑불꽃 표는 외람하게도 그의 병력과 관련하여 하나님이 살리는 일로 연과 되어 진다. 하나님이 사랑하여 주시는 사랑불꽃 표는 늘 인간 편에서 보면 기적이다. 하나님을 지극히 흠모하는 사람의 생애에 주는 선물이다. 사랑의 역사가 일어나는 사랑불꽃 꼬리표가 고기의 꼬리표가 붙는다.

---

1) David Toshio. Tsumura · 57:
2) יָם(얌).

(2). 사랑 시

홍 시인의 5부로 된 「~ 늘 푸른 강물이 듯이」의 '지상연가'는 예수님을 닮으려는 시적 물고기의 시적 변용이다. 물고기는 영원의 미[1]를 지닌다. 성경 창세기에서는 다섯째 날에 물고기[2]가 있다. 민수기는 5장에서는 하나님을 향하면서 죄로부터는 분리되는 수직 성과 · 이웃과의 관계인 수평 성을 만들면서 세상을 향한 나실린의 서원(민 6장)과 · 12지도자의 예물(민 7장)이 이어진다. 이스라엘 백성들은 레위인 봉헌(민 8장) 후의 · 유월절(9장) 후의 · 시내 산을 떠나 가나안으로 가는 길(10)을 택한다. 시에서 물고기모양으로 출발한 홍 시인의 물고기는 지상의 에덴을 향하여 가는 길을 택한다. 강물 소재로 · 52번의 시로 · 그리스도인의 삶을 시로 승화한다.

홍 시인은 시 제목을『지상의 연가 ~ 늘 푸른 강물이듯이』로 하면서 · 시에서 이루는 일 · 예수그리스도의 사랑을 · 어떤 구구한 설명이나 시 한편에서 설명하려 하지 않고 · 구체적인 과학의 논증이 되는 시 52편으로써 · 본 논문은 물고기를 찾았다. 홍 시인의 시는 물고기 형상과 · 물고기가 하늘로 오르는 형상을 · 믿음의 시로 가장 귀중하게 · 쓴 · 고귀한 신앙 시이다.

일반적으로 물고기는 그리스도인을 말한다. 노벨 문학 수상 작품이기도 한 영화에서도 찾을 수 있다. 51년 영화『쿼바디스』에서 베드로가 남긴 "주여 어디로 가시나이까"에서 비니키우스가 소국 공주 리기아에게 한 눈에 반해 정원에서 만난다. 둘은 만나면서 막대기로 모래에 물고기를 그려 기독교인임을 알려준다. 에덴으로 가는 사람들의 표시 물고기 표 눈 נ 엔 עַן[3] 2회 리듬으로 한다.

---

1) נָ(나 · 물고기).
2) ~ אֶת(1: 21)→생물 ~ וְאֵת(1: 21).

믿는 사람들의 징표였던 영화 쿼바디스에서 리기아가 그려 보인 물고기는 예수님이 많은 사람 앞에서 물고기 두 마리로 수 천 명(4000 ~ 5000명)을 먹이고도 남은 물고기다. 서로 나누어 먹은 사랑 나눔 실천[1]의 그 물고기 두 마리다. 왜 세 마리나 또 다른 수의 물고기가 아니고 물고기 두 마리인가. 홍 시인은 ~ 늘 푸른 강물이 듯이· 21~ ~ 늘 푸른 강물이 듯이· 52~에서 물고기 두 마리를 아주 신비하 시의 은유법으로 한다. 물론 본 인자신도 모를 수 있는 하나님의 은혜로 한다.

사람 물고기를 낚는 청년 예수는 하나님 사랑의 실천을 한 후 물과 피를 다 쏟으시고 십자가에 달리셨다[2]. 아빠의 모습이다. 홍 시인의 우수성은 시어의 1회용이다. 같은 말을 거의 다시 반복하지 않는다. 그럼에도 52회의 각 시 편마다 연결 가능성을 연다. 1회의 시어 가치를「~ 늘 푸른 강물이 듯이」의 사랑불꽃을 명백하게 하나님 그 분의 사랑을 위대한 사랑불꽃= 사랑주제로 한다.

시인의 감성에는 사랑불꽃이 있다. 사랑불꽃은 눈에서 나온다. 눈 발음 눈물 (雪)~~물(水)로 눈이 녹으면 물과 눈(目)~~ 일 때 시의 은유법이 있다. 시인의 눈에서 나오는 물(水)로 바뀌나. 슬프거나 기쁘면 눈에서 나는 사랑불꽃은 시의 의미확대에서 하늘에서 내려옴에 감읍한다. 그 분이 사랑불꽃을 쏟아내리 일은 시인에게 감격의 마음의 거울로 비친다. 하나님의 사랑을 나타낸 홍 문표 시인 학자 마음 거울은 인간 사랑의 한계와 시인을 사랑하는 절대자의 사랑불꽃을 시의 기법으로 형상화했다. 십자가에 서면서 하나님은혜로

---

3) ען(엔).

1) 마 14: 19 · 15: 36; 막 8: 6; 눅 9: 16 · 24: 30; 요 6: 11.

2) 막 15: 25 · 27; 갈 2: 20; 요일 5: 6 · 8.

한 사역의 길을 감내하는 깊은 철학 사랑불꽃이다.

사랑불꽃 눈물은 성경의 전용물이다. 요셉이 17세의 소년으로 팔려가는 상황에 대하여 야곱의 비통과 애통의 눈물이 있었다. 홍문표 목사는 요셉의 꿈과 신앙영웅의 탄생 설교를 하였다.

사랑불꽃 눈물 부분만 취하여 보면 다음과 같다.

> 남보다 뛰어난 영웅은 거저 되는 것이 아닙니다. 남달리 큰 뜻을 품은 영웅은 거저 되는 것이 아닙니다. 큰 꿈 · 원대한 비젼을 가진 사람은 남다른 시련과 고통과 위험을 감수하는 연단의 과정이 있어야 합니다.
>
> ....
>
> 모든 영웅들이 그럴 듯이 요셉의 어린 시절은 불행했습니다. 생모도 없었고 아버지의 편애로 형제들의 따돌림을 받는 처지로 그는 도저히 한 집에서 살 수 없는 운명이 됩니다. 그는 다른 영웅들의 경우처럼 집을 떠나게 됩니다. 그가 집을 떠나야하는 과정을 성서에서는 대단히 집요한 점층적 기법을 사용합니다.
>
> 아버지가 그를 사랑하여 채색 옷을 입혔더니 본문 4절 · "그의 형들이 아버지가 형들보다 그를 더 사랑함을 보고 그를 미워하며 그에게 편안하게 말할 수 없었더라" 1단계에서는 형들이 그에게 편안하게 말하지 않습니다. 그런데 요셉이 첫 번째 꿈 이야기를 하자 본문 5절 "그들이 그를 더욱 미워하였더라" 본문 8절 "그의 형들이 그에게 이르되 네가 참으로 우리의 왕이 되겠느냐 참으로 우리를 다스리게 되겠느냐 하고 그의 꿈과 그의 말로 말미암아 그를 더욱 미워하더니 · 그러더니 마침내는 그를 죽이고자 합니다. 창 37:20 "자 그를 죽여 · 한 구덩이에 던지고 우리가 말하기를 악한 짐승이 그를 잡아먹었다하자 그의 꿈이 어떻게 되는지를 우리가 볼 것이니라" 보통의 꿈과 달리 특별한 꿈 · 원대한 꿈을 보통사람들은 이해할 수 없습니다. 뿐만 아니라 보통 사람들은 특별한 꿈을 가진자를 그대로 두지 않습니다. 그들의 몰이해와 시기심은 그를 죽여야만 합니다. 남달리 큰 꿈을 가진 요셉은 형제들에 의해 구덩이에

> 던져졌다가 애급의 상고들에게 팔려 결국 부모 형제 고향을 떠나게 됩니다.
>
> 신앙의 영웅 아브라함도 고향을 떠났었고 · 지금 요셉도 고향을 떠납니다. 이것은 신앙의 영웅이나 세상의 영웅이나 보통사람과 다른 영웅이 되기 위해서는 반드시 고향을 떠나 모험과 순례의 고행을 길을 헤쳐 나가야 합니다.
>
> ....
>
> 신앙생활은 진행형이지 완결 형이 아닙니다. 우리도 요셉처럼 큰 꿈이 있습니다. 그것은 세속적인 욕망의 꿈이 아니라 하늘나라의 꿈입니다. 그 꿈을 현실화하려면 요셉처럼 처절한 연단의 대가를 지불해야 합니다.
>
> ~ 홍 문표 · '요셉의 꿈과 신앙영웅의 탄생'[1]에서

하나님 계획에 의한 야곱의 사랑불꽃 사역[2]은 아들과 만날 때 감격의 사랑불꽃을 피운다. 이 가치는 하나님의 아들 예수님을 하나님이 십자가에 못 박 을 때와 · 그 아들이 부활하여 이 세상에 다시 올 때의 사랑불꽃이다. 시인 홍 목사의『지상의 연가 ~ 늘 푸른 강물이 듯이』사랑불꽃이 있다. 신앙영웅 시의 이력서이다.

이력서는 시인 생활의 이어짐을 살피는 일 · 이력서는 시인 삶의 사랑불꽃 교과서 · 시인이 어떠한 사상을 가지고 있었는지의 철학서 · 하루하루의 몸짓이 · 도장 찍혀 나온다. 홍 시인은 ~ 늘 푸른 강물이듯 이~시 52 편 중 42편 42째의 족보 예수 그리스도를 드러낸다. 성서는 예수그리스도를 42번째의 족보(마 1:17)로 · 홍 시인은 완전수치 신성 수 10을 더해 52편으로 시 전체를 마무리 · 시의 고도 기법 하나님 일 사랑불꽃으로 한다.

---

1) 홍 문표 · '요셉의 꿈과 신앙영웅의 탄생'(서울: 동천문학관 · 2014) · 3월 9일자 설교에서.

2). 아빠의 사랑으로 물 위를 걸으며

(1). 물이 위에서부터

조물주는 물속의 물고기가 죽지 않게 하기 위하여 0℃ 물보다 4℃물의 무게를 가장 무겁게 하였다. 얼음이 얼 때 0℃ 물보다 4℃ 물의 무게가 무겁게 되어서 즉 얼음이 얼 때 0℃ 물이 위로 · 4℃ 물이 아래로 내려가게 되어 물이 위로부터 얼음이 얼게 된다. 이 안에서 물고기들은 유영하며 삶을 지속한다. 사람은 시적 표현으로 물속에서 살아간다. 곧 말씀 속에서 살아간다.

세상에 살아 있는 주어진 살아있는 생명 기간[1]은 하나님의 만드신 물 안에서 사는 삶이다. 곧 말씀 안에서 사는 삶이다. 말씀을 따르는 삶의 날들이다. 이 날들을 인간들은 시계를 만들어[2] 사용하며 시간[3]의 유한성을 알려준다. 성경적으로는 하나님 말씀을 따르는 생명의 기간[4]이다. 유한한 사람이 하나님을 경외하는 행복한[5] 기쁨의 날들이다. 믿음의 삶이며 축복된 기간이다. 신앙생활이란 인간의 상식으로 허용되지 않는 신앙 4차원이 되게 한다. 바로 백세 까지의 삶은 히브리어로 얌밈[6]이다. 숫자 40 + 10 + 40 + 10= 100이 되는 이 수리로 하나님이 주시는 힘으로 바늘 귀[7]를 통과하여 천국으로 들어서는 삶 곧 4 + 0 + 1 + 0 + 4 + 0 + 1 +

---

1) יָמִים(ימים · 얌임).
2) W. W. Graf Baudissin · '*Alttenstamentliches haim · "Leben," in der Bedeutung von "Glück"* p · Festschrift E. Sachau · 115 · 143~61.
3) 창 25: 7 · 렘 35: 7 · 전 6: 3 · 11: 8.
4) 남 병식 ·『생명 모티브를 통해서 본 유대인 선교』 · 아시아 연합 신학 대학원 학위논문 (경기: 아세아 연합 신학 대학교 · 2003) · 72.
5) 말 2: 5.
6) ימים(얌밈 · 얌임).
7) ק(코프).

0=10인 하나님의 손[1]안에서 사는 여러 날[2]이다. 숨이 붙어 있는 인간이 살아 있는 날[3]이다.

홍 문표 시인의 경우 병력[4]이 있다. 몇 번의 수술[5]을 거치고도 꾸준히 하나님의 은혜를 받아 늘 푸른 강물이 듯이 사랑불꽃으로 살아간다. 가장으로서 · 그리고 거친 세파에서 · 사회의 그리스도인의 삶 생애의 사랑불꽃을 남긴다. 왕의 특명으로 감격한 요셉의 눈물 · 그것은 17세에 애급으로 팔려가 총리가 된 사랑불꽃(창 41:46) · 루우벤의 이야기를 들은 요셉의 사랑불꽃(창 42:24) · 요셉 아버지 야곱 이스라엘의 사랑불꽃(창 42:36~37. 43:14) 모두 마음의 사랑불꽃(창 43:30)이다. 웃음의 사랑불꽃(창 43:34) · 울음사랑불꽃(창 44:45) 바다는 "동생 베냐민의 목을 안고 우니 베냐민도 요셉의 목을 안고 우는(창 45:14~14) 사랑불꽃이 있다. 웃음사랑불꽃(창 45:27. 46:7)과 반가움의 사랑불꽃(창 46:39)이 향연을 가진다.

사랑불꽃이 있는 삶은 결코 교만하지 않다. 사랑불꽃은 가장 낮은 마음에서 흘러나온다. 눈물 사랑불꽃은 성공의 비결이다. 신앙 영웅이 겪는 영롱한 믿음 사랑불꽃은 진주이다. 가난과 그 가난을 딛고 일어선 교회생활의 지속성은 은총의 사랑불꽃이 핀다.

---

1) י(요드).
2) יָמִים(얌임 · 여러날 · 레 15: 25).
3) יָמִים(얌임 · 날들, 민 9: 19 · 20).
4) 고3학년 때 대학에 진학하기 위해 밤새기를 위해 뇌신 약을 먹고 죽음의 경험을 했다 한다.
5) 수술 (50세:1988년 5월 무렵 맹장 ,74세 2012년 3월 눈 수술, · 75세 2013년 5월 7~9일 치질).

(2). 홍 교수 총장

홍 교수 오산 대학교 총장시절 오산 대학교 번지수 17[1]이 있다. 뿐만 아니라 숙소를 17층으로 하였다. 이분이 마음대로 정한 것이 아니어서 더욱 신화 수 이미지가 된다. 성경은 요셉이 애급으로 팔려갈 때 나이가 17세였다. 아비 야곱이 애급에 산 연한도 17년이다. 이 17 리듬은 여호와라는 히브리어로도 수치 여호와[2]가 17이다. 아리스토텔레스(Aristotles)는 17이 시와 음악의 비례한다 했다. 에레미야는 은 17세겔로 하나멜의 밭을 샀고[3] · 이사야서에서는 창조 의미의 히브리어 바라[4]를 17회 사용 한다.

홍 문표의 삶이 신화적인 삶이 되는 이유이다. 17은 승리의 수이다. 17일은 예수님께서 부활하신 날짜이며 부활 후 3일 만에 3번째로 나타나셔서 제자들에게 153마리의 물고기를 잡게 하시었다. 예수님은 유월절인 정월 십사일[5]에 죽으시고 3일 후에 · 즉 17일에 죽음에서 일어나셨다. 죽음과 지옥의 권세를 이기고 승리하시었다(골 2: 15). 17의 중요함[6]은 주님과 관련된 날이다.

사람의 생애는 신비한 일들로 가득하다. 감히 인간의 상상을 뛰어넘는 일들이 일어난다. 그것은 하나님이 인간의 생애를 간섭하시기 때문이다. 홍 교수에게 있어서도 이러한 17지수의 아름다운 연결이 되는 것은 인간의 힘으로는 불가능한 영역이다.

---

1) 홍 문표 박사는 2004~2008년까지 경기도 오산시 청학로 45(청학동 17)에서 4년간 총장으로 근무..
2) ה ו ה י(יְהוָה)=5 + 6 + 5 + 1 + 0 =.
3) 렘 32: 9.
4) **בָּרָא**.
5) 유월절 · 레위기 23: 5; 민 28: 16.
6) 엄 원식 · 구약 성경의 수비 학에 대한 탐구 · 49.

(3). 건져온 물고기 시어

홍 교수는 태어난 곳이 태양리이다. 그리고 살아가는 삶의 의미 지수는 태양이 비치는 물 위를 걸어가는 시인이다. 물 위의 태양리에서 은혜를 입는다. 태양리 홍 시인의 물고기를 소재로 한 『지상의 연가 ~늘 푸른 강물이 듯이 -』가 있다. 물고기 이야기는 가야의 수로왕릉입구에 두 마리 물고기[1]가 입을 마주한 문양 · 우리나라 역사의 신비[2]는 대동 강변에서 출토된 기왓장에 고대 히브리어가 기록되어 있음을 연계 · 수로왕릉에서 발견된 물고기 문양과도 깊은 연관성이 있다. 이 입증들은 홍 문표 목사의 신앙 시『지상의 연가 ~늘 푸른 강물이 듯이 -』의 52편 시가 일반시가 아님을 알린다.

다음은 『지상의 연가 ~늘 푸른 강물이 듯이-』이미지이다.

① 상승적 이미지

①~1 신계; 당신(6)

①~2 인간계; 눈물 · 늑골 · 당신의 체온 · 당신의 기쁨 · 당신의 발걸음 · 당신 사역 · 당신의 노래 · 당신의 눈빛 · 당신의 무릎 · 당신의 발밑 · 당신이 내미시는 · 당신의 숨결 · 당신의 애잔한 숨결 · 당신의 예정된 손금 · 당신의 청아한 노래 · 당신의 체온 · 도적맞은 사마리아 사람 · 온돌 같은 손길 · 목숨 · 몸통 · 몸만 하늘로 승천 · 미이라 · 사십일을 굶고서도 확실한 말씀 · 옷고름 · 잔기침 · 제 몸 · 제물 · 텅 빈 나의 목숨 · 풍만한 가슴 · 왕손 · 뼈마디 · 아담(3) · 아벨 · 이브(4) · 카인

①~3 동물계; 이무기 · 날개 · 승천하는 나비(2) ·

①~4 식물계; 나무들의 줄기 · 보리수 잎 새(2) · 부활의 꽃씨 · 씨앗 · 연꽃(2) · 무궁화 · 진달래 ·

①~5 물질계; 강 · 강 건너 언덕 · 강물(3) · 늘 푸른 강물(17) · 꽃길

---

1) http://WWW. blog.naver.com/walkeveryday/134839166
2) KBS 수로왕 능 · 역사 탐방참조(2010).

나팔소리(2) · 날개 · 당신의 손바닥에 패인 불빛 · 상채기 · 빛(2 · 당신의 창가 · 아침 · 이슬 · 지중해의 옥피리 · 제단(2) · 창세의 바람소리 · 천지 · 피안의 갈대숲 · 하늘의 빗장 · 하늘 끝 · 하늘의 합창 · 성전 · 세마포 · 침몰한 해적선 · 십자성 언저리 ·

② 하향적 이미지

②~] 인간계; 걸인 · 고독을 순례하는 방랑자 · 노예 · 군화로 뭉게진 넓적다리 · 불면의 밤 · 사탄(2) · 여인의 눈물 · 문신 · 불안 · 멍든 혈액 · 문신 · 엉덩이 · 하체 · 화인 · 탄흔 · 족쇄 · 남한산성 입구에서 돌을 깨시던 · 심봉사 · 할아버지의 기침

②~2 동물계; 뱀(2) · 비늘 · 천년 묵은 여우

②~3 식불계; 내손에 가득한 장미

②~4 물질계; 강 · 강 건너 언덕 · 강물(3) · 꽃길 · 나팔소리(2) · 날개늘 푸른 강물(17) · 당신의 손바닥에 패인 불빛 · 상채기 · 빛(2) · 당신의 창가 · 아침 · 이슬 · 지중해의 옥피리 · 제단(2) 창세의 바람소리 · 천지 · 피안의 갈대숲 · 하늘의 빗장 · 하늘끝 · 하늘의 합창 · 성전 · 세마포 · 침몰한 해적선 · 십자성 언저리

③ 유추적 이미지

③~1 순수유추

③~1~a 인간계; 꽃수레로 나를 태워 · 하늘로 내어 미시는 다사로s운 기쁨 · 눈동자 한 가운데 · 나를 숨겨 주시는 지극한 평안 · 나그네· 내 환한 얼굴 · 눈 · 별을 따서 꽃 그리고 · 달빛 모아 땀을 뜨시는 · 알사탕 같은 하늘을 해와 달을 씹어봅니다 · 당신의 살을 저미시는 · 마음 한 가닥 강물에 적셔 · 강바람에 날려봅니다 · 눈빛만 스쳐도 가슴이 무너지고 · 구천에서 바스락거리는 · 당신의 숨결에서도 · 눈물이 쏟아지는 감성 · 어머님 · 서정시 · 열사 · 이상 · 훈련소 신병 · 꿀 먹은 벙어리 · 배냇짓 · 목청 · 웃음 · 피 · 손짓 · 진주남강 푸른 물에 뿌려

③~1~b 동물계; 대붕의 널찍한 날개 · 새,

③~1~c 식물계; 꽃 · 맨드라미 벼슬 · 진달래 화관 · 뿌리 · 열두 폭의 산수화 · 코스모스 ·

③~1~d 물질계; 강물 · 늘 푸른 강물(17) · 사랑의 강폭 · 사철 구비치는 강물 · 오월의 강물 · 꽃비 · 꿈에서나 하늘에 오릅니다 · 깃발물결 · 물빛 · 모본단 저고리 · 불꽃 · 별이 초롱한 시각 · 순금 · 봄길 · 별 · 불빛 · 비 · 빙벽의 고독은 · 나이아가라 폭포가 되고 · 주라기 화석으로 잠들었던 · 당신의 미소가 · 아침 강가에서 포시시 눈을 뜹니다 · 모시적삼 · 무지개빛 나라 · 색동저고리 · 수목 · 아지랑이 · 안개 · 언덕 · 유년의 풀밭 · 은가락지 · 은하 · 일곱 빛깔 무지개의 나라 · 장대 끝에 매달린 · 푸른 신호등 · 하늘 · 한줄기 강 · 비수 · 북녘 땅 빙산 · 얼음조각 · 삼각산 계곡 · 청계천 복부 · 호남평야 ·

③~2 이성유추

③~2~a 인간계; 가난한 촛불 · 강물은 그냥 흐르는 것이 아니라 날마다 거듭나는 기적입니다 · 겨자씨 같은 믿음 · 나는 수줍은 장미 한 송이 · 낚시 대 물속에 세우고 · 빨간 손수건 하나 목에 걸었습니다 · 남풍 · 노래 · 눈(2) · 당신과의 처음맹세 · 도강 · 목 · 목숨 · 밤마다 전율 하는 복종 · 발자국 · 불꽃놀이 · 불길 · 숨(3) · 심장 · 젖무덤 · 진주보다 귀한 액체 · 차가운 눈빛은 서쪽 하늘 물 먹은 별들의 옷깃에 걸려 있고 · 겨드랑이 · 눈 · 머리카락 · 목 · 발 · 비린 맛 · 살 · 오대조 할아버지 · 이브 · 향유로 감은 머리 · 화강암 가슴팍 · 무산선녀 · 로고스의 혈관

③~2~b 동물계; 여우 꼬리 · 황소 눈깔 · 뱁새 모가지 · 고양이 턱수염 · 꽃뱀 · 혀

③~2~c 식물계; 꽃잎 · 남산 소나무(2) · 무명초 · 뿌리(2) · 연분홍꽃송이 · 울창한 나무숲 · 자운영 꽃밭 · 장미 · 피리(2) · 열매(2) · 알곡

③~2~d 물질계; 강가(2) · 강물(11) · 강물의 가지 끝에서 · 흘러서 하나가 되는 강물인 것을 · 강심에 박은 무지개 기둥 · 물길 · 물살 · 바다 · 강물에 뿌리박은 돌기둥 · 물살 · 오염된 일상을 강물에 수장하고 · 아침 · 강물소리 · 아니 면 강가에 버려진 조약돌 · 깃대 · 나팔 · 남이면 어떻고 · 북이면 어때 · 고향 길 · 금빛 · 돌비석 · 등불 · 망부석 · 무쇠 심줄 · 문자 · 바람개비 · 바람소리 · 별들은 · 바위틈 · 불꽃 · 빛살 · 돌무덤 · 땅 · 밤 · 별들은 밤을 지배하고 · 꽃들은 눈부신 아침을 하나씩 먹고산 · 산비탈 · 산들은 강물에 잠들고

· 새벽 · 삼현육각 피리젓대 · 새벽하늘 난간 · 소나무 가지 · 세마포 · 심지 · 알맹이 · 여리고성은 무너지고 · 영롱한 빛 · 옥색치마 · 옥합 · 육지 · 이슬 · 인감도장 · 인고의 부스러기 · 정상 · 지상 ·지혈을 토하는 지사의 열망은 · 마침내 불꽃이 되어 · 누리에 빛나는 아침 · 청동 항아리 · 청산(2) · 하늘(4) · 하늘 가장자리 · 하늘에 널려 있는 별 하나 · 해마다 무덤가에 돋아나는 꼬부라진 할미꽃 · 후미진 언덕의 민들레 · 한낮에도 발광하는 별빛 · 불길 · 황금빛 햇무리 · 납덩이 옥색고무신 · 옷깃 · 은장도 깊은 가슴 · 불 · 촛불 · 청사초롱(2) 콘 크리드 웅벽 · 경상도 · 꼬부랑 할머니 아리랑 고개(2) · 나일강 · 남도 삼백 리 · 동작동 무덤가 · 동해물과 바벨탑 · 백산 마르고 닳도록 · 두만강 · 망부석 · 백두산 · 백두산천지 · 백마강 하류 엿 바위 부근 · 피라밋 돌무덤 · 전라도 · 피타고라스의 돌무덤 하늘 두레박 · 한강 · 한라산 · 한산 세모시

③~3 경험유추

③~3~a 인간계; 가슴(2) · 가슴팍 · 각질 · 매캐한 고향냄새 · 꽃댕기 부끄러운 얼굴 · 꼭두각시 · 껍질 · 그녀 · 나그네 · 나는 ·내장 · 내키는 겨우 한 뼘이었다가 · 까만 점이었다가 · 그저 흘러가는 물결 소리 · 눈 · 눈물(7) · 눈물 몇 점 · 당신(4) · 동공 · 동결한 가슴 · 발 · 발등 · 뱃살이 갈라지는 웃음 · 막혔던 혈관이 뚫리듯· 모가지 · 비게 덩어리 · 목숨(3) · 무명적삼 안쪽으로 · 내 생명의 젖무덤을 더듬던 · 사내(2) · 사지 · 속살 · 속살 비치는 고운 무릎 · 손 · 앉은뱅이 · 어금니 · 어머니 · 언덕 빼기 · 얼굴 · 오랑캐 · 여인 · 영혼마저 애증 · 인욕의 분비 · 이방 길의 나그네· 저당 잡힌 미이라 · 애비 · 자식 · 혀 · 눈물 · 눈빛 · 둔부 · 등기 · 맨살 · 목덜미 · 발 · 발바닥의 피 흘림 · 발등 · 목숨 · 살 ·상처 · 색맹 · 심장 · 어둠의 등뼈 · 정수리에서 발목까지 · 진주 · 통증 · 푸석한 살결 · 현기증 · 혈관 · 화염 · 흐느적거리는 육질의 껍질 · 성춘향 · 양코백이 · 왕 서방 · 이 도령 ·

③~3~b 동물; 여우 꼬리 · 황소 눈깔 · 뱁새 모가지 · 고양이 텩수염 · 꽃뱀 · 혀

③~3~c 식물계; 길섶 · 꽃 · 꽃가루 · 꽃 무덤 · 꽃밭 · 꽃잎(2) ·

대관령 골짜기의 철쭉 · 두견화 한 송이 · 들꽃 · 뽕 · 쑥부쟁이 · 나무 · 수목 · 영산홍 꽃길 · 풀꽃더미 · 할미꽃 · 과일(2) · 낙엽 ·

③~d 물질계; 가위질 · 가랑비 · 가을 · 가을 비 · 가죽 · 가죽신 갈대(2) · 갈대 숲 · 강(4) · 강가(3) · 강물(27) · 강변(2) · 공간 · 거리 · 계곡 · 금가락지 · 기적소리 · 넝마 몇점 · 늘 푸른 강물(8) · 대낮 · 돌개바람 · 땅(3) · 땅속 · 들길 · 등 · 물살 · 바다(5) · 바람 · 밤 · 불길(2) · 빗물 · 새벽의 시들은 한 수 · 바람(3) · 밤(2) · 배 · 벌판 · 불꽃(2) · 불길 · 빛살 · 달 · 등불 · 삼월의 하늘 · 서리 · 새벽의 슬픔 · 샘 · 소복 · 악보 · 오월의 강물 · 억센 삼배 · 웅덩이 · 자주빛 갑사댕기 · 절벽 · 조각배 · 조약돌 · 종이학 · 지상 · 지팡이 진달래 · 진창 · 창가 · 폭포수 · 피리 · 하늘(6) · 하얀 손수건 · 수증기 · 한강물 · 대지 · 황토 빛 일몰 · 문명어: 꽃마차 · 네온 · 누더기 · 도마 · 돌작 밭 · 방울 · 백지수표 · 몽롱 · 물레방아 · 몽롱한 아침안개 · 연탄불 아궁이 · 문밖 · 밀실 · 밤 안개 · 백제의 비에 젖은 석탑 · 비수(2) · 빗장 · 손수건 · 신작로 · 주름 진 손 · 꽃신 · 몽당연필 · 엽전 열 닷 냥 · 옷 · 왕관 · 외투 · 찌꺼기 · 창끝 · 철길 · 철문 · 철책 · 촉수 ·칼날 · 편지 한 장 · 김포 뜰 객토 · 나이야가라 폭포 · 낙동강 하류 · 망우리 언덕 · 무심천 · 백두산 천지 · 비탈진 언덕길 · 서역구만리 · 서울역 대합실 · 오십 평짜리 자잘한 문명 · 여기는 · 대한민국 · 서울서대문구 홍은동 397의 26번지 · 문은 무쇠빗장 · 진한 감청색 칠 · 여의도 고수분지 근처 · 에레스트 빙벽 · 63빌딩꼭대기 · 을숙도 · 절두산 · 영산강 · 한강 아랫도리 난지도 · 호남선완행열차 · 황토길 언덕 · 머나먼 망각의 레떼 강

『지상의 연가 ~늘 푸른 강물이 듯이 -』에서 건져진 시어[1]는 아주 많은 물고기[2]들이다. 예수님이 제자에게 명령하여 건져 올린 물고기 153마리(요 21: 11) · 홍 시인의 시어들은 하나님과의 약속으로 얻

---

1) מָ(마아 · 물).
2) ן(눈 · 물고기).

어진 만나[1] · 영감으로 온[2] 시어 물고기[3] · 성경 수리 50이다. 50은 풍요의미이다. 부활 후 3일 만에 나타나셔서 153마리의 물고기를 잡게 하신 예수님이 제자에게 · 홍 시인에게 지상의 연가 ~ 늘 푸른 강물이듯이 ~ 고기를 건지게 한 말씀 시어이다. 바다[4]에 빠진 요나가 물고기 뱃속(욘 2: 1b)에서 3일 동안 처절히 기도하다 건져진 · 홍 시인의 처절한 신앙영웅이 지닌 눈물의 물고기이다. 하나님의 신부 이스라엘[5]이 하나님이 기뻐하시는 제물이듯 · 홍 시인의 시집은 하나님이 "너 문표야 오느냐:"[6] 맞으시며 생명 배에 태운 시어들이다.

홍 교수는 박사학위 논문에서 요나가! 물고기 뱃속에서 나온 보답의 U리듬을 논한다. 삶의 바다 위[7]에서 일어나는 처절한 눈물 몇 점의 일기를 바다 속[8] · 물속에서 건져지는 일로 한다. '그' 하나님의 일 사역 하는 때[9] 현재 · 시간을 아끼며 절대능력자의 은혜로운 힘[10]을 밝힌다.

요나는 배[11]에서의 삼일 삼야[12]를 보냈다. 홍 시인은 『지상의 연

---

1) 출 16: 31 · 33 · 35; 신 8: 3 · 16; 수 5: 12; 요 6: 31 · 6: 49; 히 9: 4; 계 2: 17
2) ~הוּא~מָן(만~후 · 하늘로부터 온) · "מָן(만)" HAL · 564.
3) ן(눈 · 물고기 · 50).
4) הַיָּם(하얌 · 그 배 · 욘 1: 4).
5) Llan Jon Hauser · Jonah: In Pursuit of the Dobe · *JBL* 104 · 1 (Boone: Appalachian State University · 1985) · 29.
6) אֳנִיָּה(오니야 · 하나님의 배) → 그 배 · 입술이 묶여진 הַסְּפִינָה(하스피나 · 그 배 · 욘 1: 5) → אֳנִיָּה(오니야 · 배) → 물고기 뱃속 מִמְּעֵי הַדָּגָה(밈메에 하다가 · 물고기 뱃속 · 욘 2: 2) → 육지 · 하나님이 소식을 전하는 הַיַּבָּשָׁה(하야바사 · 소식을 전함 · 욘 2: 10) .
7) יַמִּים ~ עַל(알~얌밈 · 바다 위에).
8) 욘 2: 5 · 8.
9) van Heerden W · Humour and the Interpretations of the Book of Jonah. *OTE* 5 (2003) · 719.
10) Tuan Y~F · *Space and Place: The Perspective of Experience* (Minneapolis: University of Minnesota Press · 1977) · 35.

가 ~늘 푸른 강물이 듯이 - 』 에서 · 숱한 다른 저서들에서 하나님에 의해 건져졌음을 역설![1] 언제나 하나님을 위해서 존재한다. 아담[2]을 하나님이 기억하는 남자[3]로 하시었다. 하나님이 기억하시는 남자로 하신 홍 시인은 기억을 기록할 녹명 인자(錄名因子) 여자[4]를 하나님이 갈빗대에서 뽑아 아담과 하와가 혈연관계[5]가 된 것처럼 · 홍 교수의 하나님에 대한 그리움의 사역은 기록이다.

그리움의 시적 탈바꿈 · 시 같은 인생을 살게 바로 밑바닥'[6]에 살[7]이 닿는 하나님 만나기의 홍 시인의 시적 인생[8]은 여성 이미지가 강하다. 홍 시인은 하나님 신부가 되어 · 물고기[9]가 되어 시적 화자로 늘 푸른 강물이 듯이의 삶을 사역한다.

홍 박사가 철학으로 하는 에덴[10]시학의 물고기[11] 시적 화자는 하나님으로 부터 선물로 받은 다산의 능력을 사역한다. 홍 시인 다산의 사역 학업 · 학문 · 목사 · 비평가 · 시인 사역을 다 담당한다.

---

11) [* 표 15: אֳנִיָּה → הַסְּפִינָה → אֳנִיָּה → הַדָּגָה מִמְּעֵי → הַיַּבָּשָׁה]
אֳנִיָּה אֳנִיָּה אֳנִיָּה → הַיַּבָּשָׁה
↓ ↑ ↓ ↑
הַסְּפִינָה מִמְּעֵי הַדָּגָה

12) 욘 1: 17; 친 남동생을 데려오라고 요셉이 그의 형들에게 동생을 3일을 가둔다(창 42:17).

1) אֳנִיָּה(오니야).

2) אָדָם(아담).

3) זָכָר(자카르 · 남자 · 창 1: 27 · 32: 13).

4) נְקֵבָה(내게바 · 여자 · 창 1: 27): P J Botha · "Silence · ye women · God is work in the womb. Psalm 139 as illustration of Israel's embodied patriarchal theology of containment," *OTE* 18 · no. 32. (Otssa · J H Coetzee · 2005) · 521~529.

5) 창 3: 16.

6) תַּחְתֻּנָה(타흐타나 · 밑바닥 · 창 2: 21).

7) בָּשָׂר(빠사르 · 살 · 창 2: 21).

8) Bratsiotis · N. P,"בשׂר," *TDOT* II · 317~332.,

9) 출 16: 12.

10) עֵדֶן(에덴).

11) ן(Nun · 물고기).

출판사 경영 · 계간지 창조문학 · 말씀과 문학 · 에덴동산 경영을 담당한다. 『지상의 연가 ~늘 푸른 강물이 듯이』 시집에서 드러난 하나님 사랑[1]의 물고기가 되어 있다. 물고기 두 마리로 삶을 풍요롭게 하는 사역이다. 직립! 하늘을 우러르며 바라보며 바쁘게 일상을 보낸다.

예수님은 베들레헴에서 탄생[2]후 시험[3]을 거치신 후 갈릴리 1차 여행에서 치유[4]를 하시기 시작하신다. 바쁜 일상을 보내신다. 이 일정은 팔복[5]으로 가르치시며 · 구제하시며 · 기도하시며 · 금식하시며 · 먼저 그의 나라를 위하라[6] 제자들에게 강조하신다. 기만히 있지 말고 "구하라 · 찾으라 · 두드리라 · 남을 비판하지 말라 · 좁은 길로 가라 명하신다. 좋은 나무가 되어야 한다 · 아름다운 열매를 맺으라! 그러기 위해 행하라(7장) · 백부장과 시몬의 장모와 가다라 지방 귀신 들린 자를 치유(8장)하신다. 혈루 병 든 자와 소경과 벙어리와 중풍병자를 치유하신다. 마태를 제자 삼으시며 금식하시고 새 포도주(9장)를 만드신다. 12제자를 파송하시고 오순절 다락방 사건을 지휘하신다. 정말로 다산의 역사이다.

홍 교수가 하나님을 영접하는 일은 자기 십자가를 지는 일이며 머리털 하나라도 다 세시는 하나님의 은혜로 사역한다. 양들의 발[7]을 씻어주시며 어린이들[8] 사랑을 보이신 것에 감읍한다. 이사야와 요나[9]의 일을 기억하게 하시며 겨자씨와 누룩과 씨와 가

1) ♪(눈 · 물고기 · 영원 · 규정).
2) 마태복음 1장.
3) 1~11절.
4) 4장.
5) 5장.
6) 6장.
7) 10장.
8) 11장.
9) 12장.

라지와 진주와 보화[1] 비유를 홍 교수는 강의한다. 홍 시인으로 시적인 삶을 살아간다. 홍 교수의 삶에서 오병이어의 경험을 하게 하시고 바다 위로[2]걸으시는 일을 보여주시고 다시 4000명이 먹는 오병 이어[3] 기적에 이어 수난[4]을 당하신 일에 홍 교수는 몸 둘 바를 모른다.

예수님은 시적 표현으로 한다면 사람에게 먹히시는 물고기이다. 우리말에 아가리 그리고 먹을거리가 히브리어다. 물고기는 반드시 물에 있다. 물고기는 물 위에 뜬 말씀사역이다. 예수님은 말씀으로 하신다. 말씀 속에 계신다. 제자 중에 둘을 보내시며 물 한 동이를 가지고 가는 사람을 만나리니 그를 따라가라[5] 하시었다. 이때 두 사람은 두 마리의 물고기로 상징된다. 이 물 동이 안에 든 물 · 물은 말씀이다.

홍 시인화자는 강물의 물고기로 말씀의 바다에서 은혜를 벧[6] 물고기가 되어 평생 물 위에서 걸으며 기적적인 삶을 살아간다. 참 생명의 말씀을 듣고[7] 시와 설교와 문학비평과 논설을 통한 갈급한 사람들의 위로 자가 되어 있다. 위로 자는 아빠의 역할이다.

노아가 120년 동안 하나님의 배를 만들었듯이 홍 교수는 준비기간을 즐기기(?)까지 한다.「~ 늘 푸른 강물이듯이」시집에서 홍 시인은 이무기 시적 화자로 하늘에 오르는 꿈을 요셉처럼 하는 사역을 한다.「~ 늘 푸른 강물이듯이」그 분 사역이다.

---

1) 13장.
2) 13장.
3) 15장.
4) 16장.
5) 막 14: 13; 눅 22: 7.
6) בְּעֵינֵי(벧네 여호와 · 여호와께 · 창 6:8).
7) נֹחַ(노아흐 · 노아 · 창 6:9).

3). 오래오래 사는

홍 교수는 한 눈 팔 사이 없이 신화 사랑불꽃을 써 내려 가며 산다. 홍 시인의 삶은 문표의 이름처럼 그 기록이 모두 자필로 직접 육필로 쓰여 진다. 오른팔로 오른손으로 써내려간 육필로 숱한 필적들을 남긴다. 성경이 제시하는 천지는 없어질지언정 하나님이 쓰시는 일점일획은 없어지지 아니하는 그 하나님의 오른 손을 그대로 닮아 육필로 써 내려간다.

하나님의 손이 되는 일점일획 י(요드)의 한 점 획은 여호와의 약자인 동시에 하나님의 오른팔 · 오른 손 · 옳은 손이다. 이 인도하심의 하나님 안에서의 생활이다. 홍 교수는 이 하나님이 명령하시는 물 위로 걸으라하심에 말씀전하기의 불을 켜고 강물 위를 걸으면서 작품 활동 · 논문 · 사업을 하나님의 일로 한다. 물고기 두 마리 눈(히브리어 발음) נ[1]으로 두 번의 입술 하늘 천장에 니은 ㄴ의 삶으로 하나님이 다고[2] 하실 때 잡히는 물고기가 된다. 하나님이 주시는 은혜를 갚는 홍 교수의 삶은 모든 활동 · 선교 사업 모두 . 은혜를 가슴으로 하는 홍 문표의 문 역할 가슴에 매다는 역할이다. 시적 포현 물고기의 다산의 역할이다.

사랑의 법칙이 있다. 시 속에 사랑을 건져내는 일은 모더니즘 계열의 서정 시인의 열정이다. 분리는 만나기 위해서라는 홍 학자의 철학이 시집을 통해서 시의 법칙이라는 아이러니를 넘어선다. 오직 에덴을 향하여 항상 떠나기를 실시함으로써 발생한 자아 찾기 ·

---

1) נון(눈 · 눈 · 왕상 16:34).
2) דג(다아그 · 물고기 · 시 8:9).

도착지점이 에덴이라는 데에서 서정 시인이 되게 한다.

에덴시학은 너와 나의 분리가 없다. 서로 일치가 되어 하나님 나라 이루는 것을 목적으로 한다. 이 아이러니 극복을 홍 시인은 『지상의 연가 ~늘 푸른 강물이 듯이』에서 영원성으로 제시한다. 너와 나의 분리가 아닌 하나가 되는 에덴이 이루어지는 일을 알린다.

홍 시인은 이 시집을 통하여서 끊임없이 떠나기를 실행한다. 떠나는 목적이 바로 영원한 에덴을 향하여서라는 엄청난 문제제기다. 시간과 공간을 통합시켜 영원한 현재로 만들려 한다. 시는 영원한 현재를 실현한다. 시인은 시를 쓰며 영원한 에덴을 향하여 떠난 신앙영웅의 시 작업을 이루어낸다. 홍 시인은 「~ 늘 푸른 강물이듯이 · 52」 마지막 고향 에덴에 도착함으로써 한 인간으로서는 불가능한 사랑불꽃영역을 시를 통하여 이룬다. 아브라함이 무조건 하나님의 명령대로 따라 집을 떠났을 때의 하나님이 보호하시듯이 · 홍 시인 또한 이 시를 통하여 무조건 늘 푸른 강물을 따라 떠나면서 하나님의 사역을 실천함으로써 보호되어진다. 바로 말씀대로 하는 사역에서 발견한 에덴시학이다. 홍 교수의 철학은 그대로 혼자만의 일이 아니라 영원히 같이 사는 일 사랑불꽃을 안내해야 하는 사역감당이다. 하나님의 눈 안에서 하나님이 사랑하심을 영원한 진리로 발견하였기 때문이다. 오래 오래[1] 죽지 않고 살 수 있는 진리에 선 확실한 인생철학 안에서의 홍 교수의 에덴시학의 길은 말씀을 따라 그대로 하는 영원을 위한[2] 사랑불꽃삶이다.

---

1) עוֹלָם(오람 · 영원).
2) לְעוֹלָם(레오람 · 영원을 위하여).

5. 네 강과 늘 푸른 마음

하나님 안[1]에서의 영원을 위하여[2] 사는 목적성 '빛을 위하여' 사는 삶은 시를 통한 에덴을 위한 안내자로서이다. 홍 문표 철학자는 번제 드려지는 목사로서의 삶을 흠모하여 눈을 높이 들어 늘 푸른 강물이 듯이 사랑불꽃으로 살아간다. 말씀 사역이다. 시집 『지상의 연가 ~늘 푸른 강물이 듯이』는 가장 가깝게는 홍 시인의 시집

---

1) '...ל'(창 1: 1~2: 3)에서 41회.

2) Ibid.

① לְעֹלָם(레올람 · 영영히 · 왕상 10: 9 · 항상 · 욥 7: 16)

② לְעוֹלָם(레올람 · 영영히 · 출 19: 9 · 21: 6 · 32: 13; 시 30: 12 · 33:11 · 37: 27 · 28 · 영영토록 · 시 12: 8 · 29: 10 · 영원히 · 시 31: 1 · 78: 69 · 103: 9 · 104: 31 · 105: 8 · 111: 5 · 119: 89 · 93 · 98 · 111 · 144 · 145: 1 146: 6 · 10 · 103: 9 · 영구 시 72: 19)

③ כִּי לְעוֹלָם(키~레올람 · 영영히..이여 · 시 112: 6)

④ לָעַד(레아드 · 영원까지 · 시 19: 10 · 영원히 · 22: 26 · 111: 3 · 10 · 12: 3 · 9)

⑤ לְעוֹלָם וָעֶד(레올람 · 영영히 바에드 · 시 9: 6)

⑥ לְחָק~עוֹלָם(레하크~올람 · 영영한 응식으로 · 민 18: 8 · 11 · 19)

⑦ לְדֹר וָדֹר(레도르 바도르 · 대대로 · 사 34: 17)

⑧ לְעוֹלָם לְדֹר וָדֹר(레올람 레도르 바도르 · 대대로 영원히 · 시 79: 13)

⑨ לְדֹרֹתָם(레도도탐 · 대대로 지키라 · 창 17: 9 · 대대로 · 출 12: 42 · 27:21 · 출 30: 8 · 10 · 21 · 31: 16; 레 17: 7; 대상 8: 28 · 그들의 대대로 · 민 15: 38)

⑩ לְדֹרֹתֵיכֶם(레도로테켐 · 대대로 · 창 17: 12; 출 12: 17; 레 29: 42 · 너희 대대로 · 출 16: 33 · 민 35: 29)

⑪ לְתֹלְדוֹתָם(레토레도템 · 대대로 · 대상 8: 28 · 9: 34)

⑫ עוֹלָם לְדֹרֹתֵיכֶם(올람 레도도테켐 · 너희 대대로 영원한 · 출 40: 15; 레 3: 17 · 7: 36 · 23: 13 · 14 · 21 · 41 · 레 24: 3 · 이는 너희의 대대에 영원한 · 민 18: 23).

⑬ עוֹלָם לְדֹרֹתָם(올람 레도도탐 · 대대로 영영히 · 출 40: 15).

저술 당시의 52세로 인한 52편이라는 상상력이 동원된다. 성경의 네 강과 관련되는 늘 푸른 강물의 마음을 강조한 사랑불꽃 시다.

홍 시인은 강에 대한 천착을 아주 어릴 때부터라고 자술한다.

> … 물속에 있으면 더위도 잊고 폭격기가 오더라도 물속에 있으면 물속에 숨으면 된다는 생각이었다. 물속에서 눈을 뜨고 하늘을 살폈다. 비행기의 뾰족한 대가리가 나를 향하고 있었다. 그렇다면 물속에서도 … 백 미터 앞에 토굴이 있었다. 그쪽으로 달렸다. 그런 20미터를 갔을 때 벼락 치는 소리가 … 다시 일어나 뛰었다. 이번에 30미터를 갔을 때 다시 벼락 치는 소리였다. … 더 갈 수가 없었다. 그냥 땅바닥에 누워서 하늘을 보았다. 독수리 같은 비행기가 … … 수복이 되자 부얼이네 아버지도
>
> … 단풍이 물들어 있는 꺼적고개 골짜기에서
>
> … 나는 밤마다 비행기에 쫓기는 꿈을 꾸었다.
>
> … 그날의 절박했던 충격들은 아직도 험상궂은 상처로 남아서 나를 당황하게 만들고 있다.[1)]

에덴시학 철학자 홍 문표 교수 시인의 의식 속에는 물은 안전피난처이다. 사랑불꽃을 켤 수 있는 곳이다. "물속에 있으면 더위도 잊고 폭격기가 오더라도 물속에 있으면 물속에 숨으면 된다는 생각이었다"는 목숨 살리기의 사랑불꽃현장이다. "물속에서 눈을 뜨고 하늘을" 쳐다보는 삶이다. 그에게 폭격이 날아오는 공간이 아니라 하나님을 믿으면서 놀라운 축복이 주어지는 곳으로 대 전환의 위기 극복의 메시지가 오는 경험이 홍 학자에게는 그에게 다가오는 시련들이 에덴시학의 수호자 홍 시인 사랑불꽃이 되게 하였다.

---

1) 홍 문표 · 『자전적 에세이』 ~유년의 초상~에서. · 논문: 李 英芝 · 「동천시늘 푸른 강물이 듯이의 상징성」 『창조문학』(서울: 창조문학사 · 1995) · 58~59.

1). 동월(冬月)의 아들 동천(東川)

시가 인생이고 인생이 시 같은 삶으로 바뀌어 진 행운잡기에 대한 감사는 어머님 동월(冬月)의 아들 동천(東川)이어서이다. 아련한 축복의 모습으로 다가오는 그래서 밤이면 달을 쳐다보는 어머님 그리움으로 익어갔다.

동천(東川)의 어머니 이름은 동월(冬月)이다. 그대로 풀이하면 겨울달이다. 서정주는 동천(冬天)을 시 작품으로 하였지만 홍 시인은 어머니 동월(冬月)을 "떡 바다 들녘의 한 섬지기 옥답"이라 하였다.

아버님은
구룡포 하늘의
찌렁한 목소리
어머님은
떡 바다 들녘의
한 섬 지기 옥답

아버님은 일 백 리 쭉 뻗은 신작로
평생을 달리시며
훤한 꽃길 닦으시고
어머님은
비옥한 이랑의 벽오동 심으시고
새벽마다
하나님께 기도드리셨지

이제는
우리 다섯 남매
치렁한 오동나무 줄기가 되고
아버님의 그 길을 걸으며
어머님의
그 이랑을 밟으며
오늘도
파아란 하늘을 둘러봅니다.

당당하신 아버님
자애로우신 어머님
선연한 그 모습
쟁쟁한 그 목소리
구름자락 휘날리며 굽어보십니다.

~ 홍 문표「어머님 아버님」[1)]

동월(冬月) 어머니가 "떡 바다 들녘의 한 섬지기 옥답"의 떡바다가 되는 것은 마을 바로 앞의 들녘과 강을 끼고 있는 넓은 이미지로서 먹을거리를 제공해 주는 고마움이다. 고마우리 풀이 있다. 주위를 정화시키는 식물이다. 지명들은 마을 사람들의 의식구조 반영이 되는 슬기로운 우리나라 사람들의 천성적인 시인 기질이다. 비록 가난으로 점철 져 있었지만 오히려 그 가난은 아름다움의 시인이 되는 기본 자질이 되어 있다. 홍 시인에게는 '강물'과 '지상'과 '꽃신'과 '몽당연필'이 오버렙 되면서 에덴시학 교수 시인을 만들어 내게 되는 동인이 된다. 바위조차 '엿바위'라는 명칭이다.

내 유년의 강물에 띄워진
지상의 그림자
소중하게 길들여진 꽃신들과
몽땅 연필로 새긴 서투른 글자
이미 태어날 때부터 저질러진
배냇짓의 웃음을 버리기엔
너무나 믿음이 연약합니다.

바람소리
강물소리

~ 홍 문표「늘 푸른 강물이 듯이」· 10

백마강 하류 엿 바위 부근에서

---

1) 홍 문표 · 열두시인 시집 『아침의 노래』(서울: 쿰란출판사 · 2002) · 205~206.

지금도 천년의 물빛이듯이
～ 홍 문표「늘 푸른 강물이 듯이」· 17

늘 푸른 강물이 듯이
어머니
억센 삼배 혀끝에 녹여
긴긴 밤을 동여매고
속살 비치는 고운 무릎에
자장가 새기시며
별을 따서 꽃 그리고
달빛 모아 땀을 뜨시는 색동저고리

꿈속에서도
일곱 빛깔 무지개의 나라
꽃수레로 나를 태워
하늘로 내어 미시는 다사로운 기쁨
눈동자 한 가운데
나를 숨겨주시는 지극한 평안이여,

내 환한 얼굴에
당신의 슬픔을 씻고
내 슬픈 눈짓에
당신의 살을 저미시는
끈적거리는 역설의 인연이여,

사철 구비치는 강물은
내 영혼의 발바닥을 적시우고
이생의 고달픈 들길에
풍요의 꽃 무덤으로 황홀합니다.

이 도도한 사랑의 강폭에
수목들은 무성하고
굽이굽이 언덕마다 계절이 가득한
열 두 폭의 산수화

그날 남루했던 모시적삼
때 묻은 은가락지

그토록 소중했던 모본단 저고리
주름진 손마디 틈새마다
꽃 댕기 부끄러운 얼굴이
오늘도 시나브로 물살집니다.

~ 홍 문표「늘 푸른 강물이 듯이」· 49

홍 문표의 호 동천(東川)의 '천(川) 의식은 강물과 연관되면서 어머니와의 시인에 의한 아름다운 추억이다. 홍 시인과 어머니와의 깊은 사랑은 시에 의하면 강물과 동일성을 지니면서 사철 굽이친다. 또한 이생의 고달픈 들길을 풍요와 꽃 무덤으로 황홀하게 하는 도도한 사랑의 강폭이다. 따라서 이 헤아릴 수 없는 깊은 사랑은 곧 '구룡포'로 대치된다. 부모님은 구룡포이다라고 할 수 있다. 아버지 이름 세창(世昌) · 거대한 물결 구룡포이다.

물과 홍 문표와 호 동천(東川)과 결부된 흐르는 물살에 대한 깊은 천착이 늘 따라다니며 '사람은 제 이름값을 한다'이다. 홍 문표 아버지 "구룡포 하늘의 쩌렁한 목소리"다. 물과 어머니와의 하늘과 달이 동쪽으로 흐르는 물과 수직구조이다. 어머니는 시적 표현 달이다. 비춘다. 동쪽으로 흐르는 시냇물을 비춘다.

겨울 하늘의 달과 동쪽으로 흐르는 시냇물은 하늘과 땅이라는 뚜렷한 수직구조이다. 빛과 물이다. 모자지간이다. 어머니와 아들의 수직성 필요조건은 효이다. 이름의 이미지에서 생성되는 바의 동월(冬月)과 홍 문표의 호 동천(東川)의 시적 형상은 물이 빛을 쳐다본다. 동천(東川)은 동쪽을 향하여 흐르는 물이고 달은 하늘에 떠 있다. 모자지간이라는 관계로 본 물이 빛을 쳐다보는 구조이다.

동천(東川) · 동쪽으로 흐르는 시집 『지상의 연가 ~늘 푸른 강물이 듯이』의 52편은 시 제 전체가 ~ 늘 푸른 강물이 듯이 - 동쪽으로 흐른다. 동일한 반복성의 등가성 52편은 똑 같이 52개의 등가성은 모더니즘 계열인 분리에 철저하다. 동시에 그 분리가 52번이나 길 떠나기 동쪽 에덴을 향하여서이다. 에덴은 너와 나의 분리가 없는 영원한 곳이다. 이 아이러니는 홍 문표 시인의 실존의식이 기어이 찾아내고야 말아야 하는 진실이다. 철저한 학문적 논리 곧 탐색작업 시간과 공간의 분리 지금 있는 곳에서 떠나는 공간의 이동이 있다. 늘 새롭게 만나는 시간과 공간! 철저히 모더니즘 시인이게 하는 에덴의 실체가 네 강으로 되어 있다. 분리가 되어 있다.

시인이 지닌 감정보다 이성 중시에서 서정 시인이 지닌 심상이 주관하는 동쪽 햇빛이 있는 에덴으로 떠나는 홍 시인은 의지의 서정 시인이다. 서정시인은 악기에 맞추어 노래 부르는 홍이 있다. 마음에 홍을 끄집어내어 놓아 시로 만드는 시 작업이 구원의 시 작업이다. 52번이나 춤을 추며 악기에 맞추어 공감대를 얻어낸다. 감정을 가지고 있는 사람들이 공감 같이 춤을 춘다.

에덴의 네 강중 하나인 비손 강은 첫째 강이 아니라 하나 강이다. '하나' 같이 힘주어 일어나 '인나 인나' 일어나 일어나! 힘을 주면서 일어서 하나이다. 우리 아버지 어머니 들은 아이들이 늦잠을 자면 야 아무개야 일어나 인나 인나! 이 언어는 산스크리트 사전에 그대로 우리말 발음 그대로 기록되어 있다.

우리 성경 복음 송에 일어나 걸어라!가 있다. 어니다냐고 물으면 우리들은 일 나간다고 말한다. 일어나 나간다의 준말이다. 말이 그 사람을 지배한다. 일어나는 시를 쓰면 일어나진다. 일어나 노래를 부르면 일어나진다. 일어서 시의 일을 하면 시인이 된다. 일어나 연구를 하면 학자가 된다. 일어나 자꾸 시를 쓰면 시집을 만들 수 있다. 52세 때 52편의『지상의 연가 ~늘 푸른 강물이듯이 』!

(1). 하나님이 숨 쉬게 하는 비손 하나 강에서

성서 원문은 첫째를 그 하나[1]강으로 한다. 그 이름이 비손[2]이다. 이 비손 강은 글자가 가지는 의미로서 하나님이 시키시는 일을 입으로 끝까지 말씀전하는 사역이다. 비손이란 뜻은 '퍼지다' '자라게 하다'는 뜻이다. 타인을 자라게 하는 말과 행동이 나오는 존재라는 뜻이다. 홍 문표는 그 존재로 부르심을 받았고 그런 존재로 퍼지고 자라서 가만히 있지 아니하고 나선형으로 빙빙 돈다. 직선적으로 흐르지 않고 빙빙 도는 우회적 방법의 시학이론을 통하여 물(생명 · 언어)을 대상에게 먹이며 나선형으로 빙빙 돌아 대상을 적시는 에덴의 시학자이다. 빙빙 돌면서 그 정점을 향하여 올라가는 길은 에덴으로 가는 길이며 이에 에덴시학이 있다.

하나 되는 강은 하나님이 하나님의 백성이 숨 쉬게 하기 위하여 4강으로 분류되어 흐른다는 가정을 할 때 왜 강이라는 말이 나오지 아니하고 대신 '그 하나의 거기'로 비손을 소개하고 있다. 그 하나의 거기를 오로지 찾는 일은 바로 하나로의 일치를 원하는 심상에서 찾아진다. 그야말로 그 하나 거기이다.

그만큼 에덴에 대한 철저한 인식은 분리된 강이 아니라 하나로 되는 일치의 서정적 마음의 하나가 되는 그 하나이다. 이 비손의 위치는 현재 확실한 곳이 제시되지 않는다. 땅 속으로 들어갔다는 설도 있다. 곧 유토피아란 의미가 전해지듯이 이 세상에서는 없는 하늘나라 에덴이기 때문이다. 이에 문맥으로 발견하려는 비손 '그 하나 거기는'에서 발견되어지는 문장텍스트는 숨 쉼의 히브리어 표시 '헤'[3]를 글자 양쪽에 표시한다. 이 숨 쉼 사이 안에 성경이 말

1) שֵׁם הָאֶחָד(쉠 하에하드 · 그 하나 거기 · 창 2:11).
2) פִּישׁוֹן(비손).

하고자 하는 예수님의 상징이기도 연장 '자인'[1]이 있다. 따라서 일반적 개념으로도 위 두 글자사이에서의 연장이라면 성서에서 유일하게 예수님을 상징하여 숨 쉼이라는 것도 예수님을 통해서만 숨을 쉴 수 있음을 지시한다.

문학 언어로 구성된 이 '한 강'은 모래땅이 숭숭 구멍이 나 있한다. 성서는 모래땅에서 금이 만들어지는 이야기를 문학적 이미지로 엮는다. 곧 성서는 이때 연장 · 예수님 상징을 사용하는데 원문 '하자하브'[2]로 한다. 곧 숨 쉼 언어 하자하브[3]에는 숨쉼 '하 · 하'[4]로 하는 숨 쉼이 2회이다. 이 숨 쉼이 양쪽에 모두 사용되면서 그 사이에 연장[5]을 끼워 넣었다. 한국인들은 '하자'라는 말을 잘 사용하는데 바로 연장 · 외람되지만 예수님을 사이에 넣어 우리를 숨 쉬게 하자이다. 예수를 위한 강이 비손강이다.

그리고 더 나아가 예수님의 제자를 만들기 위한 사역 강이다. 곧 흩어져서 하나님의 일을 하기 위하여 흐른다는 의미다. 비손강은 글자그대로 비전의 강이며 글자풀이는 하나님이 시키시는 입으로 영원히 말씀을 전하는 의미이다. 문학적 표현으로는 쓸모없는 모래땅을 전부 아주 많이 숨 쉬게 하기 위해 금 곧 말씀으로 싸 바른[6] 곳이라는 문학글자이다. 히브리어는 뜻글자로서 그 뜻을 그대로 전하는 차원 높은 문학의 은유용어로 된다. 그 예가 비손강이다.

강이 흐르는 것은 금[7]을 만들기 위해서이다. 모래가 있는 강을

---

3) ה(헤 · 숨쉼).
1) ז(자인 · 연장).
2) הַזָּהָב(하자하브 · 금이 있는 · 창 2:11).
3) הַזָּהָב(하자하브).
4) הָ הַ(하 하).
5) זָ(자인 · 연장).
6) הַסֹּבֵב(하소베브 · 창 2:11 · 싸비비 · 시 44:14; 레 9:18; 욥 22:10).

금 모래땅이라고 한다.

엄마야 누나야
엄마야 누나야 강변 살자.
뜰에는 반짝이는 금모래 빛.
뒷문 밖에는 갈잎의 노래
엄마야 누나야 갈변 살자

~ 김소월 「엄마야 누나야」 에서

물에 씻기어 흐르면서 반짝반짝 흐르는 강은 김소월 시에서 드러난다. 곧 모래에서 금을 만드는 노력이다. 신라 시대 수도 경주에서는 사금이 많이 발견된다. 사금이 정금이 되는 아주 크게 도는 히브리어 '핫가돌'의 돌은 글자 그대로 아주 크게 빙빙 돎을 의미한다. 빙빙 돌며 춤추며 주의 계명이 금보다 좋으리[1]라 하며 돈다. 이때 호마노(창 2:12)가 또 두 번의 숨 쉼 언어를 나란히 놓는다. 원문 하솨함[2] 곧 양쪽에 숨 쉼 글자 '하'[3]가 두 번 양쪽에 나뉘어져 있고 그 사이에 예수님이 두 손을 들고 십자가의 달린 모습 히브

---

7) 예수님이 만들어 지는 이 베델리엄 הַבְּדֹלַח(하브돌라 · 진주, 창 2: 12)는 한국말에 '돌라' '돌아라'에 '하' 곧 아주 많이 붙어 아주 많이 돌아라 · 그만큼 노력을 많이 한 땅이라는 말이다. 기름 섞은 과자 같은 만나는 금 항아리에 넣어진 만나 곧 광야 40년에서 먹었던 말씀이기도 한데 이 말씀은 하루에 쉽게 얻어지는 것이 아니라 모래땅에 퍼져 있는 곧 사람들 · 사금을 모아 귀한 금을 만들어냄으로 비유되었다.

이 금은 하나님의 말씀이다. 흘러가는 강물 따라 흘러간다. 물은 광야 하윌라 땅을(창 2: 11) 둘러싸고 그 곳의 금(주의 계명)을 가지고 흐른다. 금이 나오는 곳의 물은 금광 속의 물로 삼년 가뭄에도 마르지 않는다. · 이때 만들어지는 모래는 금을 나오게 한다. 일곱째 날에 애급에서 가지고 나온 금을 성전에 바른다. 금이 나오는 모래는 하윌라(창 2: 11)에서 온 땅을 두루 파서 포위하여 빙빙 돌아가며 춤을 춘다. 한국말에 '빙빙돌다'라는 말이 있다.

1) טוֹב~לִי(토브 · 승하니이다 · 시 119: 72)

2) הַשֹּׁהַם(하솨함 · 호마노 · 창 2:12).

3) הָ(하 · 숨 쉼).

리어글자 '소'[1]가 있다. 숨 쉼을 양쪽으로 하고 그 사이에 두 손을 높이 든 שׁ(쉰) 기호이다. 곧 예수를 상징하며 이로 하여 우리는 숨을 쉴 수 있는 무리 중에 하나이다. 이때 예수님을 따르는 무리 · 사역자들 의미 복수 · 물[2]을 통하여 사역자들이 하나님의 일을 할 수 있음을 예시한다. 홍 문표 교수가 그토록 추구하는 에덴의 시학은 바로 여기 한 강 하나에서 출발한다.

에덴의 시학은 주의 계명을 커다랗게[3] 하는 사역이다. 커다랗다의 뜻은 빙빙 돌며 움직이되 위로만 올라가 드디어 은혜를 갚는 의미이다. 사금이 금이 되는 과정은 모래가 빙빙 돌면서 차츰 끈기와 노력으로 위로 춤추듯이 위로만 올라가 금으로 연단되어 나온다. 교회에 첫발을 디디어 60[4]년 동안 그리고 66세에 목사 안수 이후 홍 문표 목사의 하나님 일 사역은 점점 그 물이 올라 하나님의 큰[5] 사역자가 중의 한 사람이 되었다. 오직 하나님에게로 향하는 한 길[6]의 에덴 시 학자(詩學者)이다.

홍 문표는 현재 학문! 문학과 신학 · 사업의 잡지와 한국문인교회를[7]과 밤 매향 자연농원을 현장으로 한다. 이 하나님 사역의 4 분류는 굳이 에덴의 4강과 연관성이 없다하더라도 하나님의 백성

1) שׁ(소 · 연단).
2) ם(멤 · 물).
3) גְדֹלוֹת(그도로트 · 커다랗다 · 대상 17:21; 욥: 5:9) · 기본형은 크다 גָּדוֹל(가돌 · 크다 · 출 32:10 · 11 등) · גְדֹלָה(게도라 · 큰 · 출 32:30 · 31).
4) 예수님에게 처음 이끌리어 들어간 곳은 태양리 태양교회(임 달호 목사).
5) הַגָּדֹל(핫가돌 · 창 1:16).
6) 한 곧 하나의 강이므로 첫째의 개념이 아니라 전체의 의미이다. 성경의 계산법은 1 에하드는 하나님 한 분 뿐을 의미한다. 십일조는 십분의 일이 아니라 전부 바치면 하나님께서 도루 주시는 것이 십일조이다.
7) 창조문학 · 말씀과 문학 · 문학선교회 · 한국문인교회 · 문예비평학회 · 한국창조문학가협회 · 미주문학 · 미주시문학 · 밤 매향 자연 농원 · 홈페이지 · 홍 문표문학관 창조문학사를 합하여 총 12개의 단체.

으로서의 사역 4곳이다. 홍 문표의 호 동천이 갖는 내해 · 유업을 받은 자로서의 삶이다. 이 증거는 히브리어 나할이 제시하는 분깃이다. 하나님의 백성으로서의 사역은 하나님이 주신 분깃이다.

실제 홍 문표 교수의 부모의 이름이 갖는 세창(世昌)에서 하나님이 창조하신 세상은 은유적으로 바다 이미지이다. 이 바다에서 아들이 물려받은 기업은 문법으로 히필형 부정사 연계형 곧 물이 먹여지다[1]이다. 물 위에 뜨기이다. 말씀위에 뜨기이다. 모세처럼 물위에서 건져져서 어릴 때의 교회에 가기[2] 시작함으로써 이루어진 업적이다.

창세기 2장 10장의 전달메시지처럼 사방 · 네 물길[3]에 들어선 홍 문표교수의 삶은 에덴동산에서 강을 넷으로 분리하듯이 유업 넷을 가지고 있다. 그야말로 물에서 건져지기 위해 "온 생을 몸으로 살아가는" 삶이다.

> … 요행으로 살기 보다는 몸 전체로 살고 싶다.[4]

네 강과 홍 문표와의 연계성은 동천이 가지는 동쪽으로 흐르는 강의 호에서이고 성경과 관련하여서는 에덴의 네 강이 흘러서이며 결정적인 연계성은 내해 곧 유업과 관련하여서이다. 내해의 개념은 한국말의 '내'가 흐르는 물의 개념인 동시에 나의 것이라는 개념이지만 성경적으로는 하나님께서 주신 유업을 말한다. 홍 문표는 실제 네 개의 유업 · 문학과 신학과 그리고 잡지와 한국문인교회를

---

1) לְהַשְׁקוֹת(레하쉐코트 · PVHNG).
2) 1950. 8월 어느날. 충남 부여군 부여면 태양리 태양교회.
3) 히브리어로 אַרְבָּעָה(아르바아 · 四)창 2:10; 출 37:3 · 13; 민 25:9 · 29:23.
4) 1978년 4월 18일 일기.

운영한다.

성경과 문학과의 접근은 일차적으로 문학의 선배 시인 이상 시에서 찾아진다. 시인이 네모 모서리들을 모두 떨어져 있게 창작하여 절대적 그인 시적화자가 숨어 있으면서 뚫려 져 있는 사(四)방향 모두를 통해 숨 쉬면서 살아[1]남는다.

이상의 시 시제 5호가 네모 모서리들이 도형으로 떨어져 있듯이 홍 시인 역시 이 세상에 살면서 하나님 은혜로 숨을 쉬고 그 은혜를 갚기 위해 에덴의 시학을 연구한다. 한국의 시인인 이상시의 시제 5호에서 사람의 모습을 제시한.[2] 내용이 흥미를 주면서도 주제는 숨기고 있듯이 모더니즘 시인 홍 시인은 에덴시학을 철학으로 하는 이유를 시로 하면서 그 의미를 숨기고 시로서 시작한다.

홍 시인은 숨 가쁘게 계속하여 떠나면서 에덴을 향한다. 이러한 연결 삶의 일생은 누구나 아침에 집을 출발해 직장을 가고 그리고 한날을 시작하듯 이러한 개연성에 충실하면서도 개인의 일에 몰두하는 것이 아니라 하나 · 사랑하는 사람을 만나기 위해서이다. 사랑하는 사람 그 하나를 만나기 위해 하루의 일정을 출발하여 하루를 마감한다. 회사를 잘 살리기 위해 몰두하면서 각기 다른 일에 모두가 충실 하듯이 홍 문표 교수는 하나님 일을 위해 몰두한다. 나라가 잘 되는 일을 위한다. 이러한 엄연한 진리 그대로 홍 시인의 시의 시 제목이 가지는 「~ 늘 푸른 강물이듯이」의 삶이다. 하나인 에덴을 만나기 위해 시를 쓴다. 서정시를 쓴다. 그 방식은 모더니즘 형식으로 하였다. 분리로 하되 서정으로 마무리 하였다.

---

1) 李 英芝, 「이상시 연구」 (서울 : 창조문학사 · 1980) · 27.
2) 李 英芝, "「시제 5호」," 『이상시 연구』 · 35 · 73~76.

(2). 두 번째 강에서 변화되어

에덴 철학은 십일조 인식에서 다 바치고 10의 9를 얻어 생활하는 것이 십일조 개념이듯 하나라는 전체 그 분을 위해 한다. 온전히 바쳐진 삶을 위한 것이 에덴철학이며 시로 온통 삶을 다 드리는 변화된 삶이 에덴시학의 철학이다. 성서는 네 강의 설명에서 강이라는 표현을 두 번째 강으로 한다. 이 때 두 번째 개념을 강조한 곧 변화되어 탈바꿈되는 자리의 강이다. 성서는 왜 강이라는 표현을 이제야 하였을까. 기혼 강은 구스 땅을 휘돌아 싸안고 돈다. 바로 구스 땅이 검은 땅이라는데 문제가 있다. 에덴동산의 두 번째 자리로서 두 번째 강이라는데 문제가 있다. 이 둘의 긴장관계를 풀자면 두 번째의 강이 언급되는 일이 무심히 혹은 우연히 제시 표시되는 게 아니다. 거듭남의 이미지가 가해지는 성경의 2회 자리이여서이다. 두 번째 강은 숨 쉼의 표시가 있다. 두 번째의 강 '하나하르'[1] 또한 하나로 흐르기 위한 두 개의 강이다.

이때 처음 강 비손과 같이 숨 쉼 표시를 2회 사용하여 처음 비손과 긴밀하다 '하나하르'[2]의 두 번 숨 쉼 '하 · 하'[3]는 여호와나 여호와의 구두어 '예흐예'에서 보여주던 2회 리듬 하 · 하[4] 그대로이다. 히브리어는 이 하 발음이 많다. 바로 숨쉼을 주제로 한다. 하나님의 아들 예수가 십자가에 달려 돌아가심으로 하여 하나님의 백성들이 숨 쉬며 하나가 되는 강이다. 주인공은 예수님이다. 의미는 오로지 은혜를 갚기 위한 강 기혼[5]으로 '분출하다' · '솟아나'로

1) הַנָּהָר(하나하르 · 강 · 창 2:14).
2) הַנָּהָר(하나하르 · 강 · 창 2:14).
3) הָ הַ(하 하 · 두 번의 숨쉼 의미).
4) ה ה(흐 흐 · 두 번의 숨 쉼 의미).
5) גִּיחוֹן(기혼).

사전해석이 되어 있다. 티그리스강과 유프라테스강 사이의 작은 골짜기 지역 에덴이다. 낮고 낮은 마굿간에서 태어난 예수님이듯이 · 홍 문표 시의 정상은 가장 낮은 곳에서 찾는다.

오를 수밖에 없는 것이다.
이미 짓밟혀진 계곡에
무슨 미련이 있을 것인가.
손쉬운 소유로 하여
부정한 약탈이 핏발을 세우고
마침내 진창으로 침몰하는
낙화의 절망

정상이야 그래도
구름으로 닦여진
은빛 순수의 흔적이라도
널려 있을 것이고
바람이 머물던 무념의 그림자
그 가난한 정숙의
몸짓이라도 남아 있을 것이 아닌가

무수한 바람의 역사가
대지의 순결을 유린하고
이제 마지막 남은 자존심 ·
아스라이[1] 나부끼는 부끄러움만이
유일한 존재의 흔적일지라도
오를 수밖에 없는 것이다.

오르다 지쳐 쓰러지는 눈물
그것이 무모한 지상의 허무일지라도
오를 수밖에 없는 것이다.
그리하여 오르다 오르다 지쳐

---

1) '아스라' 곧 앚슨 · 앚슬 · 앚슨 · 앚즌 · 안즌이 변하려 아즘의 나라 조선이다. 앗. 아스라이 멀리 까지 펼쳐지는 거대한 땅 '朝鮮'이다.http://www.choistube.kr 소불도리.

쓰러질 수밖에 없는 것이다.

~ 홍 문표 「날마다 산에 올라 3」

두 번째의 강은 졸졸 흐르며 아주 낮은 곳에서 아름다운 무늬를 놓는 제잘 거림의 '나할'[1] · 시냇가이다. 성경의 강은 기본형 나하르[2]와 '나할'[3] 두 개가 있다. 기본형 '나하르'는 에덴의 동산에서 흐르는 강을 보여주면서도 그 이면에 숨어 있는 작은 시냇물이며 기업이며 유업의 뜻을 지닌 강이다. '나할'을 숨겨두시고 하나님의 일을 하는 사역자들 중의 한 분인 홍 문표를 통해 졸졸 흐르며 반짝거리게 하고 있다.

이 보여주기의 '나할'은 '내 해'이면서 '내 할 일'이다. 내가 가진 내해와 '내'(川) · 시냇물 나할[4] · 시냇물이다. 이 시냇물에서 영영한 기업이 되게 하리라[5]는 전망은 신앙의 공동체를 형제애로 묶게 하는데 있다. 하나님의 일은 늘 푸른 강물이 듯이의 일이다. '내'로 불리어지는 이 나 할[6]일은 유업이나 기업을 가진 이가 내 할 일 의 '나 할'일을 찾아 하나님의 일을 묵묵히 나 할 일을 하는 것이다. 구스 땅과 같은 어둡고 검은 곳에서! 시냇물과 기업의 연관성은 참으로 신비한 관계이다. 기업은 나눔[7]에 그 깊이를 더한다.

---

1) נַחַל(나할 · 시냇가).
2) נָהָר(나하르 · 강).
3) נַחַל(나할 · 시냇가).
4) נַחַל(나할 · 시냇물).
5) וְנָחֲלוּ לְעֹלָם(베나할루 레올람 · 기업이 되게 하리라 · 출 32: 13).
6) 가 נַחַל(나할 · 시냇가 · 민 · 34: 5시 124: 4) · 강 נַחְלָה(나흘라 · 강 · 겔 47: 19; 민 34: 5) · 시내를 따라 נַחֲלָה(나할라 · 시내 · 겔 48: 28) · 기업이 되게 하리라 וְנָחֲלוּ(베나할루라 · 기업 · 출 32: 13) · 유업 נַחֲלָה(나할라 · 신 15:4 · 26: 1) · 기업을 נַחֲלָתוֹ(나할라토 · 기업을 · 민 33: 54) · 기업으로 나눌 יִנְחֲלוּ (인느할루 · 기업 나눌 · 민 34: 17) · 기업을 나누기 위해 לִנְחֹל(린느홀 · 기업을 나누기 위해 · 34: 18)
7) וְהִתְנַחַלְתֶּם(베히트나할템 · 나눌 것이니 · 민 33: 54).

이에 대한 하이퍼성은 하나님을 믿는 이의 유업이나 기업으로 그 의미를 덧붙이면서 홍 문표가 가진 동천이 지닌 유업의 의미와 연결된다. 홍 시인은 지금의 동천(東川) 호는 두 번째로 바꾼 호이다. 처음에는 '한 별'이었다. '한 별'은 하나님의 아들 예수님에 해당한다는 의식에서 더 작은 길을 찾아 두 번째의 호를 동천(東川)으로 하였다. 성서에서 2회 이름이미지는 항상 많이 사용되는 마크이다.

기혼강은 예루살렘 성 밖의 동쪽 기드론 골짜기에 졸졸졸 흐르면서 예루살렘에 물을 공급한다. 솔로몬이 부름을 받아 왕이 된 곳[1]이다. 성경의 구스 땅은 검다는 뜻과 더불어 예수님이 십자가에 달리어야 하는 이유가 수반된다. 예수님은 검은 땅에 오시어 예수님만이 받으실 수 있는 잔을 하나님으로부터 받았다. 중심 버팀목이 되는 의미를 지닌 구스땅의 기혼강은 예수님이 하나님으로부터 받은 은혜를 갚은 의미의 강이다. 기혼강은 은혜가 차고 넘쳐난다는 뜻으로 하여 이 죄악의 땅을 예수님이 힘차게 넘치어 씻어내는 역할이다. 죄악[2]의 땅에 하나님의 일 하는 사역은 모든 하나님의 일 사역자에게도 해당된다. 하나님의 사랑은 차고 넘쳐서 말씀이 육신이 되어 우리 가운데 거하시며 은혜와 진리가 충만하더라(요 1:14)는 예수님의 체험을 흠모하는 하나님 사역자 홍 문표의 일생을 에덴의 시학에 머물게 한다.

지금의 이란 땅인 페르시아에는 구스인이 살았다는 학설이 있다. 역사에서는 그들이 세운 국가를 카사이트(Kassite) 또는 카슈(Kassu)라 불렀는데 · 카슈가 성서에서 말하는 구스라는 점이다. 그러나

1) 왕이 저희에게 이르되 너희는 너희 주의 신복들을 데리고 내 아들 솔로몬을 나의 노새에 태우고 기혼으로 인도하여 내려가고(열왕기상 1:33)

2) 구스인이 그 피부를 · 표범이 그 반점을 변할 수 있느뇨? 할 수 있을진대 악에 익숙한 너희도 선을 행할 수 있으리라"(렘 13:23).

구스(카슈)인은 이사야 18장에 기록된 말씀처럼 홍해를 건너 아프리카로 떠나갔으며 · 그 땅에 지금은 페르시아인들이 들어와 있고 · 기혼강도 그 이름이 없어진 상태이지만 역시 에덴의 시학자 홍 문표와 같은 하나님의 사역자들이 이 중심에서 벗어나지 않고 일생을 불사른다.

오늘날 사람들은 그 강을 카룬강이라고 한다. 직선거리로는 300km도 안 되는 아주 작은 강으로 시냇물에 가까우며 이란 땅을 굽이굽이 돌아 무려 820km에 이른다. 이란 사람들의 젖줄이 되며 예수 그리스도의 보혈이 온 세상에 굽이굽이 흐르는 이 길은 예수님이 중심이 되어 흐르면서 예루살렘 강줄기가 되기 위해 탈바꿈하면서 유프라데강을 향하여 흐른다. 그런데 성서에서 기손 강을 옛 강이라 하면서(삿 5:21) 축복 (삿 4:13~15 · 5:20~21)의 강이라 하였다. 에덴의 강에 비유하고 있다. 다볼산에서 가나안의 야빈의 지휘아래 움직이는 9백대의 철거 병을 이끄는 시스라 군대를 몰살시키는 이야기는 겔47장이나 계22:2을 보면 하나님의 보좌에서 흐르는 성령의 강수를 뜻한다. 따라서 에덴동산의 강 즉 성령강수의 상징이 된다. 성서에서 강조하는 둘째라는 의미는 각별하다. 그것은 유업이나 기업의 의미로서 유일하게 드보라를 도와 전투에 참여한 스불론과 납달리의 두 지파나 사사기 5장 전체에서 강조하는 2회 언어 리듬의 현상들은 성경이 얼마만큼 이 두 번째의 의미를 강조하는[1]지 보여준다.

---

1) 사사기 5:1~31까지의 리듬

삿:5	원문	발음	의미	글자의미	회수	순
3절	לַיהוָה	라여호와	여호와를 위하여	숨쉬려고	2	1
3절	אָנֹכִי	아노히	나	배움 영원히	2	2
4절	נָטְפוּ	나타푸	새어서	지혜입술	2	3

(3). 셋째 강 동천(東川)

홍 시인의 호는 동천(東川)이다. 에덴의 셋째 강은 물을 내뿜어 터져 나오는 강 힛데겔[1]이다. 오직 가슴으로 작은 구멍인 바늘귀의 강 · 어려움을 통과한다. 가슴에 있는 말씀을 사역자의 배로 솟구쳐 올리며 진리를 말하지 않고는 견딜 수 없는 열정의 강이다. 강은 아래에서 위로 솟구쳐 오른다. 구멍을 하나 뚫어놓고 힘을 가하여 물줄기가 강하게 흐르는 강이다. 남쪽에서 북방 유프라데까지 가는 강으로 · 유부라데 강을 위한 강이다. 동천(東川)의 강도 동쪽으로 흐른다. 성경의 힛데겔은 하드 + 칼로 두 단어로 합성하여 날

5절	מִפְּנֵי	미프네	앞에서	입술의 은혜	2	54
5절	יְהוָה	여호와	하나님	숨쉬게 하시는 분	2	6
6절	אָרְחוֹת	아라호트	대로	머리가 되는	2	7
7절	בְּיִשְׂרָאֵל	이스라엘	이스라엘안	하나님 속죄하심	2	8
10	~עַל	~알	~에	~번제	2	9
11	צִדְקוֹת	지드코트	의	향기로움	2	10
12	עוּרִי	우리	일어나라	하나님의 눈 안에	2	11
13	~יְרַד	~예라드	강림	하나님 가슴이 옴	2	12
19	מַלְכֵים	믈라킴	열왕들	가나안 왕들	2	13
19	נִלְחֲמוּ	니르하무	싸움	전쟁(가나안)	2	14
20	נִלְחֲמוּ	니르하무	싸움	전쟁(이스라엘)	2	15
21	נַחַל(	나할	강	유업	2	16
21	קְדוּמִים	기손	강	옛강	2	17
22	דַּהֲרוֹת	다하로트	달리다	가슴을 내밀었다	2	18
23	לְעֶזְרַת	라즈라트	돕다	와주었다(안도움)	2	19
23	יְהוָה	여호와	여호와	하나님(안도움)	2	20
24	תְּבֹרַךְ	트보라크	복을 받다	하나님 일 하다	2	21
24	מִנָּשִׁים	미나쉼	다른여인들	여자	2	22
27	כָּרַע	카라	구부러지다	굽다	3	23
27	נָפַל	나팔	엎어지다	떨어지다	3	24
28	בְּעַד	브아드	으로 · 에서	보이는	2	25
28	מַדּוּעַ	마두아	어찌하여 · 왜	가슴으로 들어오는	2	26
30	שָׁלָל	쇨랄	노략물	부서지고 부서지는	4	27
30	צְבָעִים	즈바임	채색옷	눈으로 드는 향기	3	28
30	לְקָמָה	리크마	처녀	갖고싶은	2	29

1) הִדֶּקֶל(힛데겔 · 창 2:14).

카롭고도 빠르고 신속하고 예리한 물살 로 흐른다. 홍 문표의 걸음걸이는 실제 아주 빠르다. 에덴의 셋째 강 힛데겔은 아주 빨리 흘러간다. 다니엘은 포로기 때 정월 이십사일에 힛데겔 강가에서 세마포 옷을 입은(단 10: 4)분을 보듯이 힛데겔은 신속하게 흐르는 · 화살처럼 빨리 나는 힘이 있고 · 능력이 있다.

힛데겔 강은 앗수르 동편으로만 흘러 죽음의 땅 동편의 사람들을 살린다. 그리스도의 재림[1]을 상징하여 현대인들은 힛데겔의 음역과 가까운 티그리스 강이라 부른다. 상류는 범위가 넓으며 · 강폭이 유프라데 강보다 좁고 · 터키 국경과 바그다드와의 고도차가 300m 이상 될 정도로 커서 강물이 많고 흐르는 속도가 빠르다. 쉽게 범람하면서 화살처럼 빨리 나는 힘의 하나님 능력을 상징한다.

사람은 누구나 이상을 가지고 산다. 홍 문표 교수는 이상을 에덴시학으로 한다. 그냥 에덴이 아니라 에덴시학이다. 홍 학자 시인의 이상은 에덴을 시처럼 만들겠다는 의지가 숨어 있다. 에덴을 시의 동산으로 만들겠다는 의지는 바로 에덴시학이다. 인생을 시처럼 살겠다는 의지가 에덴시학이다. 성서는 이상을 에스겔을 통하여 제시한다. 에덴의 셋째 강을 통하여서이다. 이상은 그 후에 그가 나를 데리고 문에 이르니 · 동향한 물이라 이스라엘 하나님의 영광이 동편에서부터 오는데 하나님의 음성이 많은 물소리 같고 땅은 그 영광으로 인하여 빛나니 그 모양이 내가 본 이상[2]이 되고 있다.

---

1) 보라 내가 너희에게 비밀을 말하노니 · 우리가 다 잠잘 것이 아니요 · 마지막 나팔에 순식간에 홀연히 다 변화하리니 · 나팔 소리가 나매 죽은 자들이 썩지 아니할 것으로 다시 살고 우리도 변화하리라. 이 썩을 것이 불가불 썩지 아니할 것을 입겠고 · 이 죽을 것이 죽지 아니함을 입으리로다. 이 썩을 것이 썩지 아니함을 입고 · 이 죽을 것이 죽지 아니함을 입을 때에는 사망이 이김의 삼킨 바 되리라고 기록된 말씀이 응하리라. 사망아 · 너의 이기는 것이 어디 있느냐? 사망아 · 너의 쏘는 것이 어디 있느냐?(고전 15:51~55)

(4). 넷째 강에서 말씀 전하며

넷째 강 유프라데 강에 대하여 키레(P. Kyle)는 생명을 살리는 강이라 하였다. 홍 교수 시인은 생명을 살리는 에덴시학을 평생의 철학으로 한다. 유프라데 강은 말씀을 전하는 입술의 의미이다. 말씀을 전하는 일이 유프라데 강과 메소포타미아 두 강이 지닌 생명 젖줄기의 근원[1]이다. 유프라데강은 입으로 말씀을 전하는 강이다. 어원이 같은 유프라데[2]와 유프라데[3] 열매의 강이다. 말씀의 열매를 상징한다. 참 좋은 · 비옥한 유프라데강에 대해서는 그 강물이 어디로 흘렀는지는 성경이 제시하지 않는다. 오히려 그럼으로써 네 강의 중심이 되는 강! 이에 대한 이해는 4 · 4개념이다. 4 · 4는 1의 의미로 전환한다. 하나로 모아지는 유프라데 강은 문(門)과 입술의 의미 곧 말씀과의 긴밀성이다. 홍 문표의 문 · 즉 moon과 하이퍼성으로 연결되어지는 오묘한 말씀 전하기의 연결이다. 방위로는 사방의 문 의미이며 성서는 이 사방 곧 4개의 방향에 대하여 언급한다. 4의 3위 일체의 개념이다. 동 서 남 북 네 방향 모두 성령이 함께 하는 12사도와 개념으로 이해 할 때 더욱 확실해진다. 4방향으로 삼위일체이신 셋이 된 12길이다.

유프라데 강은 큰 강 · 하수[4]이다. 유프라데 강은 비손강 사프

---

2) "그 후에 그가 나를 데리고 문에 이르니 · 동향한 문이라. 이스라엘 하나님의 영광이 동편에서부터 오는데 · 하나님의 음성이 많은 물소리 같고 · 땅은 그 영광으로 인하여 빛나니 · 그 모양이 내가 본 이상 · 전에 성읍을 멸하러 올 때에 보던 이상 같고 · 그발 하숫가에서 보던 이상과도 같기로 내가 곧 얼굴을 땅에 대고 엎드렸더니 · 여호와의 영광이 동문으로 말미암아 전으로 들어가고 · 성신이 나를 들어 데리고 안뜰에 들어가시기로 내가 보니 여호와의 영광이 전에 가득하더라"(겔 43:1~4).

1) Mullen · *The Assembly of the God's* (1986) · 132 · n. 7.

2) יִפָּרֵד(이파레드 · 창 2: 10).

3) פְּרָת(페라트. 창 2: 14).

4) 출 23:31 · 신 1:7 · 사 7:20.

완이 흘러와 합쳐진 후에 페르시아 만으로 흘러간다. 거기서부터 페르시아 만 까지는 비손 강이라 부르지 않고 유프라데 강이라 부른다. 기혼 강은 코람사르에서 유프라데 강과 합쳐지고 · 힛데겔 강은 쿠르나에서 유프라데 강과 합쳐진 후 페르시아 만으로 흘러간다. 강이 합쳐진 후에 페르시아 만까지의 강은 더 이상 비손 강도 · 기혼 강도 · 힛데겔 강도 아닌 오직 유프라데 강 일 뿐이다. 모든 강물은 유프라데 강에 귀결된다. 유프라데 강의 유프라데 뜻은 입으로 말씀전함의 의미이다. 오로지 하나님 말씀으로 살아가야 함을 성서는 에덴동산의 네 강을 예로 들고 그 문학적 은유로서 홍 시인은 에덴시학으로 한다.

신학으로 설명되어지는 천년왕국 너머에 있는 새 하늘과 새 땅이다. 새하늘과 새 땅을 하나님은 사단에게 넘겨지게 두지 않고 세상의 권세를 다스리도록 이 세상 사람들에게 사명과 소명을 주고 특별히 다스리게 하신다. 그래서 의인이 있고 에덴시학자가 있다. 하나님의 권한 아래 두신다. 홍 문표 신학자는 이 새 하늘과 새 땅에 대한 관념을 에덴의 회복으로 보고 있다. 새로운 또 다른 세계가 아닌 절대의 회복을 통한 하나님이 창조하신 목적에 맞는 순진무구한 하나님의 형상을 닮은 사람이 사는 세계! 이 지상 에덴시학 안에서 가능한 에덴 회복이다. 에덴시학은 사람의 마음을 회복시키게 하는 구원의 메시지이다. 시인의 인생이 행복한 것이다.

시인의 작품을 통하여 시인이 할 수 있는 일이 있다. 신학에서의 에덴동산을 흘렀던 모든 강물이 유프라데 강에 귀결되는 것처럼[1)]

1) "또 내가 새 하늘과 새 땅을 보니 · 처음 하늘과 처음 땅이 없어졌고 바다도 다시 있지 않더라. 또 내가 보매 거룩한 성 새 예루살렘이 하나님께로부터 하늘에서 내려오니 · 그 예비한 것이 신부가 남편을 위하여 단장한 것 같더라" (계 21:1~2)."(계 22:1~2)

· 수정 같이 맑은 생명수 강물이 하나님과 어린 양의 보좌로부터 나와 길 가운데로 흐른 것처럼 · 에덴시학에서의 에덴 회복은 유프라데 강 좌 우 생명나무에서는 그 생명수로 인하여 달마다 새로운 과실이 풍성히 맺히고 그로 인해 만국이 소성된 것처럼! · 에덴시학에서의 에덴 회복은 유프라데 강이 에덴동산을 흘렀던 모든 강의 중심이 되는 "참 좋은" 생명수인 것처럼!

에덴 시학의 에덴 회복은 새 하늘과 새 땅에 대한 간절한 회복을 위한 하나님의 에덴 시학 사역자들에게 주어진 하나님 사역의 일이다. 예수님의 사역을 담당한 예수님의 사역자들의 일이다. 하나님의 성경의 강은 막연하게 지리적 조건으로서만이 아니듯이 그리고 네 째 강 은 네 째의 개념이 아닌 4 · 4로서의 하나의 의미이듯이 에덴시학 사역자들은 넷째 강 앗수르 동편이라는 말이 의미하듯 동쪽을 향해 빨리 죽으러 가는 행복의 강이듯이 이 세상에서 사라질 순산까지 행복을 느끼며 사는 에덴시학의 행복 자 들이다. 모세 이미지를 지닌 유프라데 강은 입으로 말씀을 전하는 이미지로서 열매를 담당한 기독교인들의 일인 서로 화합하여 하나를 이루는 하나님의 일꾼이 있는 곳이 에덴시학의 에덴동산이다. 일생을 온통 말씀 전하는 입 즉 시인의 시 쓰기이다.

시인의 말씀전하기의 은유가 가능한 유프라데 강이 동서남북 네 곳으로 흐르는 이유는 이 넷 의미가 죽을 死 악이 그 위력을 떨치는 때[1]이어서이고 하나님의 외아들로 하여금 죄악이 한 번에 씻어지게 하신 이 곳 유프라데 강은 에덴동산에서 넷째 강 유프라데 강의 열매로 죽어야 사는 의미이다. 이 4는 완전한 동침 즉 4 · 4

1) 김 재구 · Ibid.

의 개념이다. 넷째 날의 모세가 있다. 모세는 물에서 건져졌으며 이스라엘 백성들을 애굽에서 젖과 꿀이 흐르는 땅으로 인도하였다. 생명나무를 감싸고 흐르며 비손의 거저 마심 · 기혼의 솟구쳐 나옴 · 힛데겔의 신속한 능력 · 유브라의 달콤한 네 강[1]을 따라 하나님이 만드신 존귀한 홍 시인의 눈은 일상이 아닌 하나님을 향한 시선인 에덴을 향하여 시를 짓고 그리고 눈을 감고도 바라볼 수 있는 청산을 향한다.

눈을 감으면
동공에 어리는 유년의 하늘엔
꽃마차 달리는 신작로가 보이고
손끝에 진동하는 방울소리
나부끼는 잎 새 마다
그리움은 은빛 되어
화사하게 다가오는

～ 홍 문표「늘 푸른 강물이 듯이 · 11」[2]에서

눈을 감으나 뜨나 홍 시인의 고정된 마음의 바라보는 시선은 홍 시인 삶 자체인 에덴시학이다. 홍 시인의 일상이 겪는 푸르름의 강은 온통 내면의식 전부인 푸르름 물 덩이다.

네 기억은
강물처럼
늘 현기증이다.

너의 다가오는 기척만으로도
나는 이미 죽음을 각오해야 한다.

---

1) 창세기 2:9~14.
2) 홍 문표 · 『지상의 연가 ～늘 푸른 강물이 듯이』(서울: 창조문학사 · 1992) · 37.

심장이고
눈물이고
심지어는 꿈속에 숨겨둔 비밀까지도
네 앞에서는 무위한 허사가 된다.

내 혈관들은 흐름을 멈추고
숨결은 무중력의 허공에서
몽롱한 망각을 연습한다.

내 육신은 도마 위에서
시퍼런 너의 비수에 떨고
마지막 남은 이름 석 자
강물에 떠서 방황하다가
겹겹이 밀리는 비정한 물결에 익사한다.

철책으로 빗장을 걸고
미움으로 포장한 결심이지만
밤이면 불한당 같은
너의 창끝에 무참하게 난자되고,

마지막 불꽃은
너의 간교한 흉계에
도적맞은 사마리아 사람
영혼마저 저당잡힌 미이라가 된다

～ 홍 문표「늘 푸른 강물이 듯이 · 12」에서[1]

하나님에 의해 저당 잡힌 곧 하늘에서 땅으로 내려오는 수직성의 직접적인 다발성의 홍 시인 시야는 삶 전체가 푸르름으로 물들어 있다. 하늘의 말씀을 따라 · '계심'의 곳을 향한 에덴시학 홍 시인은 온 일생을 걸어 하나님 일을 한다.

---

1) 홍 문표 · 『지상의 연가 ～늘 푸른 강물이 듯이』(서울: 창조문학사 · 1992) · 39

(5). 10 : 11 : 10 : 10 : 11의 시니피앙과 시니피에 리듬

한국 존댓말에 '계심'[1)]이란 말이 있다. 하늘에 계심 존재를 믿는 이에게 매우매우[2)3)] 좋은 일이 일어난다. 홍 시인은 야시장이이던 어디이던지 홍 시인의 에덴 탐색작업이 진행된다. 이 에덴시학(詩學)에 대한 절절한 간구는 에덴에 모여들 사람 초청 에덴 시학잔치를 위해 그 리듬을 펼친다. 문학방송을 통한 시학특강 · 부여 문인 회시 특강이며 설교의 동영상 안내이다.

동천 홍 문표 시인은 연작시 『지상의 연가 ~늘 푸른 강물이 듯이』에서 시 전체를 5부로 하였다. 이 안의 능기와 소기가 되는 10과 11편의 리듬이 있다. 기독교시인답게 1 · 2 · 3 · 4 · 5 · 6 · 7 · 8 · 9호에는 '당신' 시어가 없다가 10호에서 처음 '당신'을 부른다. 한용운 「님의 침묵」 '당신' 296회[4)]와 비교와 변별된다. 홍 시인은 「늘 푸른 강물이 듯이」 [5)]에 '당신'을 51회: 여호수아서 23장 고별설교 중 '너희 하나님'을 섬기라! 51회 반복과 일치 한다.

---

1) גֶּשֶׁם(게쉠 · 비 · 창7: 12).

2) מְאֹד(메오드 · 많은 · 창13: 13 · 17: 2 · 20 · 30: 43 · 47: 27 · 왕하 10: 4 · 에 4: 4 · 시119: 167)는 수메르 어로는 šar2 · 그리스어로 saros · 아카드어로는 마아두 ma~a~du · 히브리어는 메오드이다. 이 뜻은 '많은'이며 예를 들면 왕 계보에서 한 왕이 3600x8년을 통치했다는 것이다. 8번의 큰 숫자의 햇수를 통치했다는 것은 수메르어로는 샤르 šar2~ussu이다. 샤르=3,600. 우쑤=8 즉 한 왕의 통치기간으로 6x8년 혹은 60x8년으로 계산한다. 노아가 산 햇수가 950년인데 900년대는 100년 단위의 제일 높은 수이다. 수메르 왕 계보를 이오 수메르 법으로 보면 엔멘 루안아의 3,600x12 · 또한 창 13: 13 · 17: 2 · 20 · 30: 43 · 47: 27; 왕하 10: 4; 에 4: 4; 시 119: 167에서 그 최상급을 의미한다.

3) מְאֹד מְאֹד(메오드 메오드 · 아주 많이 · 창 7: 19).

4) 李 英芝 · "한 용운의 '당신' 시어," '현대시에 나타난 순수 유추적 님의 분석' · 188.

5) 홍 문표, 『지상의 연가 ~늘 푸른 강물이 듯이』 (서울: 양문각 · 1992).

2). 모더니즘 계열의 서정시인

신앙 시로서의 변별성을 들자면 만해가 동심원의 불교 관점이라면 · 동천은 기독교 시인으로서의 믿음의 절대자에 대한 존칭이다. 산포된 시어들이 하이퍼성으로 동원되는 시집 「~늘 푸른 강물이 듯이」 의 5부는 골고루 산포 은유 응집력이 있다. 5부 '먼 훗날 다시 지상에'에서 시어 '당신'이 15회인데 5의 3번을 이루는 내재적 리듬이다. 시어 '당신'의 전체리듬은 5~5~10~5~5~10~3~3의 흐름을 지닌다. 한국 전통시조의 리듬인 5~5~10 · 5~5~10의 2회 리듬이다. 3~3 또한 3의 2회 리듬으로 10~10~10~3~3의 리듬 시조의 내재적 리듬 은유다. 시조작품 창작리듬!

홍 문표 시의 우수성은 내재적 황금률을 가진다. 한국 고유의 리듬을 고수함으로써 모더니즘적 서정시인임을 확인시켜 준다. 5는 내재율 수(數) 5와 10의 의소들이다. 성서에서의 생명에 대한 의미 지수 숨쉬기 리듬이다. 시를 통해 숨 쉬는 바! 안정적 평안을 추구하는 리듬이다. 과연 홍 문표 시인의 그 무한한 모더니즘의 계열에 서정시 본보기는 끝이 없다.

모더니즘 계열에 속하는 홍 문표 시인은 시문학 문 덕수를 추천인으로 하여 시인으로 등단한다. 이 계열에는 정 지용이 이 상을 처음 발견하고 카도릭 청년지에 작품발표의 기회를 주는 한편 9인회에 가입시킨 모더니즘 계열과 이 태준이 이 상의 오감도를 조선중앙일보에 연재하게 한[1] 일 등의 계열 시인이다. 이 상(李箱) 시가

1) 조 용만 · "나와 구인회시대" 대한일보 1969. 10. 2: 그는 지용의 지우로 지용이 주재하는 잡지 『카도릭 청년』에 매월 그 특이한 형식을 가진 시를 발표하였다. 이듬해 구인회에 입회.

언어의 예술인임을 명시했던[1] 김 기림은 이 상시의 현대성도 인정하였다. 이들 모더니즘 계열은 시의 회복과 시어의 조탁을 지향하는 시문학 일파의 일원들이다. 정 지용이 이 상을 천거하였음 같이 시문학파적 시의 음악성과 모더니즘적 시각성의 회화체를 동시에 수렴하는 시인들의 특징이 있는 계열에 홍 문표 시인은 서 있다. 이 특징 공유에 서서도 홍 문표 시인은 모더니즘적 서정시인임을 표방하는데 그 이유는 전통적 서정리듬의 시조리듬을 내재리듬으로 하고 기독교의 신앙시 그 구체성에서 기인된다.

홍 시인은 모더니즘계열이되 기독교문학에서의 감각 화 경향을 지닌 시인이다.

> 78년 교회에서는 집사로 추대 한단다.
>
> ~ 홍 문표「어느 날의 일기」 1978년 1월 1일

> 1978년 1월 8일
> 교회에 갔다가
>
> ~ 홍 문표「어느 날의 일기」 1978년 1월 8일

> 1978 1월 21일
> 모처럼 교회에 나갔다.
>
> ~ 홍 문표「어느 날의 일기」 1978년 1월 21일

> 1980 9월 21일 일요일
> 이 교회는 끝나자
>
> ~ 홍 문표「Harvard 대학 수업기」 1980년 9월 21일1

> 1980 9월 28일 일요일
> 교회라도 가야겠는데 그것도 쉽지가 않다. 어디 있는지 · 가면 한국인 교회를 가야할 텐데,
>
> ~ 홍 문표「Harvard 대학 수업기」 1980년 9월 28일1

---

1) 김 기림 · "모더니즘의 역사적 위치", 『인문평론』 · 1939 · p.74: 최재서가 1939년 10월에 창간하여 1941년에 폐간.

1980. 11월 16일 (일요일)
또 일요일이다. 아무래도 오늘은 교회에 가야겠다. 그 동인 일을 반성 정리하고 참회해야겠다. 한국인 교회를 찾았다.
마침 켐브리지에 있었다.
캠브리지 한인교회 · 대개는 미국인 교회의 방을 빌려 본다 .그래도 모처럼 교회를 가니 마음이 놓인다. 역시 나의 고향은 교회다.
～ 홍 문표「Harvard 대학 수업기」1980년 11월 16일

11월 23일 (일요일)
교회에 갔다.
～ 홍 문표「Harvard 대학 수업기」 1980년 1월 23일

11월 30일 (일요일)
이젠 2개월이 남았다. 빠른 것이 세월인가.
교회를 끝나
～ 홍 문표「Harvard 대학 수업기」 1980년 11월 30일

1981. 1월 4일 (일요일)
교회에 가서 찬양대에 참석하고
～ 홍 문표「Harvard 대학 수업기」 1981년 1월 4일

1981 1월 11일 (일요일)
교회에 다녀왔다.
～ 홍 문표「Harvard 대학 수업기」1981년 1월 11일

유럽여행 1981 1월 18일 (일요일)
교회에 나아가 예배를 드렸다.
～ 홍 문표「Harvard 대학 수업기」 1981년 1월 18일

연변대 학술기행 1989년 8월 19일
연길 기독교장로교회를 찾았다.
～ 홍 문표「연변대 학술기행」1989년 8월 19일

홍 문표 박사는 그의 일상의 기록이 되는 일기를 통하여 기독교 시인임을 표명한다. 이 분명한 설 자리의 임의 선택은 모더니즘 시인과의 긴장성을 서정시다움으로 제시하면서 순수를 지향한다.

껍질을 벗길수록
더욱 선명한

속살로 드러나는 순수

때로는 냉정한 촉수가 되거나
무서운 칼날
그러면서도 누구에게나 그리운
마지막의 유혹

진창에서 피는 연꽃이듯이
오히려 거짓의 남루를 사랑하고
눈물 속에서 영롱한 광채이기를 선언하는
잔인한 생리

당신은 늘 문 밖에 계시거나
밀식에 계시거나
네온이 가득한 불빛 그림자
그 내밀한 미로에서 방황하는
외로움
아련스레 느끼면서도
사실은 내 혈관에 흐르는 일상의 통증

만지면 껍질이 태반이고
대개는 공허한 하늘이거나
서울역 대합실에서
객사하기 일수인 낭패

~ 홍 문표「늘 푸른 강물이 듯이 23」[1]에서

모더니즘 시가 가지는 이성이 감성의 허실임을 지적하고 있는 홍 시인은 일상의 통증을 "차라리 · 비틀거리거나 히죽거리거나 칭얼거리는" 일로 한다. 어설픈 강물! 그러기에 인간의 한계성이기도 한 지성에서 벗어나 감성의 가치를 택하면서 홍 시인의 시적 아이러니는 늘 함께 한다. 가장 순수한 개념을 갈구하는 시인으로서의 길은 모더니즘 계열의 서정 시인이 되게 한다.

---

1) 홍 문표 · 『지상의 연가 ~늘 푸른 강물이 듯이』 (서울: 창조문학사 · 1992). 64~65.

(1). 모더니즘 서정 시인이 보는 에덴

한 줌의 자유가 선택된 인간의 귀중 함 속에서 그 자유를 누릴 줄 하는 시인은 시에서도 자유를 누리고 있는 순수 시인이다.

홍 문표 비평가는 에덴의 시학[1] 시의 생명력은 리듬에 기초하는 것이며 이와 관련한 에덴과의 접목은 리듬이란 곧 생명의 호흡인 들 숨과 날 숨의 리듬이 생명이 되는 것이라 한다. 그러므로 이 호흡의 리듬이 시학의 리듬이 되는 것이며 이것은 시의 생명을 유지하는 비결이라는 것이다. 시인은 무생명의 흩어진 단어들을 모아, 이를 리듬으로 배열함으로써 감동력을 가진 시를 창조한다는 것이나. 이와 관련하여 에덴이 거론된 성경[2]은 흙으로 육적 인간[3]을 만듦으로써 아담이 거처할 공간이 곧 에덴동산(창 2:8)인 바 선악과와 관련된다. 에덴에는 동산 가운데에 생명나무와 선악을 알게 하는 나무의 종류가 있다. 홍 문표박사는 생명나무(the tree of life)에 대한 집중적인 관심을 표명하면서 인간의 어리석음을 영생을 얻는 방법이 생명나무과일을 따 먹고 영생할까 하노라에 있음을 예리한 이성으로 지적한다.

이 이성적 사고를 홍 문표 교수는 다음과 같이 설명한다.

> 그렇다면 에덴동산에는 한쪽에 영생을 보장하는 생명나무가 있고 · 다른 한쪽에는 죽음의 저주를 받게 되는 선악을 알게 하는 나무가 있다는 말이며 이들 각각의 나무에 매달린 과일은 하나는 영생으로 다른 하나는 선악과가 됩니다.
>
> 그런데 "하나는 생명나무요 다른 하나는 선악을 알게 하는 나무 · 하나는 영생과 하나는 선악과라면 뭔가 논리적으로 맞지가 않습

1) 홍 문표 '에덴의 시학'~창 2:7~25~ (서울: 한국문인교회 · 2013. 7.14).설교문.
2) 창 1:27.
3) 창 2:7.

> 니다. 생명의 반대는 죽음입니다. 그렇다면 생명나무와 죽음나무 · 또는 영생과와 사망과라 해야 대립관계가 분명합니다. 그런데 왜 영생이냐 죽음이냐를 결단하는 갈림길에서 생명나무와 선악을 알게하는 나무라는 대칭어를 사용했을까 하는 것입니다.
>
> ~ 홍 문표 '에덴의 시학'[1]에서

기독교의 본질이 갖는 영생이냐 · 죽음이냐의 두 개의 분리는 동시에 구원이냐 · 죽음이냐 · 영생이냐 · 심판이냐 이어서 이 갈림길에서 홍 박사는 오늘날의 현실이 후자의 이성중심의 사회로 발전하면서 경쟁하고 · 싸우고 싸우다 마침내 쓰러지고 마는 지상적인 인생의 결핍이라는 것이다. 오히려 감성의 세계에서 하나님을 찬양하고 순종하며 현실을 초월한 자유로운 영혼이 되어 영원한 에덴에서 거룩하여야 사는 철학을 주장한다. 때문에 홍 박사는 신학자로서의 본분뿐만 아니라 문학박사로서의 철학을 제시한다. 그것은 왜 시를 써야하며 어떻게 써야 하며 시의 목적은 무엇인가 하는 시학의 근본 문제가 싸움보다는 화합과 도움의 세계의 길만이 이 세계를 향한 메시지가 될 수 있다는 것이다. 이에 "에덴동산의 말씀을 보다 주의 깊게 경청하여야 한다는 것이 저의 소신이고 · 제 시학의 뿌리이기도 합니다"라고 설파하고 있다.

여기에서 부분을 좁혀 에덴의 시학은 시가 가지는 주관적 세계의 표현이란 감성적으로 느끼는 화합하고 · 통합하여 세계를 하나로 보여주는 방법을 메타포라는 방법의 우선을 통하여서임을 제시한다. 시가 가지는 시적 우수의 결정권인 이 메타포는 "내 마음은 호수요" 여기서 마음과 호수는 이성적으로 객관적으로 보면 분열

---

1) Ibid.

된 세계이지만 시인이 마음과 호수를 하나로 보고자 함에서 아름다운 시가 탄생하고 특히 "하나님은 나의 목자시니" 시에서 하나님과 목자도 이성적으로 지적으로 보면 분열된 세계이지만 하나님을 감성적으로 느낀 다윗으로 하여 다윗은 다윗의 자손 예수라는 그 깊은 가까움으로 시로서 안내하고 있다.

뚜렷한 분리의 두 세계의 분화에서 사람이 영생하는 방법은 분리가 아닌 화합임을 제시한 홍 문표의 시학이자 철학은 이성의 세계와 감성의 세계 · 과학의 세계와 · 시의 세계는 이처럼 분리냐 통합이냐 하는 양극 점에서 인구에 회자하는 에덴동산을 예를 들어 에덴동산에 있는 생명나무와 죽음의 나무의 둘 중 생명나무를 선택해야 하는 삶의 원리를 알려준다. 이처럼 홍 문표 박사는 에덴에서 하나님과 더불어 영생하고 싶으면 선악을 구별하는 이성적 사고 · 지식의 세계 · 문명세계를 선택하지 않고 · 그 반대인 생명나무 · 즉 선악을 구별하지 않는 감성의 세세 · 분열이 없고 · 경쟁이 없고 · 오직 하나님과 더불어 너와 내가 하나가 되는 화합의 세계 · 사랑의 세계를 선택하여야 하나님이 천지만물을 창조하시고 인간을 창조하셨던 목적에 따르자는 에덴시학의 논리를 세운다.

이 논리는 성서에서 화합의 원리를 아담과 그의 아내에서 역설하게 되는데 이 부분을 홍 박사는 에덴의 시학 원리의 중요정점으로 제시한다.

> 하나가 되는 화합의 세계 · 사랑의 세계가 바로 하나님의 창조 목적이었음을 보다 구체적으로 보여준 사건이 바로 여자의 창조입니다. 하나님은 창 2:18 "사람이 혼자 사는 것이 좋지 아니하니 내가 그를 위하여 돕는 배필을 지으리라" 이것은 모든 생명들의 음양

조화의 원리에 근거한 것이겠지요. 그런데 이 음양의 관계 · 남녀나 암수의 관계가 서로 대립된 관계가 아니라 둘이지만 하나라는 것입니다. 그것이 최초 여자의 창조에서 밝혀집니다. 하나님은 최초의 여자를 창조할 때 아담처럼 흙을 빌어 만들지 않고 아담의 갈빗대로 만듭니다. 이것은 여자를 남자의 종속적 존재로 만들었다기보다 아담과 여자가 한 몸인 것을 말하려는 것이라 보아야 하겠습니다. 남자의 몸으로 만들어진 여자 · 그러니 남녀는 한 몸이라는 것입니다. 서로가 한 몸이기에 동질감을 느끼고 · 소중함과 사랑을 느낍니다. 그것이 저 유명한 아담의 시를 통해 나타납니다. 창 2:23

"아담은 반려자 여자에 대하여 너는 내 뼈 중에 뼈요 내 살 중에 살이라"는 시적인 메타포를 사용했습니다. 얼마나 시적입니까. 성서에서 최초의 시는 아담의 이 최초 여자에 대한 이 찬가라 할 수 있습니다. 이 시를 보면 여자는 아담과 한 몸입니다. 내 뼈 중의 뼈요 · 내 살 중에 살이라는 표현에는 가장 소중한 사람 · 가장 사랑스런 사람이라는 뜻을 담고 있습니다. 남녀가 둘이 아니라 하나라는 입장을 창 2:24 결혼의 정의에서 다시 강조 됩니다.

"이러므로 남자가 부모를 떠나 그의 아내와 합하여 둘이 한 몸을 이룰지로다" 결혼은 둘이 하나가 되는 것입니다. 하나가 된다는 것은 구별된 관계에서 구별이 없는 관계 선악을 아는 나무의 관계에서 생명나무의 관계로 된 합함을 의미합니다.

홍 박사는 분리의 두 세계에 대한 관점을 부부의 관계로 조명한다. 하나가 되고 한 몸이 되는 관계이다. 그리하여 오늘날 새 하늘이니 새 땅이니 혹은 새 평화라는 지적이 새로운 어떤 세계를 새롭게 다시 만들자는 것이 아니라 시가 지닌 리듬과 메타포를 통해 하나님이 흙으로 만든 인간에게 주었던 최초의 생기 the breath of life를 주셨던 그것으로 되돌아가자는 것이다. 이 회복의 관계를 홍문표 박사는 분열의식 · 냉정한 사고로서 얻어낸 결론이 곧 에덴의 시학이다. 에덴으로 돌아가자는 철학이다. 따라서 서로 화합하고 사랑하며 하나님과 더불어 영생하기를 바라는 마음을 가진 시인이 쓰는 시는 물심일여 · 물아일체의 경지에서의 에덴의 세계가 된다. 곧 시를 쓰며 마음의 즐거움과 기쁨의 시학이 있기에 이 세상 무엇과도 바꿀 수 없는 경지에서 사는 시인의 행복이 되는 것이다. 홍 문표 시인은 ~ 선악을 알게 하는 선악과의 세계가 아니라 생명나무의 영생과의 세계라는 것이며 그것이 바로 제가 평생 시학을 연구하고 창세기를 읽으며 깨달은 “에덴의 시학”[1)]이라는 것이다.

이러한 홍 박사의 분리에 대한 깊은 관심은 그 깨달음의 경지가 오히려 철저한 분리를 겪은 깊은 냉철에서 점 점 더 분리의식으로 나아가는 것이 아니라 하나님이 주신 감성의 중요성을 재인식하고 사람이 구원을 얻기 위한 길로 들어선 일임을 제시한다. 홍 박사의 신앙생활과 농일 시 되는 철학의 타당성을 재확인하고 있다. 이로 하여 죽음의 저주를 벗어나는 길은 예수그리스도를 통한 특별 사면 · 특별한 은혜 · 그것이 하나님의 구속에서만 가능하다는 것이다. 인간이 구원되는 길이다.

삶에서 사랑불꽃을 들고 사는 생활은 분리의식이 있을 수 없다. 오로지 이해와 상대방에 대한 배려로 자신을 돌아보며 살아가는 삶이다. 그러나 아이러니하게도 이러한 삶을 살아가는 삶은 곧 성공의 결과를 가져오는 기적이 온다. 홍 교수에게는 불면증이 있었다. 그 와중에도 자신을 돌아보며 연구에 연구를 거듭하면서 상아탑을 쌓아 가 하나님이 좋아하시는 이에 열중한 결과가 지금이다.

---

1) Ibid.

(2). 에덴시학의 하이퍼성

본 연구자는 에덴의 시학의 홍 문표 저서가 한국 크리스천 문학상을 받을 때 서평[1])을 한 적이 있다.

* 에덴시학의 하이퍼성

이 『에덴의 시학』 저서는 '한국 크리스천 문학가 협회' 비평부문 수상작으로 결정된다. 『에덴의 시학』 [2])은 중견시인 · 또는 무명의 시인을 막론하고 작품들을 대상으로 각주를 사용하지 않고 창조적인 하이퍼 텍스트성으로 접근된다. 홍 박사는 『에덴의 시학』 에서j 시집 『수인(囚人)과 바다』 ,와 『지상의 연가 ~늘 푸른 강물이 듯이』 와 에덴의 꿈인 『나비야 청산가자』 의 자전 시학적 평과 덧붙인다.

시적 상상력과 감성의 시학부분에는 박진환 李 英芝 권오욱 황엽 임향 유해린 배경숙 장태숙 박경혜 김영태 여명옥 이상례 조완수 장혜영 조명숙의 시평이 존재한다. 존재탐구와 화해의 시학부분에는 곽문환 박명용 김사림 노수빈 박재천 김문옥 박영숙 동옥균 조임생 이훈식 김영천 최대남 오차숙이 있고 지속의 시간과 창조적 시학부분으로는 성기조 김후란 최일환 문효치 백준찬 표희은과 절제된 언어와 일상의 시학으로는 신웅순 김석환 육종관 김수년 김영태 장병천 신계전 선홍기 임향 배진희와 살풀이의 시학부분으로는 문효치 박진환 신규호 유승우 이용주 임보 장금순 정의홍 홍해리 권천학 김규화의 작품을 논하고 있다.

---

1) 李 英芝 · '에덴시학의 하이퍼성'(서울: 한글사 · 2000) 한국크리스천 문학계간지에 실림(2000년도).

2) 李 英芝 · 크리스천문학 수상작에 대한 평.

이 비평서가 하이퍼텍스트 성을 띄면서 접근된 특징은 시인의 개성적인 특징을 에덴으로 가는 사람의 아름다운 몸짓이라는 거대한 주제로 접근하는데 있다. 대상자는 사실 대가의 시인들은 아니다. 오히려 평범한 대상이다. 다만 비평가의 시안이 깊은 사랑으로 바라보는 데 있다. 역설적으로는 본 비평가의 하이퍼텍스트성에 많은 시인들이 참여하고 있다는 이야기다. 이러한 에덴의 시학 꾸며가기는 시인들 각자의 개성을 존중해주고 칭찬해주면서 아주 섬세한 시인의 세계를 시인보다 사랑하는데 있다. 그리고 시의 의미가 상상의 날개를 타고 거대한 의미로 크로즈업 된다. 예리한 붓끝에서 또 하나의 창조적 세계를 창작해간다. 이 어우러짐은 사랑이 뚝뚝 묻어나는 따뜻한 사랑의 붓끝으로 인하여 바로 한 사람이 그 대상하나하나를 향한 따뜻한 시선을 집중시킨다. 이의 가능성은 인간이면 누구나 가지고 있는 각기 다른 시인의 우수함 · 본인 자신도 몰랐던 세계를 에덴의 시학으로 바라보아 시인의 소중함을 대변해 주기 때문이다. 이 따뜻한 사랑은 옆에 서서 속삭여 주며 다독여 주는 눈빛에 있다. 시인들의 소망을 · 숨겨진 은유의 소리를 냉정하게 그리고 철저하게 지적하면서 칭찬해 준다. 그리고 같이 어울리며 바로 곁에서 같이 바라보는 행복자의 합창을 하는데 있다. 이 비평서는 비평가 혼자만이 시인들을 향하여 날카롭게 회초리로 때리는 것이 아니라 시인과 평론가가 어우러져 에덴의 회복을 갈망하고 있다.

인간은 꿈을 꾸는데 위대함이 있다. 다른 동식물과 무생물과 다른 점이다. 아니 오히려 말 못하는 동식물과 감각이 없는 무생물까지 소망하고 있을 아름다움에 대한 열망과 소망과 희망과 예뻐지기를 원하는 그 말 못하는 세계를 붓끝에서 그려놓은 시인들의 감성을 놓치지 않으려는 간절한 기도의 붓끝의 냉철한 철학 시선은 아름답게 감싸주며 사랑으로 포근히 다독거려 주는 치유가 있다.

① 푸른 꿈 이루기

시인들이 써 놓은 그들의 진지한 꿈은 합하여 인간의 영원한 꿈의 세계로의 길 찾기를 떠난다. 시인들이 그토록 바라던 꿈의 세계를 향한 몸짓을 눈으로 읽어간 홍 비평가는 그들의 내면에 함축하고 있는 숨겨진 언어의 절제성이 가지고 있는 내면의 목소리가 비평가에 의해 들어나는 일은 숨겨진 시인들의 나 찾기이다. 이 삭막한 도회의 문명 속에서 나를 찾는 작업은 싱싱한 식물들의 모습이다.

과학자들 특히 미국의 물리학자인 리자 랜덜(프린스턴대 교수)과 래먼 선드럼(스탠퍼드대 교수)가 1998년 제안한 보이는 세계와 보이지 않는 세계인 12차원의 세계를 물리학자 스티븐 호킹이 풀어나가듯이 본 비평가는 보이는 시적 언어를 보이지 않는 내면의 함축성의 깊이로 들어가 그 해설을 과학적 우수성의 목소리로 보여준다.

전후좌우와 위아래와 그리고 시간으로 엮어진 시인들의 4차원적 세계는 물론 · 보이지 않는 세계 즉 은유된 시인들의 특성까지도 그들의 돌돌말린 경직된 비밀 찾기에 마치 숨은 그림 찾는 방식으로 · 온유한 사랑으로 풀어주고 있다. 긴 벼랑의 벽에 붙어서 절실하게 말하는 시인들의 내면의 갈구를 사람을 들어서 쓰시는 하나님의 뜻으로 전달하기에 골몰한 이 『에덴의 시학』은 우리는 인간의 나약성에 하나님 뜻을 곁들인다는 것이 얼마나 큰 역할일 수 있다는 것을 알게 한다. 그 세계는 아주 작은 내면 · 나약한 사람 · 시인이 홀로 설 수 없는 바로 그 인간다움을 하나님의 편에 서서 해결하려 한 노력이다.

지구가 둥글다고 사약을 먹어 가면서까지 주장한 과학자도 있지만 우리들의 선조들은 이미 그보다 오래전에 사람의 엉덩이도 둥근데 지구가 둥글지 않겠느냐는 지혜를 찾을 줄 알았듯이 보이지 않는 시인들의 함축된 언어 내면에 자리 잡은 사랑이야기를 찾아서 신화를 만들어가는 작업은 과학자들이 12차원의 이야기를 야단스럽게 꺼내는 것보다 오히려 인간성을 중요시하는데 있다. 이미 12제자를 통해 12인의 중요성을 인식한 평론가는 12제자의 크럽을 만들고 그 믿음의 세계를 실천하기 위하여 믿음의 평론으로 12차원적 논평을 가한다.

그것은 사랑의 목소리를 다스리는 하나님의 절대세계에 대한 흠모이다. 절대세계의 완전지향에 대한 인간의 탐색으로 절대 진리를 사모하는 또 한사람의 시인이 되어 시적 은유로서 가려진 신비를 옆에 서서 칭찬해주고 있다. 이 문예창작의 깊이는 시로서의 은유 깊이이다. 절대자의 모습에 따라 움직여 가는 형이상성은 새롭게 태어나는 자의 음성으로 울리고 있다. 왜 그토록 눈으로 보이는 에덴의 시학(視學)을 갈망하고 있는가. 왜 에덴 꿈꾸기의 현재형을 꿈꾸는가? 그것은 바로 시인비평가가 하나님으로부터 받은 사명이기 때문이다. 구체적으로 그 실천의 현실성은 서로 융화하여 우리가 되는데 있다.

산이 산인 것처럼
눈물이 눈물일 수 있다면
눈물은 눈물이 되고

산이 산인 것처럼
믿음이 믿음일 수 있다면
믿음은 믿음이 되고

산이 산인 것처럼
사랑이 사랑일 수 있다면
사랑은 사랑이 되고

산이 산인 것처럼
당신이 당신일 수 있다면
당신은 당신이 되고

산이 산인 것처럼
우리가 우리일 수 있다면
우리는 우리가 되고

산이 산인 것처럼
평화가 평화일 수 있다면
평화는 평화가 되고

산이 산인 것처럼
노래가 노래일 수 있다면
노래는 노래가 되고

산이 산인 것처럼
산이 산인 것처럼
산이 산인 것처럼

～ 홍 문표 「산이 산인 것처럼」 [1)]

비평가이자 시인이 자신을 노출시킨 에덴에의 갈망은 그곳이 바로 저 높은 '산'이기에 그곳에 푸른 색채리듬을 놓기 위하여서다. 이 절대의 이상향은 시적 육성으로 18회의 시적 화자 목소리가 지시하는 것처럼 '눈물'과 '믿음'과 '당신'과 '우리'와 '노래'로 데리고 가야할 사람들 · 시인들이다.

---

1) 홍 문표 · 『나비야 청산가자』 (서울 창조문학사 · 2008) · 81～82.

산 · 산=눈물 · 눈물 · 눈물 · 눈물
산 · 산=믿음 · 믿음 · 믿음 · 믿음
산 · 산=당신 · 당신 · 당신 · 당신
산 · 산=우리 · 우리 · 우리 · 우리
산 · 산=평화 · 평화 · 평화 · 평화
산 · 산=노래 · 노래 · 노래 · 노래
산 · 산= 산 · 산 · 산 · 산

위의 4차원의 공간 기호 시의 이해는 우리 · 인간이 속해 있는 우주가 거대한 4차원 막에 붙어 있기 때문에 그 시적육성으로 18회의 내면적 암시성을 가진다. 이 시의 비평적 하이퍼텍스트성의 신비는 시인비평가가 4차원적 시어의 접근을 배열한 것이다. 이의 시적 하이퍼 텍스트성 공동참여는 전 · 후 · 좌 · 우 · 위 · 아래라는 4차원의 세계 즉 네모의 회화적 암시성 안에 넣었던 이상의 시제 5호의 특징과 합하는 신비의 장이다.

오감도 5호는 "翼(이)"과 "日(복)"의 관계가 "좌우"와 "전후"의 4각형은 네모서리들이 모두 떨어져 있게 한 공간 방위로 하여 이 숨막힐 것 같은 삶을 숨을 쉬게 하는 시인의 자유로 한다. 다름 아닌 각 면 전 과 후와 좌와 그리고 우 · 사방팔방으로 된 구조가 거꾸로 된 모습으로 드러난다. 인간실존의 위기를 가지는 현실이지만 숨 쉴 수 있는 은혜에 선 이상의 시안이 시인의 자유로 표방된다. 그러면서 화살표를 표시하여 숨 쉬는 길까지 안내한다. 회화성을 지닌 의미는 더 확대되어 전후좌우의 어디로 갈 것인가를 화살표를 제시하면서 길 방향은 다름 아닌 구원의 길 · 목숨살기의 길을 안내한다. 이 시인의 사명은 오늘날 많은 시인들이 시를 쓰는 이유가 분명해진 것이다. 그 증거는 "전 · 후 · 좌 · 우"의 방위가 서로 다른 방향으로 분리되었기에 이를 이으면 十字(십자)의 모습이 된다. 여기에 초현실주의가 지향하는 방향이 다름 아닌 인간구원을 그 목적[1]으로 한다. 이러한 시에서의 구원의 길 모색은 바로 홍 문표 시인이 모더니즘 경향이 되는 동일성을 이상시에서 발견하는 것이 된다.

②. 하나를 위한 절대 세계 흠모

홍 박사는 시인들이 사는 세계를 중요시한다. 12차원의 신비를 다스리는 하나님의 절대세계에 대한 흠모이다. 홍 비평가는 시인들이 쓴 내면이야기를 하이퍼텍스트 성으로 참여하여 보이지 않는 시인만의 세계에 대한 손쉬운 이해를 절대세계의 완전치유를 향해 달려간다. 네모 안에 갇힌 시인의 답답함을 열어 시로서 살 수 있는 힘을 길러주기 위해 시인만의 특유기법인 은유를 탐색 철저히 열어주어 마음의 숨통을 열어두려 한다.

그러기 위하여 홍 비평가는 기독교진리안의 자유를 조심스럽게 안내한다. 시인들이 갈구하는 절대 진리 사모의 시어들을 빨간 깃발로 같이 꼽고 갈 것을 제시한다. 『당신이 당신일 수 있다면』[2]의 시집에서 시인비평가의 욕망 즉 빨간 깃발을 꼽고 싶었던 아쉬움을 이 비평 서를 통해 제시한다. 시어들을 · 알기 쉽게 풀어 비평이론을 응용한다. 이러한 노력은 절대 개인의 노력만이라 홍 비평가는 교만하지 않는다. 홍 비평가는 『지상의 연가 ~늘 푸른 강물이 듯이』나 『나비야 청산 가자』 시집을 통하여 정한모나 김기림의 지쳐서 돌아오는 나비가 아니라 믿음의 새하얀 빛으로 에덴을 향하여 길목을 안내 평론집 『에덴의 시학』 이 있다.

---

1) 小此본啓吾 · 『工吹적 인간론』 (東京: 講談社 · 1980). · 24.
2) 홍 문표 · 『당신이 당신일수 있다면』 (서울: 창조문학사).

6. 모더니즘 서정 신앙시의 전통 리듬구조

1). '당신'의 시집

(1) '당신' 시어리듬배열

홍문표 시인의 시집 『지상의 연가 ~ 늘 푸른 강물이듯이』는 '당신' 시이를 51회나 사용함으로써 이 시집이 바로 '당신'의 시집임을 알려준다. 여기에서 '당신'은 의미개념으로 가장 가까운 사이에서 불려 지는 호칭이면서 넓게는 절대자에 대한 호칭이기도 하다. 시어 '당신'은 순수한 마음[1]이 곁들여지는 호칭이면서 신앙상의 대상이 된다. 한용운은 『님의 침묵』에서 '당신'을 296회[2] · 시인 홍문표는 『지상의 연가~늘 푸른 강물이듯이』[3]에서 '당신'을 51회 사용한다. 홍 시인은 기독교 시인답게 1, 2, 3, 4, 5, 6, 7, 8, 9호에는 '당신' 시어가 없다가 10호에 가서야 처음으로 '당신'이라 부른다. 만해가 '당신'을 하나의 점이 곧 우주의 원리와 통하는 동심원의 원리에서 부른 불교적 관점이라면 · 동천 홍시인의 '당신'은 기독교 시인으로서 만유 주 하나님에 대한 존칭을 은유로 표현했다.

그의 시집에서 사용한 시어 '당신'은 다음과 같은 배열 분포를 갖는다.

1) 이영지, "한용운의 '당신' 시어," '현대시에 나타난 순수유추적 님의 분석,' 『명지 어문학』 제 14호, 195.
2) 이영지, "한용운의 '당신' 시어," '현대시에 나타난 순수 유추적 님의 분석', 188.
3) 홍문표, 「~ 늘 푸른 강물이듯이」(서울: 양문각, 2000).

* '당신' 시어리듬배열

늘 푸른 강물이듯이의 '당신' 시어 리듬 배열			
시 제목과 호수	당신 시어	회수	효과
늘 푸른 강물이듯이 · 10	당신 · 당신 · 당신	3	
늘 푸른 강물이듯이 · 11	당신 · 당신	2	5
늘 푸른 강물이듯이 · 16	당신 · 당신 · 당신 · 당신 · 당신	5	5
늘 푸른 강물이듯이 · 19	당신 · 당신 · 당신 · 당신	4	
늘 푸른 강물이듯이 · 23	당신	1	5
늘 푸른 강물이듯이 · 26	당신 · 당신 · 당신 · 당신 · 당신 · 당신 · 당신	7	
늘 푸른 강물이듯이 · 28	당신 · 당신 · 당신	3	10
늘 푸른 강물이듯이 · 30	당신 · 당신 · 당신	3	
늘 푸른 강물이듯이 · 33	당신 · 당신	2	5
늘 푸른 강물이듯이 · 34	당신	1	
늘 푸른 강물이듯이 · 35	당신 · 당신	2	
늘 푸른 강물이듯이 · 36	당신 · 당신	2	5
늘 푸른 강물이듯이 · 44	당신 · 당신 · 당신 · 당신	4	
늘 푸른 강물이듯이 · 45	당신 · 당신	2	
늘 푸른 강물이듯이 · 47	당신	1	
늘 푸른 강물이듯이 · 48	당신 · 당신 · 당신	3	10
늘 푸른 강물이듯이 · 49	당신 · 당신	2	
늘 푸른 강물이듯이 · 50	당신	1	3
늘 푸른 강물이듯이 · 51	당신 · 당신 · 당신	3	3

통사리듬 탐색에서 가장 눈에 띄는 것은 처음 시작과 마지막 '당신' 시어를 '3회'로 하는 점이다. 이 리듬은 한국전통시 시조가 가지는 리듬의 처음과 끝 3리듬인 동시에 종장의 리듬 그대로이다. 이 리듬은 '당신' 빈도수를 3리듬으로 하면서 절대한국리듬임을 증명해 주는 것이라 하겠다. 시조리듬이 가지는 시조 종장의 처음 3리듬과 끝의 3리듬의 동일성을 도로 찾는 기쁨의 리듬이다.

이 리듬은 눈에 보이는 리듬을 내면으로 한 자유시『지상의 연가 ~ 늘 푸른 강물이듯이』가 한국시 전통의 리듬을 뿌리로 하고 있음을 말해 주는 것이기도 하다. 그의 시가 보여주는 통사적 문맥 탐색에서 지극히 한국적 전통의 리듬에 익숙한 한국 시인의 조건을 구비하고 있음을 말해주는 것이다.

(2). '당신'의 시어 공식

한국의 정서와 오랜 일상 경험유추의 내재성을 골격으로 하여 신앙의 절대 '당신'을 드러내고 있는 서정시이다.

다음은 이 시집에서 드러나는 '당신'의 분포도이다.

<table>
<tr><th colspan="4">리듬효과 얻어내기</th></tr>
<tr><th>부</th><th>시제목</th><th>'당신'리듬</th><th>리듬효과</th></tr>
<tr><td>1부</td><td>늘 푸른 강물이듯이 · 10</td><td>3</td><td rowspan="2">5</td></tr>
<tr><td>2부</td><td>늘 푸른 강물이듯이 · 11</td><td>2</td></tr>
<tr><td></td><td>늘 푸른 강물이듯이 · 16</td><td>5</td><td>5</td></tr>
<tr><td></td><td>늘 푸른 강물이듯이 · 19</td><td>4</td><td rowspan="2">5</td></tr>
<tr><td>3부</td><td>늘 푸른 강물이듯이 · 23</td><td>1</td></tr>
<tr><td></td><td>늘 푸른 강물이듯이 · 23</td><td>7</td><td rowspan="2">10</td></tr>
<tr><td></td><td>늘 푸른 강물이듯이 · 28</td><td>3</td></tr>
<tr><td></td><td>늘 푸른 강물이듯이 · 30</td><td>3</td><td rowspan="2">5</td></tr>
<tr><td>4부</td><td>늘 푸른 강물이듯이 · 33</td><td>2</td></tr>
<tr><td></td><td>늘 푸른 강물이듯이 · 34</td><td>1</td><td rowspan="3">5</td></tr>
<tr><td></td><td>늘 푸른 강물이듯이 · 35</td><td>2</td></tr>
<tr><td></td><td>늘 푸른 강물이듯이 · 36</td><td>2</td></tr>
<tr><td>5부</td><td>늘 푸른 강물이듯이 · 44</td><td>4</td><td rowspan="4">10</td></tr>
<tr><td></td><td>늘 푸른 강물이듯이 · 45</td><td>2</td></tr>
<tr><td></td><td>늘 푸른 강물이듯이 · 47</td><td>1</td></tr>
<tr><td></td><td>늘 푸른 강물이듯이 · 48</td><td>3</td></tr>
<tr><td></td><td>늘 푸른 강물이듯이 · 49</td><td>2</td><td rowspan="2">3</td></tr>
<tr><td></td><td>늘 푸른 강물이듯이 · 50</td><td>1</td></tr>
<tr><td></td><td>늘 푸른 강물이듯이 · 51</td><td>3</td><td>3</td></tr>
</table>

1부 유혹의 강가 3회
2부 사랑의 묘약 11회
3부 사랑의 묘약 14회
4부 사랑의 묘약 7회
5부 사랑의 묘약 16회

'당신'의 분포도는 '당신' 총 51회이다. 『지상의 연가』 작품 수는 총 52편이다. 시 전체 52편중에서 '51'회 사용하는 '당신' 시어는 매시 한편에 '당신' 시어가 배당된다는 보편성을 지닌다. 『지상의 연가』 시집은 절대자 '당신'에 대한 시집이다. 시집 『지상의 연가』는 지상에서 가장 명징하게 드러나는 불변하고 영원한 생명의 원천, 바로 늘 푸른 강물이듯이 불변하는 생명의 원천 당신에 대한 절대적 신뢰와 소망을 절절하게 호소하는 연가풍의 신앙 시집이다.

홍 시인의 『지상의 연가 -늘 푸른 강물이듯이』 시어 공식이다.

1부의 '당신' 3회는 3×1=3
2부의 '당신' 11회는 3×4=12에서 하나 덜하기
3부의 '당신' 14회는 3×5=15에서 하나 덜하기
4부의 '당신' 7회는 3×2=6에서 하나 더하기
5부의 '당신' 16회는 3×5=15에서 하나 더하기

'늘 푸른 강물이듯이'의 리듬구조는 철저히 3을 원리로 하고 있다. 천지인(天地人) 동양적 세계인식이기도 하지만 이를 기독교의 성경적 원리로 보면 3위의 '당신'이다. 삼위의 절대리듬을 시작으로 하는 '1부의 당신 3회는 3×1=3'의 '당신' 3위다. 높고 푸른 그 분의 3위는 한국의 전통시가 가지는 정격 율의 상징이다. 그리고 1호에서 9호까지 시인의 꿈을 드러낸다. 눈을 높이 들어 쳐다보는 3위의 당신까지 오기이다. 절대세계 우리 셋이서 사람을 '만들자' 한 우리들 셋이 하나 되는 리듬이다.

2부 '2부의 당신 11회는 3×4=12에서 하나 덜하기'로 한다. 눈동자처럼 우리를 사랑하시어 동서남북 사방에서 지키시는 그 분에 대한 3위의 4배인 절대수치의 하나 덜하기로 한다. 3위의 4배는 에덴의 네 강이다. 홍 시인 자신 곧 신이 아닌 사람의 겸손으로 하나 덜하기의 모더니즘 기법으로 한 시적 화자 당신이다. 하나 덜 가지기의 모자람 시학이다. 가장 가깝게는 예수님이 예증된다. 그 마굿간에서 탄생하시었다. 한국에서도 나보다 남을, 형을 더 생각하는 마음은 서로 볏단을 앞에 두고 형 먼저 아우먼저의 미덕을 가진다.

3부 '3부의 당신 14회는 3×5=15에서 하나 덜하기'이다. 이러한 하나 덜하기의 아름다움은 이상시가 그러하듯이 시의 은유가 지닌 시적 기법으로 한번만으로는 이해가 부족하다고 할 때 역시 홍 시인도 2부에 그치지 않고 다시 3부에서 이 리듬을 강조하면서 다시 재 반복하여 시인의 의지를 드러내는 은유의 모던 시 기법이다. 그 분의 족보를 14대 14대 14대로 한 성경의 특징처럼 자기를 낮추며 상대방을 배려하며 평생을 시학으로 일관하는 천명을 받드는 마음의 삶은 바로 당신의 절대성에서 그와는 다른 '나' '내'를 하나 덜하기 14회로 은유한다.

4부 '당신' '4부의 당신 7회는 3×2=6에서 하나 더하기'이다. 하나 더하기의 대표적인 삶은 6째 날의 예수의 생애에 하나더하기의 삶으로 그리스도의 삶이 우리에게 주어졌다. 이 주시어 얻어지는 삶은 하나더하기의 삶의 방법리듬이다. 7째 날, 주일날 그 분을 뵈오며 축복받는 자의 아름다운 인생이 펼쳐진다. 주신 자는 바로 '당신'이다. 더하기의 삶으로 바꾸어지게 하는 일은 U 리듬으로 돌아서는 날이다. 잔 모양의 형상을 드러내기 시작한 날이다.

5부 '5부의 당신 16회는 3×5=15에서 하나 더하기'의 날이다. 시인에 의하여 「~ 늘 푸른 강물이듯이」에서 '늘 푸른 당신'으로 사는 잔을 그분으로부터 받는 회복을 드러낸다. 『지상의 연가』가 만드는 1 · 2 · 3 · 4 · 5부의 '당신' 리듬은 달 모양을 만든다. 하나 덜하기로 계속 밑으로 내려가다가 하나 더하기의 리듬으로 오르는 잔 모양을 만드는 더하기의 리듬이다.

(3). 잔 또는 달 모양

홍 시인의 리듬기법은 「~ 늘 푸른 강물이듯이」에서 전통시인 시조작품이 지니는 초월성과 이와는 다른 현실의 밑바닥으로 내려 갔다가 다시 회복되는 종장 의미리듬을 만든다.

한국의 전통적 리듬순서의 잔 모양이다.

홍시인의 「~ 늘 푸른 강물이듯이」가 신앙적인 서정시임을 증명하는 일은 성경에서의 잔 또는 달 모양과 일치하기 때문이다.

* 표 11: 달의 둥근 모형을 U form으로 만들기

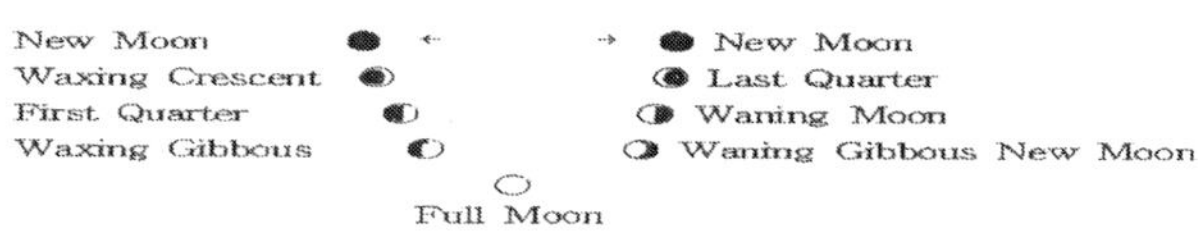

* 표의 둥근 모형[1]은 잔 모양이다. 달 U자형이다. 성경의 달은 자연 순환성의 달과는 달리 벽에 화분을 놓기 위한 움푹 파인 U[2] 모형, 신앙인의 나날을 하나님의 그릇에 담는 잔 모양이다.

성경의 달은 U 모형이다. 이 안에 하나님 말씀이 들어 있다. 성경은 거의 매장마다 '여호와' 로 성경 전체에서 7000번이다. '여호와'에게 경의를 표한다. 7000[3]번이나 되는 여호와 회수[4] 7000회수는 하나님이 그의 백성을 깊이 사랑함을 보여주는 일이다. '여호와'

---

1) Northrp Frye, *The Critical Path,*(Bloomington & London: Indiana University Press, 1973), 59 ~ 61.

2) Lynn White, *The Historical Roots of Our Ecological: in The Sacred Earth: Religion, Nature, Environment*, ed. Roger S. Gottlieb(New York: Routledge, 1996), 189.

3) Ibid.

4) 이협갑 편저, 『기독교 조직 신학』(서울: 기독교문사, 1995), 78.

가 6632회[1]와 '야'와 '아도나이'[2] 회수 113회를 합하여 6745회수와 생명이 있게 하는 나 '에흐예'[3]와 여호와[4] 약자 '야'[5]와 합하여 7000회수이다. 성경은 말씀 안 절대자 안 하나님의 잔 안이다.

동 아시아 대륙 바다 층은 지표에서 약 1천 km의 맨틀에 암석 덩어리가 최고 15%를 가진 물이 북극해 전체보다 많은 양을 가지면서 물이 담겨 있는 잔 모양이다. 물 항아리 모양이다. 물 한 동이[6]가 들어 있는 U모형이다. 물 담 땅 덩어리 모양 U리듬이다.

시편 8편은 여호와로 시작하여 여호와로 끝나는 U리듬이다. 시라는 문학 형태에 담긴 시편 8편은 여호와로 시작하여 여호와로 끝난다. 물동이 형태이다. 하나님이 하나님의 백성을 그에게로 돌아들어오게 하는 U형식[7]이다.

---

1) George V. Wigram, 『구약 성구 사전: *The Korean's Hebrew and Chaldee Concordance of the Old Testament*』, 김만풍 역(서울: 기독교 문회협회, 1993). 1854~1896.

2) יה + אֶהְיֶה: Wilelm Rudolph, Hosea, Kommentar zun Alten Testament(Gütersloher: Verlargshaus Gerd Nohn, 1966), 54: 호세아는 יְהוָה(여호와) 대신 אֶהְיֶה(에흐예)를 사용하였다. 이 학설은, 김이곤, "고난신학 맥락에서 본 여호와 신명 이해," 『구약 성경의 고난신학』, 『한국신학논집』 11(천안: 한국신학 연구소, 1989), 55~83 참조.

3) אֶהְיֶה(에흐예 · 나는 생명이 있게 하는자).

4) 김정철은 『호세아서의 창조 신앙에 관한 언어학적 연구』, 한신대학교 대학원 신학과 박사 학위 논문(오산: 한신 대학교, 2003)에서 45회를 발표하고 있고 출 3: 14(3회), 4: 12; 신 32: 39; 삼하 7: 14; 욥 6: 2; 사 3: 7; 렘 11: 4, 24: 7, 30: 22, 32: 38; 겔 11: 20, 14: 11, 36: 28, 37: 23; 슥 8: 8로 총 61회로 조사되었다.

5) יה(여호와).

6) 예수께서 제자 중에 둘을 보내심 가라사대 성내로 들어가라 그리하면 물 한 동이를 가지고 가는 사람을 만나리니 그를 따라가서(막 14: 13), 이르시되 보라 너희가 성내로 들어가면 물 한 동이를 가지고 가는 사람을 만나리니 그의 돌아가는 집으로 따라 들어가서(눅 22: 10).

7) Reberto Ouro, The Gerden of Account: The Gerden of Account: The Chiastic Structure of Genesis 2~3(Andrew: Andrew University 2002), 222. 『창세기 1~3장과 관련한 요한 복음 서언(요 1: 1~18)에 관한 연구』

* 시편 8편의 리듬
1절 ... יְהוָה(여호와)
2절 ... מִפִּי(미피 · 입으로 말미암아)
3절 ... אֶרְאֶה ~ כִּי(키~에르에흐 · 내가. 보오니)
4절 ... אֱנוֹשׁ ~ מָה(마~에노쉬 · 사람이 무엇이관대)
5절 ... וַתְּחַסְּרֵהוּ(바트하스레후 · 저를 못하게 하시고)
6절 ... תַּמְשִׁילֵהוּ(탐쉬레후 · 다스리게 하시고)
7절 ... צֹנֶה(쪼네 · 양과
8절 ... צִפּוֹר(지포르 · 새와)
9절 ... יְהוָה(여호와)

시편 8편의 리듬은 1절과 9절에 절대자 여호와로 방패막이가 되어 있다. 하나님의 안에 거하여 구하면 이루게 되는[1] U리듬을 이룬다. 여호와를 방패삼은 U모형이다. 요나[2] 이야기도 U형[3]이다. 요나 선지자의 행로[4]나 · 룻의 시어머니 나오미가 고향을 떠났다가 다시 돌아오는 행로이다. 탕자가 아버지 곁을 떠났다가 다시 돌아오는 행로이다. 야곱이 애굽 땅에 들어갔다가 다시 나와[5] 고향으로 돌아온 U 형이다. 노아 홍수 후 하나님 무지개[6] · 물병 · 뚜껑 · 단지' · 물 항아리[7]이고 언약 궤[8]모형이다.

말씀의 '깊음 위에'[9] 서서 시를 써 내려가면서 하나님의 흔적을 드러내는 홍시인의 『지상의 연가 ~ 늘 푸른 강물이듯이』 도 잔 모양으로서 그것도 '당신'시어로 잔 모양을 만든다. 이 말씀이 담긴 잔 모

한국 성서 대학교 대학원 박사 학위 논문(서울: 한국 성서 대학교, 2005) 38.
1) 요 15: 7.
2) 홍문표, 『신학적 구원과 시적 구원』 (서울: 창조 문학사, 2006), 217.
3) Northrop Frye, 『성경과 문학』 , 247~248.
4) 홍문표, 『신학적 구원과 시적 구원』 (서울: 창조 문학사, 2006), 212~214.
5) 창 47: 29.
6) 창 9: 13, 14, 16; 겔 1: 28; 계 4: 3, 10: 1.
7) כַּד(카드 · 물 항아리, 창 24: 15, 20, 43, 45, 46).
8) David H. Aaron, 168.
9) תְהוֹם פְּנֵי ~ עַל(알 페네 테홈 · 깊음 위에, 창 1: 2).

양의 구조는 한국전통시의 구조가 갖는 시조 3장과 같은 것이기에 더욱 의미 있는 작품이 된다.

그의 시는 높은 꿈에서 시작되면서 그러나 밑바닥 현실까지 갔다가 다시 회복으로 돌아서는 잔 모양이다. 믿음의 향기를 드러내는 시의 순례는 하나님인 그리운 님[1)]을 향해 얼굴 마주보기를 간절히 원하여 마침내 당신을 만나게 되고 그 분의 뜻을 지닌 '늘 푸른 강물이듯이' 를 메타포로 하여 시를 쓰며 다른 신을 섬기지 않기[2)]에 다시 높은 꿈으로 회복성이 주어지는 전개양상이다. 이는 U리듬이고 가장 쉬운 방법 곧 성경이 말하는 '수브'이다. '쉬이' 쉽게 돌아오는[3)] 구원[4)]의 구조이기도 하다.

홍 문표 박사는 요나이야기로 죄를 회개하고 그에게로 돌아오는 U 리듬의 구조분석을 통해 박사학위 논문[5)]을 썼다. 이는 물 항아리[6)]이론과도 상통한다. 하나님이 그의 백성을 그에게 돌아오기까지의 그 긴 기다림에 부응하듯이 연작시 『지상의 연가』는 '당신' 시어를 당신에게서 당신에게로 돌아가는 U형으로 표시했다.

하나님은 하나님의 백성을 하나님의 절대 사랑 안에 품어 초월이신 하나님의 백성으로 살도록 인도하신다. 한 사람 한 사람 모두를 낙망하지 않도록 형제애로 뭉치게 하시고 하나님의 가까이에 살게 하시면서, 빛인 그를 따라가도록 하는 지혜를 주신다.

---

1) הַמַּיִם(하마임 · 그 물).
2) פָּנָי ~ עַל(알~파아나 야 · 나 외에는, 출 20: 3).
3) שֵׁב(수브 · 돌아옴, 창 18:14).
4) Donald E. Gowan, 『구약 예언서 신학: *Theology of the Prophetic Books*』, 차준희 옮김(서울: 대한 기독교 서회, 2004), 355.
5) 홍문표, 『신학적 구원과 시적 구원』(서울: 창조 문학사, 2006), 217.
6) 민대훈, 『바르트와 레비나스가 본 형상 금령 해석』(서울: B & A, 2007), 178. "유월절 식사의 최후의 만찬," 『教授論文集』,第8輯,(서울: 서울 기독 대학교, 2004), 46.

2). 전통리듬 찾기

(1). 3의 리듬

하나님은 하나님의 기업을 위해서 하나님의 백성을 오직 유일하신 한 분을 바라보도록 하신다. 이 리듬은 돌아오는 리듬이다. 하나님 잔 안에 드는 리듬이다. 이는 탄생에서 죽음으로 죽음에서 다시 부활하는 재생의 리듬이이고 에덴에서 타락으로 타락에서 다시 새 에덴으로 회복하는 기독교적 구원관의 리듬이다.

홍 시인의『지상의 연가 ~ 늘 푸른 강물이듯이』의 '당신' 리듬은 5~5~5~10~5~5~10~3~3의 리듬집합을 가진다. 총 51회 '당신' 시어 지수 리듬은 5~5~5~10과 5~5~10과 3~3의 아름다운 리듬을 만들어 낸다. 이 의미리듬 핵은 한국의 가장 양기가 왕성한 5월의 리듬이 되면서 바로 홍 시인이 즐겨 사용하는 5월의 신화소와 더불어 3~3의 아름다운 리듬을 만들어 낸다.

이 신화소 3~3의 시조 종장 초구와 종장 끝구가 가지는 실사적 리듬과 허사 리듬까지 그 의미소를 더하여 한국의 전통적 리듬을 타고 '당신' 시어 곧 절대자를 형상화 한다. 그리하여 홍시인의 신앙시는 신앙영웅 시학의 정체성을 확보한다.

홍시인은 3의 리듬을 기본적인 시의 리듬으로 삼고 천성으로 서정을 즐기는 한국 시인이다. 딱딱함보다는 부드러움과 조화로움을 부각시키고자 하는 것이 시인의 3의 리듬이다. 이는 3보격의 빈도에서도 잘 드러난다. 홍 시인이 즐기는 서정성 구조 3보격이다.

'당신'의 3 보 격 의 리 듬			
호 수	1	2	3
늘 푸른 강물이듯이 · 30	당신과의 약속1	당신의 제단에 배설되는	당신의 손 끝에 머무는
늘 푸른 강물이듯이 · 38	당신과의 약속1	당신의 손바닥에 패인 상채기	당신과의 처음 맹세
늘 푸른 강물이듯이 · 48	당신의 미소	당신의 놀라운 개안	당신을 기다리이기에는

홍 시인의 3음보 리듬선호는 단순성을 넘어서는 상징과 리듬과 의미를 한꺼번에 한국전통시의 리듬으로 만든다. 3~3의 아름다운 리듬을 만들어 낸 이 신비 소는 3~3의 시조 종장 초구와 종장 끝구가 가지는 실사 리듬과 허사 리듬까지 그 의미소를 더하여 한국의 전통적 리듬을 '당신' 시어 곧 절대자로 만든다. 이는 김소월 시가 가지고 있던 허사 리듬과 맥을 같이한다. 이처럼 홍 시인의 시집 『지상의 연가 ~ 늘 푸른 강물이듯이』는 한국 시조리듬의 전통성을 잘 드러내고 있다. 뿐만 아니라 전통적인 민요가 3음보인 것을 감안하면 홍시인의 시학은 철저히 한국의 전통적인 가락이다. '나'와 '내'가 등장하는 일은 흔한 일은 아니다. 한국의 천재시인 이상도 시어로 '나'를 선택하였다. 기독교 시인 홍 문표 시인은 그의 『지상의 연가』에서 시어 '나'와 '내'가 '당신'시어보다 17회 더 많게[1)]배열한다.

* '나' '내'의 시어

절대자와 잔을 마주 든 홍시인 '나' '내'이다.

---

1) Ibid, 388.

'나' '내'의 시어						
호수	나 내	나 내	나 내	나 내	나 내	회수
3	나와 같은	나를 부르다	나는 너의			3
8	너와 나의	나는 눈꽃이	나는 헤메며			3
9	나는 본다					1
10	나는 생명	나는	내 유년의			3
12	나는 이미	내 육신의	내 혈관들은	내 육신은	나의 항거	5
13	내가 너를	나는 얼마나				2
15	내 가슴에	나의 목숨	내 영혼이			3
16	나는 수줍은					1
17	네 안에 내	내 안에 내	내 손에 장미			3
19	나와	내 외로움의	나는 당신의	나의 눈물이		4
22	내 온 몸	내 흉계를				2
28	내 살은	나는 밤마다				2
30	나의 삶과	내 손과 발	없는 내 소유			3
31	내 눈 속에					1
33	내 영혼의	내 마지막				2
34	내 영혼의	나는 시들어져				2
35	내 영혼의	내 사랑하는				2
36	나는 울고	나는 치유할 수				2
37	내 순백의					1
39	내 인감도장	너를 위해 내가	나를 위해 내가			3
40	나를	나를 절망하게				2
43	나만 여의도	내 조각배에	내 키는 겨우			3
45	내가	내 맘대로	내 영혼의	내게 남은	나는 늘 제자리	5
49	나를 숨겨	내 환한	내 슬픈 눈짓에	내 영혼의		4
51	내 살점의	내 뜨거운 심장	내 푸석한 살결			3
52	내 생명의	내가 죽고	나를 위해 내가			3

(2) '나 · 내'의 3보격 선호리듬

'나' '내'의 3 보격 선호리듬			
호 수/회수	1	2	3
늘 푸른 강물이듯이 · 3/3	나와 같은 신세지만	나를 부르다	나는 너의 뒤척이는 고뇌에
늘 푸른 강물이듯이 · 8/3	너와 나의 슬픔	나는 눈꽃이	나는 야시장을 헤메며
늘 푸른 강물이듯이 · 9/1	나는 청동거울을 본다		
늘 푸른 강물이듯이 · 10/3	나의 생명이라고	나는 하늘만 봅니다	내 유년의 강둑
늘 푸른 강물이듯이 · 12/5	나는 이미 / 내 육신의	내 혈관들은 / 내 육신은	나의 향기
늘 푸른 강물이듯이 · 13/2	내가 너를 만남은	나는 얼마나 많은 세월을 낭비했는지	
늘 푸른 강물이듯이 · 15/3	내 가슴에 구비치는	나의 텅 빈 목숨	내 영혼이 찬란한
늘 푸른 강물이듯이 · 16/1	나는 수줍은 장미 한 송이		
늘 푸른 강물이듯이 · 17/3	네 안에 내가 있고	내 안에 네가 있고	내 손에 장미가 되어
늘 푸른 강물이듯이 · 19/4	나와 목덜미 / 내 외로움의	나는 당신의 / 나의 눈물이 되고	
늘 푸른 강물이듯이 · 22/2	내 온 몸의 상처	내 흉계를 투망해도	
늘 푸른 강물이듯이 · 28/2	내 살은 땅에 묻혀	나는 밤마다 아침이 두려워	
늘 푸른 강물이듯이 · 30/3	나의 삶과 죽음	내 손과 발	보잘 것 없는 내 소유
늘 푸른 강물이듯이 · 31/1	내 눈 속에 박힌		
늘 푸른 강물이듯이 · 33/2	내 영혼의 갈피 속에 기워진	내 마지막 소유마저	
늘 푸른 강물이듯이 · 34/2	내 영혼의 희미한 불길은	나는 시들어져 가는 불빛 속에서	
늘 푸른 강물이듯이 · 35/2	내 영혼의 그림자 되어	내 사랑하는 연민의 땅은	
늘 푸른 강물이듯이 · 36/2	나는 울고 있을 뿐입니다	나는 치유할 수 없는	
늘 푸른 강물이듯이 · 37/1	내 순백의 손수건에 얼룩지는		
늘 푸른 강물이듯이 · 39/3	내 인감도장	너를 위해 내가 죽고	나를 위해 내가 죽는
늘 푸른 강물이듯이 · 40/2	어찌하여 나를 버리시나이까	나를 절망하게 하소서	
늘 푸른 강물이듯이 · 43/3	나만 여의도 고수분지	내 조각배에 하적한	내 키는 겨우 한 뼘
늘 푸른 강물이듯이 · 45/5	내가 / 내 맘대로	내 영혼의 / 내게 남은	나는 제자리
늘 푸른 강물이듯이 · 49/4	나를 숨겨주시는 / 내 환한	내 슬픈 눈짓에 / 밑바닥을	
늘 푸른 강물이듯이 · 51/3	내 살점의	내 뜨거운 심장에서	내 푸석한 살결과
늘 푸른 강물이듯이 · 52/3	내 생명의 더듬던	너를 내가 죽고	나를 위해 내가 죽는

(3). '나'의 사랑 한 봉지

3의 전통리듬에 익숙한 리듬을 만드는 홍 시인은 3/4의 황금률로 신앙을 바르[1]게 하면서 한국리듬에 머무르는 발길[2]로 사랑이라는 주제를 실천한다. 사랑 한 봉지를 찾아 나서는 과정이다. 그리고 그 길은 가슴 아파하는 길이다. 성경은 사랑의 정의를 '봐 아파'와 '바아하바' 로 한다. 서로 봐 아파[3]한다. 아빠와 나 사이는 서로 아파하는 사이다. 아프다![4] 아파[5] 정말 아파[6] 내가 숨 쉬고 싶어 내 백성을 사랑해 아팠다![7] 아프다[8] 늘 아프다[9] 내 사랑하는 아들이 십자가에 달려야 하니 아프다. 정말 아파[10] 내가 아노니[11] 나를 지켜가는 힘은 내 아들 때문! 아 나[12] 내가 숨 쉬는 집 안에 들어 아파[13] 아하 아파[14] 내 아들이 죽어야 하니, 아 나[15]로 하여 이 세상은 존재한다.

---

1) בַּר(바르 · 정직하게, 귀중히 여기는, 아 6:9).
2) רַגְלוֹ(라길로 · 그 발이, ηόν πόδα, 신 33:24).
3) בְּאַהֲבָה(바아하바 · 사랑과 바꾸려 할지라도, 아 8:7).
4) אַהֲבַת(아파타, 사랑, 렘 2:2).
5) אָהַב(아하브 · 사랑, 창 37: 3, 4; 신 4: 37, 11: 1.
6) אַהֲבָה(아파 · 사랑, 신 10:14;아 2: 4, 7, 3: 10; 아 2:4).
7) אָהַבְתָּ(아프타 · 아팠다, 창 22: 2; 신 11: 1.
8) וְאָהַבְתָּ(베아프타 · 사랑하여, 창 22: 2; ; 레위 19: 18; 신 6: 5, 11: 1.
9) מֵאַהֲבַת(메아페트 · 사랑하심을 인하여, 신 7: 8).
10) אֲהֵבְךָ(아파 · 너를 사랑하시고, 신 7: 13). אַהֲבָה(아하바아 · 사랑은, 아 6: 8).
11) אָנֹכִי(아노히 · 나),
12) אָנָּה(아~나 · 나) .
13) אַהֲבָה(아하바아 · 사랑은, 아 8:6).
14) אָהַב(아하브 · 사랑) · אָהֵב(아헤브 · 사랑). 그 사랑이אַהֲבָה(아하바아, 아 2: 4,, 3: 10) · 사랑은 אַהֲבָה(아하바아 · 사랑은, 아 8: 6) · 사랑하므로 אַהֲבָה(아하바아 · 사랑하므로, 아 2: 5. 7:6) · 내 사랑아 אַהֲבָה(아하바아 · 내 사랑아, 아 7: 6) · 내 사랑하는 자가 הָאַהֲבָה(하아아하바아 · 내 사랑하는 자가, 아 2: 7) · 사랑은 הָאַהֲבָה(하아아하바아 · 사랑은, 아 8: 7) · 내 사랑이 הָאַהֲבָה(하아하바아 · 내사랑이, 아 2: 7).
15) אָנָּא(아나아 · 나) · אָנָּה(아나아 · 나).

아프지 않는[1] 사랑은 사랑이 아니다. 홍 시인의 시가 신앙 순례에 도전하는 신앙영웅의 신화시가 되게 한다.

늘 푸른 강물이듯이의 '사랑' 시어 17회		
회 순서	'사랑' 시어가 들어난 예	호수
1	사랑이가도 불러 봅니다	· 2
2	사랑이며	· 4
3	사랑의 연가를 불러보는	· 5
4	한 봉지 사랑을 찾습니다	· 8
5	사랑하기 위해서다	· 13
6	사랑도 그리움도	· 20
7	사랑이 미움처럼 확실한 것이라면	· 21
8	사랑할 수 있는 즐거움을 주소서	· 25
9	이제는 사랑을 추수하는	· 26
10	우리들의 사랑은	· 29
11	그런 사랑이게 하소서	· 29
12	내 사랑하는 연민의 땅은	· 35
13	당신을 사랑하는 것은	· 35
14	목숨처럼 사랑하게 하소서	· 35
15	때로는 사랑보다 뜨거워	· 35
16	사랑마저 감금된 빙하의 절벽에서	· 41
17	이 도도한 사랑의 강폭에	· 40

시인의 사랑 시어는 17회이다. 홍 시인이 신앙 신화시를 써 내려가는 증거는 사랑 시어조차 17회를 반복하는 데 있다. 이를 성서적 수치로 보면 요셉이 애굽으로 팔려올 때 나이 17세였고 아비 야곱이 애굽에 산 햇수도 17년이다. 여호와[2] 17수치, 에레미야는, 은 17세겔로 하나멜의 밭을 샀고[3], 이사야서에서는 창조 의미 히브리어 바라[4]를 17회 사용 한다. 기독교 시의 17은 연금술[5]이다. 17은

1) שֶׁאַהֲבָה(쉐아하바아 · 사랑하는 자를, 아 3:1, 3)).
2) ה ו ה י(יְהוָה)=5 + 6 + 5 + 1 + 0 =.17
3) 렘 32: 9.
4) בָּרָא.
5) 자비르(Jabir ibn Hayyan, 721~815 AD)는 1: 3: 5: 8에 근거한 17: Peter Abelard, *History of Science Fall 2006*(Floriad: Technology Semesterm, 2006), 12. 12.

성경의 유월절 정월 십사일과 3일 후의 17일 즉 예수님이 돌아가신 날자와 타임머신을 탄 정월 14일과 부활 후의 3일을 합한 숫자이다. 17일은 유월절 정월 14일을 지난 3일이 더해진 유월절 후 어린양을 잡는 날[1]로 예수님이 돌아가시고 3일 만에 부활하신 날 17일은 부활메시지가 전해지는 날이다.

문학작품에서 이 17지수와 같은 이상 시 「오감도」 10호 · 11호 · 13호의 문장 수가 6 + 5 + 6= 17수[2]에서 찾아진다. 시인은 시로서 시인의 가치를 들어낸다. 그만큼 짧은 시 안에서 영감을 불어 넣어 시 작업을 한다. 홍시인은 기독교적 상징수치인 17회로 평화와 화해로 어려움을 막는 큰 손의 보호를 받는 존재 '나' '내'로 한다.

홍 시인이 신화적인 삶이 되는 또 하나의 이유는 상승이미지 17%이다. 승리의 수이다. 예수님은 유월절인 정월 십사일[3] 죽으시고 3일 후에, 즉 17일에 죽음에서 일어나셨다. 사랑에 목숨 거는 예수님처럼 홍시인도 신의 지수 17을 선택 신앙시인임을 알려 준다. 홍 시인이 시적 은유로 건져 올린 물고기[4]는 그물이 찢어지지 아니한 하나님과의 약속 시의 만나[5]이다. 영감[6]의 물고기[7]는 성경의 수치 50이다.

---

1) 출 12: 18; 레 23: 5; 민 9: 5, 28: 16; 대하 35: 1.

2) 5(손 · 9호)
↓
6(손바닥 · 10호) → 5(손 · 11호) ← 6(손바닥 · 12호)=17
↑
5(팔 · 13호) ← 12(손자국 · 14호)=17
→ 25(악수 · 15호)
~ 이상 시 「오감도 시제 9」~「시제 15호」에서.

3) 유월절: 레위기 23: 5; 민 28: 16.

4) ן(눈/물고기).

5) 출 16: 31, 33, 35; 신 8: 3, 16; 수 5: 12; 요 6: 31, 6: 49; 히 9: 4; 계 2: 17

6) ~הוּא~מָן(만~후/하늘로부터 온), "מָן(만)" HAL, 564.

7) ן(눈/물고기, 50).

3). 사랑의 무게

창세기는 50장으로 되어 있다. 이는 풍요의 의미이기도 하다. 이스라엘[1]이 그 아름다운 몸짓으로 열두 아들을 얻는 리듬언어이다. 홍시인의 존재 '나'는 처음에 아주 보잘것없는 존재이다. 그러나 당신을 바라본다. 긴밀한 사이가 드디어는 하이얀 꽃이 피어난다. 진리인 '나'와 '내'를 찾기 위해 나는 남대문 야시장을 밤을 세 워 찾는다. 그 다음날 청동거울을 본다. 비록 나는 너를 만나는 어려운 시절을 보내지만 다음날 친린한 지상의 헌가를 반든다.

그러기에 나의 존재는 겨우 한 뼘이지만 귀중한 존재이다. 그리고는 수줍은 장미 한 송이 내가 되어 있다. 이러한 홍시인의 절대적인 진리의 동경에 몰입[2]된 '나'의 존재는 호수의 통사적 배열관계에서 동적 이동을 하면서 자신의 보잘 것 없는 '존재 → 하이얀 꽃 → 보석 → 장미 → 빠알간 사랑' 순서를 지닌다. 이는 의지적 뜨거운 절대 사랑 흠모이다.

이처럼 사랑의 시는 황금율의 파이비율로 이 세상의 모든 나무들이 몸을 맞대면서 살아가는 생존리듬에 근거한 한 송이 빠알간 꽃을 피우는 피보나치 비율을 만든다. 우리의 가슴에 빠알간 사랑으로 피어나는 말씀의 향기인 모자를 쓰는 일이다. 아니 모자를 벗어 풀 밭 위에 올려놓는 일이다. 이상 시에서 시적 화자는 모자를 벗어(14호)[3] 풀밭 위에 놓아 은혜를 담고 살아난15호[4]다. 홍시인

---

1) Llan Jon Hauser, Jonah: In Pursuit of the Dobe, *JBL* 104/1 (Boone: Appalachian State University, 1985), 29.

2) Ibid, 『시조 창작 리듬 론: 시조와 동천, 이상시를 중심으로』, 347~391.

3) 고성(古城0앞풀밭이었고풀밭위에나는내모자를벗어놓았다 ~ 이상 시 오감도 「시제 14호」에서.

은 이 '당신' 시어로 모자를 벗어 U 모양으로 잔을 만들어 말씀의 향기를 모자 מצה'[1]에 말씀의 향기를 넣어 사는 사랑으로 사는 모자[2]를 쓴다. 말씀을 '모자'[3]에 담기도 하고 모자[4]를 써 은혜를 입는 생활[5]이다. 우리들은 예로부터 갓을 썼다. 벼슬을 머리에 얹고 은혜를 입는 일이다. 향기이다. 하늘로 향하고 있는 모자[6]모양 U 하나님의 잔에 담는 홍시인의 시집 『지상의 연가 ~ 늘 푸른 강물이듯이 』의 '당신' 시어로 만들어내는 잔 모양의 모자를 성경은 모자를 세 번[7]이나 말하면서 생명을 얻는 은혜로 한다.

내 모자 아하![8] 모자를 바로 맞추[9]어 쓰고 홍 시인은! 이웃을 위해 '늘 푸른 강물이듯이의 말씀의 강을 건넌다. 늘 푸른 강물이 듯이를 본받아 나 보다는 남에게 맞춰 사는 은혜를 입고 사는[10]일에 열중한다. 사실 우리나라 사람들은 방 안에서까지 갓을 쓰고 감투를 썼고 하인들도 초립을 썼다. 아이들이나 아녀자들까지도 모자를 썼다. 우리의 전통버릇에 그대로 노출된다.

홍 시인은 1차적 평안에서 2차적 '너를 위해 죽는다'로 이동하며 하나님을 향한 절절한 사랑을 17 금기수로 하면서 늘 푸른 강물이

---

4) 이영지, 『이상 시 연구』, 129~130.

1) מְצָא(모자아 · 모자 · 발견, 대상, 4:40).

2) מְצָא(모자아 · 새벽우물).

3) מוֹצָאֵיהֶם(모짜에헴 · 진행한 대로, 민 33: 2).

4) מְצָא(모자 · 맞추어 · 입었다, 신 19:7).

5) חֵן מְצָאתִי(헨 모자티 · 은혜를 입었고, 에 5:8).

6) מְצָא(모자아 · 새벽우물).

7) מֹצְאִי מֹצָא מֹצָא הַיִּים(하임 모재 모자 모자 · 나를 얻는 자는 생명을 얻고, VQPMZS. CXS VQAMZS VQAMZS, 잠 8: 36: מְצָא(모자 · 맞추어, 신 19:7 맞추어(신 19:7) · 입었다(에 5:8).

8) אֶמְצָאֲךָ(에모자아하 · , 아 8:1).

9) מֹצְאִי מֹצָא מֹצָא(모재 모자 모자) 나를 얻는 자는 생명 얻고 얻고: מְצָא(모자 · 맞추어, 신 19:7 맞추어(신 19:7) · 입었다(에 5:8).

10) 아 8:1.

듯이가 하나님의 강임에 전율하면서 '푸르게'의 에덴시학이 되게 하는 리듬을 통사적 배열에 따라 나와 내의 존재 이유를 사랑 한 봉지 찾는 일로 가슴 아파하며 찾는다.

그토록 귀중한 나를 만들어 주신 시어 '당신'은 이 시집 마지막인 52호에서는 나타나지 않는다. 보석 감추듯이 감싸면서 사랑을 찾는다. 한 봉지 사랑 찾는 방법은 물고기를 건져 올리는 일이다. 보석 감추듯이 감싸고 있는 시인의 내면의식이 존재한 전통시의 리듬이다. 통사리듬 탐색에서 가장 눈에 띄는 것은 절대수치상징 10호에서 처음 '당신' 시어 '3회.' 그리고 당신 시어가 나타나는 51호에서 3회로 한 관계는 처음 3회를 절대치로 그리고 마지막 3회를 처음의 강한 만큼의 상응하는 약한 이미지로 마무리하는 우리들의 습관이 그대로 리듬 화 된 한국전통시가 가지는 리듬의 처음과 끝 3리듬을 그대로 나타낸다.

홍시인은 『지상의 연가 ~ 늘 푸른 강물이듯이』의 '나'와 '내'를 한 호 안에서 5회 이상은 거듭하지 않으면서 3회와 4회가 선호된다. 바로 자생적 한국인의 리듬선호에서이다. 우리말 그대로의 버릇 3 · 4의 흐름 리듬이다. 우리말의 아름다움 즉 명사 시어에 접미사를 붙이는 말이다. 가령 '하늘' 시어를 예로 들 경우 주어는 '하늘이' 이고 설명할 술어일 때 '하늘이다'의 리듬선호이다. 이 리듬을 홍시인은 즐겨 실천하고 있다.

이처럼 홍 문표 시인의 시집 『지상의 연가 ~ 늘 푸른 강물이듯이』는 연작 제목으로 일관되고 있는 52편 모두 「~ 늘 푸른 강물이듯이」와 절대자 '당신'을 등가성으로 한다. 시에서의 '늘 푸른 강물이듯이'의 진리인 정체성은 성경에서 '하나님의 강'을 '푸르게'[1] 라 함으로써 『지상의 연가』는 모더니즘적이면서도 서정적인 신앙시의 면모를 보인다. 홍시인은 생명의 강 넷째 유프라데 강을 생명을 살리는 강으로 하여 생명의 젖줄 근원[1]임을 '푸르데'로 한다. 푸르게 말씀 전하기 위해 바다가 푸르고 강이 파아라[2]서 이 파랗다[3]와 푸르러서[4] 푸르게 배어[5]나온 이미지이다.

이 시집의 끝 부분에서는 지상의 연가가 그리는 회복을 드러낸다. 바로 시조작품이 지니는 종장의 의미리듬을 전개한 의미화의 절정 시어인 '당신'이 마지막에서는 들어나지 않기 때문이다. 그러기에 『지상의 연가 ~ 늘 푸른 강물이듯이』는 전 세계에서 유일하게 존재하는 한국시조작품의 초 · 중 · 종장이 가지는 의미리듬이다.

『지상의 연가』 시집은 수천 년의 역사가 증명해주는 전통시의 동일 요소를 찾을 수 있는 모더니즘 신앙서정시의 정체성이 있다는 문제 제기를 충족시키고 있다. 자유시로 구분되는 홍시인의 신앙 시집 『지상의 연가 ~ 늘 푸른 강물이듯이』는 절대자 흠모의 대상 당신과 이와는 대조되는 인간의 나약성과 외로움과 고독을 가지는 시적 화자 '나'와 '내'로 한다. 그러나 그분을 본받아 아파하는 사랑의 가슴을 가지며 모던기법을 사용하는 홍시인인 신앙 심상은 꿈이 있는 초월성과 현실성과 회복성의 순서이다. 한국 전통 시의 요소를 바탕으로 모더니즘적 감각을 통해 시의 이원성을 극복한다.

『지상의 연가 ~ 늘 푸른 강물이듯이』는 높은 분의 대명사 '당신'과 시적 화자 '나 · 내' 사이에서 이루어진다. 시 52편에서의 이 당신과 나의 리듬은 마지막 '당신' 시어가 나오는 51호에서 하나님의

---

1) פֶּלֶג(페레그/ 푸르게, 시 65: 10).
1) Mullen, *The Assembly of the God's*(1986), 132, n. 7.
2) פָּרָה(파아라아 · 생육 · 번성, 출 1:7; 사 11:1).
3) פָּרַת(파라트 · 열매맺다 호 13:15).
4) פָּרַץ(프로쯔 · 창성, 출 1:12).
5) וְהִפְרֵתִי(베히프레티 · 내가..번성케 하리니, 창 17:6).

노래가 첫 번째 나오면서 두 번째는 기다림과 그리고 세 번째는 기쁨의 존재 나를 극명하게 드러낸다.

거기다가 유독 마지막 52호에서는 '당신' 시어를 사용하지 않는다. 바로 한국 전통 시 시조 작품이 가지는 허사 리듬을 충족시킨다. 소월시의 허사 리듬[1]과 이세보 시조집 456수의 허사 리듬[2] · 그리고 황진이 시조에서 발견되는 리듬 그대로이다. 그럼으로써 홍 시인의 시집 『지상의 연가』는 한국 전통시가 지니는 리듬을 가진다는 논리에 부합한다.

에덴의 강은 네 강이다. 이 네 강은 하나님이 네 강을 펼치[3]시는데 그 목적은 한(一) 강으로 가기 위하여[4] 흐른다. 이러한 흐름은 홍 문표 문학박사가 하나가 되기를 소망하는 에덴의 시학과 관련지어진다. 이것은 에덴의 시학과 관련지어지는 기독교문학 메시지이다. 하나님의 법칙은 에덴의 강을 이른바 첫째 강을 첫째 강이라 아니하고 성경에서 한 강으로 되어 있는데서 문제가 제기된다.

히브리어 원문을 보면 하나님이 그의 이름을 두기 위해 한 강으로 가려 한다.[5] 처음 한 강은 '강'이라는 글자가 없다. 다만 하나

1) 소월의 「진달래꽃」 시 4연의 '산에는 꽃지네/ 꽃치지네/ 갈 봄 녀름업시/ 꽃치지네'이다. 흔히 이 시구 때문에 소멸이미지로 이해하기 쉬우나 이는 한국시의 전통성을 모르고 한 말이다. 바로 시조의 경우 종장 4구에 해당하는 '하노라'류의 생략형 어미와 연계된다. 어울림의 아름다운 리듬으로 놓여 진 시의 율격이다. 이 「진달래 꽃」 시 4연은 시조처럼 허사적 리듬이다. 이영지, 『한국시조시학 연구』(근간)., 385.

2) 진동혁 역, 『이세보 시조집』 (서울: 정음사, 1984).

3) פָּרַד(페라드 · 펼치 · 창 2: 14; פֹּרִיָּה(시 128: 3; 잠 18: 20) · מִפְּרִי(창 3: 2) · עַל~פַּלְגֵי(시 1: 3) · פִּרְיָמוֹ(시 21: 10) · פְּרִי)시 127: 3) · פְּרָת(창 2: 14; 렘 51: 63).

4) וְנָהָר יֹצֵא לְהַשְׁקוֹת אֶת~ הַגָּן וּמִשָּׁם יִפָּרֵד וְהָיָה לְאַרְבָּעָה רָאשִׁים(NMP P.ANCFS C.VQAMZS VNIMZS C.P.AB D.NMS~O P.VHNG P.NE VQPA C.NMS: 강이 에덴에서 발원하여 동산을 적시고 거기서부터 갈라져 네 근원이 되었으니(창 2:10).

를 위하여서 펼쳐[1]진다. 그리고는 에덴에서의 강이라는 명칭은 3번만 언급된다. 이에 대한 신학성은 강이 동서남북으로 갈라지며 열두 물길이 되게 한다. 하나님 믿는 백성들이 마시면서 흐르는 에덴의 강은 불의 혀같이 갈라지며 동서남북으로 흩어져서 12강이 된다.

이 갈라지는 법칙은 하나님의 백성들에게 하나님이 좋은 말씀의 물을 먹이기 위해 강[2]이 동서남북 네 곳으로 흘러 12이 된다. 더러운 것을 씻어 금보다 더 귀한 주의 법도가 용솟음친다. 둘러싸여 말씀으로 퍼레이드가 펼쳐[3]지는 방법은 12물길 4중(四重)[4]주이다. 이 강은 히브리어 '나하르'[5]라 불리며 영원히 숨쉬기 위하여 하나로 되기 위하여 흐른다.

따라서 한 강의 개념은 곧 1 · 1과 2 · 2와 3 · 3 그리고 4 · 4와 7.7수리법칙이 적용된다. 이 강은 십일조 의미와도 같다. 전체를 하나님께 다 바치는 삶 10 · 10으로 설명된다. 그 중에 아홉은 하나님이 다시 인간에게 주어 하나님을 전적으로 의지하며 바치는 자에게 주는 축복의 근원이 된다. 하나만 하나님이 가지시는 것이

---

5) הָאֶחָד(하에하드 · 하나 · D.AMS · 관사 · 완료 · 남성단수 · 창 2:11)한 강
הַשֵּׁנִי(하쉐니 · 둘째 · D.ANOMS · 관사 · 형용사 수사 서수 남성단수 · 창 2:13)
הַשְּׁלִישִׁי(하슬리리쉬.셋째 · D.ANOMS · 관사 · 형용사 수사 서수 남성단수 · 창 2:14)
הָרְבִיעִי(하르비이 · 넷째 · D.ANOMS · 관사 · 형용사 수사 서수 남성단수 · 창 2:14)

1) לְאַרְבָּעָה(레아레바아 · 펼쳐지기).

2) וְנָהָר(벤나하르 · 하나님이 강 · 창 2: 10).

3) פְּרָד(페라드 · 펼치 · 창 2: 14; פֹּרִיָּה(시 128: 3; 잠 18: 20) · מִפְּרִי(창 3: 2) · עַל~פַּלְגֵי(시 1: 3) · פִּרְיָמוֹ(시 21: 10) · פְּרִי)시 127: 3) · פְּרָת(창 2: 14; 렘 51: 63).

4) Northrop Frye · *Anatomy of Criticism* · 146..

5) נָהָר(나하르 · 강).

십일조의 법칙이다. 다 바치지 않을 때는 나에게로 돌아오는 것이 하나도 없지만 이웃을 위해 · 가정을 위해 · 나라를 위해 · 그리고 하나님을 위해 다 바치는 삶은 오히려 이러한 삶을 살아온 자에게 온통 은혜가 다 내리는 삶이다. 내 이웃을 위하여 몸과 마음을 다 바친 사람을 모두를 얻는 삶이 사랑불꽃 삶이다.

일곱[1] 날 · 일주일이 모여 열두 달이 되고 이 일 년은 다시 평생이 되는 전 생애의 날은 로 한 날이 되게 하는 이론이 되어 간다. 일주일의 삶이 7 · 7로서 한 날 즉 주의 날이 되기 위해 사는 사람들의 일생이다. 삶은 내가 죽어야 사는 삶이다. 크게는 하나님의 아들 예수님으로 하여 한 번에 죄가 씻어지는 삶이다. 하나라는 · 그리고 한 생애라는 이 하나는 문법적으로 남성 단수[2]로 시작하여 하나[3]로 끝난다.

이러한 하나의 의미는 사람의 일생이 한 번의 삶으로 끝나는데 있다. 다시 두 번 되풀이 될 수 없는 사람의 삶은 그러기에 지나놓고 보면 후회와 아쉬움을 준다. 처음부터 뚜렷한 목표를 가지고 후회 없는 삶을 위해 노력한 사람에게는 조금이나마 위로가 주어지는 생애이다. 사랑의 불꽃이 핀다.

그래서 에덴의 강을 네 강이되 한 강은 처음에 언급된다. 첫강이라 하지 않고 한 강이다. 둘째 번부터 강이라는 이름이 주어진다. 동서남북이 되는 사방팔방으로 흩어져 흘러 다시 3번 강화됨으로써 12사도의 법칙이 생기고 산포의 신앙인들이 전도하는 전도영역

1) 창 2: 2 · 3; 레 23: 3; 민 29: 32; 수 19: 40; 대상 2: 15 · 12: 11 · 24: 10 · 15 · 25: 14 · 24 · 26: 3 · 5 · 27: 10; 마 22: 26; 계 8: 1 · 10: 7 · 11: 15 · 16: 17 · 21: 20.

2) 그 하나 הָאֶחָד(하에하드 · 하나 · D.AMS · 관사 · 완료 · 남성단수 · 창 2:11).

3) 하나 אֶחָד(에하드 · 하나 · D.AMS · 관사 · 완료 · 남성단수 · 창 2:24).

이 된다. 사랑의 불꽃이 핀다.

성서는 12사도나 · 12지파나 신약의 12제자에 대한 이 12명을 강조한다. 구약성서에서는 하나님의 군대 12,000명이 있으며 이들은 각 지파 1.000만 명 중에서 1,2000명을 택하는 것(민 31: 5) 이유가 된다. 144,000명이 되는 근거는 신구약 공히 기독교신학으로 확정(계 4:10)된다. 하나님의 백성들이 보좌에 앉으신 이 앞에 엎드려 · 세세토록 사시는 이에게 경배하고 자기의 면류관을 보좌 앞에 던지며 절대자에게 감사와 존경과 경배를 드리는데 이들은 하나님의 일이 동서남북으로 퍼지는 일을 사랑불꽃으로 한다.

하나님의 일을 전하는 일은 한 곳만이 아니다. 동서남북의 모두에서 이루어지면서 144.000이 된다. 구약에서의 24장로와 관련한 24,000명은 각각 12달에 걸쳐 골고루 그 우두머리가 정해질 때 드러난다. 우두머리를 중심으로 한 144000명이 되는데 요한계시록이 제시하는 인원과 하이퍼성 사랑불꽃 연결이다.

24장로의 구체성은 각각의 우두머리와 12지파의 관장이름을 나열(대상 37:16~22)하여 총 24명을 제시한다. 1월 곧 정월의 반장[1)]을 비롯하여 12월 ~12월 열두째 장관[2)]까지 이 반열에 24,000명을 둔다. 더 나아가 12지파의 지도자를 이스라엘을 관할과 관련한다. 루우벤 사람 관장 나기드[3)] 엘리에제르[4)]를 시작으로 단 사람 관장 웃시엘"(대상 25:4) 까지와 심지어는 다윗의 재산관리 12명까지도 철

---

1) עַל הַמַּחֲלֹקֶת הָרִאשׁוֹנָה לַחֹדֶשׁ הָרִאשׁוֹן(알 하마로케트 하리소나 라호데쉬 하로손 · 정월 첫반의 반장은 · 대 상 27:2) 이름은 יָשָׁבְעָם(야소브암 · NE · 대상 27:2).
2) הַשְּׁנֵים עָשָׂר לִשְׁנֵים עָשָׂר הַחֹדֶשׁ(하스넴 아사르 라스넴 아사르 하호데쉬 · 12월 열 두번째 장관 · 대상 27:15).
3) נָגִיד(나기드 · 관장 · NMS · the ruller · 대상 27:16).
4) אֱלִיעֶזֶר (엘리에제르).~

저히 성경수리 법칙에 따른 12와 그리고 그 12달에 해당하는 수리를 준수하여 성경이 말하고자 하는 산포의 전도역할을 사역한다. 양떼[1])를 맡은 하갈의 야시스까지에도 이 법칙이 따른다.

에덴의 강은 네 강으로 분리 되는 것이 아니다. 처음 강은 강이라는 뜻의 단어가 없음으로써 하나가 되기 위래 흐르는 물이다. 그리고 나서 둘째 강이라는 말이 나오면서 셋째 강과 넷째 강이 언급된다. 흐름은 하나님을 향하여 하나 되기 위하여 흐른다. 하나님에게로 그리고 주 예수 그리스도에게로 흐르는 이스라엘 백성들의 전도흐름이다. 산포되면서 흘러 하나님의 강으로 흘러가는 물이 된다. 말씀을 들고 사역하는 물이다. 사람이다. 그리고 메시지가 된다. 그리고 책이 된다. 이 물길은 열두 물길이 되고 24물길이 되며 12000의 물길이 되고 다시 144000의 물길이 된다. 도도한 물 흐름이다. 하나님의 백성들이 사는 물 흐름길 · 사랑불꽃길이다.

하나님 사랑불꽃을 시인의 가슴은 하나님의 백성들이 사는 물 흐름길에 서는 정열의 삶을 사는 행복이 허락된 인생이다. 사람에게는 누구나 행복을 누릴 수 있는 기회가 주어진다. 다만 어떤 선택의 길을 택하느냐 따라 전연 다른 길에 서게 된다. 홍 시인은 그의 일생에서 하나님 만나기의 행복한 순간을 그냥 지나친 것이 아니라 순간순간마다 그 기회를 행복의 기회로 만들어 사랑불꽃을 든 시인이 되었다.

1) וְעַל ~ הַצֹּאן יָזִיז הַהַגְרִי(브알 – 하죤 야지즈 하하그리 · C.P D.NFS NE D.AGe · And over the floeks was Jazir the Haherite · 대상 27:31).

7. 지상의 연가 달콤한 신학

1). 여성화자

(1) 달콤한 당신

이 논문은 눈물이 달콤한 신학이 되는 시의 아이러니에 대한 문제제기 논문이다. 일반적으로 눈물은 여성이 많이 흘리는 특징을 지닌다. 홍 문표 시집『지상의 연가 ~ 늘 푸른 강물이듯이』 연구를 통해서 드러나는 눈물 신앙시인의 지상의 연가 주제가 제목이 주는 연가답게 시의 내포 리듬이 1부와 5부까지 ㅇ 꼭지 이응 동그라미를 5번 만든다. 지상의 연가는 신앙시인으로서의 이 절대성을 흠모 초현실기법의 은유로 동그라미 시어 연결 신과의 거리라는 철학성을 시적 언어로 한다.

달콤한 언약! 생명을 살려주는 홍 시인의 신앙 기억에 시인은 뱅글뱅글 돌아가며 모래땅에서 사금을 취해 뱅글뱅글 하늘로 올라가는 연작시 기능으로 한다. 지상의 연가 제목이 주는 사랑의 노래로 상호 생성되는 호마다와 결합 동그라미 곧 꼭지 ㅇ를 만든다. 늘 웃는 흠모의 시인에게는 즐거움이다.

홍 시인 시적 화자 늘 푸른 강물이듯이(이하 이후 생략) 제1부 유혹의 강에서 고향 길 … 입맞춤(1) … 입(1) … 입(2) … 가슴(2) … 가슴팍(3) … 그리움(3) … 그리움(4) … 강물(4) … 강물(5) … 바람(5) … 바람(6) … 여인(6) 달(6) … 여인(7) 달빛(7) 강(7) … 강물(7) … 강물 여인(8) … 물살(8) … 물길(9) … 아침(9) … 아침(10) … 당신(10) … 고향길 입맞춤으로 원을 그린다.

제2부 사랑의 묘약에서 … 당신(10) … 당신(11) … 너(11) … 너(12) … 눈물(12) … 눈물(13) 너(13) 강물(13) … 꽃잎(13) 아담(13) … 아담(14) 꽃들(14) … 강물(14) … 강물(15) 아담(15) … 하룻밤(15) 한밤(15) … 밤(16) … 나는(16) … 나는(17) … 그리하여(17) … 그리하여(18) … 강물(18) … 강물 그리하여(19) … 강물(19) … 강물(20) … 청사초롱 아리랑 ㅇ발음과 ㄹ발음 강물(20) … 강물(21) … 가랑비(21) 불꽃(21) 강물(21) … 당신(10)이 되면서 ㅇ서꺽지 이응 동그라미를 그린디.

제3부 지상의 평화 … 강물(22) … 강물(22) … 강물(23) … 눈물(23) … 눈빛(24) … 하소서(24) … 하소서(25) … 강물(25) … 강물(26) … 꽃길(26) … 꽃잎(27) … 도강(27) 강(27) … 강물(28) … 목숨(28) … 목숨(29) … 여름(29) … 여름(30) … 하늘(30) … 하늘(31) … 강물(31) … 강물(22)로 원을 그린다.

제4부 이별 그리고 죽음 … 강물(32) 하늘(32) … 강물(32) … 강물(33) … 하늘(33) … 하늘(34) 강물(34) … 당신(34) … 당신(35) … 당신(35) … 당신(36) … 눈물(36) … 눈물(37) … 강물(37) 여인(37) … 여인(38) … 강물(38) … 강물(39) … 나를 눈꽃(39) … 꽃잎(40) 나를(40) … 강물(40) … 강물(41) … 그(that)(41) … 강물(32)로 원을 그린다.

5부 먼 훗날 다시 지상에서… 그(that)(42) … 밤(42) 꽃밭(42) … 꽃(43) 밤(43) … 강물(43) 할미꽃(43) … 할미꽃(44) … 강물(44) … 강물(45) … 강물(45) … 강물(46) … 꽃씨(46) … 꽃씨(47) 강물(47) … 당신(47) … 당신(48) … 밤(48) 기쁨(48) … 기쁨(49) 밤(49) … 당신(50) 무지개(50) … 무지개빛(50) 당신(50) … 가슴(50) … 가슴(51) 당신(51) … 강물(51) 목(51) … 목숨(52) 강물(52) … 고향(52) … 고향 길(1) …

강물(32)로 원을 그린다.

홍 시인의 시집은 원 모형을 시어로 연결 각 부 마다의 작은 원을 시어로 연결한다. 제1부 유혹의 강가는 1 고향 길 … 입맞춤 … 2 입 … 가슴 … 3 가슴팍 … 그리움 … 4 그리움 … 강물 … 5 강물 … 바람 … 6 바람 … 여인 달 … 7 여인 달빛 강 … 강물 … 8 강물 여인 … 물살 … 9 물길 … 아침 … 10 아침 … 고향 길에서 시작된 마음 행로가 밝은 아침 당신에게 까지 왔다.

돌아와 당신 절대자에게 안긴다. 인체의 시어 입과 가슴과 가슴팍 그리움이 강물에서 일어나는 바람 바로 사랑이다. 바람은. 홍 시인의 달 · 여인 · 어머니이다. 동월(冬月) 소재로 하여 여성화자 여성의 당신의 절대자 고리로 시인은 연작 적 기능으로 확대한다.

제2부 사랑의 묘약은 11 당신 … 너 … 12 너 … 강물 눈물 … 13 눈물 너 강물 … 꽃잎 아담 … 14 아담 꽃들 … 강물 … 15 강물 아담 … 하룻밤 한밤 … 16 밤 … 나는 … 17 나는 … 그리하여 18 그리하여 … 강물 …19 강물 그리하여 … 강물 … 20 강물 … 열골 물 평퍼져 청사초롱 아리랑 ㅇ 발음과 리을발음 강물 … 21 강물 … 가랑비 불꽃 강물로 되어 있다. 1부에서 '달'이던 것이 2부에서 '당신'으로 변한다. 다시 '너'로 변한다. '강물'이다. '눈물'이 된다. 이 '눈물'의 존재 너는 꽃잎과 아담과의 관계이다. 꾶잎의 아담이다. 꽃잎은 꽃들이다. 이 꽃들은 물들이 되면서 강물은 열골 물 평퍼져 청사초롱이다. 어울려 우리의 청사초롱이다. 달콤한 마음의 시 바다는 아스라이 저 광대한 바다로 열골 물 청사초롱이다. 시인의 사랑이 청사초롱 꽃불을 밝힌다. 청사초롱! 빨갛고 파란 빛을 발하는 청사초롱은 신혼첫날 밤을 밝히는 불이다.

청사초롱이 열골 물 청사초롱이다. 열 고을이나 불 밝히는 청사초롱 찬란함이다. 열 고을 물 청사초롱으로 온 누리가 환하다. 이 기쁨 환희의 불 밝히기는 달콤함이 묻어나는 사랑불꽃길이다.

마음의 강물로 변한 홍 시인의 강물은 제3부 지상의 평화에서 22 강물 … 강물 … 23 강물 …눈물 … 24 눈빛 … 하소서 … 25 하소서 … 강물 … 26 강물 … 꽃길 … 27 꽃잎 … 도강 강 … 28 강물 … 목숨 … 29 목숨 … 여름 … 30 여름 … 하늘 … 31 하늘 … 강물로서 마음 평안의 강물이 하늘까지 닿는다.

홍 시인은 꽃잎이다. 아련한 그리움의 꽃잎! 은혜를 입은 꽃잎 강물이다. 꽃 바다를 만드는 꽃잎이다. 이 지상을 꽃잎으로 만드는 에덴의 동산의 꽃다발이다. 달콤한 시인은 제4부 이별 그리고 죽음에서 이별과 죽음이라는 금기 주제를 다룬다. 바로 32 강물 하늘 … 강물 … 33 강물 … 하늘 … 34 하늘 강물 … 당신 … 35 당신 … 당신 … 36 당신 … 눈물 … 37 눈물 … 강물 여인 … 38 여인 … 강물 … 39 강물 … 나를 눈꽃 … 40 꽃잎 나를 … 강물 ~ 예수죽음 … 41 강물 … 그(that)로 이끌어 간다. 바로 눈꽃이 눈 꽃잎이 된다. 그대를 향한 나 꽃잎은 사랑스러운 여인 왕관을 썼다.

시인에겐 여호와를 향한 존칭이 있다. 시인은 그분을 당신이라 한다. 그 분이란 나보다 높은 분 바로 '당신'으로 명칭 된다. 우리의 정서 어법 당신[1)]이다. 에덴 시학을 만들게 하신 홍 시인의 대상 당신은 마주서거나 앉아서 부를 수 있는 칭호이다. 당신은 홍 시인의 시어로 탈바꿈 가장 달콤한 당신 어법이 주는 효력 대상에 대한 극존칭[2)] 대격으로서도 친밀성으로 사랑불꽃 시다.

---

1) 홍문표, 『문학설교학』(서울: 창조문학사, 2013), 266.
2) 홍문표, 『문학설교학』(서울: 창조문학사, 2013), 265.

(2). 행복한 당신과 나

연인 사이는 행복한 당신과 나 사이다. 서로 행복해 한다. 행복한 당신과 나 홍 시인은 끝끝내 당신이라 대상을 지칭한다. 절절히 사랑하는 분 당신을 향한 변하지 않는 사랑 당신이다. 홍 시인은 시를 통해 드러나는 당신으로 시를 메운다. 당신으로 일관된 시어 선택은 32호에서 강물과 하늘이 등가성으로 된다. 당신과 하늘과 강물이 등가성을 이룬다. 그 순서는 당신이 시 전편에 깔리면서 강물이다가 하늘이다가 다시 강물이 되고 늘 푸른 강물이 듯이다. 이러한 현상은 32호에서만 한정된 것이 아니다. 33 강물 … 하늘 … 34 하늘 강물 … 당신 … 35 당신 … 당신으로 이어진다.

어쩌면 왜 인간이 한정된 삶을 살아야 하는지의 처절한 호소일 수도 있다. 절대성을 흠모하는 시인의 달콤한 당신인 이유가 나를 영원히 살려주시는 주인 당신 이어서다. 신앙시인이 가지는 사랑! 눈물 나도록 달콤한 사랑연가다.

인간의 한계성에서 하나님의 사랑을 다 이루지 못하는 절절한 애절함이어서 더욱 절실한 당신이다. 모자라는 나 · 바로 나의 그리움의 대상이 바로 완전한 당신이다. 시어가 지닌 부분의 연결고리로 전체를 얻어내는 아주 귀중한 자료이다. 이러한 시어의 구성은 52편의 기인 강물의 흐름에서 손을 높이 들어 오! 사랑하는 당신이여! 하고 하트를 그린다. 이제 홍 시인의 그토록 좋아하는 이 앞에서 꼭지 이응 ㅇ을 좋아하는 버릇의 진실이 밝혀진다.

하나님을 향한 그 절절한 달콤함으로 자녀들에게도 그리고 아내에게도 사랑표시 꼭지 이응 ㅇ이 붙는다. 사회를 향하여서도 하트를 그린다. 문학단체에게도 에덴시학으로 사랑의 연가를 쓴다. 늘 푸른 강물이 듯이의 지상의 연가 모자를 쓴다. 약간은 코맹맹이 소리를 하는 버릇으로 홍 시인은 세상을 향하여 하나님의 달콤한 사랑몸짓을 한다. 아주 열심히 보내는 홍 시인의 이름 그대로 내 할 일을 졸졸 흐르는 시냇물 소리로 한다. 달콤한 사랑의 몸짓 신앙영웅의 시 지상 연가 늘 푸른 강물이듯이!

홍 시인의 달콤함은 고향사랑이다. 이 고향은 하늘이다. 에덴동산에의 회복성에 감읍하는 시인이 지닌 감사의 눈물이다. 시적 화자로서의 36 당신 … 눈물 … 37 눈물 … 강물 여인 … 38 여인 … 강물 … 39 강물 … 늘 푸른 강물이 듯이가 나를 눈꽃이 되게 한다. 드디어는 … 40 꽃잎 나를 … 강물 … 예수 죽음 … 41 강물 … 그(that)로 까지 그 분 사랑의 놀라운 희생을 보여준다. 가장 귀중한 그 분이 나를 사랑 연가시를 쓰는 홍 시인은 사랑시인이다.

어느 사이 그분 인성을 닮아가며 온통 에덴시학자로 된 홍 시인은 5부 먼 훗날 다시 지상에서의 다시 그(that)로 이어진 42 그(that) … 밤 꽃밭 → 43 꽃 밤 … 강물 할미꽃 … 44 할미꽃 … 강물 … 45 강물 … 강물 … 46 강물 … 꽃씨 … 47 꽃씨 강물 … 당신 … 48 당신 … 밤 기쁨 … 49 기쁨 밤 … 당신 … 무지개 … 50 무지개 빛 당신 … 가슴 … 51 가슴 당신 … 강물 목 → 52 목숨 강물 … 고향 → 1 고향 길 사랑불꽃 발걸음으로 접어든다.

하트모양 꼭지 이응 ㅇ을 만든다. 5부 먼 훗날 다시 지상에서 다시 그(that)로 한다. 시인의 감성으로 가장 소중한 당신과의 달콤한 밤의 시적 언어로 한다. 가장 소중한 밤은 시인에게 꽃밭이며 꽃밤이다. 이러한 시적 특징인 에로틱성의 시적 기법으로 시의 긴장언어를 통해 강물로 한다. 그런데 강물이 할미꽃이란다. 이 엄청난 시의 긴장성은 한 시 · 한 호 안에 갇히는 것이 아니라 다음호에 연결되는 시어의 흐름 · 곧 늘 푸른 강물이듯이 흐르는 시어의 연결을 살아있는 할미꽃의 사랑연가로 한다.

바로 44호 ~늘 푸른 강물이듯이 44~를 시의 모던 기법으로 한다. 사람이 죽지만 죽지 않는 부활의 삶을 할미꽃으로 한다. 죽을 4자(字)를 두 번 써서 오히려 죽음이 아닌 삶의 부활이미지 예수로 한 이 뚜렷한 시의 긴장성은 할미꽃에서 본래의 의도적 흐름의 확산인 강물 … 45 강물로 이어진다. 계속 … 강물이 되는 … 46 강물이 … 꽃씨까지 온다. 달콤한 사랑 행복한 나와 당신은 꽃씨를 남긴다. 47 꽃씨 강물에서 꽃씨이다. 가장 조그만 꽃씨가 곧 당신 … 48 당신이다. 밤 … 밤을 가진 달콤한 기쁨의 시간에서 얻은 꽃씨. 기쁨 … 49 기쁨 밤이다. 기쁨의 밤은 … 당신 … 무지개 … 50 무지개 빛 당신이다. 홍 시인의 흠모하는 행복한 당신과 나 사이의 무지개 빛 당신 절대자의 가슴에 안긴 홍 시인의 기쁜 가슴 · 이토록 심오한 기쁨을 시인은 밤이라는 시의 상상시어를 통해 시가 지닌 에로틱성 기법을 공유한다. 당신의 … 가슴 … 51 가슴 당신의 아름다운 청사초롱이 된 가슴이다. 이 절묘 표현은 바로 늘 푸른 강물이 듯이가 홍 시인의 삶을 지탱하는 강물 목이다 … 강물 목 … 52 목숨 강물 … 고향 ⟶ 1 고향 길에 들어선다. 이 고향은 하늘이다. 초 현실기법의 하트모양 꼭지이응이다.

홍 시인이 하나님 당신에게로 온 길이다. 기쁨의 길이다. 이 온 길에 달콤한 에덴시학 있다. 시로 에덴시학을 만든 에덴시학의 길 지상의 연가이다. 에덴시학 작품 52편을 눈으로 보여주면서 에덴시학의 실증을 드러낸 홍 시인이 52세 때 쓴 『지상의 연가 ~ 늘 푸른 강물이듯이』는 달콤한 당신 에덴시학이다. 홍 시인의 행복한 당신과 나의 눈으로 보는 에덴시학이다.

2). 수직상승의 사랑 연가

하늘로 오르는 시인의 소재 이무기 시적 화자는 하늘로 직립한다. 하늘로 수직 직립 하는 이무기의 시적 소재는 하늘 줄을 잡는 날의 직립비행으로 물이 하늘로 솟구치는 분수 이미지이다. 시적 화자의 하늘 오르기 하늘바라기의 수직상승이다.

늘 푸른 강물이듯이 각 부의 첫째 작품에서 10작품까지, 그리고 11작품에 이르기까지의 구체적 그 동일성은 수직 상승이다. 1부에서 5부까지가 가가 첫째작품과 둘째 작품 …10번쌔 작품의 연결고리 시어와 11번째 작품의 연결고리 잇기로 수직상승한다. 목적은 홍 시인이 제시하는 과학적 연작시가 지닌 연계성으로 찾아내는 일이다. 이것은 홍 시인이 갖는 생명의 줄이다. 직립한다.

신앙인이 은유되어지는 물에 사는 이중 은유구조 이무기는 하늘로 오르기 신화 구조 상상력의 수직 구조이다. 이무기가 하늘을 오른다는 민속신앙에 접목된다. 신앙 시 사역이 직립한다.

「~ 늘 푸른 강물이듯이」 수직상승 이미지는 다음과 같다.

①. 각 부 첫1번째 연가

1(이후 부 생략)부 1번째(이후 번째 생략) 시(이후 시 생략: 「늘 푸른 강물이듯이 1」) → 잎 새
2~1(「11」) → 잎 새 · 가슴에 · 햇살 · 온 종일 · 이랑 · 하늘 두레박 · 한 길
3~1(「22」) → 한 줄기 · 가슴 · 북 · 우리들 · 하늘 · 푸른 · 강물
4~1(「32」) → 강물 · 푸른 · 북녘 땅 · 우리들 · 하늘 · 하나 · 하늘
5~1(「42」) → 하늘 · 늘 푸른 강물(「5」)

1부의 첫 번째 작품 '잎 새'는 2부의 첫 번째 작품 '잎 새'(「11」)

와 연결되면서 강물 푸름으로 직립한다. '이랑'(「2」)이 '가슴'(「3」)과 이어지면서 긴 강물과 직립 가슴과의 접목이다. 직립이 증명 되는 시어 '하늘두레박'이다. 하늘두레박이 '우리'(「32」)와 연결된다. 홍 시인의 위대함은 우리가 하늘을 오르고 있는 수직구조이다.

②. 각 부 2번째 연가
2~2(「2」) → 변심 · 죽음
2~2(「12」) → 죽음 · 비밀, 혈관
3~2(「23」) → 혈관 · 밀실 · 하늘 · 비틀거리다 · 강물
4~2(「33」) → 강물 · 하늘 · 신음 · 강물
5~2(「43」) → 강물 · 불면 · 밤

시인이 시에서 '하늘빗장을 벗기고' 있다. 2부의 1번째 「~ 늘 푸른 강물이듯이」에서 '숱한 변심'(「2」)이 있다. 수직구조에서 보이는 경고 변심은 죽음(「12」)이다. '혈관'을 통한 마음 '비틀거리다가(「23」)'이다. 그러나 늘 푸른 강물이 듯이의 오를 수 있는 강물(「23」)물이 있어서 살 수 있다. 물은 언제나 하늘로 오르는 수직구조이다. 살 수 있는 하늘(「23」) 물이 있다. 거기에 하늘(「23」)바람이 있다. 이 바람은 하늘의 '당신'이다. 바람과 당신이 동격으로 된다. 영적 의미이다.

이 하늘에 비하여 시적 화자 나는 신음(「33」)하며 오른다. 그러나 열매(「43」)를 맺을 수 있어서 비록 불면의 밤으로 엮이어질지라도 그래도 이 불면의 밤 다음에 오는 개벽의 세월을 맞을 수 있어서 수직으로 오른다. 새벽에 하늘에 올라 하늘 빗장을 벗기고 남풍이 몰려오는 십자성 언저리에서 무궁화 진달래 쑥부쟁이 삼현육각 피리젓대로 나팔 불고 장구치고 자운영 꽃밭을 나뒹굴며 얼싸안고 어우러진다. 새벽에 하늘에 올라 이다. 이 '나'는 각부 세 번째

나(「3」)와 연결된다.

③. 각 부의 세 번째 연가
1~3(「3」) → 나 · 너
2~3(「13」) → 내 · 너 · 흘러가는
3~3(「24」) → 흘러가게 · 흘러서 · 눈을 뜨고 · 늘 푸른 강물
4~3(「34」) → 늘 푸른 강물 · 눈부신 · 당신의
5~3(「44」) → 당신의(3) · 늘 푸른 강물이듯이 · 목

시인은 목(「44」)을 통해 1부 모가지와 연결된다. 목숨에 대한 절대가치를 인식시킨다. 곧 삶에 대한 인식을 물이 있어야 함으로 한나. 나와 너(「13」)가 가까워지는 것이다. 가까워 져야 지상의 연가를 쓸 수 있다. 수직으로 올리는 지상의 연가 사랑이다. 시인의 사랑 주제는 눈을 뜨는 일(「24」)이다. 눈을 뜨고 일어나 걷는다. 춤춘다. 비상한다. 소경처럼 못 보다가 신앙심이 깊어지면서 눈에 보이는 영적 눈뜨기로 하늘 생명 찾기는 일어서기다. 늘 푸른 강물(「24」)로 오른다. 반드시 그 분의 늘 푸른 강물(「34」)이어야 하는 절대 조건을 시인은 눈부신 당신(「34」)으로 한다. 참아 바라 볼 수 없는 수직의 절대자! 눈부시다.

시인은 이 절대값어치를 의인화 기법으로 어머니 당신(「4」)에 연결한다. 각 부 처음 1호에 연결하는 기법은 계속하여 동그라미를 중첩적으로 그린다.

④. 각 부의 네 번째 연가
1~4(「4」) → 어머니 · 늘 푸른 강물이듯이 · 강물,
2~4(「14」) → 강물 · 늘 푸른 강물이듯이 · 이랑 · 세마포
3~4(「25」) → 세마포 · 강 · 일흔 번 씩 일곱 번 · 내 가슴 · 사랑 · 불꽃
4~4(「35」) → 불꽃 · 둘째 날 · 가슴 · 목숨처럼 사랑하게 하소서
5~4(「45」) → 하소서 · 불꽃 · 사랑

각 부 처음 1호에 연결하는 기법은 동그라미를 그린다. 사랑(「45」)은 1부의 사랑이여(「4」)와 원을 그리면서 사랑의 절대조건 수직으로 선다. 늘 푸른 강물이듯이(「45」)에서 물고기의 자유로움 · 하나님 은혜 안에서 자유 하늘바라기로 춤추며 하늘로 오르는 자유(「45」)다. 강물 · 이랑 · 세마포(「14」)의 강물(「35」)수직으로 선다.

이 강물은 각부의 다섯 번째 강물로 이어지면서 원을 만든다.

⑤. 각 부의 다섯 번째 연가
1~ 5(「5」) → 강물 · 사랑의 연가
2~ 5(「15」) → 연가 · 사십일 · 열 두 바퀴 · 잎 새 · 유월
3~ 5(「26」) → 오월 · 늘 푸른 강물
4~ 5(「36」) → 강물 · 떠남 · 깊이 잠기는 눈물 · 일그러지는 수면 · 그 가슴 치는 통곡
5~ 5(「46」) → 대붕의 넓직한 날개 · 마음 한 가닥 강물에 적셔

강물은 각부의 다섯 번째의 첫 번째와 시어가 연결되면서 하나의 동그라미를 그린다. 이러한 동그라미로 춤추며 하늘을 오른다. 홍시인의 하늘은 1부의 다섯 번째 별빛(「5」)과 이어지면서 천년의 사랑의 연가(「5」)로 춤을 춘다. 6월의 연가(「15」) · 그리고 사십일과 열 두 바퀴와 잎 새로 한 물살 (「15」) · 더 나아가 오월의 마음평화(「26」)로 춤을 춘다. 이러한 당신 안에서 좋아서 춤추는 마음의 자유는 그분의 온돌 같은 손길(「26」)이어서 가능하다. 강물 깊이 잠기는 물살(「36」)이 하늘까지 좋아서 춤추며 오른다. 이 기쁨은 영혼을 맑게 해 주는 바람(「6」)에 의해서이다.

강물은 각부의 다섯 번째로 이어오다 다시 여섯 번째의 처음과 시어가 이어지면서 하나의 동그라미를 그리며 수직상승한다.

⑥. 각 부 6번째 연가
1~ 6(「6」) → 머리 · 바람난 여인
2~ 6(「16」) → 향유로 감은 머리 · 창세의 바람소리, 새벽

3~ 6(「27」) → 새벽 · 강물
4~ 6(「37」) → 늘 푸른 강물이듯이 눈물이게 하소서, 강물
5~ 6(「47」) → 강물

수직의 조건은 강물(「47」)에 의해서이다. 물살을 휘감고 춤추며 오르는 1부의 여섯 번째 시 '강 · 한낮'(「6」)과 이어지면서 원이 된다. 이 춤추기 · 당신 안에서는 당신의 청아한 노래가 있다. 예수 그리스도로 인한 마음의 눈부심에 눈이 부시다. 1부의 여섯 번째 시 '허리춤' 시어는 일곱 번째 시 춤 (「7」)과 이어지면서 삶의 모습이 춤추는 삶이 된다. 춤춘다. 춤추는 시인이다. 그 자리에서 뱅글뱅글 돌면서 지상에서의 연가(「6」)가 바람난 여인(「6」) · 향유로 감은 머리(「16」)로 예수님의 발을 닦는 춤사위다. 향유로 예수님의 발을 씻기면서 뱅글뱅글 춤을 춘다.

시의 여성 화자는 하나님 · 그리고 예수님을 향한 여성화자이다. 수줍은 장미 한 송이다. 새벽이면 온 몸을 풀어 길섶에서 반짝이는 이슬(「16」) · 진수(「27」)이다. '하소서' · 눈을 들어 눈물 꽃(「27」)을 이루면서 너와 나 사이의 행복한 나와 당신 강물(「37」)로 선다.

사랑의 연가는 사랑스러운 한 여인의 '눈물'이 반짝이는 햇살을 받아 반짝반짝 빛을 낸다(「37」) 그럼으로 홍 시인의 강물(「48」)은 '새벽'(「7」)에 수직으로 선 물고기가 뱅글뱅글 원을 만들며 춤춘다.

⑦. 각 부 일곱 번 째 연가
1~ 7(「7」) → 여인 · 달빛 강 · 강물
2~ 7(「17」) → 강물
3~ 7(「28」) → 강물
4~ 7(「38」) → 강물
5~ 7(「48」) → 강물·

물고기의 춤 · 시인의 춤으로 하여 강(「8」)위로 물이 춤을 춘다.

물무늬의 그 현란한 춤사위는 물속에 생명체 물고기가 있는 시의 내포이다.

⑧. 각 부 8번째 연가
1~ 8(「8」) → 강물 · 보석반지 · 흔들리는
2~ 8(「18」) → 흘러서 · 강물
3~ 8(「29」) → 강
4~ 8(「39」) → 강, 나를 위해 내가 죽는
5~ 8(「49」) → 나를 숨겨주시는 강물이듯이

시인의 사랑연가는 어머니 강물(「49」)이다. 어머니가 보석반지(「8」)를 끼고. 반짝반짝 빛나며 원을 그린다. 예수님이 홍 시인의 마음속에 늘 푸른 강물로 되어 있다. 때문에 그 물을 먹고 살 수 있는 열둘(「9」) 시어 예수님의 제자들이다.

⑨. 각 부 9번째 연가
1~ 9(「9」) → 강물 · 강바닥 · 아침
2~ 9(「19」) → 아침 · 늘 푸른 강물이듯이 · 강물 · 강 · 당신
3~ 9(「30」) → 당신(2회) · 하늘
4~ 9(「40」) → 하늘 · 절망(8회) · 늘 푸른 강물이듯이
5~ 9(「50」) → 늘 푸른 강물이듯이

홍 시인의 시 늘 푸른 강물이듯이(「50」)는 이제 그렇게 분명하게 바로 아주 빠르게 춤춤으로 하여 하나의 직석수조가 된다. 바로 선다. 직립한다. 수직 상승한다. 도달한 장소는 꽃피고 새우는 그곳(「9」) 하늘이다. 이제 홍 시인은 하늘에 섰다. 늘 푸름의 오직 하늘 나라이다. 원으로 둥글게 모나지 않게 뱅글뱅글 아주 빠르게 춤추며 돌아 하늘에 섰다. 주위에서 박수를 보낸다. 물길 · 강바닥 · 청동거울 · 아침 · 하늘 · 성전 · 채찍 · 오른손 · 바람소리 · 강물소리가 어울려 박수를 보낸다. 물길을 타고 말씀의 길을 타고 하늘로 오르

는 사역자로서 새 아침은 빛난다. 이유는 당신(「10」)으로 하여 서게 된 사랑불꽃길이다.

⑩. 각 부 10번 째 연가
1~ 10(「10」) → 당신 · 생명
2~ 10(「20」) → 왕 서방 · 엽전 열 닷냥 · 성춘향 · 아리랑고개 꼬부랑 할머니 아리랑 · 열 골물 · 청사초롱 불 밝히고 늘 푸른 강물이듯이
3~ 10(「30」) → 늘 푸른 강물이듯이(2회), 항아리 · 벙어리 · 형상
4~ 10(「41」) → 벙어리 · 늘 푸른 강물이듯이 · 사랑
5~ 10(「51」) → 사랑

홍 시인의 시적 화자는 사랑(「51」)을 가진 신앙인이다. 늘 푸른 강물의 물속 말씀 속에서 사랑을 가지고 춤추며 서 있다. 다 같이 우람한 합창(「51」)으로 생명(「10」)의 상징성 원을 그리며 돌아간다. 빙글빙글 돌아간다. 아침 하늘에 햇빛이 빛난다. 홍 교수의 손녀 이름이 '빛나'이다. 홍 빛나 빛남이 강하다. 당신 · 햇살 · 이랑 · 너로 어우러진다(「11」). 물이랑에 말씀이랑에 에덴시학 지상의 연가이다.

⑪. 각 부 11번째 연가
1~ 0
2~ 11(「21」) → 당신 · 천지가 개벽하는 강물이게 하소서 · 늘 푸른 강물이듯이
3~ 0
4~ 0
5~ 11(「52」) → 점

하나님 은혜로 흔적 점(「52」)이 수직상승의 연가 한 점 홍 시인의 1992년 시 「~ 늘 푸른 강물이 듯이 · 42」 남풍을 부르는 십자성 언저리의 피리젓대로 부는 악기에 맞추어 춤을 춘다. 무궁화

와 진달래와 쑥부쟁이의 피리젓대가 삼현육각 나팔로 장구치고 노래하는 축제의 밭이다. 무궁화는 고조선의 국화꽃이다. 성경에서 샤론의 꽃이다.

가는 길을 멈추지 않아 축제의 주인공 시적 화자 이무기[1]는 영원의 시간을 건져 올린다. 행복한 당신과 나의 연가이다. 지상의 연가라는 제목이 주는 지상의 달콤한 신학이다. 홍 시인이 여성화자로 쓴 달콤한 당신과 나의 행복한 시이다.

---

1) 늘 푸른 강물이 듯이· 43.

제 5장 나비야 청산가자 에덴시학

1. 나비야 청산가자 모더니즘 계열의 서정시인

1.) 길 떠나기의 진행형

홍 문표 시인은 모더니즘 서정계열이다. 홍 시인은 정 지용의 이미지 중심계열에 서긴 하지만 정 지용의 도시적 모더니즘과는 다르게 서정이 있는 모더니즘 시인이다. 모더니즘 시인이면서 서정성을 지닌 홍 시인은 하나님을 향한 에덴으로 길 떠나기를 나비야 청산가자에서 한다. 이 서정은 혼자가 아닌 많은 사람을 데리고 청산을 가자는 호소의 진행형이다.

이러한 증거는 일찍이 홍 교수께서 석사과정을 각기 서울대와 고려대에서 두 번 거치고 이 배움의 진행형으로 문학박사와 신학박사 2회 리듬[1] 기법에서 얼마만큼 서정에 대하여 탐색적인 가를 알리는 일이다. 이 과정에서 만든『나비야 청산가자』시집은 에덴이 있는 청산을 표면구조로 한 반복리듬이다. 아주 성서적[2] 서정이

---

1) Alger F. Johns ·『성경아람어 문법: *A Short Grammwa of Biblical Aramaic*』· 김이곤 역 (오산: 한신 대학교 출판부 · 2002) · 9.

2)

וַתּוֹצֵא(12)	תַּדְשֵׁא(11)	וַיִּקְרָא(5)	וַיַּרְא(4)	בָּרָא(1)
וַתּוֹצֵא(24)	דֶּשֶׁא(11)	קָרָא (5)	וַיַּרְא(10)	וַיִּבְרָא(21)
	דֶּשֶׁא(12)	וַיִּקְרָא(8)	וַיַּרְא(12)	וַיִּבְרָא(27)
		וַיִּקְרָא(10)	וַיַּרְא(18)	בָּרָא(27)
		קָרָא (10)	וַיַּרְא(21)	בָּרָא(27)
			וַיַּרְא(25)	בָּרָא(2: 3)
			וַיַּרְא(31)	

다. 성서가 얼마만큼 서정인가는 2회 리듬을 아주 많이 하는데 그리스도를 들어내기 위해서이다. 홍 문표 교수는 교회이름을 '말씀과 문학교회'에서 한국문인교회로 바꾸는 2회 리듬의 서정을 택한다.

하나님의 법을 배우기 위해 항상 길 떠나기를 시작하는 홍 교수의 새로운 도전의식에서 그 기저가 되고 있는 내면구조는 에덴시학이다. 홍 시인의 에덴시학 선택신념은 숨쉬기의 필사적인 서정이다. 하나님의 법을 배움 의미 א(알레프)와 같이 하나님 보호 아래에서 하나님에 의존한 학문과 시와 논문과 비평과 목회를 겸하면서 연구하며 숨을 쉰다. 최선 진행의 현재에서 홍 시인의 신앙철학은 이 처음 · 새로운 길 떠나기(알레프)[1] 그 좋은 결과를 주신 하나님을 향한 절절한 사랑을 확인한다.

언제나 늘 모자람의 순수로 시를 쓰는 서정의 홍 시인의 호소력은 절대 뽐내지 아니하는데 있다. 예기에 악기처럼 홍 시인의 마음에서 생기는 낮춤의 소리 음향을 내는 시인의 마음 소리는 태극이다. 이 특징은 홍 시인의 믿음으로 시작되는 날마다의 주 바라기 메시지를 '나비야 청산가자' 서정으로 하는데 있다.

이 청유형 순수의 색채리듬으로 엮어진 길 떠나기는 목숨을 걸고 가는 발걸음의 음향리듬을 청산으로 한다. 그 이유는 지상이 '짓밟혀진 계곡 = 부정한 약탈이 핏발을 세운 곳'이기에 그 정상의 장소는 반대로 '구름으로 닦여진 은빛 순수의 흔적 = 정숙이 있을 곳이기에 정상을 향한다.

> 오를 수밖에 없는 것이다.
> 이미 짓밟혀진 계곡에

---

1) 李 英芝 · 『물의 신학과 문학』(서울: 창조문학 · 2013) · 267.

무슨 미련이 있을 것인가.
손쉬운 소유로 하여
부정한 약탈이 핏발을 세우고
마침내 진창으로 침몰하는
낙화의 절망

정상이야 그래도
구름으로 닦여진
은빛 순수의 흔적이라도
널려 있을 것이고
바람이 머물던 무념의 그림자
그 가난한 정숙의
몸짓이라도 남아 있을 것이 아닌가

무수한 바람의 역사가
대지의 순결을 유린하고
이제 마지막 남은 자존심 ·
아스라이 나부끼는 부끄러움만이
유일한 존재의 흔적일지라도
오를 수밖에 없는 것이다.

오르다 지쳐 쓰러지는 눈물
그것이 무모한 지상의 허무일지라도
오를 수밖에 없는 것이다.
그리하여 오르다 오르다 지쳐
쓰러질 수밖에 없는 것이다.

~ 홍 문표 「날마다 산에[올라 3」 전문

홍 문표 시인이 신화의 주인공이 되는 것은 정상을 향하여서 움직임 때문이다. 정상은 청산이라는 문제제기이다. 정상의 청산을 향하여 홍 시인은 길 떠나기를 한다. 그런데 아주 놀라운 사실은 홍 교수의 고향 부여나 백제 모두 우리말로 찾아 볼 수 있는 정상 · 우두머리 · 우뚝한 곳 · 어른이 되는 일이다.

(1). 길 떠나기

바로 백제의 본래 우리말이 언덕이다. 정상 언덕에서 홍 시인은 길 떠나기를 한다. 흔히 일반적인 영웅들이 신념 하는 정상에서의 우뚝 섬이 길 떠나기의 목적이 아니다. 정사이 파란 이끼가 끼도록 기다리고 있다. 길 떠날 수밖에 없고 · 그리고 뚜렷한 목표를 향해 달려갈 수밖에 없는 정상은 순수와 정숙이 파란 이끼가 끼도록 기다리고 있다. 기다림의 파아란 이끼색이 지상의 '무모한 허무일지라도 · 오를 수밖에 없는' 색채리듬이다. '오르다 오르다 지쳐 · 스러질 수밖에 없는' 길이라 할지라도 홍 시인은 오른다.

'나비야 청산가자'에서의 길 떠나기는 나와 절대자와의 언약으로 인한 내면적 약속에서이다. '눈물' 같은 표적이 있다. 바로 정상이 있는 청산이다. 청산을 향하여 갈 때는 홍 시인은 나팔을 분다. 그러나 자신만을 위하여서는 나팔을 불지 않는다.[1] 이 지혜는 여호수아가 여리고 성을 향하여 가던 때의 모습이다. 신앙영웅의 덕목이다. 시인의 심상 속에 있는 정상 청산은 첫째 구름이 늘 머무는 곳이다. 구름은 히브리어의 원형에서 말씀따옴표의 모양을 지닌 것으로 후일 오늘날 회자되는 따옴표 ""의 형태이다. 따라서 앉아 있거나 누워있거나 하나님의 일을 하는 시간은 구름을 따라 움직이는 시인 믿음의 깊이가 청산이고 정상이다.

1) 여호와께서 모세에게 일러 가라사대 은 나팔 둘을 만들되 쳐서 만들어서 그것으로 회중을 소집하여 진을 진행케 할 것이라 두 나팔을 불 때엔 온 회중이 회막 문 앞에 모여서 네게로 나아올 것이요 하나만 불 때에는 이스라엘 천부장 된 족장들이 모여서 네게로 나아올 것이며 너희가 그것을 울려 불 때에는 동편 진들이 진행할 것이고 제 2차로 울려 불 때에는 남편 진들이 진행 할 것이라 무릇 진행하려 할 때에는 나팔 소리를 울려 볼 것이며 또 회중을 모을 때에도 나팔을 불 것이나 소리를 울려 불지 말 것이며 · 그 나팔은 아론의 자손인 제사장들이 불지니 이는 너희대대에 영원한 율례니라(민 10:1~8).

이 믿음의 본산지인 당신은 '손'으로 은유된다. 이 절대자의 손은 치료해주시는 손이며 그의 나라와 의를 향해 움직이는 홍 시인을 어루만지신다. 따스한 손길인 절대자 손길인 은총을 홍 시인은 받고 싶어 한다. '당신'은 돌 판에 10계명을 가지고 있고 · 지팡이와 항아리를 가지고 있는 분이시다. 이 당신은 그릇을 먼저 예비하게 하시는 분으로 그 내용물 또한 주시는 분이다. 아브라함이 이삭을 바칠 수 있는 믿음을 허락하신 후 모리아 산상에서 어린 이삭을 요구하신 분이다. 그런 후 그 앞으로 지나시며 반포하시니 여호와로라[1] 하심을 보는 홍 시인의 마음은 그 분이 자비롭고 은혜롭고 인자하시고 진실하신 분을 정상에서 · 청산에서 만난다. 이리하여 마음에 하나님 법을 저술과 시로 기록하라 하시매 숱한 언약시를 쓰는 홍 시인의 시가 있다. 당신은 말씀하시기를 나는 여호와라 나는 너의 하나님이라 하시고 너는 내 백성이라 하신다. 이 분이 계신 곳에 머물려 오늘도 홍 시인은 에덴을 향한다.

정상의 청산은 하얀 세마포로 커텐이 드리워져 성막 · 동쪽 문은 항상 열려 있다. 얼핏 알아 볼 수 없다. 진주를 발견한 홍 문표 농부는 동천(東川) · 동쪽으로 흐르는 물이 된다. 동천의 발바닥에는 땀방울이 얼룩져 있다. 새롭게 태어나기를 희망하여 에덴을 향한다. 절대자에 따라 움직여지는 시인의 에덴으로 가는 홍 시인 길에는 늘 새롭게 태어나는 자신의 음성을 듣는 귀가 있다. 칭찬하시는 분의 음성을 들을 수 있어서이다. 그것은 늘 평을 쓰며 학문을 연구하며 확인하는 작업이다.

그 음향리듬은 물두멍에 물을 길어 손을 씻고 발을 씻은 뒤 하

---

1) 출 34:16.

얀 세마포의 커텐을 열고 나오는 드맑은 영혼의 음성이다. 내 안에 하나님이 거하는 음향이다. 그 누가 알아주지 않아도 하늘보좌를 버린 낮은 자의 음성을 좇는 절대의 추종으로 길 떠나기를 멈추지 않는다. 홍 학자의 평생 에덴시학의 길은 이처럼 꿇어 엎디어 철저히 낮아지고 그러기에 세상에서는 더욱 의지할 곳이 없어서 철저히 말씀을 기다려 말씀을 전하는 연구자 길이다. 빛과 소금이 되어 가기를 희망하는 복종한 자의 음향리듬이다. 섬기는 자가 되어 간다. 역설적으로 사람들은 섬겨주는 사람을 좋아하기에 섬기는 자가 되는 나비야 청산가자를 부른다. 연단되어지는 음성을 가지고 사랑하면 할수록 더 사랑하게 되기 위하여 그 분이 있는 곳을 향한다. 그러기에 평생 메추라기와 만나를 먹이시는 자를 체험한 목회자로서의 기쁨의 목소리가 있다. 갈증 날 때 반석을 열어 주시는 그 분의 물을 먹는 자 · 나만 믿고 따라오라는 그분의 말씀을 듣고 보는 행복함이 있는 목소리로 삶을 살며 연구하는 비평가이다. 이 음성은 태극 소리[1]이다. 일반적이지 않는 홍 시인의 사랑 원형질은 부끄러움이다. 홍 시인은 자신을 돌아보며 오랜 기다림을 허락하신 절대자에 대해 감격하며 자신을 낮게 낮추고 이웃을 사랑하기 시작하는 신앙영웅시인의 하나님 따라가기이다. 홍 시인의 특징은 사랑이다. 이 사랑은 특유의 기법으로 시나 논문이나 그리고 저서에서 지극한 사랑의 원형질을 가진다.

1) 주자 왈 태극지시일개리자 · 태극지시천지만물지리 · 재천지즉천지중유태극 · 즉만물중각유태극(성리대전저) · 권25 · 4. 이기일(朱子曰 太極只是一箇理字 · …太極只是天地萬物之理 · 在天地言則天地中有太極; 則萬物中各有太極"([性理大全書) · 卷26 · 4 · 理氣一).

(2). 사랑을 들고

이 원형질은 부여인 특유의 미소이다. 온유이다. 다시 말하면 어려운 논문이나 저서나 그리고 시 비평이나 모두 쉽게 대상의 기준에 맞추어 하는 버릇을 홍 시인은 가진다. 홍 시인의 『나비야 청산가자』 시집에는 '사랑' 시어가 가장 많다. 시에서 시어를 많이 사용하는 것은 시인 자신 바램의 표현이다. '사랑' 언어는 이차적 메타퍼 언어이다. 홍 시인에게 사랑 언어는 사랑의 직설이 아니라 가장 부끄러움에서 출발하고 있다. 이 부끄러움은 일찍이 헌화가에서 실명노인이 부끄러워아니한다면 꽃을 꺾어드리겠다는 사랑 시 고백[1]에 접목할 수 있다. 이 사랑은 홍 문표 학자가 시를 통해 신앙영웅 시인으로서의 면모를 갖추는 가장 깊은 마음의 표시 곧 그토록 평생의 철학으로 하는 에덴시학 『나비야 청산가자』고 하는 청유형의 사랑이다.

사랑의 은혜 음향리듬을 들고 나온 신앙 영웅 홍 시인은 바울이 3년간 아멘을 준비한 거나 모세가 40년 동안 아멘을 준비한 것이나 사가랴가 불순종으로 벙어리가 되고 귀머거리가 된 상황에서 아멘을 준비한 것처럼 홍 시인이 그 분으로부터 다시 한 번 기회를 얻는다면 지체 없이 순종하고 찬양하고 기쁨으로 맞이하리라는 준비의 긴 기다림에서 들고 나온 풋말이다. 나서지 않으면 안 되는 이유가 된다. 명백한 소명감 시행에 대한 준엄한 명령에 따라 · 시대의 요청에 따라 행동하는 에덴시학이다.

하나님이 사랑하는 홍 문표의 '나비야 청산가자'는 광야 · 산에서 얻는 은혜를 갚는 감동의 표시이다. 사랑 음향리듬은 삶에서 겪

---

1) 실명노인.

어지는 신기함의 일상과 충족과 연단과 고난을 통하여 과거에 대한 부끄러움에서 떠나는 시인의 현재이다. 와병을 겪으면서 이 어려움을 이기[1]려 부여군 내산면에 밤 매실 농원경영을 하여 유기농산물을 생산한다.

때로는 그냥 나누어 주기도 하는 청정 유기농산물은 푸른 청산을 색체리듬이다. 이 삶의 방식을 선택한 결과에서 오는 고마움으로 쾌유와 더불어 오늘도 사랑의 달콤한 음향리듬으로 변한다.

산이 산인 것처럼
눈물이 눈물일 수 있다면
눈물은 눈물이 되고

산이 산인 것처럼
믿음이 믿음일 수 있다면
사랑은 사랑이 되고

1) 이퇴계는 죽음의식에서 벗어남을 위한 방법으로 낙동강 상류 토계(兎溪)에 양진암(養眞庵)을 지어 제자들을 기르며 학문에 몰두 · 퇴계라는 호를 짓고 "동방의 주자"라는 칭호를 받는다. 중앙관직을 피하여 외직을 지망 48세 때에 풍기군수가 되었는데 · 전임군수인 주세붕(周世鵬)이 창설한 백운동서원(白雲洞書院)에 편액(扁額) · 서적(書籍) · 학전(學田)의 하사를 청하여 조선조 사액서원의 효시가 된 소수서원(紹修書院)과 60세(1560)에 도산서당(陶山書堂)을 짓고 7년간 기거하면서 많은 제자를 길러냈다. 이황은 특별한 스승이 없이 거의 독학으로 대성하였다. 정지운(鄭之雲)의 『천명도설(天命圖說)』 개정 · 대승(奇大升)과 7년 여에 걸쳐 사단칠정논쟁(四端七情論爭)이 일어나게 된다. 57세에는 『역학계몽전의(易學啓蒙傳疑)』를 완성하고 · 58세에는 『주자서절요(朱子書節要)』와 『자성록(自省錄)』을완성하였다. 63세(1563)에는 『송원이학통록(宋元理學通錄)』을 지었고 · 66세에는 『심경후론(心經後론)』을 지었으며 · 68세에는 『성학십도(聖學十圖)』를 완성한다. 1970년 서울에 퇴계학 연구원이 창립된 이후 · 일본 동경에 이퇴계연구소 · 대만 국립사범대학 내에 퇴계학 연구회가 부설되었으며 · 근래에는 미국의 워싱톤 · 뉴욕 · 하와이 · 독일의 함부르크 · 본에 퇴계학 연구소가 설립되었다. 1976년 이래 해마다 세계 도처에서 국제학술회의가 개최되고 있다. 이황을 종사한 서원은 전국에 40여 곳에 이른다.

산이 산인 것처럼
당신이 당신일 수 있다면
당신은 당신이 되고

산이 산인 것처럼
우리가 우리일 수 있다면
우리는 우리가 되고

～ 홍 문표 · 「산이 산인 것처럼」 1)

홍 문표 학자의 추구는 우리와 평화와 노래이다. 이 때문에 자신을 비워낸 사랑의 음향이 돋아 감사 삶의 음향으로 울린다. 철저히 준비한 미래를 향한 시인의 수고가 '눈물'과 '믿음'과 '당신'과 '우리'와 '평화'와 '노래'의 음향리듬이 된다. 저 높고 푸른 '산' 색채리듬을 향하여 날마다 놓여진다. 이 절대의 이상향은 시적 육성 18회의 시적화자목소리로 하고 있다. 시적 음향리듬이다. 그의 '산'을 절대자가 칭찬해 주는 '눈물'과 '믿음'과 '당신'과 '우리'와 '평화'와 '노래'를 네 모 안에 넣어 더욱 그에게 안기는 일이다. 하나님이 보호하고 있음 암시이다. 사각형 네 모가 되는 은유로 인간의 눈으로는 볼 수 없는 하나님의 성역에 감읍한다. 이 네 모는 완전지향성의 은유이다.

홍 문표는 이곳을 최고의 지점으로 한다.

높이 오를수록
멀리 보이고
높이 오를수록
내려다보이고
높이 오를수록 하늘 복판
낮에는 불 수레로 우주를 달리고
밤에는

---

1) 홍 문표 ·『나비야 청산가자』(서울: 창조문학사 · 1997) · 140～141.

은하수 넘실대는 아슬한 강가에서
반짝이는 별들을 가슴에 달고
어둠을 굽어보는 짜릿한 평화,
그래서 날마다 산에 오르고
할 수만 있으면
병벽의 정수리
새하얀 에베레스트 영봉에
내 오른 손의 빨간 손수건 하나
펄럭이고 싶었지
정상이 무엇인지
깃발이 무엇인지
그 펄럭이는 의미도 모르면서
그런데 요즈음은
오를수록 희미하게 보이고
오를수록 숨이 차고
차라리 낮은 계곡
강가에 흔들리는 버들강아지
발밑에 깔리는 조약돌 하나
그도 아니면
물결 따라 흔들리는 갈대꽃
산 그림자

～ 홍 문표「날마다 산에 올라」7 1)

홍 시인이 가지는 신화의 결정타는 '은하수 넘실대는 아슬한 강가'이다. '아슬한'은 전 세계의 반을 차지한 우리민족의 DNA 발현 바로 대한민국의 조상이 이룩해 놓은 세계 그 영역이다. 더구나 '반짝이는 별들을 가슴에 달고 · 어둠을 굽어보는 짜릿한 평화'가 있는 곳이다. 어둠을 이기는 마음 · 그 절대의 경지까지 울리는 음향리듬을 소유하는 홍 시인의 시적 화자 색채는 빠알간 사랑리듬이다. 이 빨간 사랑의 리듬은 의미지수로 흰색으로 돌출된다.

---

1) 홍 문표 · 『지상의 연가 ～늘 푸른 강물이 듯이』(서울: 창조문학사 · 1997) · 23～24.

정상에 대한 시인의 흰 색 선호 감격 리듬이다.

해발 오천을 넘은 영봉은
이미 청산이 아니다.
에베레스트나
몽불랑이나
킬리만자로나
맥귄리의 정수리
거기엔 소나무도 없고
산나리도 없고
범나비도 없다.
억년빙설로 무장한
장엄한 침묵
거기엔 은빛 권력과
바람의 항거와
산들의 질투가 있을 뿐이다.
흰 구름마저 오르다 지쳐
허리춤에서 흩어지는
저 아득한 봉우리
얼굴조차 가늠키 어려운
이승의 먼 거리에서
너도 없고
나도 없고
우리들의 구구한 넋두리도
눈물도 한숨도
미움도 사랑도 없는
그리하여
죽음조차 빙벽의 아득한 두려움으로
가리어진 새하얀 나라일 뿐이다

～ 홍 문표 「새하얀 나라」[1)]

홍 문표 시인의 기질은 그분의 세계에 대한 하얀 의식이다. 그러기에 그에게 고난은 더 이상 고난이 아니며 · 고민은 더 이상 고민

1) 홍 문표 · 『나비야 청산가자』(서울 창조문학사 · 1997) · 97~98.

이 아니다. 요셉은 그의 약혼녀 마리아를 사랑함으로 만삭된 마리아를 수 천리 데리고 가서 보호한다. 사랑하는 자의 음성 "무서워 말라, 보라 내가 온 백성에게 미칠 큰 기쁨의 좋은 소식을 너에게 전하노라"를 듣고 그의 가정을 보호한다.

사랑하는 자가 나를 위해 믿음의 빛을 전해[1]주시기에 홍 시인은 늘 에덴을 향한다. 하나님은 그의 사랑하는 자에게 영혼이 곤할 때 인자한 말씀을 듣게 하시고 · 다닐 길을 알게 하시고 나는 주의 종이니이다라고 고백하시게 하신다. 전율하며 하나님을 향해 길 떠나기 '나비야 청산가자'를 주저하지 않는다. 하나님이 사랑하는 자와 사랑 받는 자의 떨어질래야 떨어질 수 없는 관계[2]이다.

홍 문표의 삶[3]은 단순히 새싹과 같은 순서로 시작되어 늙어 죽음으로 끝나는 게 아니라 하나님이 명하신 모든 도를 행할 때에 장구하게 된 날 히브리어 얌 임[4]이다. 좌로나 우로나 치우치지 아니 한 하나님의 자손이 왕위에 앉는 여러 날 얌 임[5] 동안 사는 날이다. 홍 시인이 장수하는 오늘의 삶이 있다.

홍 시인은 삼위 곧 우리 곧 성경의 삼위가 합하여 만들어낸 하나님의 사람이다. 가장 보편적인 그래서 가시적인 이 세상 내의 진짜 날마다 다른 모습의 감동으로 다가오는 나무들을 비롯한 삼라만상이 서로 도와주는 리듬으로 그 생명을 유지한다. 우주 전체가 살아나고 있는 리듬 안에 있다. 이 리듬은 삼위의 리듬이며 혼자가

---

1) 눅 2:10~11 참조.
2) 시 14:7~12 참조.
3) 베르그송 외 · "지속의 관념," 『시간과 자유의지』 · 정석해 역 (서울: 삼성출판사 · 1976) · 111~112.
4) יָמִים(얍임 · 신 5: 33).
5) יָמִים(얍임 · 날들 · 신 17: 20).

아니라 셋이서 어울려 살아남는 성삼위(聖三位)의 리듬이다. 내가 남을 구하고 남의 마음을 어루만져 주고 그리고 어머니가 자식을 생각하고 그리고 아버지가 가정을 위해 혈육들을 돌보는 리듬이다. 혼자의 리듬이 아니라 성부(聖父)와 성자(聖子)와 성령(聖靈)의 삼위가 어울려 같이 만들어 내는 공동 작업이다.

그러기에 남을 미워하고 헤치는 일은 동시에 내가 죽는 길이다. 파멸의 길이다. 신앙영웅 시인의 길은 서로 돕는 일에 앞장서고 시를 통하여 그 사랑을 실천하여 파아란 나라를 이루려한다. 가장 기본적인 이 세계내의 질서 속에서 가장 자연스러운 시인이 상상힐 수 있는 일이다. 비록 현실에서 그 일이 이루어지지 않을지라도 시라는 상상력을 동원하여 하나님이 주신 상상력의 행복을 누릴 수 있는 강점을 시인은 갖는다. 이 때문에 시가 구원의 문학이 되는 길이다. 시속에서의 신앙 영웅 화자는 그 구원 메시지를 전하기를 소홀히 하지 않는다.

한 나무가 되어 하나님의 질서를 드러내는 일로 시는 전 생애를 기울이고 이러한 자리에서 선 나무이다. 신앙영웅 신화를 시로 쓰는 일이다. 신앙나무이다. 때문에 시인으로서의 소명의식이 있다. 가지고 있는 문학의 글 · 논문 · 시를 담당한다. 특히 하나님의 일을 하는 사역 물고기 · 즉 믿음이 있는 자가 해야 할(חַל · 할) 일에 선다. 언제나 하나님 울타리 안에서만 하는 일의 목적성이다. 홍 시인이며 · 문학박사이며 · 신학박사가 할 일은 에덴동산을 향하여 가는 일이다.

홍 문표 박사는 모더니티의 개념 속에서 이 세상의 에덴시학을 서정으로 이루려는 신앙시학이 있다. 한 가장의 아빠 · 사회에서의 아버지 의식이 늘 적용된다. 그러기에 한국 창조문학 · 잡지 창조문학 · 말씀과 문학 · 그리고 목양문학회장직! 그 사역은 창세기 1:1절에서 2:3까지에서 제시하는 41회의 예수님의 족보 자리 41번째 · 예수님 암시[1]에 철저히 제자역할을 다 하는 소명[2]의식이다.

일을 하여[3]야 하는 이유는 철저히 하나님을 위하여서이다. 언제나 예 예[4] 아멘 아멘 하며 절대명령에 복종한다. 하여 신앙 영웅이 길 떠나야 하는 이유의 타당성이다. 하나님 손[5]에 붙잡힌 홍 시인은 신앙영웅이 가지는 절대자가 명령하는 일 곧 그 사역[6] 붙든다. 줄 잡는다. 하나님 돌보심[7] 따라 에덴으로 길 떠나기 한다.

동천은 에덴을 향하여 흐르는 시냇물 · 동천(東川)이다. 성서에서의 에덴 물은 동방에서 발원하여 흐르는 물이다. 반면에 홍 시인의 물은 오히려 에덴을 소망하며 에덴으로 흐르는 물이다. 그럼으로 하나님의 사랑을 지극히 받음에 대한 감동으로 이 사랑을 이행하는 절절한 그리움의 무게를 문표라는 글 몫으로 한다.

물의 흐름은 강의 속성이다. 흘러가는 강은 히브리어 나하르 · 나할 일이 있다. 홍 시인의 호 동천은 졸졸 흐르는 강물이다. 자신을 낮춘다. 신과의 분리의식을 철저히 한 나 할 일 강의 일이다. 그러기에 주신 기업에 충실 한다. 비평정학을 확립한다. 지극히 적은 내해 나의 것[8]에 온 마음과 정성을 다 기울인다. 부지런리 길

---

1) 李 英芝 · 『물(מַיִם)에 대한 신학과 문학의 비교연구』(서울: 영예문학 · 2008) · 76~77.

2) 李 英芝 · 『한국인이 복을 받는 물은 생명이다와 한국말과 성경의 히브리어와는 닮았다. 그 이유』(서울: DSB 한국문학방송 · 2009) · 602~702.

3) הָיָה(하야).

4) 저는 만군의 하나님 יְהוָה(여호와)시라 יְהוָה(여호와)는 하나님의 기념 칭호니라 (호 2: 5).

5) אֶהְיֶה(에흐예)와 יְהוָה(여호와)가 וָ(바 · 실존)와 יְ(요드 · 하나님의 손).

6) S. D. Goitein · "YHWH the Passionate," The Monothistic Meaning and Origin of The Name YHWH," *VT* 6(1956): 1~9 · 5.

7) 에흐예 אֶהְיֶה(에흐예)의 אֶ(알레프 · 시작).

떠나기를 감행하는 신앙영웅시인은 절대자와 나와의 그 먼 타자거리를 철저히 인식 · 하나님만큼의 사랑이 없음을 절감한다.

환한 대낮에도
부끄럼을 모르는
정말 낮달처럼 투명한 사랑이 있을까

종로 네거리
시퍼런 욕망이 질주하는
광장에서도
훨훨 나비되어 춤추는
정말 홀가분한
자유가 있을까

가시밭
돌짝밭
뜨거운 불길마저 사랑하는 불새

춘향이처럼 사랑이
그렇게 확실한 것이라면
가진 것 모두 버리고
저승까지라도 달려가련만
연민의 잎들은
여전히 기억의 발등에 쌓이고

목마른 아스팔트
아물대는 저녁 길
아직도 부끄럼으로 포장된
내 영혼은
오늘도 후미진 골목을 돌며
바람 한 자락 움켜잡아 본다

~ 홍 문표「알몸 달리기」

8) 李 英芝, 『한국인이 복을 받는 물은 생명이다와 한국말과 성경의 히브리어는 닮았다 · 그 이유』 (서울: 영예문학 · 2010) · 676.

이 세상에 완전한 사랑이 없음을 절감하며 절대자 하나님만이 사랑완전성임을 내면의 리듬으로 한다. 신과 나와 분리된 그 먼 거리는 다름 아닌 절대사랑과 인간의 완전할 수 없는 사랑거리를 확인하게 된다. 기업으로 얻은 홍 시인의 분야인 내해 · 본인 시인은 나름에 내 할 일에 철저히 다한다는 철학이 늘 존재한다.

이 하나님의 손이 되는 동적 사역을 엣레이젤(Dr. M. Reisel)은 '사랑으로 가는'(to love) 길이라 했다. 사랑이 주제가 되는 일만을 들고 예 · 예 하면서 따라가는 신앙영웅 홍 시인의 길이 있다. 홍 시인은 한 별이 아닌 동천으로 그 호를 바꾸었다. 지금도 살아계신[1] 그 놀라운 일들을 홍 시인 자신은 동천 · 동쪽으로 흐르는 물이 되어 생명의 문학 · 영성의 문학을 위해 구원의 문학임을 이성적인 최대의 방법으로 동원한다. 목사로서의 설교시간에 · 그리고 대다수를 향해 디지털 문명이기(文明利器)를 빌린 동영상을 실시한다.

사역의 범위는 예수님이 하셨음에 감히 인간이 안하고는 아니 된다는 불타는 신앙심 영역이다. 홍 시인은 둘째 아들로서 · 예수님을 본받으면서 일 한다. 이 움직임 에너지는 에덴을 향하여 가는 길 사랑의 길이다. 1700년 르 끌레르끄(Le Clerc)는 야훼 "Creator et effector rerum", 라가르트(De Crere)가는 '약속의 땅을 존재에로 불러들이는 분'[2]을 따르는 일, 레이몬드도 하여(היה · 하야) 동사가 사용된 근거가 없다[3]하면서도 사랑의 그분에 대한 동력을 강조한다.

---

1) 출 3:14.

2) derjenige welsher das Verheissene in das Desein ruft: 김정철 · op. cit · 39. 에서 재인용. W. F. Alblbright · "Contributions to Biblical Archaeology and Philogy," *JBL* 43 (1924) · 375.

3) Raymond Abba · "The Divine Name Yahweh," *JBL* 80(1961) · 320~323 · 325.

2). 5월의 단 꿈

홍 시인은 오월에 단 꿈을 꾼다.

바람이 불면 언어는
날개를 달고
오월의 하늘을 나른다.
영롱한 호랑나비가 되어
조용히 가슴으로 내려와 앉는다.

~ 홍 문표「언어의 꽃밭에서」[1]

미루나무 열병한 신작로 따라
허리 굽은 논 티 고개를 넘을 때면
언제나 마음은 오월의 하늘이었지

~ 홍 문표「장승백이 시절」[2]에서

五月의 하늘에
강물이 흐른다
....
우리들의 사랑은 날개되어
한없는 五月의 강가로 달린다.

~ 홍 문표「五月의 강가에서」[3]

밤이면 무서운 그림자
온몸을 휘감아도
억년을 지켜온 한결같은 마음
아아
치정만큼이나 진한
오월의 빛깔

~ 홍 문표「바닷가에서 II」[4]

하늘도 푸르고

---

1) 홍 문표 ·『囚人(수인)과 바다』.
2) Ibid.
3) Ibid.
4) Ibid.

그대의 가슴도 물씬 풋내가 터지는
五月

~ 홍 문표「출발의 팡파레」[1]에서

그리하여 오대조 할아버지 사랑방
문지방을 넘나드는
동심이게 하소서

~ 홍 문표「늘 푸른 강물이 듯이 · 17」[2]

홍 문표 시인은『囚人과 바다』시집에서의 시어 "오월"을 두 번째 시집『지상의 연가 ~늘 푸른 강물이 듯이』에서 그 답을 5부로 절대화한다. 의미를 강조하며 답을 푼다. 왜 그토록 홍 시인은 5월을 좋아할까. 그것은 부르는 느낌 · 온통 만물이 눈에 보이는 5월! 사람이름도 부르기 좋으면 잘 부르게 된다. 그러기에 이름철학이 있게 된다. 야곱도 이스라엘로 바뀌어 졌다. 있으라 하나님이 존재의미를 주셨다. 하나님이 부르시기 좋아서이다. 하나님이 즐겨 부르시는 이스라엘 그 이름! 영원한 우리의 고향이다. 사례도 사라로 바뀌어 졌다. 아마 사례 그렇게 사레라고 누구누구에게 전달하는 것 보다 살아라 생명을 주신 것이다. 그것도 하나님으로부터 받은 명령! 사레라 하지 말고 살아라! 하나님이 명령하시었다.

홍 시인은 냉철하게 이 세상에 사람으로서는 완전한 사랑이 없음을 절감한다. 다만 절대자만이 베푸는 사랑을 흠모하면서 내면의 리듬을 전제로 신과 나와 분리된 그 먼 거리를 그분의 사랑을 온 산과 들에 가득 찬 5월에 전율한다. 맡은 본분 내해로 사역한다.

---

1) Ibid.
2) 홍 문표 ·『지상의 연가 ~늘 푸른 강물이 듯이』.

(1). 당신

만해 한 용운의「님의 침묵」은 대상에 대한 존칭으로 '당신'을 296회나 하였다.[1] 홍 문표는「늘 푸른 강물이 듯이」[2]에서 '당신'을 51회 사용하였다. 51회 신비는 여호수아서 23장에서 여호수아가 마지막 고별설교에서 '너희 하나님'을 섬기라! 51회 반복한다.

홍 박사의 하나님 섬기기는 문학단체를 통해서 이루어진다. 말씀 듣고 사는 나날이 이어지면서 하나님에게로부터 받은 축복이자 명령에 순종하는 · 즐겨하면서 하는 일은 '여호수아가 51회나 반복했던 너희 하나님을 섬기는 일이다. 그 분은 홍 시인에게 있어서는 당신이다. 당신이란 호칭은 참으로 정겹다. 정겹다 못하여 애칭이다. 그렇기에 사랑하는 부부사이의 애칭이다. 그럼으로 하여 그 은밀한 속삭임까지 들려오는 가까움이다. 축복은 당신에게 라고 말할 수 있는 사람 · 하나님과의 허락된 애칭이다.

하나님이 허락하여 주신 애칭을 홍 교수는 하나님을 향하여 시 속에서 51회 사용하였다. 마치 여호수아처럼 · 그리고 시 쓸 때의 나이만큼 사용하였다. 일 년에 한 번씩 시 한 편에 한 번씩 사용!.

성서에서 1의 숫자는 매일 매일의 대명사이며 일주일의 대명사이며 십일조의 대명사이다. 일생의 대명사이다. 한 번의 의미가 아니라 매일 매일의 의미로 발전하는 것이 성경의 하나이다. 그러기에 하나님의 아들 한 분이시며 우리들도 하나님의 일을 잘하는 하나님의 아들이다. 5의 10배에 하나 1을 더한다.

---

1) 李 英芝 · "한 용운의 '당신' 시어," '현대시에 나타난 순수 유추적 님의 분석,' 『명지어문학』 제 14호 (서울: 명지대학교 · 1982) · 188.

2) 홍 문표, 『지상의 연가 ~늘 푸른 강물이 듯이』 (서울: 창조문학사 · 1992).

(2). 수리 5와 17의 모더니티

시인 홍 문표와 시인 이 상(李箱)을 연결하는 모더니티는 수리 5에 있다. 그리고 다시 17로서 그 연결성을 하이퍼성으로 점검할 수 있다.

동천은 오월을 다 빈도 반복리듬으로 한다.

바람이 불면 언어는
날개를 달고
오월의 하늘을 나른다.
영롱한 호랑나비가 되어
조용히 가슴으로 내려와 앉는다.

~ 홍 문표「言語의 꽃밭」[1])에서

미루나무 열병한 신작로 따라
허리 굽은 논티 고개를 넘을 때면
언제나 마음은 오월의 하늘이었지

~ 홍 문표「장승백이 시절」에서」[2])

五月의 하늘에
강물이 흐른다
....
우리들의 사랑은 날개 되어
한없는 五月의 강가로 달린다.

~ 홍 문표「五月의 강가에서」[3])

밤이면 무서운 그림자
온몸을 휘감아도
억년을 지켜온 한결같은 마음
아아
치정만큼이나 진한
오월의 빛깔

---

1)『囚人과 바다』.
2)『囚人과 바다』.
3)『囚人과 바다』.

~ 홍 문표「바닷가에서 II」[1])

하늘도 푸르고
그대의 가슴도 물씬 풋내가 터지는
五月

~ 홍 문표「출발의 팡파레」[2])에서

그리하여 오대조 할아버지 사랑방
문지방을 넘나드는
동심이게 하소서

~ 홍 문표「늘 푸른 강물이 듯이 · 17」[3])에서

홍 시인은『囚人과 바다』시집에서의 "오월"에 대한 시어에 대하여 두 번째 시집『지상의 연가 ~늘 푸른 강물이 듯이』에서 그 답을 5부로 되게 하는 하이퍼성 연결로 한다. 두 시집의 공통점을 5월로 한다. 囚人과 바다는 갇힘과 열림의 대응관계 · 그리고 지상의 연가는 끊임없이 흐르는 사랑의 물결 따라 흐른다.

홍 시인이 가장 좋아하는 오월이면 산과 들이 부르는 유혹따라 사람들은 들과 산으로 나들이를 간다. 아름다운 옷을 입고 한 마리의 나비처럼 · 한 송이의 꽃이 되어 들과 산으로 간다. 그곳에서는 하나님이 베풀어주신 아름다운 산과 구름과 하늘과 푸르른 들이 반긴다. 모두들 집을 나선다. 한국에서만도 5월 5일 어린이날이며 · 5월 8일 어버이 날이며 · 그리고 5월 15일 스승의 날까지 있다. 모두 모두 주인공이 되는 날 홍 시인도 주인공이 되는 날이다. 홍 시인은 나비 음향 효과에 귀 기울이며 왜 이쪽으로 기우러지는 삶을 살아야 하는지를 냉철히 바라보는 이성유추에 17%로 한다.

---

1)『囚人과 바다』.
2) Ibid.
3)『지상의 연가 ~늘 푸른 강물이 듯이』.

(3). 산과 나무와 동천(東川)

물 흐르듯이 흐르며 사는 생물들의 삶 모습은 3과 4의 비율을 지닌다. 동천(東川) 시 또한 이 황금률에 있다. 부활 율은 동천(東川) 시에서 온 자연계에나 삼라만상에서 그 신비한 리듬이 되어 활기와 생기를 불어 넣어 준다. 부활의 신비한 매력에 어긋나 있지 않다. 함께 어울려 만들어 내는 황금 비율 3 · 4이다.

그 리듬은 다음과 같다.

＊홍 문표 시의 파이 비율

산 · 산=눈물 · 눈물 · 눈물 · 눈물
산 · 산=믿음 · 믿음 · 믿음 · 믿음
산 · 산=당신 · 당신 · 당신 · 당신
산 · 산=우리 · 우리 · 우리 · 우리
산 · 산=평화 · 평화 · 평화 · 평화
산 · 산=노래 · 노래 · 노래 · 노래
산 · 산= 산 · 산 · 산 · 산

~ 홍 문표 시 「산이 산인 것처럼」[1]의 리듬

산의 리듬은 '눈물 → 믿음 → 당신 → 우리 → 평화 → 노래'로 동적 이동을 하였다.[2] 구약성서언어 물과 하늘이 함께 어울려 만들어 내는 황금 비율이다. 3 : 4 비율이다. 명함판 사진 비율 3 : 4이다. 이 황금률은 삼라만상을 하나님이 살리시는 햇빛 비침 비율에서 드러난다. 홍 시인의 신앙작품에서도 예외가 아니다. 산에서 산으로 끝나는 이 리듬은 홍 시인의 불꽃사랑리듬이다.

---

1) 홍 문표 · 『나비야 청산가자』 (서울: 창조문학사 · 1997) · 79.
2) 李 英芝, 『시조문예미학』 · 109.

홍 시인의 불꽃사랑이 노래가 되었다. 노래는 히브리어로 ~ 시르[1]이다. 눈물이 시로 된다는 말이다. 연단되어져서 머리가 되는 의미이다. 왜 시인이 시를 쓸까. 불꽃사랑의 고백이다. 마음속에서 나오지 않으면 아니 되는 마음의 노래가 시이다. 바로 성가대의 노래이다. 마음속에서 물이 다 빠져 버린 상태의 목소리가 성가대의 목소리 · 그 절규 = 불꽃사랑 시이다. 야곱의 나그네 생활이 가져온 마음의 소리이다. 이스라엘의 노래이다. 이스라엘 민족들이 하나님을 믿느라 그 고통을 받았던 기나긴 여정의 마음노래! 성가이다. 시인의 시이다. 예수님의 몸에서 물과 피가 다 빠져나긴 절규의 그 음성이 불꽃사랑노래이다.

길을 떠나 청산 행을 선택한 동천(東川)시는 '사랑으로 가는'(to love)[2] 길에 서 있다. 이 사랑으로 가는 길(to love)은 곧 물의 동적 이동이다. 말씀들 들고 가는 길이다. 나무들이 그리고 잎들이 꽃을 피우기 위해 보내는 나날의 고백이다. 부활의 리듬이다.

부활 불꽃사랑리듬은 하나님이 인간들의 사는 모습을 지탱해주기 위해서 내려주는 은혜의 나날들이다. 각기 천차만별의 얼굴들로 서로 다른 나날을 살아가는 리듬 음표이다. 문표이다. 시이다. 하나님은 각기 다른 분획이 그어지게 하면서 숨 쉬는 표시[3]를 해 보인

---

1) שיר(쉬르 · 노래).
2) Dr. M. Reisel · 395.
3) 생물체 내에서도 정보를 담고 있는 DNA 구조 분자는 폭이 21Å(angstrom · 1억분의 1cm) · 나선이 완전히 한 번 회전했을 때의 길이가 34Å으로 · 둘 다 피모나치 수이다. Å분자는 문자 그대로 긴 황금 직사각형 더미[Marl Wahl · *A Mathematical Mystery Tour* · (Tucson: Zephry Press · AZ · 1988) · 128]를 이룬다. 원자 세계에서는 4가지의 근본적 비대칭(원자핵의 구조 · 핵분열 파편의 분포 · 많은 동위원소의 분포 · 방출되는 입자의 분포)를 이루는데 비 부활[J · Wlodarski · *The Golden Ratio and the Fibonacci Numbers in the Word of Atoms'* Fibonacci Quarterly (1963. 12) · 61.]은 수소 원자

다. 서로 다르게 좁으면 좁은 대로 어두우면 어두운 대로 빛을 받으면서 각기 나름의 불꽃사랑 꽃을 피우는 리듬 · 햇빛과 공기에 최대한 노출되도록 허락되어지며 빨간 불꽃사랑 꽃을 피우는 리듬이다. 불꽃사랑 꽃피우는 일은 꽃피게 하는 절대자가 있어야 가능하다. 이 사랑의 나선은 한 점 사람의 마음에 들어 있는 기쁨의 생산이다. 불꽃사랑나날 리듬이다. 헌 옷을 입어도 부끄럽지 않고 가난해도 부끄럽지 않은 불꽃사랑 나날을 만들어 내는 리듬이다.

예수님의 가슴 안에 한 점 피가 불꽃사랑으로 우리를 살렸듯이 시인으로 하여 시를 읽는 사람이 잘못 살아온 생애를 바꿀 수 있는 일이 일어난 기적 시의 불꽃사랑리듬이다. 하나님이 사랑으로 흘린 피로서먼 설명되어 질 수 있는 리듬 불꽃사랑일생이다. 한 생애의 곡선리듬불꽃사랑이다. 이 신비한 한 사람의 생애는 어디에서나 해당되는 일회 불꽃사랑리듬이다.

나무가 되고 싶다.
나무가 되어 바람에 흔들리거나
양지바른 산자락에 앉아
시나 몇줄 쓰고 싶다.

청청한 하늘 바라보면서
새털구름 한 자락 잘라
백두산에는 바늘꽃 꼽고
한라산에는 미나리아재비

의 양이 변하는 상태에서 핵이 연속적인 에너지 단계로 방사성 에너지를 얻거나 잃을 때 · 원자의 전자에서도 피보나치 수(H. E. Huntley · 'Fibonacci and the Atom,' Fibonacci Quarterly (1969. 12) · 523~524]가 존재하며 태양주변의 각 행성의 공전주기를 인접한 행성의 공전주기와 정수(round numbers)에서도 피보나치 수는 해왕성(Neptume)부터 시작해서 태양을 향해 안쪽으로 감에 따라 그 비는 1 · 2 · 1 · 3 · 2 · 5 · 3 · 8 · 5 · 13 · 8 · 21 · 13 · 14를 이룬다.

밤에는 초롱한 별빛을 세면서
흥얼흥얼 콧노래나 부르고 싶다.

가지는 꺾이어도 좋다.
허리는 부러져도 좋다.
잎들은 떨어져
너에게 짓밟혀도 좋다.

봄이면 속살이 돋고
여름이면 또 꽃이 피는 것을
꺾어지면 어떠리
부러지면 어떠리
짓밟히면 어떠리
순리를 씹으며
고독을 씹으며
풋내를 씹으며

바람처럼 살다가
강물처럼 살다가
청산에 붙어사는
나무가 되고 싶다

~ 홍 문표「나무가 되고 싶다」[1)]

그 분은 나무에 황금 수 파이비율리듬이 불꽃사랑이게 하시었다. 그 비율은 1: 1.6180339887…로 계산된다. 이 비율은 모든 자연계에 걸쳐 나타나는 불꽃사랑리듬이다.[2)] 물리학자 Mario Livio 박사는 해바라기(sunflower) 꽃의 씨가 시계 방향과 반시계 방향의 나선 형태로 얽히면서 꽃의 중심을 향한다는 것이다. 이 들의 비율은 한쪽 방향으로 감겨지는 씨앗의 수와 다른 방향으로 감겨지는 씨앗의 수 사이 특정한 비율 · 55 · 34 · 89 · 55 · 144 · 89 · 233 · 144이다.

---

1) 홍 문표 · 『나비야 청산가자』(서울: 창조문학사 · 1997) · 77~78.
2) Livio 2003: 65.

1837년 결정학자(Crystallographer)인 Auguste Bravais와 식물학자 Louis는 새로운 잎이 줄기에서 돋아날 때 "파이에 의해 결정된 각도에 따라 잎들이 배열됨으로써 · 거의 겹쳐지지 않으면서 가장 유효한 방식으로 공간을 채울 수 있게 된다"(Ibid. 66) 하였다. 파이 비율은 황금 비율의 또 다른 특이한 수학적 특성 파이 수의 제곱이 단순한 파이에 일을 더함으로써 1.618 X 1.618=2.617924(Ibid)가 되는 자연계 전체의 불꽃사랑황금비율이다.

이 불꽃사랑비율은 물 מַיִם(마임)과 하늘 שָׁמַיִם(솨마임)의 관련 홍 시인 시에서 평생 사랑을 에덴시학으로 한다. 하나님의 사랑이 없는 곳에서는 설명될 수 없다. 하나님의 사랑을 성서는 생명의 샘물(계 7: 17) · 생명수의 샘물(계 21: 6) · 생명수의 강(계 22: 1)·생명수(계 22: 17)라 하였다. 이 묵시성은 홍 시인의 초월성[1]으로 시어의 리듬으로 표출된다.[2]

홍 시인의 정상의식은 청산이 되는 아스라이[3] 광대한 영역이다. 이 아스라이는 우리나라가 걸어온 광대한 지역 리듬이다. 하나님이 우리에게 살도록 허락해 준 청산을 사는 불꽃사랑 삶이다. 영원한 한 국민! 큰 국민! 대한민국의 이 대 한 큰 한!의 영역이다. 한은 크다는 말이다. 절대자를 설명하는 성서는 אֶהְיֶה(에흐예)[4] → יְהוָה(여호와)의 동적 이동에서 사랑을 전제로 한 전자 구어 → 후자 성호에서

1) 李 英芝 · 『오감도의 구조와 상징에 관한 연구』 명지대학교 대학원 박사학위 논문 (서울: 명지대학교 · 1985) · 46~129.

2) 李 英芝 · "이상의 시 오감도의 연구," 『명지어문학』 (서울: 명지대국어문학과 · 1984).133~152: 시제 1 · 2 · 3 · 4호는 시어의 반복리듬으로 초월성의 미가 되게 하고 있다.

3) '아스라' 곧 앚슨 · 앚슬 · 앚슨 · 앚츤 · 안츤이 변하려 아츰의 나라 조선이다. 앗. 아스라이 멀리 까지 펼쳐지는 거대한 땅 '朝鮮'이다.http: · · www.choistube.kr 소불도리.

4) אֶהְיֶה(출 3: 12 · 14(3회) · 4: 12; 삼하 7: 14; 시 119: 17.

의 하나님이 권위와 명예를 이 하나로 나타낸다. 하나님의 이름을 두기 위하여 출 애굽 한 이스라엘 백성들처럼 동천(東川) 또한 이름을 두기 위한 것이다. 동쪽의 햇빛이 비치는 곳으로 흘러간다.

동쪽으로 흘러가는 동천(東川) 홍 시인은 사랑시인이다.

당신 눈빛이 뿌려질 때마다
진동하는 두려움
나는 수줍은 장미한 송이
별이 초롱한 시각이면
바람 부는 언덕에 올라
당신 창가에 머무는 피리를 불고
새벽이면 온 몸을 풀어 길섶에서 반짝이는 이슬이게 하소서
~ 홍 문표 「늘 푸른 강물이 듯이」 16[1]에서

어머님은
비옥한 이랑의 벽오동 심으시고
새벽마다
하나님께 기도드리셨지
~ 홍 문표 「어머님 · 아버님」[2]

새벽이면 온 몸을 풀어
길섶에서 반짝이는 이슬이게 하소서
~ 홍 문표 「늘 푸른 강물이 듯이」에서

사랑에는 향기가 있다. 정상을 얻은 시인이 사는 청산의 새벽과 아침 이슬이 있다. 하이퍼 시가 되는 사랑향기이다. 향기의 발산은 하나님의 말씀 따라 순종하여 그의 길을 가는 때 하나님의 씨를 생산하고자 코를 벌름거리며 냄새를 맡아 하나님의 일을 하는 홍 시인의 아침 새벽[3]이 있다. 일어나는 때다. 새벽[4]에 아브라함이

1) 홍 문표 · 『지상의 연가 ~늘 푸른 강물이 듯이』 (서울: 창조문학사 · 1992) · 47~48.
2) 열두시인 시집 『아침의 노래』 (서울: 쿰란출판사 · 2002) · 205~206.

브엘세바에서 일어나 이삭[1]을 얻는 때이다.

불꽃사랑 시인의 오월이다.

오월의 하늘을 나른다.
영롱한 호랑나비가 되어
~ 홍 문표「언어의 꽃밭에서」에서

언제나 마음은 오월의 하늘이었지
~ 홍 문표「장승백이 시절」에서

五月의 하늘에
강물이 흐른다
....
우리들의 사랑은 날개 되어
한없는 五月의 강가로 달린다.
~ 홍 문표「五月의 강가에서」에서

오월의 빛깔
~ 홍 문표 「바닷가에서 II」에서

그대의 가슴도 물씬 풋내가 터지는
五月
~ 홍 문표「출발의 팡파레」에서

그리하여 오대조 할아버지 사랑방
~ 홍 문표「늘 푸른 강물이 듯이 · 17」에서

오월이여! 홍 시인에게 그 비밀스럽게도 생명의 사랑불꽃 때여! 온통 온 들판이 사랑으로 꿈틀거리는 때! 아지랑이 살아서 온 들을 메우며 비밀스러운 삶의 현장으로 인도하려 오월이면 라일락 향기가 짙다. 시인이 들에 나와 이 사랑향기를 만끽한다.

---

3) 예수님과 요한·제자 시몬 · 안드레 · 야고보 · 요한·새벽 미명에 예수께서·병자 치유(마태복음 1장).

4) 수 6: 15; 삼상 29: 10; 삼하 17: 22; 막 1: 35.

1) 창 26: 28~33.

2. 왜 향기 나는 에덴으로 와야 하는 가

들에 달콤함이 넘쳐흐르는 향기로 하여 벌떼들이 제철을 만나 분주히 꿀을 찾아 나서는 때는 5월이다. 꽃들은 꿀을 주고 나서 제 할 일을 다 한양 하는 주고받고 그래서 서로 행복해 하는 이 나눔의 오월의 시를 홍 시인은 쓰지 않을 수 없다. 그러기에 홍 시인은 『囚人과 바다』 시집에서의 "오월"에 대하여 두 번째 시집 『지상의 연가 ~늘 푸른 강물이 듯이』에서 그 답을 5부로 되게 하면서 전달한다. 시에서 시에로 전달되는 일은 시를 사람들이 읽을 수 있는 기회를 주는 일이다. 홍 시인은 절대자를 당신이라 부른다. 사랑하는 사람에게 하는 애칭으로 절대자 그 분을 당신이라 부른다. 그리기에 홍 시인의 시는 당신을 향한 연가이다. 시집 제목이 『지상의 연가 ~늘 푸른 강물이 듯이』이다. 이것은 혼자만의 일이 아니라 신앙의 선조 여호수아가 그랬다. 홍 시인의 시가 보여준 절대자는 누구나 볼 수 있는 황금률 시인의 시로 홍 시인은 그 의미를 전한다.

홍 문표 시인의 시집 『나비야 청산가자』의 '나비'야 라는 말은 성경의 나비 · 선지자[1]라는 발음 그대로 나비다. 나비와 관련지을 수 있는 하이퍼성을 지닌다. 왜냐하면 홍 문표 교수는 신학자시인이기 때문이다. 그리고 이미 인구에 회자하는 고대시의 나비야 시 그대로 홍미를 일으키는 문학용어이다. 이 때 특징의 공통점은 청유형인 동시에 선지자 의미이다. 선지자 역할을 담당하는 홍 문표 학자

1) נָבִיא(나비야).

는 시를 통해 나비야 청산가자고 외친다.

나비가 있는 곳은 청산이다. 청산은 에덴동산이다. 홍 문표 학자는 평생 에덴시학을 주장한다. 에덴동산은 아름다운 숲과 새와 맑은 공기가 있어서 사람이 건강하게 살 수 있는 곳이다. 갖가지 동물들과 싱싱한 흙이 있다. 일반적 개념으로는 유토피아의 세계이다. 곧 하나님의 집이 있는 곳이다. 믿음의 백성들은 언제나 이 하나님이 계신 집[1] 정상의 청산을 찾아간다. 굳이 하나님의 백성들이 아니더라도 쉬는 날이면 산을 향해 일찌감치 집을 나서 자연을 찾아가서 맑은 공기를 마음껏 마시고 힘을 얻는다. 꿈을 가진 자는 하나님에게로 돌아가려 끊임없이 일어나서 에덴동산을 찾아 간다.

에덴동산에는 향기가 있다. 에덴을 향하는 사람들은 향기 맡으려 간다. 에덴을 향하는 자들은 하나님의 은혜를 받을 수 있다. 은혜를 받을 꿈을 향해 "나비야 청산가자"며 에덴으로 달려간다. 하나님에게로 돌아오는 향기 나는 삶은 이스라엘 백성에게 있다. 구약에서 이스라엘 백성들은 일주일 곧 7일 동안 13번이나 여리고성을 돌아 여리고성을 열었다. 에덴동산을 열었다.

정상의 자리인 꿈의 향기에 대하여 성서는 왕이 상에 앉았을 때에 나의 나도 기름이 향기를[2] 토하였구나! 하였다. 무화과나무에는 푸른 열매가 익고 · 포도나무는 꽃이 피기에 향기[3]가 있다. 성서는 나의 사랑 · 나의 어여쁜 자야 일어나서 함께 향기를 향해 가자!고 한다. 나의 신부야! 네 사랑이 어찌 그리 아름다운지 네사랑은 포도주 향기! 네 기름의 향기는[4] 각 향 품보다 승하구나![5] 하

---

1) 최명애 · 'II · 히브리어 알파벳과 그 의미' ~ 2. ב~ 『알기쉬운 히브리어 기초와 그 의미』(서울: 쿰란사 · 2005) · 70.

2) ריח(레아흐 아 1:12 · 향기를).

3) ריח(레아흐 · 아 2:13 · 향기를).

였다. 향기 나는 자를 하나님은 열국 중에서 나오게 인도하시고 “나비야 청산가자”라고 인도하신다.

에덴시학은 얻은 시학이다. ‘언덕’ 혹은 ‘얻은’은 백제의 우리말 본래 이름이다. ‘에덴=얻은’은 우리말이다. 에덴을 얻은 자는 어른이다. 어른은 어른 노릇을 하는 아브라함이 있다. 홍 시인이 있다. 에덴과 ‘얻은’의 관련은 강성원 박사가 산스크리트어에서 찾았다. 윌리암 존스는 우리말 그대로의 토속어를 그의 사전에서 기록하고 있다. 바로 사람이 살아가면서 얻은 일! 아름다운 숲 · 새 · 맑은 공기가 있는 에덴은 사람에게 건강하게 살 수 있게 한다. 이 곳을 얻으면 갖가지 동물 · 들 · 싱싱한 흙이 있다. 유토피아다. 이곳은 하나님의 집이다. 홍 시인은 고향에서 이 행복을 누린다. 하나님이 계신 집[1]에서 감사하며 살아간다. 하나님은 이 아름다운 속에서 사는 사람에게 은혜를 베푸신다. 깊이 숨을 들어 마시면 폐가 건강해 진다. 휴식을 취하게 하신다. 깊은 숲 속의 공기를 마시는 행복한 꿈을 가진 자는 하나님에게로 돌아와 에덴동산을 얻는다.

에덴동산에는 향기가 있다. 에덴을 향하는 사람들은 이 향기를 맡으려 간다. 에덴을 향하는 자들은 하나님의 은혜를 받을 수 있다. 이 은혜를 받을 꿈을 향해 “나비야 청산가자”며 에덴으로 달려온다. 하나님에게로 돌아오는 향기 나는 삶은 이스라엘 백성에게 있다. 구약에서 이스라엘 백성들은 일주일 곧 7일 동안 13번이나 여리고성을 돌아 여리고성을 얻었다.

사람들은 자기 주거지에서 매일 되돌이표로 들고 나고 숨을 쉰

---

4) וְרֵיחַ (베레아흐 · 아 4:10).

5) ‘..ו’(베).

1) 최 명애 · ‘II · 히브리어 알파벳과 그 의미’ ~ 2. ב~ 『알기쉬운 히브리어 기초와 그 의미』 (서울: 쿰란사 · 2005) · 70.

다. 그 만큼 그의 주위 환경이 그를 만든다. 하나님의 백성들은 하나님의 향기를[1] 맡으며 산다. 아름다운 가정에서 아름다운 말을 하며 아름다운 음식을 먹는 자유가 주어졌다. 집안에 푸른 열매가 익고 자식들의 꽃이 피는 향기[2]가 있다. 부모들은 생명을 다해 자식을 사랑한다. 바로 아 하는 감탄으로 낳아 놓은 자식을 향한 사랑이 하나님이 인간을 사랑한 무게만큼은 아니더라도 큰 사랑으로 가정을 유지하게 한다. 홍 시인에게는 이 사랑의 본받기가 있다. 그의 사랑이 얼마나 큰지 자식들에게 층층마다 살게 한다. 마치 성서가 나의 사랑 · 나의 어여쁜 자야 일어나서 함께 가자하듯이 한다. 아내 사랑이 얼마나 큰지 성서에서 나의 신부야 네 사랑이 어찌 그리 아름다운지 네사랑은 포도주 향기라 하듯이 아내사랑을 한다. 가정의 향기![3] 홍 시인의 가정에서 나오는 향기는 향 품보다 승[4]하여 세상일을 하게 하는 원동력이 되게 한다. 홍 시인은 시를 통하여 "나비야 청산가자 범나비 너도 가자"라 한다.

홍 시인은 이 향기의 주체인 그 분이 계신 곳을 향하여 가자 한다. 에덴동산에는 절대자의 향기[5]가 있다. 향기 나무와 실과가 있다. 에덴동산이다. 하나님의 백성인 신부의 입술이며 이 입술에서는 꿀방울이 떨어지고 혀 밑에는 꿀과 젖이 있고 옷에 향기[6]가 난다. 절대자의 사랑하는 자의 전도입술이다. 향기![7] 향기의 방향은 하늘로 오른다. 하나님이 하늘에서 향기를 내릴 때 그 향기를 먹고

---

1) רֵיחַ(레아흐 아 1:12 · 향기를).
2) רֵיחַ(레아흐 · 아 2:13 · 향기를).
3) וְרֵיחַ (베레아흐 · 아 4:10).
4) '..וְ'(베).
5) בְּרֵיחַ נִיחֹחַ (베레아흐 니호아흐 · 겔 20:41).
6) וְרֵיחַ(베레아흐 · 아 4:11).
7) בְשָׂמָיו(베사마이브 · 향기를 · 아 4:16).

다시 말씀대로 살면서 하늘 나는 향기이다.

홍 시인에게서 나는 향기 · 돌아옴의 마음 평안 · 홍 학자에게서 나는 향기 · 홍 목사에게서 나는 향기 · 말씀 사모하여 늘 말씀상고와 연구와 가르침에서 나는 겸손의 향기! 하늘 궁창에서 내리는 단비를 맞아 나는 향기! 하늘이슬에 젖는 향기! 절대자 그가 하감하심[1]으로서 나는 향기를 맡아서 나는 향기이다. 이 향기의 삶에 보답하며 대상을 향하여 "나비야 청산가자" 한다. 하늘[2]에서 내려오는 말씀으로서만 나비야 청산가자 할 수 있다. 말씀을 들고서만 청산을 갈 수 있다.

이러한 특징으로서만 여리고 성이 일리는 일이며 여리고 성 모양인 잔에 담긴다. 여리고 성에 들어가 사는 삶은 하늘에서 내려온 만나만을 먹고 사는 삶이다. 홍 문표 교수는 어릴 때 교회를 가기 시작하여 교회내의 목사사택에서의 성경말씀에 익숙한 생활을 본받아 지금도 그 생활방식을 이어간다. 이스라엘 백성들이 광야에서 하늘에서 내려오는 만나를 먹고 산 생활과 같다.

만나는 만나라는 글자 앞에 '민'[3]에 마켑(~)이 붙어 하늘에서 온[4] 것임을 표시한다. 웬함(Gordon J. WenHam[5])은 하늘로부터 라는 히브리어 '미봐사마임;[6]에 붙는 '미'[7]를 하늘에서 내려주는 양식(느

1) 신 26:7 · 15; 시 33:14 · 85:11 · 102:19 · 138:6 · 행 4:29.
2) הַשָּׁמַיִם ~מִן (민~하솨마임 · 하늘에서부터 오는).
3) ~ מִן (민 · ..에서부터).
4) הַשָּׁמַיִם ~מִן(민~ 하솨마임 · 하늘에서 부터 · 삼하 22:14; 왕하 1:10 · 14; 대상 21:26; 대하 6:23 · 25 · 30 · 33 · 35 · 39; 대하 7:14; 삿 5:20; 신 5:28; 대상 21:26.
5) Gordon J. Wenham · Word Biblical Commentary Genesis 1~15 (Waco: Word Books · 1984) · 91.
6) מִבַּשָּׁמַיִם(미바솨마임 · 하늘에서).
7) ~מִן.

9:15)이라 하였다. 하나님 일을 하는 자는 하늘로부터 내려오는 양식향기로 대상에게 "나비야 청산가자"라 청유하며 먹인다. 하나님은 어디에나 계시[1]어서 홍 교수는 말씀의 향기[2]를 얻어 뿌린다. 하나님 신부의 빰 향기[3] "나비야 청산가자"를 평생 에덴시학으로 하는 향기로운[4] 내음이 나는 삶이다.

이 향기에 대하여 성서는 꽃밭에 이르러서 동산 가운데서 양떼를 먹이며 백합화를 꺾을 때 향기로 묘사한다. 또한 내가 너를 이끌어 내 어미 집에 들이고 네게서 교훈을 받을 때의 향기로운[5] 내음이 난다하였다. 석류 즙으로 네게 마시게[6]하여 향기가 난다는 것이다. 향 품[7]의 달콤한 향기[8])를 위해 향 품[9]을 만드느라 홍 학자에게서는 향 기름 냄새[10]가 난다. 하나님법대로 하라는 것을 늘 문서로 전달하느라 순종한다. 하늘 안[11] 향 품[12]을 맡아 관리하느라 향기가 난다. 향기를 만드느라 윗 이와 아랫 이[13]를 맞물려 말씀을 씹어 소화하고 마음으로 만들어 전달하는 목사로서의 삶의

1) W. Eichrodt · tr. · A. Baker · *TOT* 1 · 115.
2) 창 21:17 · 30:22; 출 2:24; 민 20:16 21:3; 신 26: 33:7; 삼하 21:14 · 24:25; 왕상 8:28 · 29 · 34 · 45,49 · 52 · 17:22; 왕하 19:16; 대상 28:8; 대하 6:19 · 20 · 23 · 25 · 30 · 33 · 35 · 39 · 20:9 느 9:27 · 9:28 등 이하 생략.
3) הַבֹּשֶׂם(하보삼 · 향기로운 · 아 5:13).
4) הַבֹּשֶׂם(하보삼 · 향기로운 · 아 6:2).
5) הָרְקָה(하라카 · 향기로운 · 아 8:2).
6) בְשָׂמִים(베삼밈 · 향기로운 · 아 8:14).
7) בְשָׂמִים(베삼밈 · 향 품).
8) 출 30:23.
9) הַמִּרְקַחַת לִבְשָׂמִים(함미르카하트 라베삼밈 · 향 기름을 향 품으로 · 대상 9:30).
10) רֹקַח מִרְקַחַת(로카흐 미르카하트 · 출 30:25).
11) בַּשָּׁמַיִם(바솨마임 · 하늘 안에서 · 신 1:28 · 5:8; 왕하 7:2 · 19; 대하 20:6)·시 2:4 · 11:4 · 18:14 · 78:26 · 103:19 · 119:89 · 123:1).
12) בְשָׂמִים(베삼임 · 향 품 · 아 4:14).
13) שָׁ(솨)와 שָׂ(사).

향기가 난다. 이 향기의 가치를 성서는 아무리 향기 나는 물건이어도 "나의 신부보다는 못한 향 품"(아 4:10)이라 하였다. 하나님이 보쌈 하여 낸 이스라엘 백성 · 하나님의 신부 · 홍 문표 교수는 하나님이 사랑하시어 아주 일찍부터 보쌈[1]한 역사가 있기에 향기가 난다. 하나님이 책임지시는 보쌈[2]된 홍 문표 시인은 일평생 하나님의 백성이 되어 향기로움[3]으로 산다.

이 구체성은 신앙공동체의 삶 현장에서 일어나는 일들이다. 여리고성은 문학형태이며 삶을 살찌우는 곳[4]이다. 물이 있어서 에덴동산은 신앙시인이 삶을 풍요롭게 · 이야기하며 · 친근히게 "나비야 청산가자"고 하는 곳이다. 여리고성 물은 2~3km까지 가도록 향기[5]가 난다. 홍 시인의 저서들은 서점가나 · 학계나 · 시계에까지 번져간다. 풍부하도록 물이 있어서 향기롭다.[6] 홍 문표의 삶은 하나님의 은혜로 말씀전달의 풍요가 있다. 더구나 영상매체 문학과 바로 홍 문표 문학관을 통하여 더 향기가 짙게 난다. "청산" 향기 받아[7] 하늘이 주는 환경을 누리며 · 말씀 물을 듣고 말씀전할 기회로 오로지 에덴시학의 길 "나비야 청산가자"의 청유형 삶을 알려 준다. 주저하지 · 두려워하지 않고 당당하게 "나비야 청산가자"!

---

1) הַבֹּשֶׂם(하보셈 · 향기로운 · 아 6:2).
2) הַבֹּשֶׂם(하보셈 · 향기로운 · 아 6:2)·בְשָׂמִים(베삼밈 · 향기로움 · 아 8:14).
3) תִשְׁמַע(티심마 · 향기로움).
4) (삿 1:17; 수 4:26): Stanley. Gevirtz · "Jericho and Shechem: A Religio~Literary Aspect of City Destruction," *Vetus Testamentum* (Leiden: EJB · 1963) · 52~53.
5) 민 대훈 · 「여리고성을 무너뜨린 역사」 (경기도: 광림세미나하우스 · 2006). 서울기독대학교 대학원 10. 23.
6) Neen. David & K. O. Emery · Ibid
7) 왕하 2:19~22: Ibid · 93.

1). 돌아옴의 마음 평안

(1). 한국문인교회 설립

여호수아에게 특별한 명령이 주어진 여리고성[1]이듯이 홍 문표 학자에게는 여리고 처럼 마음이 '여리고' 착하며 심히 소년처럼 섬세하여 그 분의 품안에 돌아와 평안을 얻는다. 하나님 말씀이 삶의 평안에 늘 머물며 문학 설교와 시 특강 동영상, 강의한다.

고향에 돌아온 사람은 마음의 평안을 얻는다. 하나님께 돌아온 사람은 마음의 평안을 얻는다. 성서는 돌아옴을 '수부'[2]라 한다. 우리말 그대로 아주 '쉽다'의 형용사형 '쉬운'이다. 하나님 하시는 일에 늘 아멘아멘! 주님에게로 돌아오는 자의 마음의 평안이 있다. 아주 쉽다. 돌아오기만 하면 되는 마음의 평안 속에는 깊고 깊은 구덩이에서 건져지는 삶이 있다. 요셉이 그러하였다. 물고기 뱃속에서도 기도한 요나 마음의 평안이다. 고기 뱃속 U모양에 들어앉아 기도해서 구해지는 마음의 평안이다. 노아는 하나님에게 은혜를 입고 · 배에 빛이 들어오는 창구를 위쪽으로 120동안 만들었다. U모양이다. 하늘의 빛을 들 일 창하나[3]를 만들었다. 그 배에 노아의 식구들을 구하고 하나님의 백성으로 이어갔다. 위가 뚫리[4]면 하늘의 절대적인 빛이 들어온다. 절대적인 빛이 들어오는 그 안에서 홍 목사는 목회를 한다. 홍 문표 신학자는 한국문인교회를 설립하였

---

1) René Dussaud · *Les monumenis palestiens ei judaiques* (Paris · 1912) · 5.

2) שָׁב(수브 · 돌아옴).

3) (창 8: 6)A. Dillman · *Genesis* · trans. W. B. Stevenson (Edinburgh · 1897) · 272.

4) אֶת~חַלּוֹן(에트~하론 · 창 8: 6).

다. 마음의 평안을 얻으면 하나님의 일을 할 수 있다. 이 용기는 위로 내리는 은혜가 빛으로 내려와서이다. 하나님의 은혜로 한국문인교회는 움직인다.

다음은 한국문인교회 설립예배식순이다.

축 시

당신의 거룩한 집 ~ 한국문인교회 설립에 부쳐

홍 문 표

당신의 거룩한 집 머릿돌은
베드로의 반석으로 다졌습니다

"주는 그리스도시오
살아계신
하나님의 아들이시니이다"

기둥은 열 두 기둥
문은 열 두 대문
스물넷의 장로들과
온 교회의 성도들은
화강암의 돌기둥이 되고
백향목의 들보와
석가래가 되기로 하였습니다

제단엔
여호와 하나님
어린 양의 빛나는 십자가
일곱 금 촛대
정금으로 빛나는 당신의 언약궤
돌 판에 새긴 말씀들과
만나 항아리
아론의 지팡이도 모셨습니다
말씀은 늘 햇살보다 빛나고

은하수로 쏟아지는
생명의 강가엔
오순절의 열기
성령의 뜨거운 불길이
가슴마다 용광로로 타오릅니다

머리되신 여호와여
당신은 귀하신 몸
우리들은 그 지체
어여쁜 성도들의 시와 찬양은
온 땅에 피어나는
시온의 백합화
화해와 평화의 아름다운 향기
하늘 문이 열립니다
천군 천사들이
할렐루야로 화답합니다

알파와 오메가
길이요 진리요 생명이신
당신은 우리들의 만세반석
믿음과 소망과
사랑이 충만한 나라
여기는 당신만이 가득한
거룩한 집입니다

한국문인교회 설립예배

일시: 2012년 1월 8일(일) 오후 4시

~ 식 순 ~

인도 조성국 목사

· 묵도와 기원 …………………………………………………………… 인도자
· 찬송………………1장(신)…………………………………………… 다같이
· 성시교독…………109 헌당예배……………………………… 인도자 성도

여호와의 집 우리 여호와의 성전 곧 우리 하나님의 성전 뜰에 서 있는 너희여 여호와를 찬송하라

여호와는 선하시며 그의 이름이 아름다우니 그의 이름을 찬양하라 (시 135:2~3)

내가 주를 위하여 거하실 성전을 건축하였사오니 주께서 영원히 계실 처소로소이다(대하 6:2)

우리가 그의 계신 곳으로 들어가서 그의 발등상 앞에서 엎드려 예배하리로다(시 132:7)

문들아 너희 머리를 들 지어다 영원한 문들아 들릴 지어다

영광의 왕이 들어 가시리로다(시 24:7)

그러나 나의 하나님 여호와여 주의 종의 기도와 간구를 돌아보시며

주의 종이 주 앞에서 부르짖는 것과 비는 기도를 들으시옵소서(대하 6:19)

내가 곧 그들을 나의 성산으로 인도하여

기도하는 내 집에서 그들을 기쁘게 할 것이며

그들의 번제와 희생을 나의 제단에서 기꺼이 받게 되리니

이는 내 집은 만민이 기도하는 집이라 일컬음이 될 것임이라(시 56:7)

(다같이)**오직 여호와는 그 성전에 계시니 온 땅은 그 앞에서 잠잠할지니라 하시니라**(합 2:20)

· 신앙고백…………사도신경(신)……………………………………다같이

전능하사 천지를 만드신 하나님 아버지를 내가 믿사오며 · 그 외아들 우리 주 예수 그리스도를 믿사오니 이는 성령으로 잉태하사 동정녀 마리아에게 나시고 본디오 빌라도에게 고난을 받으사 십자가에 못 박혀 죽으시고 장사한 지 사흘만에 죽은 자 가운데서 다시 살아나시며 하늘에 오르사 전능하신 하나님 우편에 앉아 계시다가 저리로서 산 자와 죽은 자를 심판하러 오시리라 성령을 믿사오며 거룩한 공회와 성도가 서로 교통하는 것과 죄를 사하여 주시는 것과 · 몸이 다시 사는 것과 영원히 사는 것을 믿사옵나이다 아멘

· 찬송………………28장(신)…………………………………………다같이
· 기도………………별쇄…………………………………… …맹 숙영 권사
· 성경봉독…………창세기1:1………………………………………인도자

태초에 하나님이 천지를 창조하시니라(창 1:1)

· 특송···································· ··이 은희 집사
· 설교················창조적 인간··················박 재천(연흥교회 담임 목사)
· 기도··설교자
· 설립보고 및 인사·································홍 문표 담임 목사
· 헌금··헌금위원
· 헌금기도··박 기임 권사
· 축시··한 솔아 집사
· 축사··임 영천 목사
· 광고··인도자
· 찬송················438장································ 다같이
· 축도··설교자

▣ 광고

오늘 설립예배에 참석해주신 여러분께 심심한 감사를 드립니다.
한국문인교회는 매월 2회 · 둘째와 넷째 주일 오후 4시에 예배를 드립니다.
1월 넷째 주일 예배는 구정관계로 다섯째 주일 1월 29일 오후 4시에 드립니다.
다음 예배 설교의 제목은「새해의 노래」(고후 5:17~19)입니다.
주제에 맞는 신앙시를 준비하시어 예배 시 낭송하도록 하겠습니다.
예배 후 명지대 방면에 칼 국수집에서 만찬을 갖겠습니다.
모두 참석해주시기 바랍니다.[1)]

---

1) 1. 한국문인교회 설립 의의
1). 시와 찬양으로 드리는 예배
시를 지어 즐거이 그를 노래하자(시 95:2) · 시와 찬송과 신령한 노래들로 시로 화답하며(엡 5:18) 시와 찬송과 신령한 노래를 부르며(골 3:16) 구약시대와 신약시대 초기에는 시와 찬양과 말씀으로 예배를 드렸습니다. 그 뒤 시는 후퇴되고 찬양만 강화되었습니다.
1). 말씀의 문학적 선포
예수께서 이 모든 것을 우리에게 비유로 말씀하시고 비유가 아니면 아무것도 말씀하지 아니하였으니(마 13:34) 구약과 신약에서 하나님과 예수님과 선지자들과 사도들은 말씀을 전할 때 느르 비유라는 문학적 형식으로 하셨습니다. 그래서 성경말씀은 대부분 문학적으로 기술되어 있습니다. 이는 말씀을 바르게 읽고 효과적으로 전해야 하는 우리들의 선교나 설교에 있어서 문학성의 회복이 필수적이며 이는 가장 성경적인 것입니다.
3). 문학성이 회복된 예배와 설교
시와 찬양으로 예배하던 구약과 신약 초기의 감동적인 예배와 말씀을 늘 문학적으로 선포하신 주님의 설교를 본받아 말씀을 문학적으로 읽고 문학적으로 전하고자 찬양중심예배를 시와 찬양예배로 · 이성중심의 논리적 설교를 감성중심의 문학적 설교로 하여 이 땅에 문학성이 회복된 은혜로운 교회문화를 도모하고자 합니다.
4). 한국최초의 문인교회
2011년 9월 19일 한국기독교문학선교협회를 창립하고 문학선교사역의 하나로 문인들을 위한 교회를 설립하기로 하고 2012년 1월 28일 동천(東川)아카데미에서 홍 문표목사

(2). 네 발에서 신을 벗어라

홍 문표 신학자의 고향은 하나님에게로 돌아온 하나님의 땅 · 에덴 청산이다. 모세에게 하나님이 "네 발에서 신을 벗어라"는 거룩한 땅이다. 이 시적[1]인 삶의 터전에서 홍 문표목사는 한국문인교회를 설립하였다.

홍 문표 목사는 문인교회를 만들며 아주 "좋아라' 하였다. 노아 방주 지붕 이름이 히브리어로 '좋아라'[2]이다. 왜 좋아라할까. 홍 시인의 고향은 태양 리 이다. 이 태양이 홍 시인의 머리 위에 늘 비추는 생활이다. 위로 빛을 받도록 배의 창을 낸 홍 교수의 배에는 햇빛이 늘 비친다. 이 햇빛이 늘 비치는 일상의 삶 속에서 홍 시인의 시적인 삶은 어릴 때부터 시작되었다. 교회 내에서의 훈련된 기독교교육을 바탕으로 현재의 한국문인교회 설립이 이어진다. 담임목사로서의 하나님 알리는 일은 늘 시적이다. 시를 가르치는 홍 문표 학자로서는 좋아라! 할 수 밖에 없다.

홍 문표 목사는 예배순서에 하나님에게 드림 시(詩) 시간을 갖는다. 홍 문표 목사는 모세의 출 애급 전승의 찬양 시에 대하여 국민애송시임을 발견한 설교를 통해서 하나님을 찬양하였다.

> 하나님은 모세를 지도자로 선정하시면서 "네 발에서 신을 벗어라"입니다. 이는 극히 상징적이고 시적입니다. 하나님의 어법은 이렇게 논리적인 어법이 아니라 시적인 어법이라는 사실입니다. 이는 천국복음 · 즉 하늘의 뜻을 지상에 펴는 하나님의 인간에 대한 언

(시인 · 평론가) 박재천 목사(시인) 임영천 (평론가) 조성국목사(시인) 김지향장로(시인) 등 30여 크리스천 문인들이 말씀과문학교회 설립예배를 봄으로 한국최초의 문인교회가 탄생하게 되었다. 이어서 2012년 10월 당회에서 한국문인교회로 명칭을 변경하였다.

1) 홍 문표 · '출 애급 전승의 찬양시' · 한국문인교회설교.

2) צֹהַר(쪼하르 · 창 · 오정 · 창 6: 16; 아 1:7.

어는 추상적이고 논리적인 언어가 아니라 비유적인 언어 · 그 중에서도 은유적인 언어 · 바로 시적인 언어가 되고 있습니다.

인간과 인간 사이의 언어에도 시적인 언어가 보다 감동적이고 보다 호소력 있는 언어이지만 왜 하나님과 인간 · 신과 인간 사이의 언어에 은유적인 언어 · 시적인 언어를 사용하는가. 이는 하나님과 인간과 인간 사이는 소통할 수 없기 때문입니다. 그러기에 주님께서도 늘 천국복음을 전하실 때는 비유로 말씀하셨고 · 마 13:34에서는 "예수께서 이 모든 것을 비유 무리에게 비유로 말씀하시고 비유가 아니면 그들에게 말씀하지 아니하셨으니"라는 기록을 남기게 된 것입니다. 왜 하나님과 인간 사이엔 계시적이고 시적인 언어인가 · 그것은 신과 인간 · 하늘과 지상 사이엔 버전이 다르기 때문입니다. 외국인과 한국인이 소통하려면 통역이 필요하듯이 신과 인간 사이에는 계시와 은유의 통역이 필요합니다.

……

앞에서는 홍해바다 뒤에는 애급 군대 · 정말 절체절명의 위기에서 2백만 이스라엘 민족은 홍해바다가 갈라지는 도저히 믿어지지 않는 하나님의 기적을 통하여 무두가 살게 되었고 · 바로의 군대는 모두가 수장되는 광경을 보면서 출 14:31 "이스라엘이 여호와께서 애급 사람들에게 행하신 그 큰 능력을 보았으므로 백성이 이 여호와를 경외하며 여호와와 그의 종 모세를 믿었더라"

그동안 여호와에 대하여 모세에 대하여 반신반의하고 걸핏하면 불평하던 그들이었지만 이 홍해의 엄청난 기적과 능력과 선민 이스라엘에 대한 축복을 보면서 그들은 그 기쁨과 감격과 감사를 하나님께 드리지 않을 수가 없었습니다. 그러나 모세와 이스라엘 자손들은 일제히 하나님께 시와 찬양으로 영광을 돌리게 됩니다.

그것이 바로 오늘 우리가 봉독한 출 애급 전승의 찬양시가 됩니다. 오늘 읽은 본문은 크게 두 부분으로 나누어집니다. 1절에서 18절까지는 모세와 이스라엘 자손 · 그 중에 남성들의 합창시이고 · 19절에서 21절까지는 아론의 누이 미리안과 모든 여인들이 소고치고 춤을 추며 남성들의 합창에 화답한 남녀의 합창형식의 교성시라고 해야 하겠습니다.

그 중에 1절 "내가 여호와를 찬송하리니 그는 높고 영화로우심이요 말과 그 탄자를 바다에 던지셨음이로다" 이 구절은 21절 여성들의 화답 시에도 같은 내용인 것으로 보아 이스라엘 민족에게 있어서는 이 구절이 민족적인 애국가요 민요요 구약에 나타난 신앙시의 원형이라고 해야 하겠습니다.

신의 시로 알려진 성시 시편 150편 속에는 바로 이 구절이 여러 곳에서 반복적으로 나타나고 있습니다.

그가 바다를 갈라 물을 무더기 같이 서게 하시고
그들을 지나가게 하셨으며 시편 78:13

이에 홍해를 꾸짖으시니 곧 마르니 그들을 인도하여 바다 건너가기를 마치 광야를 지나감 같게 하사 시편 106:9

홍해를 가르신 이에게 감사하라
그 인자하심이 영원함이로다 시편 136:13

이사야 예언서에서도 수없이 반복됩니다.

바다 가운데 길을 큰 물 가운데 지름길을 내시고
병기와 말과 군대의 용사를 이끌어 내사 그들이 일시에 엎드러져 일어나지 못하고 이사야 43:15~17

바다를 넓고 깊은 물은 말리시고
바다 깊은 곳에 길을 내어 구속받은 자들을
건너게 하신이가 어찌 주가 아니시니이까 이사야 51~10

느헤미아에서도 볼 수 있습니다.

또 주께서 우리 조상들 앞에서 바다를 갈라지게 하사
그들이 바다한가운데로 육지같이 통과하게 하시고 ~ 느헤미야 9:9

그러니 "여호와를 찬양하라 그는 높고 영화로우시다"가 선민 이스라엘 역사의 기본 주제가 됩니다. 사실 이 시는 1절에서 총론처럼 여호와를 찬양하라는 기본적인 찬양의 부문과 적들을 수장한 역사적 업적을 종합적으로 제시하고 있으며 2절에서 19절까지는 이를 반복적으로 부연하는 전형적인 찬양시의 형태를 취하고 있습니다. 2절 3절에서는 하나님 찬양을 리듬과 매타포로 확대됩니다. 여호와는 나의 힘이요 노래이며 구원이며 하나님이며 용사이기에 그를 찬양해야 한다고 했습니다.

4절에서 10절까지는 1절에서 말과 그 탄자를 바다에 던졌다는 역사적 사실을 부연 설명하고 있습니다. 4절에서는 바로의 병거와 군대를 바다에 던졌다. 5절에서 깊은 물이 그들을 덮었다. 6절에서는 주의 오른 손이 원수를 부수었다. 7절에서는 주의 위엄이 거스르는 자를 덮었다. 8절에서는 바닷물이 요동치는 모습을 · 9절에서는 적들의 야욕을 · 10절에서는 바람으로, 그들을 덮었다는 내용입니다. 이에 11절에서는 그러기에 여호와는 신중에 신이며 거룩하고 영광스러우며 찬송할만한 분이심을 다시 강조합니다.

12절에서는 주의 오른 손의 힘으로 그들을 삼켰다는 말을 다시 반복합니다. 13절에서 18절까지는 미래에 들어갈 약속의 땅을 기대하면서 홍해 위기에서 구원해 주신 하나님이기에 그 위대하심과 신실하심은 분명 약속의 인두해 주실 줄을 알고 더욱 여호와를 찬양한다는 것입니다.

오늘 우리가 살펴본 출 애급 기 15장 1절에서 21절의 시와 찬양은 모세와 이스라엘 민족이 앞에서 홍해, 뒤에는 바로의 군대로 모두가 죽게 되는 위기에서 바다가 갈라지는 하나님의 놀라운 기적으로 기사회생을 하게 되면서 진정으로 하나님의 이스라엘에 대한 사랑과 능력과 위대함을 깨닫고 그 선하심과 인자하심을 찬양한 시입니다만, 역사적으로나 정치적으로 보면 이스라엘 민족이 유월절의 재앙을 통해 애급에서 해방되는 계기를 갖게 되어 애급을 떠나게 되었지만 사실은 홍해를 건너야만 애급 땅의 국경을 완전히 벗어나는 것이며, 진정으로 해방과 독립으로 확인하게 되는 것입니다. 그런 점에서 보면 유월절은 예비적 해방이고 완전한 해방은 홍해를 건너면서 이루어집니다. 그러기에 홍해를 벗어나는 이 기적적인 사건은 온 민족이 춤추고 노래하는 축제일 수밖에 없는 것입니다.

그러나 오늘의 성도로서 하나님을 찬양하는 신앙시를 쓰는 크리스천 문인으로서 이 찬양 시에는 참으로 깨달아야 할 메시지가 너무나 많다는 데서 보다 깊은 성찰이 필요합니다.

이 시는 구약의 역사에서 최초로 쓰여 진 신앙 시입니다. 따라서 이 시는 신앙시의 모델이라고 할 수 있습니다. 이 시가 보여주는 신앙시의 비밀을 몇 가지 살펴보겠습니다. 그 첫째 신앙 시는 내가 하나님의 영광을 드러내는 시라는 것입니다. 시의 기본은 누가 무엇을 또는 누구를 말하는 것인가에 있습니다. 이때 신앙 시는 철저히 하나님을 시의 주제, 시의 대상으로 한다는 것입니다. 18절로 이루어진 이 시에는 여호와 주란 말이 20회 이상 반복됩니다. 여호왈 글 그라는 대명사를 표현된 것도 30회 이상입니다. 온통 여호와 하나님이 찬양의 전부입니다. 신앙 시에서는 신앙의 대상인 오직 하나님만 존재 할뿐 그의 피조물인 자연이나 인간이 그 대상이 될 수 없습니다.

뿐만 아니라 이 시에서 주목할 만한 일은 하나님을 찬양하는 주체 · 즉 시적 화자가 일인칭 '나'라는 것입니다. 이 시는 모세와 이스라엘 민족이 함께 부른 시입니다. 그렇다면 시적 화자는 '나'가아니라 '우리'가 되어야 합니다. 이스라엘 민족 전체가 시적 화자가 되어야한다는 것이 우리들의 선입견입니다. 그런데 시에서는 철저히 '나'라는 일인칭이 하나님을. '나'란 일인칭 화자가 12회 반복됩니다. 여기에서 신앙 시 · 또는 우리들의 신앙생활에 중요한 단서를 발견하게 됩니다. 신앙은 나와 하나님의 1:1의 관계이지 우리와 하나님의 관계가 아니라는 것입니다. 믿음은 나와 하나님과의 단독자 · 바로 신 앞에 홀로선 실존입니다. 구원이란 내가 하나님을 만나 은총을 입은 것이고, 내 영혼이 자유로워지는 것이고 · 그것은 각자의 인생과 신앙의 편차에 따라 개별적으로 하나님과의 만남에서 이루어지는 것입니다.

둘째로 이 시는 3500년 전 구약시대에 이루어진 최초의 시라고 했습니다. 시가 될 수 있는 기본 조건은 리듬과 메타포입니다. 이 시의 리듬은 하나님에 대한 끊임없는 반복적 찬양에서 충분히 들어나고 있음을 살펴보았습니다. 그런데 비유적 표현인 메타포에 있어서도 놀라움이 있습니다. 메타포는 over carryingm 대상을 새롭게 불가시의 세계를 가시의 세계로 번역하는 것이라 했습니다. 하나님의 세계를 인간세계로 번역하는 것이라 했습니다. 하나님의 세계를 인간의 세계로 번역하는 데는 말씀이 육신이 되는 성육신의 진리처럼 메타포가 필요합니다. 이 시에서는 하나님의 능력을 보다 가시적이고 감각적인 세계로 번역하는 데는 말씀이 육신이 되는 성육신의 진리처럼 메타포가 필요합니다. 이 시에서는 하나님의 능력을 보다 가시적이고 감각적인 세계를 들어내기 위하여 메타포를 사용하고 있습니다.

깊은 물이 그들을 덮으니 그들이 돌처럼 깊음 속에 가라 앉았도다(5)
주의 오른 손이 원수를 부수시니이다(6)
진노가 그들을 지푸라기 같이 사르시나이다(7)
주의 콧김에 물이 쌓이되 파도가 언덕같이 일어서고 큰물이 바다가운데 엉기나이다(8)
바람이 그들을 덮으니 그들의 거센 물이 납같이 잠겼나이다(10)
주의 오른손을 드신즉 땅이 그들을 삼켰나이다(12)
주의 팔이 크므로 그들이 돌같이 침묵하였아오니(16)
그들을 주의 기업의 산에 심으시리이다(7)

여호와 하나님이 권능을 드러내기 위하여 하나님을 힘, 노래 · 구원, 용사 등의 관념적인 메타포도 있지만, 오른 손, 콧김, 팔 등의 신체적 이미지, 깊은 물, 파도, 큰 물, 바람, 거센 물, 땅 등의 자연 이미지를 사용하여 그 능력을 감각적으로 실감나게 하였습니다. 그런가하면 적들의 침몰을 드러내는 메타포가 놀랍습니다. "돌처럼 잠겼나이다, 땅이 그들을 삼켰나이다, 돌같이 침몰하였아오니, 돌처럼, 지푸라기처럼, 납처럼, 오늘의 시인들도 이런 상상력과 메타포를 구사하기 어려운데 3500년 전 모세가 이런 메타포를 사용했다는 것은 정말 하나님의 함께하신 능력이지만 저는 홍해의 기적 못지않은 시적인 기적이라고 말하고 싶습니다.

……

메타포는 이미 출 애급 기에 나타난 최초의 시 모세의 시가 그 원형이었습니다. 이처럼 출 애급 전승의 찬양 시는 기독교 신앙시의 원형이고, 이스라엘 민족의 영원한 정신이고, 구속사의 주체이신 하나님의 섭리를 시적으로 잘 드러낸 시입니다.

……

홍해, 뒤에는 애급의 군대로 진퇴유곡의 위기에서 기적적으로 살아나게 되자, 2백만 전 민족이 소고치고 춤을 추며 여호와를 찬송할 수밖에 없었습니다. 그러나 이것은 홍해를 건너게 된 그들만의 찬송이 아닙니다. 다윗은 시편 118:1에서 "여호와께 감사하라 그는 선하시며 그의 인자하심이 영원하심이로다" 이사야는 12:2에서 "여호와는 나의 하나님이시며 노래시며 나의 구원이 심이로다"라고 노래하고 있습니다. 그리하여 이스라엘 민족은 대대로 하나님이 함께 하심을 감사하는 노래를 부르게 됩니다. 하나님이 언제나 저들을 살려주시고 저들과 함께 하심을 믿기 때문입니다.

……

저들은 시인도 아닌데 모두가 시적인 노래를 불렀습니다. 그렇다면 오늘의 성도들도 시적인 노래를 불러야 하지 않겠습니까. 더구나 크리스천 시인들이라면 더욱 시적인 감사와 찬양의 노래를 불러야 합니다.

……

내가 여호와를 찬송하리니
그는 높고 영화로우심이요
말과 그 탄자를 바다에 던지셨음이로다
여호와는 나의 힘이시며 나의 노래시며 나의 구원이시로다
그는 나의 하나님이시니
내가 그를 찬송할 것이요
내 아비의 하나님이시니
내가 그를 높이리로다
여호와는 용사시니 여호와는 그의 이름이시로다

그가 바로의 병거와 그의 군대를 바다에 던지시니
최고의 지휘관들이 홍해에 잠겼고

깊은 물이 그들을 덮으니 그들이 돌처럼 깊음 속에 가라앉았도다
여호와여 주의 오른 손이 권능으로 영광을 나타내시니이다
여호와여 주의 오른 손이 원수를 부수시나이다
주께서 주의 큰 위엄으로 주를 거스르는 자를 엎으시나이다. WN께서 진노를 발하시니 그 진노가 그들을 지푸라기 같이 사르니이다.
주의 콧김에 물이 쌓이되 파도가 언덕같이 일어서고 큰물이 바다

가운데 엉기니이다
주께서 오른 손을 드신 즉 땅이 그들을 삼켰나이다.
여호와께서 영원무궁하도록 다스리시리로다 ~ 모세의 시
내가 여호와를 찬송하리니
그는 높고 영화로우심이요
말과 그 탄자를 바다에 던지셨음이로다

여호와는 나의 깃발
파아란 하늘 중턱에서 펄럭이는
수화처럼 자상한 사랑의 언어
여호와는 아침마다 떠오르는 태양
따스한 햇살은 내 골수로 스미는
생명의 말씀

주여 이제는
내 욕망의 너절한 가지들을
지푸라기 같이 태워주시고
내 어리석은 흉계들은
저 깊은 바다 속에
납덩이 같이 잠기게
하여 주시옵소서

나는 날마다 당신의 언어로
하루하루를 걸어가게 하시고
나는 날마다 당신의 말씀으로
일용할 양식을 채우게 하소서
그리하여
나의 호흡은 마디마디의
당신의 노래가 되게 하시고
내 딛는 걸음마다 당신의 시가 되게 하여 주시옵소서
~ 홍 문표 목사 설교「시가 되게 하소서」

히브리인들이 보여주는 시적인 삶은 사실 히브리인들이 시인도 아니면서 시적 표현을 한 사실에 대하여 홍 문표 목사는 시를 잘 지었음을 칭찬하고 있다. 전 세계의 우수 석학은 이 시적인 삶에서 나온다는 것이다. 홍 시인이 시적인 삶을 살 수 밖에 없는 것은 어릴 때부터의 기적적인 교회의 드나듦과 그로 하여 얻어지는 은혜에 감읍에서 그토록 시적인 삶이 된 것이다. 꿈같은 시절에서 온 것이다. 그러기에 그 연상에서 학술과 단체 이끎의 꿈같은 기적을 만든다. 흔히 문인은 가난하다 하였는데 이분의 경우는 이로 하여 오히려 지금도 많은 강연과 시해설과 교회에서의 목사님을 상대로 한 설득력 있는 리더십의 이력을 과시한다. 이것은 오로지 가장 성경적인 삶에서 오는 시적인 삶이어서 그 결과로 오는 결과물이다. 홍 시인의 삶은 시적인 은유법으로 하나님의 바다 안에 사는 나날[1]이다. 이 나날[2]속에 목회자로 선한 말씀에[3] · 은혜를 베푸시는[4]하나님의 은혜 속에 많은 날 들을 홍 문표목사는 물 · 많은 말씀의 양의 칼자루를 잡고 있다. 꿈같은 삶이다. 시적인 삶이다.

홍 교수의 설교는 다음과 같다.

복인을 위한 시 시편 1편 1~6
홍 문표

구약성서의 구성을 보면 크게는 율법서, 역사서, 시가서, 예언서, 네 부분으로 나눕니다. 히브리 성서에서는 이 네 부분을 세 부분

1) 다비드(L. Jonathan David · 2003)는 히브리 성서에서의 침례(washing in water)에 대한 구약적 관점으로 씻음 의식(ritual washing)과 순결의식(ritual purity)대별로 크리스천인들에 대한 구약적 씻음의 의미를 제2성전에서 찾음으로 하여 구약에서도 물의 살아 있음(living water)을 증명:Jonathan David. Lawrence · *Washing in Water: Trjectories of Ritual Bathing in Hebrew Bible and Second Temple Literature* · (Ann Arbor: U · M · I · 2004) · 54~ 164.

2) 신 5: 33.

3) 렘 33: 14.

4) יְחָנְךָ(야흐느카 · 그가 네게 은혜를 베푸시며 · 사 30:19).

으로 나눕니다. 율법서(토라) 선지서(네빔) 그리고 성문서(케투빔)가 그것입니다. 히브리 성서에서는 이 구분으로 3분한 역사서를 선지서에 포함했기 때문입니다. 왜 역사서를 선지 서에 포함 했는가 이는 역사서가 단지 이스라엘 민족의 역사적 사실만을 기록한 역사가 아니라 하나님이 이스라엘 역사에 어떻게 개입하시고 우리에게 어떤 메시지를 주시고 계신가에 역점을 두고 있기 때문입니다.

그렇다면 구약성서의 기본 구성은 하나님의 가르침인 율법서 선지자들의 하나님에 대한 예언서, 그리고 하나님을 찬양하는 시가서 · 이 세 개의 기둥이 구약 성경이란 거대한 말씀의 궁전을 받치고 있음을 알게 됩니다. 여기서 우리는 세상의 다른 어떤 종교의 경전들과도 구별되는 성경의 독특함을 보게 됩니다.

그것은 구약의 구성으로만 보아도 기독교의 근본인 성경이 얼마나 하나님이 즉 신이 직접 인간 세계에 개입한 신령한 말씀일 뿐만 아니라 대단히 문학적인 말씀인 것을 알 수 있기 때문입니다. 불교에서는 불경이 있고, 이스람 교에서는 코란이 있고 · 유교에는 논어가 있습니다. 그런데 특이한 것은 다른 종교들의 경전은 교리와 생활지침, 말하자면 율법 중심입니다. 불경의 팔만대장경은 경 · 율 · 론으로 되어 있습니다. 경이란 석가의 가르침 · 율이란 실천규범 · 논이란 가르침에 대한 해석의 글입니다. 알라의 계시를 받아 적은 6천여절로 되어 있는 산문체문장입니다. 논어는 장자와 제자들의 대화문입니다.

그런데 성서는 유일하게 시가서 · 또는 성문서라는 문학작품을 엄연한 경전으로 하고 있다는 사실입니다. 뿐만 아니라 성서는 시가서가 아닌 율법서 · 역사서 · 예언서 등에서도 문학적인 표현방법을 주로 사용하고 있습니다. 그것은 신약의 경우도 그렇습니다. 복음서 · 역사서 · 서신 서들의 문장을 보면 모두가 문학적인 표현에 관심을 보이고 있습니다. 그것은 생명의 말씀을 기록하는 것도 중요하지만 말씀을 기록하는 목적이 바로 땅 끝까지 전달되어야 할 뿐만 아니라 전달만으로 끝나는 것이 아니라 그 말씀을 전달받은 사람은 마음에 감동감화가 일어나 거듭난 인생, 거듭난 삶을 실천하는 사람들이 되어 말씀으로 충만한 하늘나라가 되어야 하기 때문에 말씀은 늘 감동적인 전달형식으로서 문학적인 표현방법을 택하게 된다는 것입니다.

그러나 중요한 것은 기독교에서 문학이란 그리고 성서에서 시가 문학은 단지 말씀을 효과적으로 전하는 수단으로만 사용한 것이 아니라 시를 지어 읊조리는 행위가 찬양이나 기도와 같이 하나님을 경배하는 신앙행위의 하나였다는 사실에 있습니다. ·

"오라 우리가 여호와께 노래하며 우리의 구원의 반석을 향하여 즐거이 외치자 우리가 감사함으로 그 앞에 나아가며 시를 지어 즐거이 그를 노래하라"(시 95:1~2)

시를 지어 그에게 노래하는 것이 바로 하나님 백성의 임무요 성도들의 신앙생활임을 시편기자는 분명히 밝히고 있는 것입니다. 따라서 기독교는 생명의 종교일 뿐만 아니라 말씀을 문학적으로 선포하고 문학적으로 소통하는데 역점을 둔 가장 문학적인 종교라는 사실도 함께 알아야하겠습니다. 그런데 가장 문학적인 하나님의 말씀인 성문서 또는 시가서 중에서도 당연 돋보이는 말씀이 바로 시편입니다. 시편(詩篇)이란 한자어로 보면 시시 책 편 · 우리가 잘 아는 시집이란 뜻입니다.

시란 인간의 사상이나 감정을 논리적인 어법으로 서술하는 문장이 아니라 감정적이고 상상적인 어법으로 표현하는 문장을 말합니다. 따라서 시를 쓰는 시인은 감성과 상상이 풍부할 뿐만 아니라 이를 시적으로 표현할 수 있는 능력이 있어야 합니다. 말하자면 시가 무엇인지를 알고 · 시라는 문학적 제도에 맞는 표현방법을 구사할 수 있어야 한다는 말입니다.

그렇다면 시편의 저자들은 시가 무엇인지 알고 썼다는 말인가요. 그렇습니다. 시편의 저자들은 시가 무엇인지 · 어떻게 써야 하는지 왜 써야 하는지를 알고 썼습니다. 아니 시편의 대표적 저자인 다윗이라면 BC 1800년 지금부터 3500년 전 인물인데 그 당시에도 시가 있었단 말인가 · 물론 있었습니다. 우리가 구약시대라면 아주 까마득한 원시시대로 생각하는데 이스라엘 역사가 아브라함으로 비롯되었다면 그의 연대는 대략 BC 2000년경이 됩니다. 그런데 아브라함은 갈대아 우르 지역에서 온 인물입니다. 당시 갈대아 우르지역은 바로 메소포타미아 문명이 기원 3000년 전에 꽃을 피운 곳이며 그들의 문명 속에는 길가메쉬라는 방대한 서사시가 전해지고 있습니다. 길가메쉬는 기원전 2000년에 이미 널리 불리어진 서사시입니다. 그렇다면 다윗보다 1000년 전에 이미 시가 활발히 씌여졌다는 말입니다. 중국의 시경은 BC 1000년경 주나라 시대의 시를 모은 것이고 그리스의 호머가 쓴 일리아드와 오딧세이는 BC 500년 이라고 한다면 시편이 쓰여 진 구약의 연대는 이미 사학이 동서양을 막론하고 당대 문명에서 널리 일반화된 문학의 한 방식이었음을 알 수 있습니다.

그렇다면 또 제기되는 문제는 왜 이들은 시를 통해 하나님에 대한 체험이나 고백을 표현하고자 했는가 하는 점입니다. 이 점은 바로 기독교의 성경 말씀만이 갖는 독특한 소통의 언어라는 점과 더불어 우리들 신앙생활에 중요한 메시지를 주고 있음을 함께 이해해야 합니다.

성경말씀은 바로 하나님의 말씀입니다. 이 말은 하나님이 인간에게 주시는 구원의 말씀이라는 뜻입니다. 그런데 문제는 하늘에 계신 하나님이 어떻게 지상에 있는 인간에게 말씀을 주실 수 있는가 하는 것입니다. 지금까지 성경학자들은 하나님이 인간에게 자신의 뜻을 들이미는 방법으로 자연계시 · 말씀계시 성육신의 특별계시라는 것으로만 설명해왔습니다.

여기서 말씀계시는 언어를 통한 소통방법인데 문제는 그동안 고회들이 말씀계시에 대한 구체적인 논의가 부족했다는 것입니다. 의사소통의 수단에는 논리적인 설명의 문장도 있지만 이야기의 방식, 시적인 방식, 수필적인 방식, 드라마의 방식도 있습니다. 세상의 경전들은 대체로 설명적인 산문이거나 대화체의 문장이 대부분입니다. 바로 산문적인 문장이라는 말입니다. 그런데 기독교의 성경만은 유독, 시적인 문장, 이야기 형식의 문장, 즉 문학적인 문장을 많이 활용했습니다. 이는 성경 말씀을 세상에 전함에 있어 논리적이고 이성적인 문장을 통하여 단지 교회의 교리만을 전하고자 한 것이 아니라, 감성적이고, 상상적인 문장을 통하여 보다 더 그 내용을 감동적으로 느끼고 깨달아서 변화되는 삶이 그 목표로 두었다는데 있습니다.

문장에는 크게 두 가지가 있습니다. 하나는 to tech 가르치기 위한 문장이고, 다른 하나는 to move 마음을 움직여 사람을 변화시키는 문장입니다. 지식의 문장과 문학의 문장이 그것입니다. 그렇다면 성서는 어떤 문장인가요. 바로 진리를 가르치고 · 진리를 지키게 하는 문장입니다. 마태복음 28:20:

"내가 분부한 모든 것을 가르쳐 지키게 하라" 가르치는 것은 머리로 이해하면 됩니다. to tech로 족한 것이지요. 그러나 실천은 to move 인생관 세계관이 변하지 않고는 불가능합니다. 그 변화를 가능케하는 것이 바로 감동적인 문장, 바로 시적인 문장입니다.

성경이 세상의 어떤 경전보다 뛰어난 점은 그것이 하나님의 말씀이고, 구원의 말씀이라는 그 말씀에 들어있는 능력과 뛰어남도 있지만 이 말씀이 보다 많은 사람들에게 감동적으로 느낄 수 있는 시적인 언어 · 바로 문학적인 언어를 사용했다는 사실을 간과해서는 않된다는 것입니다.

따라서 우리가 성경을 읽을 때는 그 내용을 지적으로 이해할 뿐만 아니라 문학적 표현을 통해 감성적으로 느끼며 감동하는 경지가 되어야하며 말씀을 전할 때도 말씀의 내용만 논리적으로 설명할 것이 아니라 문학적인 형식을 통해 보다 감동적으로 느낄 수 있는 언어를 구사해야 하는 것입니다.

우리가 크게 오해하고 있는 부분은 성경말씀을 하나님의 말씀이니까 능력의 말씀이니까 성령께서 역사하시는 말씀이니까 · 무조건 아멘이면 된다고 생각합니다. 물론 무조건 아멘입니다. 그런데 왜 성경 말씀은 능력의 말씀이고, 성령이 역사하시는 말씀인데도 불구하고 하나님과 예수님과 선지자와 사도들은 문학적인 어법을 사용했고, 왜, 시라는 세상의 문학 양식을 사용하여 성문서 · 시가서니 하는 말씀까지 기술했는가 하는 것입니다.

더구나 놀라운 사실은 성경 66권 그 어느 구절도 다 은혜롭고 감동적인 말씀이지만 그럼에도 불구하고 구약시대나 신약시대나 아니 오늘의 성도들은 물론 성도가 아닌 세상사람 들 조차도 시편을 가장 애송하고 열광하며 감동하는 이유는 도대체 어디에 있는 것입니까.

시편의 내용 다른 성경보다 교리가 뛰어나기 때문인가요. 아니면 구원의 진리가 풍부해서 인가요. 아닙니다. 오직 다른 점이 있다면 하나님의 진리를 하나님에 대한 체험을 하나님에 대한 존경을 시적으로 표현했기 때문입니다. 시라는 형식을 통하여 감동적으로 드러냈기 때문입니다.

시편의 저자들을 보면 먼저는 BC 1500년 때의 모세 · BC 1000년대의 다윗 · 솔로몬 · 아랍 · 헤난 · 에단 · 고라자손 · 그리고 BC 500년 경 에스라 느헤미아 시대의 무명시인들에 의한 시로서 이스라엘 천년의 역사에서 가장 뛰어나고 은혜로운 시만을 골랐으며 · 시편 150편을 선정하는 작업은 다윗시대부터 느헤미아까지 500년에 걸쳐 선정과 편집 작업으로 이루어진 시선집입니다. 그렇다면 시인도 각각 다르고 시대도 다른 여러 시인들에 의한 신앙시인데 어떻게 이처럼 한결같은 은혜와 감동을 느끼게 하는 것일까요. 그것은 이들 모두 궁극적으로는 인생의 주관자 되시는 하나님과의 관계에서 우러나온 다양한 교감을 노래함으로서 하나님을 찬양하거나 또는 그분께 간구하거나 아니면 그분에 대한 신앙을 고백 · 또는 선포한다는 공통점을 갖고 있기 때문입니다. 그리하여 창조자요 주관자 되시며 구원자이신 하나님에 대한 인간의 가장 기본적 자세고 또한 자발적 자세이기도 한 찬양에 해당히는 '대힐림' 하나님 찬양의 시가 되고 있기 때문입니다.

성경 66권의 기록이 BC 1500년에서 AD 100년에 이르는 500년의 세월 속에 집필되었고 · 40여명의 집필자들이 동원되었으며 · 구약 39권과 신약 27권으로 정경 화 되는데도 주후 500년의 논의를 거쳐 이루어진 것처럼 시편 150편이 하나님의 말씀으로 정해지는데도 500년의 역사가 필요했던 것입니다.

그러기에 우리가 시편을 바르게 만나는 길은 시편 한편 한편이 갖는 정경적 주제나교교훈을 이해하는 것은 물론 · 그러한 주제를 드러내기 위하여 얼마나 뛰어난 시적 장치들을 동원하여 감동적으로 표현하고 있나를 감성적으로 느껴야 한다는 것입니다. 말하자면 시편들이 갖는 신앙적 주제들을 이성으로나 논리적으로만 접근하려 하지 말고 그러한 주제들을 감동적으로 드러내기 위하여 시적으로 형상화시킨 감성적 장치들을 함께 느끼는 감동과 충만함이 있어야한다는 말입니다. 이러한 시편에 대한 예비적 기대를 가지고 오늘은 시편의 서론격인 시편 1편에 대한 신앙적 진리와 그 감동적인 시적 장치를 통해 더욱 은혜롭고 충만한 시간이 되기를 소망하는 것입니다.

시편 1편은 단 여섯 행 · 시편 150편의 시 중에서는 아주 짧은 시로 이렇게 짧은 시편이라는 거대한 궁궐의 맨 입구에 버티고 있습니다. 그런데 어느 궁궐이나 첫 번째 궁궐이 가장 웅장합니다. 뿐만 아니라 그 궁궐의 건축양식이나 특징을 잘 말해 줍니다. 마찬가지로 시편 1편은 큰 대궐의 수문장이 되어 시편 전체의 이미지를 보여주고 있습니다.

시의 특징은 간결성입니다. 산문처럼 잡다하게 설명하는 것이 아니라 가장 핵심이 되는 주제를 가장 인상 깊은 언어를 통해 마음속에 각인 시키는 것입니다. 그런 점에서 시편 1편의 배치는 매우 치밀한 편집자의 배려라고 할 수 있습니다.

시편 1편의 화두가 무엇입니까. 그것은 '복 있는 사람'입니다.

시편의 서두에 이처럼 복의 문제를 제기하고 있다는데 부터 과연 시편은 성경 중에 성경이고 · 역시 뛰어난 시라는 것을 직감하게 합니다. 인간의 관심이 무엇입니까. 복입니다. 행복하게 사는 것 · 다복하게 사는 것 · 축복 받으며 사는 것입니다. 지상의 어떤 인간들도 소망이 무엇이냐고 물으면 행복이고 축복이라고 말합니다. 인간들이 가장 두려워하고 괴로워하고 슬퍼하는 것은 바로 이 행복의 반대편 불행이고 · 축복의 반대인 저주인 것입니다. 그래서 인간들은 저마다 행복을 꿈꾸는 행복을 소망하지만 그러나 그것은 인간의 노력만으로는 되는 것이 아니기에 전능하신 하나님의 축복을 바라게 됩니다. 이처럼 인간에게 가장 중요한 절체절명의 주제인 복의 문제를 시편의 맨 첫 장 · 첫줄 · 첫 단어로 단도직입적으로 드러내고 있는 것입니다. 이것이 시편의 매력이고 감동입니다.

복에 대한 문제야 어찌 시편만의 주제입니까. 성경 66권 모두가 복에 관한 말씀입니다. 그러나 시편과 다른 성경들과는 복에 관한 진술방법이 근본적으로 다릅니다. 다른 성경들은 그 성경 전체를 읽어야 복에 관한 주제가 드러납니다. 그러나 시편은 거두절미하고 그 핵심을 드러내어 그 간결성과 압축성의 미학을 여지없이 드러내고 있습니다. 이것이 바로 시와 산문의 차이입니다. 촌철살인 ·

일당백 · 바로 시의 언어는 단어 하나로 천하를 흔든다는 사실을 시편 1편의 첫 행 · 그 중에서도 첫마디가 여지없이 보여주고 있는 것입니다.

결국 시편 1편은 바로 누가 복이 있는 자인가 · 누가 복을 받을 것인가. 누가 복을 누리며 살 수 있는 자의 자격을 말하자면 가장 압축적이면서도 가장 감각적인 비유를 통해 실감나게 드러내는데 성공하고 있습니다.

시편 1편의 시인은 복을 받을 수 있는 사람은 첫째 악인들의 꾀를 따르지 말아야 한다고 했습니다. 여기서 '악인'(레솨임)이란 도덕적인 면에서 정당한 가치 기준이 없음으로 육의 욕정에 끌리는 자를 의미합니다(시편 57:20). 이러한 악인을 좇아 함께 걸어가지 않는 것 · 이것이 복 받을 자의 처음 모습입니다. 둘째 죄인의 길에 서지 않는 자입니다. 여기서 죄인(핫타임)이란 행동으로 분명한 죄를 짓는 사람을 뜻합니다. 이런 자와 함께 사귀지 않는 자가 두 번째 자격을 갖춘 사람입니다. 세 번째 오만한 자의 자리에 앉지 않는 자입니다. 여기서 오만한 자(레침)란 종교적인 면에서 거룩하고 진실 된 것을 농담거리로 여기며 하나님을 모독하는 자를 가리킵니다(시편 10:4; 사 14:13 · 14)

그러나 이 세 가지를 아니하는 것만으로 부족합니다. 그래서 시인은 보다 적극적인 실천을 강조합니다. 그것은 첫째로 말씀을 즐거워하는 삶입니다. 여기서 즐거워하는(헤페추)란 말은 사랑하다(창 34:19) 기뻐하다(민 14:18) 욕망을 가지다라는 뜻의 동사 하페츠에서 온 단어입니다. 이는 감정적으로 그 대상을 깊이 사모하는 의미를 지닙니다. 그러므로 '말씀을 즐거워하며'는 말씀을 깊이 사랑한다는 뜻입니다.

둘째로 말씀을 사랑한 후에는 그냥 두는 것이 아니라 그 사랑이 행동으로 나타나야 합니다. 그것은 말씀을 주야로 묵상하는 것으로 나타납니다. 여기서 묵상하다는 말하다(시 71:24) 중얼거리다 · 계획하다 라는 뜻을 가집니다. 이는 말씀을 적은 소리로 암송하여 그 뜻을 이해하여 그 말씀이 주는 교훈이 실제 삶 속에 나타나도록 말씀을 묵상함으로 그 말씀이 항상 그의 삶을 지배하는 사람입니다.

이처럼 시편 1편의 시인은 1절과 2절을 통해 복을 받은 사람은 거저 받은 것이 아니라 악인과 죄인과 오만을 멀리 해야 하며 말씀을 즐거워하고 주야로 묵상해야 한다는 내용으로 요약정리하고 있습니다. 참으로 귀한 말씀이고 복을 받을 수 있는 자의 자격이나 삶은 이보다 더 명확하게 간추릴 수가 없습니다. 따라서 이 시의 1절과 2절만으로도 복 있는 자의 삶이나 그 자격에 관한 것은 매우 논리적이고 체계적인 문장으로 진술된 것임에 틀림없습니다.

그러나 시인은 이러한 문장만으로는 만족 할 수가 없었습니다. 이 문장은 다분히 추상적이고 관념적이고 교훈적입니다. 물론 악인의 꾀 · 조인의 길 · 오만한 자의 자리 · 즉 꾀 · 길 · 자리라는 시적 이미지 어를 사용하여 관념적 언어를 감각적 언어로 완료시키기는 했으나 그것으로는 시적 감동이 약합니다. 그래서 각각 동사 이미지를 추가합니다. 그것이 따르지 아니하고 · 서지 아니하고 · 앉지 아니하고 입니다. 일반 산문가들이라면 복인은 악인과 죄인과 동행하지 말고 · 오만한 처신을 하지 말라는 정도로 충분한 것이지만 시인은 이처럼 세심하게 시적인 언어를 선택하고 배열하여 감동적인 말씀을 만들고자 한 것입니다.

그러나 악인 꾀 · 죄인의 길 · 오만한 자의 자리라는 시적 표현은 관념어와 구체어를 절충한 정도여서 온전히 시적 성공을 이루고 있지는 못합니다. 왜냐하면 시의 진수는 관념적 세계를 완전히 뛰어 넘는 메타포가 있어야 온전한 예술성을 획득하기 때문입니다. 시편 1편의 시인은 이 점을 놓칠 수가 없었습니다. 그것이 바로 시편 1편 3절의 뛰어난 시적 상상력입니다.

3절함께 봉독하실까요.

"그는 시냇가에 심은 나무가 철을 따라 열매를 맺으며 그 잎사귀가 마르지 아니함 같으니 그가 하는 모든 일이 다 형통하리로다"

지금까지 복이 있는 사람 · 복 받을 자의 조건으로 악인 · 죄인 · 오만한 자와 가까이 하지 말라는 세 가지 금기 사항과 말씀을 즐기고 묵상하라는 두 가지 실천사항을 논리정연하게 정리하였습니다. 복인에 대한 이 정도의 문장이라면 이성적으로나 논리적으로 매우 완벽한 문장입니다. 따라서 이는 신학적으로나 교회적으로 완벽한 진술입니다. 그것이 또한 모든 산문가들의 발상이기도 합니다.

그러나 시인은 다릅니다. 그런 교리적이고 논리적인 문장은 단지 머리에 호소하는 이해의 문장이지 가슴에 호소하는 감동의 문장이 되지 못합니다.

그래서 시편 1편의 시인은 복인에 대한 논리적인 문장을 온전히 시적인 문장 · 추상적인 문장을 구체적인 문장 · 들려주는 tellimg의 문장을 보여주는 showing의 문장으로 바꿉니다. 그것이 바로 3절 전반부 "그는 시냇가에 심은 나무가 철을 따라 열매를 맺으며 그 잎사귀가 마르지 아니함 같으니"입니다. 시인은 여기서 복인이란 무엇인가. 신학적으로 교회적으로는 악인이나 죄인이나 오만한 자를 멀리하고 말씀을 즐기고 묵상하는 자라 했지만 이를 시적으로 표현하면 한마디로 "시냇가에 심은 나무"라는 것입니다. 악인 · 죄인 · 오만 · 말씀 · 즐김 · 묵상 · 모두가 시적으로는 이해가 되는 언어들입니다. 그러나 이들은 모두 추상적이고 · 관념적인 언어들이어서 온몸으로 느껴지는 필(feel)이 없습니다. 그런데 "시냇가에 심은 나무"라고 하면 그 개념이 마치 한 폭의 그림을 보듯이 눈에 선합니다. 도도한 강가에 치렁하게 늘어진 버들나무 · 아니면 하늘높이 솟는 미루나무가 눈앞에서 아른 거립니다. 말하자면 볼 수 없고, 만질 수 없고, 느낄 수 없는 관념적 진리를 볼 수 있고 · 느낄 수 있는 구체적 사물로 메타포한 것입니다. 이것이 시입니다. 이것이 시적 표현입니다. 시편이 시적으로 성공한 이유도 여기에 있습니다.

혹자는 이런 반문을 할 수도 있습니다. 아니 복인에 대한 정의를 악인, 죄인, 오만을 피하고, 말씀을 즐기고 묵상하라는 말이 이해하기 쉽지 않습니다. '시냇가에 심은 나무'란 오히려 구름 잡는 말이 아닌가. 네 논리적인 어법이 머리로 지적으로 이해하기는 쉽습니다. 그러나 그것은 듣는 순간일 뿐이며 오래도록 기억으로 남지 않습니다. 그러나 '시냇가에 심은 나무'는 선명한 이미지가 되어 가슴에 새겨집니다. 그리하여 시편 1편을 읽는 기억은 오직 '복 있는 사람'과 '시냇가에 심은 나무'가 평생 기억 속에 각인되어 살아 있는 동안 늘 그 영상이 삶 속에 재생됩니다. 바로 시적 이미지의 위대함이 거기에 있습니다. 시편 23편에서 "여호와는 나의 목자시니"에서도 그렇습니다. 성경 66권이 모두 여호와에 관한 내용이지만 우리는 여호와란 말만 나오면 우리는 넓은 초원에서 수많은 양들이 이끄시는 인자한 아저씨 목자가 눈에 선하게 떠 오릅니다. 시적 비유의 위대함이 여기에 있습니다. 그 뿐이 아닙니다. 사실 복 있는 사람의 조건이 어찌 이 다섯 가지만 있겠습니까. 이보다 훨씬 많은 조건들을 첨가할 수도 있습니다. 따라서 논리적으로 정의를 내리는 것은 어쩌면 그 속에 숨겨져 있는 깊은 진리를 제한할 수가 있습니다. 그런데 이를 시적으로 표현하신 그 의미가 무한히 열려지게 됩니다. 영어에 플렉시블(flexible)이란 말이 있습니다. 유연한 · 융통성 있는 탄력적인 · 적응력 있는 이라는 뜻입니다. 정말 훌륭한 진리는 융통성 있고 탄력적이고 적응력이 있어야 합니다. 그런 점에서 '시냇가에 심은 나무'는 앞에 열거한 복인에 대한 다섯 개의 조건들보다 훨씬 플렉시블합니다.

시냇가에 심은 나무란 어떤 뜻입니까. 시내는 물이 풍부한 곳입니다. 물은 모든 생명의 원천입니다. 나무의 생명은 그 뿌리가 물과 연결되어야 합니다. 그것도 물이 풍부한 시냇가라면 그보다 더 좋은 조건이 없습니다. 이는 단지 시냇물과 나무의 문제만이 아닙니다. 인간과 하나님의 관계입니다. 인간은 완전한 존재도 영원한 존재도 아닙니다.

오직 창조자인 하나님과의 관계 안에서만 영원성과 절대성을 획득할 수 있는 존재들이 우리네 인생인 것입니다. 시편 기자는 바로 이러한 사실을 생생히 드러내고자 복 있는 사람을 의존성이 큰 나무에 비유하고 있습니다. 나무는 그 뿌리를 토양에 깊이 내려서 움직이지 아니하고 한 군데 붙박이 있어야 성장하며 때에 따라 열매도 풍성히 맺을 수 있습니다. 세상을 의지하는 삶은 시냇물에 뿌리내린 나무가 아니라 돌 짝밭에 뿌리 내린 메마른 삶입니다. 사시사철을 흘러내리는 그 맑은 시냇물! 그것은 두말할 나위도없이 모든 생명의 힘과 신선한 기쁨의 원천을 비유해 주기에 부족함이 없습니다. 이 '시냇가에 심은 나무'라는 비유중 시냇가는 나무인 인생에게 무한정의 영원한 생명과 기쁨의 근원이신 여호와를 형상화시켜주고 있습니다. 그렇습니다. 나무인 우리 인생들은 하나님 밖에서는 아예 생명을 얻을 수가 없습니다. 물론 이는 신앙적인 해석입니다. 그러나 이를 확대해 보시고 정의 쪽에 사는 삶 · 진실 쪽에 사는 삶은 시냇가에 심은 나무가 됩니다. 이 비유는 신앙인들에게만 은혜가 되는 것이 아니라 비 신앙인들에게도 진리가 되고 교훈이 되어 감동을 갖게 합니다.

시냇가에 심은 나무 · 하나님에게 의지하고 · 하나님의 진리에 뿌리내린 인생이기에 나무는 시절을 좇아 많을 것이라고 노래하고 있습니다. 이는 한마디로 하나님 안에 사는 인생은 그 분의 창조 질서와 섭리에 순응하고 조화된 · 그리하여 평화의 번영이 보장된 삶을 살 것을 가리키는 것입니다(렘 31:12). 그리하여 인생은 질서와 평화 속에 자신의 존재의 의미를 구현하고 마침내 인생의 보람을 거둘 것입니다. 특히 그 잎사귀가 마르지 않을 것이라는 말은 축복이 일시적인 것이 아니라 영속적인 것임을 보여줍니다. 신학적으로 종말론적 영원성을 가진 것임을 보여 주고 있습니다.

그렇다면 '시냇가에 심은 나무'라는 이 간결한 시적 표현은 수백 쪽의 교리서나 이론서보다 훨씬 심오하고 감동까지 주는 영적인 말씀이 됩니다. 그런데 시인은 복 있는 자 · 복 받을만한 자를 부각시키기 위해 또 다른 히든카드를 꺼냅니다. 그것은 복인과 대립되는 안인의 존재를 대조하는 일입니다. 아인의 존제를 보여 줌으로써 복인의 존재를 더욱 드러내는 것입니다. 이를 문학에서는 대귀법이니 대조법이니 하는데 이는 성경 66권에서 구원과 심판의 주제를 들어내는 최대의 구성기법입니다. 하나님의 구속과 하나님의 한없는 사랑과 은혜는 한 영혼이라도 더 심판에서 구원으로 인도하시는 일입니다. 그러기에 성서는 구원받을 자에 대한 말씀입니다. 그런데 이 구원받을 자를 보다 명확히 드러내기 위해서는 심판받을 자 · 악인들과 죄인들을 대조시킴으로 그 목적이 명확해 집니다. 그런데 이는 모든 문학작품 · 모든 드라마의 구성도 그렇습니다. 춘향전에서는 춘향이의 정절을 위해 사또의 행패가 있고 · 홍부에게는 놀부가 있고 심청이게는 뺑덕어멈이 있고 · 착한 장화에게는 악한 홍년이와 계모가 있게 됩니다. 문학에서는 이처럼 대조적인 인물을 설정하고 그들의 대결을 통해 독자에게 극적인 감동을 자아내게 합니다. 그런데 성경도 그렇습니다. 우리가 성경을 문학적이라고 하는 이유도 여기에 있습니다. 세상엔 선인과 악인만 있는 것이 아닙니다. 그런데 문학에서는 선과 악의 극단적인 인물을 등장시켜 극적 효과를 높입니다. 그런데 문학도 그렇습니다. 이는 바로 악인을 통해 오히려 선인을 드러내는 기법입니다.

그러한 기법을 시편에서도 사용합니다. 시편 1편도 그렇습니다. 그것이 바로 4절입니다. 1절 · 2절 · 3절에서는 복인에 대한 시를 쓰더니 4절과 5절에서는 악인에 대한 시를 등장시킵니다. 그런데 이 악인에 대한 시도 절묘합니다. 앞에서 복인 조건들은 자세하게 나열했습니다. 그리고도 악인의 조건들에 대해서는 '그렇지 아니하니'라는 한마디입니다. 복인의 조건들과 그 반대가 바로 악인이라는 것입니다. 그 말은 악인이란 악인과 죄인과 오만 속에 살고 말씀을 즐겨하지 않고, 묵상하지 않는 자란 말이며 동시에 시냇가에 심은 나무도 아니라는 것입니다. 그러면서 악인에 대한 인상을 시적인 메타포로 드러내는데 그것은 "바람에 나는 겨와 같도다"입니다. 그러니까 복인은 '시냇가에 심은 나무'이고 악인은 '바람에 나는 겨'가 됩니다. 복인과 악인에 대한 구구한 논리보다 복인과 악인에 대한 차이가 얼마나 선명합니까. 여기서 바람이란 불안정하고 정처없는 존재입니다. 거기다가 겨는 별 볼 일 없는 허접스런 쓰레기입니다. 바람은 불변하는 나무와 대조되고 겨는 알곡과 대조됩니다. 더구나 겨가 바람에 날리운다 란 허무하게 사라져 버린다는 뜻입니다. 이를 달리 말하면 겨는 농부들이 추수하여 알곡은 곡간에 두고 겨는 공중에 날려 버리거나 태워버리는데 이는 심판 날에 멸망하고 말 죄인들의 모습이기도 합니다. 그 뜻을 5절에 부연하고 있습니다.

> "그러므로 악인들은 심판을 견디지 못하며 죄인들이 의인들의 모임에 들지 못하리로다"

우리는 시편 1편의 1절의 첫 마디를 보고 무척 흥분했습니다. 우리들 모두가 선망하는 복 있는 자 · 복 받을 만한 자 · 즉 복에 대한 말씀으로 시작되었기 때문입니다. 복이라면 예수를 믿건 안믿건 모두 좋아 합니다. 세상 사람들은 복이라면 오복을 말합니다. 五福(오복)이란 壽(수)～ 오래 사는 것 · 富(부)～ 재물 많은 것 · 綱領(강령)～ 건강한 것 · 貴(귀)～명예로운 것 · 자손 增多(증다)～ 자손 번영 입니다. 그래서 세상 사람들 이 오복을 구하려고 각종 잡신들에게 애걸합니다. 그런데 예수 믿은 성도들도 바로 그런 육신의 복으로 생각합니다. 물론 예수를 잘 믿으면 육신 복도 받습니다. 그러나 시편 1편에서 말하는 복은 육신의 복이 아니라 구원의 복 · 생명의 복 · 영생의 축복을 말하고 있는 것입니다.

그러기에 1절에서 복 있는 사람이란 말을 5절부터는 의인이란 말로 바꿉니다. 결국 이 시는 처음엔 복 있는 사람과 악인을 대립시켜 복 있는 자는 시냇가의 나무로 악인은 바람에 나는 겨로 형상화했지만 복 있는 사람은 결코 오복을 누리는 세상의 복인이 아니라 마침내 구원을 약속 받은 의인인 것을 알게 됩니다.

그것이 6절의 마무리입니다. 무릇 의인들의 길은 여호와께서 인정하시나 악인들의 길은 망하리로다. 따라서 시편 1편의 주제는 구원받을 의인들의 삶과 심판 받을 악인들의 삶을 비교하면서 마침내 모두가 의인의 길 · 구원의 길로 가ㅑ기를 소망하여 쓴 신앙시입니다. 문학사에서 가장 큰 논쟁의 주제는 문학이란 내용이 중요한가 형식이 중요한가입니다. 이에 문학만 그런 것이 아니라 인류의 역사 속에서 가치 있는 것이 무엇인가를 따질 때마다 인간들은 늘 내용이냐 형식이냐 하는 문제로 피나는 싸움질을 합니다. 그것은 기독교에서만 그렇습니다. 하나님 말씀 · 그 내용이 중요하지 그 내용을 표현한 문학적 형식이 뭐가 그리 중요하냐는 것입니다. 신학자들 · 목회자들 · 성도들이 성경을 읽을 때면 모두가 문학적인 것을 인정하면서도 막상 교회 내에서는 모두가 문학과는 거리가 먼 교리와 치리에만 열중합니다.

성경 말씀에서 그 내용이 중요함은 너무나 당연한 것입니다. 그러나 말씀의 중요성만을 내세워 시편 1편을 읽는다면 시편의 내용을 한 마디로 죄인과 악인과 오만을 멀리하고 말씀을 즐기고 묵상하여 하나님 중심으로 살아야 구원받는 의인이 될 수 있다는 내용입니다. 너무나 지당한 말씀이고 너무나 소중한 말씀입니다. 그러나 이러한 내용의 말씀은 창세기에서 계시록까지 매장마다 들어있는 일관된 주제여서 이러한 내용을 시편 1편에 논리적으로 산문적으로 썼다면 지당한 말씀이라고 고개를 끄덕일 수는 있지만 읽을 때마다 감동하고 충만한 경험을 할 수는 없었을 것입니다. 왜냐하면 그러한 주제는 시편 1편에만 있는 특별한 것이 아니기 때문입니다.

그렇다면 시편이나 다른 성경이나 모두가 의인은 구원받고 죄인은 심판받는다는 똑 같은 내용인데 어째서 다른 성경보다 시편을 애독하는 것이 읽을수록 더욱 은혜롭고 · 읽을수록 더욱 충만하고 행복한 이유는 도대체 어디에 있는 것입니까. 시편에서만 하나님이 능력이 더욱 크게 나타나시고 성령님의 감화와 감동이 더욱 크게 역사하시기 때문입니까. 그렇다면 어째서 시편에서만 하나님과 성령이 그렇게 역사하시는 것입니까. 시편이나 다른 성경들이나 주제는 동일하다했습니다. 그렇다면 시편에서 느끼는 그 충만하고 행복한 감동의 근원은 도대체 무엇입니까. 그것은 단 한 가지 · 다른 성경들은 구원과 심판이란 주제를 산문적인 문장으로 기술하였고 · 시편은 구원과 심판이란 주제를 시적으로 형상화시킨 문장이란 사실 밖에는 설명할 방법이 없습니다.

시편은 하나님의 의인에 대한 구원과 악인에 대한 심판이란 대주제를 시적으로 표현함으로써 감동하심마저 더욱 크게 역사하고 계시다는 사실 밖에는 다른 이유가 없는 것입니다. 이 엄연한 사실을 모르고 시편을 읽는다면 참으로 안타까운 일이지만 이러한 사실을 알고도 말씀의 문학적 표현을 외면한다면 이는 하나님의 말씀에 대한 불경스러움이라고 해야 할 것입니다.

도대체 시편의 놀라움은 무엇입니까. 그것은 한마디로 감동입니다. 감동이란 무엇입니까. 놀라움입니다. 울렁거림입니다. 바로 온몸을 진동하게 하는 충격입니다. 그렇다면 이러한 충격의 언어적 메카니즘이 무엇입니까. 그것이 바로 시가 구사하고 있는 리듬이고 모든 것을 새롭게 보여주는 메타포입니다. 시에서 리듬이란 동일한 음성이나 언어를 반복적으로 호소하여 더욱 간절하고 지극하게 하는 기법입니다. 여러분은 기도할 때 어느 쪽에 더 간절하고 충만하게 느끼십니까. 연거푸 부르짖을 때입니다. 시는 바로 같은 음성이나 같은 의미 내용을 반복적으로 호소함으로 마음을 뜨겁게 진동시킵니다. 이를 시학에서는 동의 반복적 리듬이라고 합니다. 시편의 모든 시들이 모두 이러한 동의 반복적 리듬을 갖고 있습니다. 이를 달리는 진동의 시학이라고도 합니다.

그렇다면 시편 1편이 어떻게 진동하고 있는지 분석해 보실까요. 시편 1편은 1절에서 6절까지 행마다 구절마다 복있는자 · 구원받을 자 · 의인에 관한 주제가 반복적으로 진동합니다. 시편 1절에서 '악인의 꾀를 따르지 아니하며' 이 말은 누구보고 하는 말입니까. 복있는 사람입니다. 죄인들의 길에 서지 아니하며 · 이 말도 복있는 사람입니다. 오만한 자의 자리에 앉자 아니하고 · 이 말도 복있는 사람에 대한 것입니다. 그 뿐입니까. 여호와의 율법을 즐거워하여 · 이것도 복있는 사람에 대한 것입니다. 주야로 묵상하는도다도 복인에 관한 것입니다. 2절의 시냇가에 심은 나무도 복인입니다. 모두가 복 있는 자에 대한 표현입니다.

그렇다면 4절의 악인들은 그렇지 않음이여 이것은 악인에 관한 것입니다. 아닙니다. 이는 악인을 들어 오히려 복있는 자를 말하고 있습니다. 5절의 악인들은 심판을 견디지 못하여 의인들의 모임에 들지 못하리로다 이것도 악인을 들어 복인을 말하고 있습니다. 그것은 6절도 그렇습니다. 그렇다면 시편 1편은 구구절절 이 복 있는 자 · 구원받을 자에 대한 반복적인 라둠의 문장입니다. 백번 찍어 넘어가지 않는 나무 없다는 속담이 있습니다. 시편을 읽다보면 잔잔한 시냇물이 아니라 계곡을 솟구치는 폭포수를 느끼게 합니다. 반복적인 호소가 가슴을 울려 줍니다. 그러니 마음이 움직이고 · 신명이 나고 · 힘이 솟을 수밖에 없습니다.

그런데 시편은 단지 동의 반복이란 연속적인 진동만 있는 것이 아닙니다. 복 있는 사람을 시냇가에 심은 나무라 했습니다. 솔직히 악인의 죄 · 죄인의 길 · 오만한 자의 자리 · 이런 말은 분명하고 확실하게 인식하기란 쉬운 일이 아닙니다. 그런데 '시냇가에 심은 나무'라면 삼척동자라도 다 알만한 명쾌한 뜻이 됩니다. 뿐만 아니라 시냇가에 심은 나무는 선명한 이미지가 되어 내 기억의 뜰에 심어지고 · 그 나무는 평생 내 삶의 이정표가 되어 나를 일깨우는 깃발이 됩니다. 이처럼 시편은 의인의 구원과 조인의 심판이라는 성경의 의 구속사적 섭리가 놀라운 시인들의 상상력을 통해 더욱 은혜롭고 충만한 말씀이 되고 있습니다. 그렇다면 시편의 시들은 인간들이 쓴 것인가요. 아닙니다. 하나님의 능력과 성령의 역사하심으로 이처럼 놀랍고 신령한 시를 쓸 수 있었던 것입니다. 그러기에 시편은 인간의 시가 아니라 신의 시 · Theo Poetry 라고 합니다.

정말 우리는 주님을 영접할 수 있어 행복합니다. 구원의 말씀이 있어 행복합니다. 더구나 시편 같은 영적인 시 · 바로 신의 시가 있어 더욱 행복합니다.

사랑하는 성도 여러분. 여러분의 나무는 지금 어디에 심겨져 있나요. 돌 짝 밭은 아닌지요. 진흙탕은 아닌지요. 말씀의 감동이 넘치는 은혜의 강가에 믿음의 뿌리를 내리고 사랑과 소망으로 무성하게 자라는 싱싱한 나무가 되기를 주님의 이름으로 축원합니다.[1)]

---

1) 홍 문표 · 「복인에 대한 시」(한국문인교회 · 2014. 12. 14)설교전문.

2). 돌아옴의 근거

대상을 하나님에게로 돌아오게 하는 근거는 이스라엘[1] 글자에서 찾을 수 있다. 이 글자모양은 ~ ◡ ~ 즉 U자형이다. 잔속의 생활 ~ 목회자생활 ~ 이다. 홍 문표 목사는 여호와의 약자인 이 י[2] 글자가 표시하듯이 하나님의 일을 하시는 예수님 손을 흠모하며 목회자로서 그리고 학자로서 원고를 손으로 쓴다. 일평생 똑 같은 이 버릇은 바로 하나님의 손의 일 · 그 은혜를 그대로 받은 신빙성이다. 손에 문(글) 칼자루를 쥐고 이스라엘[3] 글자를 쓰는 방향과 같이 세상을 향하여 말씀을 쏟아놓는(행 8: 4)다. 알아들을 이들을 향하여 · 설사 알아듣지 못하더라도 이스라엘[4]을 위하여 · 그리고 온 이스라엘을 위하여[5] · 또 온 이스라엘을 위하여[6] 사역자들이 그러하였듯이 홍 문표 목사는 문(文)으로 전한다.

---

1) יִשְׂרָאֵל(이스라엘)창 32: 29 · 35: 10 · 21 · 22 · 37: 13 · 43: 6 · 11 · 45: 28 · 46: 30 · 47: 31 · 48: 8 · 10 · 14 · 21; 출 14: 30 · 31 · 17: 11; 민 16: 34 · 20: 21 · 21: 1 · 2 · 17 · 21 · 24 · 25 · 31 · 22: 2 · 24: 2 · 5 · 25: 1 · 3; 신 2: 12 · 33: 28 · 29; 수 4: 22 · 7: 8 · 11 · 27 · 11: 13 · 14: 10 · 24: 31; 삿 1: 28 · 6: 3 · 6 · 7: 2 · 11: 13 · 15 · 16 · 17 · 19 · 21 · 26 · 20: 29; 삼상 4: 2 · 10 · 17; 왕상 8: 30 · 33 · 38 · 12: 19 · 18: 31 · 20: 20; 왕하 17: 34 · 21: 8; 대상 9: 1; 대하 6: 21 · 24 · 29 · 10: 19; 시 14: 7 · 53: 7 · 105: 23 · 114: 1; 사 10: 22 · 19: 24 · 25 · 49: 3; 렘 2: 14 · 3: 8 · 18: 13; 겔 36: 12 · 38: 14; 호 8: 2 · 3 · 9: 7 · 11: 8 · 12: 13; 암 5: 2.

2) יְ(요드).

3) יִשְׂרָאֵל(이스라엘).

4) לְיִשְׂרָאֵל(레이스라엘 · 이스라엘을 위하여 · 창 46: 1; 대하 20: 10; 사 11: 16).

5) יִשְׂרָאֵל ~כָּל(창 8: 24; 신 1: 1; 삿 8: 27; 삼상 3: 20 · 4: 5 · 28: 3; 삼하 16: 21 · 17: 13 · 왕상 1: 20 · 3: 28 · 12: 1 · 16 · 18 · 20 · 14: 13 · 18; 대상 11: 1; 대하 10: 1 · 18: 16).

6) יִשְׂרָאֵל ~וְכָל(베콜~이스라엘 · 또 온 이스라엘을 위하여 · 창 8: 15; 삼상 13: 4 · 17: 11; 삼하 3: 37 · 4: 1; 왕상 8: 62; 대하 10: 3 · 16 · 12: 1; 느 7: 72 · 12: 47).

홍 문표 목사는 문(文) 평생 하나님 찬양 시에 담긴다. 이스라엘[1] 글자는 잔 모양이다. 양쪽 끝 꼭지 점을 중심으로 안에 글자들은 낮게 앉아 있다. 이 잔[2]은 하나님의 잔[3]이다. 하나님의 사랑하는 백성은 잔[4] 안에 담긴다. 또 하나님의 항아리[5] 안에 든 물에 뜨면서 말씀을 전한다. 예수님은 물 한 동이[6]를 들고 가는 사람에게 물으라 하셨다. 홍 문표 목사는 신학박사 논문에서 요나에 대하여 연구하였다. 이 연구에서 홍 문표 신학박사 학위논문으로 하나님에게로 돌아옴을 신앙시인 김현승 시를 예로 들면서 그의 주장을 펼친다. 이 때 신학과 문학의 접근 · 특히 신앙시인 김현승을 통해 고독문제를 다룬다.

요나[7]가 물고기 뱃속에 담긴 모향은 U형[8]이다. 이 안에 들어야 무지개[9] 카드[10]를 얻을 수 있다.

1) יִשְׂרָאֵל(이스라엘).
2) 사 57: 17; 겔 23: 33.
3) 사 51: 17: Brown · R · E. · "cup of Wrath," The Gospel According To John i ~xii (Garden: Doubleday & Company · 1983) · 168 · 169..
4) Horton Davies · *Bread of Life and Cup of Joy* (Michigan: Grand Rapids · 1993) · 225 · 262~3.
5) 참조: כַּדֵּךְ(카데흐 · 물 항아리 · 창 24: 14) · וְכַדָּהּ(베카다 · 그리고 물 항아리 · 창 24: 15 · 45) · כַּדָּהּ(카다 · 물 항아리 · 창 14: 16 · 18 · 20 · 46) · מִכַּדֵּךְ(미카데흐 · 창 24: 43).
6) 막 14: 13 · 눅 22: 10: 민대훈 · "유월절 식사의 최후의 만찬," 『敎授논문集』 · 第8輯,(서울: 서울 기독 대학교 · 2004) · 46.
7) 홍 문표 · 『신학적 구원과 시적 구원』(서울: 창조 문학사 · 2006) · 217.
8) Northrop Frye, 『성경과 문학』 · 247~248.
9) 창 9: 13 · 14 · 16; 겔 1: 28; 계 4: 3 · 10: 1.
10) כַּד(카드 · 물 항아리 · 창 24: 15 · 20 · 43 · 45 · 46.

(1). 잔에 대한 시의 근거

홍 문표 시인의 삶은 시적인 삶이다. 시적인 삶은 잔 모양을 지시한다. 다윗은 U리듬 형식으로 하나님의 시[1]를 지어 헌납했다. 하나님이 하나님의 백성을 그에게로 돌아오게 하는 여호와[2]로 시작하여 여호와[3]로 끝난 잔 모양이다. 마치 날개를 하늘높이 나는 새처럼 여호와로 시작하여 여호와로 끝난 리듬[4]이다.

성서에서 하나님이 그의 백성들이 하나님에게로 오는 것을 보시는 방법은 물[5] 쌍수와 쌍수 하늘[6]를 통해서 물이 하늘에서 내려와 하늘로 올라가는 형상을 통해서 드러낸다. 내면리듬은 쌍수 · 물과 쌍수 하늘과의 연관성으로 둘 다 쌍수이다. 물 쌍수가 들어가면서 쌍수 하늘을 만든다. 하늘에서 물이 내려와 다시 하늘로 오르는 U리듬 곧 잔의 모양을 형성한다. 이러한 내면리듬은 물이 하늘 안에 든 성서에서의 시적 텍스트에 따른 하늘과 물 언어의 흐름의 문맥에서 확인[7]된다.

---

1) 시 8.
2) יְהוָה(여호와).
3) יְהוָה(여호와).
[* יְהוָה(여호와) 의 U리듬]
1: הַשָּׁמָיִם~עַל ← יְהוָה
2: וּמִתְנַקֵּם ← מִפִּי
3: כּוֹנָנְתָּה ← כִּי
4: תִפְקְדֶנּוּ ← מָה
5: תְּעַטְּרֵהוּ ← וַתְּחַסְּרֵהוּ
6: רַגְלָיו ~ תַחַת ← תַּמְשִׁילֵהוּ
7: שָׂדָי ← צֹנֶה
8: יַמִּים ← צִפּוֹר
9: הָאָרֶץ ← יְהוָה
4) 여호와 → 그 하늘 הַשָּׁמַיִם ← יְהוָה(여호와→ 하솨마임 · 그 하늘 · 시 8: 1) 시작과 여호와 → 그 땅 הָאָרֶץ ← יְהוָה(여호와→ 하아레쯔 · 그 땅 · 8: 9)의 끝은 여호와 יְהוָה(여호와).
5) מַיִם(마임 · 물).
6) שָׁמַיִם(솨마임 · 하늘).
7) ① 1: 1~1: 31
그 하늘 הַשָּׁמַיִם(하솨마임 · 창 1: 1~이하 '창' 생략) → 그 물 הַמַּיִם(하마임 · 1: 2) → 그 물 הַמַּיִם(하마임 · 1: 6) → 물 מַיִם(마임 · 1: 6) → 좋은 물을 만들기 위하여 לַמָּיִם(라마임 · 1:

이 리듬은 각주에서 표시되듯이 창세기 1장에서 31절까지 한 번 나오고 다시 나오는 두 번의 리듬 2장 1절에서 50장 26절까지 다시 한 번 유지된다. 그 방법은 처음부터 그 하늘1)로 시작하여 하

---

6) → 그 물 הַמַּיִם(하마임 · 1: 7) → 그 물 הַמַּיִם(하마임 · 1: 7) → 하늘 שָׁמַיִם(솨마임 · 1: 8)→ 그 물 הַמַּיִם(하마임 · 1: 9) → 그 하늘 הַשָּׁמַיִם(하솨마임 · 1: 9) → 그 물 הַמַּיִם(하마임 · 1: 10) → 그 하늘 הַשָּׁמַיִם(하솨마임 · 1: 14) → 그 하늘 הַשָּׁמַיִם(하솨마임 · 1: 15) → 그 하늘 הַשָּׁמַיִם(하솨마임 · 1: 17) → 그 물 הַמַּיִם(하마임 · 1: 20) → 그 하늘 הַשָּׁמַיִם(하솨마임 · 1: 20) → 그 물 הַמַּיִם(하마임 · 1: 21) → 그 물 전체 אֶת~הַמַּיִם(에트~하마임 · 1: 22) → 그 하늘 הַשָּׁמַיִם(하솨마임 · 1: 26) → 그 하늘 הַשָּׁמַיִם(하솨마임 · 1: 28) → 그 하늘 הַשָּׁמַיִם(하솨마임 · 1: 30) →

② 2: 1~50: 26

그 하늘 הַשָּׁמַיִם(하솨마임 · 2: 1) → 그 하늘 הַשָּׁמַיִם(하솨마임 · 창 2: 4) → 그리고 그 하늘 וְשָׁמַיִם(베솨마임 · 2: 5)→ 그 하늘 הַשָּׁמַיִם(하솨마임 · 2: 19)→ 그 하늘 הַשָּׁמַיִם(하솨마임 · 2: 20) → 그 하늘 הַשָּׁמַיִם(하솨마임 · 6: 7) → 그 물 מַיִם(마임 · 6: 17)→ 그 하늘 הַשָּׁמַיִם(하솨마임 · 6: 17)→ 그 하늘 הַשָּׁמַיִם(하솨마임 · 7: 3) → 물 מַיִם(마임 · 7: 6)→ 그 하늘 הַשָּׁמַיִם(하솨마임 · 7: 11) → 그 물 הַמַּיִם(하마임 · 7: 17)→ 그 물 הַמַּיִם(하마임 · 7: 18) → 그 물 הַמַּיִם(하마임 · 7: 18) → 그리고 그 물 וְהַמַּיִם(베하마임 · 7: 19) → 모든 그 하늘 הַשָּׁמַיִם ~כָל(콜~하솨마임 · 7: 19) → 그 물 הַמַּיִם(하마임 · 7: 20) → 그 하늘 הַשָּׁמַיִם(하솨마임 · 7: 23) → 그 물 הַמַּיִם(하마임 · 7: 24) → 그 물 הַמַּיִם(하마임 · 8: 1) → 그 하늘 הַשָּׁמַיִם(하솨마임 · 8: 2)→ 그 하늘 הַשָּׁמַיִם(하솨마임 · 8: 2)→ 그 물 הַמַּיִם(하마임 · 8: 3) → 그 물 הַמַּיִם(하마임 · 8: 3) → 그 물 וְהַמַּיִם(베하마임 · 8: 5) → 그 물 הַמַּיִם(하마임 · 8: 7) → 그 물 הַמַּיִם(하마임 · 8: 8) → 그렇게 때문에 물이다 כִּי~מַיִם(키~마임 · 8: 9) → 그 물 הַמַּיִם(하마임 · 8: 11) → 그 물 הַמַּיִם(하마임 · 8: 13) → 그 하늘 הַשָּׁמַיִם(하솨마임 · 9: 2) → 그 물 הַמַּיִם(하마임 · 9: 15) → 하늘안 בַשָּׁמַיִם(바솨마임 · 11: 4) → 하늘 שָׁמַיִם(솨마임 · 14: 19 · 22) → 그 하늘 הַשָּׁמַיְמָה(하솨마임마 · 15: 5) → 그 물 הַמַּיִם(하마임 · 16: 7) → 물 מַיִם(마임 · 18: 4) → 그 하늘 הַשָּׁמַיִם(하솨마임 · 19: 24 · 21: 17) → 물 מַיִם(마임 · 21: 19) → 물 מַיִם(마임 · 21: 19) → 그 물 הַמַּיִם(하마임 · 21: 25) → 그 하늘 הַשָּׁמַיִם(하솨마임 · 22: 11) → 그 하늘 הַשָּׁמַיִם(하솨마임 · 22: 15) → 그 하늘 הַשָּׁמַיִם(하솨마임 · 22: 17 · 24: 7) → 그 물 הַמַּיִם(하마임 · 24: 13) → 물 מַיִם(마임 · 24: 13) → 물 מַיִם(마임 · 24: 17) → 또한 물 וּמַיִם(우마임 · 24: 32) → 그 물 הַמַּיִם(하마임 · 24: 43) → 물 מַיִם(마임 · 24: 43) → 그 하늘 הַשָּׁמַיִם(하솨마임 · 26: 4) → 그 물 הַמַּיִם(하마임 · 26: 18) → 물 מַיִם(마임 · 26: 19) → 그 물 הַמַּיִם(하마임 · 26: 20) → 물 מַיִם(마임 · 26: 32) → 그 하늘 הַשָּׁמַיִם(하솨마임 · 27: 28 · 39 · 28: 17) → 그 물 הַמַּיִם(하마임 · 30: 38) → 물 מַיִם(마임 · 37: 24) → 물과 같이 כַּמַּיִם(카마임 · 49: 4) → 하늘 שָׁמַיִם(솨마임 · 49: 25)

[* 문장 텍스트에 따른 하늘과 물 언어의 U리듬]

```
2:4→ 4→ 19→ 20 6:17→ 7:3 7:11            19    23      8:2→2                          9:2
            ↘ ↑      ↘ ↗     ↘            ↑ ↘↗ ↘    ↗      ↘                           ↗
           6:17       7:6    7:17→ 18→ 18→19 20 24→ 8:1    3→ 3→ 5→ 7→ 8→ 9→ 11→ 13

   11:4→ 14:19→ 22→ 15:5      19:24→ 21:17          22:11→ 15→ 17→ 24:7
↘ ↗                     ↘          ↗           ↘            ↗               ↘
 9:15                  16:7→ 18:4            19→ 19→ 25

                         26:4            27:28→ 39→ 28:17                 49:25
↘                      ↗      ↘                ↗             ↘              ↗
24:13→ 24:13→ 7→ 32→ 43→ 43    18→ 19→ 20→ 32                30:38→ 37:24→ 49:4
```

[* 6:4의 화살표로 보여주는 비율 찾기와 두 개의 U리듬]

```
→ → → →   →                   →                         → → → →           → →
      ↘↑ ↘↗↘         ↑↘↗↘ ↗ ↘                      ↗↘↗          ↘      ↗       ↘
                → → → →      →      → → → → → → → →                  → →              →

     → → → →                         → → → →
    ↗         ↘                ↗↘          ↗         ↘       ↗
→ →               → → → → → →    → → → →                → → →
```

늘[1]언어로 끝난다. 커다란 2개의 U리듬을 만든다. 이 거대한 U리듬 2회는 창세기 1(1: 1~1: 31)와 2장에서부터 50(창 2: 4~50: 26)에서 형성된다. 하나님께로 돌아오는 일은 반드시 예수 그리스도를 통하여서만 가능하다. 홍 문표 박사는 그의 신학박사 학위논문에서 요나서 2장의 구조[2]를 U리듬으로 제시한다.

2:1~2	A	야훼는 큰 물고기로 요나를 삼키도록 지명하셨다.
2:3	B	스올 · 즉 음부 · 죽음의 세계로부터의 요나의 기도
2:4~5	C	야훼의 현존으로부터 쫓겨날지라도 요나는 계속해서 그의 성전을 바라보겠다.
2:6~7b	D	산 뿌리까지의 요나의 하강
2:7c	D′	구덩이로부터의 요나의 상승
2:8	C′	야훼의 거룩한 성전에 도착
2:9~10	B′	야훼의 성전 안에서의 요나의 기도
2:11	A′	야훼의 말씀으로 물고기가 요나를 토하다.

요나서 2장은 먼저 요나가 큰 물고기 뱃속으로 들어가는 1절에서 시작하여 죽음과 멸망의 세계로 하강하면서 2절에서 스올[3] · 즉 음부에서 부르짖는다. 이 죽음의 세계는 3절의 표현대로 '깊음 속 바다 가운데' · '큰물이 나를 둘렀고' · '파도와 큰 물결이 다 내 위에 넘쳤나이다'로 표현한다. 물속에 깊이 든 죽음의 세계는 이 상태를 5절에서 '물이 나를 둘렀으되' · '바다풀이 내 머리를 쌌나이다'라 한다. 시의 반복 리듬 6절에서 '내가 산의 뿌리까지 내려갔사오며'라고 울부짖고 있다. 하나님을 향한 요나의 부르짖음은 2장 2절에 시작하여 4절에서 주의 성전[4]을 바라봄으로 잔 모양의 U

1) הַשָּׁמַיִם(하솨마임 · 그 하늘 · 창 1: 1).
1) שָׁמַיִם(솨마임 · 그 하늘 · 49: 25).
2) 배 성업 · "요나서 2장 감사시 주석연구," (총신대원 · 2000) : 44~48.
3) (שְׁאֹל).
4) יכָל בֵּית.

리듬을 형성한다. 죽음의 구렁텅이에서도 하나님을 향한 울부짖음의 U리듬이라고 홍 박사는 학위논문에서 지적한다.

요나는 그 죽음의 밑바닥에서 하나님의 은혜로 다시 상승하며 6절 후반에 '내 생명을 구덩이에서 건지셨나이다'와 7절에서의 '주의 성전에 미쳤나이다'로 상승한다. 9절 마지막에서 '구원은 여호와 께로서 말미암나이다'로 마무리한다. 이 학위논문에서의 U 리듬 시의 구조는 죽음 세계로의 하강(A · B · C · D)에서 여호와께 부르짖음으로 다시 생명의 세계 · 구원의 세계로 상승(D′ · C′ · B′ · A′)하는 U자형의 구조라는 점이다. 하나님에게서 멀어졌다가 다시 하나님에게로 다가서는 회귀의 양식이라고 결론짓는다. 요나서 2장을 리듬과 은유가 잘 구사된 신앙시라 지적하는 홍 박사는 "주의 파도와 큰 물결이 · 다 내 위에 넘쳤나이다" · "내가 산의 뿌리까지 내려갔사오며 · 땅이 그 빗장으로 · 나를 오래도록 막았사오나"의 기도시는 마지막 절에서 "구원은 여호와께로서 말미암나이다"이라 한다.

황금률의 진리는 언제나 시적으로 간결하게 드러난다. 하나님의 백성이 하나님의 말을 듣지 않다가 그 만큼의 결과에서 후회하여 돌아오는 모습은 인간이 신이 아니기에 그러하다. 그야말로 멀리멀리 갔다가 되돌아오는 모습은 비단 요나에게서만 발견되는 일은 아니다. 사람이면 누구나 모두 이에 해당되는 삶을 살아간다. 그러기에 갖가지 시적 양식이나 드라마나 소설 등의 형식을 통하여 이 세상의 사람과 하나님과의 관계를 은유나 비유를 통하여 드러낸다.

요나서는 시적 형태로서 물의 특성으로 드러난다. 물이 처음부터 하늘에서 내려옴의 리듬으로 은혜를 암시 의미의 리듬을 앞세워 하늘 언어를 앞세운다. 물 언어가 필수적으로 오는 그 앞에 결정적으로 하늘나라를 들어내는 언어로 하는 리듬이다.

(2). 물 · 말씀위에 떠서 불을 켜고

이러한 특징은 히브리어 '마임'이 물인데 이 앞에 '솨'가 붙어서 '솨마임' 하늘언어이다. '솨마임' 그 다음에 물 '마임' 그리고 다음의 '솨마임' 언어의 리듬으로 잔 모양 리듬이 창세기 전체에서 두 번의 큰 리듬을 잔 모양으로 형성한다.

사람의 생애는 물에서 끝이 나는 것이 아니다. 물 위에서 불을 켜는 삶이다. 홍 박사의 물 위에 불을 켜고 사는 삶은 모세의 일에 대한 홍 학자의 설교에서 그 구체성으로 잔 모양을 설교한다. 요셉은 하나님의 뜻에 의해 구덩이 밖으로 나와 책임져주시는 분에 의해 하나님을 찬양할 수 있게 된다. 물이 없는 구덩이는 잔 모양이다. 찬양암시이다. 아니 이것은 불꽃이다. 희망이다. 절망 중에서 건지시는 분 이미지는 불꽃바람을 탄다. 홍 교수는 목사로서의 삶을 거룩한 땅 · 거룩한 생활로 가능한 한 인간으로서의 신을 벗어라는 그 분의 말씀에 충실 한다. 마치 떨기나무가 있는 곳 양 무리[1] 곁 호렙산 · 하나님의 성전에서 신을 벗는 일이다. 사실 불 붙은 떨기나무[2] bush · 수풀 · 덤불로 영원한 버팀목[3]과 물고기[4] 언어와 소망 사[5]로 되어 있다. 발음은 '쓰네'이다. 하나님이 사람을 '쓰네'이다. 진행형이다. 싸멕[6]이라고 불리 우는 히브리어는 물고기가 원형이다. 물고기 두 마리가 있는 버팀목이다. 신약성서에서

1) צֹאן ~ אֶת(에트~존 · 양무리 · O NFSG · the flock of · τα πρόβατα · 출 3:1).
2) סְנֶה · הַסְּנֶה(스네흐 · 하스네흐 · 떨기나무 · D.NMS · the buch · ὁ βάτος · 창 3:2).
3) ס(싸멕 · 버팀목 · 수치 60).
4) נ(눈 · 물고기 · 50).
5) ה(헤 · 숨구멍 · 5).
6) ס(싸멕 · 버팀목).

는 물고기 두 마리로 5000명을 먹이고도 12광주리가 남았다. 이 물고기 두 마리의 버팀목으로 단단히 버티면서 하나님 일을 시와 신앙과 시학의 합병 사역에 골몰하는 홍 문표 시인이다. 목사 · 신학자의 빨간 가슴으로 예수님의 제자로서의 사역을 사랑의 꽃으로 한다. 사역자이면 누구나 걷는 길을 다만 특별히 주신 문학의 사역으로 하나님의 황금률 진리에 충실 한다. 하나님의 사랑인 햇볕과 물과 공기를 마시면서 부활 율이 보여주는 나무 곁에서 한 점 꽃 피는 단 꿈을 꾼다.

주여
나무가 되게 하소서
돌작밭 엉겅퀴 사이에
심은 나무가 아니라
시냇가에 시은 나무

사철 은혜의 생수가 넘치는
그 충만한 물속에
믿음의 뿌리를 내리고
말씀의
비옥한 영양으로 풍족한
싱싱한 나무
그런 나무가 되게 하소서

줄기는 푸른 하늘로
치솟는 소망
가지마다 무성한 잎들이
한들거리며
춤을 추며
언제나
당신의 사랑함을 노래하는
그런 나무가 되게 하소서

봄이면 꽃이 피고

여름이면 무럭무럭 자라고
가을이면 주렁주렁 열매 맺고
겨울이면
감사하고 기도하고 시를 쓰는
그런
복이 있는 나무가 되게 하소서

~ 홍 문표 「시냇가의 심은 나무」

홍 시인에게서 단꿈은 무엇일까. 이 단꿈은 홍 시인이 숨을 쉴 수 있는 황금나선구조[1]를 바라보는 일이다. 행복한 일을 꿈꾸는 일에 기적이 일어난다. 계속해서 황금 직 사각형 안으로 점점 더 작은 황금 나선구조 · 계속하여 직 사각형을 만드는 대수 나선[2]은 황금비율을 만든다. 햇빛을 받으며 물 흐르듯이 흐르며 사는 삶은 흐름 3과 4의 비율을 갖는다. 하나님 사랑인 햇볕과 물과 공기로 사는 신앙영웅의 삶이다. 신을 벗으며 사는 삶이다. 믿음의 생활이다.

발은 사역이미지이다. 발은 몸체를 모셔야 하는 사역형이다. 모세 이름처럼 하나님을 모시며 사는 홍 시인의 삶은 예수님의 삶을 보쌈한 발이 있다. 보쌈의 삶은 눈으로 보아 가져다가 내 신앙화 하는 생활이다. 보쌈 된 발은 차츰 하나님의 일을 하는 삶의 길로 가며 바꾸어지는 삶은 살게 한다.

신앙을 전제로 한 하나님과의 관계는 늘 눈으로 보이는 일만이 아니라 눈에 보이지 않아도 믿는 믿음의 일이다. 모세가 하나님을 모셔[3] 말씀으로 연단 될 수[4] 있었듯이 홍 문표 박사의 삶은 계속

---

1) 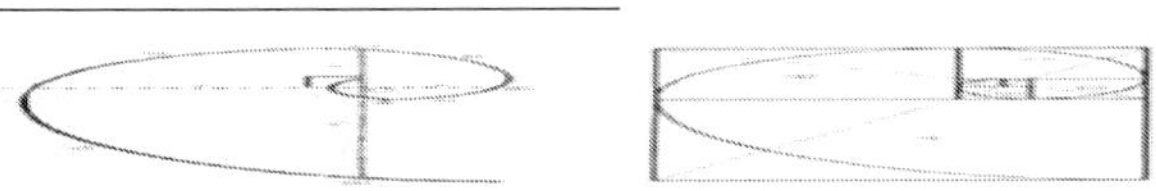

R2/R1 = R3/R2 = R4/R3 = . . . = Rn/Rn-1 = 1.618
d2/d1 = d3/d2 = d4/d3 = . . . = dn/dn-1 = 1.618
[illegible]BD/BD = [illegible]EC/EC = 1.618
EC/BD = 1.618

2) logarithmic spiral,

예수님 닮기의 삶으로 접어들면서 하나님 말씀에 의지하여 자신을 낮추어 한 점 빨간 꽃으로 사는 삶을 희망한다. 예수님이 한 점 황금률로 빠알간 꽃을 피우시듯 이 삶을 본받는 아름다운 사역[1]을 즐긴다. 맨발로 사는 삶이다.

홍 시인의 「신발에 대한 명상」 시가 있다.

> 눈만 뜨면 나는
> 신발을 찾는다
> 신발이 있고서야 나의 하루가 있다
> 신발은 나를 끌고
> 온종일 하룻길을 누빈다
>
> 내가 좋아하는 신발은
> 쇠가죽 검정구두다
> 질기고 부드럽고 반짝거리기 때문이다
>
> 그런데 처음엔 발바닥에 붙어서만 살던 것이
> 차츰 내 발목을 옥죄기 시작하더니

---

3) מֹשֶׁה · וּמֹשֶׁה(모쉐 · 움모세 · C. NE · Now Mosws καὶ μωυσες 출 3:1 ·

4) הָיָה(하야 · 생명 · 있어 · VQAMZS · ἠν · 툴 3:1).

1) 생물체 내에서도 정보를 담고 있는 DNA 구조 분자는 폭이 21Å(angstrom · 1억분의 1cm) · 나선이 완전히 한 번 회전했을 때의 길이가 34Å으로 · 둘 다 피모나치 수이다. Å분자는 문자그대로 긴 황금 직사각형 더미[Marl Wahl · *A Mathematical Mystery Tour* · (Tucson: Zephry Press · AZ · 1988) · 128]를 이룬다. 원자 세계에서는 4가지의 근본적 비대칭(원자핵의 구조 · 핵분열 파편의 분포 · 많은 동위원소의 분포 · 방출되는 입자의 분포)를 이루는데 비 부활[J · Wlodarski · *The Golden Ratio and the Fibonacci Numbers in the Word of Atoms'* Fibonacci Quarterly (1963. 12) · 61.]은 수소 원자의 양이 변하는 상태에서 핵이 연속적인 에너지 단계로 방사성 에너지를 얻거나 잃을 때 · 원자의 전자에서도 피보나치 수(H. E. Huntley · 'Fibonacci and the Atom,' Fibonacci Quarterly (1969. 12) · 523~524]가 존재하며 태양 주변의 각 행성의 공전주기를 인접한 행성의 공전주기와 정수(round numbers)에서도 피보나치 수는 해왕성(Neptume)부터 시작해서 태양을 향해 안쪽으로 감에 따라 그 비는 1 · 2 · 1 · 3 · 2 · 5 · 3 · 8 · 5 · 13 · 8 · 21 · 13 · 14를 이룬다.

요즘은 내 행세까지 한다
내가 검정구두와 동거한지 칠십 여년
나는 이제 낡은 검정 가죽구두 한 켤레다

그렇지만 저녁이면
나는 신발을 벗는다
고단한 하루도 벗는다
신발을 벗고서야
눈을 감고 단꿈을 꾼다

난 이제 낮에도 신발을 벗고 싶다
쇠가죽 검정구두 그 끈질긴 신발을 벗고
맨 발로 맨 발로
당신의 눈부신 햇살을 미시며
마음껏 하룻길을 달리고 싶다

～ 홍 문표 「신발에 대한 명상 」

성경말씀을 가지고 불꽃을 들고 물 위로 걸으며 사는 삶은 홍 시인 생애의 나무에 잎이 붙고 꽃이 핀다. 하나님이 보여주신 나선형으로 잎들과 잎들 사이를 들어오는 햇빛을 받는 나무이다.

나무가 되고 싶다.
나무가 되어 바람에 흔들리거나
양지바른 산자락에 앉아
시나 몇 줄 쓰고 싶다.
청청한 하늘 바라보면서
새털구름 한 자락 잘라
백두산에는 바늘꽃 꼽고
한라산에는 미나리아재비
밤에는 초롱한 별빛을 세면서
흥얼흥얼 콧노래나 부르고 싶다.

～ 홍 문표 「나무가 되고 싶다」[1]에서

시인은 시인이 시를 쓰며 사는 생활이 최고의 생활이며 행복한 일임

1) 홍 문표 · 『나비야 청산가자』(서울: 창조문학사 · 1997) · 77～78.

을 나무가 되고 싶은 일로 한다. 이 나무의 위치는 시냇가의 심은 나무이기를 원한다.

주여
나무가 되게 하소서
돌작밭 엉겅퀴 사이에
심은 나무가 아니라
시냇가에 시은 나무

사철 은혜의 생수가 넘치는
그 충만한 물속에
믿음의 뿌리를 내리고
말씀의
비옥한 영양으로 풍족한
싱싱한 나무
그런 나무가 되게 하소서

줄기는 푸른 하늘로
치솟는 소망
가지마다 무성한 잎들이
한들거리며
춤을 추며
언제나
당신의 사랑함을 노래하는
그런 나무가 되게 하소서

봄이면 꽃이 피고
여름이면 무럭무럭 자라고

~ 홍 문표 「시냇가의 심은 나무」에서

여름이면 무럭무럭 자라 꽃이 피는 나무이기를 시인의 꿈으로 한다.

3. 시조 나뷔야 靑山가쟈와 시 나비야 청산가자와의 유사성과 상이성

1), 나비야 청산가자

(1). 우시조(羽時調)와 우시(羽詩)

「나뷔야 靑山가쟈」의 작품이 왜 시대를 넘어서 인구에 회자하며 우리의 심금을 울리는지는 이 작품이 그만큼 우리 한국인의 정서의 보편성이기 때문이다. 이와 관련하여 홍 문표 교수시인의 시집『나비야 청산가자』가 있다는 데서 본 논문은 시작된다.

이 시집과 연관되는 고시조「나뷔야 靑山가쟈」는 다음과 같다.

나뷔야 靑山가쟈 범나뷔 너도가쟈
가다가 저무러든 곳듸 들어 자고가쟈
곳에서 푸대접ᄒᆞ거든 닙헤셔나 ᄌᆞ고가쟈

~ 무명 『청구영언』

고시조「나뷔야 靑山가쟈」는 시조창으로도 전해진다. 평시조 계열의「나뷔야 靑山가쟈」는 평시조 계열의 우조[1] 시조이다. 같은 우시조 이순신의 '한산섬 달 밝은 밤'의 강력한 상징성과 더불어 같은 계열 고시조「나뷔야 靑山가쟈」와 홍 문표 교수 시인의「나비야 청산가자」와의 하이퍼성 타임머신 공감대는 같은 제목과 내용을 연구 하게 되는 동력이 된다.

---

1) 신웅순,『문학·음악상에 있어서의 시조 연구』(푸른사상 · 2006) · 138~142..

青丘永言 出典

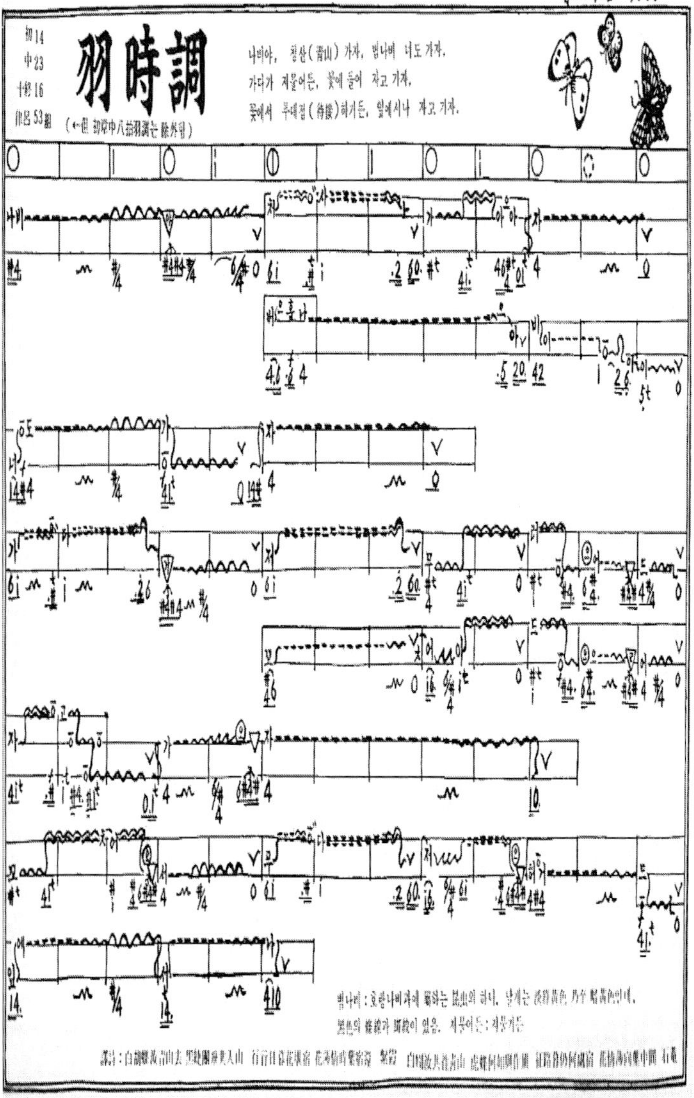
初 14
中 23
終 16
53
羽時調
나비야, 청산(靑山) 가자, 범나비 너도 가자.
가다가 저물어든, 꽃에 들어 자고 가자.
꽃에서 푸대접(待接)하거든, 잎에서나 자고 가자.

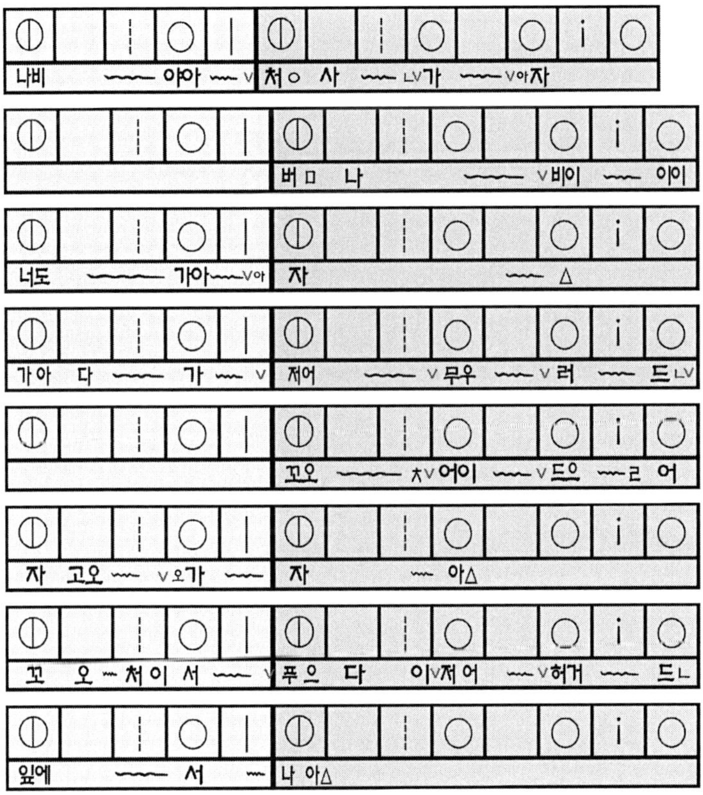

홍 문표 시인은 공감대가 형성된 우시조의「나뷔야 靑山가쟈」를 인용 시집 제목으로『나비야 청산가자』시집을 발간[1]했다. 이 시집 안에는 시「나비야 청산가자」1 ·「나비야 청산가자」2 「나비야 청산가자」3「나비야 청산가자」4 작품이 있다.

나비야 청산가자
범나비 너도 가자

1) 홍 문표 · 초판『나비야 청산가자』(서울: 양문각 · 1997). 홍 문표 · 수정판『나비야 청산가자』(서울: 창조문학사 · 2008).

하늘하늘 옥색치마
자줏빛 꽃 댕기
아직도 손끝에 파닥이는
그 날의 부끄러움

스물다섯이었지.
우리는 뜨거운 가슴뿐이었지.
너의 순진한 눈시울에
나는 몇 번이나 죽음을 약속하며
가난한 마음 하나
푸르른 날개를 달고
아 · 새벽처럼 달리던 숲길이었지.

종달새 지저귀는 들길을 지나
두견화 손짓하는 언덕을 지나
산 도화 피멍든 꽃잎을 뿌리며
바람처럼 달리던 푸르른 언덕길
이슬처럼 영롱한
네 가슴속의 진주

그 맑고도 황홀한 손끝의 날개를 펴고
오색 빛 고운 햇살
그 선연한 빛깔 사이로
사뿐사뿐 달려오던
네 아련한 기억

나비야 청산가자
범나비 너도 가자

～ 홍 문표「나비야 청산가자 1」

나비야 청산가자
범나비 너도 가자

마흔 다섯 해
끈적거리는 세월이었지.
사랑했기에 미워했고
그리워했기에 원망했고

미안하기에 두려워했고
운명이기에 체념했지만
그래도 아쉬운 사연은
비 오는 날의 통증이 되고
뼈마디 사이마다 애절하게 피어나는
도라지꽃 진보라
그 진한 유혹으로 하여
내 영혼은 언제나
파닥이는 날개가 되고

내산면 천 보리 뒷산이었지.
진달래 널브러진 꽃길을 따라
순수로 치장한 네 손을 잡고
휘파람 불며 불며
오르던 산길

들에는 자운영 꽃 밭
노랑나비
흰나비
아 · 오월이 하늘처럼 푸르던
그 날의 산길이 눈물처럼
그리워
그리워

나비야 청산가자
범나비 너도 가자

～ 홍 문표「나비야 청산가자 2」

나비야 청산가자
범나비 너도 가자

하루가 천년이고
천년이 하루라면
너와 나의 하루는
천년일까 하루일까?

욕심을 부리면 괴로웁고

욕심을 버리면 외로웁고
다가서면 멀어지고
멀어지면 애절한
너와 나의 무지개[1]빛 인연

여우고개였지,
그 호젓한 산길을 넘어
가시밭을 지나고
돌 짝 밭을 지나고
마침내 양지바른 장승백이
언덕길에서
우리를 반겨주던 해맑은 꽃송이
발간 꽃 두 송이
파란 꽃 세 송이
아, 하늘처럼 가득한 웃음 꽃
그것은 목숨 같은 기쁨이었고
새벽처럼 두근거리는 소망이었어
이제 꽃은 피어 열매를 맺고
열매는 다시 꽃을 피우고

나비야 청산가자
범나비 너도 가자

~ 홍 문표「나비야 청산가자 3」

나비야 청산가자
범나비 너도 가자

석양은 밤을 부르고
밤은 영롱한 별을 부르고
별들은 우리의 영혼을 부르고

한줄기 바람이었어
여름날의 뭉게구름이었지

---

1) 무지개는 한국 기독교사상이 우리에게 전해진 고유의 제사장 표시이다. 한국인은 제사장 족속이다.

원망도 미움도
새벽안개
부질없는 허공이야
움켜쥔 손마디 강물이 펴고
마미마디 반짝이는
그대 새하얀 눈물의
은가락지

세월의 언덕을 넘고
아른아른 무지개[1] 숲길을 넘어
차라리 아침에 쏟아지는 햇살이 되어
황금빛 두 날개 펄럭이며
청산을 나르는 자유가 되어
하늘로 치솟는 망각이 되어
골짝을 찍어대는
두견새의 슬픈 목청
너와의 끈질긴 애달픈 노래
아카시아 줄기마다
은 초롱 등불을 달고
싸리 꽃 자주빛깔
한들한들 웃어대는
꽃밭을 지나
산 도화 피멍든 숲길을 지나
더 멀리
더 높이
훠이 훠이 춤을 추며
노래하며

나비야 청산가자
범나비 너도 가자

～ 홍 문표「나비야 청산가자 4」

이 논문의 문제제기 구체성으로서는 시조의 초장에 해당하는

1) 무지개는 한국 기독교사상이 우리에게 전해진 고유의 제사장 표시이다. 한국인은 제사장 족속이다.

“나비야 청산가자 범나비 너도 가자”를 홍 시인이 한 시에서 한 번 더 반복 총 두 번씩 그대로 반복함으로써 일반적인 시조작품에서 초장이 지니는 꿈의 세계를 강조한다.

시조 초장의 의미가 갖는 상승적 이미지는 홍 시인에게서 신앙 시인으로서의 관심도와 일맥상통함을 이 논문의 주제로 한다. 에덴 시학을 평생의 철학으로 한 홍 문표 교수에게서 기존의 나비야 청산 가자 시조보다 한 번을 더 반복하며 강하게 드러남으로써 강력한 홍 교수의 철학을 뒷받침해 줄 것을 이 논문에서 큰 기대치로 한다.

평생 에덴시학시인으로서의 메시지를 내세우는 철학 신념의 대표적인 홍교수의의 시집『나비야 청산가자』의 시 작품「나비야 청산가자」1 · 2 · 3 · 4의 4편은 고시조「나뷔야 靑山가쟈」와의 그 거리 좁히기가 있다. 첫째 조건으로 둘 다 모두 맑고도 청아한 우조 이미지의 조건을 가지는데 그 동일성을 가진다는 점에서 접근의 밀도 강도를 높인다.

순수로 치장한 네 손을 잡고
휘파람 불며 불며
오르던 산길

들에는 자운영 꽃 밭
노랑나비
흰나비
아, 오월의 하늘처럼 푸르던

~ 홍 문표「나비야 청산가자 1」에서

홍 시인의「나비야 청산가자 1」은 처음 시작부터 맑고도 청아한 이미지로 시작된다. 다름 아닌 고시조「나뷔야 靑山가쟈」의 특성 우조(羽調)가 지닌 오음 율 오성 궁 · 상 · 각 · 치 · 우에서 궁을 서양음악의 C로 잡았을 때의 G장조로 시작한다. 우리가 아는 도 · 레 · 미 · 파 · 솔의 '솔'로 그 첫 시작을 알린다. 맑고도 고운 음 이미지이다.

우조가락은 다음에서 맑고도 고운 이미지 특징이 증명된다.

오음	궁	상	각	치	우
오행	土	金	木	火	水
오색	黃	白	靑	赤	黑
오정	恐	怒	喜	樂	悲
방위	中	西	東	南	北
계급	君	臣	民	事	物
인생	信	儀	仁	禮	智
맛	甘	辛	酸	苦	鹹
냄새	香	腥	羶	焦	朽

우조는 오음 중 羽음이다. 오행 중 水행이다. 오색 중 黑색이다. 오정 중 悲정이다. 5방위 중 北 방위이다. 5계급 중 物 계급이다. 5인생중 智 인생이다. 5맛 중 鹹맛(짠맛)이다. 5냄새 중 朽(후)냄새이다. 따라서 오음 궁 상 각 치 우(宮商角徵羽) 5음 중에서 양궁(陽宮)인 가죽소리와 음궁(陰宮)인 북소리도 아닌 우음(羽音)의 높고 고운 음을 낸다. 오행 토 금 목 화 화 수(土金木火水)에서 수행(水行) 인 흐름이다. 오정 다섯 가지 공 노 희 락 비(恐怒喜樂悲) 중에서 가장 슬픈 정(情)이다.

하늘로 치솟는 망각이 되어
골짝을 찍어대는
두견새의 슬픈 목청

너와의 끈질긴 애달픈 노래

~ 홍 문표「나비야 청산가자 4」에서

사물에 대한 정(情)의 정서는 한국인의 일반적인 한국 특유의 약간의 애조(哀調)이다. 이 애조(哀調)를 한국인들은 즐긴다. 이 점을 홍 시인도 기본으로 한다. 다섯 방위 중 서 동 남 북(中西東南北) 다섯 방위 중 북쪽이다. 이러한 관련접근은 성서에서 시온성 이미지가 북극이다. 5 계급 군 신 민 사 물(君臣民事物)의 다섯 방위 중 물(物)을 지칭함으로써 시가 가지는 사물언어에 대한 접근으로 하늘을 나는 나비를 홍 시인은 선택하였다. 다섯 인생 신 의 인 예 지(信儀仁禮智) 중에서 지(智)혜를 택한 홍 시인의 선별의식은 학자로서 · 교수로서 그리고 시인으로서의 삶으로 일생을 한정하여 보다 깊고 지혜로웁다. 이 홍 시인 인생의 맛은 다섯 가지 맛 감 신 산 고 함(甘辛酸苦鹹)에서 시고 쓰고 달고 맵고 쓰고 짠맛 가운데서 짠 맛이다. 그럼으로써 다섯 가지 내음 향 성 전 초 후(香腥羶焦朽)의 '향기(香) · 성(비릴 腥) · 전(노린내날 羶) · 초(그을릴 焦) · 후(썩을 朽) 중에서 곰삭아 발효된 맛을 낸다.

홍 시인은 인생 운행의 맛을 우리의 전통 음식의 맛의 진가인 곰삭은 내음새로 한다.

사랑했기에 미워했고
그리워했기에 원망했고
미안하기에 두려워했고
운명이기에 체념했지만
그래도 아쉬운 사연은
비 오는 날의 통증이 되고
뼈마디 사이마다 애절하게 피어나는
도라지꽃 진보라

~ 홍 문표「나비야 청산가자 2」에서

인생의 참맛을 걸러낸 홍 시인만의 드맑은 맑음의 높은 리듬은 우조의 향악(鄕樂) 리듬이다. 음계 중 우조 이 리듬은 바로 우리 향악(鄕樂)의 리듬으로 울린다.

우리의 향악리듬은 '시용궁상각치우(時用宮商角徵羽)[1]의 음정 간격과는 다르다. 중국과는 전연 다른 자유로움과 여유로움이 가미된다.

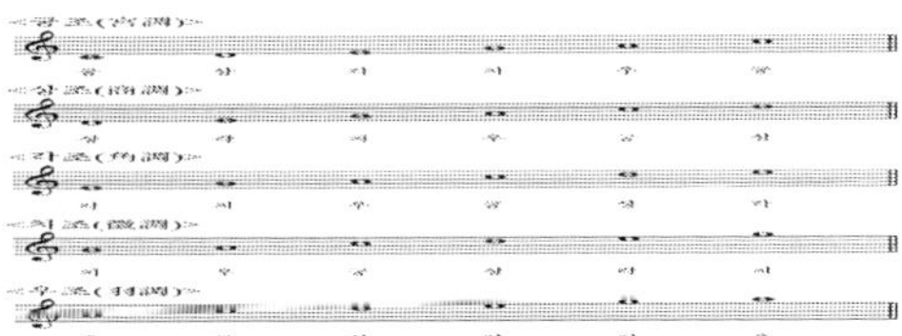

이 자유로움[2]은 인생의 맛에서 삶을 걸러낸 드맑은 맑음의 높고 고운 음조이다. 시 「나비야 청산가자」 1 · 2 · 3 · 4는 우리의 시 향기를 지닌 우조가락에 편중해 있다. 궁 · 상 · 각 · 치 ·우의 음세 음소 중 홍 시인의 편중 리듬은 우조 리듬 우리 향악의 리듬이다. '시용궁상각치우(時用宮商角徵羽)[3]의 리듬 중에서 자유로웁고 여유로움이 가미된 인생의 짠맛과 어려움을 견뎌낸 리듬이다. 오랫동안 우려서 나는 청아한 소리이다.

이 우조리듬은 새의 이미지와 깊이 연관된다. 바로 새 깃 우(羽)의 이미지이다. 특징은 처음부터 고운 소리가 나오는 것이 아니다. 오랜 각고의 노력 끝에 드디어 벼슬 한 격조이다. 이 벼슬 상징으로 머리에 새 깃을 꽂고 금의환향(錦衣還鄕) 하는 이미지이다. 새 깃 羽형상이미지이다. 새 깃은 벼슬이미지이다.

---

1) 『악학궤범(樂學軌範)』에서 소개.
2) 출처: 「국악상식」 우리나라 음계.| 작성자 디자인페이스.
3) 『악학궤범(樂學軌範)』에서 소개.

(2). 노랫말 나비야 청산가자

나비야 청산가자는 노랫말로 유명하다. 그만큼 인구에 회자하는 방법에서의 효과이기도 하다. 끝없이 도전하면서 학문을 연구하고 그 학문을 실용화여 가장 첨단적인 전자매체까지 학문의 전달매체로 활용 하는 홍교수의 평소 삶의 신념이다. 다시 말하면 대중적인 우리의 가락을 학문의 결정체들로 만들어 UTV로 대중에게 알리는 일이다. 학자의 연구 학문의 결정체들이 고고학으로 들어앉아 아무나 볼 수 없는 곳에 두는 것이 아니다. 가장 대중적인 매체를 통하여 하늘을 꿈꾸는 홍 학자 머리에 그 아름다운 새 깃털로 꼽고 금의환향하는 벼슬표시다. 노랫말을 시에 계열에 넣은 것이다.

홍 시인은 시를 그냥 저수지에 머물게 하지 않는다. UTV를 통해 일생동안 익혀온 문학에 신학을 더한 문학 설교와 문학 강의가 해 맑고 청아한 그리고 높고 고웁고 장엄한 소리로 펴져 나간다. 바로 우시(羽詩)「나비야 청산가자」 1 · 2 · 3 · 4편이 보여주는 곱고 청아하게 하늘을 향한 깃[1]의 이미지로 발 돋음 한다.

바로 한 때 홍행하는 노래로서가 아니라 아내와의 로멘틱성을 강조한 시이다.

일반「나비야 청산가자」[2]는 노랫말로 널리 펴져 있다. 그만큼

1) 齒革羽毛(치혁우모) 書經 · 날벌레의 날개 螽斯羽 詵詵兮(종사우 선선혜) 詩經 翟羽(적우): 춤출 때 쥐는 장대 끝에 단 새의 깃. 舞干羽于兩階(무간우우량계) 書經 화살의 깃간 도피 아래 붙인 깃털. 留我一白羽 鮑照(유아일백우) · 낚시찌에 단 깃털 · 깃털 장식. 崇牙樹羽(숭아수우) 詩經 · 奇禽異羽 或巖際而逢迎(기금이우 혹암제이봉영) 張充 · 기러기 깃 冬宜鮮羽(동의선우) 禮記 · 大羽箭(대우전) 깃을 크게 댄 화살. 동개활에 메어서 말 위에서 쏜다.

2) 우시조:「나비야 청산가자」: 아티스트 박인규 앨범 박인규 시조창 발매일 1986.08.05. 장르Korean Traditional
우시조:「나비야 청산가자」: 아티스트 괴암 백원호 앨범 괴암 백원호 시조창발매일 2017.02.02. 장르 Korean Traditional.

고시조「나뷔야 靑山가쟈」와 친숙성이 있다. 바로 원문이 노랫말이기 때문이다. 누군지 모르는 작자 미상 · 아니 누군지 모르기에 오히려 백성들 사이에 널리 펴져 있는 이 노랫말은 평시조 황종율[1]에 맞추어지기보다 장조의 맑고 높은 음정으로 울려 상조 법에 저촉을 덜 받는 팔 박 리듬이다. 그러기에 고시조 「나뷔야 靑山가쟈」와 홍 시인의「나비야 청산가자」의 친숙성은 원래「나비야 청산가자」가 지닌 작자미상이미지까지 더하여 져서 오히려 누구나 덧 작사(作詞)할 수 있다는 점이다. 이 노랫말이 지닌 장점이다. 오히려 노랫말의 수준보다 홍 시인의「나비야 청산가자」는 시의 그 자유롭고 넉넉한 품위를 유지한다. 홍행 노래로서가 아니라 아내와의 로멘틱성을 강조한다. 시적 표현을 시의 외연으로 한다.

이「나비야 청산가자」는 노랫말 카페 어디에서든지「나비야 청산가자」노랫말을 얹어 놓아 주기를 희망하고 있다. '나비야 청산가자'의 전체적 이미지 노랫말은 김천택의「나비야 청산가자」원문의 성격이 지닌 노랫말과 가곡 · 그리고 우시조의 원래 가곡 리듬에 덧 붙여서 어떤 지역이나 혹은 어떤 시인이라도 그 가사를 덧붙임 하는 자유로움이 있어서 여전히 오늘날에도 다양하게 작사된다. 회자되고 있는 이「나비야 청산가자」를 부르는 맛의 대중성은 누구라도 덧 노래 가사를 즐거이 올릴 수 있다는 점에 그 공감대를 형성한다.

우시조:「나비야 청산가자」: 아티스트 호수 이영준 앨범 호수 이영준 시조창 II 발매일 2006.09.04. 장르 Korean Traditional.

1) 원래의 전통 조성인 황 · 태 · 중 · 임 · 남에서 황종은 첫 시작하는 음이기 때문에 양이니 律이고 양의 길이를 3분의 1을 덜어낸 음이 임종이다. 고유의 음은 황 · 태 · 고...이하생략은 율이고 · 중 · 임 · 남 이하 생략은 려에 속한다.

① 나비야 청산 가자
나비야 청산가자 범나비 너도 가자
나비야 청산가자 범나비 너도 가자
가다가 날 저물면 꽃잎에 쉬어가자

꽃잎이 푸대접을 하거들랑 나무 밑에 쉬어가자
나무도 푸대접하면 풀잎에서 쉬어가자

나비야 청산가자 나하고 청산가자
가다가 해 저물면 고목에 쉬어가자
고목이 싫다하고 뿌리치면
달과 별을 병풍삼고 풀잎을 자리삼아
찬 이슬에 자고가자

~ 김 천택 『청구영언』 에서

② 「나비야 청산 가자」
나비야 청산가자 벌 나비 너도 가자
가다가 날이 저물면 꽃잎에 쉬어가자
꽃잎이 푸대접을 하거들랑
나무 밑에 쉬어가자 나무도 푸대접하면
풀잎에서 쉬어가자 나비야 청산가자
나도 청산가자 가다가 해 저물면
고목에 쉬어가자 고목이 싫다하고 뿌리치면
달과 별을 병풍 삼고 풀잎을 자리 삼아
참이슬에 자고 가자

~ 김 용림 「나비야 청산가자」 Adult Contemporary.[1)]

③ 「나비야 청산 가자」
나비야 청산가자 나하고 같이 가자
가다가 날 저물면 꽃잎에 쉬어가자
꽃잎이 푸대접을 하거들랑 나무 밑에 쉬어가자
나무도 푸대접하면 풀잎에서 쉬어가자
나비야 청산가자 나하고 같이 가자
가다가 해 저물면 고목에 자고가자

---

1) 김 용림 트롯트 1995 김 용림 앨범슈퍼 트롯트 여왕 (하동포구 아가씨 · 또 만났네요) 발매일 1995. 12. 01 장르 Adult Contemporary 작사 작곡 김 용만.

~ 송 봉수「나비야 청산가자」 Adult Contemporary.[1)]

④ 「나비야 청산 가자」
나비야 청산가자 벌 나비 너도 가자
가다가 날 저물면 꽃잎에 쉬어가자
꽃잎이 푸대접을 하거들랑 나무 밑에 쉬어가자
나무도 푸대접 하면 풀잎에서 쉬어가자

나비야 청산가자 나하고 청산가자
가다가 해 저물면 고목에 쉬어가자
고목이 싫다하고 뿌리치면
달과 별을 병풍삼고 풀잎을 자리삼아
찬이슬에 자고가자

~ 민 승아「나비야 청산가자」 Adult Contemporary.[2)]

④「나비야 청산 가자」

나비야 청산가자 나하고 같이 가자 가다가 날저물면 꽃잎에 쉬어가자 꽃잎이 푸대접을 하거들랑 나무 밑에 쉬어가자 나무도 푸대접하면 풀잎에서 쉬어가자

나비야 청산가자 나하고 같이 가자 가다가 날 저물면 고목에 자고가자 고목이 싫다하고 뿌리치면 달과 별을 병풍삼고 풀잎을 자리삼아 찬이슬에 자고 가자

~ 이 명주「나비야 청산가자」 Adult Contemporary.[3)]

⑤ 「나비야 청산 가자」
나비야 청산가자 범나비야 너도가자
나비야 청산가자 범나비야 너도가자
가다가 날이 저물면 꽃에서 자고 가지
꽃에서 푸대접하거든 잎에서 자고 가지
나비야 청산가자 범나비야 너도가자
가다가 날 저물면 꽃에서 자고 가지

---

1) 송 봉수 2011 9 11 아티스트곡명 「나비야 청산가자」 아티스트 송 봉수 앨범할미꽃 사연 · 토야 발매일 2011. 09. 01 장르 Adult Contemporary.
2) 「나비야 청산가자」 아티스트 민 승아 앨범 디스코전설 1 · 2 발매일 2013.03. 28장르Adult Contemporary.
3) 「나비야 청산가자」 아티스트 이 명주 앨범 사랑타령 발매일 2007. 02. 22. 장르 Adult Contemporary.

꽃에서 푸대접하거든 잎에서 자고 가지
～ 김 영임「나비야 청산가자」 Adult Contemporary.[1)]

⑥ 「나비야 청산 가자」

나비야 청산가자 나하고 같이 가자 가다가 날 저물면 꽃잎에 쉬어가자 꽃잎이 푸대접을 하거들랑 나무 밑에 쉬어가자 나무도 푸대접하면 풀잎에서 쉬어가자

나비야 청산가자 나하고 같이 가자 가다가 날 저물면 고목에 자고가자 고목이 싫다하고 뿌리치면 달과 별을 병풍삼고 풀잎을 자리삼아 찬이슬에 자고 가자
～ 이 명주「나비야 청산가자」 Adult Contemporary.[2)]

⑦ 「나비야 청산 가자」

나비야 청산가자 나하고 같이 가자 가다가 날 저물면 꽃잎에 쉬어가자 꽃잎이 푸대접을 하거들랑 나무 밑에 쉬어가자 나무도 푸대접하면 풀잎에서 쉬어가자 나비야 청산가자 나하고 같이 가자 가다가 날 저물면 고목에 자고가자 고목이 싫다하고 뿌리치면 달과별을 병풍삼고 풀잎을 자리삼아 찬이슬에 자고가자
～ 최 예선「나비야 청산가자」 Adult Contemporary.[3)]

⑧ 「나비야 청산 가자」

나비야 청산 가자 나하고 같이 가자
가다가 날 저물면 꽃잎에 쉬어 가자
꽃잎이 푸대접을 하거들랑
나뭇잎에 쉬어 가자
나무도 푸대접 하면 풀잎에서 쉬어 가자

나비야 청산 가자 나하고 같이 가자
가다가 해 저물면 고목에 자고 가자
고목이 싫다하고 뿌리치면
달과 별을 병풍 삼고 풀잎을 자리 삼아

---

1)「나비야 청산가자」 아티스트 김 영임 앨범빠리야 (인생은 즐겁게) 발매일 2016. 07. 14 장르 Adult Contemporary.

2) 곡명「나비야 청산가자」 아티스트 이 명주 앨범 최신 골든 디스크 발매일 1991. 01. 01. 장르 Adult Contemporary.

3) 나비야 청산가자 아티스트 최 예선 앨범 즐거운 인생 발매일 2006. 12. 20. 장르 Adult Contemporary.

찬 이슬에 자고 가자
꽃잎이 푸대접을 하거들랑 나뭇잎에 쉬어가자
나무도 푸대접하면 풀잎에서 쉬어가자
～ 홍 라희「나비야 청산가자」Adult Contemporary.1)

⑨ 「나비야 청산 가자」
1. @나비~히이이히야 청산가자 (벌나비 너~어허도 가자~
2절. 나하고 청~어헝산가자 가다가) 나하고 같이가자 가다가 날 저물면 꽃잎에 쉬어가자 꽃잎이 푸대~에에접을 하거들랑 나무 밑에~헤에 쉬어가자 나무도 푸대접하~아아면 풀잎~이입에서~허어 쉬어가자 ·
2. 나~~~~~~자 해~에에헤 저물면 고목~오옥에(쉬어~허어허)자고가자 고목이 싫다하고~호오 뿌리치~이이면 달과 별을 병풍삼고 풀잎을 자리삼~하아암아 찬 이~이이슬에~에에 자고~ㅎㅇ가자
～ 한 주일「나비야 청산가자」 Adult Contemporary.2).

⑩ 「나비야 청산 가자」
～ 유 은선「나비야 청산가자」 Adult Contemporary.3)

노랫말로서의 인증을 위하여 몇 예를 들었다. 그러기에 '나비아 청산가자' 작품에서 자유로울 수 있는 고시조「나뷔야 靑山가쟈」의 이러한 공동성명서 전달메시지 이미지들은 홍 시인에게서 정식 시인으로서의 등단절차를 밟은 경력에서 보다 더 높고 보다 맑고 보다 더 심도 있는 보다 더 고급스러운 한국의 전통 민속의 공감대를 유지한다. 홍 시인의 시 '나비야 청산가자'는 우시(羽詩)가 지닌 맑고 청아하고 격조 높은 이미지의 무게가 사랑 연가 풍을 통하여 보다 친숙하게 거듭난다.『나비야 청산가자』시집제목뿐만 아니라

1) 나비야 청산가자 아티스트 홍 라희 앨범 꿈아꿈아 발매일 2011 .01. 03. 장르 Adult Contemporary.
2) 나비야 청산가자 아티스트 한 주일 앨범 디스코 오빠 3 발매일 2001. 06. 01. 장르 Adult Contemporary..
3) 나비야 청산가자 아티스트 유 은선 앨범 유 은선 국악 창작곡집 3집 노래 곡집(신 청구영언) 발매일 2010. 12. 14. 장르 Korean Traditional.

이 시집 안에서의 중요성으로서 자리 잡는 작품「나비야 청산가자」이다. 우리가 익히 알고 있는 도 레 미 파 솔의 솔 음으로 뻗고 떨고 때로는 흔들면서 자유를 누린[1]다.

뻗고 때로는 흔드는 흔들림의 우조시조 스타일의 자유는 우시조「나뷔야 靑山가쟈」가 지닌 하늘의 구름처럼 붕 떠서 인생의 의미를 아름답게 하는 열애의 이미지를 시로 한다. 그러기에 고시조「나뷔야 靑山가쟈」가 지닌 의미를 더욱 깊이 들어가 잘 드러내는 이미지로 한다. 그 자유로움을 일상의 사랑으로 노래한다.

> 한줄기 바람 이었어
> 여름날의 뭉게구름이었지
>
> ~ 홍 문표「나비야 청산가자 4」

'나비야 청산가자' 우시조가 지닌 평시조 계열의 우조가락의"한줄기 바람" 예를 홍 시인은 평시조 창법의 "한운출수(閑雲出苗)": 여름 구름이 뭉게뭉게 떠오르는 창법이미지에 아주 긴밀히 접근되게 한다.

다음은 평시조의 리듬법이다.

> 평시조의 초장의 1구는 한운출수[2]로 여름 구름이 뭉개뭉개 피어오르는 격조이고 2구는 연비루천[3]으로 솔개가 높게 날아 하늘에 오르는 격조이며 3구의 상풍효월[4]로서 달이 높은 하늘에서 서리 바람을 맞으며 고독을 나타내고 4구의 잔연고등[5]으로 아주 먼 불빛에 비유된 격조이다. 중장의 1구가 묘입운중[6]으로 구름이 아득

---

1) 신 웅순,『시조예술론』(박문사 · 2011) · 54~55.
2) 閑雲出苗(한운출수).
3) 鳶飛戾天(연비루천).
4) 霜風曉月(상풍효월).
5) 殘烟孤燈(잔연고등).

> 한 태산을 헤쳐 가는 격조이고 2구는 고산방석[1]으로 산에서 돌이 구르듯이 거침없이 뛰어내리는 격조이며 3구는 장강유추[2]로 가벼운 사람이 강물을 스쳐가듯이 망망대해를 고요히 지나가는 격조이며 4구는 평사낙안[3]으로 기러기가 백사장으로 내려앉듯이 휭 돌아 멈추는 격조이다. 따라서 초장에서 끝 간 데를 모르고 올라갔던 소리가 중장에서는 땅으로 내려옴을 그 끝소리로 한다. 종장 1구는 초장처럼 이제 하늘로 날아오르는 격조도 아니요 중장처럼 내려오는 격조도 아닌 원포귀범[4]으로 먼 바다에서 집으로 돌아오는 뱃노래의 홍겹고 우렁찬 격조이다. 2구는 동정추월[5]로 호수에 비친 밝은 달빛처럼 명쾌하고 찬란한 격조이다. 3구는 완여반석[6]으로 튼튼한 반석이 된 안정성 격조이다.

인생의 괴로움을 오히려 붕 뜨는 멋을 지닌 가락의 멋으로 즐겼던 그 아주 편안하고 가장 모범적인 인생의 멋에서 벗어나지 않는 이 평시조 창법 계열 우조시조 '나뷔야 靑山가쟈'는 홍 시인에게 다가와 "한줄기 바람 이었어 · 어름날의 뭉게구름이있지"와 아주 유사한 리듬을 살린다. 더 나아가 평시조가 지닌 안정성보다는 평시조 계열의 우조 시 멋으로 더 떨고 흔들리는 기법을 쓴다. 시어들이 주는 하늘을 높이 나르는 꿈의 상승이미지를 즐긴다. 아주 유려하고 화려하고 청아하고 자유롭고 그리고 고민스러운 인생의 멋을 즐기기까지 한다.

홍 시인의 시 '나비야 청산가자'의 노래 조는 강한 흐름을 처음

---

6) 杳入雲中(묘입운중).
1) 高山放石(고산방석).
2) 長江流水(장강유추).
3) 平沙落雁(평사낙안).
4) 遠浦歸帆(원포귀범).
5) 洞庭秋月(동정추월).
6) 完如盤石(완여반석).

에 노출시키면서 우 시조 창 기법을 그대로 한다. 규격 범위 안에서 즐기는 맛이다. 그 안에서 맑은 물 폭포가 내리쏟는 리듬이다. 고시조「나뷔야 靑山가쟈」의 회자성과 맞물려 홍 문표 박사의 「나비야 청산가자」역시 처음을 강한 리듬으로 노출시킨다. 다시 설명하면 우리나라 말은 처음이 강하고 뒤에 허사적 리듬 여운을 즐기는 리듬이다. 이 우리말의 보편성을 벗어나지 않는 맑은 물 폭포가 내리는 시원함을 처음의 기법으로 드러낸다. 물 폭포가 내려치듯 시원함의 고시조 창 '나비야 청산가자 ~'는 오천년의 역사 속에 우리 민족의 삶이 지금 땅을 박차고 막 날아오르는 백조처럼 도약하는 춤사위 그대로이다. 우리 민족이 위대함은 바로 여기에 있다. 구비 구비 어려움이 닥칠 때마다 우리민족은 누구나 이 당당하고 그리고 장엄한 노래로 읊었다. 우리민족이 살아온 그 체험 그대로이다.

그리고도 시적 기법으로 '나비야 청산가자'는 사랑의 연가로 시화한다.

> 그 맑고도 황홀한 손끝의 날개를 펴고
> 오색 빛 고운 햇살
> 그 선연한 빛깔 사이로
> 사뿐사뿐 달려오던
>
> ~ 홍 문표「나비야 청산가자 1」에서

이 리듬은 우 시조 창법 리듬이미지와 동일하다. 맑고 고운 힘차고 밝은 미래를 향한 발 돋음 한 첫사랑 그대로의 기록이다. 첫 결혼 그대로이다. 새신랑신부가 느끼는 그 황홀한 무아의 경지를 시로 읊을 수 있는 실력은 겸허와 은근과 끈기를 지닌 우리 민족의 저력으로 이루어지는 일을 시인은 시로 승화한다.

그런데 이 무게는 "범나비 너도 가자"하면서 깊이의 무게를 돌연혼자만이 아닌 우리로 바꾼다. 전혀 예상치 못한 일이다. 그러나 진가는 이 '범나비 너도가자' 시학적 근거를 마련한다. 함께 어울려 춤추며 그 즐거움의 폭포수가 내려치는 웅장함을 더하는 데에 홍 시인의 시의 이미지는 우리의 화려하고 찬란한 우리로 바꾼다. 여기에 홍 시인의 철학과 진리가 빛난다. 영웅시 신화시가 된다.

> 하늘로 치솟는 망각이 되어
> 골짝을 찍어대는
> 두견새의 슬픈 목청
> 너와의 끈질긴 애달픈 노래
> 아카시아 줄기마다
> 은 초롱 등불을 달고
> 싸리 꽃 자주빛깔
> 한들한들 웃어대는
> 꽃밭을 지나
> 산 도화 피멍든 숲길을 지나
> 더 멀리
> 더 높이
> 훠이 훠이 춤을 추며
> 노래하며
>
> 나비야 청산가자
> 범나비 너도 가자

~ 홍 문표 「나비야 청산가자 4」

금수강산의 아름다운 자연 속에서의 삶의 여정으로 그려진 날들은 산 도화 피멍든 숲길을 지나 · 더 높이 · 더 멀리 간다. 더 멀리는 우리의 오랜 전 세계에 퍼져 있는 우리의 자취 그 웅장한 아스라한 고조선과 언덕의 우리말 그대로의 부여의 저 머언 곳까지 번나비 너도 가자이다. 이러한 철학의 깊이를 홍 시인은 겨울 따가운 햇볕, 그리고 동장군 보다 앞선 시원한 바람이 우조의 바람으로 접근한다. 머리를 맑게 하는 솔 향, 그 쾌활한 수다와 경쾌한 걸음으로 자그마한 언덕을 넘어 계단을 몇 발짝 내려서면 우리의 강산 어디에서든지 산을 넘자마자 활짝 펼쳐지는 폭포수의 우조시조 창 리듬이 잇다. 요천(寥天~ 땅의 공간이 하늘처럼 펼쳐진 곳)과 합류해 바위를 타고 굽이치며 가파른 암벽을 타고 요천의 시 한수 읊는다.

세월의 언덕을 넘고
아른아른 무지개 숲길을 넘어
차라리 아침에 쏟아지는 햇살이 되어
황금빛 두 날개 펄럭이며
청산을 나르는 자유가 되어

「나비야 청산가자 4」에서

홍 시인은 아주 편안하고 가장 모범적인 인생의 멋스러운 일상 요천에서 유려하고 화려하고 청아하고 자유롭다. 가슴 설레이는 '나비야 청산가자' 노랫말과 시!

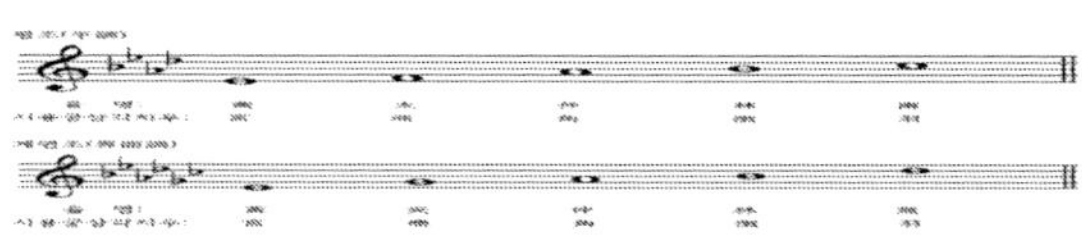

그 오랜 우리의 역사 속에 우리 민족의 삶의 자세가 지금 땅을 박차고 막 날아오르는 백조로 도약하는 춤사위 리듬! 우조 인생의 쓴 맛이 있어 오히려 시의 깊이를 더하는 리듬! 인생의 짠맛과 새하얀 눈물의 은가락지의 약속을 견뎌낸 그래서 오히려 오랫동안 우려서 곰 삭여 낸 맛 나는 청아한 소리이다. 굽이굽이 마다 우리 민족이 살아온 그 체험 그대로의 리듬이다. 사랑의 연가를 다 같이 범나비 너도 가자라며 함께 어울려 우리가 춤춘다. 때로는 즐거움이고 때로는 눈물범벅이다.

> 원망도 미움도
> 새벽안개
> 부질없는 허공이야
> 움켜쥔 손마디 강물이 펴고
> 마미마디 반짝이는
> 그대 새하얀 눈물의
> 은가락지

~ 홍 문표「나비야 청산가자 4」

금가락지가 아니라 은가락지에서 오히려 금수강산의 아름다운 자연의 가치를 드러내는 진가가 있다. 삶 속에서의 반복리듬 어쩌면 지루할 수 있는 우리의 일상이 어쩌면 슬플 수 있는 우리의 일상이 그래도 초겨울 따가운 햇볕을 감사하는 마음이 들어가는 범나비 너도 가자이다. 한 여름 그 한 발 앞선 시원한 바람소리로 뜨거운 한낮의 볕을 이겨낼 수 있는 슬기로움이다. 온통 설키고 얽힌 일상의 역사에서도 우리의 머리가 맑아지는 솔향기를 그리워하며 산을 오르는 우리의 슬기로움 멋이다.

산을 오르면 땀을 흘린 그 결과가 바로 우리의 강산 어디에서든지 산을 넘자마자 펼쳐지는 폭포수를 맛보는 경쾌함과 시원함이 있는 우리의 우조리듬 나비야 청산가자이다. 여기에서 그치지 않고 폭포에서 흘러내려오는 물소리에 하루를 잊는 그 바위를 타고 함께 굽이쳐 흐르는 범나비 너도 가자의 리듬이다. 가파른 암벽을 타고 떨어지는 물소리의 그 웅장한 우조가락 탄생지 리듬은 시인에 의하여 그대로 드러나는 목이 탁 트이는 시조창의 멋이다. 이 하이퍼성은 홍 문표 시인의 아버님이 시조창을 잘 하였다.

우리민족을 흔히 한의 민족이라 하지만 그렇지 않다. 그것은 우리 역사가 아주 오랜 태고 때부터의 연결고리가 우리말에서 찾아진다. 현실을 이기고 우리들의 은근과 끈기가 만들어 내며 걸러낸 청아한 청산의 물살을 만나는 우조리듬이 아직도 우리 곁에서 홍 시인의 「나비야 청산가자」가 들려준다. 기교를 부리지 않는 폭포 아래 펼쳐지는 우리의 '우조'가락! 그래서 이순신의 「閑山셤ᄃᆞᆯᄇᆞᆯ근밤의」 시조작품이 만들어 졌지 않은가!

閑山셤ᄃᆞᆯᄇᆞᆯ근밤의戍樓에혼자안자큰칼녀픠ᄎᆞ고기픈시ᄅᆞᆷᄒᆞᄂᆞᆫ적의어듸셔 一聲胡笳ᄂᆞᆫᄂᆞᆷ의애ᄅᆞᆯ긋ᄂᆞ니

~ 이 순신 「閑山셤ᄃᆞᆯᄇᆞᆯ근밤의」

이순신 「閑山셤ᄃᆞᆯᄇᆞᆯ근밤의」 와 「나뷔야 靑山가쟈」 의 같은 우조 시조의 공통점 우조가락이 지닌 힘찬 리듬을 면면이 이어오는 시인의 시 「나비야 청산가자 범나비 너도 가자」 의 4회 반복리듬이 있다. 일상의 리듬자리에서 곰삭아 맑게 번지는 우리의 리듬이다. 모두가 나라를 같이 걱정하면서 범나비 너도 가자고 하는 나비야 청산가자 1 · 2 · 3 · 4가 존재한다. 민족의 우수성인 은근과 끈기 그대로의 우리 민족의 은근과 끈기가 그대로가 녹아난 시이다.

우조 그것은 바로 깃의 이미지를 지닌 시이다. 금의환향하는 벼슬의 상징 공작우(孔雀羽)의 깃이다. 조선 시대 · 무관이 융복(戎服)을 입을 때 쓰던 공작의 깃이다. 공작의 꽁지깃을 길이 46센티미터 · 넓이 15센티미터 정도로 미선(尾扇)을 둥글게 만들어 호수(虎鬚)와 함께 모자 양쪽에 꽂은 무관이 구군복(具軍服)에 장식하던 새의 깃 작우[雀羽]이미지이다. 그 당당함이 깃에 깃들인다. 공작의 꽁지깃과 남빛의 새털을 한데 묶어 펼쳐서 청색 · 황색 · 적색 · 흑색 · 백색의 새털을 꼽고 하늘을 나는 기상1)이다.

2). ~홍얼홍얼 나비야 청산가자~

시인은 날개로 하늘을 날며 신선 우화등선(羽化登仙~날개가 돋아 신선이 되어 하늘에 오르는)이 되는 꿈을 꾼다. 나비야 청산가자 시의 새들이 포르르 하늘을 올라 나른다. 홍 시인은 노래를 잘 한다. 성악을 전공하였더라면 성악가가나 가수가 될 수 있는 음성을 가지고 있다. 여기에 감성 면에서 소년처럼 아주 예민하고 섬세하다.

홍 시인의 삶은 이 아름다운 금수강산에서 일상을 보내며 나비가 된다. 홍 시인의 '나비야 청산가자'는 일관한 우조의 그 밝고 정아한 읊조림이다. 홍 시인은 마음에서 울어나는 느낌을 그대로 홍얼홍얼 한다고 한다. 비오는 날이면 노랫소리가 절로 나온다고 한다. 이 홍얼거림은 자연에 동화되어 나오는 리듬법칙이다. 노랫소리로 전해지는 나비야 청산가자는 바로 우리의 목소리이며 우리의 가락이기에 더욱 홍 시인에게서는 더욱 그러하다. 세월을 뛰어넘는 '나비야 청산가자' 영원성의 진리 앞에 시인은 늘 숙연해진다.

홍 시인은"나비야 청산가자 · 범나비 너도 가자"를 「나비야 청산가자」 1 · 2 · 3 · 4에서 각기 2회의 리듬으로 일관한다. 전해지는 노랫말 '나비야 청산가자는' 1회이다. 2회 리듬으로 기독교 신앙에 접근되면서 눈을 높이 들어 하늘로 상승하는 리듬이다. 성경은 2회 리듬을 철학으로 한다.

---

1) 전우(轉羽): 조선 시대 · 공작의 꽁지에 달린 깃과 남색의 새털을 한데 묶어 만든 장식물. 청전우(靑轉羽)는 조선 시대 장식. 지름 4센티미터 · 길이 10센티미터 가량의 몽둥이처럼 된 것에 남빛 새털을 입히고 한끝을 증자(鉓子)에 달아 앞으로 늘어뜨려 흔들리게 한 장식물. 영우(靈羽): 조선 시대 · 무관의 구군복(具軍服)에 갖추어 쓰는 전립(戰笠) 장식하는 새의 깃. 공작의 꽁지깃과 남빛의 새털을 한데 묶어 둥글고 두툼하게 장식. 적우(翟羽) 조선 시대 · 무관의 전립(戰笠)의 양쪽에 꽂던 새의 깃. 공작의 꽁지깃과 남색 새털로 장식.

(1). 리듬 낭송 법으로서의「나비야 청산가자」

홍 시인의 시 가치는 한국고유의 끝 리듬 허사적 리듬 자리에 기독교적 리듬이 들어간다. 홍 시인의 축복 이유 중에 하나가 되는 이 상승 이미지는 우리가 지닌 끝을 내리는 허사리듬 혹은 소멸 리듬 대신에 상승리듬 '나비야 청산가자'를 2회 리듬화 한다. 시조 이론에의 접근은 '나비야 청산가자 범나비 너도 가자'라는 초장 1구와 초장 2구의 리듬을 시 작품 한 편 끝마다 다시 넣음으로서 후렴구의 역할을 넘어서서 평소 에덴시학의 메시지가 다시 한 번 상승하는 메시지를 전달기법으로 한다.

홍 시인의 '나비야 청산가자'는 한국적인 시조 이론 법에 근거하면서도 그 허사적 리듬 즉 소멸되는 기법에서 오히려 신념의 에덴 시학이 절대리듬 '나비야 청산가자 범나비 너도 가자'를 넣어 영원으로 도전한다.

다음은 홍 시인의 나비야 청산가자의 리듬이다.

나비야 청산 가자
범나비 너도 가자
…
나비야 청산 가자
범나비 너도 가자

~ 홍 문표「나비야 청산가자 1」에서

나비야 청산 가자
범나비 너도 가자
…
나비야 청산 가자
범나비 너도 가자

~ 홍 문표「나비야 청산가자 2」에서

나비야 청산 가자
범나비 너도 가자
…
나비야 청산 가자
범나비 너도 가자

~ 홍 문표 「나비야 청산가자 3」 에서

나비야 청산 가자
범나비 너도 가자
…
나비야 청산 가자
범나비 너도 가자

~ 홍 문표 「나비야 청산가자 4」 에서

오히려 시조 「나뷔야 靑山가쟈 범나뷔 너도 가쟈」 와의 비교에서 반복리듬을 따르는 전례이면서 오히려 그 기법을 더 상승이미지로 전환하여 뛰어넘는 시의 기법으로 한다. 세월을 뛰어넘고 사랑을 뛰어넘고 그리고 죽음을 뛰어넘어 영원으로 향한다. 이러한 가능성은 믿음의 신앙자로서의 시가 되게 한다.

그 강세를 높인 · 그러기에 고 시조 「나뷔야 靑山가쟈 범나뷔 너도 가쟈」 와 시 「나비야 청산가자 범나비 너도 가자」 의 공동분모의 가능성을 한 걸음 더 높여 나아갔다. 후퇴가 아니라 나아간 것이다.

홍 시인의 「나비야 청산가자」 는 사랑 연가를 그 기본 메시지로 한다. 우리의 삶에서 누구나 가진 사랑이야기를 나비야 청산가자 가락에 올린 것이다. 홍얼거리며 사는 삼의 노랫말이다. 사랑을 읊으며 사는 일상을 알려준다. 범나비의 등장의 가능성을 노랑나비 흰나비까지 읊음으로써 단순한 고시조의 기능을 넘어선다. 같이 어울려 춤을 추며 노래할 수 있는 축제의 금의환향 벼슬 공작우(孔雀羽~ 주립이나 초립에 꽂는 공작의 깃)의 깃으로 한다.

조선 시대 · 무관이 융복(戎服~군복)을 입을 때 쓰던 공작의 깃은 그 꽁지 길이가 46센티미터 · 넓이 15센티미터 정도로 미선(尾扇~활엽나무)을 둥글게 만들어 호수(虎鬚~호랑이 수염)와 함께 모자 양쪽에 꽂았듯이 양양하게 금의환향하는 리듬이다. 무관이 구군복(具軍服~덧옷)에 장식하던 작우(雀羽~꿩의 깃)이다. 싸움에서 승리한 경쾌하고 씩씩한 리듬이다. 청색 · 황색 · 적색 · 흑색 · 백색의 화려한 하늘날기[1]의 몸짓이다. 날개를 펄럭이며 신선의 우화등선(羽化登仙)리듬이다. 산을 가까이하며 산 나무들의 깃 모양 귀전우(鬼箭羽~화살아무)[2] 리듬이다. 나비야 청산가자며 새들이 포르르 하늘을 오른다.

문학박사 교수시인 삶의 철학은 자연에게서 비롯된 그 비상의 꿈이 새어나와 산 모양의 깃을 다는 삶의 철학이 홍 시인의 '나비야 청산가자'에 있다. 산속이되 결코 산 속에 묻히어 있지 아니 한 시의 청각성은 세월을 뛰어넘는 '나비야 청산가자'의 철학을 실용철학으로 한다. 새 깃을 꼽고 금의환향! 드맑은 목소리이미지이다.

노랫말 「나비야 청산가자」는 작사자가 없다. 누군지는 모르지만 그러기에 바로 우리 선조들의 오랜 탁마 끝에 저절로 만들어진 우리의 가장 곱고 청아한 우조가락「나비야 청산가자」이다.

---

1) 전우(轉羽): 조선 시대 · 공작의 꽁지에 달린 깃과 남색의 새털을 한데 묶어 만든 장식물. 청전우(靑轉羽)는 조선 시대 장식. 지름 4센티미터 · 길이 10센티미터 가량의 몽둥이처럼 된 것에 남빛 새털을 입히고 한끝을 증자(鏳子)에 달아 앞으로 늘어뜨려 흔들리게 한 장식물. 영우(靈羽): 조선 시대 · 무관의 구군복(具軍服)에 갖추어 쓰는 전립(戰笠) 장식하는 새의 깃. 공작의 꽁지깃과 남빛의 새털을 한데 묶어 둥글고 두툼하게 장식. 적우(翟羽) 조선 시대 · 무관의 전립(戰笠)의 양쪽에 꽂던 새의 깃. 공작의 꽁지깃과 남색 새털로 장식.

2) 노박덩굴과에 속한 낙엽 관목. 높이는 1~3미터이며 · 잎은 마주나고 타원형이다. 6월에 노란색을 띤 녹색 꽃이 취산(聚繖) 꽃차례로 피고 열매는 삭과(蒴果)로 10월에 익는다. 산기슭이나 산중턱의 암석지에서 자라는데 · 우리나라 · 일본 · 사할린 등지에 분포한다. 학명은 Euonymus alatus.

홍 시인「나비야 청산가자」네 편에서 한 번도 빠지지 않고 작품마다 두 번 반복한 리듬 “나비야 청산가자”이다.

나비야 청산 가자
범나비 너도 가자
…
…
나비야 청산 가자
범나비 너도 가자

‘나비야 청산가자’ 2회 ‘범나비 너도 가자’ 2회로 총 4회 리듬을 시 4편에서 모두 공동분모로 한다. 그런데 특이한 이 구분은 시조 이론으로는 초장의 리듬이다. 홍 시인의 ‘나비야 청산가자’는 고시조 “나뷔야 靑山가쟈 범나뷔 너도 가쟈”와는 다르다. 오히려 시조 이론 초장이 지닌 꿈의 세계 곧 초월의 세계에 대한 강한 메시지를 2회 리듬으로 디한 데 있다. 이 리듬은 국민 시인 소월시의 산유화서의“산에는 꽃이 피네”와 “산에는 꽃이 지네” 기법과 공유성이면서도 신학이론으로 바꾸게 되는 리듬이다.

이 홍 시인의 에덴시학에 대한 호소력은 마음이 부웅 하얀 구름처럼 붕 떠 오로는 25살 때의 기억으로 쓰여 진「나비야 청산가자」1에서 하얀 나비와 흰 구름과 붕 떠오르는 하늘 날기의 그 화려한 흰색을 선호한다. 같이 공유했던 사랑하는 여인 아내와의 일기기록 메시지이다. 우리민족의 그 울울창창한 강한 메시지로 상승시켜진다. 그러기에 정도를 벗어나지 않는 자유로움이 허락되는 시낭송 법에서 보면 ‘나비야 청산가자’는 정 위치 중간에서 출발한다. 평시조의 우조계열이기 때문이다

～ 나비야 청산가자～

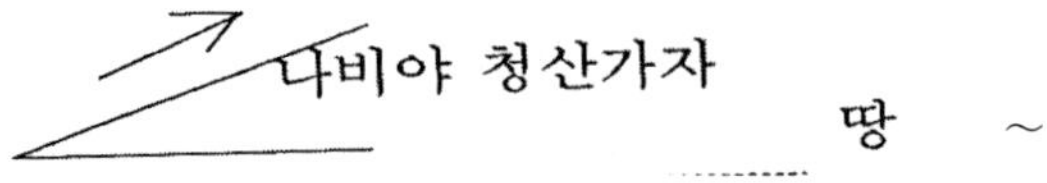

장자 호접몽의 제물론에 물 나비가 등장한다. 물 위를 나르는 나비 그 누구도 거스를 수 없는 하늘창공으로 나르는 바로 홍 시인에게서 이무기가 하늘로 오르는 꿈의 상승이 된 경험기법이다. 상승이미지다. 기독교문학의 저력이 깃들여진 시이다. 가벼움으로 훨훨 나는 시낭송의 음향은 물 위를 나르는 그리고 푸르른 창공을 나는 새이다. 평시조계열의 우시조가 지닌 일상성에서의 날기 몸짓은 꿈을 찾는 멋 '나비야 청산가자'이다.

나비야 청산가자
범나비 너도 가자

하늘하늘 옥색치마
자줏빛 꽃 댕기
아직도 손끝에 파닥이는
그 날의 부끄러움

스물다섯이었지.
우리는 뜨거운 가슴뿐이었지.
너의 순진한 눈시울에
나는 몇 번이나 죽음을 약속하며
가난한 마음 하나
푸르른 날개를 달고
아 · 새벽처럼 달리던 숲길이었지.

종달새 지저귀는 들길을 지나
두견화 손짓하는 언덕을 지나
산 도화 피멍든 꽃잎을 뿌리며
바람처럼 달리던 푸르른 언덕길

이슬처럼 영롱한
네 가슴속의 진주

그 맑고도 황홀한 손끝의 날개를 펴고
오색 빛 고운 햇살
그 선연한 빛깔 사이로
사뿐사뿐 달려오던
네 아련한 기억

나비야 청산가자
범나비 너도 가자

~ 홍 문표 「나비야 청산가자 1」

시가 지니는 아이러니의 멋으로 살린 이 시는 일상의 황홀한 아내와의 만남을 그 멋스러움으로 한다. 얼핏 보면 경험의 시를 외연으로 하지만 나비야 청산가자를 한 작품에서 한 번 더 반복함으로써 그리고 그 황홀함의 경지를 범나비 너도 가자의 시의 작법으로 마무리함으로써 시조이론에서의 초장 이미지 곧 초월을 상징하는 의미가 한 번 더 반복리듬을 탄다. 기독교적 이론 즉 두 번의 리듬을 탄다. 그리고 면서 홍 시인 특유의 기법 우리 셋으로 확대된다.

홍 시인은 천국 문을 두드린 일상의 행복과 천국과를 동일시한다. 당대의 구전(口傳~ 입으로 전해지는)시가 '나뷔야 靑山가쟈' 한글 원본 청구영언이 용산의 한글도서관에 소장되어 노랫말로 전해온다. 그 후에도 계속 멋을 더 들어 내 주는 시낭송의 가치가 있게 한다.

이러한 시의 외연과 시의 내포의 거리를 본 연구자는 낭송시조의 기법으로 연구한 바 있다. 홍 시인의 「나비야 청산가자」는 낭송시법으로도 열려 진다. 아내와의 이야기를 시의 외연으로 하면서도 범나비로 하여 천국의 즐거움이 되는 함께의 기법으로 다시 상승하는 리듬이다.

(2). 시조 리듬 메시지

홍 시인이 「나비야 청산가자」 시집을 낸 것은 시조리드 메시지를 전하는 일이다. 사람은 하늘을 오를 수 없다. 오히려 창공은 새가 잘 나른다. 이러한 상승의 꿈이 들어간 '나비야…' 시인의 꿈은 하늘을 오르며 상상력을 시로 동원한다. 그러기에 시인의 위대함이 있다. 불가능의 영역을 시로 표현하는 즐거움은 시인에게 늘 있다. 그러기에 시는 시를 읽는 이 곧 낭송시로 하여금 즐거움을 주고 평안을 주고 그리고 절망에 빠진 사람을 희망을 갖게 하는 마력을 지닌다. 이 역할을 홍 시인은 하고 있다.

시는 항상 리듬을 탄다. 이 두 개 리듬 하늘날기와 시 낭송의 조건 천국가기의 춤추기의 기법이 있다. 두 개를 만족시키는 다름 아닌 읽기와 의미리듬을 같이하는 효과를 만든다. 그래서 읽기도 하고 낭송도 하는 마음의 만족이 있게 된다. 25세 때의 아내와의 일기기록으로 그 감성 음향 "나비야 청산가자~"리듬에 올린다. 그리고 시의 끝 리듬에서 반드시 되살리는 흥얼거림의 즐거움 가치 음향이 우리의 마음이 태극에 해당한다. 시인의 마음이 투사된 「나비야 청산가자」 마음 색채가 깃들여진 상선약수(上善若水~가장 아름다운 인생은 물처럼 사는 삶)시가 된다. 쏴아아 쏟아지며 요수를 만드는 요천하늘 아래에서 청산에서 사는 마음이 울리는 음향이다.

'범나뷔 너도 가자(고시조)~ '와 '범나비 너도 가자(홍 문표 시)의 리듬

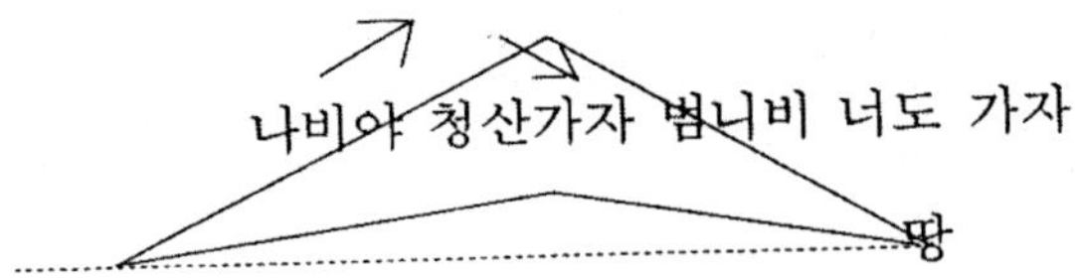

홍 시인은「나비야 청산가자」시를 통해 45살의 나이 숫자를 시 속에 넣어「나비야 청산가자」시를 범나비를 더하여 '우리 함께'를 덧붙인다. 45세의 45세는 시조 초장 중장 종장의 45자 네와의 글자치와 동일하다. 범나비 너도 가자의 홍 시인의 철학은 '범나비 너도 가자'로 하여 시조작품 종장의 의미소가 되는 대 전환을 보여줌으로써 25세에서 20년을 지난 뒤의 시집에서 마음의 청산(靑山)을 지향하는 사람들을 동참시키고 있다. 홍 시인의 시 메시지는 우리의 다수이다. 지금도 이 음향은 '범 나비 너도 가자' 타임머신을 탄다. 45세의 수리의미는 시조 3장의 수리 45자이다. 홍 시인이 가지고 있는 신화스러움이다. 시조작품 이미지이다.

나비야 청산가자
범나비 너도 가자

마흔 다섯 해
난적거리는 세월이었지.
사랑했기에 미워했고
그리워했기에 원망했고
미안하기에 두려워했고
운명이기에 체념했지만
그래도 아쉬운 사연은
비 오는 날의 통증이 되고
뼈마디 사이마다 애절하게 피어나는
도라지꽃 진보라
그 진한 유혹으로 하여
내 영혼은 언제나
파닥이는 날개가 되고

내산면 천 보리 뒷산이었지.
진달래 널브러진 꽃길을 따라
순수로 치장한 네 손을 잡고
휘파람 불며 불며

오르던 산길
들에는 자운영 꽃 밭
노랑나비
흰나비
아! 오월의 하늘처럼 푸르던
그 날의 산길이 눈물처럼
그리워
그리워

나비야 청산가자
범나비 너도 가자

~ 홍 문표「나비야 청산가자 2」

같이 생사고락을 하며 밤을 같이 보내야 하는 무리들과 범나비와도 같이 자고 가자이다.

가다가 날 저물거든 꽃에 들어 자고 가자

"나비야 청산가자 · 범나비 너도 가자 … 노랑나비 · 흰나비"의 네 종류의 나비가 홍 시인의 시에 등장한다. '나비 · 범나비 · 노랑나비 · 흰나비' 네 나비 이 무리의 수는 엄청나다. 하늘을 향하여 넷 사방팔방 번져나가는 그래서 땅 위 이웃들을 불러들이는 음향이다. 땅이 울려 진다. 하나로 힘을 합하는 '우리'의 소리이다. 홍 시인은 시를 통해 혼자만의 정서보다는 우리라는 정서를 앞세운다.

홍 시인의 청산으로 가는 이동 인구는 노랑나비 흰나비 그리고 범나비이다. 이때의 세월 천년이 등장한다.

나비야 청산가자

범나비 너도 가자
하루가 천년이고
천년이 하루라면
너와 나의 하루는
천년일까 하루일까?

욕심을 부리면 괴로웁고
욕심을 버리면 외로웁고
다가서면 멀어지고
멀어지면 애절한
너와 나의 무지개[1] 빛 인연

여우고개였지,
그 호젓한 산실을 넘어
가시밭을 지나고
돌 짝 밭을 지나고
마침내 양지바른 장승백이
언덕길에서
우리를 반겨주던 해맑은 꽃송이
발간 꽃 두 송이
파란 꽃 세 송이
아 · 하늘처럼 가득한 웃음 꽃
그것은 목숨 같은 기쁨이었고
새벽처럼 두근거리는 소망이었어
이제 꽃은 피어 열매를 맺고
열매는 다시 꽃을 피우고

나비야 청산가자
범나비 너도 가자

~ 홍 문표「나비야 청산가자 3」

천년이 하루 같은 세월은 성경의 메시지이다. 하나가 천이 되는 셈법은 일어서는 날의 총칭이 된다. 우리 나라 사람들은 일어서는

1) 우리들의 색동옷은 무지개색이다. 이 무지개의 색 옷은 제사장이 입던 옷이다. 곧 제사장 민족이 우리나라 사람들이다.

말을 아주 잘 하면서 우리 함께 일어서기 한다. 「나비야 청산가자」의 세월은 "꽃에서 자고 가자"의 세월이다. 삶을 향유한 홍 시인의 시간 세월의 언덕으로 간다. 언덕은 백제의 우리 이름이다.

나비야 청산가자
범나비 너도 가자

석양은 밤을 부르고
밤은 영롱한 별을 부르고
별들은 우리의 영혼을 부르고

한줄기 바람 이었어
여름날의 뭉게구름이었지

원망도 미움도
새벽안개
부질없는 허공이야
움켜쥔 손마디 강물이 펴고
마미마디 반짝이는
그대 새하얀 눈물의
은가락지

세월의 언덕을 넘고
아른아른 무지개 숲길을 넘어
차라리 아침에 쏟아지는 햇살이 되어
황금빛 두 날개 펄럭이며
청산을 나르는 자유가 되어
하늘로 치솟는 망각이 되어
골짝을 찍어대는
두견새의 슬픈 목청
너와의 끈질긴 애달픈 노래
아카시아 줄기마다
은 초롱 등불을 달고
싸리 꽃 자주빛깔
한들한들 웃어대는

꽃밭을 지나
산 도화 피멍든 숲길을 지나
더 멀리
더 높이
훠이 훠이 춤을 추며
노래하며
나비야 청산가자
범나비 너도 가자

～ 홍 문표「나비야 청산가자 4」

사실「나비야 청산가자」는 '소악부～(우리나라의 시가를 시화한 칠언 절구의 한시)라는 명칭이 포함되어 있다. 조선 후기 이제현의 작품을 본보기로 삼으면서 7언 절구를 필수적 요건으로 삼고 민요가 아닌 시조작품만을 한역의 대상으로 한데서「나비야 청산가자」의 태동이 시작된다. 신위의「소악부」[1]40수 역으로 한시로 한 시조의 6구체 형식을 한시 절구의 4행 구조 확대 부연[2]한다.

소악부 중「호접청산거(蝴蝶靑山去～나비야 청산가자의 한자 귀절)」이다.

白蝴蝶汝靑山去(백호접여청산거)
黑蝶團飛共入出(흑접단비공입출)
行行日暮花堪宿(행행일모화기숙)
花薄情時葉宿還(화박정시엽숙환)

어떤 형태든지 곧 이 소악부의 한역가(우리말의 시나 노래를 역으로 한자로

---

1) 신위(申緯)(1769, 영조 45 ~ 1845, 헌종 11)～ 신위는 없어져가는 악부를 보존하려 한역 <소악부(小樂府)>와 시사평(詩史評)을 한 <동인논시(東人論詩)> 35수[출처] '시 · 서 · 화 삼절(三節)' 자하(紫霞) 작성자 빈.
2) 소악부: 민간 노래를 시화 민중의 정서나 의식세계 · 삶의 양태를 굴절 없이 그대로 반영 역사변동기 소재. 역사변동 조선 후기 다시 출현. 민요 아닌 시조만 한역 대상 「나비야 청산가자」가 있다. 신위는 「소악부〉 40수 서문에서 시조를 한시로 바꾸는 의의 및 방법에 대해 논한다. 신위· 이유원 · 이유승 등 상호간에 영향 시조다운 운치와 가락 살리고 있다.

번역)[1]를 통해서도 그 전함을 필수로 하는 '白蝴蝶汝靑山去(백호접여청산거~나비야 청산가자)가 알려주는 하얀 나비는 '나비야 청산가자'의 나비이미지다. 그대로 하얀 나비가 호랑나비와 노랑나비의 단순한 둘셋을 넘어서서 모두 같이 라고 하는 하얀 색을 홍 시인은 시로 전한다. 하얀 나비까지 온다, 하얀 우리 백의민족의 상징이다. 이쯤되면 이 나비야 청산가자 시는 단순성을 넘어서서 우리의 유구한 역사가 주는 집단의 무리 움직임에 대한 호소력으로 한다.

시조창 우조가락 그 힘찬 그리고 고결한 민족혼의 음향!

> 나비야 청산가자 범나비 너도 가자
> 가다가 날 저물면 꽃잎에 쉬어가자
> 꽃잎이 푸대접을 하거들랑 나무 밑에 쉬어가자
> 나무도 푸대접하면 풀잎에서 쉬어가자
> 나비야 청산가자 나하고 청산가자
> 가다가 해 저물면 고목에 쉬어가자
> 고목이 싫다하고 뿌리치면
> 달과 별을 병풍삼고 풀잎을 자리삼아
> 찬 이슬에 자고가자

～ 김 천택 『청구영언』에서

그러기에 시대를 초월해서 원래는 노랫말 즉 같이 어울려서 부르는 작품이 다시 이조 조선시대에는 시조형식「나비야 청산가자」로 자리를 잡는다.

> 나뷔야 靑山가쟈 범나뷔 너도가쟈
> 가다가 저무러든 곳듸 들어 자고가쟈
> 곳에서 푸대접ᄒᆞ거든 닙헤셔나 ᄌᆞ고가쟈

～ 무명『청구영언』에서

1) 원가의 가사가 현전「처용가」「정석가」「서경별곡」「정과정곡」「정읍사」「쌍화점」· 가사 내용만의「장암」「거사련」「제위보」「사리화」「오관산」「후전진작」「안동자청」「월정화」등.

연쇄법적 시의 엑스터지 방법을 택하는 홍 교수 시인이 주장하는 시대를 뛰어넘는 영원성의 에덴시학 메시지가 이 나비야 청산가자에 있다. 반복리듬으로 연계되어진다. 사방팔방으로 전해지는 나비야 청산가자 범나비 너도 가자가 던지는 절대의 화합세계에 다다른다. 낮고 낮은 음향의 소리 · 범나비 너도 가자!

같이 가야 하는 길은 하루 종일 같이 걸어야 하는 길고 긴 여정의 길이다. 그래서 가다가 저물거든 꽃에 들어 자고 가자로 호소하는 시의 은유법은 꽃에서 자는 법이다. 날이 저물면 아무데서나 자는 것이 아니다. 꽃에서 자고 가자! 같이 소리를 높인다. 같이 가서 같이 잔다. 꿈이 살아나는 · 꿈을 꿀 수 있는 꽃에서 자는 일이다. 꽃에서 잘 수 있다는 꿈으로 사는 삶이다. 그리고 이 생활을 훨훨 날아가서 밤을 지내는 일이다.

사람은 비록 흙 아파르이지만 그대로 하나님 뜻으로 앞으로 나아가는 존재이다. 하나님 일을 하는 자는 앞으로 나아간다. 절대의 세계 앞으로 나아가 청산을 가자 청유할 수 있다. 하나님 명령이다. 목표를 정한 하얀 나비와 범나비 그리고 노랑나비들에겐 밤의 시간에서조차 방이나 굴속에서가 아니다. 꽃에서다. 강력 전달메시지 나비야 청산가자의 무리들이 반드시 꽃에 자야한다.

그러나 가는 길에 문제가 생긴다.

꽃에서 푸대접하거든 잎에서나 자고 가자

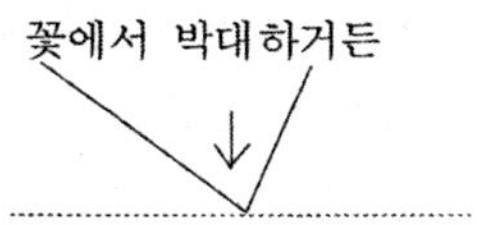

시의 아이러니로 등장하는 꽃에서의 박대가 일어날 수 있는 예

측성이 있다. 꽃의 박대이다. 반드시 꽃이 웃으면서 맞아준다는 보장이 없다. 그런데도 반드시 꽃에 자야 하는 이유가 있다. 청산에 가기 위해서다. 반드시 꽃에 자야 하는 이유가 있다. 꽃은 움직이지를 않는데서이다. 그리고 아름다워서이다. 그리고 꿀을 가지고 있어서이다. 잎을 가지고 있어서이다. 먹을 수 있는 비밀 · 씨앗을 얻어야 하는 필사적인 꽃에 머물러 자야 하는 일이다. 이러한 시적 아름다움의 은유는 이상향 청산에 뿌려야 하는 멧시지를 위한 일의 이중적 이미지다.

그것은 꽃이 시들어서 받아 주지 못하는 이야기가 아니다. 아름다운 꽃이 박대 하거든의 예상일이다. 꽃이 아닌 등가관계 그 어떠한 것도 등장하지 않는다. 꽃이 박대한다. 이 이유를 흰 나비의 전설[1])로 대신할 수 있다. 한국나비에 대한 전설과 설화는 꽃과 나비와 관련되면서 본래의 것은 질시를 받는 진리이다. 예수님도 사람들이 만든 십자가에 달리며 "어찌하여 나를 버리시나이까"로 절규하듯이 '나비야 청산가자'는 우리가 진창으로 침몰하는 리듬이다. 완전히 죽음에 이르는 찰라 절규의 음향이 돌출되는 순간이다. 천지가 하얗게 변하는 절규 음성이다. 참으로 아름답게 낙화한 나비

---

1) 술주정꾼 남편과 사는 얌전한 여인이 있는데 날마다 술타령에다 못살게 구는 시달림을 받는다. "저도 버틸 힘이 없는데요. 주막의 설매를 들여 앉히시구려" 목멘 아내가 들릴락말락한 음성으로 이야기하자 남편은 반웃음이 섞인 음성으로

"핫 · 아주 잘 됐다. 그냥이야 내 쫓을 수 있나. 무슨 징표라고 나눠어 주어야지"

"엣따 · 이제 내 징표나 갖고 나가서 이 내 옷조각을 보이고 나는 소박녀 올시다 하고 말해! 알겠지!

하며 남편은 자기가 입고 있던 옷섶을 작은 세모꼴로 찢어 아내에게 준다.

아내는 남편이 찢어준 세모꼴의 옷 조각 하나 · 마치 나비모양을 한 옷조각을 들고 정말로 나비가 되어 훨훨 날아간다.

가 되어 흰 나비 조각을 쥐고 나비가 된 소박 녀 · 가련한 아내 · 옷을 찢어 준 표를 받는 여인이 친정으로 돌아갈 수 없어 언덕 고개 위 · 성황당 나무 밑에 쪼그리고 앉아 있으면 홀아비나 가난한 총각이 보쌈 하여 가는 전설로서 한국문학의 해학성이 투영된다. 아니 절대의 세계를 추구하는 자의 힘은 이러한 앞의 방해 때문에 그가 목표로 하는 꿈을 버릴 수 없다. 바닥에 닿아 일어서는 다 같이의 낭송기법이 있게 된다.

흰 나비에 대한 전설[1]이 말해주듯이 하얀 나비는 살아남의 상징이다. 살아남은 하얀 나비 청산을 향하여 가는 그리고 범나비까지 같이 청산을 향하여 무리지어 가는 일은 한국의 우시조가 그 청아하고 맑고 고운 음성으로 시조창을 하는 기법이 설명해준다. 절망의 끝에서 건져 올리어지는 순간 · 잎에서나 자고가자이다.

꽃은 꽃을 만들어 주는 잎이 있다. 그러나 봄꽃 목련이나 철쭉꽃 등은 꽃부터 핀다. 이러한 아이러니는 진리의 의미소 흔적이다. 잎마저 없을 수 있다는 진리이다. 결코 좌절하지 않으려면 자고 가자는 것이다. 내리막길을 의연 코 거부하는 청산가자의 길은 탄탄한 함께의 음성으로 명령에 복종하는 동참대열의 음향이 대열의 행진만이 있을 뿐이다. 절망하지 않는다. 절망하지 않는 기법을 홍 시인은 "나비야 청산가자 · 범나비 너도 가자"로 다시 시의 끝부분 그 절망할 즈음의 때에 배치하여 시의 상승이미지를 전한다.

---

1) 옛날에 한 아가씨가 흰 가마를 타고 시집을 간다. 흰 가마는 신랑이 죽고 없을 때 타는 가마이다. 새 처녀가 그거도 무덤에 들어가 있는 신랑을 위하여 할 수 있는 일은 그의 무덤 앞에서 통곡하는 일 뿐이다. 그런데 한 밤중 가까울 무렵 무덤이 열리면서 시집 온 새댁이 딸려 들어간다. 친정집 하인이 얼른 그녀의 옷을붙잡자 옷이 찢어지면서 하얀 조각이 된 이 흰 옷은 무덤을 늘 맴도는 흰 나비가 되었다.

시인의 에덴시학을 전한다. 절망의 끝에서 건져 올린 음향은 처음보다 백배의 음향을 울리며 하늘에 소고를 울린다. 시조창에서 끝부분에서 내리지 않는다.

잎에서나 자고가자

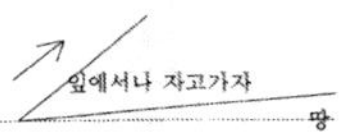

'잎에서나 자고가자'의 낭송기법에서 '잎에서나'만 시조창으로 하다가 갑자기 탁 끝이 난다. 이 낭송 법은 우조시조의 낭송기법이다. 우리나라 민족 근성이 그대로 드러난 시조창과의 관련성은 서서히 침몰하는 기법을 쓰지 않는다. 시조창 리듬법인바 끝을 위로 상승하면서 노래나 창이나 말이 상승하면서 무한히 이어질 것을 암시하는 기법 탁 절제절명 순간에 시조창이 끝난다.

의미는 창법에서 어른 앞 임금님 앞에서 삼가는 소리이다. 인류 화합 시 낭송 정서의 공감대 '나비야 청산가자'에서 청산이 있는 하늘 · 세상을 향하는 에덴시학기법이다. 같이 어울려 가정도 지키고 나라도 지키고 그리고 이웃도 지키는 이미지를 모두 가진 공감대가 형성된 '나비야 청산가자의 그 무한한 상승 기법 그래서 우리 민족은 유구한 역사이다.

우 시조는 반음에 가깝게 내는 음으로 종속법이라고 하는 중려 유음으로 자주 떨어라 음이 특징이다. 가곡 시조 시(우리나라 고유의 정형시) 말 가곡과 시조 시 전통음악 · '삭대엽1)'과 노래 나비야 청

---

1) 數大葉~한국 성악곡의 하나인 가곡(歌曲)의 원형, 삭대엽의 '삭'은 자진, '대'는 한, '엽'은 잎이므로 자진 한 잎「현금동문류기..》: 다락방 스토리에서

가곡(歌曲): 판소리, 범패(梵唄)와 함께 한국 3대 성악곡 중의 하나. 시조 시에 곡을 붙여서 관현악 반주에 맞추어 부르는 우리나라 전통음악, 만년장환지곡(萬年長歡之曲). 가곡의 원형은 만대엽,

산가자는 조선 영조(재위 1724~1776) 이전에 없어진 느린 만대엽(평조)[1] 이나 중간 빠르기의 중대엽이 지속되지 않지만 비교적 빠른 곡인 삭대엽 계열이 말해주듯이 나비야 청산가자가 파생되면서 5장 형식을 취한다. 노래모음이 되는 우리 소리 중에 하나인 음역의 속 소리(가성) 나비야 청산가자는 홍 시인에 의해 우리국민들이 흥얼거리는 리듬 청산가자의 시 에덴시학이 되어 있다. 에덴시학을 시 나비야 청산가자로 하였다.

가곡이나 시조이거나 그리고 시이거나 모두 자유로움을 가지는 것이 우조의 시와 시조가 가지는 특징이다. 시조창에서 기본형은 1장: 32박 · 2장: 27박 · 3장: 37박 · 중여음[2]: 16박 · 4장: 27박 · 5

중대엽, 삭대엽 순이나 느린 곡 만대엽, 조선 영조 이전에 없어짐, 중간 빠르기의 중대엽도 조선말에는 부르지 않았던 것으로 알려져 있다. 지금의 가곡은 조선 후기부터 나타난 빠른 곡인 삭대엽에서 파생한 것, 5장형식 노래모음. 현재 전승 가곡: 우조, 계면조 포함 남창 26곡, 여창 15곡 등 모두 41곡, 이 가운데 여창은 남창가곡을 여자가 부를 수 있도록 조금 변형시킨 것, 남창과 거의 동일하다. 다만 여창 특유의 섬세함이 돋보이는 선율과 높은 음역의 속 소리(가성)를 내는 점이 다르다. 형식: 시조 시 한 편을 5장으로 구분 전주곡인 대여음과 간주곡인 중여음을 넣어서 대여음 1장, 2장, 3장, 중여음 4장, 5장순으로 반복. 연주는 거문고와 가야금, 해금, 단소, 장구 등.: 정가 [正歌]에서 아정(雅正)한 노래: 가곡(歌曲)·가사(歌詞)·시조(時調)등 성악곡(聲樂曲). 가곡과 시조는 3장 4음보 형식의 시조시 사설을 가지고 있지만, 음악적인 형식은 서로 다르다.

* 가사: 현재 12곡이 전해져 12가사, 「백구사(白鷗詞)」 「황계사(黃鷄詞)」 「죽지사(竹枝詞 일명 乾坤歌)」 「춘면곡(春眠曲)」 「어부사(漁父詞)」 「길군악(일명 路謠曲)」 「상사별곡(相思別曲)」 「권주가(勸酒歌)」는 하규일(河圭一:1867~1937)이 전창(傳唱)하였고, 「수양산가(首陽山歌)」 「양양가(襄陽歌)」 「처사가(處士歌)」 「매화타령(梅花打令)」: 임기준(林基俊:1868~1940) 전창.
* 가곡: 관현악 반주에 맞추어 시조시(時調詩)의 한국 전통 성악곡. 가곡: 세악(細樂)의 반주에 얹어 부르는 거대하고 고상한 전체 5장과 2개의 여음(대여음·중여음), 시조는 초·중·종 3장 형식의 간단한 음악적 형식. 여창 15곡은 우조로 이루어진 이수대엽(二數大葉), 중거(中擧), 평거(平擧), 두거(頭擧), 반엽(半葉)과 계면조로 이루어진 이수대엽, 중거, 평거, 두거, 평롱(平弄), 우락(羽樂), 환계락(還界樂), 계락(界樂), 편수대엽(編數大葉), 태평가(太平歌) 등. 가곡: 판소리, 범패(梵唄)와 함께 한국 3대 성악곡 중의 하나. 시조가 대중적인 데 비해 가곡은 전문가들에 의해 계보를 따라 전승되어온 정가(正歌)로서, 남창 24곡과 여창 15곡을 가곡의 한바탕이라고 한다.
* 시조: 시조시를 5장 형식에 얹어서 피리·젓대·가야금·거문고·해금의 관현 반주 맞춤, 한국의 전통가곡은 명칭상 서양의 작곡기법에 의하여 창작된 가곡과 같으나, 전통가곡은 16박 또는 10박의 장구장단의 반주에 의하여 연주, 우조(羽調)와 계면조(界面調)로 구성된다. [출처] 정가란|

1) 악기 박(拍), 월금(月琴), 당비파·장고, 해금, 아쟁, 당적, 당피리, 태평소 등. 향악은 『대악후보』·『시용향악보』 및 『금합자보』 기보, 선비가 애탄(愛彈) 금곡 『금합자보』의 첫머리에 실린 평조의 만 대엽은 조선후기에 이르러 평조, 우조, 평조계면조, 우조계면조의 중대엽과 삭 대엽 파생.
2) 中餘音: 국악 가곡에서, 3장과 4장 사이 악기만 연주 간주(間奏). 기악 반주로

장: 48박 · 대여음: 52박으로 짜여 져 초두(初頭 · 또는 一刻)와 이두(二頭)로 이분(二分)을 기준으로 한다. 그러나 이 율을 벗어나면서도 유지되는 우조 혹은 우 시조 그리고 우시 청구영언의 「나비야 청산가자」의 넉넉한 이웃으로 오늘날 홍 시인에 의해 다시 전달된다.

「나뷔야 靑山가쟈」와 홍 시인의 「나비야 청산가자」 시는 우리의 전통가락 리듬의 멋을 자유로이 넘나들면서도 그 틀을 벗어나지 않는 가락을 오히려 시의 끝에"나비야 청산가자 · 범나비 너도 가자" 반복리듬으로 우조 가락 유지와 상승 메시지이다. 신학적으로는 하나님을 향해 호소하는 호소력이다. 「나비야 청산가자」 음향 리듬은 해동가요나 가곡원류나 청구영언의 향악가락 우조리듬이다. 우조리듬 청장격려(淸壯激勵~저통소리창법과 민요음계를 현대적 감각으로 풀어낸 곡)으로 밝고 맑은 음향이다. 계면조의 애원격렬(哀怨激烈~슬프게 원망하는 소리) 또는 애원처창(哀怨悽篩~ 슬프게 원망하는 듯한 애처로운 여성의 슬픔) 음향이 아닌 높고 맑은 홍 문표 교수 시인의 「나비야 청산가자」는 해학 우조 리듬이다. 하늘로 상승하는 리듬 가락이 홍 시인에게서 해학으로 살아나고 있다.

부여인의 미소에는 해학[1]이 있다. 호랑이와 곰이 인간이 되려고 하였던 신화나 · 땅이 하늘을 만나 결혼을 한다는 우리의 조상 천손 민족이기나 · 도둑을 노래로 굴복시키고 그들과 조용히 산 속에서 살고 있는 영재 이야기 · 천길 벼랑 위에서 수로부인에게 꽃을 꺾어 바치던 헌화가이야기 · 그리고 서동의 아내이야기 까지 모두 홍 시인의 해학적 미소와 우리의 이웃 이야기이다.

노래를 부르다가 노래는 쉬고 음악만 연주하는 대목이다

1) 李 英芝 · 『시조문예미학』(서울: 창조문학사, 2001)., 245

4. '나비야 청산가자'의 나비효과 창조시학

1). 나비효과

(1). 음향리듬과 색채리듬

동천 홍 문표 시인의『나비야 청산가자』는 나비효과를 가지는 음향리듬과 색채리듬1)의 창조시학이다. 유투브를 통해 홍 문표 학자가 주장히는 문학득강 좋은 시의 조건과 창조시학이라는 제목으로 알려지고 있는 바로 그의 시의 철학이다. 창조시학이다. 이에 본 연구자는 창조시학을 주장하는 학자이자 교수시인과 그의 시의 거리 좁힘을 실현하고자 하는 시의 코노테이션을 문제 제기한다. 홍 시인은 나비야 청산가자라는 제목에서 "니비야~"라고 부름으로써 '음향리듬'과 "청산 가자"로 인한 '색채 리듬'을 노출한다.

시의 조건으로서 리듬이 되는 첫째 조건은 홍 시인의 나비야 청산가자와 고시조「나비야 청산가자」시조와 일반 공감대가 형성되어 대대로 이어오는 거리 좁힘이 되는 리듬의 반복이다. 이 시조작품이 시로서 거듭나는 리듬문제 제기는 본 연구자가 이미 공감대 형성의 시 낭송 법2)에서 밝힌 바 있고「창조문학」2017년 여름호3)에서 이에 대한 연계성의 홍 시인『나비야 청산가자』시집이

---

1) 李 英芝 · "『나비야 청산 가자』의 음향리듬과 색채리듬." 『오늘의 한국문학연구』동천 홍 문표박사 회갑기념논총 · 동천 홍 문표박사 회갑기념논총간행위원회 (서울: 창조문학사 · 1999) · 974~1009.

2) 李 英芝 · 「나비야 청산가자」에 대한 공감대 형성의 시 낭송법(서울: 세계시인 대회 주제 발표 · 부산해운대 관광호텔 · 1998 · 7. 30).

3) 李 英芝 · 한국문학심층탐구 · 「시조 '나뷔야 靑山가쟈'와 시 '나비야 청산가

시대를 뛰어 넘어 면면히 이어오는 한국문학의 정서에서 비롯된 리듬이라는 점을 밝힌바 있다.

본고에서는 이리저리 날아다니는 나비효과로 인한 리듬을 통하여 리듬의 이유가 나비가 이 세상에 이로움을 준다는 전제하에 홍 시인의 시를 탐색 연구하고자 한다. 이로움이란 홍 시인만이 아닌 모두에게 이로움을 준다는 시의 깊은 의미가 되는 나비의 효과가 되는 코노테이션이다. 다시 말하면 시가 구원의 문학이 될 수 있다는 · 그래서 하나님도 좋아하시는 시가 되는 코노테이션의 관점을 연구하고자 한다.

나비박사에 의하면 우리나라에 약 2만종의 나비가 있다.[1] 이 이름들 중 임의로 본 네발 나비[2] · 노랑나비[3] · 줄 꼬마 팔랑 나

자'와의 유사성과 상이성」'홍 문표 문학 연구 9' 창조문학 여름호 106호(서울: 창조문학사 · 2017). · 23~69.

1) 석 주명 · 나비박사인 석 주명은 나비 채집과 연구에 평생을 바친 박물학자로서 · 1908년 평양에서 태어나 50년 6 · 25 전쟁 와중에 42세라는 아까운 나이로 세상을 뜨는데 그는 특히 우리말을 아름답게 쓸 줄 알았던 국어학자이기도 하다. 우리나라의 나비를 부르는 아름다운 이름은 그가 다 만들었다고 해도 과언이 아니다. 나비 연구 분야에 순수한 우리말이 잘 살아 있게 하였다. 그는 우리나라에 2백 50종의 나비가 있다는 사실을 처음 발견했으며 · 약 75만 마리의 나비를 채집해 표본으로 만들었고 나비 관련 논문도 1백 30여편이나 남겼다. 그 중 1836년에 발표한 「배추흰나비 변이곡선」「조선사 나비 총목록」은 오늘날에도 세계적으로 빛나는 업적으로 인정받는다. 특히 영국의 '왕립아시아학회'로부터 의뢰받아 2년 만에 완성한『조선사 나비 총목록』은 그를 세계적인 곤충학자로 우뚝 서게 만들었다. 오늘날까지도 우리나라 나비를 연구하는 사람들의 필독서가 된다. 또 나비 채집 차 머물렀던 제주도에서 연구한 『제주도 방언집』은 육지의 영향을 받기 전 제주도 고유의 언어를 채록한 것으로 높은 학술적 가치를 인정받고 있다. 그는 특히 학생들에게 자연과 과학을 더 많이 가르쳐 탐구정신을 길러 주어야 한다고 주장하는 등 후진 양성에도 많은 관심을 쏟았다. 평생을 나비와 우리 산천밖에 몰랐던 세계적인 나비학자 석 주명은 일본의 창씨개명을 거부한 학자이다.

2) 가장 많은 종류 네발 나비. 원래 나비는 곤충의 다리가 일반적으로 여섯이지만 앞 다리가 아주 작아 눈에 잘 띄지 않아 네발다리같이 보이어 네발 다리 나비라 한다. 네발나비과(Nymphalidae) 네발나비아과(Nymphalinae)라 한다. 학명 Polygonia c~

비1) · 호랑나비2) · 제비나비3) · 팔랑팔랑 나비4) · 상제나비5) · 왕자 팔랑 나비6) · 사향제비나비7) · 멧 팔랑 나비8) · 범나비9) · 각시 멧 노랑나비10) 등 등 모두 팔랑팔랑 날아다니며 나비효과를 일으킨다. '이른 봄 애 호랑나비'의 경우 진달래꽃을 너무 좋아해 진달래꽃이 필 때 나타나 진달래꽃이 지면 사라진다. 애호랑 나비

---

aureum (Linnaeus · 1758)이다. 분포지역 한반도 · 인도네시아 · 중국 · 타이완 · 아무르 · 일본 출현 시기 6~8월 · 8월~이듬해 5월 〈연 2~4회 발생〉.

3) 나래 끝 검은색 테에 노란색 띠가 있다. 암컷은 뒷 나래 윗면 중실 에 노란색이 있다. 암컷에 검은색 중심의 노란색 점이 있다.

1) 팔랑나비과에 속한다. 나래 길이 28~31 mm.

2) 호랑나비는 850여종이 있다. 수컷이 18,200개 · 암컷 15,300개.

3) 나비목 호랑 나비과 학명 Papilio bianor Cramer · 1777 4월 · 6월 · 7월 · 8월에 출현.

4) 팔랑팔랑 나비 종류: 왕자팔랑나비 · 멧팔랑나비 · 왕팔랑나비 · 줄꼬마팔랑나비 · 검은테떠들썩팔랑나비 · 수풀꼬마팔랑나비 · 푸른큰수리팔랑나비 · 유리창떠들썩팔랑나비 · 파리팔랑나비 · 수풀떠들썻팔랑나비 · 수풀알락팔랑나비 · 줄점팔랑나비 · 참알락팔랑나비 · 산줄점팔랑나비 · 돈무늬팔랑나비 · 황알락팔랑나비 · 꽃팔랑나비 · 흰점팔랑나비 · 지리산팔랑나비 · 꼬마흰점팔랑나비 · 은줄팔랑나비 · 대왕팔랑나비(벳남멋진사나이의 글).

5) 학명 : Aporia crataegi (Linnaeus · 1919) · 흰나비과 상제나비. 중국북부 이베리아 · 강원도 동북부 강원도지역 분포. 앞나래의 길이는 약 3.5cm정도. 몸은 검은색이고 백색털로 덮여 있다. 산기슭 관목림 숲 차가운 기후대의 관목림에 살며 · 애벌레는 사과나무 · 살구나무 등의 과수의 잎을 먹는다. 멸종위기의 I급 동물(35) 곤충류.

6) 팔랑나비과(Hesperiidae) > 흰점팔랑나비아과(Pyrginae) 학명 Daimio tethys (Ménétriès · 1857) 한반도 · 미얀마 북부 · 중국 · 타이완 · 아무르 · 일본 5월 중순~8월 〈연 2회 발생.

7) 호랑나비과(Papilionidae) 학명 Byasa alcinous (Klug · 1836) 한반도(제주도 · 울릉도 제외)와 중국 · 타이완 · 연해주 · 일본에 5~6월과 7~9월 연 2회 발생.

8) 팔랑나비과(Hesperiidae)>흰점팔랑나비아과(Pyrginae) 학명 Erynnis montanus (Bremer · 1861) 한반도 · 중국 · 아무르 · 일본에 분포 한반도 4~5월 수원 강원 경기 전남 연 1회 발생.

9) 약 8~12cm 호랑나비 · 산호랑나비 · 이른봄애호랑나비 등이 많고 · 전세계에 850여 종의 호랑나비가 알려져 있다.

10) 각시멧노랑나비는 산기슭의 숲에 햇빛이 잘 드는 곳에서 활동한다. 엉겅퀴 · 개망초 등의 꽃에 초가을부터 흡밀한다. 수컷은 습기 있는 땅바닥과 나뭇재에 잘 앉는다. 월동한 암컷은 봄에 식수의 새 잎이나 줄기에 한 개씩 산란한다.

가 숲 속을 넘나들며 봄을 알리는 시간은 고작 열흘뿐이지만 나비효과는 찬란한 봄을 알리는 신호이다. 나비들이 나비 자기가 좋아하는 선택 리듬을 가지듯이 홍 시인도 공감대가 형성된 시집 제목 『나비야 청산 가자』의 빵빠레를 울림으로써 나비효과의 음향리듬과 색채리듬을 펼친다.

나비의 경우 '삼팔선을 경계로 남한에만 있는 '남방부전나비' · 북한에만 있는 '큰 주홍 부전나비'의 예에서 남북한 분리로 인한 상상력 선택리듬을 지닌다. 남방부전나비의 색상은 파랗고 · 큰 주홍 부전나비의 색상이 붉은 마치 태극기의 빨강 파랑 구별되는 상징으로까지 비약해석을 가능하게 한다. 이 나비효과는 홍 시인이 선택한 나비야 청산가자의 나비효과를 선택한 시인의 자유가 이 시집에 있다. 이러한 나비와 시와의 연관성은 석가모니조차도 '나비여 · 나는 브라민의 경전에서 배운 것 보다 · 나비 · 너에게서 배운 게 더 많다'라고 한 말을 음미해 볼 만 하다.

홍 시인이 나비를 나비야 청산가자 하면서 공감대가 형성된 거리를 긴밀하게 하는 일차적인 시인의 감성은 나비의 온몸이 비늘가루로 덮여 있어서 현미경을 통해 보면 마치 천연의 물감을 뿌려놓은 듯 아름답기가 거의 환상적이다. 이와 관련하여 시가 가지는 가장 구체적인 의미는 구원이라는 이미지가 홍 시인에게 아주 환상적인 마음의 꿈을 이루는 경지로 유추 상상력을 동원시킨다. 바로 홍 시인이 꿈을 먹고 사는 시인의 시를 통한 구원을 사모하는 시인임을 행복해 하기 때문이다. 이와 연관한 홍 시인의 『나비야 청산가자』 시집을 통해 환상적인 시인의 삶을 동일시시킬 수 있다.

구원은 먼 거리가 아니라 삶의 가장 가까운 거리 바로 홍 시인의 시에서 찾아진다. 그 예는 그토록 이성적인 문학비평과 이와는 전연 다른 경지가 되는 시를 겸하면서 그의 비평이론 실천을 드러내고 있는 나비야 청산가자는 그의 심상을 화려하게 수놓는다. 바로 나비를 시의 유별난 법칙이 따라는 동일시하는 색채리듬과 · 사람들에게 청산가자고 청유하는 음향리듬이 있는 나비효과를 나비야 청산가자에서 구체적으로 드러낸다.

청산가자 · 즉 '청산'의 세계에 대한 동경과 소망의 상상적 세계[1] '청산가자'라 함은 · 이상적인 공간 · 구원의 세계로 가자고 하는 보다 깊은 뜻의 그의 학설 창조시학이다. 이 연구에서 다루어지는 나비효과로 접근되는 코노테이션이다. 이 의미는 보다 깊은 뜻이 되는 삶에 지친 이웃을 향한 위로가 있음에 학자이자 교수시인으로서의 삶의 소명을 보이기 때문이다. 청산을 향하여 멀리 · 그리고 빨리 서둘러서 가자[2]고 하게 되는 이 구원의 길을 시인 혼자만이 갖기에는 본인 스스로가 허락되지 않기에 이웃을 향해 청유의 소명의식을 갖는 코노테이션이다. 신앙적으로서는 절대자가 지키는 명령이 더 강하기 때문에 청산 가자고 하게 된다.

이 청유의 음향리듬은 색채리듬에 긴밀히 연결된다. 나비[3]류의

---

1) 이 화영 · 「청산별곡」의 대립적 사고의 반전」 · 『고전문학연구의 새로움』 (서울: 태학사 · 1996) · 15.

2) 눅 2:11에서는 우리에게 이루어진 일을 빨리 보러 가자하고 있다.

3) 왕오색 나비~네발나비과 나비 중에서 가장 머서 왕자가 붙었다. 오색 무늬의 날개가 햇빛에 반사되면 쪽빛으로 빛나는 장엄하고 화려한 나비다(1993. 6. 24 · 경기도 주금산).
뿔나비~ 입술이 툭 튀어나와 마치 빨대로 주스를 빠라 먹는 것처럼 보인다. 날개도 손톱으로 뜯어낸 것처럼 모가 나 있다(1997. 8. 7 · 경기도 소요산).
애기줄나비~ 열저을 못참고 때때로 나방처럼 한밤중 강렬한 불빛속으로 뛰어드는 · 나비치고는 특이한 그리스의 여류시인 사포의 이름이 들어 있다 (1994. 5. 7 · 충남 발안).
붉은 점모시나비~백색의 투명한 날개에 붉은 점 무늬가 찍혀 있어 매우 매력적이며 수컷이 교미를 끝낸 암컷에게 자신의 분비물로 정조대를 채우는 특이한 습성을 갖고 있다. 빙하시대의 혹독한 추위를 이겨 낸 강인한 나비

네발 나비 · 공작나비 들 모두모두 일상에서 사람들이 붙여준 그 긍정적인 이미지들이 화려한 무늬를 더욱 지닌다. 나비가 그 아름답고 환상적인 날개로 나비자신을 보호하는 이미지가 그대로 전해진다. 이러한 색채 이미지는 한 걸음 더 나아가 생명을 보전하려한 무늬를 활짝 펴서 · 적이 그 무늬만 쪼개 놔둠으로써 신체의 다른 부분을 보호 · 생명을 보전하려는 본능의 의미들과 연계시켜 보면 · 생명을 보전하여야 할 우리들의 생명에 대한 보호의식이 바로 구원의 문학을 택해야 하는 그래서 하나님이 좋아하시는 청유의 의의 연쇄 망을 가지는 음향리듬이며 색채리듬이다. 어쩌면 홍 시인 자신이 자신을 보호하려는 그 엄중한 삶의 의미를 은유한 나비효과의 코노테이션이다.

이러한 나비의 메타포는 홍 시인에게서 은유 상징으로 '유리창나비' · 신선처럼 산 좋고 물 좋은 곳에 사는 '신선나비' · 눈물이 흐를 듯 아름다운 눈동자로 묘한 매력을 지니는 나비의 그 오묘한 날개의 화려한 '왕 오색나비' 중 하나일 것이라고 가정해 본다. 나비 류 로서의 드문 '부처 사촌나비' · '봄 처녀 나비' · 굴뚝 주변에 사는 '굴뚝 나비' · 사향 냄새를 풍기는 '사향제비나비' · 학명이 이리스(무지개의 여신)인 '번개오색나비' 등 수많은 나비가 있다.

(1996. 6. 20 · 백두산).

큰 점박이푸른부전나비~날개에 푸른 빛이 돌며 · 늦여름 딱 한 번 발생 · 비살더털개미와 공생관계 · 개미집에서 개미와 함께 살며 개미에게 자신의 애벌레에서 나오는 분비물을 먹게 하고 자시는 개미의 알이나 애벌레를 먹는다(1993. 8. 15 · 강원도 광덕산).

입술나비~아이보리색의 나비로 나비모양이 입술모양으로 생겼다.(경상북도 안동시 이육사 문학관 주변 · 2010년 펜클럽에서 주최하는 세미나에 참석하였다가 8시경 아침산책길에서 李 英芝가 발견).

(2). 은혜 갚기

홍 시인이 지향하는 나비는 푸른 청산을 향하여 가는 푸른 '신선 나비'에 해당될 것이라고 유추된다. 음향리듬과 색채리듬을 아주 긴밀히 탐색하는 시각은 홍 시인이 늘 상 어우러짐의 시학을 택하는 데 있다. 조화의 관점을 지니는 "너희의 모든 것을 보는 눈은 복이 있도다"[1]하는 진리와 연계된다. 이 의미 확대는 사물을 바라보는 홍 시인과 대상과의 거리를 좁힌 기능 바로 절대자의 사랑 흠모로 받아들인 마음이다.

행복을 멀리서 찾는 것이 아님을 가장 가까운 지기의 마음속에 들인 홍 교수의 행복비평의 그 많은 시 평론이 이를 입증해 준다.

홍 문표 비평가의 해설제목: ~ 누락된 부분은 앞으로 찾아서 보완할 것임

1987: 첫 시집을 내면서 『囚人과 바다』(홍 문표
1992: 에덴으로 가는 길 『지상의 연가 ~ 늘 푸른 강물이듯이』(홍 문표)
1992: 사랑과 구원의 영원한 연가『뜨거운 우울』(권 오욱)
고향 · 그 원초적 향수의 시학『네가 우는 이 순간만은』(신 계전)
1993: 한 여성의 위대한 길『꽃가마 언덕길』(김 순애)
: 영혼의 자유와 진동하는 언어『소리의 계단위에서』(박 경혜)
: 화해와 통일의 절절한 언어『통일촌에서 하룻밤을』(최 일환)
1994: 소멸과 생성의 변증법『바람 불고 비 오는날 내 영혼이 그대에게』(최 일환)
: 순수한 서정시의 미학『한번은 나부끼는 바람이고 싶다 』(장 병천)
: 그리움과 사랑의 그 신비한 발성『침묵으로도 다하지 못하는 그리움』(김 영태)
: 순수한 서정시의 미학『한번은 나부끼는 바람이고 싶다』(장 병천)
: 시조의 조형적 실험『영혼이 깨어나는 아침 꽃길』(여 명옥)
: 연꽃 속에 빛나는 불심의 시학『연꽃 속의 작은 보석』(박 영숙)
1995: 종교적 구원 시적 구원『남의 아픔 훔쳐먹다가』(동 옥균)
: 싱그러운 감성의 연가『내 영혼 머무는 곳에 』(장 태숙)
: 밤바다 그 연민의 공간『밤바다 』(이 상례)

---

1) 이 현주 · 『장자산책』(서울: 다산글방 · 1990) · 124~126.

1996: 종교시와 예술시의 가능성 『등불 하나 가슴에 달고』 (이 훈식)
1997: 오늘도 청산을 오르며 『나비야 청산가자』 (홍 문 표)
: 은빛 언어의 환상 『행복의 순위 』 (이 영지)
: 보다 시적인 눈물을 위하여 『가로등으로 서 계신 당신』 (장 혜영)
: 창고에 가득한 별을 느끼며 『끝없이 님을 부르고 있네』 (육 종관)
: 새벽달 같은 소망 『새벽달』 (조 명숙)
: 당신과 그리움과 하늘의 시학 『낮에 하지 못한 말』 (김 영천)
: 어느 페미니스트의 고백 『나는 너를 믿지 않는다』 (최 대남)
: 바람꽃 뿌리 찾기 『하늘 바람꽃이 핀다』 (김 영태)
: 당신과 그리움과 하늘의 시학 『낮에 하지 못한 말』 (김영천)
1998: 순수공간에의 그리움 『아직도 나는 흔들린다』 (조 임생)
: 섬으로 걸어가는 시적 메타퍼 『강물은 걸어서 섬으로 간다』 (조 완수)
1999: 푸른들 · 푸른 마음 『푸른들의 아이들』 (배 진희)
: 양적 사유와 달관의 시학 『아침에는 풀잎의 숨소리가 들린다』 (동 옥균)
2000: 하르헨의 하늘에 빛나는 모국어『하르헨의 하늘에 빛나는 모국어』 (김 재성)
: 반짝이는 사랑의 언어 『은행나무 사랑』 (구 경분)
:시조의 정신주의 탐색 『일어서는 풀잎무늬』 (노 종래)
2002: 디지털과 우주와 서정의 경계 『혼돈 속에 핀 코스모스』 (손 국락)
: 존재탐구의 따뜻한 응시 『반딧불이를 찾아서』 (윤 영화)
: 짙푸른 물결이 되어 부르는 노래 『에덴동산에 들어간 기분이 었어 무화과는 따먹지 않을래』 (조 명숙)
: 언어의 순수성과 삶의 성실성 『달리는 차창에 걸린 수채화』 (김 모수)
2004: 정체성의 인식과 따듯한 시학 『하얀 강』 (최 석봉)
: 실존의 자각과 자유에의 열정 『깊은 강』 (최 임선)
: 연민과 따스함이 절절한 노래 『Las Vegas에 핀 상사화』 (김 성자)
2005: 정말 고목에 꽃들이 만발 합니다 『고목에 핀 꽃』 (김 금옥)
: 일원적 깨달음의 묵시적 언어 『영혼의 소리, 소리』 (이 기옥)
: 시로 승화된 목회자의 진실 『시간이 남긴 자리』 (김 성동)
: 시간 놀이의 새로운 신화 『사계』 (정 보암)
: 소중하고 뜨거운 사랑의 연가 『둥근 사랑을 보았다』 (홍 이선)
: 사랑과 그리움의 시학 『그리움으로 익어 가는 사랑』 (양 복순)
: 꽃밭으로 가는 시적 상상력 『내 책갈피에 꽂혀 있던 사랑』 (이 은일)
: 기다림과 체념의 시학 『그대를 기다리며』 (이 양복)
2006: 비움과 채움의 시적 진실 『홍시』
: 충만한 슬픔의 미학 『달팽이』 (장 정자)
: 신앙과 시학의 빛나는 등불 『주홍빛신호등』 (김 모수)
: 사랑과 그리움의 절절한 연가 『별을 심는 마음』 (이 기자)

: 시적인 시간의식과 상상의 미학『부화』(이 유)
: 들소 그 지극한 사랑의 연가『마음 나들이 생각 나들이』(박 영춘)
2007: 붕정만리의 장엄한 시학『붕정만리』(최 창수)
: 사랑과 희망의 시학『내가 닮고 싶은 민들레』(조 은순)
2008: 소망하고 그리워하는 인간의 노래『하늘 땅 그리고 우리』(김 영숙)
: 부정(父情)의 애절한 영가『내 마음의 유적지』(김 성기)
: 하늘로 비상하는 나이테의 시학『문 앞에서』(석 정희)
: 넉넉한 삶과 아름다운 문장『지금 어떻게 지내니』(오 양원)
: 에덴으로 가는 꽃길『내 사랑 영원히』(박 기임)
: 그리움과 소망의 서정적 시학『네잎 크로바의 비밀』(유 수영)
: 투명무늬의 순수한 상상력『투명의 무늬』(김 모수)
: 지적 상상력의 순례『느림의 미학』(윤 영화)
2009: 에덴으로 가는 꽃길『내 사랑 영원히』(바 기임)
2010: 처절한 존재인식과 질서의 시학『정신병동』(최 임선)
: 인간과 자연, 그 영원한 아리랑의 노래『아리랑上』(차 경섭)
: 상실의 극복과 기다림의 서정『내 안에 숨은 사랑』(김 영숙)
: 저 높은 곳을 향하여『님 사랑의 노래』(임 영섭)
: 눈물과 화해의 에코토피아『우리가 눈물을 흘리지 않아 강물도 심장이 마른다』(이 영숙)
: 시에서 길을 묻다『나 그리고 너』(석 정희)
: 그의 하늘에 있고 싶다『침묵을 노래하는 악기』(조 성호)
: 아포리즘과 성실성의 시학『지금까지 꿈꾸며 기다린 그날은 살아온 날들 속에 있었네』(신 덕자)
2011: 봄의 미토스와 서정적 공간『꿈꾸는 날개』(맹 숙영)
: 야생의 시학과 깨달음의 시학『바다가 하늘을 가슴에 품지 않았더라면』(최 정숙)
2012: 불도 삼매의 장엄한 시학『화엄의 꽃』(한 화덕)
: 뜨거운 민초의 시학『아스팔트 위에 핀 꽃』(박 영춘)
: 어느 노익장의 지순한 사랑의 노래『연가』(김 가용)
: 하늘과 땅으로 엮어진 비단길『씨줄과 날줄의 인연』(전 영란)
: 자연 친화와 유유자적의 시학『어떤 일월』(이 양복)
: 존재 탐구와 진동의 시학『사과 밭에서』(이 주윤)
: 진실한 삶의 자전적 시학『자갈밭에 떨어뜨린 한줌의 모래』(문 여상)
: 만남을 위한 길 찾기의 시학『작은 들꽃 하나가』(신 영미)
: 우리말 시어의 놀라운 감동『삐리기』(최 옥근)
: 동심과 자연과 순리의 시학『여운이 기~인 메아리가 귀를 노크하다』(김 기욱)

2013: '비움과 희망의 따뜻한 노래' 『양란 앞에서』 (이 용애)
: 자연 친화의 생명적인 노래 『외로운 뻐꾹새』 (박 성대)
: 역경에 빛나는 천사의 노래 『작디작은 몽당연필 하나』 (김 현정)
: 예술 선교의 새로운 지평 『에스더 황후』 (박 승일)
: 봄 햇살, 봄 꿈동산의 시학 『분홍방울 달고』 (박 기임)
: 절제와 성찰의 아름다운 시학 『따뜻한 기억』 (김 샘나)
: 탐라의 자연과 시적 상상력 『서우봉노래』 (한 문용)
2014: 존재자각의 비장한 언어 『이슬 · 노을 그리고 무지개』 (김 가용)
: 오후의 시간과 비움의 시적 상상력 『오후 네 시 · 새 출발 준비할 시간』 (정 보암)
: 빛과 소망으로 가는 길 『아침노을』 (이 아영)
: 아름다운 황혼의 노래 『꽃 지고 낙엽 지니』 (김 가용)
: 아름다운 오후 그 역설의 노래 『봄이 오고 있잖아요』 (봉 순희)
2015: 자연 친화의 지극한 시학 『미안해』 (채 영선)
: 추억으로 승화된 서정의 노래 『추억은 너울지고』 (김 가용)
: 향토적 서정의 뜨거운 언어 『장막을 벗고』 (황 우진)
: 사랑으로 어우러진 천국의 시학 『사랑이랑행복이랑』 (이 영지)
: 그리움과 사랑의 세레나데 『누군가에게』 (김 태희)
: 중년의 반란, 그 아름다운 도전 『풍경이 나를 흔든다』 (임 말연)
: 불교시의 새로운 가능성 『즐거운 공놀이』 (강 병철)
: 풍요로운 삶의 시학 『아직도 못다 한 말』 (임 갑빈)
: 경계를 넘어 시의 세계로 『경계』 (김 혜숙)
2016: 시로 쓴 감동의 노인학 『노을에 기대어 서서』 (김 풍배)
: 뿌리 깊은 나무와 또 다른 별 『또 다른 별이 되어』 (송 정용)
: 시와 자연과 당신의 향연 『향연』 (채 영선)
: 농익은 시와 삶의 고운 비단길 『꽃 반짇고리』 (공 병옥)
2017: 사랑과 자성의 시학 『강남 갔던 제비는 돌아왔건만』 (김 가용)
: 존재의 순리와 사랑의 시학 『가마우지의 한나절』 (김 기욱)
: 고난 극복의 아포리즘 『천개의 소망이 되어』 (유 정욱)
: 산처럼 물처럼 풀꽃처럼 『물의 뼈』 (김 경호)
: 열정과 거듭나기 시학 『그리다 만 건널목』 (김 순자)
: 역동적 사역의 시적 형상 『주님만 바라보며』 (황 동익)
: 자연 인간 고향을 품은 사랑의 시 『사랑의 계절』 (김 춘희)
: 온새미로 가는 순천명(順天命)의 시학 『생명의 숨소리를 난 사랑한다』 (김 서휘)
2018: 꽃불처럼 타는 길 찾기의 시학 『꽃불』 (백 명자)
: 낙파 시인과 야생화의 시학 『꽃의 노래』 (최 규학)

: 시조시인 박 용묵 목사의 문학선교와「임타령」『존재의 마음』(박 재천)
: 청 보리 빛 꿈의 지극한 사랑『나는 오늘도 청 보리 빛 꿈을 꾼다』(이 한나)
2019: 옹이의 꽃, 그 감동의 시학『옹이도 꽃이다』(노 영숙)
: 어느 모더니즘 시인의 유쾌한 메타포『희망의 세레나데』(이 유)
: 믿으며 사랑하며 글 쓰며『인생의 두 번째 계획』(이 상화)
: 고향에 돌아와서『정든 땅 언덕 위에』(홍 문표)
: 지상에서 천상으로『십자가 십자가』(홍 문표)
: 홍 문표 대표선집에 부쳐『동천의 하늘』(홍 문표)

마치 하늘은 하나를 얻어서 맑고 · 땅은 하나를 얻어서 신령하고 · 하늘은 하나를 얻어서 가득하고 · 만물에는 하나를 얻은 인간의 삶이 있다[1]는 진리 나비효과의 꿈을 가진 시인이 겪는 비평실력경험이다. 행복한 가슴을 가진 홍 비평가는 시평을 맡긴 시인에게 불행을 안겨 주지 않는 원칙을 지닌다. 행복하다고 느끼는 마음에서는 불행한 말이 나갈 수 없으며 시평을 받은 시인들은 불행한 일을 당하지 않는 징크스가 있게 된다. 나비효과는 홍 시인의『나비야 청산가자』에서「나비야 청산가자」의 4편밖에 되지 않는데서 일기 시작한다. 홍 시인에게 너울너울 포롱포롱 날면서 일어나는 나비효과 창조시학은 시집 전체를 나비와 같이 청산을 향하여 가자의 청유효과로 다스리는 시인으로 한다. 사람을 다스리는 진인(眞人)성[2]으로 나비효과를 가져온다. 이 4편의 나비효과는 에덴의 네 강이 있게 되며 이상시 오감도 시제 4호에서 전후좌우를 제하고도 남는 흔적이 되어 진다. 어떠한 환경에서도 살아남아 생명이 유지되는 효과를 지닌다.

1) 이 현주 ·『장자산책』(다산 글방 · 1296) · 124~126 참조.
2) 이 어령 ·『한국인의 정신적 고향』(서울:삼성출판사 · 1996) · 참조.

(3). 나비와 시인

성서에서는 아무런 유산도 받지 않은 레위인에게 주어지는 4의 12곱인 48주가 생긴다. 한국의 4계절에게 가볍게 색채리듬과 음향리듬의 나비효과를 일으킨다. 홍 교수의 마력은 홍 시인스스로에게만 시가 주는 나비효과가 있는 것이 아니라 천생의 숙명처럼 마이크를 들고 지금도 나비효과를 일으키는 강의를 듣는 청중에게 전달된다. 동물이나 새들에게 있어서도 그렇다. 한 마리 날면 뒤에 그 아름다운 간격을 유지하면서 따라 날아간다. 심지어 꽃들에게서도 한 꽃이 먼저 피면 잇달아서 피면서 보여주는 이래도 모르겠냐며 반문하는 눈에 보이는 아름다움이 일어난다. 앞에서 이끄는 홍 시인의 나비효과가 주는 창조시학이 있게 된다. 에덴으로 인도하는 에덴시학이 있다. 홍 문표 교수 시인의 창조시학이 있다. 하나님이 좋아하시는 시학이 있다.

장자의 제물론에 나오는 호접몽(胡蝶夢)은 도화 · 물화 · 화생(道化 · 物化 · 化生)이라 하였다. 나비와 사람은 분명이 구별되지만 하나인 물(物)이 다양하게 변한 것의 시의 비유로 나오는 데 시인의 시 쓰는 나비효과 행복이 있다. 시인이 보는 사물과 물아일체가 되면서 나비와 시인의 동일시이다. 시인이 호접란(胡蝶蘭)을 바라보면서 긴 대궁 끝에 달려 있는 난 꽃이 마치 한 마리의 나비가 앉아 있는 것을 모습을 본 경우의 시의 나비효과이다. 『1나비야 청산가자』 시집은 결코 일상의 경험을 소홀히 하지 않는 음향리듬반복이다. 이의 경험이 47%의 나비효과의 음향리듬이다. 그러면서 가장 시인다운 그리고 신이 아닌 그리하여 사람다운 사람으로써의 반반의 할애를 상승메타포에 22% 나비효과로 한다. 성경에 인구에 회자하는 아멘 아멘이라는 말이 있는데 바로 어쩔 수 없이 따라 한다이다.

2). 보는 눈의 복

(1). 음향리듬과 색채리듬

① 홍 문표의 『나비야 청산가자』 의 이미지 분포

이미지	구분	시 어	숫자	%
상승적 유추	신계	신의 영역: "너의 선 곳은 · 거룩한 곳이니 · 네 신발을 벗어라 · 나는 스스로 있는 자니라." 승천 · 신들의 질투	3	0.5
	인간계	인간: 금빛 얼굴 · 당신(13) · 당신심장 · 당신의 뜨거운 불꽃 · 목숨 · 발목 · 발밑에 출렁이는 · 바다를 밟고 · 백발의 산신령 · 비 오는 날이면 · 이끼 낀 돌 빛에 · 무욕의 동화를 새기고 · 쾌청한 날이면 · 접동새 산 울음 · 그 넉넉한 곡조를 계곡에 뿌리며 · 오늘도 창세기 첫장을 편다 · 마음이 가난한 자는 · 천국이 저희 것이요 · 구하라 그러면 주실 것이요 · 문을 두드리라 그러면 열릴 것이니 · 목숨 하나 · 숨 · 여우도 굴이 있고 · 나는 새도 집이 있건만 · 인자는 머리 둘 곳이 없노라 · 오른손 지팡이 · 기침소리 · 눈먼 봉사 · 천금 같은 목숨 · 하나님의 사자 신체: 눈물도 없고 · 죽음도 없고 · 너와 내가 없는 나라 · 당신보기에는 아름다웠다지요 인명: 베드로 · 모세 · 아담 · 이브	32	5
	동물계	동물: 양들 어류: 물고기 두 마리 곤충: 낙엽은 나비가 되고	3	0.5
	식물계	식물: 가시나무 떨기 · 꽃 · 감람나무 몇 그루 · 감람나무잎새 · 몇 그루 · 나무십자가 · 무화과 잎들은 · 하늘의 층계를 오르내리며 · 무성한 시간의 가지들을 흔들어 백합화 · 삼림의 앞자락 · 생명나무 과일 · 속살 · 수목 · 수목들	13	2
	물질계	자연어: 강물 · 거룩한 제단 · 계곡 · 구름 · 금빛 하늘계단 · 달 · 바다 · 바람 · 밤 · 봄 · 불꽃 · 달맞이 · 당신의 나라 · 동산 · 마굿간 · 산(2) · 산 언저리 · 허공 ·		

		산정 · 새하얀 나라 · 성전 뜰 · 새하얀 세마포 · 산길 · 시내산 언덕에 내려진 · 하늘사다리 · 여름 · 영봉 · 우주 · 은빛 종소리 · 은하수 · 지팡이(2) · 청산 · 코팔트빛 하늘 · 태양 · 하늘(5) · 하늘 문 · 하늘사다리 · 청산 청산의 언덕 · 하늘앞마당 · 하늘의 나라 · 하늘의 천기 화염검 · 호수 · 문명어: 갈보리 · 갈보리 언덕 · 감람산 언덕빼기(2) · 머릿돌 · 돌기둥 · 불 수레 · 신전 · 옷자락왕국 · 제단 · 지명: 가나안의 들길 · 가나안의 혼인잔치 · 갈멜산 하늘 · 갈릴리 갯벌 · 갈릴리 호수 · 골고다 골고다 언덕빼기 · 시내 산 · 실로암 연못가 · 예루살렘 동편 · 요단강 건너편 · 유프라테스강 · 천국 · 티그리스 언저리 · 청계천 육교 · 화강암 돌비	81	14
	계	132	132	22
하향적 유추	계		2	0.2
	인간계	인간: 주검들이 모여 사는 · 노예 · 눈 · 배신한 제자 · 당신의 절망 · 쓴잔 · 신들의 얼굴 · 제자 · 제자는 스승을 팔고 · 핏발 · 흑암의 저주 신체: 가슴 · 맨살 · 목 · 허리 고유명사:	15	1.7
	동물계	동물: 말발굽 · 발톱 어류: 흙탕물에 시달린 금붕어 곤충:	3	0.3
	식물계	초목: 과육 · 낙엽 · 낙화(3) · 부정한 잡목 · 붉은 꽃잎 · 무화과 · 수목 · 시든꽃잎 · 잎새	11	1
	물질계	자연어: 네거리의 별들 · 대지 · 동강난 산하 · 동녘 · 땡볕 · 망우리 언덕 · 먹구름 · 물레방아(2) · 바람 · 별들(2) · 불꽃놀이 · 사해 · 신기루 · 엉클어진 골짜기 · 토막나무 십자가 · 폭우 문명어: 구름 낀 하늘 · 구천 · 난파선의 깃폭 · 네온사인 · 지붕 지명: 광화문 아스팔트 길바닥 · 남산(2) · 한강대교 난간	31	3
	계	62	62	6
순수유추	신계			
	인간계	인간: 뜨거운 가슴 · 바람 · 순수로 치장한 손 · 어머님 · 이브 · 은빛 갈매기 · 하늘하늘 옥색치마 · 자줏빛 꽃 댕기 · 이슬처럼 영롱한 · 네 가슴 속의 진주 · 그 맑고도		

		황홀한 순결의 날개 · 휘파람 불며 신체: 가슴 · 가슴의 밑바닥 · 눈 · 눈시울 · 환부 동화 · 청산별곡	16	1.8
	동물	날짐승: 두견화 · 종달새 곤충: 노랑나비 · 흰나비	4	0.4
	식물계	초목: 개나리 · 동산의 꽃길 · 보랏빛 꽃밭 · 꽃잎 · 산도화 · 수목 · 실개천 부끄러워 바위틈에 숨어서 속삭이는 · 자운영꽃밭 · 풀피리 · 진달래 · 진달래 널부러진 꽃길 · 열매: 도토리(2)	15	1.8
	물질계	자연어: 가을 길 · 공화국 · 꽃밭(2) · 낚시 대 · 들길 · 별들과 도란도란 수작을 하다가 · 반짝이는 동화를 쓰다가 · 아침이면 한강 가에 나아가 · 싱싱한 햇살을 줍는다 · 보랏빛 구름 · 바람 비 · 사월의 산언덕 · 산 · 산들 아침햇살 · 언덕 · 언덕길 · 영봉 · 오색빛 고운 햇살 · 오색의 절벽아래 비취빛 물결 · 천지 · 청산 · 청산의 안식 · 푸르른 하늘 · 하늘(2) 지명: 백두대간 · 북만주 · 삼천리 · 시베리아	30	3
	계	65	65	8
이 성 유 추	신계			
	인간계	인간: 나는 그래도 마지막 비상을 꿈꾸는 · 한 마리 작은 새가 되어 · 퍼덕이는 날개가 되어 · 내 손에 들려진 자유 · 너 · 햇덩이를 움켜잡고, · 이마의 땀을 씻고 · 하늘 복판 · 수목들이 엎드리고 · 산들이 엎드리고 · 인간들이 엎드리고 · 눈부신 천하가 엎드리고 · 탁 트이는 가슴 · 눈 · 목 · 목마른 가슴 · 목 줄기 · 머리 · 생명은 신을 벗고 지팡이를 드는 것 · 손 · 소복한 여인 · 움켜진 손마디 · 이제는 손을 펴고 · 수혈 · 순한 양처럼 · 내 가슴에 안긴다 · 아직도 식지 않는 네 가슴의 열기 · 인자한 얼굴 · 어깨 · 입김 · 유월의 햇살을 씹으며 · 무명초 짜릿한 향기를 씹으며 · 찌렁한 골짝의 메아리를 씹으며 · 새벽하늘 · 외로운 별빛의 마지막 눈물을 씹으며 · 옷깃을 여미고 · 육신 · 팔 · 푸르른 날개 · 혈관(2) 신체: 눈물 · 눈빛 · 겨드랑 · 살점 · 손발을 씻고 · 오른손 · 팔	36	4
	동물계	날짐승: 날개(3) · 두견새 · 밤새 비상을 꿈꾸었던 비둘기 어류: 어족 곤충: 나비(9) · 범나비(7)	22	2
	식물계	초목 : 가지는 꺾이어도.. · 허리는 부러져도... · 잎들		

		은 · 나무(2) · 국화 · 백합화 · 산나리 별꽃 · 아카시아 줄기마다 · 연꽃	9	1
	물질계	자연어: 갈대밭 · 강물 · 꽃밭 · 겨울바람 · 계곡 · 개벽의 새아침 · 꽃길 · 골목 · 구름 · 땅 · 바람(3) · 바위 · 밤(2) · 백두산 · 백련산 중턱 · 소나무 한그루 · 온종일 쪼그리고 앉아 · 하늘의 묵시록을 읽는다 · 봉우리 · 그림자 · 뿌리들이 · 청산의 수액을 빨고 있다 · 뭉게구름 바다(2) · 밤 · 산(11) · 산들(6) · 새벽 · 새벽안개 · 새벽처럼 달리던 숲길 · 수맥 · 수통 · 아침햇살 · 안개구름 · 양지쪽 · 여름햇살 · 영롱한 별 · 육지(2) · 집 청산(3) · 푸르른 식탁 · 하늘(4) · 하늘복판 · 햇살(2) · 햇살 한 웅큼 · 천지 · 문명어: 가난한 바람들의 이웃 · 깃발 · 네온사인 · 돌짝밭 · 무덤 밖 · 빨간 손수건 · 외로운 계곡의 메아리 · 아지랑이 · 안개 · 은장도의 시퍼런 정절이 되고 · 무시로 돋아나는 · 정념의 가지들을 잘라낸다 · 정상(9) · 청청한 하늘 바라보면서 · 새털구름 한 자락 잘라 · 백두산에는 바늘꽃 심고 · 한라산에는 미나리아재비 · 밤에는 초롱한 별빛을 세면서 · 훙얼훙얼 콧노래나 부르고 싶다 · 은 초롱 등불을 달고 · 하늘 지명: 금강산 · 남산 · 남산 꼭대기 · 명동거리 · 백두대간 · 백두산 묘향산 · 서울 · 서울의 달 · 서울의 별 · 설악산 · 여의도 63빌딩 꼭대기 · 에베레스트 영봉 · 대청봉 정수리 · 태백의 정갱이 · 장백산맥 · 지리산 · 천지 · 태백산맥 · 한강고수분지 · 한라산 · 한라산꼭대기 명: 청진사댁 청사초롱	93	10
	계	160	160	17
경험유추	신계			
	인간계	인간: 가슴(2) · 고개 숙인 여인 · 나(3) · 남자(2) · 너(3) 누구의 가슴 · 눈물 몇 점 · 눈빛은 발등에 떨어지는 · 두려움 · 마음은 늘 지중해 저편의 · 비릿한 소문으로 · 가슴을 조이고 · 오늘도 지는 해를 지켜보는 · 일그러진 얼굴 · 무지개 빛 인연 · 빗질 · 쉰아홉의 돋보기 세상 · 여자(2) · 에덴의 처음남자 · 우리들 신체어: 고개 · 기침소리 · 나는 덩달아 피리를 부는 메마른 악기 · 너(3) · 너울 쓴 신부 · 내 · 내 목숨의 가난 노래(4) · 눈(2) · 눈물(8) · 눈시울(2) · 당신(3) · 발밑 ·		

		발톱 · 배 · 배내 짓 · 복부 · 뼈 · 목덜미 · 목숨 · 손 · 여섯 자의 눈높이 · 우람한 청산 · 입 · 입술 · 태평소 가락 · 정 · 코웃음 · 한숨 신체: 골수 · 귀청 · 눈금 · 눈물(7) · 목쉰 가락 · 목청 · 이 파닥이는 맥박 · 따스한 맥박이래야 · 태백의 잔가지 · 그 진동의 그림자일 뿐 · 새벽잠 · 손바닥 · 손목 · 시력 · 연약한 손짓 · 젖가슴 · 촌부 · 피리 · 허리춤 · 호흡 특별용어: 수심가 · 남도육자배기 · 아리디 아린 눈물 · 알몸 · 얼굴 · 육자배기 · 조갈증 · 진 양조 장단 · 청산에 스치는 한 가닥 · 희미한 바람 · 가슴엔 해마다 봄풀이 돋고 · 서럽던 불면의 가지 끝에도 · 진달래 · 할미꽃 산도화 영산홍 · 갈봄 여름 없이 피고 지는 · 충혈 · 파닥이는 가슴 · 피부 · 허리 · 허리춤 · 홍살문 · 옷자락 인명: 당신 · 소월 · 유리왕	112	13
	동물계	동물: 빙하기의 공룡발자국 날짐승: 까마귀는 가슴에 새겨진 십자가 · 시 · 까치 · 꾀꼬리 뻐꾸기 · 한 쌍 · 새(2) · 쑥꾹새 · 수미산 언덕의 갈 가마귀 · 참새 곤충: 나비 · 나비 나비 · 범나비 물고기: 어족 · 피라미	18	2
	식물계	초목: 갈대 · 꽃 · 꽃잎(2) · 개나리 · 단풍나무 · 도라지꽃 진보라 · 도토리 · 도토리나무(3) · 버들강아지(2) · 사시 돋힌 흑장미 · 가지 · 갈대꽃 · 개나리 · 계곡 · 고로 쇠나무 · 고목나무 · 고목나무 가지 · 꽃(3) · 구름 · 나무(2) · 나무들 · 나무들은 추울수록 옷을 벗는다 · 낙엽(2) 대나무 · 대지 · 도토리나무(2) · 들국화 향기 · 마른 가지 · 망초 · 미류나무(3) · 미루나무 잎새 · 민들레 꽃씨 · 무덤(2) · 바람 · 버들강아지 · 복숭아꽃 · 불꽃 · 비릿한 잡목 · 산나리(2) · 산자락 · 산정 · 수목 · 소나무(4) · 소맷자락 · 소나무 잔가지 · 살진 계곡 · 송화가루 빛살무늬 · 시퍼런 잎 새 · 오리나무 · 야산의 날것들 · 연초록 빛깔 · 옥색고무신 · 잎 · 은사시나무 잔등 · 은행나무 잎새 · 이름 모를 풀꽃 · 자작나무 · 잡초(2) · 죽순 · 진달래 한 송이 · 진초록 주름치마 · 참나무(3) · 측백나무 치마폭 · 아카시아 향 · 왕솔 밭 · 잔가지 · 풀꽃 · 피나무 · 햇살 몇 두름 · 키 작은 자주 빛 무	100	12

		늬 가지 · 하얀 조각배 해맑은 꽃송이 · 빨간 꽃 두 송이 · 파란 꽃 두 송이 · 아 · 하늘처럼 가득한 웃음꽃 · 열매 · 송이버섯 식물명: 갈참나무 · 도토리 나무 · 싸리나무		
	물질계	자연어: 가시밭 · 갈대밭 · 강가(4) · 강물 · 껍질 · 꽃밭 구름 한자락 깃발 · 겨울의 눈썹 · 계곡(2) · 개울가 · 골짜기(2) · 구름 · 그림자 · 길 · 길목 · 나팔소리 · 낙엽 · 낮달(2) · 넙적 바위 · 달빛 · 돌짝밭 · 돗대기 시장(2) · 먹구름 · 동양화의 하늘 · 등성이 · 땅(4) · 땡볕 · 물결 물레방아 · 바람(11) · 바람꽃 · 바람의 갈기 · 바위(2) · 밤거리 · 백련산 중턱 · 벽지 · 별들(2) · 봉우리(2) 발밑 · 밤하늘의 은하수 · 비 · 빙벽(2) · 빛살 · 산(28) · 산 들 · 산길(2) · 산등 · 산자락 · 산허리 · 새털 구름 · 손수건 · 쇠심줄 · 숲속 · 십자가 · 아득한 봉우리 · 아침햇살(2) · 안개(3) · 약수터 물줄기 · 언덕(3) · 언덕길 · 옷자락 · 은방울 소리 · 절벽 · 정수리 · 젖빛 안개(2) · 양지바른 비탈 · 은하수 별꽃 · 조약돌 · 지상 천년 이끼 · 청산(2) · 하늘(2) · 평원 · 포동한 등성이 하늘(3) · 하늘빛 · 화강암 · 하늬바람 · 흰 구름 문명어: 고향(2) · 골목길 · 길(2) · 남대문 시장 · 돌계단 돌비 · 들길 · 라디오 · 먹물 · 모퉁이 · 무쇠기둥 · 반석 산길 · 삼각산 정수리 · 성황당 돌무덤 · 세모시 옥색치마 · 대왕봉 · 벽화 · 수묵화 · 신발 끈 · 아스팔트 바닥 아지랑이 · 얼룩무늬 · 옥녀봉 · 여우고개 · 운동화 · 팔각정 · 비 내리는 창가 · 창가 · 천황 · 화강암(3) · 코카콜라 빈깡통 · 호롱불 · 봉 명: 고호의 캔버스 지명: 그랜드 캐년 · 남대문 · 남산 · 내산면 천보리 뒷산 · 백마강 백련산 입구 · 달밤 · 북악산 · 북악산 범바위 · 북한산 · 몽불랑 · 맥킨시의 정수리 · 삼각산 · 삼풍 백화점 · 속초바다 · 양지바른 장승백이 · 여우고개 · 에베레스트 · 에베레스트 정상 · 이집트의 피라밋 · 인수봉 킬리만자로 · 한강고수분지 · 해발 이천 칠백 사십사 미터 · 동방의 하늘아래	171	20
	계	431	401	47
계	총계	821	821	100

②. 나비효과의 음향리듬

사람이기에 숙명적으로 따라야 하는 홍 시인의 눈물 몇 점은 신이 주는 나비음향효과에 귀 기울인다. 왜 내가 이쪽으로 기우러지는 삶을 살아야하는 가를 냉철히 바라보는 이성 17% 나비효과이다. 그 순수의 눈물 몇 점 8% 나비효과이다.

소중한 나비야 청산가자가 나오기까지의 절절한 신을 향한 사모가 절대에 대한 모방이다. 적어도 홍 시인에게서 삶의 절차는 신에게로 향하는 순수사랑의 나비효과가 삶을 잇게 한다. 오랫동안의 학문연구학자로서의 이성적인 냉철이 오히려 신을 향한 그 절절한 모방으로 표방되는 나비를 봄으로써 일어나는 나비효과는 홍 시인에게서 자신의 시가 표방하는 코노테이션이 종달새가 아니다. 파랑새도 아니다. 홍 시인에게는 다만 나폴나폴 날아다니는 나비효과로 일어나는 그리고 보답하는 그 안타까움과 절절한 시 정신이 있다. 이성적 시고의 결과로 일어서 나오는 보답의 입술이다. 입만 열면 신에 대한 갖가지 방법으로 버릇처럼 일관된다. 하나님을 숭앙하는 감성으로 코노테이션이 되어 있다.

오늘의 나비야 청산가자의 나비효과 음향리듬은 다정다감한 소년기에 그 순수에 얻어진 지방 순례차 다니는 전도 단들이 부르는 노래에서 시작된 음향리듬 나비효과이다.

찬송1)

아무데나 예수 나를 이끌면
아무데나 예수 따라 가려네
예수같이 아니 가면 낙 없고
항상 주와 함께 가면 겁 없네

---

1) 1953년 8월 10일 경 · 태양교회.

아무데 가든지 두렴 없겠네
아무데나 주와 함께 가려네

~ 구 찬송가 582장

아무데나 예수 나를 어디에서든지 나폴나폴 날아다니게 한 음향리듬은 누구나 절대자에게 가까이 가기만 하면 누구나 쉽게 할 수 있는 그 진리를 홍 시인은 나비야 청산가자의 그 나비효과로 화려한 꽃밭 사이를 드나들기도 하고 외로웁고 호젓한 꽃들에게도 희망과 용기를 주며 날아든다.

홍 시인의 이 나비효과의 창조시학은 절대자로 하여 약속의 자녀 · 기업 · 유업자가 된다. 교회 내에서의 장로생활과 이어서 신학학문과 맞물려 문학단체를 이끄는 나비효과의 선구자적 역할의 살아있는 전설을 만든다. 이 전설 인물 홍 시인의 역사는 계속된다. 한국문인교회가 지향하는 뚜렷한 목표의식의 나비효과를 이루는 서정시시의 가치를 알려주는 일이다. 바로 시가 구원의 문학이 될 수 있다는 주장이다. 시가 신학과 별개의 것이 아니라 절대자의 그 무한한 사랑에 귀 기울이기만 하면 마음의 안정을 얻어 용기를 가지고 이 험난한 세상을 살아갈 수 있다는 말을 시적 설교로 그리고 시로 대신한다. 바로 그 어릴 적 교회내의 반사생활 세월의 벽을 껑충 뛰어넘어 아직도 그 임무와 소명이 되어버린 생활의 그대로 계속된다.

홍 교수의 일상을 보면 아주 작은 일에 열심을 다하는 생활 습관을 가진다. 어느 하나라도 소홀히 하지 않는 습관이 결국은 커다란 나비효과를 일으킨다. 우리 속담에 지성이면 감천이란 말이 있다. 바로 이러한 점에서 홍교수의 일상은 그야말로 바쁜 일상이다. 어느 것 하나라도 정성을 다해 돌보는 습관으로 하여 그의 가족들 돌봄까지 그대로 성경이 투영된다. 이러한 삶의 자세는 하나님 나라에서도 환영받는 일이다.

(2). 나비효과의 정상 색채리듬

『나비야 청산가자』 시집의 나비효과 이미지이다.

경망 · 공룡 · 공평 · 능청 · 동강 · 동공 · 방황 · 분홍 · 정(2) · 땅(4) · 동방 · 명동(2) · 몽불랑 · 몽정 · 양(2) · 영롱 · 영상(2) · 청청(2) · 정상(14) · 중량 · 성황당 · 생명(5) · 싱싱(6) · 왕성 · 영봉(4) · 장군봉 · 청동 · 청사초롱 · 청승(2) · 청청 · 풍성 · 영산홍

『나비야 청산가자』 나비효과는 다행히 전자매체 즉 컴퓨터로 하여 세종대왕이 창제하신 꼭지 이응 ㆁ 색채리듬이다. 홍 시인이 불러일으키는 색채의 나비효과는 ㆁ 이미지다. 그이 이력으로 얻어진 홍 총장[1)]의 이름 그대로 ㆁ 이미지가 셋이나 되는 홍 총장이다. 부인 이름 '용호' 자녀 '미랑 · 예랑 · 수정 · 성민 · 성혁' 모두 ㆁ 이미지로 일관된다. 이의 나비효과가 일어나는 코노테이션 나비야 청산가지 시집의 '정싱' 시어 14회로 가장 많나. '성상'의 나비효과는 모나지 않음이다. 최대근사치는 둥근 원형 상징[2)] 태극이다. 정상은 으뜸이다. 이 으뜸은 백제의 우리 말 이름이다. 언덕이다. 언덕은 백제의 우리말이다. 『나비야 청산가자』 의 나비효과 두 개의 이응음이다. 받침의 중첩성에 오는 강한 이응의 바로 바로 아리랑 할 때의 랑의 이응이다. 훈민정음에서는 ㅇ음을 설명하기를 이에 상대하여 버금가는 글자가 없다[3)] 하였다. '정상'시어는 두 번 ㆁ 종성으로 놓이어 태극이 동하여 하나의 극이 생겨서 ㆁ 이 된다.

---

1) 2007. .2.1~2011. 1. 28 오산대학총장 역임.

2) 조 영진은 「훈민정음 자형의 기원에 대하여」에서 한글 자형의 둥근 원형은 하늘을 상징하는 것이라 하여 ㅇ을 태극으로 보았으며 최 석정도 ㅇ을 태극이라 하였다.

3) 三才爲萬物之先 · 而天又爲三才之始 · 猶 · 一三字爲八聲成之首 · 而 · 又爲三字之冠也(制字解).

3). 음향리듬과 색채리듬의 나비효과

두 개의 음절이 합하여 가장 높은 '정상'의 나비효과를 만든 이미지이다. 물론 절대 정상은 절대자 하나님이다. 시인으로서 정상에 대한 꿈을 꾸는 사람(dreamer)은 꿈을 만드는 자[1] 바로 maker이다. 일상성에서는 시인 오산 대학교 홍 총장의 종성 ㅇ 이응이 세 번 겹치는 홍 총장 나비효과이다. 꿈을 이루는 자는 절대자만이 할 수 있는 영역[2]이지만 이를 사모하는 나비효과는 현실에서 눈에 보이는 일 하나님의 흔적이 일어난다.

홍 시인은 그의 창조시학을 나와 너의 동일시 · 그리로 어우러짐의 강렬한 지시 소 종성이 ㅇ 이 되는 정상 시어가 지닌 나비효과를 신이 아닌 시인으로서의 정상의식은 시에서 어떻게 드러나는가.

정상은 지금도
두려온 독재가 지배한다.
남산 팔각정부근이나
뒷동산 등성이쯤이야
위아래도 없는 돗대기 시장이지만
북한산이나
삼각산만 되어도
수목들은 정상의 저만큼에서

---

1) 해와 달과 열 한 별이 내게 절하더이다(창 37:9) · 요셉에게 이르되 내가 너로 애급 온 땅을 총리하게 하노라(창 41:41).

2) 해와 달이 육안으로는 같으나 실제는 해와 달의 크기 비율이 400:1이고 그 거리는 400배 멀다고 한다. 이와 같은 비율은 절대자의 능력 아니고는 불가능하다. 지구상에는 우주선이 있는데 이 선을 조금만 인간이 쐬어도 기형아가 태어난다고 한다. 그런데 자기장해의 보호막이 있음으로써 우리는 안전하게 이 지상에서 살아간다. 또한 이 지구상에 물이 75%인 것은 인간이 지상에서 살아 있게 하는 요인이 된다. 인간의 몸이나 또 태아의 살아있음도 그러하다. 이는 신이 인간을 사랑하는 증거가 된다. 지식으로는 이해되지 않는 하나님의 능력권이다.

고개를 숙여야 한다.
백두산 천지나
한라산 꼭대기에 이르면
수목들은 아예
발밑에 엎드린 노예가 된다.
하늘의 천기가 내리는
영험한 지역에
부정한 잡목들이 범접할 수 없기 때문이다.
처음엔 목을 낮추고
중턱에 이르면 수목들은
일제히 발목까지 거두는 겸손으로 하여
산은 지금도
정상의 지존을 지킨다
그처럼 무성한 수목들의 육질이며

풍성한 잎 새들의 무지가 되고
정상은 차라리
불모의 고독으로 하여
살진 계곡을 다스린다

~ 홍 문표 「정상은 지금도」 1)

『나비야 청산가자』 시집 안에서의 시 「정상은 지금도」에서는 "중턱에 허리를 낮추고 · 정상에 이르면 수목들은 일제히 발목까지 거두는 겸손으로 하여"야 정상이 된다 하였다. 바로 수목들이 고개를 숙이며 보여주는 색채리듬에서 찾아진다. 이 모습을 시로 보여주며 홍 시인은 혼자가 아닌 같이 가자고 하기 위해서 더욱 자신을 낮춘 낮고 낮은 외침의 청유 음향리듬으로 부르짖는다.

홍 시인에게서 진정한 『나비야 청산가자』의 ㅇ음가의 나비효과는 '정상' 14회는 성경 14대 14대로 이어지는 예수님의 족보가 그 시발점이다. 곧 하나님의 아들 흠모이다. 이 나비효과는 절대자 흠

---

1) 홍 문표 · 『나비야 청산가자』 (서울: 창조문학사 · 1997 · 2007 재판) ·

모로 영원을 향한 강한 음향리듬과 색채리듬을 만들어 낸다.

> 자식은 여호와가 주신 기업이요
> 태의 열매는 그의 상급이로다
> 젊은 자의 자식은 장사의 수중의 화살 같으니
> 이것이 그 전통에 가득한 자는 복 되도다
> 진실로 너희에게 이르노니 너희가 돌이켜 어린아이들과 같이 되지 아니하면 결단코 천국에 들어가지 못하리라
>
> ~ 시편 127장 3 : 5

마치 광야에서 외치는 사도요한처럼 시인은 어른인 아이가 되어 행복한 마음으로 외친다. 마음의 중심이 하나로 모아져 자기 낮음의 목소리로 자신의 색채리듬과 음향리듬을 동시에 표출한다.

이 지향성의 시작을 노자는 하나의 목소리라 하였고 그리스도인들은 예수님의 목소리라 한다. '하나를 보는 눈'을 예수님은 행복한 눈이라 하였다. 노자는 '나의 욕심으로 인한 결과를 버리는 낮은 곳에 머무는 음성'이라 하였다. 그리고는 설명을 덧붙인다. 곧 '세상에 살아있는 무리가 삼분의 일이요 · 죽어있는 무리가 삼분의 일이요 · 살아있으면서 죽은 자리로 가는 무리가 또한 삼분의 일인 것[1]에서 이 삼 분의 일 즉 시인이 속세에서 속세가 아닌 청산을 향하여 가자고 하는 음향리듬은 바로 나를 낮추는 행복한 마음의 색채리듬을 만들어 낸다. 예기(禮記)의 악기(樂記)에는 음(音)은 사람의 마음에서 생기는 것[2]이라 하였다. 그러고 보면 마음에서 울려나오는 음향리듬은 시인 마음의 소리이어서 곧 태극(太極)[3]이 된다.

---

1) 出生人死 · 生之徒十有三 · 死之徒十有三 · 人之徒生動之死地者亦十有三 · 夫何故 · 以基生生之厚(老子 50章).

2) 凡音者生於人心者也 · 樂者音之所有生也 基本在人心感於物也..

3) 周者왈 無極而太極. 邵者曰 道而太極 · 又曰心爲太極(『性理大全書 卷) 35. 3. 易學啓蒙 2의 易有太極에 대한 설명)

성서에서 정상의식은 사람이 그리스도를 믿는 믿음1)이다. 이 믿음은 하나님이 나를 영접하여 준 것에 대한 감사에 대한 감사에 의한 봉사를 의미한다. 이러한 진의(眞義)에 의하여 끊임없이 당당하게 음향리듬을 가지게 되고 그 감격스러움은 『나비야 청산가자』라고 하는 시집을 통하여 청산의 색채리듬을 만든다.

세종대왕이 하아프 대신 황종관(黃鐘管)에서 도량형을 결정함에서 하나의 율에서 5음이 생기고 · 이 5는 5행 설에 결부되며 12율과 5음에서 60이 나오듯이 이것을 6배하여 360음이 되는 말하자면 일 년의 날자가 된다. 곧 긴 날의 하나님 사모하기의 긴 기다림의 색체와 음향이 된다. 회남자(淮南子) 천문편 도량형의 용수를 10간 · 12지 · 4계절 · 1월 · 1년의 일수와 결부시켜보면 천지의 도이다. 이 황금률은 세종대왕이 음률을 정비할 때 하아프 대신 황종관 즉 관악기의 길이와 음계의 관계에 대하여 기초를 둔 소위 삼분손익법(三分損益法)의 비례론2)과 같다. 검손의 원리에 기초한다.

인간의 정상은 다 가지지 않을 때 회복된다. 싸움하지 아니하는 사람3)만이 차지하는 정상의 자리이다. 싸움하지 아니하는 사람들은

---

1) 갈 2:15~21 참조.

2) 악률을 제정하기 위하여 생긴 계산법 · 기초음 황종(黃鐘) · 율관(律管)으로부터 · 삼분손일(三分損一) · 삼분익일(三分益一)하여 12율을 정함. 삼분손일: 삼분손익법에 있어서 율관의 길이를 3등분하고 그 1을 제하여 2 · 3가 되게 하는 일 · 삼분익일: 삼분손익법에 있어서 율관의 길이를 3등분하고 그 1을 더하여 3 · 4이 되게 하는 일.

3) 이상의 오감도 시 제3호

싸움하는사람은즉싸움하지아니하던사람이고또싸움하는사람은싸움하지아니하는사람이었기도하니까싸움하는사람이싸움하는구경을하고싶거든싸움하지아니하던사람이싸움하는것을구경하든지싸움하지아니하는사람이싸움하는구경을하든지싸움하지아니하던사람이나싸움하지아니하는사람이싸움하지아니하는것을구경하든지하였으면그만이다

"싸움"의 시어는 "싸움하는"의 시어보다 이에 따른 어휘 "아니"라고 하는 싸움의 부정의미적 시어의 반복이 강세를 몰아 3호의 반복적 기능은 마침내 "싸

늘 같이 다니면서 정상의 일을 꿈꾼다. 이 공유의 음향리듬은 양보하고 자신의 이익을 취하지 아니한다. 참 진리를 추구한다. 이 진리추구의 정상자리는 오각형의 여백[1]으로 설명될 수 있다. 이 여백은 취하지 않아야 될 것을 취하지 않는 정상의 리듬이다. 버릴 것을 버린 뒤에 오는 모자람의 여유에 머무는 자리이다. 바로 홍 시인의 시적 그리움에 자리하는 정상의 리듬이다.

온유의 심성에서 모자람을 선택하는 방법은 현과 관이 차이가 되는 비례이론에 입각한다. 바로 황종 음에 연계된다. 곧 시적 정상의 음향과 색채의 리듬은 절제의 아픔을 가지면서 자신을 비워 기다림을 가지며 그런 다음 그리움에 머무는 기다림의 정상자리다. 하나님의 음성을 감지하는 판별력 황금률에 머문다. 완전한 성스러움은 인간에겐 불가능하지만 간절한 소망만은 시인이 가질 수 있는 영역이다. 홍 시인은 이 절대세계에 대한 관심으로 일관성 있게 문학 · 특히 시를 통하여 완전한 모습의 원(圓)을 흠모하여 가능하면 내면에 싸움하는 속(俗)[2]을 버리고 청산가자라 한다.

이 완전한 모습 · 일반적인 정상의 자리를 플라톤은 정신의 구형(球形)[3]이라 하였다. 이른바 모든 면에서 全一性을 의미하는 "싸움하

움아니하」던 · 는 · 는것」의 사람 쪽으로 변화된 결과에 이르게 한다.

변화의 원리는 시간의 흐름을 전제로 한다. 더구나 그것이 반복성과 결합할 뿐만 아니라 "사람"과 관련된다고 할 때 3호의 사람은 시간과 반복서에 의한 결과로서 "싸움하는"에서 그 반대가 되어 있는 회화적 형상이다. 3호는 단순성이되 반복회수로 하여 보아 "싸움하지아니하는사람"쪽으로 기울어지며 . 보통 인간이 잘 흉내 낼 수 없는 "싸움하지아니하는사람"은 성인의 이미지에 있게 된다.

1) 졸저, 『시조창작리듬론』 · 355~391쪽의 동천시의 5리듬론 참조.

2) 김 승찬: · 『한국古典 문학연구』 (서울: 제일文化社 · 1981). · p. 86.

左	聖	靜	善	光明	骨	父	男	東	晝	生	天	陽	白	心的	고급 자연
右	俗	不淨	惡	暗黑	血	母	女	西	夜	死	地	陰	黑	生理的	저급 자연

3) 아니델라 야레 · "시각예술에 나타난 상징성" · 『인간과 무의식의 상징』 (서

지아니하는사람"1)이 가지는 정상의 자리는 신적 존재의 영역이지만 시를 통해서 얻을 수 있는 '정상'에 대한 관심은 완전한 도형 곧 완전성을 흠모하는 시인에 의하여 채워지는 남자의 삼각형 도형과 여성의 삼각형 도형이 합쳐지는 오각형 리듬을 만든다.

그 리듬은 다음과 같다.

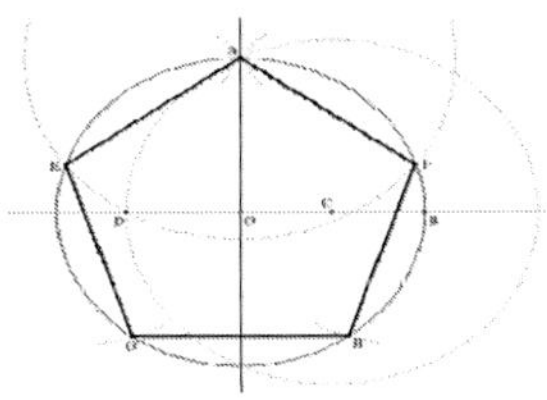

2)

한 원 안에는 생명을 잉태하는 원동력이 들어 있다. 이 모자람에서 싹이 나고 그리고 채워지는 신비는 오각형3)이 지닌 의미의 확대

울: 집문당 · 1983). · p. 256.

1) 내면의 복잡성을 초월하여 초월자가 되고자 하는 문학으로는 이상시 오감도 3호가 있다. "싸움하는사람이싸움하는구경을하고싶거든" 은 어떤 행동적인 것을 특징으로 한다. 성질로 유추되는 사회성의 원만한 사람 혹은 종교적인 측면에서의 싸움에서 이긴 사람이다. 견딜 수 없는 시대를 싸움하지 않고 사는 예수님 같은 사람은 싸움하지 않는 사람에 해당한다. 이러한 사람은 자기를 완성한 사람이다. 3호의 "싸움하는사람과"과 "싸움하지아니하는사람"과의 시적긴장관계는 영속성이라는 추상적 관념.

2) 지미 도널(미국) "짐보" 웨일스(Jimmy Donal "Jimbo" Wales · 1966년8월 7일~):2001년 무료로 내용이 공개된 백과사전인 위키백과 설립.

3) 이 정오각형 한 각의 크기는 108도이고 내각의 합은 540도이며 한 변의 길이가 a인 정오각형의 넓이이다.

$A = \frac{5a^2}{4}\cot\frac{\pi}{5} = \frac{a^2}{4}\sqrt{25+10\sqrt{5}} \approx 1.72048a^2$ 이다.

(초록색)점 O를 중심으로 하는 원은 O 위의 점 A를 골라 직선 OA를 그려 직선 OA와 수직인 직선을 그린다. 이 직선이 원 O와 만나는 곳을 점 B라고 한다. 점 O와 점 B의 가운데에 있는 점 C를 그린다. (빨간색) 점 C를 중심으로 하면서 점 A를 지나가는 원을 그린다. 원 C가 직선 OB와 만나는 곳을 점 D라고 한다. (이때 원 C가 직선 OB와 만나는 점은 두 개가 있다. 이 중 원 O 안에 있는 점) (파란색) 점 A를 중심으로 하면서 점 D를 지나가는 원을 그린

로서의 에덴을 향하여 가는 발걸음이다. 그 방법은 하나님을 의지하여 버릴 것을 버린 뒤에 모자람에 머무는 리듬이다. 싸움하지 아니하는 사람만이 차지할 수 있는 · 이성의 학자가 그리고 감성을 겻들인 시인이 버릴 것을 버린 뒤에 오는 모자람에서 선 정상의 시인 모습이다. 시인의 시적 · 그리움에 자리하는 정상의 리듬이다.

설사 정상의 위치에 올라 있더라도 모자람 · 온유의 심성으로 목회의 자리에 머무는 리듬이다. 절제의 아픔을 견디면서 자신을 비워 기다림을 가지며 그리움에[머무는 색채의 음향리듬이다. 모자람의 여백에 이웃과 함께 하는 나의 정상을 말한다. 그것은 바로 하나님의 음성을 감지하는 판별력이다.

막상 올라봐야
메마른 침묵이거나
몇 가닥의 펄럭이는 바람인 것을
그래도 오르는 것은
그 변덕스런 정상의 언약 때문이다.

내 여섯 자의 눈높이로
이제는 시력의 마지막 눈금마저
아물한 정수리지만
어쩌면 산 높이만큼이나 무거운
청산의 내 피 속으로
은밀하게 손짓하는 당신의
선연한 의미를 탐지하거나
아니면 두렵게 다가오는
당신 심장의 박동을
알아차릴지도 모른다는

다. 원 A가 원 O와 만나는 두 점을 각각 점 E와 점 F라고 한다. 점 E를 중심으로 하면서 점 A를 지나가는 원을 그린다. 원 E가 원 O와 만나는 곳을 점 G라고 한다. 점 F를 중심으로 하면서 점 A를 지나가는 원을 그린다. 원 F가 원 O와 만나는 곳을 점 H라고 한다. (검정색) 오각형 AEGHF를 그린다.

그 아찔한 가능성으로 하여
이렇게 떨면서 오르는 것이다.

막상 올라봐야
메마른 침묵이거나
몇 가닥의 펄럭이는 바람인 것을
그래도 오르는 것은
언젠가는 내 손에 움켜진 조약돌처럼
그렇게 확실한 만남일 수 있다는
정상의 처절한 언약으로 하여
이렇게 떨면서 오르는 것이다

～ 홍 문표「날마다 산에 올라 2」[1)]

형식주의 비평에서 야기되는 문제점인 바로 일상 언어의 기능 외에 시적인 언어의 특징이 가진 변별성은 정상 음향리듬이 지닌 자기 초점(self~focused)이다. 그러기에 다른 이와 다르게 작용되는 시의 특성은 보통 인간을 특수하게 만든다. 다윗의 시에서 여호와는 나의 녹자시니 하여 일반적인 규범적이고 무서운 하나님을 인정 많고 도와주는 이웃아저씨로 만들었듯이 · 시편이 있음으로서 그 리듬의 진동에 의하여 우리에게 친숙하게 다가오듯이 홍 시인의 시는 가장 모자라는 리듬을 통하여 나비야 청산가자의 감동을 드러낸다.

이 형이상학의 시적 음향리듬은 일상적 인식의 정상과 시적 정상 음향리듬의 긴장관계에서 논의되는 시의 재도 사용으로 일탈의 함축성을 전제로 한 지시소이다. "청산의 내 피 속으로 · 은밀하게 손짓하는 당신의 · 선연한 의미"이다. 정상을 지켜야 한다는 엄숙한 언약에 약속이행을 정상적으로 실천하는 방법이다. 그것은 고개를 숙여야 하는 겸손에의 처절한 약속을 지켜가는 '고독'의 자리이기도 하다. 그 고독은 인간인 "내 여섯 자의 눈높이"와 "시력의 마

1) 홍 문표 · 『나비야 청산가자』(서울: 창조문학사 · 2000). · 14～15.

지막 눈금조차 · 아물한 정수리”의 현실인식의 인간으로서 모자람을 절감한 경험의 내적 인식에서 오는 시인만의 정상의식에 대한 변별성이다. 아물한 정수리는 눈에 안보이도록 높고 먼 정상자리이다. 이 자리는 우리나라의 그 광활한 대륙 차지의 공간이다. 신만의 “산 높이만큼의 두꺼운” 자리 당신에의 기다림이다. 때때로(from time to time)에서 결국(till)을 소원하는 나비야 청산가자 리듬이다. 따라서 이러한 변별성적 음향리듬의 일상 언어와의 변별적 자질을 만들어 내면서 일반적인 정상의 개념을 일탈하는 음향리듬이다.

그러기에 청산을 향하여 가는 방법으로 일반적인 정상의 의미를 일탈하는 시인만의 정상리듬이 존재한다. 정상의 낯설어짐 음향리듬은 삶의 일상에서 벗어나며 청산가자고하는 색채리듬과 음향리듬이다. 그곳을 향하여 가자는 곳 · 정상의 ‘ㅇ’ 꼭지 이응의 시적 기법이 전해주는 홍 시인의 가까운 친숙성의 청산가자로 나타난다.

> 높이 오를수록
> 멀리 보이고
> 높이 오를수록
> 내려다보이고
> 높이 오를수록 하늘 복판
> 낮에는 불 수레로 우주를 달리고
> 밤에는
> 은하수 넘실대는 아슬한 강가에서
> 반짝이는 별들을 가슴에 달고
> 어둠을 굽어보는 짜릿한 평화 ·
> 그래서 날마다 산에 오르고
> 할 수만 있다면
> 빙벽의 정수리
> 새하얀 에베레스트 영봉에
> 내 오른 손의 빨간 손수건 하나
> 펄럭이고 싶었지
> 정상이 무엇인지

깃발이 무엇인지
그 펄럭이는 의미도 모르면서
그런데 요즘은
오를수록 희미하게 보이고
오를수록 숨이 차고
오를수록 어지러워
차라리 낮은 계곡
강가에 흔들리는 버들강아지
발밑에 까리는 조약돌 하나
그고 아니면
물결 따라 흔들리는 갈대꽃
산 그림자

~ 홍 문표「날마다 산에 올라 7」

꿈의 '정상' 지시 소는 바로 아주 낮은 곳을 지시한다. 낮은 마음의 자세 이 일탈의 음향리듬은 이 시인의 구속 모티브이다. 계시적인 음향리듬이다. 이차적인 문학의 시어리듬이다. 통사적 문맥에 의하여 전개되는 동안 의미테스트의 동질성을 보장하면서 애매 보호성을 제거한 코노테이션이다. 시인의 핵 의소 정상의 음향리듬의 변별성은 '조약돌'과 '물결 따라 흔들리는 갈대꽃' · '산 그림자'의 울림으로 통사적 문맥이 형성되어 간다. 곧 '정상=조약돌=갈대꽃=산 그림자'의 순서에 의하여 투영된 신앙인의 모습이 돌출된다. 시인의 미끄러지는 발을 붙드는 강한 신의 은총의 목소리 시인의 지표적 신호는 사회적 공공성의 단체생활 운영에서 필요한 지도적 절대성의 정상리듬 · 예수가 그의 높은 자리를 버리고 낮고 낮은 마굿간에서 태어남으로써 정상의 모습을 보여주었던 리듬 시점(詩視)이다. 구속의 코노테니션 계시적인 음향리듬은 통사적 문맥에 의하여 전개되는 동안 텍스트의 동질성 보장하고 애매 모호성을 제거한 나비효과이다.

이 시점은 신에의 붙들림으로 마치 건반 위를 신들린 사람처럼 춤추며 굴러다니는 음향리듬이다. 회개하는 등에 꽂혀 설교가 끝났는데도 굴러다니는 음향리듬이다. 회개하다가 깊은 시간 누구도 통제할 수 없는 은사의 기쁨이 남아있는 에덴을 향한 음향리듬이다. 놀랍게 변화된 순수한 의식과 상상력에 의한 의식을 문학적 선별성으로 드러내는 나비야 청산가자의 음향리듬이다.

이 음향리듬은 포스트모더니즘의 문제가 야기되는 현재의 무질서와 파편화에서 구분되어지는 너와 나의 거리를 극복하는 홍 시인의 문학의 무게가 된다. 정상을 향한 · 신을 향한 소명 의식적 외침을 통하여 현실의 착각을 거부하는 호흡리듬이다. 진리의 현현을 직시하는 시인 색채리듬이다. 그러기에 거짓 없는 삶의 목소리이다. 인간의 모자람을 철저히 인정하는 리듬이다. 그러기에 나비야 청산가자라는 음향리듬이다. 인간의 나약성을 스스로 시를 통하여 드러냄으로써 자신을 절대화하지 않는다.

마음속에 움틀 거리는 서정의 물결을 다만 시적으로 수용하면서 자신을 현실에 철저히 적응한다. 이 모습은 자식들을 향하거나 부인을 향한 절대의 봉사생활에서 엿볼 수 있다. 자녀분들에게 각기 건물을 지어 나누어 주고 그리고 사랑하는 아내를 향해 철저히 사랑을 베풀어 준다. 전화한마디도 음성을 높이는 일이 없다. 이 모습은 몸에 익어 자식의 입장에 맞추고 그리고 부인의 입장에서 맞춘다. 몇 번이나 갔다 온 유럽 해외여행을 아내를 위해 봉사하며 아들의 결혼을 위해 직접 주례를 맞는다.

아들을 위해 주례를 맡는 일은 그리 흔한 일은 아니다. 그러나 홍 학자에게 있어서는 그것이 적당하다고 생각할 때 실행하는 용기가 있다. 사랑 전달방법이다.

(1). 페러디 색채 리듬과 음향리듬

나비야 청산가자는 서로에 적응하려는 경향을 가진다. 동화 · 화합을 위해 나비야 청산가자 한다. 그런데 음향리듬과 색채리듬이 함께 논의되는 것은 페러디이다. 곧 단순한 의미 · 즐기려 산을 오르자는 단순한 형태를 기꺼이 포기하게 한다. 더 나아가서는 인간만이 가진 보람과 행복을 찾을 수 있는 곳으로 인도하자는 데서 페러디적이다. 다름 아닌 시각적[1)]으로는 파아란 이끼가 끼도록 기다리는 시인의 마음이 있어서 앞으로 나아가지 못한다. 왜냐하면 같이 가기위한 기다림이다. 이 5의 리듬 색채는 황색인 중앙 색을 가진다. 그리고 땅 색이다. 이 땅 색은 움직이는 것이 아니라 기다림의 자리이다. 중앙에서 땅은 의연하게 나무를 심어주기 기다리며 꽃이 피기를 기다린다. 중심이 잡힌 리듬 음향 목소리를 낸다.

이 음향과 음색은 동천시의 페러디 리듬.[2)]이다.

바람이 분다
천년 이끼로 치장한
화강암 겨드랑을 파고드는
화창한 오후의 유혹이다

송화 가루 빗살무늬로
그리움을 찍어대는 메아리
고목나무의 흔들림
금년에도 기적을 선언하는
지층들의 뜨거운 반란이다.

은사시 나무 잔등에 내리는
새하얀 정념

---

1). 르돌프 아른하임 저 · 김 정오 역 · 『시각적 사고』(이대출판부 · 1988) · 98.
2) 李 英芝 · "동천(東川) 연작시의 5의소 핵리듬" 『시조창작리듬론』(서울:창조문학사 · 1997) · 355~391.

고호의 캔버스에 번지는
햇살들의 몽롱한 어지러움이다.

잎들은 왕성한 식욕으로
여름을 분비하고
가지는 고독을 씹으며
은박의 겨울을 만든다.

무수한 가버림의 껍질을 벗고
해마다 정절의 수액으로
제 몸을 지키는 산들의 결백

산은 늘
가버림과 만남의 길목에서
그냥 산으로 남는다

~ 홍 문표「산으로 남는다」[1)]

홍 시인은 그냥 산으로 남아있다. 그리고도 소나무가 되어 "송화가루 빗살무늬"와 "지층"색을 담는다. 한 용운의 그리움이 조국의 광복인 것처럼 정상의 자리에서 그 날을 기다린다. 이 페러디는 수학과 시학과의 상호관계이다. 수각(數覺)과 시각(詩覺)의 관계이다. 시의 경우는 색채시각의 그리움의 눈빛이 된다. 떠나지 못함은 떠나가려는 사람을 모으는 자리이다. 같이 가야하는 어울려야 하는 당위성이 있어서이다. 이 어울림의 중앙에서 하나님을 위하여 목숨을 버리면서 까지 아들이 되어야 하는 예수님이듯이 중앙 자리를 흠모하여 중앙의 자리를 지키는 내가 아니면 아니 된다는 신앙영웅의 중앙자리이다. 동시에 모두를 데리고 가야 한다. 그리고 떠남이 있는 페러디이다.

신앙 영웅의식은 1대 1의 하나님을 향한 그리움의 색채이다. 유

1) 홍 문표 · 수정판『나비야 청산가자』(서울: 창조문학사 · 2008) · 35~36.

난히 오월을 좋아하는 홍 시인은 모든 만물이 그야말로 양기가 가장 강한 5월을 기점으로 다섯에 대한 곧 오각형의 신비를 그려 낸다. 홍 시인의 시각(視覺)은 다섯 개의 의자 · 다섯 마리의 새 · 그리고 다섯 사람이 있다면 · 이들이 다른 어떤 점에서도 같을 수 없으나 · 각기 모인 그 요소들이 모이면 부족함이 없이 묶여진다는 점에서 5의 마방진적 자리에 머문다. 그리고 모자람의 수이다. 이 공통성 묶음 5의 수는 놀라우리만큼 정확히 1대 1의 대응으로 모자람의 페러디 여백을 채운다. 각기 다른 사람들을 나비야 청산가자고 모은다.

사람이 가진 모자람의 자리에서 모자라지 않음을 향한 이 페러디는 홍 시인이 지닌 오월에 대한 선호도를 통하여 황색의 양기가 가장 많은 5월을 즐겨 시로 쓴다. 그러면서 공간 조화를 이루는 한 원안의 5각형의 철학을 얻어낸다. 자신의 희생의 자리를 남에게 주려 하지 않으면서 황금비율의 정통성을 향하여 정석과 정상을 고집하는 백제 부여인 절대자유 의지이다. 정성과 정석은 부여 백제의 우리 말 '으뜸'이다. 낮추고 내가 남을 대접하는 황금비율[1)]이면서도 결코 꼴찌를 허용하지 않는 신앙영웅의식이다. 절대 1등을 하지 않고는 견딜 수 없는 하나님을 향한 이 마음은 많은 학문과 시와 설교를 통해서 이루어 낸다.

'송화 가루 빗살무늬'의 황색리듬과 '지층'의 5에서의 5월을 중심리듬으로 한 홍 시인의 오각형은 모자람으로 땅에 엎드리면서 가장 왕성한 양기를 받는다. 내가 희생하는 영웅의식 · 내가 아니면 아니 된다는 의식이다.

---

1) 그러므로 무엇이든지 남에게 대접을 받고자 하는대로 너희도 나을 대저바라. 이것이 율법이요(마 7:12).

신앙영웅의식의 시이다.

오를 수밖에 없는 것이다.
이미 짓밟혀진 계곡에
무슨 미련이 있을 것인가.
손쉬운 소유로 하여
부정한 약탈이 폿발을 세우고
마침내 진창으로 침몰하는
낙화의 절망

정상이야 그래도
구름으로 닦여진
은빛 순수의 흔적이라도
널려 있을 것이고
바람이 머물던 무념의 그림자
그 가난한 정숙의
몸짓이라도 남아 있을 것이 아닌가

무수한 바람의 역사가
대지의 순결을 유린하고
이제 마지막 남은 자존심 ·
아스라이 나부끼는 부끄러움만이
유일한 존재의 흔적일지라도
오를 수밖에 없는 것이다.

오르다 지쳐 쓰러지는 눈물
그것이 무모한 지상의 허무일지라도
오를 수밖에 없는 것이다.
그리하여 오르다 오르다 지쳐
쓰러질 수밖에 없는 것이다.

~ 홍 문표「날마다 산에[올라 3」

앞에 선자는 맨발로 정상을 찾아야 한다. 모세가 그러했듯이 홍 시인은 '짓밟혀진 계곡=부정한 약탈이 폿발을 세운 곳'이기에 정상을 찾는다. 정상의 장소는 '구름으로 닦여진 은빛 순수의 흔적= 정숙이 있어서이다. 정숙은 지금도 마치 하얀 정숙으로 기다리는 여인의 모습이다. 여인하면 기다림의 대표형용사이다. 파란 이끼가 끼도록 기다리는 여인이 있는 곳이다. 비록 그 기다림의 파아란 이끼 색이 '지상의 무모한 허무일지라도 · 오를 수밖에 없는'이유가 황색의 땅에서 인도하는 자의 변명이다.

영웅 신화시를 쓰는 홍 시인은 그러기에 '오르다 오르다 지쳐 · 쓰려질 수밖에 없는' 경우일지라도 멈추지 않는다. 목적은 단순하다. 싱싱한 산맥의 혈기를 뽑아내기 위해 서이다. 정상의 파란색을 찾기 위해서이다. 바로 청산에서이다. 늘 푸르름을 지닌 신이어서이다. 늘 푸른 강물을 찾듯이 늘 푸른 청산의 정상을 홍 시인은 오른다. 『나비야 청산가자』의 음향리듬과 색채리듬은 패러디를 지닌다. 같이 가야할 사람 기다림 때문에 움직이지 못하면서도 그러나 정상을 향하여 가는 뛰어넘기이다. 바로 시만이 지닐 수 있는 초월의 시 · 모더니즘 서정시가 되게 한다.

시인이 맨발로 걷는 황색 땅에서 파란 이끼기 끼도록 기다리는 여인이 된 시적 패러디이다. 어느덧 정상의 자리에서 바로 정상이신 그 분을 기다린다. 정상을 향하면서도 그것은 내가 영웅이 아니라 신화시를 쓰는 시인이어서 시로 절대자인 '당신'을 찾는다.

정상에의 의미 핵 의소인 홍 시인의 '당신'시어는 두운리듬에서 가장 다빈도 현상을 보인다.

> 강산(2) · 강물(4) · 공화국 · 광화문 · 경건 · 뭉게보았지만 · 당신(18) · 땡볕 · 빙벽 · 동산 · 동심 · 동양화 · 동침 · 동화(2) · 덩달아 · 등불 등뼈 · 덩달아 · 명산 · 망극 · 망우리 · 망초 · 꽃 · 목청 · 뭉게구름(2) · 봉사(2) · 봉우리(5) · 빙하기(2) · 상식 · 성문 · 성전 · 성호 · 성황당 · 송곳니 · 송신 · 송이(2) · 송이버섯 · 송화 · 가루 · 생리 · 생

존 · 승부 · 승천(2) · 싱그러운 · 몽불랑 · 명산 · 양심(2) · 양지바른(2) · 억년빙설 · 영산 · 영산홍 · 영험 · 영혼(5) · 왕국 · 왕솔밭 · 웅크리고 · 웅크린 · 웅크릴 · 장단 · 장백산맥 · 장승백이 · 장엄한 · 장한가 · 정결 · 정기 · 정념 · 정수리(3) · 정의 · 정절 · 정지 · 종달새 · 정숙 · 중년 · 중턱(3) · 징후 · 창가 · 창세 · 창세기 · 창문 · 청산(7) · 청계천 · 청산별곡 · 청아한 · 층계 · 칭얼 · 텅 빈(2) · 통일 · 평퍼짐한 · 평안 · 평원 · 풍만(2) · 풍선 · 향기(2) · 향거(2) · 홍살문 · 황금 · 황금빛 · 황토빛 · 황홀(2) · 행복 · 홍얼 · 홍얼홍얼.

정상 정상의 목표지점은 산이 아닌 당신(18회)께 이다. 이 페러디는 정상의 산에 있는 분은 절대자이고 그가 나를 기다리는 당신이다. 홍 시인은 이 시적 표현을 기다리는 여인으로 한다. 하얀 눈이 있는 정상과 그 이미지를 여인으로 한다. 그리고 시의 표면구조와는 달리 그곳에서는 당신이라는 절대자가 기다리고 있다. 이럼으로 하여 홍 시인은 일반시가 아닌 신앙시를 써야 하는 이유를 든다. 더 나아가 혼자만이 아닌 당신을 만나러 가야할 대상에게 청유하고 있다. 길 안내자가 되어 에덴동산으로 향한다. 발은 신을 신지 않는 맨발이다. 맨발로 가야 당신을 만날 수 있다는 홍 시인의 맨발의식은 신아영웅의 자세이다. 모세가 발에서 신발을 벗었듯이.

> 난 이제 낮에도 신발을 벗고 싶다
> 쇠가죽 검정구두 그 끈질긴 신발을 벗고
> 맨 발로 맨 발로
> 당신의 눈부신 햇살을 마시며
> 마음껏 하룻길을 달리고 싶다
>
> ~ 홍 문표「신발에 대한 명상 」에서

맨발은 땅과의 만남을 전제로 한다. 에덴에서 맨발이어야 하는 당위성은 땅이 거룩하여서이다.

(2). 자생적 황금 불빛 나팔

신발을 벗어버린 맨발은 황색 땅에 있다. 모세에게서 네 발의 신을 벗어라! 황색 땅을 밟으라는 신의 명령이 있다. 홍 시인도 시를 통해 거룩한 땅에서 신발을 벗는다. 그래야만 절대자인 당신을 만날 수 있다. 나비야 청산가자는 시를 통해 기다림과 움직임이 동시에 드러나는 맨발의 홍 시인이 있다. 홍 시인이 불을 만난다.

홍 시인이 만난 불은 황색 성막에서만 타오른다. 절대자 '당신'이 있는 곳이다. 커튼이 드리워져 있다. 아무나 그 안에 들어갈 수 없다. 부정한 몸으로 들어가면 죽어 나온다. 홍 시인은 이곳을 소명의식으로 무리들을 안내하며 맨발로 오른다. 홍 시인은 오월의 향기로 묻어있는 오월의 땅 색인 황금나팔을 분다. 여리고 성을 향하여 일주일간을 여리고성을 빙빙 돌며 불었던 그 황금나팔의 음향리듬 시를 쓴다.

당신이 계신 성 막 안의 불을 바라보는 홍 시인은 시로 5월의 황금색을 든 시적 상상력으로 전율하면서 눈물을 쏟는다.

하늘로 뻗은 기다림의
눈물 같은 표적
자욱한 상념으로 열려지는
당신과의 아슬한 미로가 되고
무수한 고뇌의 갈피를 헤치고
돌작밭을 걸으며
전신으로 진동하는 당신의 예감

~ 홍 문표「날마다 산에 올라」2에서

사람이 가장 인간다울 때는 눈물을 흘릴 때이다. 눈물이 없는 사람은 인간이 아니다. 눈물을 흘릴 줄 아는 사람은 결코 악인이 아니다. 눈물의 이 정화역할은 홍 시인의 시에서 '눈물 같은 표적'이라는 마스코트를 지닌다.

홍 시인은 『지상의 연가 ~늘 푸른 강물이 듯이』에서 눈물 몇 점을 들고 있다. 눈물을 가진 심장은 '당신 심장'이 뿜어 주는 빛을 받아 감격하여 흘리는 눈물의 심장이다. 홍 시인 마음속의 눈물은 곧 하나님의 마음을 가슴에 담았을 때에 억제할 수 없는 눈물이다.

무수한 돌작밭 갈피에 쏟은 뜨거운 눈물은 바로 홍 시인의 땀방울이다. 이 감동은 황금나팔의 음향리듬으로 전이된다. 이 눈물색체는 황금색이다. 바로 불꽃인 황금색이다. 하늘을 우러러 여호와 '당신'을 바라보며 황금색 불을 주시는 분에 감동한 땅 색이다. 황금색 눈물이다. 감동의 빛이다. 홍 시인의 ~늘 푸른 강물이 듯이의 시에서 얻어진 눈물 몇 점은『나비야 청산가자』시집에서 재반복되면서 리듬을 탄다. 이 눈물 몇 점으로 홍 시인은 목사로서의 설교로 한다. 이 리듬 반복은 시의 특성이다. 홍 시인의 시적 삶에서 나온 눈물이다.

기독교의 진리를 리듬감동으로 표내는 방법은 성서에서 리듬 특수기법이다. 가장 특별한 예는 "주여 주여!" 부르짖는 하나님을 향한 절규[1]이다. 이 절규는 절대적으로 절대자의 뜻에 따르는 황금비율[2]이다. '당신'이 있는 성 막과 신앙시인이 시를 통하여 마음의 절대 복종고백이다. 구름이 머리 위 증거 막 위에 내려올 때에는 진행하지 아니하고 머무르며 청산을 향하여 가자고 하는 음향리듬이다. 시인 마음대로 하는 것이 아니라 '당신' 은혜의 나팔 둘을 만들어 불어[3] 음향리듬과 색채리듬을 만든다. 두 개의 리듬을 가진

1) 홍 문표 · 「복인의 시에 대하여」에서.
2) 민 9:16~24
3) 민수기 10장 1절 여호와께 서 모세에게 일러 가라사대 2절 은나팔 둘을 만들되 쳐서 만들어서 그것으로 회중을 소집하며 진을 진행케 할 것이라 3절 두

진인(眞人)의 균형 리듬이다. 어느 것도 소외될 수 없는 황금의 가슴을 가진 자를 본받는다. 적진을 향하여 갈 때는 나팔을 울려 불지 않으며 나팔을 불 때는 이제 그 목표지점에서 감사와 찬송으로 이어질 때의 황금가슴이다.

내 마음의 정수리
남은 것은 나와 당신
아니 당신만이 성벽처럼
우뚝한 두려움

～ 「날마다 산에 올라 8」에서

당신과의 언약이 소중하였기에
한 때의 화려했던 손짓들과
초록의 기억들을 계절의 발밑에 묻고
선연히 시간의 빛살을 접는다

～ 홍 문표「낙엽을 밟으며」에서

홍 시인은 시를 통해 절대의 '당신'을 마음의 정수리에 담는다. 시간의 빛살을 접는다. 함부로 언약궤를 만지지 않는다. 지성소에 있는 언약궤에 눈을 고정시키고 살아온 삶의 나날들은 숨죽여 긴장하며 당신을 위해 나팔을 불어야 할 때 감동으로 음향리듬을 만든다. 시인의 시에는 늘 '당신'이 있다. '시간의 빛살을 접는' 시인의 심상에 있는 늘 머무는 곳을 떠나지 아니하였던 지난날의 긴장 하나님 일을 믿는 사역자로서의 빛이 떠오르면 밤낮 나아가야 했던 신앙인의 삶이다. 홍 시인의 삶은 시에서의 절대빈도 '당신'인 절대자의 '손'[1]을 따라 안내된 삶이다.

나팔을 불 때에는 온 회중이 회막문 앞에 모여서 네게로 나아올 것이요

1) 부와 귀가 주께로 말미암고 또 주는 만물의 주재가 되사 손에 권세와 능력이 있사오니 모든 사람을 크게 하심과 강하게 하심이 주의 손에 있나이다(역대상 29:12) 모든 생물의 생명과 모든 사람의 육신의 목숨이 다 그의 손에 있느니

절대자의 손은 늘 치료해 주었으며 먼저 그의 나라와 그의 의를 구하는 자를 어루만지는 손에 의해 인도된 홍 시인의 삶이다. 춘향전에서 이 도령이 춘향을 향하여 "너의 머리를 들라 그리고 나를 보라"하고 대면하기를 원하듯이 따스한 손길인 당신이 머리를 들라 한 사랑의 목소리를 듣기까지 인도된다.

시간은 그리움의 마디 끝에 머물고
손에 잡히는 것은
거칠은 목질의 피부

~ 홍 문표「이맘때면 3」에서

그 아슬[1]한 깃발의
희디흰 고독을 보고
그 정수리의 무서운 잔인을 보고
내 손의 까마득한 절망
추락하는 욕망의 허물어짐을 보고
내 목숨의 가난을 보고
이렇게 멀리서 떨고만 있는 것은
이렇게 멀리서 보고만 있는 것은
지고한 높이에서
하늘을 꿰뚫고
권력을 움켜진 너의 승리
성문을 허물고 다가서는 나팔소리

~ 홍 문표「에베레스트 정상을 보고」에서

그러나 내 손에 들려진 자유는

라(욥 12:10) 저는 넘어지나 아주 엎드러지지 아니함은 여호와께서 그의 손으로 붙드심이로다(시 37:24) 저희를 주신 내 아버지는 만유보다 크시며 아무도 아버지 손에서 빼앗을 수 없느니라(요 10:29) 한 손이 있어 나를 어루만지기로 내가 떨었더니 그가 내 무릎과 손바닥이 땅에 닿게 일으키시니(다니엘 10ㅣ10).

1) '아스라' 곧 앚슨 · 앚슬 · 앚슨 · 앚츤 · 안츤이 변하려 아츰의 나라 조선이다. 앗. 아스라이 멀리 까지 펼쳐지는 거대한 땅 '朝鮮'이다.http://www.choistube.kr 소불도리.

늘 떨리는 두려움
부끄러운 눈물 몇 점

～ 홍 문표「시내산」에서

원망도
미움도
새벽안개
부질없는 허공이야
움켜 진 손마디
이제는 손을 펴고

～ 홍 문표「나비야 청산가자 4」에서

홍 시인은 시인의 손과 절대자인 당신의 손 사이에는 비교할 수 없는 거리가 있음을 실감한다. 그 손의 당신이 있는 곳은 하얀 세마포로 커텐이 드리워져 있고 동쪽 문은 항상 열려 있다. 허름한 해달 가죽 커텐으로 되어 있어서 얼핏 보기에 알아보기 힘든다. 이 보물을 캐는 작업 시 연구로 설교하며 이에 따라 홍 시인은 청산 가자며 인도한다. 홍 시인의 앞장서는 신앙영웅의 삶은 땀방울로 얼룩진 빠알간 물기가 있다. 그 분을 향한 절절한 연가는 자신을 번제 드리면서 새롭게 태어난 자만이 들을 수 있는 곳에 선다. 물두멍에 물을 길어 손을 씻고 발을 씻은 뒤 하얀 세마포와 커텐을 열고 나오는 드맑은 영혼의 음성을 들을 수 있는 곳에 늘 선다.

홍 시인의 '당신'은 어떤 존재인가. 언약궤가 있는 곳에 계신 '당신'은 십자가 보혈의 씻음을 주는 자이다. 그 피가 촉촉이 묻어야 심령을 깨끗함을 받는다. '당신'은 광야에서 십계명을 들고 있으며 지팡이와 항아리를 가지고 있다. 당신은 그곳을 먼저 예비하게 하신 후 내용물을 주시기에 아브람이 아브라함이 될 수 있는 길에 계신 분이다. 이삭을 바칠 수 있는 믿음을 허락하신 그 믿음에 서서 어린 이삭을 요구할 때 응하는 믿음을 홍 시인은 가진다. 그리고 여호와로라[1] 하시는 자비롭고 은혜롭고 인자하시고 진실하신 분의 법을 기록하라 하시매 설교준비로 기록한다.

'당신'이 스스로 나는 여호와라 나는 너의 하나님이라 하시고 너는 내 백성이라고 하신 이 분이 계신 곳에 있는 하얀 세마포로 커튼이 드리워져 있음을 홍 시인은 시로 쓰고 항상 열려 있는 보좌 앞에서 늘 허름한 해달가죽 커튼으로 자신을 가릴 줄 안다. 얼핏 알아볼 수 없으며 바닥에 땀방울이 얼룩져 빨갛도록 기도하며 새롭게 태어나기를 희망하는 믿음이 홍 시인에게는 있다.

이 변화의 바람을 위해 홍 시인의 무릎 꿇음은 거의 필사적이다.

산이 산인 것처럼
눈물이 눈물일 수 있다면
눈물은 눈물이 되고

산이 산인 것처럼
믿음이 믿음일 수 있다면
믿음은 믿음이 되고

산이 산인 것처럼
사랑이 사랑일 수 있다면
사랑은 사랑이 되고

산이 산인 것처럼
당신이 당신일 수 있다면
당신은 당신이 되고

산이 산인 것처럼
우리가 우리일 수 있다면
우리는 우리가 되고

---

1) 출 13:5.

산이 산인 것처럼
평화가 평화일 수 있다면
평화는 평화가 되고

산이 산인 것처럼
노래가 노래일 수 있다면
노래는 노래가 되고
산이 산인 것처럼
산이 산인 것처럼
산이 산인 것처럼

~ 홍 문표, 「산이 산인 것처럼」[1)]

절대자의 모습에 따라 움직이는 홍 시인의 형이상싱은 하나님의 음성을 듣는데 있다. 음향리듬은 물두멍에 물을 길어 손을 씻고 발을 씻은 뒤 하얀 세마포의 커텐을 열고 나오는 드맑은 영혼의 음성에 감동한다.

하늘 보좌를 버린 낮은 자의 음성을 절대 추종하는 말씀을 연구한다. 빛과 소금이 되어 가기를 희망하는 복종자의 음향리듬 따라 에덴시학을 펼친다. 사랑받으면 더 사랑받고 싶어지는 이 무한한 사랑의 체험을 둔 기쁨의 설교이다. 일찍이 한국에서도 성음(聲音)에 대하여 기쁨을 맞보는 경지를 태극에 해당하는 이(理)[2)]라 한 기쁨의 경지를 맛 본 자의 기쁨이다.

1) 홍 문표 · 『나비야 청산가자』(서울: 창조문학사 · 1997) · 140~141.
2) 주자왈 태극지시일개리자 · 태극지시천지만물지리 · 재천지즉천지중유태극 · 즉만물중각유태극(성리대전저) · 권25 · 4. 이기일(朱子曰 太極只是一箇理字 · …太極只是天地萬物之理 · 在天地言則天地中有太極; 則萬物中各有太極"([性理大全書) · 卷26 · 4 · 理氣一).

(3). 빠알간 사랑의 소리

홍 시인의『나비야 청산가자』시집에서 빠알간 사랑은 동그라미 이미지이다. 여성적인 시인의 사랑 원형질인 부끄러움에 있다.

> 가능성 · 빠알간(3) · 고향(3) · 꽃 댕기 · 꽃송이 · 꽁트 · 건강 · 겨드랑 · 금붕어 · 끝장 · 기고만장 · 노랑나비 · 눈망울 · 단명 · 달랑거리는 · 은방울 · 돌기둥 · 막상 · 매양 · 두 송이 · 물레방아 · 박동 · 발등(3) · 백운동 · 버들 강아 · 봄 신명 · 복종(2) · 백마강 · 부동(2) · 부정(2) · 분명 · 불가항력 비명(2) · 비상(2) · 빈 깡통 · 모양 · 모퉁이 · 목청(2) · 무궁한(2) · 무명의(2) · 무명초 · 무성 · 무쇠기둥 · 무중력 · 몸뚱이 · 몇 송이 · 물레방아(2) · 사랑(9) · 산신령 · 산등 · 산중문답 · 산정(4) · 소망(2) · 소망(2) · 서성이더니 · 서성이고 · 서정시 · 석양 · 세상 · 세 송이 · 수통 · 순정 · 순응하는 · 스승 · 시장(3) · 싱그러운 · 심장 · 아카시아 · 향 · 악몽 · 안녕 · 앞마당 · 애당초 · 열병 · 영혼 · 옥주봉 · 온종일(2) · 욕망(3) · 원망(2) · 원숭이 · 음정 · 인생 · 일상 · 인수봉 · 일정 · 요단강 · 자랑 · 지하봉 · 정 · 군봉 · 저승 · 절망(7) · 조갈증 · 진동(3) · 지상(5) · 지층 · 지팡이(3) · 진창 · 치정(3) · 천하명산대회 · 천황봉 · 초롱한 앞마당 · 찌렁한 · 전생 · 욕망(3) · 청사초롱 · 타성 · 태양 · 투명한(5) · 팔각정(2) · 포등한 · 피등한 · 한 송이 · 한강 · 한강가 · 햇덩이 · 호롱불 · 화강암(4) · 팔각정(2) · 화창 환상(2) · 환성 · 허영 · 혈기왕성 · 혈통 · 현명 · 휘황

홍 시인의 시의 언어는 시의 메타포 '사랑'(9회) 시어 음소 '…ㅇ' 들의 집합체 부끄러움을 가진 사랑이다. 이 부끄러움은 다름 아닌 하나님 말씀에 순종하지 못한 나날의 부끄러움이다. 사랑하는 사람 앞에서 선 부끄러움이라는 시적 성숙성으로 한다. 의미는 홍 시인이 완전하지 못하였음을 회개하는 내면의식이다.

입도 벙어리가 되고 귀도 들리지 않은 채 불순종했지만 그분의 지극한 사랑을 입은 나날은 바로 나비야 청산가자고 외치게 된 지금의 사랑의 몸짓에서 입이 열리고 혀가 풀리며 말을 하여[1]진다.

사랑의 은혜에 보답하는 몸짓이 바로 나비야 청산가자이다. 이제까지 그렇게 하지 못하였던 부끄러움을 벗어나 순종하고 찬양하고 기쁨으로 에덴동산을 향하여 간다.

홍 시인이 가진 시적 부끄러움은 고대 시가 「헌화가」와 비교할 수 있다. 실명노인은 '아니 부끄러워한다면 꽃을 꺾어드리겠다'[1]했다. 오히려 사랑은 순수와 행복을 수반한 오랜 기다림으로 얻어진 기쁨의 고백이다. 그것은 절대자의 허락에 대한 감격에서이다. 평생의 철학 홍 문표 학자의 에덴시학이 시집 『나비야 청산가자』는 부끄러운 사랑의 관계로 하여 오히려 하나님 여호와는 나의 목사시니 하는 마음에 서 있다. 성경이 그토록 위대할 수 있었던 친밀함에 전율한다. 이제 너무 친하여져서 부끄러움이 없는 경지까지 온 다윗의 "여호와는 나의 목자시니"가 있다. 홍 문표 교수는 우리 가까이 올 수 있는 기쁨의 성경이 되게 하였다[2]고 설교하였다.

사랑의 은혜 음향리듬을 들고 에덴동산을 향하는 신앙 영웅 홍 시인은 바울이 3년간 아멘을 준비한 거나 모세가 40년 동안 아멘을 준비한 것이나 사가랴가 불순종으로 벙어리가 되고 귀머거리가 된 상황에서 아멘을 준비한 것처럼 다시 한 번 기회가 온다면 지체 없이 순종하고 찬양하고 기쁨으로 맞이하리라는 준비의 긴 기다림 "나비야 청산가자"이다. 하나님이 사랑하는 홍 문표의 나비야 청산가자 팻말은 감동의 표 · 삶에서 겪어지는 신기한 일상의 충족을 들고 과거의 부끄러움에서 떠나 와병의식도 양진[3]한다.

---

1) 눅 1:64 참조.
1) 실명노인 ·
2) 홍 문표 · 「여호와의 종 다윗의 시」 (서울: 동천아카데미 · 2015. 1. 11) 설교.
3) 이 퇴계는 죽음의식에서 벗어남을 위한 방법으로 낙동강 상류 토계(兎溪)에 양진암(養眞庵)을 지어 제자들을 기르며 학문에 몰두 · 퇴계라는 호를 짓고 "동

산이 산인 것처럼
눈물이 눈물일 수 있다면
눈물은 눈물이 되고

산이 산인 것처럼
믿음이 믿음일 수 있다면
사랑은 사랑이 되고

산이 산인 것처럼
당신이 당신일 수 있다면
당신은 당신이 되고

산이 산인 것처럼
우리가 우리일 수 있다면
우리는 우리가 되고

～ 홍 문표 · 「산이 산인것처럼」[1)]

홍 문표 학자의 추구목표는 우리가 같이 부르는 평화와 노래이다. 이 때문에 자신을 비워낸 삶의 음향은 사랑이다. 시인의 '눈물'

방의 주자"라는 칭호를 받는다. 중앙관직을 피하여 외직을 지망 48세 때에 풍기군수가 되었는데 · 전임군수인 주 세붕(周世鵬)이 창설한 백운동서원(白雲洞書院)에 편액(扁額) · 서적(書籍) · 학전(學田)의 하사를 청하여 조선조 사액서원의 효시가 된 소수서원(紹修書院)과 60세(1560)에 도산서당(陶山書堂)을 짓고 7년간 기거하면서 많은 제자를 길러냈다. 이황은 특별한 스승이 없이 거의 독학으로 대성하였다. 정 지운(鄭之雲)의 『천명도설(天命圖說)』 개정 · 대승(奇大升)과 7년 여에 결쳐 사단칠정논쟁(四端七情論爭)이 일어나게 된다. 57세에는 『역학계몽전의(易學啓蒙傳疑)』를 완성하고 · 58세에는 『주자서절요(朱子書節要)』와『자성록(自省錄)』완성. 63세(1563)에는 『송원이학통록(宋元理學通錄)』을 지었고 · 66세에는 『심경후론(心經後론)』을 지었으며 · 68세에는『성학십도(聖學十圖)』를 완성한다. 1970년 서울에 퇴계학 연구원이 창립된 이후 · 일본 동경에 이퇴계연구소 · 대만 국립사범대학 내에 퇴계학 연구회가 부설되었으며 · 근래에는 미국의 워싱톤 · 뉴욕 · 하와이 · 독일의 함부르크 · 본에 퇴계학 연구소가 설립되었다. 1976년 이래 해마다 세계 도처에서 국제학술회의가 개최되고 있다. 이 황을 종사한 서원은 전국에 40여 곳에 이른다.

1) 홍 문표 ·『나비야 청산가자』(서울: 창조문학사 · 1997) · 140～141.

이다. '믿음'과 '당신'과 '우리'와 '평화'와 '노래'의 소고가 울려 저 높고 푸른 '산' 색채리듬이다.

이 절대 이상향은 시적 육성으로 18회 시적화자목소리를 낸다.

산 · 산=눈물 · 눈물 · 눈물 · 눈물
산 · 산=믿음 · 믿음 · 믿음 · 믿음
산 · 산=당신 · 당신 · 당신 · 당신
산 · 산=우리 · 우리 · 우리 · 우리
산 · 산=평화 · 평화 · 평화 · 평화
산 · 산=노래 · 노래 · 노래 · 노래
산 · 산= 산 · 산 · 산 · 산

~ 홍 문표 「산이 산인 것처럼」[1]

네 모의 상징성 조형은 완전지향성 은유[2]이다. 이 '산'은 '눈물'과 '믿음'과 '당신'과 '우리'와 '평화'와 '노래'를 네 모 안에 가지고 있다. 이를 하나님이 보호하고 있다. 그리고 그 최고의 지점에 빨간 깃발을 꽂고 싶어 한다.

높이 오를수록
멀리 보이고
높이 오를수록
내려다보이고
높이 오를수록 하늘 복판
낮에는 불수레로 우주를 달리고
밤에는
은하수 넘실대는 아슬한 강가에서
반짝이는 별들을 가슴에 달고
어둠을 굽어보는 짜릿한 평화,
그래서 날마다 산에 오르고

---

1) 홍 문표 · 『나비야 청산가자』 (서울: 창조문학사 · 1997) · 79.
2) 졸저 · 『이상시 연구』 참조.

할 수만 있으면
병벽의 정수리
새하얀 에베레스트 영봉에
내 오른 손의 빨간 손수건 하나
펄럭이고 싶었지
정상이 무엇인지
깃발이 무엇인지
그 펄럭이는 의미도 모르면서
그런데 요즈음은
오를수록 희미하게 보이고
오를수록 숨이 차고
차라리 낮은 계곡
강가에 흔들리는 버들강아지
발밑에 깔리는 조약돌 하나
그도 아니면
물결 따라 흔들리는 갈대꽃
산 그림자

~ 홍 문표「날마다 산에 올라」7 1)

절대자를 찾아가는 음향리듬은 시인 심상의 내적 리듬이다. 이 색채리듬은 빨간 손수건의 빨간색이다. 이 손수건을 홍 시인은 하늘 가까이 펄럭이고 싶어 한다.

그런데 이 빨간 손수건을 펄럭이고 싶은데 흰색으로 돌출되는 시의 아이러니가 있다.

해발 오천을 넘은 영봉은
이미 청산이 아니다.
에베레스트나
몽불랑이나
킬리만자로나
맥귄리의 정수리

---

1) 홍 문표 · 『지상의 연가 ~늘 푸른 강물이 듯이』(서울: 창조문학사 · 1997) · 23~24.

거기엔 소나무도 없고
산나리도 없고
범나비도 없다.
억년빙설로 무장한
장엄한 침묵
거기엔 은빛 권력과
바람의 항거와
산들의 질투가 있을 뿐이다.
흰 구름마저 오르다 지쳐
허리춤에서 흩어지는
저 아득한 봉우리
얼굴조차 가늠키 어려운
이승의 먼 거리에서
너도 없고
나도 없고
우리들의 구구한 넋두리도
눈물도 한숨도
미움도 사랑도 없는
그리하여
죽음조차 빙벽의 아득한 두려움으로
가리어진 새하얀 나라일 뿐이다

～ 홍 문표 「새하얀 나라」[1)]

빨간 색채가 새하얀 색채로 변한 의미를 홍 시인은 고난을 겪음은 더 이상의 고난이 아니며 · 섬기기로 하는 고통은 더 이상 고통이 아니며 · 손해 보기로 한 고민은 더 이상 고민이 될 수 없다는 것이다. 그래서 이 나라는 새하얀 나라이다. 마치 요셉이 약혼녀 마리아를 사랑함으로 만삭되었음에도 불구하고 수 천리 데리고 가 보호하며 들은 음성은 "무서워 말라 보라 내가 온 백성에게 미칠 큰 기쁨의 좋은 소식을 너에게 전하노라"이듯이 사랑하는 자들을 데리고 청산으로 향하는 자는 홍 시인은 '새하얀 나라'를 보았다.

1) 홍 문표 · 『나비야 청산가자』(서울 창조문학사 · 1997) · 97～98.

가다가 지쳐서 돌아오는 김 기림이나 정 한모의 나비가 아니다.

아무도 그에게 수심을 일러 준 일이 없기에
흰나비는 도무지 바다가 무섭지 않다

청 무 밭인가 해서 나려갔다가는
어린 날개가 물결에 저러서
공주처럼 지쳐서 도라온다

3월 달 바다가 꽃이 피지 않아서 서거푼
나비 허리에 새파란 초생 달이 시리다

～ 김 기림 「바다와 나비」

아가는 밤마다 길을 떠난다
하늘하늘 밤의 어둠을 흔들면서
수면의 강을 건너
빛 뿌리는 기억의 들판을
출렁이는 내일의 바다를 날다가
깜깜한 절벽
헤어날 수 없는 미로에 부딪치곤
까무라쳐 돌아온다

한 장 검은 표지를 열고 들어서면
아비규환 하는 화약 냄새 소용돌이
전쟁은 언제나 거기서 그냥 타고
연 자색 안개의 베일 속
파랑 공포의 강물은 발길을 끊어 버리고
사랑은 날아가는 파랑새
해후는 언제나 엇갈리는 초조
그리움은 꿈에서도 잡히지 않는다
꿈길에서 지금 막 돌아와
꿈의 이슬에 촉촉이 젖은 나래를
내 팔 안에서 기진맥진 접는
아가야

오늘은 어느 사나운 골짜기에서

공포의 독수리를 만나
소스라쳐 도라 왔느냐

～ 정 한모 「나비의 여행」

정 한모의 나비가 돌아온 이유는 해후가 언젠가 엇갈리는데서 오는 기진맥진한 상태[1]이다. 『나비야 청산가자』 나비는 믿음의 태평양만큼이나 큰 사랑을 가진 심상에서이다. 그러기에 태평양 바다의 한 방울 잉크 빛을 두려워하지 않는다. 죽음의식에서 벗어나기 위해 청산에 영혼절망의 음향을 묻고 빛살처럼 흔들리는 안간힘인 절망의 고통에서 날개의 비상으로 전이한 체험적 신앙지시소다.

오르다 오르다 쓰러질 수밖에 없더라도 인내하지 않을 수 없는 것은 사랑하는 하나님의 영광을 얻기 위해서이다. 능욕 받는 일에 합당한 자로 여김을 받기도 할 수 있다. 그러나 고난 없이는 영광도 없다.

홍 시인의 『나비야 청산가자』의 나비는 김 기림의 "지쳐서 도라 온다"의 나비나 "소스라쳐 돌아 왔느냐"의 나비가 아니다. 홍 시인의 나비는 새하얀 신비의 나라를 소개한다. 성서에서의 무서워 말라 · 보라 내가 온 백성에게 미칠 큰 기쁜 좋은 소식을 전하여 주는 말씀에 감동하는 나비가 본 새하얀 나라이다. 그러기에 사랑하는 자들을 생명의 위험에서건지는 방법의 이차적인 시인의 방법으로 "나비야 청산 가자"한다. 홍 시인은 빠알간 심장을 지니고 새하얀 사랑의 신비로 들어선다. 시인은 시를 통하여 새하얗게 승화된 믿음의 빛을 전해[2]주려 한다. 에덴은 내 영혼이 피곤할 때 아

1) 정 한모 · '나비의 여행', 『정 한모 시선집』(서울: 현대문학사 · 1983) · 206 참조.
2) 눅 2:10~11 참조.

침에 나로 인자한 말씀을 듣게 하고 · 다닐 길을 알게 하고 · 나는 주의 종이니이다라고 고백한다. 이 신앙의 경지는 여호와는 나의 목자시일 때만 얻어지는 새하얀 비밀[1]이다. 청산을 향하여 가는 음향리듬은 축복의 전주곡이다. 사랑의 길을 실행하고 난 뒤에야 새하얀 길에 도달 할 수 있다.

이 체험은 시인의 보라 우울의 우환의식으로 인한 정신의 각성이기도 하다. 신병의 절실한 체험에서 온 죽음 체험을 극복했기에 빠알간 심장을 들고 낮은 옥타브의 사랑의 진행형으로 청산가자한다. 절망의 끝에서 한 줌 끌어올려진 빠알간 사랑의 불을 든다.

홍 시인의 빠알간 정열은 구체적으로 청색 · 자색 · 홍색 실을 바늘에 꿰어 청색 · 자색 · 홍색 수를 놓아[2] 열 폭 양장을 만드는 지혜를 가지는 일이다. 성소에 놓을 물건을 만들 줄 알아 조각하는 공교로운 일을 연구한다. 『나비야 청산가자』 자전적 해설에서 홍 박사는 "생애를 통하여 네 번째 죽음의식"을 가졌다 했다. 이 늪의 잠재의식[3]은 그러나 끊임없이 도전하면서 절망을 벗어난다.

「나비야 청산가자」 시에서의 최다빈도 '사랑'은 빨간 사랑을 들고 말씀을 듣고 생각하고 말씀을 듣고 실행한다. 성경 표현대로라면 왕이 그녀를 사모하게 되고 이방인들을 굽신굽신하게 한다. 이예는 흔히 말하기를 문학이 밥 먹여 주지 못한다하지만 홍 교수는 끊임없이 이 문학으로 하여 생활을 윤택하여진다. 왕의 귀 비로 오

---

1) 시 14:7~12 참조.

2) 출 35:35.

3) 『周易』 '계사전하 10장 易之爲書也 廣大悉備하야 有天道焉하며 有人道焉하며 有地道焉하니 兼三才而兩之라 故로 六이니 六者는 非他也라 三才之道也니" ~~~~易의 글됨이 넓고 커서 모든 이치를 다 구비하여 · 천도가 잇으며 인도가 있으며 地道가 있으니 · 三才를 겸하여 각각 둘로 한다. 그러므로 육효가 되니 · 육효라는 것은 다른것이 아니라 天地人삼재의도니

넬의 금으로 장식하고 존귀한 자리에 앉는다. 사람을 살리는 말씀이 된『나비야 청산가자』음향리듬과 색채리듬은 홍 시인을 넉넉하게 자비로 출판사를 운영하는 여유로운 삶을 누리게 한다.

청산을 향하여 가는 길을 멈추지 않는다. 이 방법은 한국인으로서 무궁화(무궁화 꽃은 고조선 때부터 국화이며 요순시대의 순 임금의 순이 무궁화 꽃의미.)꽃에 비유된다. 꽃이 봄부터 가을까지 사랑을 펼치듯[1] 홍 시인의 여호와는 믿음의 미소가 되게 한다. 하나님 일을 땀 흘리며 수고하여 하나님 나라 일을 행한 자에게 얻어지는 상금이 곧 시인의 현재 삶의 결과로 이어진다.

아버님은
구룡포 하늘의
찌렁한 목소리
어머님은
떡 바다 들녘의
한 섬 지기 옥답

아버님은 일백 리 쭉 뻗은 신작로
평생을 달리시며
훤한 꽃길 닦으시고
어머님은
비옥한 이랑의 벽오동 심으시고
새벽마다
하나님께 기도드리셨지

---

1) 곽 업주 · 필원교 · 『산해경』(대만. 게업서국인행 · 1075) · 77: 君子國在其北衣冠帶劍 食獸使二大虎在旁 其人好讓不爭 有薰華草 朝生夕死 一曰在肝楡之尸北(군자국은 북쪽에 있는데 옷을 입고 관을 쓰고 칼을 찼으며 · 짐승을 먹고 두 마리 큰 호랑이를 늘 곁에 두었다. 그 사람들은 양보하기를 좋아하고 다투지 않는다. 무궁화가 있어…); 김 근수 편 · 『한국개화기 시가집』(서울: 태학사 · 1985) · 322.(聖子神界孫 오백년은 · 우리 황실이요 山高秀麗東半島는 · 우리 본국일세 · 무궁화삼천리 · 華likely江山 · 대한사름 大韓으로 · 길이보전ᄒᆞ세…).

이제는
우리 다섯 남매
치렁한 오동나무 줄기가 되고
아버님의 그 길을 걸으며
어머님의
그 이랑을 밟으며

오늘도
파아란 하늘을 둘러봅니다.
당당하신 아버님
자애로우신 어머님
선연한 그 모습
쟁쟁한 그 목소리
구름자락 휘날리며 굽어 보십니다.

~ 홍 문표 「어머님 · 아버님」

***홍 문표 교수의 아버님 어머님 시에 대한 창작메모:**

아버지는 시골촌부, 그러나 농토도 작고 체구도 왜소하셔서 농사일은 잘 못하셨다. 그래서 평생 부여 온산 홍산 규암 구룡 다섯 장터를 떠돌면서 행상을 하셨다. 행상이래야 밑천이 없으니 안정적인 장사는 못하고 고작 손저울 하나 허리춤에 끼고 다니며 남의 물건이나 팔아주는 거간꾼 요즘말로 하면 중개인이었다. 그래도 우리 다섯 남매를 잘 키우셨고 무학이셨지만 기억력이 좋고 언변이 뛰어나 동네 대소사엔 늘 앞장서는 어른이었고 밤이면 우리에게 삼국사 이야기를 실감나게 들려 주셨다. 특별히 시조창을 좋아하셨는데 대회에 나가면 언제나 상을 타 오시는 실력이셨다. 없어도 늘 당당했고 낙천적이었던 아버지 목청이 얼마나 컸던지 어디서나 아버지 목소리는 처렁하게 튀었다. 내가 박사가 되고 학장이 되어 고향에 갔을 때 박사아들 왔다고 좋아하시며 동네잔치를 하며 '청산리 벽계수야'를 뽑으셨다. 아흔 둘에 돌아가셔 나는 아버님 묘비에 이 시를 새겨 드렸다.

제 6장 정든 땅 언덕 위에 에덴시학

1. '나의 숨쉬기' 시 공학

1). 목수의 삶을 흠모하여

(1). 행복 몸 숨쉬기

본 논문은 홍 문표 시인의 시집『정든 땅 언덕 위에』에 대한 서정적 모더니즘 시 연구의 일환으로 "나의 고고학' 숨쉬기 시 공학'에 대한 연구이다. 이 논문에서 서정적 모더니즘의 정의는 『정든 땅 언덕 위에』시집의 내용이 가지는 시의 이미지와 상징성이 가로와 세로의 균형을 이루는 시 공학성에 있어서이다. 신학적으로는 십자가의 비율을 말한다. 시 공학상의 가로와 세로의 아름다운 3 · 4 리듬이다. 이 리듬 가로와 세로 이미지를 갖춘 시인의 심상 시 공학성이 그대로 노출됨에 이 시집의 균형가치를 찾고자 한다. 이의 중요성은 바로 이 지상에서 살아가는 누구나 '나의 고고학'이라는 존재에 대한 진실한 자각 리듬이 있다. 이 진실한 보편성의 하나로 홍 시인의 시에서 심상의 비율을 잘 이루어 가는 점을 찾는데 이 연구의 목적을 둔다.

이번 시집 연구는 이번 시집 전까지가 시인의 이웃과 함께하는 공생 이미지로서의 시 연구였다면 이번 네 번째 시집이 개인적인 심상이미지에 좀 더 근접하는 변별성의 시학이라는 점이다. 그래도 이번 시집 전과 전연 무관한 심상이미지가 아니라 예수님이 이 세상에서 직업으로 택한 목수로서의 삶에 대한 흠모가 홍 시인에게 어떻게 투영되어 그 구체성을 가지나이다.

왜 하필 예수님은 이 지상에 오셔서 목수로서의 생애 직업을 택하였을까? 그것은 다름 아닌 이 세상에서 삶의 세상을 바로 잡는 일 · 수직과 수평을 바로 세우려는 목수의 일상이 건축물을 만드는 건축 현장에서의 건축공학성과 같아서이다. 수평과 수직을 설계함으로 시작되는 목수의 일상은 이 지상에 가로와 세로의 바른 터를 잡아 건축물이 기울어지지 않고 바로 서 있을 수 있어야 함을 당위성으로 한다.

홍 문표 시인의 시집 『정든 땅 언덕 위에』는 그 내용이 4분되어 있다. ‘Ⅰ. 나의 고고학’ ‘Ⅱ. 정든 땅 언덕 위에’ ‘Ⅲ. 수술기’ ‘Ⅳ. 당신이 가신 길’로 대분된다. 이에 본 연구에서는 제한으로 ‘1. 나의 고고학’으로 한정한다. 그리고 시집 『정든 땅 언덕 위에』에 대한 호감도 선례 시 이미지 설명을 곁들임으로써 그 변별성을 돈독히 하는 것으로 한다. 다른 시인들과 대별되는 홍 시인은 『정든 땅 언덕 위에』 시집에서 ‘Ⅰ. 나의 고고학’을 이 시집의 첫 포문으로 연다. 이 지상에 존재하는 나의 탄생가치에 대하여 몰두하는 서정적 모더니즘의 전통성을 전제로 한 행복한 몸 숨쉬기를 알리는 것이어서이다.

홍 시인은 전 생애에서 일반 시 4권 신앙 시 2권 모두 6권의 시집을 가진다. 그런데 홍 시인의 ‘나의 고고학’ 이미지는 이 6권의 시집에서 순서가 역동적 연역법으로 설정되는 타임머신을 탄다. 첫째 번 시집 『囚人과 바다』 첫 작품 「골목길에서」에서는 시인의 마음이 잘 들어나는 돌팔이 약장수의 넉살좋은 사설에 걸음을 멈추는 일로 시작된다.

다름 아닌 내가 웃는 일을 나의 고고학으로 한다.

두부장수
뻰디기 장수
돌팔이 약장수의 넉살 좋은 사설에
걸음을 멈추고
힐끔 웃어 보는 후미진 광장

밤에는 포장마차 초롱이 길을 밝히고
나는 무심코 하늘을 본다
별들도 골목길에 내려와 이 밤을 즐긴다
～ 홍 문표 첫째 번 시집 『囚人과 바다』 첫 작품 「골목길에서」 에서

인생을 그리고 시상(詩想)을 웃는 일로 시작하는 일은 홍 시인 자신만 웃어보는 일이 아니라 별들도 골목길에서 내려와 이 밤을 같이 웃는 웃음이다. 왁자지껄한 웃음골목에서 같이 즐기는 것이다. 홍 시인의 첫 시집 『囚人과 바다』 1)에서의 '나의 고고학' 이미지는 넉살좋은 약장수의 사설에 동참하는 일이다. 세상에 하고 많은 시장골목도 있지만 홍 시인은 약장수의 말소리에 발걸음을 멈추고 웃는 일이 나의 고고학이다. 곧 홍 시인의 행복 몸 숨쉬기의 가치는 혼자만 웃는 일이 아니다. 같이 웃는 일이다. 그러자 별들도 같이 웃어 준다. 여기에 홍 시인의 이미지가 시작된다. 다른 이의 개별적인 삶에 열중하는 일에 함께 웃어 준다. 그러자 이웃과 나와 그리고 하늘의 별이 같이 즐기는 기적이 일어난다.

이처럼 홍 시인의 제일 첫째 시집 제일 처음에서 홍 시인의 '나의 고고학'은 이미 존재하고 있었다. 너그러움과 부여인 특유의 홍 시인이 의식하는 '나의 고고학'은 제일 첫 시집에서 '같이' 함께 즐

1) 홍 문표 · 『囚人과 바다』 (서울: 창조문학사 1987).

기는 감성이다. 내력을 알리는 생애의 고고학이 아니라 낙천적이고 긍정적인 균형과 조화로운 삶의 방법이다. 인생을 이웃과 더불어 소중하게 살아가는 이력이다. 더불어 함께하는 삶의 가치 시학의 공학을 설계하는 '나의 고고학'은 바로 홍 시인의 에덴시학이고 홍 시인 '나의 고고학'이다.

둘째 시집 『지상의 연가 ~ 늘 푸른 강물이듯이』[1] 첫 작품 「늘 푸른 강물이듯이1」에서의 '나의 고고학' 이미지는 강물에서 바다로 흐르는 도도한 흐름 시학이다.

> 늘 푸른 강물이듯이
> 그렇게 흘러가게 하소서
> 까마득한 땅 심지
> 투박한 암갈색의 원시로부터
> 허허로운 구천의 정수리까지"
> 밤마다 찢겨지는
> 고독의 생채기
> 붕대로 싸맨 가난한 숨결
> 그 깊은 고통의 잔뿌리까지도
> 뜨거운 입맞춤으로
> 투명한 속살의 부드러움으로
> 어루만지며
> 애무하며
> 치유하는 역사의 회랑을 돌며
> 마침내 잎들이 무성한
> 그리움의 바다
> 그 질편한 관용의 하구로
>
> 연지 찍고
> 곤지 찍고
> 갑사댕기 나풀대며
> 고향 길로 달리듯이

---

1) 홍 문표 · 『지상의 연가 ~ 늘 푸른 강물이듯이』(서울: 창조문학사 · 1992).

그렇게 흘러가게 하소서"

~ 두 번째 시집 『지상의 연가』 첫 작품 「늘 푸른 강물이듯이1」 에서

홍 시인의 고고학은 늘 푸른 강물이듯이 그렇게 푸르른 생명력과 소망으로 도도한 강물이 되어 무한한 바다로 세차게 흘러간다. 수평으로 이동하는 푸른 행복 몸 숨쉬기이다. 그것은 까마득한 땅심지 투박한 암갈색의 원시로부터 허허로운 구천의 정수리까지이다. 방향은 마침내 바다이다. 망망한 바다! 물의 비밀을 말씀의 바다로 흘러가는 나의 고고학이다. 말씀이라는 수직 이미지를 겻 들이는 생명이 살게 하는 바다이다. 물 안의 생명을 건져 올려 자신의 삶으로 사랑을 택한다. 고독과 가난과 고통의 근원적인 부조리마저 뜨거운 입맞춤으로 투명한 속살의 부드러움으로 어루만지며 애무하며 치유하는 역사의 회랑을 돌며 마침내 잎들이 무성한 그리움의 바다 그 질펀한 관용의 하구로 흘러간다. 그냥 흘러가는 것이 아니라 연지 찍고 곤지 찍고 갑사댕기 나풀대며 고향 길로 달려가는 흐름이다. 이렇게 홍 시인의 둘째 시집에서 보여주는 나의 고고학은 수직의 말씀 바다를 향한 변하지 않는 수평이미지로 고독과 가난과 고통의 원죄마저 치유하는 강물이 되어 본향 길을 달려가는 춘향의 단심이 있다. 연지 곤지 찍고 유유히 흘러간다.

그러기에 이 수평 이미지는 다음의 시 「늘 푸른 강물이듯이2」에서 춘향의 단심으로 분장한다.

흘러도
흘러도
바다로만 향하는 춘향의 단심(丹心)
하루도 열두 때
걸신들린 갈증이게 하소서"

정갈한 낮이면
하늘 언저리
순진한 감색자락 입에 물고
찝찔한 사랑가도 불러봅니다

~ 둘째 시집 『지상의 연가』 둘째 작품 「늘 푸른 강물이듯이2」 에서

수평의 강물은 수직의 태양으로 더욱 뜨거운 춘향의 단심이 된다. 그리하여 춘향의 단심은 정갈한 낮이다. 햇볕이 하늘에서 수직으로 내려온다. 혜택을 받은 땅에서 자아가 택하는 사랑은 절묘한 수평과 수직의 시공학성을 알아낸 기쁨이다. 바로 찝질한 사랑가를 부르는 일이다. 이 시공학성으로 홍 시인은 은혜의 결실을 함께 시인의 행복 몸 숨 쉬기가 하늘언저리임을 고백한다. 하늘 복판이 아니다. 하늘복판은 절대자의 것이다. 신앙시가 되는 절묘성이다.

시 공학 색채리듬은 감색이다. 감색은 '현자(賢者) · '지성(知性)을 암시한다. 동시에 지식 · 권위 · 자기조절 관리능력의 능숙함을 의미하고 · 총명한 삶이되 보수적이미지다. 감색을 입는 사람은 · 주어진 일에 대한 결정권자이다. 우두머리 이미지이다. 감색을 좋아하는 홍 시인은 감색자락을 입에 문다. 먹는 일과 말을 하는 역할로 하늘 언저리에서 사랑가를 부른다. 이렇게 단심의 춘향가를 부르는 홍 시인의 고고학은 감색자락을 입에 물고 평생 변하지 아니하는 춘향의 단심가 에덴시학노래를 부르는 일이다.

세 번째 시집 『나비야 청산가자』 1)첫 작품 「날마다 산에 올라 1」 에서는 기다리는 마음 한 곡조 홍얼거리면서 산을 오른다. 시의 행동 공학은 현자의 하늘향한 수직구조이다.

1) 홍 문표, 『나비야 청산가자』 (서울: 창조문학사 · 1997),

날마다 산에 오른다
오를수록 아래로 내려다보이는
아슬한 오만을 키우기 위하여
악착같이 기어오른다
날마다 산에 오른다
오를수록 순진하게 복종하는
시퍼런 독재를 키우기 위하여
목숨 걸고 기어오른다"
"바람으로 이미 어질 퍼진 목숨
너절한 인연들의 손짓들은
측백나무 잔가지에 걸어두고
기다리는 마음 한 곡조 흥얼거리면서
혈혈단신 빈 몸으로 기어오른다"

~ 홍 문표 『나비야 청산가자』 첫 작품 「날마다 산에 올라1」 에서

시인은 '아슬한 오만'이라 했다. "아슬한"은 대(大) 우리 민족이 지구의 반을 차지한 이력의 DNA 공간 시어이다. 시집 제2권「늘 푸른 강물이듯이」에서 수평으로 흐르던 고고학은 시집 제3권「날마다 산에 올라」에 이르러 기다리는 마음 한 곡조 흥얼거리면서 청산으로 수직이미지 기어오르는 일이다. 어디까지인가! 하늘 언저리이다. 그곳으로 흥얼거리면서 오르는 춘향이의 단심가 한 곡조이다. 홍 시인의 고고학은 한 곡조로 혈혈단신으로 기어오른다. 두 사람이 아니다. 신과 마주하는 수직성의 시 공학이 돌출된다. 모세가 그러했다. 홍 시인의 평생 에덴 시를 지향하는 시 공학이 그의 시적 코노테이션으로 작용한다. 홍 시인의 고고학은 혈혈단신의 고고학이다. 이 행동의 정통성은 제사장으로서의 신과 마주하는 낯이다. 태양이 있다. 중앙이 아니라 하늘언저리이다. 태양 언저리이다.

홍 시인의 고향 태양리가 지니는 신화적 상상력은 언제나 기다리는 마음 한 곡조를 부르며 하늘언저리로 오른다. 하늘에 우뚝 선

홍 시인이 아니라 홍 시인은 하늘 언저리! 하늘에 우뚝 선 혈혈단신은 예수님이시었다. 여기에 홍 문표 시인 시 공학이 있다. 시인은 그곳 · 하늘 언저리에서 기다린다. 총명의 현자 옷 감색자락을 입에 물고 냉엄한 판단으로 그리고 시인만이 지닐 수 있는 감성으로 겸허히 기다린다. 춘향이의 단심처럼 강렬하게 사모하면서도 끈질기게 절대자를 기다리는 홍 시인 신앙시학이다.

이 수평과 수직의 시 공학은 이번 연구의 대상인 넷째시집 『정든 땅 언덕 위에』로 이어지며 이러한 고고학이 이 시집 첫 작품 「나의 고고학」에 있다. 이 시에서 고고학의 출발은 현재의 분명한 나의 호적이 제시하는 현실 인식이다.

그래서 고고학의 화두는 홍 시인 삶의 현재가 있다. 태어남과 일생이 전개된다.

일백년 전에는
분명히
내가 없었다
호적에 새겨진 이름도 없었고
내 무게를 확인할 진단서도 없었다

그 때 나는 아무것도 아니었다
홍얼거림도
발자국의 이지러짐도 아닌
무명의 발치에
그저 흘러가는 구름이거나
가지 끝에 매어달린 바람이었다

소나무 가지 사이로 눈짓을 주던
별빛이거나
오대조 할아버지
부싯돌에 달아오르던 미열

나의 호적은 1939년 2월 27일
어머님은 그날 아침
문설주에 걸린 아침 해를 움켜잡고
나를 생산했다고 하지만
내 기억은 늦겨울 하늘에 걸린
아련한 새털구름이다

기록대로라면
이제 내 연대는 분명
칠십을 넘긴 분량인데도
이것저것 제하고 나면
아리한 명주실 한 가닥
아직도 밤이면 내 이름 서 자
허리춤에 매달아 놓고는
불안한 줄다리기다

~ 홍 문표『정든 땅 언덕 위에』첫 작품 「나의 고고학」

「나의 고고학」은 탄생 설화에서부터 현재까지의 존재 인식이다. 특히 시인의 태어난 날자가 기록된다. 홍 시인의 시집 4권 첫 번째 시는 처음 태어난 나의 고고학이 현재의 나의 고고학과 타임머신을 탄다. 바로 일생 축약의 수직과 살아온 시간의 수평이 있다. 그런데 그의 태어남은 물리적 시간만이 아니다. 구름과 바람과 별빛과 아침 해의 우주적 설화가 있었고 오대조 할아버지 부싯돌의 미열도 있었다. 그러한 섭리로 함께 태어난 날자와 현재의 지금이 같이 한 곡조가 되고 일관된 이름 석 자가 되어 일어선다. 그렇다면 그 이름은 그 분이 세워주신 것이다.

그러나 그의 일생은 말씀의 바다를 향해 한 곡조로 살아온 명주실 한 가닥의 삶이다. 춘향이의 단심으로 말씀의 바다를 향해 감색자락을 현자의 입으로 한 "아리한 명주실 한 가닥" 이다.

(2). 신발과 하늘언저리 그리고 하늘 끝자락

명주실은 질기고 떨어지지 아니한다. 변하지 않는 이름 석 자를 평생 '허리춤에 매달아 놓고는' 지성으로 일관된 그리고 감성으로 홍 시인은 변하지 않은 춘향이의 단심가를 부르며 신발을 벗는다. 하늘언저리를 맴돈다. 서서 맴돈다. 이 구조는 건축공학상의 수직이다. 시 공학상의 수직이다. 살아온 생애의 수평과 말씀 받는 춘향 단심 홍 시인 나의 고고학은 한곡조의 수직적 일생이다. 두 곡조가 아니다. 변하지 않는 목수이미지로서의 가로와 세로의 균형이미지의 소명으로 흠모하는 현재! 지상에서의 춘향 단심가가 있다.

그런데 여기에 시의 아이러니가 있다. 시인의 불안한 줄다리기가 있다. 홍 시인의 고고학은 '불안한' 줄다리기와 병행하는 중층묘사를 일으킨다. 시의 내면을 천착하는 시의 코노테이션은 신의 뜻을 묻는 불안한 줄다리기다. 신의 뜻을 묻는 단심가 한 곡조이다. 결정권은 늘 신에게 있기 때문이다. '불안한'이라는 시어 속에는 그러한 인간적 고뇌가 숨어 있다. 그러기에 생명에 대한 전능자의 의견을 묻는 홍 시인의 진정한 신앙심이다.

홍 시인의 나의 고고학은 수직으로 서는 일이다. 이러한 그의 시학은 다음 작품 「신발에 대한 명상」으로 연결된다.

눈만 뜨면 나는
신발을 찾는다
신발이 있고서야 나의 하루가 있다
신발은 나를 끌고
온종일 하룻길을 누빈다

내가 좋아하는 신발은
쇠가죽 검정 구두다

질기고 부드럽고 반짝거리기 때문이다

처음엔 발바닥에만 붙어서 살던 것이
차츰 내 발목을 옥죄기 시작하더니
요즘은 아예 내 행세까지 한다

내가 검정구두와 동거한지 칠십 여년
나는 이제 낡은 검정 가죽구두 한 컬레다

~ 홍 문표 「신발에 관한 명상」 에서

하룻길의 연속으로 살아 온 홍 시인 신발은 질기고 부드럽고 반짝거린다. 일 년이 천년인 성경 신학에서의 하룻길로 살아온 홍 시인의 고고학은 질기고 부드럽고 반짝이는 생애와 등가성을 이룬다. 다시 이 신발은 홍 시인 삶 이미지인 명주실과 등가성을 이룬다. 명주실은 질기고 부드럽다. 신발을 벗은 맨발 역시 부드럽게 반짝이는 맨발이다. 그러나 신발을 포기할 수 없는 지상의 욕망과 인연들과 운명과 끈질긴 실존의 시인 인간 조건들이기도 하다. 그러기에 일상의 삶에서 하루도 벗을 수 없고 결국은 신발이 나의 자화상이 되고 고고학이 된다. .

난 이제 낮에도 신발을 벗고 싶다
쇠가죽 검정구두 그 끈질긴 신발을 벗고
맨 발로 맨 발로
당신의 눈부신 햇살을 마시며
마음껏 하룻길을 달리고 싶다

~ 홍 문표「신발에 대한 명상 」에서

명주실 그 부드러운 은혜의 감촉 그래서 맨발로 걷고 싶다는 홍 시인이다. 신발을 벗어야 하는 이유이다. 맨발이 된다. 맨발이 땅에 있는 흙을 밟는다. 홍 시인의 '나의 고고학' 시 공학 건축은 맨발이고 싶어 한다. 모든 지상의 인연들을 떨치고 자유로운 영혼 · 일체의 번뇌를 벗어버린 해탈이나 거듭남으로 본연의 자아가 되어 당신의 눈부신 햇살을 마시며 당신의 땅에서 달리고 싶은 것이다.

여기에 홍 시인의 맨발의 시학이 있고 신학이 있다. 일찍이 신발을 벗어버린 모세가 있다. 하나님의 뜻을 알아 ארה 알아[1] 보려 곧 숨 쉬고 싶어 할 때 하나님이 모세야 모세야 … 이리로 가까이 오지 말라 너 선 곳은 거룩한 땅이니 네 발에서 신을 벗어라[2] 하시었다. 신발을 벗어라! 너 살 일을 알아라 נליך~ של 살 - 느알레하[3]이다. 살 일 너 알래 하시었다.

발에 신는 신발을 성서는 네 갈 רגליך 레갈[4]로 한다. 홍 시인의 갈 길을 잘 알아 모시는 삶이 평생 같이 신어 온 신발의 사역이다. 현명한 모세가 하나님을 모셔야하듯이[5] 말씀으로 연단 된[6] 홍 시인의 고고학도 바로 여기에 있다.

홍 시인의 신발에 대한 명상은 바로 이러한 신앙적 고고학이다. 하나님 보고 싶어 모세처럼 하늘언저리 호렙 산에 올라간 홍 시인의 시에 있다. 불안해하면서 하나님 음성을 알고파 헐헐 단신 산을 올라간 떨기나무 아래 하늘 끝자락 · 하늘 언저리다. 햇빛 받아 선 십자가 +가 있는 황금의 땅 정든 땅 언덕 하늘 언저리 하늘 끝자락이다. 부여군 내산면 녹간 마을 하늘 끝자락이다. 일찍이 천군사상을 택하여 온 제사의 민족 백의의 민족의 한 사람 홍 시인에게

1) וְאֶרְאֶה(브에르아 · VQICXS · amd see · ὀφομαι · 출 3:3).
2) 출 3:4~5..
3) נַעַל · נְעָלֶיךָ~ שַׁל(쇌~느알레하).
4) רֶגֶל · רַגְלֶיךָ(레갈 · 라그레하 · 네발 · NFD.MYS · thy feet · τῶν σου · 창 3:5)·
5) מֹשֶׁה · וּמֹשֶׁה(모쉐 · 움모세 · C. NE · Now Mosws καὶ μωυσες 출 3:1·
6) הָיָה(하야 · 생명 · 있어 · VQAMZS · ἠν · 틀 3:1).

서 그 분 가까이서 들을 수 있는 하늘 언저리 · 하늘 끝자락이다.

내가 너를 만남은
잘려진 칼날
그 나머지의 행방을
찾기 위해서다

내가 너를 만남은
전생에 풀지 못한
명주실의 엉킨 타래
그 끈질긴 매듭을
풀기 위해서다

내가 너를 만남은
외로운 달밤
반짝이는 별을 헤며
네 발목을 잡고
빙글빙글 돌아가기 위해서다

그러나 내가 너를 만남은
헤어지기 위해서다
아니 · 헤어졌다
다시 만나기 위해서다

~ 홍 문표「내가 너를 만남은」

명주실 이미지를 홍 시인은 혈혈단신 산에 오르는 수직성 · 그 하늘 언저리와 하늘 끝자락에서 "내가 너를 만남은 · 전생에 풀지 못한 · 명주실의 엉킨 타래 · 그 끈질긴 매듭을 · 풀기 위해서다" 라 하였다. 시적 화자가 시적 화자 너를 만나야 하는 이유는 명주실의 엉킨 타래를 풀기 위해서다. 명주실의 엉킨 타래를 풀기 위해 하늘 언저리 · 하늘 끝자락에서 행복 몸 숨 쉬기를 한다.

그때 나는
얼마나 다급했던지

허공에 누워
까만 초침의 궤적을 밟으며
희미한 내 운명의 무게를 가늠하면서
창틈으로 스며드는 푸르른 하늘을 보았다
풋내
나는 오월의 바람조차
달디 단 아카시아 향내가 났다

회색의 기억들이
기도문의 꼬리에 매달려
기적의 아침을 간구하면서
그 많은 잎사귀와
탐스런 열매를 인질로 하여
며칠만 더
빛살의 야무진 식욕을 요구하던
내 목숨의 부끄러움

그 때 나는
발치에 돋아난
무명의 풀이고 싶었다

철없이 뒹구는 망아지
모퉁이에 버려진 조약돌조차
얼마나 부러웠던지
망각의 허름한 껍질이거나
차라리 무관심의 바람이고 싶었다

그런데 여유가 생긴 요즘엔
비가 내리고
바람 부는 날이면
신경통을 걱정 한다
정말 가증스런 게
염치를 모르는 명줄이다

~ 홍 문표「그때 나는」

하나님의 허락해준 명주실의 명줄이기에 홍 시인의 고고학은 명주실과 명줄의 등가성으로 시의 코노테이션을 만든다. 홍 시인의 행복 몸 숨쉬기 숨결의 명줄로 하나님을 향해 수직으로 선다.

이 연쇄망은 놀랍게도 이슬이다.

너무도 투명하기에
조그만 동공에
아득한 우주를 품고
너무도 순결하기에
내 영혼의 흔들리는 숨결마저
살며시 머금고는
맑은 눈을 깜박 거린다

~ 홍 문표「이슬에 대하여」

하늘 끝자락에서 너를 만나는 홍 시인의 이슬이 있다. 이슬을 성서는 하늘의 보물이라 한다. 팔레스타인과 동방 여러 나라의 이슬은 그 양이 많으며 비가 거의 내리지 않는 계절에 식물들에게 없어서는 안 될 요소이다. 그래서 다볼 산과 헤르몬 산 같은 데서는 이슬이 너무 많이 내려 마치 아침에 비가 온 것처럼 보인다.[1] 기드온은 일찍 일어나 양털에서 이슬을 짜 매 물이 대접에 가득하였다. 이슬은 우기가 시작되기 전과 후에 산에 많이 내리어 식물들이 자란다. 이슬은 하나님의 섭리의 은택이다.[2] 이 은택을 홍 시인은 감지한다. 시인은 이 보물 이슬을 기록[3] 한다. 하나님께서 하늘의 이슬[4]을 하늘에서 이슬이 내리시어[5] 욥에게는 삶에 뿌리가 되었다. 밤새도록 욥의 가지 위에 내리어[6] 욥의 뿌리가 물가에서 뻗어

1) 삿 6:38; 아 5:2.
2) 창 27:28; 신 33:28; 왕상 17:1; 욥 29:19; 학 1:10; 슥 8:12.
3) 신 32:2; 삼하 17:12; 시 110:3; 잠 19:12; 호 14:5; 미 5:7; 창 27:28.
4) 신 33:28.
5) 왕상 17:1.

나가게 된다. 고난을 이긴 욥의 시적 비유를 이슬이 욥의 가지 위에 밤새도록 내렸다고 한다. 하나님의 은혜와 축복이 이슬로 되어 있는 일을 모세는 말씀을 '맺히는 이슬' '나의 말은 맺히는 이슬이요'이다.

풀잎에 맺히는 이슬[1]을 홍 시인은 좋아한다. 이삭이 두 아들에게 축복기도 할 때도 이슬처럼 되라[2]한다. 모세가 요셉지파를 축복할 때 하늘의 보물인 이슬[3]로 한다. 이슬은 축복과의 관계이다. 어두운 밤에 하늘의 이슬 · 인생의 어두운 밤에 은혜의 이슬에 흠뻑 젖은 욥[4]이 있다. 연약한 풀잎이 상하지 않도록 영롱한 이슬방울을 주시는 일을 시인은 감성으로 화답하고 있다.

태양의 신이 택하여 준 부여의 땅에 태양리가 있다. 녹간 마을이 있다. 홍 시인은 아침 마다 밤새 내린 이슬이 하나님의 은혜임을 안다. 홍 시인은 태양이 떠오를 때 밤에 내린 이슬의 물 기운으로 태양의 햇볕으로 하루를 지낸다. 그 힘으로 하늘 언저리 하늘 끝자락에서 그 은혜의 과일들을 주렁주렁 단다. 하늘 언저리 하늘 끝자락에서[5] 홍 시인은 매일같이 하나님이 주시는 은혜를 매일 받아[6] 하늘에서 내리는 이슬 · 만나를 얻는다. 말씀을 받아먹는다. 이러한 홍 시인의 고고학은 은밀한 가운데 하늘 언저리 바로 하늘끝자락에서 이루어진다. 모두 잠이 들어 있을 시간[7]에야 얻을 수 있다.

---

6) 욥 29:19.
1) 신 32:2.
2) 창 27:28.
3) 신 33:13~14.
4) 욥 42:4.
5) 잠 8:34.
6) 왕상 8:59.
7) 시31:20.

2). 시인 목수의 통치술

이슬![1] 꽃처럼 이슬 먹고 사는 시인 나의 고고학이 있다. 홍 시인은 이번 시집을 『정든 땅 언덕 위에』 라 하였다. 시인 목수 시 공학성으로 집을 지으려 수평과 수직으로 터를 잡은 곳은 '정든 땅 언덕 위에'가 그 변별성이 똑 같은 제목으로 쓰여 진 다른 시인 시와의 변별성은 무엇인가.

홍 시인이 하는 일은 하늘을 보는 일이다.

하늘을 본다

~ 홍 문표「망부석2」에서

남산 언덕에
소나무 한 그루
온 종일 하늘만 본다

~ 홍 문표「남산 소나무」에서

학생들이 연구실을 점거하던 날
나는 창을 열고
청자 빛 하늘을 더듬었다

~ 홍 문표「어떤 하루」에서

강물 위에 배가 간다
배 위에 하늘이 간다

~ 홍 문표「동행」에서

손 로원의 노랫말 '정든 땅 언덕 위에'는 "물레방아 돌고 도는 내 고향 정든 땅…"으로 된「물레방아 도는 내력」이 있다.

벼슬도 싫다 만은 명예도 싫어

---

1) 호14:5.

정든 땅 언덕위에 초가집 짓고
낮이면 밭에 나가 길쌈을 매고
밤이면 사랑방에 새끼 꼬면서
새들이 우는 속을 알아보련다

~ 손 로원[1)]「물레방아 도는 내력」

손 로원은「물레방아 도는 내력」에서 “버슬도 싫다 만은 명예도 싫어 · 정든 땅 언덕위에 초가집 짓고”로 시작되는「물레방아 도는 내력」가사는 공감대를 형성했었다. “낮이면 밭에 나가 길쌈을 매고 · 밤이면 사랑방에 새끼 꼬면서 · 새들이 우는 속을 알아보련다”하였다. 대중가요가사 작사가 손 로원은 1941년 역사소설가 윤 승한의 소설 김유신에서 3000궁녀 이야기를「백마강」노랫말 3천궁녀의 이야기를 사실화로 왜곡되게 한 오류가 범해 졌다.

백마강에 고요한 달밤아
고란사의 종소리가 들리어 오면
구곡간장 찢어지는 백제 꿈이 그립구나
아~ 달빛 어린 낙화암의 그늘 속에서
불러보자 삼천궁녀를
…
백마강의 고요한 달밤아
철갑옷에 맺은 이별 목메어 울면
계백장군 삼척검은 임 사랑도 끊었구나
아~ 오천결사 피를 흘린 황산벌에서
불러보자 삼천궁녀를

---

1) 한국 가요작사가 손 로원은 가요산맥 거인으로 2011년 오후 10시 KBS 1TV '가요무대'에서는 작사가 손 로원 탄생 100주년 기념 '가요산맥—작사가 손로원'편을 방송했다. 뚜렷한 약력이나 출생이 알려지지 않는다. 2011년에 탄생 100주년인 것을 보면 손 로원 1911~?년 생이다. 1950년대의 다작 작사가이다. 「봄날은 간다」「귀국선」「비내리는 호남선」「물레방아 도는 내력」「페르시아 왕자」「인도의 향불」「홍콩 아가씨」「샌프란시스코」「고향의 그림자」등 손 로원은 서민의 애환을 담은 절절한 가사로 많은 사랑을 받았다. 참조: · html_dir · 2011 · 04 · 03 · 2011040301312.html

~ 손 로원 「백마강」에서

이처럼 대중 속으로 파고든 손 로원 '백마강' 노래에 3천 궁녀가 낙화처럼 떨어졌다는 무책임한 역사 왜곡으로 하여 백제역사는 사실인양 굳어져 갔다. 현종이 양귀비에 빠진 비웃음의 이야기를 사실인양 백마강의 의자왕과 연결시킨 잘못된 노랫말 내용이다. 백마강과 3000궁녀와 낙화암 슬픈 이미지가 대중가요의 물결을 타면서 기정사실로 더욱 사람들의 가슴에 감성으로 사실화 되게 인식되었다. 이렇게 사실을 왜곡하며 과장했지만 백제사를 왜곡시킨 일은 아무리 역사가 오래 되어도 하나씩 사실이 아님을 학자들은 연구하고 연구한다. 의자왕은 오히려 명장이었고 해동증자라 할 만큼 현명한 군주였다. 국력에 너무 자신만만했던 결과로 나당연합군에 의해 무너진 역사가 있지만 그렇다고 백제의 걸어온 역사는 왜곡될 수 없다. 이 자리에 홍 시인이며 학자의 왜곡된 역사 바로 잡기의 처절함이 있다.

백제에 대한 어긋난 인식에서 백제후손들은 패배의식을 갖게 된 이 왜곡 날조된 전설을 홍 문표 시인은「정든 땅 언덕 위에」서 과감히 바로잡기에 나선다. 시인 홍 시인의 목수이미지로 백제의 진실 알리기 위한 시집『정든 땅 언덕위에』에서는 물론 왜곡된 역사를 부여 사비신문과 백강문학 등에 1917년 이 왜곡성을 알리는 일이 전개된다. 시로 그리고 논문으로 진실규명을 한다. 홍 시인의 시집『정든 땅 언덕 위에』의 역사바로잡기는 서정을 바탕으로 한 지성의 진실을 찾아 그 진실대로 바로 세움 시공학성이다. 수평과 수직의 시공학성이다.

그러기에 송 수권의「정든 땅 언덕 위에」와도 변별된다.

낮선 곳 낮선 풍경을 지치도록 달리다 보면
예 살던 징검돌 하나라도 이리도 마음에 맺히는 거
물방아는 처릉 처릉 하얀 물 잎 새를 쳐내고
달맞이꽃이 환한 밤길은
솔솔 어디선가 박가 분 냄새가 코를 미었다
나는 지금 남부 이탈리아 롬바르디 평원을 달리며
이 평원을 다 준다 해다
내 편히 쉴 곳 없음을 안다
베르디가 노래한 아침 태양도
내 가슴을 적셔 내리진 못 한다
어디에선가 거대한 성곽에서 종이 울리고
진군의 나팔소리 따라
천국이 하늘 위에 있다고 일러주지만
아무래도 내 깃들일 수 있는 곳은
이 대평원이 아니라 대숲마을을 빠져나온 저녁연기들이
낮게 낮게 깔리는 그러한 들 판 이었다
시냇물이 촬촬 흐르고 몇 개의 징검돌이 놓이고
벌떡벌떡 살아 뛲뛰는 어린 날처럼
물방개라도 만나보고 싶은 곳이다
이틀이나 사흘쯤 낮선 곳 낮선 풍경을 달리다 보면
이리도 흙냄새 그리운 거
징검돌 하나라도 이리 마음속에 떠오르는 거
아 아 문둥이 장돌뱅이처럼 내 가슴에 닳아지는 얼굴들
지금쯤 흙 담 앞 뒤란을 캄캄하게 겨울눈이 내리고
햇빛이 맑은 아침나절은 앞마당
참새 발자국도 깝죽 거리겠다
구석진 골목길 왕 거무가 집을 짓다 말고
따뜻이 등을 기대이겠다
멀리 보리밭 들판을 청동 오리 떼 날아 내리고
보리 싹 밀 싹 파먹느라
또 남녘 벌 끝 시끄럽겠다.

~송 수권1) 「정든 땅 정든 언덕 위에」

송 수권의 「정든 땅 언덕위에」 시는 고향을 떠나서의 고향그리

1) 송 수권 서정시인 · 1940년 고흥출신.

움의 이미지로 부각된다. 정든 땅 그리움 이미지이다. 그러나 홍 시인은 고향에서 큰 바위얼굴이다. 고향을 버리지 않고 고향에서 고향의 잘못된 기록을 바로 잡는다.

천 양희의 시「정든 땅 정든 언덕 위에」가 또 있다.

시로서 세상을 만들 수 있을까 시로서
세상을 살 수 있을까 시로서
집을 짓고 시로서
사랑을 할 수 있을까
시가 햇빛이 되고 불빛이 되고
시가 고향이 되고 나라가 되고
시로서 따뜻하고 시로서
사람들이 행복한 곳
정든 땅 언덕 위에
시 같은 피 시 같은 땀
씨 뿌릴 수 있을까
시 같은 인생 시 같은 일생
거둘 수 있을까
정든 땅 언덕 위에
시의 세상
시의 나라
시의 집을 짓고.

~ 천 양희[1] 「정든 땅 언덕 위에」

천 양희의 시 「정든 땅 언덕 위에」는 시 창작의 터를 정든 땅 언덕 위에 짓고 싶어 하는 꿈을 노래했다. 시의 나라 시의 세상을 정든 땅 언덕 위에 세우는 일을 시의 집으로 하고 싶어 했다. 실천성이 아니다. 그리고 김 용택의 시「정든 땅 정든 언덕 위에」는 아내와 살고 있는 고향을 정든 땅 언덕 위 등가성으로 한다.

---

1) 천 양희 1942년 부산 출생.

아내여,

그대 곱게 간수해온 눈 내리 깐 고운 청춘
이 세상 어디를 가다 산 설고 물 설은
산중 땅 찾아온 그대 나를 믿지 말라.
우리 이 세상을 따로 살아가다
우리 어느 길에서 만났으니

이제 남은 생애로 남은 생을 함께 살아갈 뿐
산중 논밭 일이야 어디 허리 쉴 짬이나 나야지.
그대 나와 내 동네에 사랑땜도 하기 전
새벽같이 일어나 잠자리 들 때까지
일하면 할수록 더욱 일은 생겨
밀리고 쌓이는 크고 작은 일들.

봄밭에서 돌아오다 먼 산보면 어느덧 봄이 가고
여름이다 싶어 앞 냇물 들여다보면
어느덧 앞산 뒷산이 맑고
물을 손 담가보면 손 시리고
고추 따다 돌아보면 덜 딴 고추 남아 있어
뒤돌아가 다시 따면

어느새 앞서 익은 반가운 고추
그 반가움 그대로 모르게 그대 맘에 익히며
손등으로 이맛머리 씻어 가면 벌써 지는 해
치맛자락에 묻은 흙먼지 털다보면
어느새 또 한해
한해 한해가 그렇게 가고 오며
앞산 복사꽃 피면 설레 이던 가슴
어느덧 무심해져　　～ 김 용택[1]「정든 땅 언덕 위에」에서

김 용택은 아내와 결혼한 처음부터 시작되는 정들기의 시작이 마침내 한 뿌리가 되어 가는「정든 땅 언덕 위에」를 수평이미지로 한다. 하늘향한 수직이미지가 없다.

---

1)김 용택 1948년 전북 임실군.

지금까지의 손 로원 · 송 수권 · 천 양희 · 김 용택이 보여주는 이미지와 변별되는 홍 시인의「정든 땅 언덕 위에」는 본인이 서문에서 밝힌 대로 "사랑과 평화가 넘치는 사람들이 사는 곳 · 바로 내가 사는 정든 땅 언덕을 바로 에덴을 바탕으로 하면서도 수직으로 나의 고고학으로『정든 땅 언덕 위에』에 세우기로 하는데 있다. 수직으로 한 그의 평생 절대자 흠모의 이미지와 더불어 목수이미지의 가로와 세로의 균형을 이루는 십자가 비율이 있다. 신앙시가 있다. 그 분의 힘으로 왜곡된 역사의식 바로 세우기에 홍 시인은 전념한다.

홍 시인의 시집에서 'Ⅱ. 정든 땅 언덕 위에' 2부를 정든 땅 고향 백제의 왜곡된 역사 바로 세우기로 한다.「예가 바로 백제의 하늘이다」「낙화암의 봄꽃놀이」「백마강은 불사의 용이다」「조룡대를 없애버려라」「정림사지오층석탑아」「부여인의 노래」「정든 땅 언덕 위에1」「정든 땅 언덕 위에2」에서이다. 고향 부여의 하늘아래 정든 땅 부여! 하늘을 부여받은 부여는 현재 기차도 없다. 전철도 없다. 그만큼 역사를 중요시하는 애향심이 부여 인에게는 있다. 태양 신이 내려와 부여를 부여해주었다는 부여는 역사자취가 사라진 무 제국에서 오늘날의 부여 언어를 찾을 있다. 2세기 춘추천국시대부터 있었고 중국 하북성 일대 갈석 · 조양 · 만주 천안현 요서군의 영지성[1] · 석촌동 동촌토성 · 하남시 · 인천 미추홀!

1) 신 백제사 제 4부 최초보고 '백제는 중국 요서에 진출했는가'(2013. 5. 7. 강종원(대구 가톨릭대학) · 조 법종 · 서 영수(단국대) 연구.

2. 에덴 언덕을 얻은 '사람의 고고학' 시학

1). 정든 땅 언덕

지금 바로 세계는 바야흐로 위성사진으로도 몇 만 년 전의 모습도 알 수 있는 시대이다. 홍 시인의 시집 『정든 땅 언덕 위에』의 시인 영감이 얼마나 고귀하고 귀중한 것인지! 언덕 거대한 땅 백제의 엄청난 비밀 앞에 홍 시인이 인생 전체에 심혈을 기울이는 에덴을 논함에 있어서 먼저 홍 시인의 고향 백제의 수도 부여가 어디 있었느냐 혹은 우리가 어디서 왔느냐 하는 고향이 중요하다. 외람스럽게도 역사 이야기를 역사학자에게 맡긴다하여도 부여라고 하는 중요한 이름을 빼 놓고는 의논할 수 없다. 부여에 대하여[1]는 신당서(新唐書)에서 부여[2]가 발견된다. 우리가 아는 주몽 이야기에서 북부여를 떠나는 주몽이야기가 전개된다. 더구나 중국 북사(北史)[3]에서 말하는 동이족인 백제에 대하여는 원(中原)의 나라들이 백제를 대국(大國) 동이강국(東夷强國) 구태백제(仇台百濟) 라 하면서 단군왕검이 세운 수도 아사달(古朝鮮)이 저문 다음 다시 불을 밝힌 부여(夫餘)라 했다. 「구당서 백제전」에 따르면 · 서로는 서해바다를 건너 월

1) 姜 相源 · 『東國正韻실담어註釋(강 상원 · 동국정운실담어주석)』(서울: 명륜학술원 · 2018 3판). · 43.

2) 新唐書 券 220 · 東夷,百濟傳 夫餘別稱也(권 220 · 동이 · 백제전 · "백제 · 부여별칭야)

3) 北史 券 54 百濟傳載("百濟之國 · 盡馬韓之屬國也(백제전재 "백제지국 진마한 지속국야).

주(양자강 지역)에 이르고 · 북으로는 발해만을 건너 고구려와 접하고 · 남으로는 남해바다를 건너 왜(倭 : 일본열도)에 이른다고 했다. 동으로 높은 산 서로 서해바다 남으로 평야 그리고 북으로는 강을 끼고 산을 등에 업고 도읍한 부여다. 동서가 2만리 · 남북 5만리! 우리민족의 고고한 역사의 에너지![1] 홍 시인의 고향 부여는 강을 건너 바다를 다스리며 넓은 들을 등에 업었었다. 백제와 관련하여서는 '온'이나 '언'이 따라 다닌다. 한국전통문화대학 이도혁 교수는 백제 시조를 온조가 아니라고 한다. 온조와 관련 백제를 운운 할 때 어원 '온'은 한자 차음 百 100이고 '제'는 지금의 제주도를 '담라' 혹은 '담라'라 한 데서 '제'자의 한자 차자 근원을 유추할 수 있다. 몇 천 년 전의 가장 쉬운 접근 언어는 지금의 '언덕'이다. 온 드넓은 나라 · 아주 큰 온 나라다. 일본사람들은 백제를 나라라 하였다. 백제 본 이름은 ᄋᆞᆫ닮이다. 가장 쉽게 전근되는 언덕이다. 지금의 백제는 차음자이고 본래의 이름은 ᄋᆞᆫ닮 · ᄋᆞᆫ돍이다. 신라 탈해왕이 무덤에서 ᄋᆞᆫ닮을 들고 나왔다고 한 기록이 있다.

거대하고 넓은 땅! 아시아 해상국 백제! 고인돌 · 옹관문화를 유럽 · 중동까지 전파한 부여! 중국 정사 주서(周書) · 북사(北史) · 수서(隋書)는 백제의 시조 '구태'를 실존설로 한다. 동이(東夷) 중 강국 백제(百濟) 부여에는 구뜨레 나루가 있다. 구다라가 바로 백제라는 뜻이 그대로 일본 오사카에 있는 구다라스 즉 구다라 주 · 백제이다. 으뜸 백제의 제 또한 우두머리 · 으뜸이어서 백제(百濟)이다. 온돎 · 온돍이다. 백제의 우리말 이름이다. 백제라는 말 온돎 · 온돍

1) 강 상원 · 「사라진(沈沒) 무제국~ 東夷族에 母國』(서울: 朝鮮世宗太學院 · 2013). · 64. 波茶留之國 Pancalas =桓仁國: 동서 20,000리 남북 50,000리. Pancalas in Pa~Mil lofty Heights of Him~a Laya Mt.

은 넘나드는 언어의 변형을 백제 한자로 차용되었다. 우리말 차자(借字)이다. 하강욱은 그의 동이원류사(東夷原流史)에서 백제 부여인은 사투리 Ksitria 곧 우리말 쓰는 동이민족이라 했다. 우리에게 백제의 수도 부여! 그 헤아릴 수조차 없는 연원들이 속속들이 밝혀지는 이 즈음에 이 유구한 역사를 가진 부여가 고향인 홍 문표 시인의 『정든 땅 언덕 위에』 시집이 있다. 부여인 홍 문표 시인의 자리가 있다. 홍 문표 시집 『정든 땅 언덕 위에』를 '에덴 언덕을 얻은 사람의 고고학 시학' 논문에서는 시 속에서의 이력 시학에 관심을 두어 홍 시인이 시로 이웃에 대한 사람고고학을 홍 시인이 시로 쓴 사람고고학을 얻은 에덴시학으로 정든 땅 '언덕'이라는 언덕 주제에 일관하고자 한다. 홍 시인이 얻은 에덴이 어디 있었느냐 하는 이 언덕은 메소포타미아 지리적 조건에서는 두 개의 강 사이에 끼어 있는 땅! 태평양 지역에서 천지개벽으로 인한 사라진 무 제국(帝國)에서 동이족 언어 그대로가 발견[1] 되어진다.

그만큼 고향은 홍 시인께서 시가 가질 수 있는 영감스러움으로 시집 제목이 주어진다. 언덕 자체가 백제라는 의미의소이다. 이 원초적인 개념은 가장 높은 곳에 신전을 지은 뜻으로도 언덕이 해석된다. 왜냐하면 홍 시인에게서 이 언덕이 교회가 있는 곳으로 시에서 언급되기 때문이다. 한국 기독교 문화에서도 가장 높은 언덕 위에 교회를 지어 왔다. 그 아련하고 아스라한 고향에너지가 지그라트 Ziggurate 巢로 발견된다고 강상원 박사는 밝히고 있다. 꼭대기 지칭이다. 마고성[2] 히말라야[3]의 가장 높은 의미 혹은 신전 가장

---

1) 강 상원 · 「사라진(沈沒) 무제국~ 東夷族에 母國』 (서울: 朝鮮世宗太學院 · 2013). · 27.

2) 태평양 한 복판에서 큰 천지이변으로 물속으로 사라진 무제국 사람들이 피난하여 머물렀던 동이족의 피난처.

높은 언덕이다. 가장 높은 언덕은 언제나 산등성이에 있다. 이 등성이는 신 마루이다.

때문에 본 연구자는 제목에 대한 정든 땅 언덕의 당위성을 홍 시인 시집 『정든 땅 언덕 위에』 서문에서 찾기 시작하였다.

> 정말 에덴동산은 어디일까. 사철 푸르른 강물이 흐르고, 온갖 세들과 꽃들과 나비들이 춤추는 청산일까. 우리들의 마음속엔 누구나 목가적인 전원을 품고 있다. 청산이 있고, 에덴이 있는 곳이다. 그러나 에덴은 수목이 우거진 현실과 멀리 떨어진 수목이 울창한 청산만이 아니다. 사랑과 평화가 넘치는 사람들이 사는 곳, 바로 내가 사는 정든 땅 언덕이 바로 에덴이이기도 하다. 그래서 나의 네 번째 시집은 『정든 땅 언덕 위에』 세우기로 하였다.
>
> ~『정든 땅 언덕 위에』 서문

이 시집에서 홍 시인은 고맙게도 정든 땅 언덕을 에덴이라고 하고 있다. 다름 아닌 언덕과 에덴을 동일시한다. 언덕이 에덴이라는 정의는 강 상원 박사가 에덴의 어원을 '얻은'[1]으로 한데시도 도움을 얻었다. 얻은 일은 내가 누구로부터 얻은 것이다. 이 겸손의 철학은 홍 시인이 인식하는 지상의 에덴이 바로 하늘에서 내려주시어 얻은 지상의 에덴이라는 점이다. 정든 땅 언덕을 얻은 홍 시인은 사철 푸르른 강물이 흐르고, 온갖 새들과 꽃들과 나비들이 춤추는 청산을 에덴이라 하였다. 사랑과 평화가 넘치는 사람들이 사는 곳, 바로 내가 사는 정든 땅 언덕이 바로 에덴이라 하였다. 에덴을 얻은 기쁨은 전 생애를 투자한 가치가 있는 정든 땅 언덕이어서 좋았다. 이 선견지명으로 홍 시인은 정든 곳이 에덴이라는 시적 코노테이션을 만든다.

---

3) 히말라야는 우리말이다. Him~alaya: 가장 높은 곳.

1) edhen 어든: 에덴: 「동서언어의 뿌리」 (2015 · 0822) 동영상, 강상원 박사 동양철학자, 사학자, 번역가(2017.12.4)동영상 산스,크리스트어(싯담어) 연구자.

홍 시인 에덴의 언덕은 시에서 어떻게 표현되는가.

구름 한 자락 깔고
동해를 비껴 누운 언덕
산은 아직도 순결한 풍속이다
~홍 문표「대관령 연가」(『囚人과 바다』)에서

언덕은 언덕으로 이어지고
산과 바다와 아라비아 사막으로 이어지고
오색 무늬 비단길,
누구의 가슴에도 한 아름
꽃으로 피어나는 열망
사람처럼 뜨거운 불꽃
~ 홍 문표「3월의 언덕에 올라」(『나비야 청산가자』)에서

갈대꽃 무성한 언덕에
쏟아지는 햇살
~ 홍 문표「늘 푸른 강물이듯이3」(『나비야 청산가자』)에서

사월의 산언덕
포동한 등성이마다
~ 홍 문표「언덕에 붙어」(『나비야 청산가자』)에서

봄이면 뻐꾸기 울음 따라
온통 진달래로 치장한 동산을 달리며
~ 홍 문표「장승백이 시절」(『囚人과 바다』)에서

멀리 의사당 꼭대기엔
하얀 비둘기 한 쌍이 선회하고 있다
~ 홍 문표「워싱턴 가는 길」(『囚人과 바다』)에서

산등성이마다 타오르는 불길
무성하던 초록의 욕망을 일순에 떨고
노을에 타는 가을의 길목에
온몸을 사르는 황홀한 절장,
~ 홍 문표「시월의 유혹」(『囚人과 바다』)에서

홍 시인이 에덴을 그가 얻은 언덕으로 하여 감사와 감흥을 읊고 그토록 한 생애를 걸어 그의 가치를 빛내 주는 데에는 에덴의 언덕이 구름 한 자락 깔고 동해를 비껴 누운 언덕이기 때문이다. 그가 얻은 언덕이 언덕으로 이어지는 데에 대하여 시인은 복 받았다고 생각하고 그리고 매혹 당한다. 그런데 홍 시인의 언덕이라는 에덴관은 아주 중요한 한 가지 그것은 홍 시인 혼자만이 아니라는데 이 홍 시인 에덴 언덕의 가치가 주어진다. 혼자만의 소유가 아닌 언덕이라는 홍 시인의 철학관은 누구의 가슴에도 피어나는 열망이 에덴이라는 점이다. 나 혼자만 잘 먹고 잘살고 나민 행복을 누리는 언덕의 에덴이 아니다. 아우르며 같이하는 언덕 에덴이다.

이 때문에 이 언덕은 우리의 언덕이 된다. 시인은 이 언덕을 향하여 뜨거운 불꽃을 피운다. 갈대꽃 무성한 언덕에 쏟아지는 햇살을 시적 코노테이션이로 한 천혜의 우리 언덕이라는 것이다. 백제가 우리가 아는 우리말 찾기는 앞으로 연구하겠지만 언덕 바로 에덴은 포등한 등성이고 봄이면 뻐꾸기 울음 따라 온통 진달래로 치장한 언덕이다. 홍 시인은 이 동산을 마구 달린다.

이러한 에덴의 언덕에 대한 특별한 홍 시인의 인식은 이미 30여 년 전 1981년 발간된 첫 시집『囚人과 바다』에서 십자가 우뚝 선 예배당이 언덕에 있다.

이 에덴 언덕은 홀로가 아닌 우리에서 시작된다.

날이 새면
우리는 십자가 우뚝 선 예배당
언덕에 오르곤 했지.

～ 홍 문표「장승백이 시절」에서(『囚人과 바다』)에서

밤새 호롱불을 밝히며

달리던 강가
장성백이 언덕
교회당 가는 골목길
진달래 화관 쓰고 얼굴을 감싸주던
내 고향의 누이야

~ 홍 문표「십이월의 마음」(『囚人과 바다』)에서

베들레헴 언덕에
유난히도 빛나던 별
빛은 칠흑의 밤을 가르고,

~ 홍 문표「평화의 나팔소리」(『囚人과 바다』)에서

그토록 일생을 좌우하는 에덴시학의 시작이 언덕과 동일시되는 지점은 어린 시절 그 순진무구한 기억 속에 자리 잡은 십자가 우뚝 선 예배당 언덕의 우리에서 출발한다. 이 언덕에 홀로가 아닌 우리! 홍 시인의 에덴 언덕의 가장 귀중한 시작은 이 우리가 누이라는 이름으로 구체화 된다. 언덕의 출발이 귀중하게 노출된 우리가 있다. 날이 새면 우리는 십자가 우뚝 선 예배당 언덕에 오르곤 했고 밤새 호롱불을 밝히며 달리던 강가 장성백이 언덕 교회당 가는 골목길 · 진달래 화관 쓰고 얼굴을 감싸주던 내 고향 누이가 있다.

홍 시인의 언덕! 신앙심 일생의 지표로 된 시작점이 언덕! 언덕은 백제의 우리말 본래의 이름이다.

노을이 타는 가을 언덕에
한 아름 안겨오는 진실

캄캄한 겨울밤 골고다 언덕에
외로운 십자가를
사랑할 수만 있다면
차라리 매일 마다 죽는 기쁨입니다

~ 홍 문표「내가 당신의 자녀가 되는 것은」(『囚人과 바다』)에서

몇 번이고 당신의 자녀가 될 수 있는 길을 맹세하게 된 사랑이 홍 시인에겐 있다. 그리고는 이로 일생을 보내는 홍 시인의 진실 철학이 된다. 이 가치는 단순한 우리 둘만의 일이 아니다. 시의 코노테이션으로 승격 되면서 전 생애를 걸쳐 이웃에 대한 절절한 사랑으로 승화된다. 홍 시인에게서 이 언덕은 베들레헴 언덕이다. 목표가 있다. 유난히도 별이 빛나는 일이 일어난다. 별이 칠흑의 밤을 가르고 있다.

홍 시인에게 절대자가 초록의 날개를 달아 주는 일이 일어난다.

> 잠자던 영혼들을 일깨워
> 초록의 날개를 달아 주시고
> 여름 내내 은총으로 내리시던 세월
> 이제는
> 덩그런 과일들만 누리에 밝도소이다.
>
> ~ 홍 문표 「가을의 기도」(『囚人과 바다』)에서

홍 시인은 시에서 늘 '영혼들'이라 한다. 홍 시인의 매력은 시는 홍 시인의 시이지만 그 안에 감추어진 다수가 있는 데에 시의 철학이 있다. 그토록 좋아하게 된 일상의 아름다운 추억이 남겨준 진실이 초록날개를 달고 잠자던 영혼들을 일깨워 주는 일을 뛰어 넘어 시로 가정과 이웃과 절대자에게로 줄을 타고 고공행진을 한다. 본인 자신도 모르게 썼을 수도 있는 이 다수의 행복을 위한 삶은 줄줄이 이어지는 진실의 열매 길이다. 다 같이 거두어들일 수 있는 데에 정든 땅 언덕 홍 시인의 에덴 언덕 현주소가 있다.

바로 그분의 아들을 십자가에 못 박게 하시고 살려준 자신의 목숨임을 알게 되는 귀중한 신앙심에 대한 감격이 있다. 이 사실에 전율하도록 고마워하며 와 이제는 내 이웃을 위한 고향 백제 역사

바로잡기로 하는 부여 시인의 시집『정든 땅 언덕 위에』현주소가 있다. 이 진실은 이제 고향에서 수 천 년 감추어져 진 진실을 밝히는 일의 결과가 된다. 감히 절대자의 십자가 죽음만큼 따라갈 수 있는 사랑이라면 차라리 매일 마다 죽는 기쁨이 되는 진실을 추구했던 자신의 이상향을 찾은 것이다. 마고지방 그 히말라야 산 언덕에 있었던 백제 그로 하여 파생되어 나오는 천손민족의 후예! 사람 고고학에는 족보가 있다. 동이 원류 사東夷源流史에 백제! 고향 부여가 있다. 남부여 북부여 동부여의 웅대한 고향언덕 · 그 원대한 부여 인구 76만호라고 기록되었다면 350만 명이 넘는 인구가 살아있던 원대한 저 마고지방의 백제 · 그리고 현재 고향 부여가 있다. 홍 시인에 의하여 바로 잡아지는 에덴 언덕! 비록 1500년이 지나도 기적이 시를 통해 그리고 역사바로잡기의 에덴으로 한다. 한국 그리고 그의 고향 부여가 무엇인가를 보여준다. 그러기에 밤낮을 모르고 그의 이웃을 위해 조상의 얼을 밝혀내는 보람과 긍지가 있다. 뚜렷한 목표가 있는 삶이 있어서 기쁨이 있다. 더불어 진실의 시가 그리고 시집이 있다. 바로 백제의 진실을 알리는 일이다. 사력을 다해 시로 세미나로 · 특강으로 정든 땅 언덕에서의 홍 시인 사역은 잠자는 영혼들을 일깨우는 일이다. 절대자 그가 하늘로부터 초록의 날개를 달아주시기에 그 분의 은혜를 받았다는 행복감이 나 혼자만이 누리기에는 너무 벅차 이웃에게 초록의 날개를 달아 준다. 홍 시인이 얻은 언덕 · 정든 땅 언덕 · 홍 교수에게 뚜렷한 인생의 목표 행함에 감사하는 정든 땅 언덕 현재이다.

잠자던 영혼들은 누구인가. 저만치에서 은 삼십을 헤아리는 슬픔과 무덤과 침묵을 홍 시인은 시로 바람난 역사라 했다.

골고다 언덕의 저만치에서
은 삼십을 헤아리는
~ 홍 문표「늘 푸른 강물이듯이 38」(『지상의 연가』)에서

금년도 망우리 언덕에는
~ 홍 문표「늘 푸른 강물이듯이44」(『지상의 연가』)에서

태백의 언덕은
역사를 삼켜버린 침묵
~ 홍 문표「관동별곡」(『囚人과 바다』)에서

바람난 역사가 그토록 소란해도
선채로 침묵하는 청송의 언덕에
~ 홍 문표「청송의 설화」(『囚人과 바다』)에서

질투가 스쳐간 자국에는 일월의 눈발이 내리고
나는 눈꽃이 피어난 공허한 언덕에서
~ 홍 문표「늘 푸른 강물이듯이8」(『지상의 연가』)에서

정점에 있는 언덕은 양쪽으로 갈라지는 분수령이다. 이 엄연한 현실의 두 개의 갈림길 정점에서 앞뒤로 갈라져야만 하는 운명에 직면한 죽음과 삶의 갈림길! 이 길에서 시인은 살아날 수 있는 언덕을 선택한다. 시로 그의 선하시고 인자하심을 실행하려 한다.

나는 수줍은 장미 한 송이
별이 초롱한 시각이면
바람 부는 언덕에 올라
당신 창가에 머무는
피리를 불고
새벽이면 온몸을 풀어
길섶에서 반짝이는 이슬이게 하소서
~ 홍 문표「늘 푸른 강물이듯이16」(『지상의 연가』)에서

당신의 손끝이 머무는 강 건너 언덕으로 겸손히 떠나게 하소서
~ 홍 문표「늘 푸른 강물이듯이31」(『지상의 연가』)에서

2). 정든 땅 언덕에서 사람고고학

홍 시인에의 특징은 반드시 언덕이라는 시어를 통하여 이루는 사람고고학이 있다. 홍 시인의 언덕은 더러는 불안하고 그리고 숱한 어쩔 수 없는 운명적으로 만나는 언덕에서 더러는 고민을 한다.

강물이 스치는 언덕배기마다
눈부신 불꽃놀이로 신명이지만
내 영혼의 희미한 불길은
새벽하늘 난간에 매달려 신음하고 있습니다
~ 홍 문표「늘 푸른 강물이듯이 · 34」(『지상의 연가』)에서

내 영혼의 언덕에서 자라는 무성한 나무숲
그 비만스런 가지와
강물처럼 뻗어가는 뿌리들의
식욕을 위하여
밤마다 우리는 상상의 꽃을 피우고
내게 남은 마지막 핏기는
당신의 예정된 손금에 감금되어 있습니다
~ 홍 문표「늘 푸른 강물이듯이 · 45」(『지상의 연가』)에서

고독과 외로움과 노력을 견뎌온 의미지수는 정상 시어가 가장 많이 사용되면서 정상에 대한 꿈과 희망이 온 생애를 지배한다. 홍 시인의 에덴시학은 그토록 전 생애를 걸쳐 갈구해온 정상을 향한 도전에서 정상을 얻은 시학이다.

수목들은 정상의 저만큼에서
…
정상의 지존을 지킨다.
정상은 차라리
불모의 고독으로 하여

살진 계곡을 다스린다.

~ 홍 문표 「정상은 지금도」 에서

정상을 향하여 일어난다

~ 홍 문표 「이맘때면 2」 에서

에베레스트 정상을 보고
…
티 없이 순수한 산언저리에 허공이 있기 때문이다

~ 홍 문표 「에베레스트 정상을 보고」 에서

정상에서의 허공을 보고 인간의 한계성에 대한 그러나 겸손히 그리고 겸허히 에덴시학을 얻은 시학의 홍 시인은 사람고고학에 머무른다. 백제의 후손 부여 인들의 안위와 번영을 위한 구체적 거리로 좁혀든 실현이다.

정말 사철 꽃들이 뿌려지는 축복의 바위 · 낙화암에서 아름다운 절경의 바위 · 문자 그대로의 낙화암(落花巖)을 알리고자 한다.

오월의 하늘을 나르며 나르며
금빛 꽃가루
강물에 뿌리며 뿌리며
풍요와 안식을 빌고 또 빌며
너울너울 춤을 춘다
봄꽃놀이를 한다
이것이 바로 낙화암이다

그런데 누가 감히
이 신성한 창세의 언덕에
가증한 흉계를 덧씌워
하늘의 뜻을 더럽히고자했는가
…
낙화암은 그 때나 지금이나
그 어느 날에나

봄이면 꽃들이 흐드러지고
저마다 풍만한 하늘을 꿈꾸며
연분홍 꽃잎 하늘하늘 뿌리면서
춤추고 노래하는
봄꽃놀이 언덕이다

～ 홍 문표 「낙화암의 봄꽃놀이」에서

온갖 왜곡된 역사기록을 발견하고 이를 수정하는 백제 살리기의 홍 시인이 얻은 에덴 언덕 고고학은 하늘이 내려준 천혜의 그 아름다운 본래의 모습을 알리려 한다. 진실의 온갖 꽃들을 잉태하고 있는 낙화암의 봄꽃이다. 해와 별과 세월과 더불어 생성과 번영의 꿈을 키우며 마침내 강으로 들로 하늘로 진정 축복의 꽃잎들을 뿌리며 춤추고 노래하는 시인의 시 쓰기 · 그대로의 어느 무엇보다 더 아름다운 언덕을 보는 일이다.

따라서 홍 시인에게서 에덴의 언덕 시학은 언덕에서 출발하여 그 망망한 대해를 순리에 따라 '정상'의 가장 으뜸자리에서 그냥 머물러 자만하지 않고 꿈을 얻은 꾸는 사람(dreamer)들의 언덕을 만든다. 살진 고독에 머물러 있지 아니하고(「정상은 지금도」[1]) 시인이 좋아하는 음향리듬을 따라 웃으며 '조약돌'과 '물결 따라 흔들리는 갈대꽃'이 되기도 하고 '산 그림자'에 기대보는 시인의 향기를 뿌리는 정든 땅 언덕도 되어본다. 시인이 만드는 그래서 얻는 시인의 향기 나는[2] 언덕은 각 향 품보다 승하여 성경 아가서에 나오는 여인처럼 향기로운 꽃 관을 쓰고 있는 신부가 된다. 바로 언덕을 얻은 에덴 시 학자 홍 시인이다. 하나님 신부의 입술로서 꿀방울이

---

1) 홍 문표 · 『나비야 청산가자』 (서울: 창조문학사 · 1997 · 2007 재판) ·
2) וְרֵיחַ (베레아흐 · 아 4:10).

떨어지도록 특강을 하며 전자 매체를 적극 활용한다. 영상으로 그리고 특강자리를 따라 꿀 입술이 되어 레바논 향기[1]가 되는 언덕에 선 사람고고학 시학자이다. 이 고귀한 향기는[2] 하늘에서 내리는 말씀향기를 달고 있기에 그 가치는 하늘에서 주시는 양식(느 9:15)[3] 따라 어디에나 계신[4] 그 분을 따르는 신부의 뺨이다. 향기로움[5]을 늘 보쌈[6]한다. 그리고 그 향기를 정든 땅 언덕에 쌓는다.

홍 시인은 이 때문에 '정상 향 품[7]으로 향료 · 달콤한 향기(출 30:23)를 낸다. 상등품을 향로에 담는다. 평생 은혜를 입고 그 은혜를 담아 왔던 명지동산의 유 상근 박사에 대하여「당신이 가신 길은」이라는 시를 지어 반석 표를 단다. 바로 명지대학교 예체능대학장으로서의 묘비시를 헌시한다. 그리고 오산대학의 동산에서 오산 대학총장으로 얻은 에덴의 시를 쓴다.

청학이 울면 천하가 태평할지니
그 문자 선연한 양지바른 언덕에
우리는 국가만년 대업의 꿈
인제 양성의 위대한 꿈
오산대학의 높고 푸르른

～ 홍 문표「청학이 나래치는 언덕에 서서」에서

홍 시인의 에덴 · 언덕이 있는 에덴이 또 있다. 이 얻은 언덕 오산 대학교 총장으로 근무지 청학동이다. 글자그대로 푸른 꿈이 머

---

1) וְרֵיחַ(베레아흐 · 아 4:11).
2) בְּשָׂמָיו(베사마이브 · 향기를 · 아 4:16).
3) 대하 6:21 מִשָּׁמַיִם (미쇄마임 · 하늘에서 · 시 33:13 · 57:3 · 76:8 · 80:14 · 85:11 · 102:19; 사 14:12 · 63:15; 애 2:1 · 3:50).
4) W. Eichrodt · tr. · A. Baker · *TOT* 1 · 115.
5) הַבֹּשֶׂם(하보삼 · 향기로운 · 아 5:13).
6) הַבֹּשֶׂם(하보삼 · 향기로운 · 아 6:2).
7) בְּשָׂמִים(베삼밈 · 향 품).

무는 배움의 언덕을 위한 시이다.

홍 시인은 그 대상이 누구인가에 관계없이「한 가운데 길로」간 대상에 대하여 사람고고학 시를 헌시한다.

> 한 그루 소나무처럼
> 양지바른 학문의 언덕에
> 경영학의 깊은 뿌리를 내리고
> 근면한 기후와
> 성실한 영양으로 다져온
> 외길 삼십년의 빛나는 내력
>
> ~ 홍 문표「한 그루 소나무처럼」에서
> - 인천대부총장 정암 유 세준 박사 교단 30주년에 부쳐 ~

소나무 같이 살아온 유 세준 박사에게 고향의 언덕을 선물한다. 그리고 연꽃의 미소가 있는 언덕도 찾는다. 같이 에덴의 언덕에 근무했던 진 태하 교수의 맑은 물도 찾는다. 그리고 조 희환 박사에게도 에덴의 향수를 뿌려준다.

> 양지바른 언덕에
> 지혜의 뿌리를 내리고
> 근면한 기후와
> 성실한 영양으로
> 무성한 유월처럼 살아온
> 소중한 내력이여
>
> 지상의 눈금을 더듬어
> 차라리 당신의 깊은
> 은총의 바다를 자맥질하고
> 순진무구한 언어로
> 후미진 공간
> 흔들리는 시간들의 잔영을
> 마름하면서
> 그 뜨거운 당신의 사랑을

온몸으로 체감하던
육순의 세월이여
…
견고한 학문의 가지며
옥토에
뿌려진 씨앗들 ·
이제는 중천에 가득한 보람들이
눈부신 꽃밭이다

아직도 청청한 내일이
아슬한 유혹으로 넘치고]
왕성한 의욕의 자국마다
풍성한 결실이기에
감사하고 찬양하며
당신의 자랑처럼 의연한
슬기로운 소나무여

～ 홍 문표「슬기로운 소나무」에서
- 조의환 박사 화갑에 부쳐 ～

문 진희 교수에게도「고운 샘 흐르듯이」시로 · 이 형조 박사에게도「늘 봄바람처럼」의 언덕을 시로 선사한다. 그리고 이 계택 선생에게도「푸른 산 맑은 강물」로 시를 선물한다. 명지대학교 신문 창간 27주년 기념「너의 이력서」시도 놓치지 않는다. 전문대도 품안에 넣어「십년 세월은」시로 명지전문대학 신문 창간 10주년 기념에 손을 잡아준다.

아침 햇살의 발목을 잡고
기상하던 바람은
황금빛 날개가 달린
떨림이었고
덩그런 달빛 따라
밤길을 달리던 바람은
당신의 그리움으로 하여 방황하던

설레임이었다

~ 홍 문표「십년 세월은」
- 명지전문대학 신문 창간 10주년 기념 축시~

「명지학원가」도 빼놓지 않고 사람고고학의 중요성을 시인의 일생을 얻은 동산이 시의 고고학이 되게 한다. 사람 고고학을 보쌈[1]하는 홍 시인의 넉넉함은 얻은 에덴 정든 땅 언덕이다.

사람의 고고학은 비록 유한한 인생이지만 무엇을 어떻게 나타내 철학을 가지느냐에 있다. 홍 시인은 고향땅과 관련된 명지대학교 교수시절 대학의 중요보직을 맡으면서 시인으로서의 명지대학교와 관련한 백마의 시를 남긴다. 귀중한 명지학원가 응모작을 여기서 밝힌다. 백마는 명지대학교 마스코트였다.

1
온 세계로 웅비하는 백마의 기상
참된 진리 높은 덕성 갈고 닦아서
성실하고 유능한 인재가 되고
새 역사를 창조하는 일꾼이 되자

믿음 소망 사랑으로 뭉쳐진 우리
영원 무궁 복 되도다 명~지학원

2
밝은 이성 굳센 의지 푸른 꿈으로
알찬 실력 힘찬 기술 배우고 익혀
민족 문화 인류 번영 선봉이 되고
온 누리를 밝혀주는 등불이 되자

~ 홍 문표 명지학원가 - 응모작 ~

1절 1행 : 학원 공동의 상징인 백마(관동대 쌍마를 포함)의 기백과

1) הַבֹּשֶׂם(하보셈 · 향기로운 · 아 6:2)·בְשָׂמִים(베삼밈 · 향기로움 · 아 8:14).

이상을 나타냄
2행 : 명지(明知)의 의미를 구체화하고 교육의 목표를 밝힘
3행 : 성실 유능한 인재 양성이란 설립목적과 그 실천상을 명시함
4행 : 설립정신의 구체적인 실천상을 다짐함

후렴 1행 : 기독교 신앙의 3대 강령과 신앙에 의한 학원의 단합을 강조함
2행 : 명지학원에 대한 우리의 염원과 기원을 노래함

2절 1행 : 젊은이들의 순수하고 고귀한 이성과 강한 의지를 나타냄
2행 : 교육의 내용을 학문과 기술로 구체화하고 실천방법을 제시함
3행 : 민족문화와 인류발전에 공헌한다는 설립목표를 재확인하고 이를 다짐함
4행 : 설립정신 · 기독교 신앙 · 명지(明知)라는 학원명의 공통적 속성인 밝은 빛을 강조하고 다짐하여 등불의 사명감을 지니게 함.

~ 홍 문표 작사 · 명지대학교 국어국문학과 교수

~ 「명지학원가」 명지학원가 해설에서

우람한 동해바다 하늘을 덮고
태백의 억센 투지 용솟음친다
달려라 뛰어라 관동~의 건~아
싸워서 이~겨라 관동~의 건아
힘차게 돌진하는 무적의 용사
천지가 진동하는 쌍마의 함성
나가자 앞으로 관동~의 건~아
뭉쳐서 이~기자 관동~의 건아

~ 작사 : 홍 문표 · 관동대교수 · 시인 · 문학박사~ 「관동대학 응원가」 에서

바다를 가르는 새여
하늘을 헤집는 새여
아침 햇살로 밝아오는 마음바다
그대 더운 피 불길로 솟고
그대 다정한 목소리
산을 흔든다

만국기 펄럭이는
축제의 뜰에
마음은 언제나 붉은 장미 한다발
빛깔은 눈이 부신 알라베스크

파도를 헤치는 거선처럼
사나운 계절의 어둠을 뚫고
일월을 향하여
봄날을 향하여
그대는 그렇게 날고 있었다

그대의 포효하는 절규
간절한 함성
예리함과
불타는 정의감과
다함없는 사랑의 노래가
우리들 모두의 가슴이었다
우리들 모두의 소망이었다

창문을 열고
펴는 그대의 날개가
산맥을 가리우고'
출렁이는 바다를 덮는다

님 들이 숨 쉬는 자랑스런 땅에
사랑하는 사람들의 반가운 얼굴들
계절은 가고
마음은 오고
보람찬 날들은 언제까지나

바다를 가르는 새여
하늘을 헤집는 새여

～ 홍 문표 ～ 「불사조의 노래」(1979)에서

제 7장 십자가 십자가 에덴시학

1. 사랑의 유혹

1). 시가 되게 하소서

홍 시인의 삶은 시적인 삶이다.

내가 여호와를 찬송하리니
그는 높고 영화로우심이요
말과 그 탄자를 바다에 던지셨음이로다

여호와는 나의 깃발
파아란 하늘 중턱에서 펄럭이는
수화처럼 자상한 사랑의 언어
여호와는 아침마다 떠오르는 태양
따스한 햇살은 내 골수로 스미는
생명의 말씀

주여 이제는
내 욕망의 너절한 가지들을
지푸라기 같이 태워주시고
내 어리석은 흉계들은
저 깊은 바다 속에
납덩이 같이 잠기게

하여 주시옵소서
나는 날마다 당신의 언어로
하루하루를 걸어가게 하시고
나는 날마다 당신의 말씀으로
일용할 양식을 채우게 하소서
그리하여
나의 호흡은 마디마디의
당신의 노래가 되게 하시고
내 딛는 걸음마다 당신의 시가 되게 하여 주시옵소서
~ 홍 문표 「시가 되게 하소서」

하나님이 홍 시인을 불렀음을 다음과 같이 고백한다.

열두 제자들
어부도 부르고
세리도 부르고
배신할 유다도 부르고
이 못난 영혼도 부르고

그동안 주님과 동행한 세월은
날마다 하늘나라 앞마당
눈부신 말씀의 꽃밭이었습니다

그러나 정말 당신은 누구신가요
엘리야인가요
예레미야인가요

“너희는 나를 누구라 하느냐‘
“당신은 그리스도시오
살아계신 하나님의 아들이시니이다.“

어부 출신 시몬이여
어여쁘고 어여쁜 믿음이여

그대 고백의 돌계단 위에
별처럼 세워진
교회당 십자가

펄럭이는 은빛 종소리
지상의 골짝마다 꽃물처럼 번져가는
평화와 안식의 노래

천국의 열쇠까지 거머쥔 하늘나라 권세여
사도 중에 사도인 베드로여
반석이여
지금도 청청한 바티칸 제국이여

~ 홍 문표「너희는 나를 누구라 하느냐」

어부의 천직을 버리고 · 세상의 모든 욕망과 인연을 버리고 · 생면부지의 선생을 만나 사람을 낚는 일에 목숨을 걸겠다는 결심의 베드로처럼 홍 시인에게 스승은 바로 구세주 메시야이다. 그리하여 하나님의 자녀 됨으로 인한 주 예수 그리스도가 바로 부활의 그인 것을 고백한다. 홍 시인은 "시몬아 네가 나를 사랑하느냐"는 물음에 다음과 같이 시로 화답한다.

갈릴리 해변의 비릿한 바람
처음 뵈었던 이 자리
햇살도 그날처럼 눈이 부시네요
차라리 꾸짖어 주시면 좋으련만
오히려 제게 주시는
그 마지막 당부의 말씀

"요한의 아들 시몬아
네가 이 사람들보다 나를 더 사랑하느냐"
"내 어린 양을 먹이라"
"내 양을 쳐라"
"내 양을 먹이라"

사랑한다는 것은
목숨처럼 믿는 것이다
믿는다는 것은
목숨처럼 사랑하는 것이다

그리고 또 사랑한다는 것은
내 어린 양을 먹이는 것이다
내 양을 치는 것이다
내 양을 먹이는 것이다

그리고는 가시밭 골짜기
메마른 언덕을 넘어
마침내 목숨마저
하늘 꼭대기에 매어다는 것이다

그날 이후
본도, 갈라디아, 갑바도기아,
아시아와 비두니아

그 낯선 이역의 척박한 땅을 헤매다
꽃잎처럼 목숨 뿌리고 간 요한의 아들 시몬이여
그대 뜨거운 사랑이여
마지막 당신과의 약속이여

사랑하는 오늘의 시몬들아
너희도 이 사람들보다 나를 더 사랑하느냐
내 어린 양을 먹이라
내 양을 쳐라
내 양을 먹이라.
그리고 나를 따르라

~ 홍 문표「시몬아 네가 나를 사랑하느냐」

시몬아 네가 나를 사랑하느냐고 말씀하시는 주님의 음성에 감동한 홍 목사시인은 주님을 사랑 하고 이웃을 사랑함을 거듭 강조하며 물 위에 · 말씀 위에 사는 삶, 물을 다스리는 분에 의지한다.

홍 목사 시인은 "내가 당신의 자녀가 되는 것은"의 행복한 삶의 시를 쓴다.

내가 당신의 자녀가 되는 것은
날마다 다시 태어나는 기적입니다
남루한 육질의 장막을 벗고
방금 돋아나는 투명한 발아
초록의 강가에 빛나는
정녕 눈물겨운 기적입니다

내가 당신의 자녀가 되는 것은
창가의 무성한 벽오동 한 그루
비개인 여름이면
더더욱 왕성한 도약
하늘을 우러러 기도하는 나무입니다

내가 당신의 자녀가 되는 것은
아슬[1])한 봉우리
휘날리는 깃발
가을 하늘에 덩그렇게 빛나는 결실
바로 추수군의 넉넉한 얼굴입니다

내가 당신의 자녀가 되는 것은
차라리 매일 마다 죽는 기쁨입니다
캄캄한 겨울밤 골고다 언덕에
외로운 십자가를
사랑할 수만 있다면
차라리 매일 마다 죽는 기쁨입니다

~ 홍 문표「내가 당신의 자녀가 되는 것은」

하나님에게 돌아오는 리듬은 U리듬이다. 주님께로 돌아오는 것 · 하나님은 하나님에게로 돌이켜 오는 것을 보시고 부르신다.

육시에서 구시까지

---

1) 아스라한 우리말은 히브리에서는 복 받는다는 뜻이 내재한다. 우리말 느낌으로는 하나님의 사랑을 네가 아시라이다. 더 나아가'아스라' 곧 앚슨 · 앚슬 · 앚슨 · 앚즌 · 안즌이 변하려 아즘의 나라 조선이다. 앗. 아스라이 멀리 까지 펼쳐지는 거대한 땅 '朝鮮'이다.http:// www. choistube.kr 소불도리.

하늘은 빛을 잃고
대지는 흑암의 발밑에서 떨었습니다
배신과 비웃음의 무지가
메시아를 못 박고
피도 눈물도 모두 삼켜버린
십자가의 모진 언덕

피도 마르고
눈물도 마르고
목숨도 마르고
죽음에서 주검으로 넘어가는
당신의 절망은

"엘리엘리라마사박다니"
"나의 하나님 나의 하나님
어찌하여 나를 버리셨나이까"

애절한 외마디가
곧고다 하늘을 갈갈이 찢고
아버지의 가슴을 후벼대지만
하나님은 끝내 파아란 하늘에 계실 뿐

한번 뿐인 목숨은
아들에게도 하늘같은 것

그러나 아들이 죽어야 우리가 살고
아들이 죽어야 아버지의 영광을 드러낼 수 있는 것

천길 벼랑으로 떨어지는
아들의 목숨이여
외마디여
측은함이여
저 아득한 외로움이여

~ 홍 문표「엘리엘리라마사박다니」~ 십자가 일곱마디 말씀 4번째

사랑 받음 감동은 죽을 수밖에 없는 시인을 대신한데서 찾아진다.

(1). 레위 인이 받을 수 있는 48주

홍 문표 목사시인은 그의 신앙세계를 『지상의 연가』에서 레위 인이 받을 수 있었던 48주 얻음을 시로 표출한다.

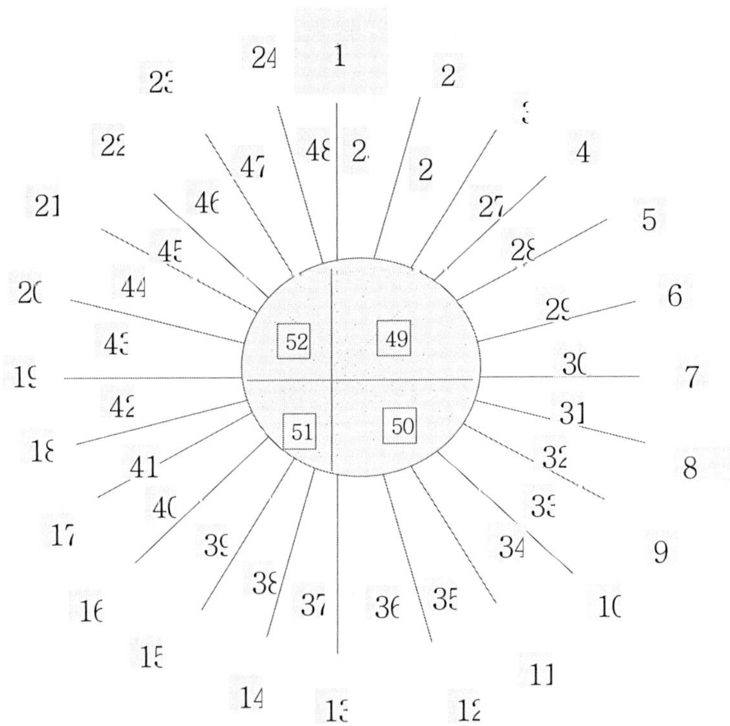

홍 신앙시인은 시집 『지상의 연가 ~늘 푸른 강물이듯이』에서 '~늘 푸른 강물이듯이~ 부제를 시 제목으로 일관성의 연작시로 하며 레위인의 성읍 48성읍(수 21:41; 민 35:7)을 비유하며 사방팔방의 말씀 퍼지기 디아스 폴로로 한다. 여호수아서에서 진행되는 바 1장에서 12장까지는 땅 분배이다. 그들의 육축 사육에 절대 필요한 요단 동편을 원하여서 분배(13장) 하는데 가나안 정탐에 긍정적인 신앙에서 있었던 갈렙은 헤브론을 분배 받으면서 정탐 동지였던 여호수아의 축복을 받았다. 아브라함과 다윗으로 이어지는 축복의 땅(14장)과 유다(15장) · 에브라임(16장) · 므낫세(17장) · 베냐민(18장) · 그외 지파의 땅 분배(19장)와 달리 도피성(20장)은 예수님 예표로서의 성이다. 그런데 분배권이 없었던 레위인 들에게는 48주 성읍(민 37:7)을 얻는다(21장). 더구나 신약에서의 24장로(계 4:10)들이 보좌에 앉으신이 앞에 엎드려 세세토록 사시는 이에게 경배하고 자기의 면류관을 보좌 앞에 던지며 절대자에게 감사와 존경과 경배를 드리는 일이었다. 홍 시인 역시 모더니즘 계열의 서정 시인으로서의 말씀 전하기를 사방에 널리 퍼지게 하는 동서남북의 행방을 그의 시집 속에 배치시킨다. 하나님의 일을 시로 전하는 동서남북의 이미지 분포이다. 사랑 실천 이행으로서 디아스 폴로의 시 52편 분포이다. 성서에서 디아의 성막은 48개의 기둥(48 나누기 4는 12)이 있어서 넷은 네 발 · 발밑이 갈라진 발굽 · 양의 발굽의 12마리에서 동 · 서 · 남 · 북의 이산을 합하여 48주가 된다. 12지파가 서로 연결되면서 사랑 실천 한 일을 홍 문표 교수 신앙 시인은 장로(명지대학교교회)에서 담임목사(한국문인교회)로 이동한다.

홍 문표목사는 문학방송을 통해 24강좌 홍 문표 시창작아카데미를 실시하고 있다. 애초 2년 계약으로 24강좌이었으나 1회분에 대한 량 · 80분의 수업을 열강하자 안 재동 한국문학방송 사장이 48강좌가 좋겠다[1])는 제안을 한다. 이 제안은 단순한 일이 아닌 하나님일의 사역자에 대한 하나님의 사랑하심이 드러나는 일화이다. 홍 문표 목사의 일화가 하나 더 늘어난 것이다.

---

1) 14회째 강좌녹음장(서울: 동천아카데미 5층 · 2014. 4월 24)에서.

홍 문표 목사의 사랑 실천은 시인으로서 뿐만 아니라 문서전도로서의 말씀과 문학잡지를 발간한다.

.「말씀과 문학」 발간정신 ＊1990년 11월 창간

· 「말씀과 문학」은 말씀의 선재성, 신성성, 절대성을 근간으로 하여 말씀의 문학적 섭리를 깊게 살피고 보다 감동적으로 읽고 · 보다 감동적으로 체험할 수 있는 일에 봉사하기를 기도합니다. 말씀을 문학적으로 표현하는 일은 더욱 하나님을 영화롭게 하는것이며 더욱 은혜롭게 말씀을 선포하고 전하는 사역이라는 것을 믿고 · 성경적인 문학, 기독교문학, 크리스천문학의 의미와 위상과 역할을 제고하는 일에 봉사하기를 기도합니다. 또한 복음의 세계화는 말씀의 전달만이 아니라 말씀이 육신이 되고, 정신이 되고, 생활이 되어 마침내 기독교문화가 됨으로써 완성된다는 점을 깊이 인식하고 · 말씀의 문학적 사역을 통해 한국기독교가 민족문화를 주도하는 성숙한 기독교 문화가 되기를 기도하며 날로 물신화되고 있는 세속문화의 격랑 속에서 성별된 기독교문화의 작은 등불이기를 기도합니다.

「말씀과 문학」은 계절마다 신국판 크기의 300쪽 내외의 분량으로 간행될 것이며 편집방향은 말씀의 문학적 탐구, 기독교문학의 이론정립, 기독교문학 창작방법개발, 설교문학, 기독문학, 간증문학, 선교문학, 찬양문각, 말씀을 주제로 한시, 소설, 수필, 희곡작품의 창작과 감상, 기독교문학평론, 유능한 기독교문학 작가 발굴 및 육성 등 말씀의 문학적 사역에 필요한 모든 내용과 말씀의 바른 이해와 성숙한 신앙생활을 위한 신학진단, 기독교 시론, 신앙상담, 기독교 문화의 이해 등을 함께, 아우를 참신하고 아름답고 은혜로운 말씀의 잡지가 되도록 정말 기도하면서 최선을 다할 것입니다.

존경하는 목회자님들, 성숙한 신앙생활을 바라는 성도님들 · 기독교문학에 뜻을 둔 문인 여러분, 이제 탄생하게 될 말씀과 문학의 선교 소망에 깊은 이해가 있기를 바라며 적극적인 성원과 참여를 간곡히 호소합니다. 말씀을 문학적으로 이해하고 전하고자 하는 모든 분들과 함께 엮어갈 이 잡지가 보다 아름답고 감동적인 선교사역이기를 위해, 성별된 기독교문화의 정착을 위해, 부족하지만 뜻 있는 충성이 되기를 기도하면서 두려운 마음으로 이 일을 착수하고자 하오니 따뜻한 사랑으로 기도해 주시고 지도편달해 주시기를 부탁드립니다.

이 땅에 말씀의 나라, 찬양의 나라, 주님의 나라가 임하옵시기를 주님의 이름으로 기도합니다. 아멘.

~ 2002년 3월 1일

홍 문표 목사는 형제애를 가진 기업신앙 공동체를 만들고 실행한다. 하나님에 의해 사역되어지는 홍 문표 목사는 하나님이 주신 일터의 문인들에게 말씀의 언어 · 물을 통하여 하나님의 인을 침으로써 하나님의 백성을 만든다. 이 말씀의 바다에서 하나님이 주관하시는 하나님의 날들[1]이어지기를 한다. 홍 문표 목사에게 준 하나님의 선물이다.

하나님이 주신 물의 생명[2]을 잘 사역하는 삶이다. 하나님이 주신 생명의 기간 안에 홍 목사의 삶은 하나님에 의해 한 마리 나비처럼 가볍게 이 세상을 산다. 바로 예수님이 십자가에 돌아가심[3]으로 인한 신앙인의 죄가 씻어지는 가벼움이다.

신앙 영웅의 삶의 비결은 단물 곧 말씀을 먹으며 길 떠나기를 멈추지 않는다. 이러한 노정에서 단물을 마시기 위해서는 12길에 들어선 신앙영웅이 가는 노정에는 반드시 12신화소가 있다. 12샘물[4]이 있다. 12 신화 소는 한국시조 작품에서도 발견된다. 한국 시

---

1) J. Bloch · *On the Apocalyptic in Judaism* (Philadelphia: The Dropsie Collage · 1952) · 7.

2) Masaru Emoto · 『물은 답을 알고 있다 : *Mizu wa Kotae wo Shitteiru*』 2 · 양억관 옮김 (서울: 나무 심는 사람 · 2003) · 33~64.

3) 히브리어는 엘리 엘리 라마 사박다니이다. 이 히브리어는 신약에서 예수님이 십자가에 달리시면서 하신 말씀이다. 그런데 사실 다윗이 하나님을 향하여 "어찌하여 나를 버리셨나이까?라고 하였다.

조작품에서 · 초장에서 다음 중장으로 넘어가며 다시 종장으로 넘어가는 길에는 12초 숨 쉬기가 있다. 한국에서는 봄 · 여름 · 가을 · 겨울이 12초 사이로 달라진다. 이 자연의 섭리는 사람으로 하여금 느끼는 자에게 맛보여지는 느끼는 행복 자가 되는 것이다.

예수님의 길에는 12제자가 있듯이 하나님 일의 사역자들에게는 신앙영웅의 단물이 되는 이 12제자가 있다.

말씀과 문학 신인 문학상 당선

이기자 최정대 박성동 김동은 권신애 김성동 이은정 이미숙
정연홍 나은혜 주원규 이경자 이문하 김명옥 신충화 이성희
박 영 최현혜 허영주 이양호 고 원 전영순 김경석 강성환
심선식 류양숙 김영숙 이경섬 박익수 문종선 임성민 전영규
민성숙 김창열 이영옥 오범열 원효식 장태봉 박병태 변정은
지범석 양지훈 이성수 김봉례 최복님 김용내 이광수 조일권
문인귀 김 영 정병윤 정성배 송봉섭

* 1990년 11월 창간한「말씀과 문학」은 말씀의 선재성 · 신성성 · 절대성을 근간으로 하여 말씀의 문학적 섭리를 깊게 살피고 보다 감동적으로 읽고 · 보다 감동적으로 체험할 수 있는 일에 봉사하기를 기도한다. 말씀을 문학적으로 표현하는 일은 더욱 하나님을 영화롭게 하는 것이며 더욱 은혜롭게 말씀을 선포하고 전하는 사역이라는 것을 믿고 · 성경적인 문학 · 기독교문학 · 크리스천문학의 의미와 위상과 역할을 제고하는 일에 봉사하기를 기도합니다. 또한 복음의 세계화는 말씀의 전달만이 아니라 말씀이 육신이 되고 · 정신이 되고 · 생활이 되어 기독교문화를 정착시키려 하였다.

---

4) 민 33: 9.

「말씀과 문학」은 계절마다 신국판 크기의 300쪽 내외의 분량으로 간행될 것이며 편집방향은 말씀의 문학적 탐구 · 기독교문학의 이론정립 · 기독교문학 창작방법개발 · 설교문학 · 기독문학 · 간증문학 · 선교문학 · 찬양문학 · 말씀을 주제로 한시 · 소설 · 수필 · 희곡작품의 창작과 감상 · 기독교문학평론 · 기독교문학 작가발굴로 기독교문학에 뜻을 둔 문인을 홍 문표(2002년 3월 1일) 목사는 기르고 있다.

홍 문표 목사는 형제애를 가진 기업신앙 공동체를 만들고 실행 하나님이 주신 일터의 문인들에게 말씀의 언어 · 물을 통하여 하나님의 인을 침으로써 하나님의 백성을 만든. 이 말씀의 바다에서 하나님이 주관하시는 하나님의 날들[1]에 하나님이 그의 군대 12,000명[2]이 되게 하신다. 신앙사역자의 길 떠나기는 혼자가 아니다. 물 말씀의 청춘인 님프들이 졸졸거리며 따라 흘러 시내에서 강으로 강에서 바다로 흐른다. 이 길에는 12 사사들과 12 사도들과 12지파의 이스라엘 백성들이 같이 간다. 이 길에는 늘 단물 말씀을 먹으며 홍 문표의 호 동천 東川 그대로 얻은 지혜의 동산 에덴을 향하여 흐른다.

동천(東川)의 "천"은 늘 흐르는 물이다. 길 떠나기를 멈추지 않았던 아브라함을 비롯해 야곱 · 이삭 · 바울에게까지 주의 백성[3] 동천역시 신앙인으로서의 길을 멈추지 않는다. 비록 가는 길이 예루살렘[4]마저 파괴[5]된 길일지라도 천상의 예루살렘[6]을 향하여 생

---

1) J. Bloch · *On the Apocalyptic in Judaism* (Philadelphia: The Dropsie Collage · 1952) · 7.
2) 민 31: 5.
3) 신 9: 26 · 29 · 10: 9.
4) 왕상 8: 11~12;BC 586 년에 앗수르가 예루살렘을 포위하고 정복하여 파괴

명나무(계 22: 2)를 키우며 사명을 다하며 12개의 성문을 통과한한다. 끊임없이 천국 문을 향하여 움직인다.

천국은 정육면체[1] 문을 가졌다. 12지파의 회복[2]이 되는 곳이다. 천국을 향하는 사람에게는 천국 시민권(빌 3:19~21)이 주어진다. 그리고 성막 48개가 주어진다. 하나님의 일을 함으로서 살 수 있다. 48개의 성읍을 기둥으로 살아간다. 많은 문인들의 가난과 달리 홍 목사는 그야말로 하나님의 사역으로 그 순박한 펜으로 육필을 써가며 많은 시인들의 시평을 쓴다. 『지상의 연가 ~늘 푸른 강물이 듯이』는 레위인의 성읍 48성읍[3]은 히이피성으로서의 사제가 받을 수 있는 영역이다.

홍 시인은 시를 통해 48신화소를 제시한다. 이 48 의미소 근거는 12제자와 구약의 야곱 아들 12이 애급에 가서 200만 이상으로 이스라엘 백성이 되는데 있다. 이 수리의 확장은 상징으로써 제사장이나 하나님의 일을 하는 사제에게 주어지는 성읍을 상징한다. 이와 관련한 홍 문표목사와의 관련은 하이퍼로 연결된 48개의 시어구조이다. 이러한 일련의 기적들은 홍 목사에게 주어지는 제사장사역의 말씀전하기의 하나님이 임하심이어서이다. 동서남북사방에 하나님의 일을 널리 퍼지게 하는 일은 하나님의 권한이다. 동서남북 어디든지 하나님의 일을 문서 · 시로 전하는 일이다.

동서남북의 모두 48성읍으로 나누어 퍼진 동서남북의 네 구조는

된 천상의 도성으로 그 초점이 바뀌게 된다. 권혁승 · Ibid.

5) Braden · Gorden Glaudian and Influence: the Realm of Venus. *Aletusa* 12 (1979). · 203~32.

6) 계 21: 1~5.

1) 계 21: 16; 겔 43: 16 · 48: 20.

2) 계 21: 12~14.

3) 수 21:41.

네 발 · 발밑이 갈라진 발굽 · 양의 발굽 등에서 기본 율이 알려질 수 있다. 48은 동서남북 네 곳에 대한 12지파의 역할이다. 이 안에 사역자 신앙영웅이 있다. 야곱은 12아들을 두었다. 이 축복[1]의 야곱은 이스라엘이 되었다. 홍 박사는 창조문학사를 운영한다. 행복한 사역[2]으로 아마르나 판(瓪)과 페니키아 비문(碑文)에 미 완료태로 하듯이 아직 미 완료형 소원 형[3]이다. 홍 문표를 인도하는 하나님의 주권[4]은 하나님의 최고권과 왕권을 이행시킴이시다. 하나님이 주신 생명의 기간 안에 홍 문표의 삶은 하나님에 의해 한 마리 나비처럼 가볍게 이 세상을 산다. 그러기에 삶의 방식이 유별나다. 아내에게 자유 곧 웰빙 농장을 경영하기를 원하는 아내의 뜻대로 하여 준다. 자녀들을 가까이 둔다. 같은 지붕아래 같이 산다.

---

1) 30장 12.
2) Albright · "Contributions to Biblical Archelogy and Philogy," 376. · 유재원 『원어성경연구시리즈 모세오경』(서울: 솔로몬 · 1998) · 173; 엔더슨(Bernjard W. Anderson)은 흠정역(KJV) 번역자들이 이러한 규정을 이해하지 못해 자음과 모음을 같이 읽음으로써 "여호와"라는 혼종어가 나오게 되었다고 하였다Bwrnhard W. Anderson · 『구약신학』 최종진 역 (서울: 한들출판사 · 2001) · 101에서 하르너(Philip B. Harner)는 אֶהְיֶה(에흐예 · 출 3: 14)를 ἔγω εἰμι ὁ ὤν(에고 에이미 호 온 · LXX)로 보는 것은 비약이라 하였다. 정철주는 『요한복음의 EGO EIMI) 선언에 나타난 기독론 연구』 박사학위논문 (서울: 호서대학교출판부 · 2005) · 33에서 אֶהְיֶה(에흐예 · 출 3: 14)를 ἔγω εἰμι ὁ ὤν(에고 에이미 호 온 · LXX)으로 보는 지켄드라크트의 견해쪽으로 기울고 있다.
3) Albright · "Contributions to Biblical Archaeology and Philology,"371~374.
4) Arthur W. Pink, · 『하나님의 주권: *The Sovereignty of God*』 · 김 진홍 옮김 (서울: 개혁주의 신행 협회 · 2003) · 29~30.

(2). 사랑으로 살아온 삶

믿음의 빨강색을 가진 홍 문표 시의 표현을 빌린다면 오르다 오르다 쓰러질 수밖에 없어도 인내하지 않을 수 없는 에덴을 향하여 가는 길에 늘 서 있다.

> 오를 수밖에 없는 것이다.
> 이미 짓밟혀진 계곡에
> 무슨 미련이 있을 것인가.
> 손쉬운 소유로 하여
> 부정한 약탈이 핏발을 세우고
> 마침내 진창으로 침몰하는
> 낙화의 절망
>
> ……
> 오르다 쓰러지는 눈물
> 그것이 무모한 지상의 허무일 찌라도
> 오를 수밖에 없는 것이다
> 그리하여 오르다 오르다 지쳐
> 쓰러질 수밖에 없는 것이다.
>
> ~ 홍 문표「날마다 산에 올라 3」

이 거친 세상을 견디는 힘을 홍 시인은 하나님을 향하면서 오르기를 멈추지 않는 삶으로 한다. 이 체험 신앙의 나날은 그토록 많은 육필의 문서전도를 위해 일생을 바치고 있다. 그도 모자라 지금은 문인교회담임목사로서 하나님 사랑의 실천 현장에 서 있다. 신병의 절실한 체험에도 불구하고 하나님 일을 하는 자의 몸으로 산다. 이 몸을 하나님이 보호하신다는 신념이 있게 된 것은 아주 어린 시절 교회로 인도한 하나님을 그대로 믿기 때문이다.

이 나날은 오늘도 빠알간 예수님의 심장을 닮으려 노력에 노력을 더한다. 이 낮은 옥타브의 사랑의 진행형은 절망의 끝에서 한줌

끌어올리는 사랑의 불이다. 빠알간 사랑 소유자 시인의 슬기로움은 청색 자색 홍색 실을 꿰어 청색 자색 홍색 수를 놓아[1] 열 폭 양장을 만드는 지혜를 가진 일이다. 그러기에 성소에 쓸 물건을 만들 줄 문서전도의 일을 조각하는 공교로운 일을 연구한다. 『나비야 청산가자』의 자전적 해설에서 보이는 "생애를 통하여 네 번째 죽음 의식"을 겪는 일이 있었지만 무엇으로도 멈출 수 없는 하나님의 일의 진행형으로 일관되는 삶은 주역에서도 보이는 삼재[2]의 경지를 넘어선 일이다.

홍 문표는 "사랑" 다 빈도 시어를 가진다.

> 가능성 · 고향(3) · 꽃 댕기 · 꽃송이 · 꽁트 · 건강 · 겨드랑 · 금붕어 · 끝장 · 기고만장 · 노랑나비 · 눈망울 · 단명 · 달랑거리는 · 은방울 · 돌기둥 · 막상 · 매양 · 두 송이 · 박동 · 발등(3) · 백운동 · 버들강아 · 봄 신명 · 복종(2) · 백마강 · 부동(2) · 부정(2) · 분명 · 불가항력 · 비명(2) · 비상(2) · 빈 깡통 · 모양 · 모퉁이 · 목청(2) · 무궁한(2) · 무명의(2) · 무명초 · 무성 · 무쇠기둥 · 무중력 · 몸뚱이 · 몇 송이 · 물레방아(3) · 사랑(9) · 산신령 · 산등 · 산중문답 · 산정(4) · 소망(2) · 소망(2) · 서성이더니 · 서성이고 · 서정시 · 석양 · 세상 · 세송이 · 수통 · 순정 · 순응하는 · 스승 · 시장(3) · 싱그러운 · 심장 · 아카시아 · 향 · 악몽 · 안녕 · 앞마당 · 애당초 · 열병 · 영혼 · 옥주봉 · 온종일(2) · 욕망(3) · 원망(2) · 원숭이 · 음정 · 인생 · 일상 · 인수봉 · 일정 · 요단강 · 자랑 · 지하봉 · 정 · 군봉 · 저승 · 절망(7) · 조갈증 · 진동(3) · 지상(5) · 지층 · 지팡이(3) · 진창 · 치정(3) · 천하명산대회 · 천황 봉 · 초롱한 · 앞마당 · 찌렁한 · 전생 · 욕망(3) · 청사초롱 · 타성 · 태양 · 투명한(5) · 팔각정(2) · 포등한(2) · 피등한(2) · 한 송이 · 한강 · 한강 가 · 햇덩이 · 호롱불 · 화강암(4) · 팔각정(2) · 화창 · 환상(2) · 환성 · 허영 · 혈기왕성 · 혈통 · 현명 · 휘황[3]

---

1) 출 35:35 참조.

2) 이이위서야 · 광대실비 · 유천도언 · 유인도언 · 겸삼재이양지 · 고육. 육자비타야 · 삼재지도야 "계사전하," 『주역』(易而爲書也 · 廣大悉備 · 有千道焉 · 有人道焉 · 兼三才而兩之　故六 · 六者非他也 · 三才之道也. "繫辭傳下," 『周易』.

'사랑'시어가 지닌 다빈도 현상으로 내면의 사랑을 위한 수를 놓아 성막을 짓는 색채리듬이다. 자생적 홍색을 가지는 빨간 사랑리듬이다. 사람들과의 사랑하는 사이[1]를 유지하는 홍 시인은 하나님 사랑을 받는 비결 그것은 다름 아닌 말씀을 듣고 생각하고 귀를 기울이며 · 절대자의 입에서 나오는 아름다운 말씀으로 사람을 살리는 시집 해설을 맡는다. 목사로서의 홍 문표의 문서전도는 많은 사람들의 사랑을 받는 모습[2]으로 서 있다. 사랑을 가진 자의 결국은 왕의 귀비로 오넬의 금으로 장식하고 존귀한 자리에 앉는다. 하나님의 신부인 하나님 사자의 입에시 나오는 하나님 대변의 말씀들을 듣고 시 해설을 통하여 하나님의 사랑받는 자가 할 수 있는 말씀들을 베푼다. 홍 총장은 총장시절 맹장수술을 하면서[3] 살게 해주신 하나님의 명령에 따라 한국문인교회를 창립한다. 하나님의 명령 · 혼자가 아닌 여럿 · 대상을 위하여 물 위로 · 말씀위로 걸으시라는 명령의 준행을 따른다. 하나님의 뜻대로 살려는 데는 그만한 여건과 용기가 필요하다. 흔히들 문학으로 성공한 사례가 드물지만 홍 교수에게는 예외다. 수입이 되는 시평과 그리고 문학저서로 그리고 전자매체활용 문단활동으로 그 수입을 올려 사는 그야말로 레위인의 하나님이 돕기 작전이 그에게 진행되는 중이다.

---

3) 홍 문표 · 『나비야 청산가자』 시집에서의 시어다빈도.

1) 왕의 귀비 중에는 열 왕 딸이 있으며 왕후는 오빌의 금으로 꾸미고 왕의 우편에 서도다 딸이여 듣고 생각하고 귀를 기울일지어다 내 백성과 아비 집을 잊어버릴지어다 그러하면 왕이 너의 아름다움을 사모하실지라 저는 너의 주시니 너는 저를 경배할지어다 두로의 딸이 궁중에서 모든 영화를 누리니 그 옷은 금으로 수놓았도다 수 놓은 옷을 입는 저가 왕께로 인도함을 받으며 시종하는 동안 처녀들도 왕께로 이끌려 갈 것이라 저희가 기쁨과 즐거움으로 인도함을 받고 왕궁에 들어가리로다(눅 4:9~15).

2) 홍 문표의 『시창작원리』는 9판재판.

3) 2013. 총장생활당시.

2). 17과 홍 문표

홍 문표 목사는 오산 대학교 총장시절 그의 숙소를 17층[1)]에 두었다. 오산은 한자로 오산(烏山)이며 이 오산과 관련하여서는 이상의 오감도(烏瞰圖)와 관련하여 진다. 은혜를 갚는 산 · 은혜를 많이 갚는다는 뜻이 있다. 독일축구의 마크가 삼족오이다. 독일 행정부의 마크 또한 삼족오이다. 우리의 고구려 삼족오가 마크이다. 오랜 우리 역사가 숨어 있다.

본 연구자는 오(烏)에 대하여 연구한 바 있다. 까마귀 오(烏)는 위로 쳐다봄의 의미가 있다. 칠월칠석날 견우와 직녀를 만나게 해주기 위하여 까마귀는 까치와 더불어 오작교를 놓는다. 까마귀는 겉은 검지만 속은 검지 않은 오조함정(烏鳥含情)[2)] 새이다. 효조(孝鳥)와 관련하여 진다. 오(烏)는 낳아주고 길러준 어미에게 은혜를 갚는 새[3)]이다. 만물인 영장인 인간이 까마귀를 본받지 않을 수 있는가 하는 역설이 강조된다. 천은지혜(天恩地惠)의 의미를 지닌다. 천(天)도 은혜이고 지(地)도 은혜의 의미이다. 순리를 중요시한다. 홍 교수가 추구한 은혜 갚기의 삶이 있다. 홍 교수는 하나님에게 받은 은혜를 이렇게 갚는다. 목사안수 받고 우선 교회로 가는 대신 오산 대학교 총장사역을 담당한다. 이때의 숙소는 17층이다. 홍 교수가 신앙 영웅적 입장에서 논의될 수 있는 것도 이 점이 첨가된다. 하나님의 신성 수는 17이다. 성서에서 물바다 사건도 17일에 시작되고 17일

1) 오산시 누읍동 이림아파트 1704호.
2) 박인로의 사제곡(莎堤曲) 중에서. 이상보 · 『노계시가연구』 (서울: 이우출판사 · 1978) · 142~144.
3) 李 英芝 · 오감도의 제 제목고(題目考). 국어국문학 (서울: 국어국문학회 · 1985).

에 끝[1]났다. 하나님의 뜻에 의해서 내린 비다. 하나님의 뜻은 홍수의 17일 시작과 그리고 17일에 끝남[2]을 동일시함으로써 첫 번이 아닌 두 번째의 뜻이 얼마나 성서에서 중요함을 알린다.

홍 박사에게 있어서 이 두 번째의 일 곧 목사 안수 후에 일터는 새로운 각오 · 사회인으로서의 사회봉사가 아닌 목사로서의 일터가 총장직이었다. 사실 홍 박사는 처음의 호를 '한 별'이라 하였다가 '동천(東川)으로 바꾸었다. 그의 신학은 문학박사 다음에 신학박사를 받은 두 번째의 일이다. 하나님이 자신의 일을 항상 익명성으로 두는 예는 알렉산더[3]역시 홍수 시작 17일[4]과 방주로 들어가라는 명령을 받은 지의 17[5]일을 들어 2회의 리듬을 지적하였다. 바일레이는 알메니아가 된 아라라트 산[6]을 17숫자와 관련한다. 아라라트 산[7]은 신 수학 17이며 히브리어로 아라라트[8]이다. 곧 알라

1) 창 7: 11 · 8: 4.
2) 창 7: 11 · 8: 4.
3) Alexander Heidel · 『고대 근동의 창조설화·홍수설화와 구약성서의 비교: *Old Testament Paralles · The Babylonian Genesis*』 · 윤영탁 옮김 (서울: 엠마오 · 1992) · 121 · 129.
4) 2월 17일.
5) 창 7: 1~4 · 10.
6) Lloyd R. Bailey · *Noah: The Person and the Story in History and Tradition* (Columbia: University South Carolina Press · 1989) · 58.
7) 높이가 해발 17,000 피트임을 언급하였다. 아라라트 산은 오늘날의 터키와 이란(한국의 10배 크기) 및 아르메니아의 국경선이 맞닿은 지점에 위치하는데 11km 떨어진 두개의 봉우리로 이루어 져 있다. 고도 이 아라라트 산은 고도 5,107 높이로 터키에서 가장 높은 봉우리로서 눈 덮인 완추형을 이루며 그 정상에는 만년의 빙하가 있다. 소 아라라트 산은 3,873m이다. 고도 3,500 ~ 1,500 사이의 중간지대는 훌륭한 목초와 향나무로 덮혀 오늘날도 주민들이 양떼를 방목한다. 이 곳 아르메니아 인들은 자신들이 노아 홍수 이후 세상에 나타난 최초의 인종으로 믿어 아라라트 산을 신성시 한다. 페르시아 전설에 의하면 인류의 발상지로 아라트 평원 위에 마을이 있었으며 노아가 그곳에 제단을 쌓고 제단을 쌓았다는 것이며 포도원을 꾸몄다는 것이다. 많은 대홍수와 관련된 전설이 있다. 에덴동산은 아락세스(Araxes) 골짜기에 있으며 마렌트(Marand)는 노아의 아내가 매장된 곳이라는 것이다. 알구리(Alghuri)는 대협

하시었다 이다. 아카드어 Uraru 혹은 Uratu이다. 17[1]은 고대 근동에 널리 알려져[2] 있다. 한국말 그대로 '알았다'이다. 아라라트 산[3]은 비장수 17로 승리 · 부활(골 2: 15)이다. 계율: 10과 은총: 7이 합쳐진 수이다. 여호와가 이끄시고 역사하신 여호와 글자 치 5+6+5+1+0=17[4]이다. 이 17일에 대한 의미확대는 사람의 시한적인 생애[5]로 지적된다. 곧 여호와께 드리는 날[6]이다. 나실 인의 몸을 구별한 날[7]이다. 생명의 날[8]이다. 홍 교수는 삶을 항상 하나님의 손에 달려 있다고 생각한다. 캄캄한 날[9]을 지난 남은 날[10]로 기울어지는 날[11]

곡 근처의 마을로서 노아가 처음으로 재배한 포도원이 있었다고 전한다 (Encyclopedia Britanica · "Ararat(1956) Ⅱ: 엄 원식 · 구약성서의 수비학에 대한 탐구 · op. cit · 18에서 재 인용).

8) אֲרָרָט(아라라트).

1) 아라라트 산 지역의 고대 주민들은 우라르투 신에게 17마리의 제물을 바치는 것이 관례였다. 이리하여 17이라는 의미는 인접지역으로 확산되었다. Franz Carl · Endres und Annernarie Schimmel · *Mystik und Magic der Zahlen* · 오 석균 역 (서울: 고려원 미디어 · 1996) · 253: 25: 엄원식 · op. cit · 20 재인용.

2) Georges lfrah · *Les chiffres ou L'ihistoire d'une grande invention* · 김 병욱 역(서울: 예화 · 1990) · 253~54.

3) Dillmann · op. cit · 282~283: Skinner · op. cit · 168; 그리고 König · *Die Genesis* · 354 등은 창 8: 4를 잘못 해석하였다고 보았다. 방주가 가장 높은 봉우리라 미시스(Massis) 혹은 아르리다그(Agridagh) 산으로 이해된다고 하였으며 그 산은 반 호수(Lake Van)에 약간 북동쪽에 위치하였으며 높이는 대략 해발 1 · 700 피트에 달한다. 전통적으로 이산을 아라라트 산으로 부르게 된 듯하다고 하였다. 그러나 아라라트 산은 아락세스(Araves) 골짜기로 알려져 있고 · 아라라트는 아르메니아로 알려져 있으며 아락시스강과 반과 오루미아 호수 사이 아르메니아 동쪽 산지에 있어서 노아의 방주가 머문 곳이라고 디렉스 바이블에서 제시한다. 에덴동산이 있는 곳이라고 하였다. 마렌트(Marand)는 노아의 아내가 매장된 곳이며 알구리(Alghuri)는 대협곡 근처의 마을로서 노아가 처음으로 재배한 포도원이 있다는 곳이다.

4) ה ו ה י(יְהוָה)=5+ 6+ 5+ 1+ 0=17.

5) ימי(옘메 · 생애).

6) יְמֵי(옘메 · 생애 · 민 6: 5).

7) יְמֵי(옘메 · 생애 · 민 6: 13).

8) ימי(옘메 · 생애:삼하 19: 34; 욥 17: 1 · 11; 시 102: 11 · 15 · 119: 84; 전 6: 3).

9) יְמֵי(옘메 · 생애 · 전 11: 8).

이 되면서 여호와가 앞뒤에서 철저히 보호하신다고 생각한다. 그 증거로는 수술하기 전 병원을 다녀오면서 콧노래를 불렀다 한다. 그만큼 하나님 인도하심에 대한 감사[1]이다.

하나님은 늘 홍 문표 목사에게 기적을 행하신다. 연금술사 자비르 이븐 하이얀[2]은 17이 1 + 3 + 5 + 8로 구성됨에 주목하였다. 물질세계는 17로 구성되었다 하였다. 포세이도니오스[3]는 그리스 알파벳에는 17개의 자음수가 믿음과 관련된다 하여 그리스 알파벳 17개의 자음이 있고 · 신성시된다 하였다. 조르쥬 이프라[4]는 고대 근동의 보편성 숫자[5]라 하였다. 아리스토텔레스는 17의 중요성으로 시와 음악의 비례관계로 하였다. 성서에서의 17 숫자는 야훼의 말씀 때문에 예레미야는 은 17세겔로 하나멜의 밭을 샀고[6] · 이사야서에서는 창조[7]가 17회 사용되었다.[8] 발음은 한국말 그대로 '봐라'이다. 하나님 세계를 보라 그대로이다. 17을 엄 원식은 신화문학과의 관계[9]로 보았다. 노아 홍수 때는 배가 머문 아라라트 산[10] 의미가 17이다. 홍 목사와 관련한 오산대 주소가 17번지이고 그의

---

10) יְמֵי(옘메 · 생애 · 시 119: 84).
11) יְמֵי(옘메 · 생애 · 왕상 2: 1).
1) 2013. 5.3.
2) Jabir ibn Hayyan.
3) Posidonios B·C 135~51.
4) Georges lfrah.
5) Georges lfrah · 『신비로운 수의 역사: *Les chiffres ou L'ihistoire d'une grande invention* 』 · 김 병욱 역(서울: 예화 · 1990) · 253~254.
6)렘 32: 9.
7) בָּרָא(바라 · 창조).
8) בָּרָא(바라 · 창조 · 사 · 40: 21 · 26 · 28 · 41: 20 · 42: 5 · 43: 1 · 7 · 15 · 45: 7 · 7 · 8 · 12 · 18 · 48: 7 · 54: 16 · 65: 17 · 65: 18).
9) 엄 원식 · "구약성서의 수비학(數秘學)에 대한 탐구," 『히브리 성서와 고대근동문학의 비교연구』 (서울: 한들 출판사 · 2005) · 360~361.
10) 엄 원식 · "구약성서의 수비학(數秘學)에 대한 탐구," 『福音과 實踐』 21(대전: 침례신학대학교 · 1998). 436~443.

숙소가 17층이었다. 기적은 늘 일어난다.

17은 예수님의 신성수인 동시에 예수님이 하나님께로부터 받은 아들로서의 고마움을 은혜로 갚은 수치이다. 곧 홍 박사에게는 사회에서 문학박사로서의 생애가 아닌 신학박사와 복사안수자로의 생애에 대한 그 두 번째 자리에서 혼신을 다하여 4년간 오산 대학교에 근무하였다.

하나님이 홍 박사에게 은혜를 주시어 생명을 있게 한 오묘한 일은 '하였다' 곧 '하여'의 과거형 '하였다'[1]일의 두 번째 자리이다. 숙소를 17층에 두는 이 17리듬은 홍 문표 시 백두산에서 드러난다.

> 해발 이천칠백사십사 미터
> 동방의 하늘 아래
> 제일 우뚝한 뫼 뿌리
> 억겁의 창세에 이미 점지된 약속의 산아
>
> ~ 홍 문표「백두산 1」에서[2]

동서남북으로 사역을 담당하여야 하는 홍 시인의 삶은 "오묘한 일은 하나님 여호와께 속하였거니와[3] 우리로 이 율법의 모든 말씀을 행하게 하려 하심이라[4]"이다. 오묘하다는 말은 히브리어로 한니스타로트[5]이다. 수치[6]와 철자 수치[7] 26은 여호와의 수치[8] 26과 동일하다. 이 토라의 정교한 구조 철자 수치 17[9] 그리고 노

---

1) הַיְתָה(하이타 · 하나님이 계속 있게 한 · VQAFZS · 사 25: 4 · 33: 2).
2) 홍 문표 · 『나비야 청산가자』(서울: 창조문학사 · 1997) · 116.
3) 신 29: 28.
4) 신 29: 28.
5) הַנִּסְתָּרֹת(한니스타로트 · 오묘한 일 · 신 29: 28).
6) ת(400) + ר(200) + תָ(400) + ס(60) + נִּ(50) + הַ(5).
7) 철자수치(letter value)는 4 + 2 + 4 + 6 + 5 + 5 =26.
8) ה(5) + ו(6) + ה(5) + י(10) =26.
9) ה(5) + ו(6) + ה(5) + י(1 + 0) =17.

아 홍수 때의 17일 때의 신비한 숫자 17[1]과 동일하다.

사람의 생명은 언어적 접근으로 보면 그야말로 발음 여기[2]있는 '나란' 존재이다. 이 존재가 숨을 쉬는 이유는 하나님의 옳은 손 · 오른 손이 양쪽에서 보호하고 있기 때문에 숨을 쉰다. 성경은 3회 연속 여기[3]있는 존재임을 언급한다. 홍 총장은 숨 쉼을 하나님께 의지하는 삶으로 하여 오산 대학교 총장시절 숙소를 본의보다는 17층에 두게 되었고 혼신을 다하여 하나님 일을 하였다.

그 실적[4]은 다음과 같다.

~ 2007~2011. 1. 28. 오산대학 총장 홍 문표~

2010년
01.18 경기도화성오산교육지원청과 오산남부종합사회복지관과
민 · 관 · 학 네트워크 협력체계 MOU체결
01. 12 한국세무사회 수원시세무사회와 MOU체결
12. 06 학교 밖 꿈나무 안심학교 개교
11. 18 경기벤처협회와 MOU체결
11. 01 오산장애인신체 · 정보화연합회와 MOU체결
10. 26 일본 키비국제대학 · 키비국제단기대학 · 쥰세이간호대학
큐슈보건복지대학종합의료전문학교와국제학술교류협약 체결
08. 04 산학협력관 준공(2,020 ㎡)
07. 05 년 전문대학 교육역량강화(대표브랜드)사업 선정
(10억 5천 4백만원)
03. 26 한국철도공사 수도권서부본부와 수목원테마역사조성
사업 MOU체결
02. 24 입학식(25개 계열 및 학과 신입생 2,655명 입학
학사학위 전공심화과정 26명 입학)

1) 엄 원식 · "구약 성경의 수비학(數秘學)에 대한 탐구," 『福音과 實踐』(대전: 침례 신학 대학교 · 1998) · 43.
2) יְהִי(예히 · 창 1: 3 · 6 · 14.
3) יְהִי(예히 · 창 1: 3 · 6 · 14).
4) 2007~2011. 1. 28. 오산대학 총장 홍 문표
오산대학교시절의 실적: 당시 오산대학교는 관선대학교.

02. 19 제30회 학위수여식 (전문학사 1,805명 · 학사 22명 졸업)
현재까지 총 졸업생 45,719명 학위 취득

2009년
11. 19 발전기금 소식지 '청학비상(靑鶴飛翔)' 창간호 발간
09. 17 자동차기계계열(자동차전공 · 디지털설계전공 · 컴퓨터응용 기계전공)이 자동차기계계열(자동차전공 · 디지털기계설계 전공)로 경찰경호행정과가 경찰행정과로 호텔조리계열(동양조리전공 · 서양조리전공 · 조리과학전공)이 호텔조리계열 (호텔조리전공 · 조리과학전공)로 경영계열이 마케팅경영과로 학과명 및 전공 변경
05. 26 말레이시아 LUCT대학과 MOU 체결
05. 25 개교30주년 기념행사
05. 20 캐나다 세네카대학과 국제학술교류협약 체결
04. 20 2009년 교육역량 강화사업 우수대학 선정 (26억 8천 2백 만원)
02. 24 입학식 (25개 계열 및 학과 신입생 2,617명 입학 · 학사학위 전공심화과정 11명 입학)
02. 20 제29회 학위수여식 (1,755명 졸업) 현재까지 총 졸업생 43,892명 학위 취득
2008년 11. 20 지성1, 2, 3관 리모델링(10,484 ㎡)
10. 28 대만 명신과기대학교와 국제학술교류협약 체결
10. 15 4년제 학사학위 전공심화과정 전기시스템제어공학과 · 디지털전자공학과: 2개학과 40명 인가 (전기시스템제어공학과 20명 · 디지털전자공학과 20명)
08. 29 제27대 이사장 문희주 농학박사 취임
08. 20 호텔조리계열 2년제에서 3년제로 인가
02. 26 2008학년도 입학식
02. 15 제28회 학위수여식(정규 1,808명 · 위탁 236명 · 계 2,044명)
02. 11 제26대 이사장 문 장춘 취임
2007년 12. 12 학사학위 전공심화과정 인가
기계설계학과 30명 · 호텔외식사업학과 30명 · 호텔조리학과 40명, 중국 곡부사범대학교와 국제학술교류협약 체결
12. 07 (주)포엠과 산학협력협약 체결 및 기자재 기증
12. 06 한국전력공사 오산지점과 산학협력협약 체결
12. 03 일본 아이치가쿠센(단기)대학와 국제학술교류협정 체결
11. 19 태양열 발전 시설 준공
10. 26 우리은행과 산학협력발전협약 및 후원협약 체결
10. 01 기획실 신설 · 학생처를 학생지원처 · 사무국을 행정지원처 ·

입학홍보 추진단을 입학홍보처 · 취업추진단을 취업지원센터로 명칭 변경
07. 26 호주 James Cook University · Sarina Russo School과 국제학술교류협약체결
06. 08 오산대학과 양산대학간에 학술교류 협약 체결
06. 01 교육인적자원부 국고지원 : 20억1천만원
경기남부지역 자동차부품을 위한 디지털금형기술중급인력양성사업 15억원 주문식 교육지원 사업 3억원
협약학과 사업 2억 1천만원
03. 01 화장품미용과를 피부미용과로 · 신발학과를 제화패션산업과로 · 전자통신과를 디지털전자과로 · 사회체육과를 스포츠과학계열(레저스포츠 · 건강관리 · 태권도전공)로 학과명 변경 · 호텔조리계열의 조리과학전공 신설 · 경영계열의 서비스 경영전공을 서비스마케팅전공으로 변경
02. 23 2007학년도 입학식
02. 15 제27회 학위수여식(정규 1,801명 · 위탁 393명 계 2,194명)
↑2007. 02. 01 제9대 학장 홍 문표 박사 취임

홍 문표 목사 총장의 삶은 생명을 주신 자에 대한 감사이다. 성경의 계명은 사랑하는 하나님의 백성을 위한 계율이다. 성경의 1계명이 말하는 10계명 중 첫째 계명이 아닌 10계명 전체인 1계명에 대한 복종이다. 홍 총장은 내 마음을 다하고 성품을 다하고 힘을 다하여 네 하나님 여호와를 사랑하라(신 6: 5) 뜻을 따라 생명을 흔적으로 하나님인 '나'[1]가 말씀하시는 명령에 따른다. 구약이 지니는 형식 속에 갇히지 않고 · 나아가 얼굴을 드러내지 않으[2]신 하나님의 명령을 준행하며 있는 그대로를 하나님에게 보여드리는 시학(視學)을 지닌 시인의 시적 삶이다.

그 방법은 유월절을 잘 건너는 생활이다. 유월절인 정월 십사일과 3일 후의 17일 즉 예수님이 돌아가신 정월 14일과 부활 후의 3

1) 사 43: 10~12 · 44: 6.
2) 사 45: 15.

일을 합한 숫자로 살아가는 삶이다.

두 번째의 삶 곧 목사 안수후의 총장시절은 예수님과 관련된 7의 두 배의 수의 생활이었다. 이러한 17과 관련은 홍 시인의 생활이 성경이 보여주는 구약과 신약을 잇는 14일에 3일을 더한 자리는 17일을 볼 수 있어서 관련된다 할 수 있다. 그만큼 예수님의 부활하심을 믿는 절대자만이 하실 수 있는 믿음 안에서 · 생명을 살리시는 자를 따라 사는 생활을 말한다. 이 수치 17은 1에서 17까지를 더하면 총 153이 된다. 또 7과 관련한 153은 예수님이 시몬 베드로에게 명령하여서 바다에 물고기를 낚은 물고기 수 153마리[1]이다. 우리나의 153 숫자를 쓴 볼펜이 여전히 그 맹위를 떨치고 있다. 그만큼 한국인의 깊은 가슴과 관련된 물 위를 걷는 나날은 홍 총장에게 그대로 나타나는 물 위로 걷는 나날들이다.

하나님이 갚아 주시는 하나님 사역자들에 대한 하나님의 명령은 언제나 놀랄 만큼 기이하다. 명지대학교에 대한 홍 교수의 보직생활은 그 기여도가 높다. 관동대학교 보직생활을 토대로 한다면 거의 명지대학교를 일궈낸 공로자다. 이 공로를 명지대학교에서는 하나님께서 잘 드러내지 않으시다가 오산대학교 총장시절을 통하여 그 공로를 드러내신다. 그 기간은 목사안수를 받은 후이다. 이처럼 하나님은 사람의 생애를 하나님 사역의 때를 따로 정하신다. 지금의 생활이 우연인 것 같지만 사실은 하나님께서 베푸시는 날의 그 때이다. 사람으로 하여금 하나님의 일을 열심히 하는 사역자들에게 하나님은 언제나 예측할 수 없는 좋은 일들을 주신다.

---

1) 요 21: 11.

3). 우리

(1). 우리 공동체

홍 문표의「산이 산인 것처럼」시에서는 우리의 공동체가 있다.

산이 산인 것처럼
눈물이 눈물일 수 있다면
눈물은 눈물이 되고

산이 산인 것처럼
믿음이 믿음일 수 있다면
믿음은 믿음이 되고

산이 산인 것처럼
사랑이 사랑일 수 있다면
사랑은 사랑이 되고

산이 산인 것처럼
당신이 당신일 수 있다면
당신은 당신이 되고

산이 산인 것처럼
평화가 평화일 수 있다면
평화는 평화가 되고

산이 산인 것처럼
노래가 노래일 수 있다면
노래는 노래가 되고

산이 산인 것처럼
산이 산인 것처럼
산이 산인 것처럼

～ 홍 문표 「산이 산인 것처럼」[1)]

---

1) 홍 문표 · 『나비야 청산가자』(서울: 창조문학사 · 1997) · 79～80.

한국에서 '우리'사상은 한국인들이 자고 먹고 이야기하고 모두모두 함께 우리의 삶이다. 그만큼 우리라는 의식은 우리 고유의 전통사상이다. 이 우리에 대하여 강 상원 박사는 산스크리트어 इरऌ 우리라 하였다. 그는 '우리'라는 산스크리트어가 한자 菀(울)이고 쉽게 이해하기는 '돼지우리'의 우리 · '우리나라'의 우리를 들었다. 몇 만 년 전부터 사용되어 진 증거가 옥스퍼드 사전에 기록되어 있다 했다. 홍 문표 시들이 놀랍게도 이 우리 라는 다수의 인원 이미지가 주제이다.

우리는 가장 가까운 사이를 지칭할 때의 공감되는 우리이다. '우리'의 예는 레아가 야곱의 아들 레위를 낳고 세 아들을 주었으니 남편과 함께 연합 '일라베'[1]하리로다 하였다. 우리라는 개념은 너와 단 둘이를 넘어서 셋부터 시작된다. 하나님이 강력하게 역사하심으로 하여 숨 쉬게 될 온전한 화합을 의미한다. 빌리다의 뜻과 빌려주다의 뜻이 같이 있다. 연합이란 내게 있는 것을 주기도하고 또 없으면 빌려서라도 서로 함께 한다는 의미다. 곧 연합이란 · 서로 힘을 합치기 위하여 상부상조하는 의미다. "우리"[2]의 반복은 화합하는 모습이 눈으로 보이는 것이 특징이다. 가만히 있는 것이 아니라 깰지어다의 격려가 뒤따른다. 여 선지자 드보라는 바락과 함께 적군 시스라가 이끄는 철병이 기손 강에 진을 쳤을 때도 "우리 우리… 우리 우리"[3]한다. 홍 문표 시에서도 네 번을 반복한다.

---

1) יִלָּוֶה(일라베 · 연합하리로다 · VNIMZS · will be joined 창 29:34).

2) עוּרִי...עוּרִי...עוּרִי...עוּרִי(우리 우리....우리 우리 · 깰찌어다 깰찌어다...깰찌어다 깰찌어다 · 삿 5: 12).

3) 밧세바의 남편 우리야 אוּרִיָּה(우리야)는 하나님이 빛을 주심의 뜻이다.

(2). 우리함께

히브리어에는 우리를 위하여 라는 뜻으로 לָנוּ(라누 · 우리 · 시 46:1)가 있는데 글자의미는 영원한 관계를 위하여 라는 의미이다. 힘을 합치는 관계는 영원한 힘을 가져온다.

사람은 우리 함께 있어야 한다. 그러기에 서로 공동체를 이루면서 그리고 가정을 이루면서 큰일을 하여 간다. 이 때 큰일이라는 의미는 남편의 마음을 안정 되게 하여 나라 일을 잘하도록 내조하는 아내의 역할이다. 아내가 평안하게 집에서 아이를 키울 수 있도록 남편이 큰 힘이 되어 주는 공생과 상생이 관계이다.

사람들은 결혼을 합니다. 결혼이란 남녀가 서로 평생 같이 할 배우자를 선택하여 함께 할 적절한 대상을 골라서 결혼하게 됩니다. 여기서 적절한 대상을 고른다는 것은 자신이 생각하는 선택기준에 맞는 대상을 찾는 것일 것입니다. 자신에 맞는 선택기준이 무엇일까? 역사적으로 보면 가장 중요시한 선택기준은 출신성분이 였습니다. 어떤 가문인가. 어떤 환경에서 자란 인격인가. 그것이 제일 조건이었습니다. 콩 심은데 콩 나고 팥 심은데 팥 나기 때문입니다. 요즘엔 결혼조건을 보면 인물, 경제력, 학벌, 직업 등을 중요시한다지만 따지고 보면 이것도 그 이면엔 출신성분의 원칙이 깔려있는 것입니다. 여기에 출신성분이라 했지만 · 이를 달리 말하면 이는 한 인간이 살아온 내력입니다.

결혼뿐입니까. 직장이나 조직이나 어떤 단체에서 사람을 채용할 때 가장 중요시하는 것은 바로 바로 그의 이력서입니다. 이력서에는 어디에 태어났고, 어떤 교육을 받았고, 어떤 일들을 했는가 하는 그 사람의 내력이 있습니다. 그 내력이 왜 그리 중요한 것인가. 바로 그 사람의 내력이 그 사람의 인격이고 · 현재의 모습이기 때문입니다. 어떤 사물의 존재성을 판단하는 가장 중요한 원칙에는 인과론이라는 것이 있습니다. 세상엔 그 어떤 것도 어떤 원인으로 그런 결과가 되었다는 것입니다. 이를 달리는 환경 결정 설이라는 것이지요. 그래서 현재는 과거의 종점이란 말이 나오게 됩니다. 그런데 과거의 이력은 현재만 결정하는 것이 아니라 미래도 결정하게 됩니다. 온고지신이란 말도 여기에 해당할 것입니다. 옛것을 익혀서 새것을 안다는 논리지요.

이는 문학에서도 중요한 원리가 됩니다. 문학에서 가장 중요시하는 것은 상상력입니다. 문학작품의 가치를 결정하는 것은 얼마나 작품 속에 뛰어난 상상력이 구사되었는가에 있습니다. 그래서 뛰어난 상상력을 천재적이라 했고, 모든 문학가는 상상력에 집중합니다. 그런데 기존의 존재를 새롭게 해석하고 새로운 세계를 드러내는 이 상상력이란 사실은 과거에 경험한 것들을 재구성하는 행위에 지나지 않는 것입니다. 그러니까 과거의 경험이 미래의 비젼을 만들어 내고 상상의 세계를 만들어 낸다는 말입니다. 따라서 미래도 어떠한 과거의 이력을 가졌는가가 그 원인이 되는 것입니다.

이렇게 과거의 이력과 출신성분과 족보를 따지는 것은 · 단지 결혼조건이나 신입사원 채용이나, 문학작품 창작이라는 문제만은 아닙니다. 우리는 동물처럼 본능적으로 사는 존재가 아니라 만물의 영장으로, 정신과 영혼을 가진 존재로 살아가는 특별한 존재라는 사실에서 정말 나는 누구인가. 나의 조상은 누구인가. 나는 어떤 교육 · 어떤 지식을 먹고 자랐나를 알아야 하며 그것이 오늘의 나를 있게 했음을 알아야 합니다. 그렇게 자기 정체성을 알고서야 우리 민족은 어떤 민족인가. 인간이란 도대체 어떤 존재인가를 우리는 오늘과, 내일을 어떻게 살아야하나 이러한 문제에 대한 나름의 인생관이나 세계관을 세울 수 있는 것입니다.

사실 우리가 어떠너 사물을 보고 이것이 무엇인가를 판단하는데는 판단기준이 있어야 합니다. 그 판단 기준이 무엇일까요. 그것은 과거의 경험, 그 동안 살면서 축적한 지식입니다. 그것을 우리는 가치관이라고 합니다. 따라서 인생이 무엇인가. 내가 누구인가. 어떻게 살 것인가를 판단하고 결정하는 것도 바로 과거의 경험, 인류가 출발부터 지금까지 경험한 지식에 근거하는 것입니다. 평생 어부로 살아온 사람은 물고기 잡이에 관해서는 박사입니다만 그러나 다른 분야는 무지합니다. 우리는 가끔 인간은 태어날 때부터 뛰어난 지식과 사고 능력을 가진 것으로 알고 있습니다만 사실 우리들의 사고방식이니 의식이니 하는 것도 모두 경험한 것들에 근거할 뿐입니다.

늑대소년에 관한 실화가 있습니다. 갓난아기 시절 · 산속에서 이 아기를 잃었습니다. 그리고 10년 수 그 소년을 찾았습니다. 그런데 그 소년은 인간이 아니라 늑대이었습니다. 늑대 젖을 먹고 늑대들과 살았기 때문입니다. 그는 늑대 울음을 울었고, 늑대와 같이 행동했습니다. 집에 데려다 놨으나 결국 산으로 도망가고 말았습니다.

사실 우리가 작품을 쓴다는 것은 어떤 사물에 대한 자신의 인식이나 기대를 기록하는 것입니다. 따라서 작품을 쓴다는 것은 궁극적으로 나의 생, 나의 꿈을 기록하는 것이며 여기서 나란 평생 경험하고 교육받은 과거의 종합에서 비롯되는 것일 뿐입니다. 따라서 나의 문학, 나의 인생, 나의 삶이란, 나의 이력인 무엇인가. 나의 조상이 누구이며, 어떤 교훈과 어떤 가풍 속에서 살았으며 어떤 시대와 환경에서 살았는가 하는 것들이 중요한 요인이 되는 것입니다. 이것은 나뿐만 아니라 우리민족, 나아가서는 인류 전체의 경우도 그렇습니다.

그래서 개인에게는 이력이 필요하고, 민족과 인류에게는 역사와 고고학이 필요합니다. 출발이 분명해야 과정이 분명하고 결과가 분명하기 때문입니다. 그런데 지적도에서 가장 중요한 것은 기본점이고 경계선입니다. 내가 누구인가. 인간이란 무엇인가도 가장 중요한 것은 출발점이고, 경계선입니다. 그리고 그러한 출발점을 찾는 방법은 당연히 과학적이고 객관적이어야 합니다. 그런데 문제는 그 과학적이고 객관적이라고 하는 것들이 인간의 권위와 자존심을 세우고 생육하고 번성할 수 있는 축복의 길을 제시하는 것이 아니라 인간의 권위를 파괴하고 인간을 단지 약육강식하는 동물의 세계로 규정함으로 세상을 사단의 장으로 만든다면 · 그것은 단연코 배격해야 할 일입니다.

하늘을 보면 무수히 반짝이는 별들이 있고 지구상에는 수억만개의 식물과 동물과 인간들이 있습니다. 이 거대한 우주와 자연과 인간은 도대체 어떻게 출발하였을까. 이점에 대하여 과학자들은 진화론을 제기하고 있지만, 기독교에서는 단연코 하나님이 천지만물과 인간을 창조하신 것을 분명히 합니다. 창 1:1 "태초에 하나님이 천지를 창조하시니라" 여기서 주요한 것은 하나님이 천지를 창조하셨다는 말이 지만. 주의 할 것은 태초(In the beginning)입니다. 진화론자들은 우주공간은 이미 있는 영원한 것이고, 그 공간에 언젠가 생명체들이 우연히 나타났다고 하는데 성서에서는 우주 공간마저 태어나기 이전부터 하나님은 존재하시고 그래서 하나님이 천지를 창조하심으로 우주적 시간과 공간이 열리게 됩니다. 천지에 대한 개념도 조심해야 합니다. 천지는 영어로 heavens and the earth입니다. 단수가 아니라 복수입니다. 원래 히브리인들은 새가 날라다니는 제1하늘, 물이 저장되어 있는 궁창, 즉 제2의 하늘, 그 위에 하나님과 천사가 있는 제3의 하늘을 두고 한 말이라고 하지만 사실은 무한에 대한 우주공간입니다. 사실 우주과학에서도 지금은 태양계 · 은하계 · 등 무수히 많은 우주가 있음을 인정하고 있습니다. 그리고 땅이라고 하면 지구만을 가리키는데 사실은 별들도 모두 흙으로 되어 있습니다. 따라서 천지란 우주 전체의 물질적인 것, 공간적인 것, 시간적인 것, 모두 포함한다고 보아야 하겠습니다. 이는 절대 무(無)에서 유의 상태를 만드신 전능하신 하나님의 창조성에 대한 총체적 표현이기도 합니다.

그런데 창 1:2를 보면 "땅이 혼돈하고 공허하며 깊음 위에 있고 하나님의 영은 수면위에 운행하시니라" 이처럼 2, 3절을 보면 하나님의 본격적이 창조는 3절 "하나님이 이르시되 빛이 있으라"부터 시작된 것으로 볼 수 있습니다. 하나님은 3절에서 빛을 창조하시고 · 4절에서는 빛과 어둠을 나누시고 · 5절 · 빛은 낮이라 어둠을 밤이라 부르시니 이는 첫째 날이라. 둘째 날에는 궁창과 물 · 셋째 날에는 육지와, 육지의 식물과 바다, 넷째 날에는 해 · 달 · 별 · 다섯째 날에는 하늘의 조류 · 바다의 어류 · 여섯째 날에는 육지에 사는 동물과 인간으로 되어 있습니다. 이처럼 3절 이하 31절까지 6일 동안, 우주 만물과 인간을, 모두 창조하셨는데, 2절에서 땅이 혼돈하고 공허하며 흑암이 깊음 위에 있고라는 상태는 6일간의 창조 일정 속에 포함되는 것인가. 아니면 6일간의 창조 이전의 상태인가. 만일 창조이전의 상태라면 하나님의 창조란 이미 있는 무질서한 혼돈의 상태를 질서 있는 상태로 만든 것이라는 논리가 되어 절대 무에서 유의 창조라는 창조설이 흔들릴 수 있는 것이다. 따라서 1

장 1절과 2절, 그리고 3절에서 31절까지의 관계는 하나님이 태초에 천지를 창조하였으나 그것은 아직 우주의 각 모습들을 제데로 갖추지 못한 혼돈의 상태였기에 하나님은 6일간의 시간을 두고 각 요소들을 질서 있게 조성하시어 모두가 보시기에 좋은 상태로 만드셨음을 말씀하고 계신 것이라고 하겠습니다. 그리고 이러한 하나님은 생명이 있는 동식물을 창조하실 때 창 1:11 "하나님이 이르시되 땅은 물과 씨 맺는 채소와 각기 종류대로 씨가진 열매 맺는 나무를 내라 하시니" 창 1:21 하나님의 큰 바다 짐승들과 뭍에서 번성하여 움직이는 모든 생물을 그 종류대로 · 날개 있는 모든 새를 그 종류대로 창조하시니, 창 1:25 하나님이 땅의 짐승을 그 종류대로 · 가축을 그 종류대로, 땅에 기는 모든 것을 그 종류대로 · 만드시니 하나님이 보시기에 좋았더라. 이처럼 하나님은 모든 생명체를 창조하실 때 철저히 각기 종류대로 창조하셨다고 했습니다. 이는 과학을 자처하는 진화론의 허구를 결정적으로 와해시키는 과학보다 과학적인 하나님의 창조질서입니다.

진화론자들은 대기 중의 가스와 열, 방사선 등이 단백질을 만들고, 이들에게 우연히 생명체로 변할 수 있다고 했습니다. 이러한 생명체가 하등생물에서 돌연변이를 일으켜 고등생물로 진화한다고 했습니다. 그래서 아메바가 동식물이 되고, 원숭이가 되고, 침펜치가 되고, 인간이 될 수 있다고 했습니다. 그러나 무기물은 결코 유기물이 될 수 없으며, 어떠한 경우도 종이 다른 종으로 돌연변이를 일으킬 수 없다는 것이 오늘의 과학입니다. 따라서 아메바가 원숭이가 되고, 사람이 된다는 것은 불가능한 것으로 판명되었습니다.

따라서 모든 생명체를 각각 그 종류대로 창조하셨다는 하나님의 창조질서가 오히려 과학임을 실증하고 있는 것입니다. 그런데도 기독교나 천주교는 학교 교육의 이 진화론의 난센스에 대하여 강력하게 도전하지 못하고 있답니다. 이는 기독교가 과학에 무지한 것도 있지만 세속과 야합하기 때문이라고 하겠습니다.

하나님의 창조사역을 보면, 천지만물 · 식물 동물을 창조하시고는 마지막에 인간을 창조하셨다 했는데, 여기서 주목할 것은 인간 이외의 것들을 창조하신 방법과 인간을 창조하신 방법은 전혀 다른 특징을 가지고 있다는 것입니다. 하나님의 인간 창조에 관한 창세기 말씀은 정말 인간이란 어디서 왔으며 · 어떠한 존재이며 · 어떻게 살아야하는 가를 분명하게 제시하고 있다는 데서 진리 중에 진리일 뿐만 아니라 오늘을 살고 있는 내가 누구이며 · 어떻게 살아야하는가를 분명하게 가르쳐 주는 사건이라는 데서 정말 놀랍고도 은혜롭고 감격스러운 대목이 아닐 수 없습니다.

창 1:26절과 함께 봉독하실까요. "하나님이 이르시되 우리의 형상을 따라 우리의 모양대로 우리가 사람을 만들고 그들로 바다의 물고기와 하늘의 새와 가축과 온 땅과 땅에 기는 모든 것을 다스리게 하자 하시고" 그 동안 모든 만물은 하나님의 말씀 · 즉 "이르시되" God said로 창조하셨습니다. 그런데 인간을 창조하실 때에는 "우리가"라는 복수로 협의해서 창조하심을 보게 됩니다. 여기서 우리란 바로 삼위일체 하나님 · 즉 성부 · 성자 · 성령의 하나님입니다. 더욱 놀라운 것은 "우리의 형상을 따라 우리의 모양대로 우리가 사람을 만든다"고 했습니다. 히브리어에서는 형상을 외형적이고 신체적인 것으로 모양은 추상적인 것으로 영적이고 도덕적이 것으로 구분합니다. 그렇다면 하나님은 3위 일체;는 그들의 외모와 본성까지 꼭 닮은 인간을 만드셨다는 말이 됩니다. 그만큼 인간의 전인격이 하나님의 성품과 속성을 이어서 지음 받았다는 사실을 보여주는 것입니다. 따라서 모든 피조물 중 유일하게 인간만이 하나님과 교제와 사귐의 대상이 될 수 있는 것입니다. 인간은 그 영혼의 지 · 정 · 하나님의 인격 구조를 모델로 하여 그 분과 교제가 가능하도록 구성되었으며, 인간의 눈에 드러나는 외형적 형체도 하나님과 교제하는 자로서의 권위와 장엄함이 드러나도록 ?꾸며졌습니다. 이는 뚜렷한 객관적 근거도 없이 인간의 상대적 존엄을 외치는 인본주의에 비해 볼 때 인간 존엄의 절대적 근거를 제시하는 신본주의적 인간론의 선언이라 할 수 있습니다.

어떤 집안, 어떤 조상, 어떤 족보인가. 우리는 이력서를 중시하고 출신성분을 중요시한다고 했습니다. 그것은 우리의 혈통이고 전통이고 자부심이고 현재의 나를 만들어 주는 근본적인 뿌리이기 때문입니다. 하나님은 다른 어떤 피조물보다 다른 · 하나님과 꼭 닮은 외모와 속성을 진니 인간을 이처럼 특별하게 창조했습니다. 그만큼 하나님은 인간을 사랑하시고 · 소중하게 여겼습니다. 그렇다면 이 우주 만물 속에 인간으로 태어났다는 것만으로도 최고의 축복이고 · 영광이고 · 자부심이 됩니다. 왜냐하면 인간의 출신성분이 그처럼 고귀하기 때문입니다.

그런데 진화론자들은 인간이란 대지에서 우연히 생간 아메바가 돌연변이해서 원숭이가 되고 침팬지가 되고, 인간이 되었다고 했으니 이들 진화론자의 족보로 보면 인간의 조상은 아프리카 침팬지이거나, 동물원의 원숭이거나, 더 멀리는 단세포 생명체인 박테리아나 아메바가 됩니다. 이러한 족보와 이력을 가진 것이 인간이라면 인간은 그저 동물에 불과한 것이고 · 언젠가는 인간도 진화해서 다른 괴물로 바뀔 수 있는 별것이 아닌 존재가 됩니다.

이처럼 인간은 어떤 족보를 갖느냐에 따라 하나님의 형상을 닮은 가장 고귀한 영적인 존재라는 자아인식의 인생관을 갖는가 하면 돌연변이로 우연히 생긴 동물적 존재라는 자기 비하의 열등한 인생관으로 추락할 수도 있습니다. 그것은 전적으로 하나님의 말씀인 성경을 믿느냐, 어리석은 인간들이 만든 과학적이지도 않은 사이비 진화론을 믿느냐하는 것으로 갈라집니다.

하나님은 인간을 자기의 형상대로 창조하시고는 중대한 임무까지 주셨습니다. 그것은 26절 후반, “그들로 바다의 물고기와 하늘의 새와 가축과 온 땅과 땅에 기는 모든 것을 다스리게 하자고 한 것입니다. 그리고는 복을 내리십니다. 창 1:28 함께 봉독하실까요. “하나님이 그들에게 복을 주시며 하나님이 그들에게 이르시되 생육하고 번성하여 땅에 충만하라 땅을 정복하라 바다의 ㅁ루물고기와 하늘의 새와 땅에 움직이는 모든 생물을 다스리라 하시니라”

하나님은 생육하고 번성하라 땅에 충만하라 하시면서 땅을 정복하고 다스리라는 말씀을 하시게 됩니다.

여기에 분명한 초점은 하나님의 형상대로 만든 인간들이기에 생육하고 번성하도록 축복하시었고 · 하나님을 대신하여 지상의 치리자로 다스리고 정복하라는 권한까지 위임하신 것입니다.

이처럼 하나님의 인간창조를 보면 정말 놀랍고 감격스럽고 고마울 뿐입니다. 우선 천지를 창조하시고 땅에는 바다와 육지와 궁창을 창조하시고 · 해와 달과 별을 창조하시고 · 식물과 동물을 창조하시고는 맨 마지막 하나님의 모양과 형상을 닮은 사람을 만들어 그들로 하여금 세상을 다스리고 개발하도록 권한까지 주셨으니 · 결국 하나님의 천지창조 계획과 목적은 인간들을 천지의 주인공으로 만들어 인간들로 하여금 천지를 잘 관리하고 개발하여 생육하고 번성하고 충만하게 하는데 있었습니다.

그런데 하나님의 천지만물과 인간창조의 과정에서 우리가 놓쳐서는 아니 될 부분이 더 있습니다. 그것은 창 1:27 "하나님이 자기 형상 · 하나님의 형상대로 인간을 창조하시되 남자와 여자를 창조하시고"입니다. 창 2장에서 천지만물과 인간창조에 관한 내용을 보충하면서 아담을 먼저 만드시고, 아담의 갈빗대로 여자를 만들었다 하여 남존 여비, 또는 남성 우월적인 것으로 오해할 수 있지만 · 하나님의 인간 창조계획에는 원칙적으로 남자와 여자를 동시에 창조한 것임을 알 수 있으며 이는 철저히 남녀동등이 하나님의 뜻인 것을 알 게 됩니다.

또 하나 놀라운 사실이 있습니다. 그것은 창 1:29와 30입니다. 하나님이 창조한 최초의 인간들은 무엇을 먹었을까요. "내가 온 지면에 씨 맺는 모든 채소와 씨가진 열매 맺는 모든 나무를 너희에게 주노니 너희의 먹을거리가 되리라. 최초 인간의 양식은 채소와 과일이었습니다. 결코 피 흘림을 수반하는 육식이 아니었습니다. 동물에게는 과일까지 허용하지 않고 오직 초식만 인정하였습니다. " 모든 푸른 풀을 먹을거리로 주노라" 초식 동물은 모두 순하고 착합니다. 반면 육식 동물은 포악합니다. 인간에게 육식이 허용된 것은 노아 홍수 이후입니다. 그러나 그것도 피를 먹지 말하는 조건이었습니다.

최초의 인간들에게 하나님이 허락한 먹거리는 씨 맺는 모든 채소와 씨가진 열매 맺는 나무 즉, 채소와 곡식과 과일이었다는 것은 오늘날 육식이 아니면 살 수 없는 것처럼 생각하는 인간들과는 너무나 차이가 있을 뿐만 아니라 우리가 무얼 먹고 사는 것이 하나님의 섭리에 합당한 것인가를 심각하게 생각해야 하는 대목이기도 합니다. 하나님이 창조한 최초의 인간들, 그리고 에덴동산에서의 먹 거리는 동물성 먹 거리가 아니라 식물성 먹 거리 입니다. 우리가 정말 하늘나라를 소망하고 에덴의 회복을 바란다면 잔인하게 동물을 살육하여 입술에 피를 묻히고 배를 불린 몸으로 어찌 감히 그리고 생각할 수 있는 일인가. 정말 먹거리 만으로도 우리는 하나님께 부끄러울 뿐만 아니라 너무나 타락한 존재가 되어 있음을 알게 됩니다.

그러나 우리가 창세기 1장을 읽으며 특히 인간창조에 관한 놀아운 말씀을 읽으며 · 더욱 심각하게 반성해야 할 부분은 창 1:26과 28에 있는 "모든 것을 다스리라" "땅을 정복하라"에 관한 것입니다. 하나님이 지으신 모든 만물로 인간에게 다스리라는 권한을 준 것은 인간은 하나님의 품성을 닮았을 뿐만 아니라 지 · 정 · 의를가진 의식 있는 존재이기 때문에 인간뿐만 아니라 동식물 모두 생육하고 번성할 수 있도록 잘 관리하라는 말도 땅을 적으로 상대하여 정복시키라는 말씀이 아니라 땅을 개발하여 모두가 생육하고 번성할 수 있도록 하라는 하나님의 개발권 위임입니다. 그런데 문제는 인간들이 이 "다스리라"와 "정복하라"는 이 관계 위임 권한을 악용하여 이 땅을 마구 황폐화시키고 있습니다. 인간은 좋은 관리자나 청지기가 아니라 정복자 · 파괴자가 되었습니다. 하나님이 주신 아름다운 형상을 파괴했습니다. 양심을 파괴했고 · 하나님과의 관계를 파괴했습니다. 그 뿐만 아니라 에덴동산을 파괴했고 환경마저 파괴해버렸습니다. 그리고 지금은 지구를 파괴하고 있습니다. 이처럼 인간의 파괴의 도구가 된 것은 범죄 함으로 하나님과 등지고 사탄의 종노릇을 하고 있기 때문입니다. 사탄이 인간의 배후에서 작용하고 있기 때문입니다. 그래서 오늘도 사탄은 가정을 파괴하고 인간의 화목을 파괴하고 교회를 파괴하고 심지어는 천국까지 파괴하려고 역사하고 있는 것입니다.

이간이 왜 이렇게 파괴자가 되었는가. 그것은 창세기 3장의 나타난바와 같이 인간이 하나님 앞에 범죄 함으로 초래된 것입니다. 창 3:17 하 반절에 보면 "땅은 너로 하여 저주를 받고"라고 했고 · 18절에 보면 "땅이 네게 가시덤불과 엉겅퀴를 낼 것이라"고했습니다. 인간이 타락한 후 땅이 저주를 받게 되었습니다.

그 이유는 간단합니다. 인간이 범죄 함으로 관리능력을 상실하였기 때문입니다. 하나님 형상대로 지음 받았으니 하나님 중심으로 살아야 하는데 하나님 중심의 삶이 아니라 자기중심의 삶으로 타락했기 때문입니다. 태초에 하나님의 선한 영성은 사라지고 인본주의 · 물질주의 · 세속주의가 하나님이 되어 버렸기 때문입니다. 비록 지금은 이렇게 타락했지만 그러나 우리는 어디서 왔는가. 우리의 족보 · 우리의 이력은 무엇인가. 아메바나 원숭이나, 침팬지의 족보가 아니라, 엘로힘 하나님이 우리의 모양대로 사람을 만들자고 하신 하나님의 특별한 섭리와 은혜로 만들어진 하나님 족보의 거룩한 자손들입니다.

인간이 존엄한 이유는 우리 안에 하나님이 있기 때문입니다. 인간은 하나님의 형상을 지닌 경이롭고 존귀한 존재입니다. 인간의 능력은 무한합니다. 하나님이 만드신 모든 것이 기적이지만 인간같은 기적은 없습니다. 신통하고 오묘하여 감히 헤아릴수가 없는 것이 인간이라는 말입니다. 윌리엄 섹스피어(William shakespear)는 말했습니다. "인간이란 얼마나 훌륭한 예술작품인가! 이성에 있어서 얼마나 고상하며 · 능력에 있어서 얼마나 무한한가. 형체와 운동에 있어서 얼마나 유연하고 인식에 있어서 얼마나 신적인가? 라고 격찬했습니다.

우리의 족보, 우리의 출신성분, 그 뿌리를 분명히 알아야하겠습니다. 그리고 그 족보에 걸 맞는 인생을 살아야하겠습니다. 그러나 죄로 말미암아 타락한 인간만으로는 그 날의 회복이 불가능합니다. 그래서 하나님은 두 번째의 인간의 창조를 시도하셨습니다.

두 번째 창조는 할 수 없이 십자가의 보혈로 다시 모든 것을 씻고 부활이라는 이름으로 새 창조를 했습니다. 다시 낳습니다. 속사람이 나날이 새롭게 되시기를 하나님은 원하십니다. 이것이 오늘 우리가 만난 제2의 창조의 복음이 예수그리스도께서 옵니다. 지금은 다시 우리 속에 속사람, 하나님 형상을 다시 회복할 때가 왔습니다.

출 애굽 기 15:23절 이하를 보면 쓴 물이 단 물로 변화되는 역사가 기록되어 있습니다. 하나님이 지시하신 대로 모세가 순종하였을 때 쓴 물이 단 물로 변하는 기적이 일어난 것입니다. 이것은 근본적인 변화입니다. 먹을 수 없게 된 물이지만 모세가 하나님 앞에 순종할 때에 목말라 죽어가던 이스라엘 백성이 깨끗하고 시원한 물을 마음껏 마시므로 활기를 되찾게 된 것입니다.

다시 말해서 우리 죄를 담당하시고 우리를 구속하기 위하여 십자가에 달리신 예수 그리스도를 믿고 순종할 때에 역사도. 자연도. 인간도 · 단물이 되는 것입니다. 새 사람이 되는 것입니다.

성부성자성신 하나님이 우리의 모양대로 사람을 만들자 하시고 우리를 창조하신 하나님의 섭리, 하나님의 사랑을 감사하고, 우리들의 족보 · 우리들의 빛나는 출생의 감동을 다시 확인하면서 하나님의 자손 · 하나님의 영광된 가문의 명예를 회복해야 하겠습니다.

~ 홍 문표 · 한국문인교회 담임목사 2013년 6월 23일 설교 우리의 모양대로 사람을 만들자 - 창 1:26~31

우리가 예수를 믿으면서 그 존재성에 대하여 늘 갈등을 느끼는 것이 성령에 관한 부분입니다. 하나님이야 천지만물을 창조하시고 · 인간을 창조하시고, 전 우주의 역사 속에서 사랑과 공의로 섭리하시는 전지전능하신 분으로 믿는데 의의가 없습니다. 예수님도 태초부터 하나님과 함께 계신 분으로 성육신하시어 지상의 역사 속에 나타나셔서 천국 복음을 전하시고, 마침내 십자가와 부활로 인간의 죄 값을 감당하신 구세주라는 사실에서 예수님의 존재성이나 그 정체성이 분명합니다.

그런데 성령에 대한 문제는 그 존재성이나 역할에 있어서 너무나 다양하게 작용하고 있기 때문에 한마디로 성령은 이러한 분이라는 정의를 내리기가 어려운 것입니다. 그 이유는 여러 가지가 있겠지만 성경 말씀의 줄기보다 수 없이 갈라진 가지나 무수히 매달린 잎새의 어느 하나를 예로 하여 그것이 말씀의 전부인 것으로 · 아니면 그것이 유일한 말씀의 줄기인 것으로 설명하기 때문입니다. 예컨대 그 분은 가르치시는 분(눅 12:12) · 그 분은 죄를 책망하시는 분(요 16:8) · 교회 일을 지시하는 분(행 13:2) · 도우시고 중보하시는 분(롬 8:26) · 영감을 주시는 분(벧 후 1:21) · 성화시키시는 분(벧전 1:2) 등으로 나타납니다. 그런가 하면 생명의 성령(롬 8:2) · 진리의 성령(요 16:13) · 사랑의 성령(골 15:13) · 하나님의 성령(엡 4:30)으로 표현되기도 합니다. 이 밖에도 많은 성령의 기사가 있는데 그 때마다 성령의 역할이 다르게 표기되고 있습니다. 그러니 성령의 존재성이나 그 정체성을 한 마디로 말하기가 어려울 수 밖에 없는 것입니다.

이러한 경우에 성경을 읽고 해석할 때 가장 중요한 포인트는 전체를 통해서 부분을 보는 것입니다. 이는 부분인식방법입니다. 말하자면 줄기를 거쳐 가지나 잎 새를 읽어야지 가지나 잎새만 가지고 줄기를 말하는 것은 진짜 줄기와 무관한 오류를 범할 수 있다는 것입니다. 이 점에 대하여 주님은 포도나무 비유를 통해 분명히 말씀하셨습니다. “나는 포도나무요 너희는 가지라”(요 15:5) 가지가 참 포도나무 줄기에 붙어 있는가 들 포도나무 줄기에 붙어 있는가 줄기와 가지의 분명한 관계, 이것은 우리의 바른 신앙생활에도 매우 중요한 원칙입니다.

오늘날 많은 이단이나 왜곡된 신앙생활에는 말씀의 줄기에 따릇않고 가지나 잎 새를 줄기라고 생각하는데 있습니다. 그렇다면 우리가 성령이 어떤 분이신가. 하는 문제도 먼저 성경의 줄기가 되는 부분에서 시작되어야 하겠습니다.

기독교는 분명 유일신 하나님을 믿는 종교입니다. 그런데 막상 기독교를 받아들이고, 성경을 읽어보면 하나님도 계시고, 예수님도 계시고, 성령님도 계십니다. 이를 한자로는 성부 · 성자 · 성령이라고 합니다만 여기서 문제는 기독교가 유일하신 하나님만을 믿는 종교인데 실제 성서에서는 세분의 하나님이 게시니 유일한 하나님과 세분 하나님의 관계를 어떻게 이해해야만 하는 것인지 · 이 문제에 대한 해답을 얻고서야 성령의 문제가 분명해질 것입니다.

그래서 기독교는 3위 일체 하나님의 종교라고 말합니다. 물론 성경 어디에도 3위 일체란 용어를 쓴 곳은 없습니다. 그러나 신구약 성경에는 분명 하나님 아버지가 게시고 아들 예수 그리스도가 있고 또 성령도 있습니다. 그렇다면 세 분의 신이 있다는 말인데 또 성령도 있습니다. 어찌하여 기독교가 유일신 하나님의 종교라고 말하는 것인가. 구약을 보면 주로 유일하고 참된 여호와 하나님이 계십니다. “이스라엘아 들으라 우리 하나님 여호와는 오직 유일한 여호와이시니”(신 6:4) 당시 이스라엘에는 여러 신들을 믿는 민족들이 있었고 · 수많은 전쟁과 갈등은 바로 서로가 다른 신들을 믿는데서 야기된 것들이었습니다. 그러기에 이스라엘 만은 오직 유일신 여호와 하나님을 통해 민족을 통일하고, 민족을 다스리고, 민족의 번영을 누릴 수가 있었습니다. 당시는 왕이 정치를 하는 것이 아니라 제사장이 정치를 했습니다. 그 대표적인 것이 모세라 하겠습니다. 모세는 이스라엘 백성을 애굽에서 이끌어 가나안으로 인도하는데 오직 하나님의 계시에 의존합니다. 그것이 십계명인데 10계명의 첫째가 "너는 나 외에 다른 신들을 두지 말라(출 20:3)였습니다. 이처럼 하나님은 한 분인 것으로 되어 있습니다.

그러나 신구약을 통 털어 보면 하나님의 역사는 한 분이 아니라 세 분의 모습으로 되어 있습니다. "태초에 말씀이 계시니라 이 말씀이 하나님과 함께 계셨으니 이 말씀은 곧 하나님이시니라"(요 1:1) 하나님과 함께 말씀이 계셨다는 것입니다. 그런데 그 말씀이 또 육신이 되십니다. "말씀이 육신이 되어 우리 가운데 거하시매"(요 1:4). 그리고 육신은 바로 예수그리스도이십니다. 그런데 이 예수 그리스도는 스스로를 하나님의 아들이라고 말합니다. "예수께서 그들에게 이르시되 내 아버지께서 이제까지 일하시니 나도 일한다"(요 5:17). "아버지께서 자기 속에 생명이 있음같이 아들에게도 생명을 주어 모든 사람에게 영생을 주게 하시려고 · 만민을 다스리는 권세를 주셨음이로소이다"(요 17:2). 이러한 말씀들을 보면 분명 하나님과 예수그리스도는 아버지와 아들 · 즉 성부와 성자의 관계로 분리되어 있습니다. 그런데 문제는 아들인 성자가 인간의 상식으로 보면 아버지와 아들은 종속관계입니다. 그런데 주님은 태초에서부터 함께 계셨습니다. 그러기에 하나님과 그리스도는 하나라는 것입니다. "나와 아버지는 하나이니라 ~ 그리스도 그는 만물 위에 계셔서 세세에 찬양을 받으실 하나님이시니라(롬 9:5). 이 대목에서 우리는 혼동을 하게 됩니다. 하나님과 그리스도는 하나다. 그리스도는 바로 하나님이다. 그렇다면 "태초에 말씀이 하나님과 함께 계셨다" 그 말씀이 육신이 되셨고 · 하나님의 아들이 되었다는 성부와 성자의 이 구별된 논리와 나와 아버지는 하나이다. 나는 바로 하나님이디라는 그 말씀을 어떻게 받아들여야 하는가.

성령의 문제는 그렇습니다. 성서에서 성령의 등장은 창세기부터 시작됩니다. "땅이 혼돈하고 공허하며 흑암이 깊음 위에 있고 "하나님의 영'이 수면위에 운행하시니라"(창 1:2). 이 구절을 보면 '하나님의 영'이 수면을 운행하신다고 했습니다. 여기서 '하나님의 영'을 영어 성서에서는 the Spirit of God · 즉 성령으로 기록하고 있습니다. 그 위 구약에서는 수많은 선지자들이 예언이나 능력을 보일 때 성령이 함께 하셨음을 보게 됩니다. "하나님의 영을 충만하게 하여 지혜와 지식과 총명과 여러 가지 재주를 정교한 일을 연구하여 금과 은과 놋으로 만들게 하리라"(출 31:3~5). 이처럼 구약에서 성령은 하나님의 영 · 즉 하나님께서 보내신 특별한 영으로 인간과 역사 속에 역사하십니다.

신약에서는 하나님의 영(the Spirit of God)이란 말 대신 성령 the Holy Spirit 즉 거룩한 영으로 호칭하면서 분명히 드러납니다. "사람에 대한 모든 죄와 모독은 사하심을 얻되 성령을 모독하는 것은 사하심을 얻지 못하겠고"(마 12:31) "아버지와 아들과 성령의 이름으로 세례를 베풀고"(마 28:19) "주 예수 그리스도의 은혜와 하나님의 사랑과 성령의 교통하심이 너희 무리와 함께 있을지어다"(고후 13:13) "내가 아버지께로부터 너희에게 보낼 부혜사 곧 아버지께로부터 나오시는 진리의 성령이 오실 때에 그가 나를 증언하실 것이요"(요 15:26). 그리고 오늘 봉독한 요 16:7 중간 "내가 떠나지 아니하면 보혜사가 너희에게로 오시지 아니할 것이요 가면 내가 그를 너희에게 보내리니" 이처럼 신약에서도 성부 · 성자 · 성령이 분명하게 나누어져 있음을 언급하고 있습니다.

그렇다면 하나님은 한 분이란 유일한 사상과 성부 · 성자 · 성령이 태초부터 함께 계셨고 · 모두가 하나님과 동등하다는 성경말씀을 어떻게 이해해야 하는가. 이점에 대하여 어떤 해석에서는 하나님이 이렇게 세 인격으로 따로 따로 있는 것이 아니라 원래는 한 인격인데 세 가지 모습으로 나타날 뿐이라고 했습니다. 한 하나님이 어떤 때는 자신을 성부로 · 어떤 때는 성자로 · 어떤 때는 자신을 성령으로 변장한다는 것이지요. 이는 마치 한 사람이 남편 역할 · 아버지 역할 · 목회자 역할을 하는 것과 같다는 논리입니다. 그러나 성서는 분명히 성부하나님 · 성자 하나님 · 성령 하나님이 각각 다른 실체가 되어 구별된 사역을 하고 계심을 보게 됩니다. 우선 성부하나님은 태초부터 계시어 창조하시고 선택하시고 · 구원의 계획을 세우십니다. 성자하나님은 성부의 보내심을 받아 지상에 성육신 하시어 구원 계획을 성취하십니다. 그리고 성령님은 성부와 성자와 인간 사이에서 교통하시고 우리들 성도로 살아갈 수 있도록 ·

모든 일에 간섭하시고 역사하십니다. 그렇다면 논리적으로 보면 기독교는 유일신의 종교가 아니라 3신의 종교입니다. 그렇습니다. 논리적으로 인간적으로 육신적으로 보면 분명히 세분의 신이 각기 다른 역할을 하고 있는 것입니다. 그렇다면 어떻게 세 신을 하나의 유일신이라고 할 수 있는가. 차라리 한 신이 세 가지 역할을 마치 한 연기가자 상황에 따라 역할을 달리하듯이 그렇게 성명하면 이해가 되겠는데 세 신이 분명한데 이를 하나의 신이라고 하는 것은 여전히 인간적인 사고로는 납득이 아니 되는 부분입니다.

그런데 세 분의 하나님은 하나의 하나님을 하나의 하나님으로 호칭한 것은 3위 일체 론을 제기한 초기 기독교 교부들의 주장만은 아니었습니다. 참으로 오묘하게도 구약에서는 하나님을 엘로힘이라고 했습니다. 그리고 엘로힘 하나님을 유일신으로 알고 섬겼습니다. 그런데 엘로힘이 히브리어 문법으로는 단수 명사가 아니라 복수명사입니다. 그래서 구약성서에서 엘로힘을 번역할 때는 '내가'가아니라 '우리'입니다. 창세기 1:26 "하나님이 이르시되 우리의 형상을 따라 우리의 모양대로 우리가 사람을 만들고" Than God said "Lwt us make man in our image" 여기서 하나님이나 영어로 God라고 하면 누구나 하나님 한 분으로만 생각합니다 .그런데 하나님 자신이 스스로를 말하는데 '우리' 'Our'를 썼다는 것은 정말 놀라운 일이 아닐 수 없습니다. 창세기 3:22 "여호와 하나님이 이르시되 보라 이 사람이 선악을 아는 dfl에 우리중 하나같이 되었으니" 창 11:7 · "자 · 우리가 내려가서 거기서 그들의 언어를 혼잡케 하여" 이렇게 엘로힘 하나님은 혼자가 아니라 우리라는 복합체입니다.

이를 기독교 신학에서는 한 하나님이 세 위격으로 존재한다고 말합니다. 이를 좀 더 풀어서 말하면 본질에 있어서는 한 분 하나님이시지만 현상적 실제로는 세 위격으로 존재한다고 말합니다. 말하자면 인간의 감각적 경험적 실체로는 세 하나님으로 인식되지만 본질적으로는 세 분 모두가 태초부터 신성한 존재로 계셨고 · 영원히 공존하시며, 모두가 전지전능하셔서 각각의 모습으로 역사하시면서도 동등하시기에 한 몸이라고 표현 한 것입니다.

한 하나님의 세 하나님이란 3위 일체적 하나님의 속성 · 이는 한 아버지이면서 세 아버지란 논리가 되어 여전히 인간적 상식으로는 이해가 어려운 대목입니다. 따라서 여기엔 종교적 인식 · 바로 신구약 성경 진리로 받아들이는 기독교적 믿음의 인식으로만 가능한 것입니다. 여기에도 믿음은 인간적인 상식이나 판단을 뛰어넘는 초월의 결단을 요구하게 하는 것입니다 .

저는 3위 일체 론에 대한 종교적 · 기독교적 믿음의 인식방법을 생각하면서 문득 문학에서 상상적 인식의 방법을 생각해 보았습니다. 이상의 시「오감도 시제 2호」에는 이런 대목이 있습니다.

> 나의아버지가나의곁에서조을적에나는나의아버지가되고또나는나의아버지의아버지가되고그런데고나의아버지는아버지의아버지의아버지의…아버지가되니나는왜나의아버지를껑충뛰어넘어야하는지나는왜드디어나와나의아버지와나의아버지의아버지와나의아버지의아버지의아버지노릇을한꺼번에하면서살아야하는것이냐

원래 이상 시인은 큰 아버지 댁에 양자고가서 살았으며 14대 종손이라 그의 할아버지도 이상을 아들처럼 생각했습니다. 그러니 육신적으로는 친아버지 한분이시지만 현실적으로 · 정신적으로는 큰 아버지도 아버지이고 할아버지는 아버지입니다. 그들의 꿈과 기대가 이상의 내면에 잠복된 것이라면 그것은 이상의 내면에 아버지와 큰 아버지와 할아버지가 함께 있는 것입니다. 그리고 이라한 생각은 이성적이고 상식적인 생각이 아니라 상상적인 생각입니다. 상상 속에서는 내가 아버지가 되고 할아버지도 됩니다. 바로 상식을 초월한 상상적 인식이지요. 이러한 상상을 인정하지 못한다면 문학도 시도 불가능한 것입니다.

마찬가지로 종교에는 신앙적 인식이 요구됩니다. 볼 수 없는 하나님의 존재를 인정하는 것, 예수님이 하나님의 아들이라는 것 · 주님의 십자가 인류의 죄를 대속한 것이고, 3일 만에 부활하셨다는 것 이를 진리로 인정 하는 데는 논리적이고 과학적인 육신의 인식 방법이 아니라 이 모든 것이 전지전능하신 하나님의 섭리라는 양적 인식 · 상식을 뛰어넘는 초월적 세계를 받아들이는 특별한 인식이 아니고는 신앙의 놀라운 체험은 불가능한 것입니다 .

이렇게 3위 일체 론을 길게 거론하는 것은 기독교의 3위 일체설에 대한 많은 오해와 무지에 대한 반성도 있지만 그보다 중요한

것은 이처럼 하나님의 속성이 성부하나님 · 성자하나님 · 그리고 성자하나님으로 구별되면서도 모두가 인간 구원이란 구속사역에 동등하게 동참하여 사역하심에도 불구하고 · 우리들의 신앙태도는 늘 성부하나님과, 성자 하나님인 예수그리스도 쪽으로만 치우쳐 성령 하나님이 존재를 망각하거나 소홀히 하거나 무관심하여 나 · 아니면 마지못해 언급하는 정도는 아닌지.

분명히 기독교는 성부와 성자와 성령의 동등한 신성이 역사하심을 믿는 종교입니다. 그럼에도 불구하고 · 우리의 신앙은 다분히 하나님의 존재가 예수 그리스도 존재만을 지적으로 이해하고 · 또 논리적으로 설명하고 전하려는 태도를 갖습니다. 구약에서는 하나님의 영 · 신약에서는 성령으로 호칭되는 제3위의 하나님에게는 영 · 영어로는 Spirit이란 단어를 쓴느데 이는 원래 히브리어 루아흐 (ruach) 숨결이란 뜻입니다. 창 1:7 "하나님이 땅의 흙으로 사람을 지으시고 생기를 그 코에 불어 넣으시니 사람이 생령이 된지라" 여기서 생기란 바로 하나님의 숨결이지요. 그 숨결이 인간에게 임하니 살아 있는 영 · 즉 영적인 인간이 됩니다. 아담의 탄생은 단지 생물학적인 인간으로의 탄생만이 아니라 하나님의 영 · the Sprit of God을 받은 영성을 지닌 인간으로의 탄생입니다 .

여기에 성령의 중요한 의미가 있습니다. 어떤 이는 성경구절만 잘 외우면 예수를 잘 믿는 것으로 생각합니다. 마태복음 1장의 예수님 족보를 잘 외우고, 열두 제자 이름을 잘 아는 것, 그것은 다분히 지적인 것이지 영적인 것이 아닙니다.

종교의 생명은 이성적이고 과학적이고 윤리적인 생활의 반성이나 실천에 앞서 인간적인 모든 판단을 초월한 신성, 즉 영성의 세계를 절대적으로 수용하는 자세입니다. 만일 신앙에서 신성 · 즉 영적인 초능력이나 신비로운 하나님의 체험이 없다면 그것은 종교가 아니라 수신의 행동에 불과한 것입니다.

사실 하나님의 구속사업 · 죽을 수밖에 없는 인간들을 구원하시기 위해 그의 아들 예수 그리스도를 이 땅에 보내시어 복음을 전하게 하시고 십자가의 희생 제물이 되어 인류의 죄를 대속하게 하시고 그가 부활함으로써 하나님의 구속 사업을 완성하신 사건은 인류사에서 새 하늘이 열리는 정말 최대의 사건이고 · 기독교의 핵심적인 진리기는 하지만 이러한 구속사의 논리는 매우 합리적이고 · 논리적인 교리일 수 있습니다. 말하자면 이러한 교리에는 종교의 핵심인 신령함이나 일상을 초월한 신비로운 영적 체험의 문제가 배제될 수 있다는 말입니다.

우리가 미신이라 말하는 무속이나 민간 신앙에서도 가장 중요시하는 것은 접신과 엑스타시입니다. 무당이 신적 경지 · 즉 종교적 경지에 이르기 위해서는 반드시 신 내림, 강신의 단계가 있어야 합니다. 신이 내 몸에 들어와야, 내가 신적 경지에 이르게 됩니다. 그래서 모든 무속신앙의 행위에서는 신이 내 몸에 들어와 초능력을 행사하는 잡신의 상태를 중요시합니다. 무당은 신 내림을 받고서야 신통력을 발휘하게 됩니다. 말하자면 초능력을 발휘하는 것이지요. 그리고 신이 내 몸에 들어와 있는 동안은 신체적 변화, 강렬한 신체적 반응, 황홀한 심리상태가 되는데 그것을 입신의 경지라고 하고, 이를 엑스타시라고 합니다.

종교생활 또는 신앙생활이란 바로 일상적인 인간이 초월적인 능력을 가진 신과 함께 살아가는 것을 말합니다. 여기서 신과 함께 산다는 것은 인간적이고 육적인 내가 신적인 인격과 결합하여 신적인 힘을 빌어 사는 것입니다. 육적인 인간으로서의 삶은 유한함이 있고, 결핍이 있고, 불만이 있고, 외로움이 있고, 절망이 있고, 불행이 있고, 죄악이 있습니다. 그러나 신적인 힘을 빌어 신과 더불어 살 때에는 전혀 다른 삶이 됩니다. 신과 더불어 살 때는 신의 힘이 나를 지배하기 때문에 평범한 일상의 살이 신령한 삶 · 초능력의 작용하는 비범한 삶을 살게 됩니다. 그런데 문제는 신과 더불어 산다 하더라도 어떤 신과 더불어 사는가가 문제가 됩니다. 왜냐하면 신의 세계, 영의 세계도 다양한 신이 있기 때문입니다. 성서에서 보면 여호와 하나님도 있지만 사단도 있고, 마귀도 있습니다. 이방 종교에는 태양신 · 월신 · 해신 · 강신 · 산신 · 조상신 등 모든 자연물을 신격화한 것들도 있습니다. 그리고 이들 신들은 각기 역할과 능력이 다른데 대개의 신들은 인간의 이기적 욕망을 채워주는 저급한 신일뿐만 아니라 인간의 필요에 의해서 만들어진 인위적인 신이기에 그 한계가 있고 · 부작용이 있습니다.

이에 비하여 일찍이 이스라엘 민족에 체험한 여호와 하나님은 인간이 만든 신이 아니라 태초부터 계셔서 천지만물을 창조하시고 모든 생명들이 행복하게 살 수 있도록 섭리하시는 최고의 신이었으며 사랑과 자비와 공의로 역사하시는 절대 유일의 신이었습니다. 이러한 신이 역사와 현실과 인간의 내면에서 작용할 때는 늘 하나님의 영(the Spirit of God)이 나타나 초능력의 구체적인 결실을 맺게 합니다.

삼손이 여호와의 신에게 크게 감동되어 손에 아무것도 없어도 그 사자를 염소새끼 찢음같이 찢었으나(사사기 14:6)

여호와의 신이 기드론에게 강림하시니(사사기 6:34) 기드온에게 성령이 임히니 기드온이 300명으로 15만 군대를 물리칩니다. 오직 성령이 너희에게 임하시면 너희가 권능을 받고 예루살렘과 온 유다와 사마리아와 땅 끝까지 이르러 내 증인이 되리라 하시니라(행 1:8) 이처럼 성령이 내 몸에 임하면 놀라운 능력을 발휘합니다.

그들이 산에 이를 때에 선지자 무리가 그를 영접하고 하나님의 신이 사울에게 크게 임하므로 그가 그들 중에서 예언을 하나(사무엘상 10:10) 그 때에 내가 내 영으로 내 남종과 여종들에게 부어 주리니 저희가 예언할 것이요(행 2:18) 이처럼 예언의 능력을 갖게 됩니다. 하나님의 신을 그에게 충만하게 하여 지혜와 총명과 지식과 여러 가지 재주로(출 31:1) 공교한 일을 연구하게도 합니다. 각 사람에게 성령을 나타남을 주심은 유익하게 하려 하심이라(고전 12:7)

이렇게 하나님의 영이 인간에게 내주하면 능력 있는 삶 · 예언의 삶 · 지혜로운 삶 · 은사의 열매를 누리는 삶 · 마귀를 이기는 삶으로 거듭나고 · 변화되고 · 성화됩니다. 그래서 신약에서는 하나님의 영(the Spirit of God)이란 말을 성령 (the Holy Spirit)이라고 합니다. 성령(聖靈)이란 거룩한 영이란 말인데 호칭마저 은혜롭습니다. 성령은 악령과 대조되는 말입니다. 성령이 내 몸에 들어오면 온갖 죄악의 삶을 살게 됩니다.

무당도 영을 받습니다. 그들이 받는 영은 성령이 아니라 속물적 욕망을 갖는 잡신들의 영이기 때문에 기복적 기능만을 수행하게 됩니다. 기독교 신자라 하더라도 성령을 받은 영성의 신자가 있는

가 하면 머리로만 예수를 믿는 메마른 신자도 있습니다. 그런데 성령을 받았다는 많은 사람들 중에는 사이비 성령을 받은 사람들이 많습니다. 성령을 받은 신자인가 아닌가는 바로 그의 행동에서 알 수 있습니다. 갈라디아 5:22~23 "오직 성령의 열매는 사랑과 희락과 화평과 오래 참음과 자비와 양선과 충성과 온유와 절제에 이 같은 것을 금할 법이 없느니라" 그러나 성령을 받지 않은 신자는 갈 5:20~21 "육체의 일은 분명하니 곧 음행과 더러운 것과 호색과 우상 숭배와 주술과 원수 맺는 것과 분쟁과 시기와 불법과 당짓는 것과 분열함과 이단과 투기와 술 취함과 방종함은 또 그와 같은 것들이라. 신자라고 해도 이처럼 육체적 소욕을 따라 사는 자는 진정 성력으로 거듭난 영성의 신자라고 할 수가 없을 것입니다.

우리는 바울이 갈라디아 교회에 보낸 성령을 받은 자와 악령을 받은 자의 엄숙한 구별을 보면서 정말 예수를 믿는고 하지만 자신의 신앙과 삶에 육체의 열매로 가득한 것은 아닌지 두려운 마음으로 돌아보아야 할 것입니다. 구약에 있어서 여호와 하나님이나 신약에 있어서 성자 하나님이나 인간의 마음을 감동시켜 거듭난 존재로 살게 하는 데는 바로 성령 하나님이기에 구약에서 율법을 주신 여호와 하나님은 하나님의 영으로 역사하게 하시었지만 신약에서 구원을 주신 성자 하나님은 주님이 승천하신 이후 지상에 남은 성도들에게 성령이 오셔서 역하하실 것을 말씀하십니다.

본문은 예수께서 십자가 수난을 받으시고 장사된 지 3일만에 부활 승천하실 날을 불과 십 여일 앞두고 하신 말씀입니다. 여기서 예수께서는 당신이 부활하고 승천하신 후에 곧바로 보혜사 성령을 보내 주시사 · 당신의 제자들을 비롯하여 신약 시대의 모든 성도들과 함께 하신다는 위로의 말씀을 주셨습니다. 오늘 본문에 앞서 요 16:5~6 "지금 내가 나를 보내신 이에게로 가는데 너희중에서 나더러 어디로 가는지 묻는 자가 없고 도리어 내가 이 말을 함으로 근신이 가득하였도다" 이렇게 전재하시고는 오늘 본문은 예수님이 십자가 죽음과 부활이라는 거사를 앞에 놓고 제자들에게 마지막으로 당부하시는 유훈설교의 한 부분인데 그 내용을 바로 보혜사 성령에 관한 말씀입니다 .

요 16:7~8 함께 봉독 하실까요 "그러나 내가 너희에게 실상을 말하노니 내가 떠나가는 것이 너희에게 유익이라 내가 떠나가지 아니하면 보혜사가 너희에게로 오시지 아니할 것이요 가면 내가 그를 너희에게로 보내리니 8 그가 와서 죄에 대하여 · 의에 대하여 · 심판에 대하여 세상을 책망하시리라" 여기에 주님이 성령을 보혜사(保惠師) 한자로는 은혜를 보호하는 선생인데 원래 헬라오로는 파라클레토스 · 곁에서 돕는다. 혹은 변호자 · 조언자라는 뜻입니다. 그러면 예수께서 보내실 보혜사 성령은 구체적으로 어떻게 성도들을 도우십니까? 본문 요 16:8을 보면 "그가 와서 죄에 대하여 · 의에 대하여, 심판에 대하여 세상을 책망하시리라"고 말합니다. 여기서 '책망한다'는 말은 재판 중에 자기의 죄를 부인하는 피의자를 변론으로 설득시켜, 자기의 죄를 깨닫게 할 뿐만 아니라 그 죄를 자백토록 하는 것을 가리킵니다 . 즉 성령께서는 우리 인간이 하나님 앞에서 죄인임을 깨닫게 하십니다. 여기서 죄를 깨닫게 한다는 것은 단지 도덕적으로 무슨 죄를 지었는지 일일이 기억나게 하시는 것 정도를 가리키는 것이 아닙니다. 근본적으로 인간은 아담의 원죄를 물려받은 죄인으로서 하나님이 요구하시는 의를 행할 수는 없다는 전적 무능력을 깨닫게 하신다는 것입니다. 또한 거룩하신 하나님 앞에 서기에 인간은 전적으로 타락한 존재라는 사실을 깨닫게 한는 것입니다. 그리고 그것을 입으로 고백하게 하는 것입니다. 오늘 내가 범하는 자그마한 실수나 범죄도 결국은 그러한 전적 부패의 결과임을 깨닫고 고백하게 하시는 것입니다.

그리고 이러한 깨달음은 초 신자만 아니라 기존신자들에게도 그렇습니다. 기존신자들도 이 땅에 살고 있는 동안에는 여전히 죄와 부패와 영향력 아래 있게 됩니다. 그러므로 성령께서는 우리 성도들이 천국에 이를 때까지 성화(聖化)할 수 있도록 계속해서 죄와 부패의 영향력에서 벗어날 수 있게 죄를 깨닫게 하고 또 고백케 하고 · 그럼으로써 다시는 범죄 하지 않도록 하시는 것입니다.

본문 요 16:11 "심판에 대하여라함은 이 세상 임금이 심판을 받았음이니라"고 했습니다. 여기서 "이 세상 임금"이란 바로 공중 권세 잡은 자(엡 2:2), 사단을 가리킵니다. 즉 예수께서 성육신초림하시고 또 십자가수난을 받으신 후 장사된 지 3일 만에 부활하심으로 말미암아 사단과 그의 악한 세력들이 패배하게 되었다는 것입니다.

히 2:14을 보십시오. 그리스도께서 십지가 수난으로 죽임 당하신 것을 '사망으로 말미암아 사망의 세력을 잡은 곧 마귀를 없이 하시며'라고 했습니다. 이처럼 그리스도께서 사단을 이기심으로 말미암아 이제 누구든지 그리스도 안에 있으면 사단의 세력도 · 사망도 결코 두려워할 필요가 없는 것입니다.(롬 6:16; 히 2:15). 또한 사단이 이처럼 그리스도에 의해 패하였고 · 장차 영원히 꺼지지 않는 유황불 속에 던져질 것이기 때문에 · 이제 그리스도의 복음을 세계 곳곳에 전파할 사역자들도 더 이상 사단의 세력을 두려워할 필요가 없게 된 것입니다.

이처럼 요 16:7~11절까지를 보혜사 역할에 대하여 말씀하시고는 요 16:13에서는 '진리의 성령이 오시면 그가 너희를 모든 진리 가운데로 인도하시리니'라고 말합니다. 여기서 진리가 무엇이겠습니까? 다시 요 15:26을 보십시오. '진리의 성령이 오실 때에 그가 너를 증거 하실 것이요'라고 했습니다. 이로 볼 때 진리란 바로 예수그리스도를 가리키는 것입니다. 우리가 죄 가운데서 죽게 되었을 때 우리 죄를 대신 담당해 주시기 위해 십자가 위에서 대속의 죽음을 죽으셨던 주님, 뿐만 아니라 죄인의 몸으로는 결단코 하나님 앞에 나아갈 수 없었으니 오직 그를 의지하며 담대히 나아가 하나님과 회목을 주릴 수 있게 해 주신 주님 · 그분이 바로 진리이신 것입니다. 보십시오. 예수께서도 자신을 가리켜 말씀하시기를 '내가 곧 길이요 진리요 생명이니 나로 말미암지 않고는 아버지께로 올 자가 없느니라'(요 14:6)고 하셨습니다. 이처럼 일단 보혜사 성령께서는 죄인 된 인간들로 하여금 죄를 깨닫게 해 주시고 나아가 그 죄 문제를 해결할 수 있는 진리의 길로 인도해 주시는 것입니다. 그렇게 함으로써 진리이신 예수 그리스도를 발견케 하고 · 그 구속의 은혜를 누리며 또 그리스도를 의지하여 점차 그리스도를 닮아가는 생활을 할 수 있게 하시는 것입니다.

그렇다면 그리스도께서 지상에서의 공생을 사역을 마치시고 승천하시 전 약속하셨던 보혜사 성령님이 이제 우리 곁에 계십니다. 그가 우리 곁에서 죄를 깨닫게 하고 · 진리 가운데로 인도하시며 사단의 세력에 대항 할 수 있는 힘과 용기를 주십니다.

그러나 보혜사에 대한 이러한 설명을 매우 소극적입니다. 보혜사 성령은 내 곁에 계신 것이 아니라 내 마음 속 나의 영혼 안에 내주하셔야 합니다. 그리하여 인간적이고 육적이고 이성적인 자아가 악령이 잡신에 의한 영성이 아니라 거룩하신 성령으로 거듭난 영성의 삶이 되어야 하겠습니다.

~ 홍 문표 '보혜사 성령과 함께 가는 길'~ 요 16:7~14

우리의 문제는 바로 거듭남의 문제이다. 우리가 함께 해야 할 일은 보혜사 성령과 함께 사는 길이다. 자기는 죽어지며 사는 일이다. 홍 시인은 「백두산 1」의 시에서 '44'로 '죽고 또 죽어'함을 시화한다.

정몽주 시조 작품이 있다.

이 몸이 죽고 죽어 일백 번 고쳐죽어 백골이 진토 되어 혼백이라도 있건 없건 님 위한 일편단심 가실 줄이 있으랴

~ 정 몽주

홍 문표는 백두산 높이를『백두산 1』[1]에서 이천칠백사십사로 하였다. 융[2]은 4를 완전한 의미로 해석하였다. 홍 문표의 「백두산 1」는 제일 처음 백두산 높이를 "이천칠백사십사"(2744)로 하늘을 보고자 함으로 하였다. 하나님을 만나고자 하였다.

만남의 조건 길을 홍 시인은 다음과 같이 하였다.

해발 이천칠백사십사 미터
동방의 하늘 아래
제일 우뚝한 뫼 뿌리
억겁의 창세에 이미 점지된 약속의 산아

백만 년 전에는

---

1) 홍 문표 · 『나비야 청산가자』 (서울: 창조문학사 · 1997) · 116.
2) Jung · 『인간과 무의식과 상징』

지심의 화염으로
불결한 지층의 혼돈을 사르고
화감암의 일천계단
그 정결한 높이로 쌓아올린
해동의 영험한 제단이여

하나님의 사자
이 영산에 내려와 그의 나라를 여시니
고운 아침
빛나는 나라

산은 산중의 산이 되어
산들의 지존이 되고
호수는 분출하는 정기가 되어
사해를 다스린다.
널리 인간을 이롭게 하는 천심이요
일월의 날개가
사방으로 펄럭이는 창세의 깃폭이여
진정 하늘의 나라가
이 땅에 임 하옵는
당신의 지극하신 사랑이여

~ 홍 문표「백두산 1」[1)]

위를 향한 높이를 백두산 이미지를 제일 처음에 놓음으로써 같이 가고자 하는 해발 이천 칠백 높이는 천성 대 높이가 27지수로 드러난다. 신앙의식을 극대화. 성서에서 물은 하늘로 변하면서 물이 4회나 반복[2)] 됨과 오버렙 된 수직성이다. 완전함을 제시한다. 쌍수 물이 두 번 반복되면서 그 안에 물이 4번으로 연단[3)]한다.

---

1) 홍 문표 · 『나비야 청산가자』 (서울: 창조문학사 · 1997) · 116.
2) 물 מַיִם(마임 · 물)과 하늘 שָׁמַיִם(솨마임 · 하늘).
3) שָׁ(솨 · 치아).

2. 십자가 십자가 에덴 시 춤추기

1). 에덴시인 홍 문표

(1). 십자가와 서정 에덴시인

평생을 에덴시학으로 일관해온 홍 문표 교수는 시에 있어서도 평생 에덴에 관한 시를 쓴다. 홍 문표 교수는 에덴시인이다. 에덴시인은 그의 시집 『십자가 십자가』에서 십자가와 사랑을 등가성으로 사랑의 십자가를 드러냄으로써 에덴시인의 위치를 확고히 한다. 시인은 이 시집에서 십자가 인식을 오히려 사랑을 완성하는 에덴의 세계 · 바로 주님과 우리가 함께 낙원에 이르는 삶으로 승화한다. 행복한 춤추기의 시적 세계로 바꾸어 놓는다.

삶과 시를 동일시한 에덴시인은 『십자가 십자가』 시집에서 시 제목「배반의 십자가」「오판의 십자가」「죄인의 십자가」「어린 양의 십자가」「영광의 십자가」「네거리의 십자가」로 십자가를 6회 반복한다. 바로 예수의 제자가 되는 삶을 살려는 의지의 시 덩어리로 하여 에덴시인임을 천명한다. 에덴시인이 서정 시인이 되게 하는 이유는 '십자가'와 '사랑한다는 것'을 등가성으로 하는데 있다. 기독교 시인에게는 십자가가 있어야 하고 이 십자가는 사랑한다는 것이다. 『십자가 십자가』 시집은 제 1부 제목조차 '십자가 십자가'로 십자가를 2회 리듬으로 한다. 성경이 지닌 황금비율 리듬에 합류한다. 특히 가상칠언의 십자가 시들은 '십자가 일곱 마디'를 7회 반복리듬으로 하여 이 세계의 황금비율이자 신성수가 되고 있어 사랑의 기독교를 분명히 하는 서정적 에덴시인이 된다.

그 첫 번째는「아버지여 저들을 사하여 주옵소서 ~십자가 일곱 마디 하나」이다.

믿었던 제자는
은 삼십에 스승을 팔고
수제자는 세 번이나 스승을 모른다 하고
백성들은 메시아를
십자가에 못 박으라 한다

비웃고
욕하고
채찍질하고

머리엔 가시관
생살엔 무쇠 대못
꽝꽝 내리친다
창으로는 옆구리를 찔러
생피를 뽑는다

그런데도 당신의 간절한 목소리

"아버지여 저들을 사하여 주옵소서"

원수를 사랑하라 하시지만
난 그리하지 못 합니다
네 이웃을 내 몸같이 사랑하라 하시지만
난 그리하지 못 합니다

죽음으로 원수를 사하시고
십자가로 우리 목숨 살리시는 당신
당신은 정말 사람의 아들입니까
하나님의 아들입니까

~ 홍 문표「아버지여 저들을 사하여 주옵소서[1]~ 십자가 일곱 마디 하나」

『십자가 십자가』 시의 일곱 마디 하나에서 주제시어는 십자가이다. 그런데 예수님과 에덴시인의 차이는 예수님은 "아버지여 저들을 사하여 주옵소서"하시는데 에덴시인은 "원수를 사랑하라 하시지만 · 난 그리하지 못합니다"라 한다. 이 정반대 리듬은 "네 이웃을 내 몸같이 사랑하라 하시지만 · 난 그리하지 못합니다"로 다시 반복하여 그 의미가 확대되면서 십자가를 지신분과 에덴시인의 엄격한 차이를 사랑의 절대성으로 한다. "아버지여 저들을 사하여 주옵소서"라는 예수님의 아버지를 향한 간곡한 절대 거절 할 수 없는 말씀과 인간 에덴시인의 현실 감각 "난 그리하지 못합니다"로 세 번째 정반대리듬으로 한다.

그러기에 에덴시인은 인간본성으로 겸허히 엎드리며 원수를 사랑하시고 십자가로 우리 목숨 살리시는 당신에게 절절한 예수님 비리기 에덴시인이 된다. 예수님 바라기의 에덴시인은 십자가상에서의 죄인이 "예수여 당신의 나라에 임할 때에 · 나를 기억 하소서" 라는 믿음을 향하여 "오늘 네가 나와 함께 낙원에 있으리라" 하신 예수님 말씀에 예수님 바라기 일곱째 마디 둘의 시를 탄생시킨다.

십자가는 저주의 길
죽음의 길이지만
회개하는 자에겐 영생의 길
당신과 함께라면
죄인도 낙원으로 가는 길

"예수여 당신의 나라에 임할 때에

---

1) 눅 23:34.

나를 기억 하소서"

죄 값은 이마에 인을 치는 것
가슴에 빨간 주홍 글씨 매어 다는 것
결코 지워질 수 없는 문신

"진실로 네게 이르노니
오늘 네가 나와 함께 낙원에 있으리라"

죽어서 낙원이 확실하다면
모진 십자가도 영광이겠지만
그러나 당신 없이는 갈 수 없는 길

죽어 가는 자가 죽어 가는 자를 살리는
당신의 놀라운 역설
당신의 거룩한 자비가
오늘도 태양처럼 눈이 부시네요
~「홍 문표 오늘 네가 나와 함께 낙원에 있으리라[1]~ 십자가 일곱 마디 둘」

에덴시인은 일곱 마디 하나에서 둘 서열 이어짐으로 하여 연작적 십자가 시어를 반복한다. 이 반복리듬은 십자가로 하여 그 분과 더불어 나도 낙원에 들어갈 수 있게 하는 십자가이기 때문에 반복한다. 예수님 바라기의 에덴시인은 이 때문에 에덴 시를 쓰는 축복의 에덴시인이 되어 에덴시인의 시적 삶이 단연 예수님과 더불어 낙원에 들어가기까지 하는 기쁨의 무기가 된다. 십자가는 죽음의 십자가가 아니라 낙원에 들어가는 길이다. 감히 외람되게 하나님의 아들에게 다가가며 "예수여 당신의 나라에 임할 때에 나를 기억하소서" 하는 마음의 간절함을 호소할 수 있는 가능성을 얻으며 비록 "가슴에 빨간 주홍 글씨 매어 다는 삶"이라 하더라도 "진실로

1) 눅 23:43.

네게 이르노니 오늘 네가 나와 함께 낙원에 있으리라"는 말씀 한 마디에 에덴시인은 "당신의 거룩한 자비가 오늘도 태양처럼 눈이 부시네요" 에덴 시로 한다. 태양 리에 태어난 에덴시인의 시 같은 삶이 우러나오는 삶이다.

예수님의 십자가 사건을 내 이야기로 일관하는 에덴시인의 시는 엄마와 아들을 통한 시적 뛰어넘기이다. 에덴시인은「여자여 보소서 아들이니이다 ~십자가 일곱 마디 셋」으로 한다.

엄마
바다
엄마의 바다
그런데 엄마는 여자다
그러기에 당신의 엄마는 늘
여자다

"여자여 보소서 아들이니이다"

아들의 애절한 절규를 들으며
그 피 흘림의 발목을 잡고
할딱거리는 마지막 숨결을 지켜보는
엄마
바다
여자
성모 마리아

하늘도 울고
땅도 울고
바다도 울고
엄마도 울고
여자도 울고
아들도 울고

엄마

바다
엄마의 바다
그런데 엄마는 여자다
그러기에 당신의 엄마는
늘 여자다
~ 홍 문표 여자여 보소서 아들이니이다[1] ~ 십자가 일곱 마디 셋

에덴시인은 '어머니'를 시에서 '어머니'도 아니고 '어머님'도 아닌 '엄마'로 한다. 에덴시인은 예수님과 예수님 엄마를 시적 동일시로 한다. 에덴시인은 "엄마"를 부르며 이 세상에서 가장 아름다운 사랑이 농축된 장면 서로 울며 바라보았을 울음의 장면을 시의 특징적 은유로 한다. 울음이 노출되지 않으면서도 시의 특징 울음의 "여자여 보소서 아들이니이다"와 "하나님이여 하나님이여 어찌하여 나를 버리시나이까"의 시적 긴장이 에덴시인에게 다가와 사람인 에덴시인도 이러한 상황에서 나올 수 있는 보편성의 처절한 몸부림을 시적 은유의 등가성으로 한다. 이 아픔 나누기는 오히려 가벼운 날개를 달고 에덴시인을 향해 아픔을 나눌수록 가벼워지는 황금진리의 날개가 된다.

바로 사람 예수님의 울음「엘리 엘리 라마 사박다니 ~십자가 일곱 마디 넷」그것이다.

육시에서 구시까지
하늘은 빛을 잃고
대지는 흑암의 발밑에서 떨었습니다
배신과 비웃음의 무지가
메시아를 못 박고
피도 눈물도 모두 삼켜버린
십자가의 모진 언덕

1) 요 19:26.

피도 마르고
눈물도 마르고
목숨도 마르고
죽음에서 주검으로 넘어가는
당신의 절망은

"엘리 엘리 라마 사박다니"
"나의 하나님 나의 하나님
 어찌하여 나를 버리셨나이까"

애절한 외마디가
골고다 하늘을 갈가리 찢고
아버지의 가슴을 후벼대지만
아버지는 끝내 하늘에 계실 뿐

한번 뿐인 목숨은
아들에게도 하늘같은 것

그러나 아들이 죽어야 우리가 살고
아들이 죽어야 아버지의 영광을 드러낼 수 있는 것

천길 벼랑으로 떨어지는
아들의 목숨이여
외마디여
측은함이여
저 아득한 외로움이여

～ 홍 문표「엘리 엘리 라마 사박다니[1] ～ 십자가 일곱 마디 넷」

물리적으로 이 지상에서 사람이 사라진다 해도 그리하여 내가 죽는다 해도 이 지상 자연의 모습은 하나도 변하지 않는다. 그러나 에덴시인에게 보여 지는 육시에서 구시까지 하늘은 빛을 잃고 대지가 어두워진다. 이 자연현상을 에덴시인은 "엘리 엘리 라마 사박

1) 마 27:46.

다니"와 동일리듬으로 한다. 이 2회 황금비율 사슬 리듬은 "나의 하나님 나의 하나님 어찌하여 나를 버리셨나이까"로 이어진다. 그러나 에덴시인은 하나님의 아들이 죽어야 우리가 살고 아들이 죽어야 아버지의 영광을 드러낼 수 있는 처절하고 냉혹한 십자가의 사랑을 발견하게 된다. 이것이 바로 십자가의 외연과 내포다.

한편 현실 수용이기도 한 시의 이 외연은 "내가 목마르다"로 연결된다. 지극히 인간 모습 그대로 에덴시인이 절감하는 시의 리듬은 "목마르다니요"의 시어화이다.

> 하나님의 아들이시니
> 그 고난의 십자가를 비낄 수도 있는데
> 목마르다니요
>
> 죽은 자도 살리시고
> 오병이어의 기적도 행하셨는데
> 목마르다니요
>
> 물위를 걸으시고
> 바람을 잔잔케 하셨는데
> 한 줄기 시원한 소낙비쯤
> 내리실 수도 있는데
> 목마르다니요
>
> 겨우 한 길 높이
> 마음만 먹으면 내려오실 수도 있는데
> 목마르다니요
>
> 피를 쏟고
> 물을 쏟고
> 남은 것은 마지막 죽음의 문턱
> 물 한 모금 축일 수 없는 땡 볕의 허공에서
> 사막처럼 타고 있는 육신의 외마디

"내가 목마르다"

내장까지 타버린 당신의 목쉰 절규가
지금도 내 골수를 후비고 있습니다
~ 홍 문표「내가 목마르다[1] ~ 십자가 일곱 마디 다섯」

기독교 신앙 가운데서도 가장 우리 인간을 아껴주시는 분에 대한 하나님의 배려로는 사람의 자아선택 부분이 있다. 에덴시인은 그대는 하나님의 아들이시니 그 고난의 십자가를 비낄 수도 있었다면서 그분이 하신 말씀 "목마르다"를 '니요'로 덧붙여 "목마르다니요"로 시어 화 한나. 하나님의 아들로서 죽은 자도 살리시고 오병이어의 기적도 행하셨는데 "목마르다니요"를 에덴시인은 2회 리듬으로 한다. 물위를 걸으시고 바람을 잔잔케 하셨는데 "목마르다니요"로 다시 리듬화한다.

이러한 '목마르다니요'의 시 리듬은 배신자들이 만들이 놓은 십자가여서 이 십자가에서 내려오실 수도 있는데 "목마르다니요"로 4회 까지 에덴시인의 리듬으로 한다. 그리고는 '사막처럼 타고'와 "내가 목마르다"를 등가리듬으로 놓는다. 이 리듬으로 하여 에덴시인은 "내장까지 타버린 당신의 목쉰 절규가 · 지금도 내 골수를 후비고 있습니다"로 한없는 인간적 연민을 보낸다. 에덴시인은 다섯째 날에 사용하였던 "목쉰 절규"를 다시 여섯째 날의「다 이루었다 ~ 십자가 일곱 마디 여섯」시에서 반복리듬으로 한다.

아침에 도를 얻으면
저녁에 죽어도 좋다 했는데
망우리 무덤마다

1) 요 19:28.

이승의 한들이
밤이면 원통한 별이 되어
허공을 떠돌고 있는데
저 아슬[1]한 십자가에 매달려
증오와 무지의 창끝에 사지는 찢기우고
아버지를 부르는 목쉰 절규마저
허공 속에 잠긴 하늘
빛을 잃은 세상은
온통 캄캄한 밤 길이온데

다 이루었다니요

그건 오직 전능자의 유일한 문자
그 처절한 십자가로 다 이루었다는 말씀인가요

태초부터 우주의 끝자락까지
생로병사의 애절한 골짜기에서
타락과 심판의 언덕배기까지
억매임에서 자유의 새하얀 봉우리까지
다 이루었다는 말씀인가요

성전의 휘장이 갈라지네요
천지가 진동하고 있네요
하늘 문이 활짝 열리고 있네요

이제 주검들의 무덤에는
진달래꽃이 피고
한 맺힌 천 년의 침묵들이
노랑나비 되어
부활의 아침을 훨훨 날아 오르겠네요

~ 홍 문표「다 이루었다[2] ~ 십자가 일곱 마디 여섯」에서

---

1) 아스라한 우리말은 히브리에서는 복 받는다는 뜻이 내재한다. 우리말 느낌으로는 하나님의 사랑을 네가 아시라이다. 더 나아가'아스라' 곧 앚슨 · 앚슬 · 앚슨 · 앚츤 · 안츤이 변하려 아츰의 나라 조선이다. 앗. 아스라이 멀리 까지 펼쳐지는 거대한 땅 '朝鮮'이다.http://www. choistube.kr 소불도리.

2) 요 19:30.

아버지를 부르는 목쉰 절규와 상응되는 “다 이루었다” 리듬을 에덴시인은 “다 이루었다니요”의 에덴시인만의 “...니요” 시어로 리듬 화하여 “그 처절한 십자가”와 “다 이루었다는 말씀인가요”를 반복리듬으로 한다.

> 태초의 우주의 끝자락까지
> 생로병사의 애절한 골짜기에서
> 타락과 심판의 언덕배기까지
> 억매임에서 자유의 새하얀 봉우리까지
> 다 이루었다는 말씀인가요
>
> ~ 홍 문표「다 이루었다[1] ~ 십자가 일곱 마디 여섯」에서

“다 이루었다”의 예수님 말씀의 순간을 기점으로 에덴시인의 가슴에는 하늘 문이 활짝 열리고 있다. 바로 에덴시인이 그토록 바라던 에덴의 세계가 회복되고 있는 것이다.

> 하늘 문이 활짝 열리고 있네요
>
> 이제 주검들의 무덤에는
> 진달래꽃이 피고
> 한 맺힌 천 년의 침묵들이
> 노랑나비 되어
> 부활의 아침을 훨훨 날아 오르겠네요
>
> ~ 홍 문표「다 이루었다[2] ~ 십자가 일곱 마디 여섯」에서

에덴시인의 시 어휘의 끝에 “...니요“와 ‘네요”의 입천장 자음을 반복리듬으로 하는 특이한 확인 리듬은 “주검들의 무덤”과 “진달래꽃” 대립리듬이다. “천 년의 침묵”과 “노랑나비” 대립리듬과 “부활

---

1) 요 19:30.
2) 요 19:30.

의 아침"과 "훨훨 날아 오르겠네요"의 동일 리듬으로 철저히 시의 본성인 의미리듬 법을 에덴시인은 즐겨 쓴다.

에덴시인은 「내 영혼을 아버지의 손에 부탁하나이다(눅23:46) ~ 십자가 일곱 마디 일곱」으로 에덴시인 가슴에 날개를 단다.

> 이승의 시간도 내 것이 아니지만
> 그래도 매일매일 소망의 문자를 새겨 봅니다
> 낮에는 욕망의 꽃씨를 뿌리고
> 밤이면 단란한 가족
> 육신의 둥지도 더듬어 봅니다
> 나에겐 이름 석 자도 있고
> 소유의 목록들도 있습니다
>
> 그러나 꽃은 지고
> 캄캄한 밤길
> 지상의 벼랑 끝에 매어 달린
> 내 오른손의 마지막 떨림
>
> 그 때 나는 무엇을 움켜잡을 수 있을까요
>
> 지상의 허물을 벗고
> 그 끈질긴 영욕마저 바람 되어
> 구천을 떠도는 영혼이 될 때
>
> 그 때 나는 누구를 의지할 수 있을까요
>
> "아버지 내 영혼을
> 아버지 손에 부탁하나이다"
>
> 하늘나라 꽃밭을 기다리는 영혼은
> 얼마나 행복한 믿음인가
> 저승길에서도 나와 동행할 수 있는
> 내 영혼의 아버지가 있다면 얼마나 행복한 일인가
>
> 아버지여 내 어리석은 영혼도
> 아버지 손에 부탁하나이다
>
> ~ 홍 문표 「내 영혼을 아버지의 손에 부탁하나이다 ~ 십자가 일곱 마디 일곱」

(2). 에덴시인 시의 춤추기

에덴시인에게 부여되는 "내 오른손의 마지막 떨림"으로 오는 그때 에덴시인은 "아버지 내 영혼을 · 아버지 손에 부탁하나이다"로 할 수 있는 하늘나라 꽃밭 · 즉 에덴을 기다리는 영혼이 될 수 있음에 "행복한 믿음"의 에덴시인이 된다.

이제 에덴 시인에게 "십자가"는 그 분으로 하여 오늘 네가 나와 함께 낙원에 있으리라는 말씀으로 활활 타오른다. 믿음의 하늘 오름으로 하여 온 땅에 가득한 영광의 십자가를 지닌 에덴시인의 삶이 전개된다. 어디에서나 십자가의 복된 소식으로 춤추고 노래하는 가나안의 꽃밭을 에덴시인은 느낀다.

에덴시인의 시는 춤추기의 시다. 이 춤추기는 수평적 춤추기가 아니라 수직적 춤추기이다. 그 이유는 예수님을 닮고 싶어 '나도'라고 하는 시적 동일화의 꿈꾸기에서이다.

가장 낮은 데로 오셔서
가장 높은 곳으로
내 손을 잡아 주시는
당신의 의로운 오른손
나도 당신의 발밑에 엎드려
내 부끄러운 이름 석 자
강물에 던지고
당신을 사랑한다고 말하게 하소서

감람나무 언덕길 자국마다
얼룩진 땀방울
마지막 핏방울마저
땡볕 허공에 뿌리신
당신의 뜨거운 눈물
나도 진달래꽃이 되어
백합꽃 향기가 되어

팔월의 나팔꽃이 되어
당신을 사랑한다고 말하게 하소서
외로울 땐 친구가 되시고
슬플 땐 노래가 되시고
어두울 땐 등불이 되시는
나의 영원한 당신
나도 누군가의 친구가 되고
노래가 되고
등불이 되어
당신을 사랑한다고 말하게 하소서

~ 홍 문표「당신을 사랑한다고 말하게 하소서」에서

수직으로 된 시적 동일화는 "가장 낮은 데로 오셔서 · 가장 높은 곳으로 · 내 손을 잡아 주시는 · 당신의 의로운 오른손 · 나도 당신의 발밑에 엎드려"에서이다. 에덴시인 시의 진동은 "당신을 사랑한다고 말하게 하소서"의 몸짓이다. "발밑에 엎드려=내 부끄러운 이름 석 자 · 강물에 던지고=당신을 사랑한다고 말하게 하소서"의 이 1연 진동리듬은 "당신의 뜨거운 눈물=나도 진달래꽃이 되어=백합꽃 향기가 되어=팔월의 나팔꽃이 되어=당신을 사랑한다고 말하게 하소서"의 2연에서도 등가리듬이다. 3연에서도 "외로울 땐 친구가 되시고=슬플 땐 노래가 되시고=어두울 땐 등불이 되시는=나의 영원한 당신=나도 누군가의 친구가 되고=노래가 되고=등불이 되어 =당신을 사랑한다고 말하게 하소서" 등가리듬이다.

이처럼 절대자와 인간의 거리는 감히 가까이 갈 수 없는 일이지만 그리고 감히 사랑한다고 말 할 수 없는 현실임에도 "사랑한다고 말하게 하소서"라며 3회 리듬으로 춤을 춘다. "나도 진달래꽃이 되어 · 백합꽃 향기가 되어 · 팔월의 나팔꽃이 되어 · 당신을 사랑한다고 말하게 하소서"이다. 주님의 '눈물'에 '나팔꽃'과 '진달래꽃'

과 '백합꽃'으로 춤추는 시인이다. 감히 '친구'가 되시어 '노래'가 "등불"이 되시기에 에덴시인도 누군가의 "친구"가 되고 "노래"가 되고 "등불"이 되어 당신을 '사랑한다'며 덩실덩실 춤을 춘다.

점점 더 높은 높이의 시로 춤을 춘다. 슬픔이 변하여 춤이 되게 하시기에 당신의 눈부신 꽃밭에서 내 슬픈 영혼도 '하얀 나비' '노란 나비' '호랑나비' 되어 너울너울 춤을 춘다. 당신께서는 베옷을 입으시며 에덴시인에게 기쁨의 띠 옷을 입히신다. 내 헐어진 영혼에 색동옷으로 때때옷을 입히시고 은총의 띠로 주시니 지화자 장단으로 덩실덩실 춤추게 하신다.

그 분은 에덴시인의 남루한 삶의 습성인 미움을 사랑으로 바꾸게 하시고 죽음을 부활로 보여주시며 가난한 노래를 에덴의 시로 주심에 에덴시인이 된다. 그러기에 소고치고 장구치고 할렐루야 지화자 좋다하는 에덴시인이 된다. 모두에게 이 즐거움과 기쁨을 전하려 에덴시인 시의 춤추기가 된다. 혼자가 아닌 같이 에덴을 향하여 예루살렘으로 향하여 같이 가기를 소망하며 춤춘다.

예루살렘으로 가게 하소서
앞만 보고 가게 하소서
낮에는 서편 하늘의
구름기둥만을 보게 하시고
밤에는 당신의 불기둥
베들레헴 하늘에 빛나는
별만 보고 가게 하소서

예루살렘으로 가게 하소서
당신만을 따라 가게 하소서
말씀의 발자국을 따라 가게 하시고
십자가와 부활의 새하얀 꽃길로
화사한 사월의 언덕길도

따라 가게 하소서

예루살렘으로 가게 하소서
눈물 골짜기도 가게 하소서
사하라사막을 지나
아라비아사막으로 가게하시고
홍해를 지나 광야 40년을 가게 하시고
홀로이 캄캄한 밤길을 지나
여리고성의 새벽길도 가게 하소서

예루살렘으로 가게 하소서
밤마다 꿈꾸며 가게 하소서
강가엔 사철 꽃들이 휘드러지고
생명나무 숲에는 노루 사슴
새들이 지저귀는 곳
당신과 함께 모두가 춤추며 노래하며
시로 화답하는 나라
그런 꿈을 꾸며 가게 하소서

~ 홍 문표「예루살렘으로 가게 하소서」[1]에서

시가 지닌 긴장관계인 목적지는 1연에서 '서편 하늘 · 구름기둥 · 베들레헴 · 불기둥 · 별 · 예루살렘 · 십자가 · 부활 · 화사한 언덕길'이다. 그런데 가는 방향과 방법은 말씀의 발자국을 따라 가는 십자가와 부활의 새하얀 꽃길이다. 따라서 수직과 수평이 합하여져서 십자가가 형성되는 에덴시인의 시다. 시가 지닌 특징 반복리듬은 2연과 3연에서도 거듭된다. 의지적이면서 서정성을 담은 에덴시인의 시 춤추기는 꿈의 시로 예수님 닮기를 바라 십자가 유형의 시어들을 배치하면서 시로 춤춘다. 사철 꽃 들이 휘 들어지도록 노루 사슴 새와 같이 춤을 춘다. 혼자가 아니라 같이 춤을 춘다.

---

1) 홍 문표 · '예루살렘과 순례자의 시'~시 84:1~7(서울: 동천아카데미 · 2015.4.12.)설교중 발표된 시.

이러한 춤추기는 평생 시를 가르치는 춤이었으며 시학이론을 평생 펼치는 춤추기다. 에덴시인의 춤추기는 33살의 2회 리듬인 66세에 신학박사학위로 의지적 춤을 추게 하였으며 목사안수로 춤을 춘다. 그리고는 한국문인교회를 창립[1]한 후 첫설교로 '무소유의 십자가'[2]로 덩실덩실 춤을 춘다.

> 철저히 인간적이고 세속적인 욕망을 포기하고 소유를 포기하고 심지어는 죽어 마땅한 원죄의 자아마저 포기하고 오직 주님만을 긍정하는 삶 · 주님의 말씀만을 따르는 삶 · 그래서 나는 죽고 오직 너만 존재하는 삶 · 그것이 바로 주님께서 말씀하시는 나를 부인하는 무소유의 본질이 아니겠습니까.
>
> 그러나 기독교에서 나를 부인하는 무소유의 본질은 거기서 끝나지 않습니다. 세속의 인연을 버리고 물질적 욕망을 버리고 자기 목숨마저 포기할 뿐만 아니라 목숨을 포기하는 과정에는 반드시 자기 십자가라는 고통의 형벌을 함께 져야한다는 것입니다. 자기 십자가란 말노 상식적으로는 자기가 짊어져야 할 멍에라고 보겠습니다. 각자에게 주어진 역사적 · 도덕적 · 사회적 · 인간적인 의무감으로 볼 수도 있습니다. 그런데 기독교의 십자가는 그런 추상적인 의무감 정도가 아니라 고통을 동반한 실천적인 십자가입니다.[3]

평생 자유에의 도전자 에덴시인의 높이 춤추기는 국문학자 홍 교수에서 기독교 목사로 '무소유의 십자가'로 첫설교를 하고 「사랑한다는 것은」의 시로 춤을 춘다.

> 사랑한다는 것은
> 한 사십일 쯤
> 욕망의 잔뿌리마저 자르고

---

1) 2012. 1. 8.

2) 2012. 3. 25. 무소유의 십자가(마 16:21~26).

3) 홍 문표 · 「무소유의 십자가」(서울: 동천아카데미 5층 · 2012.1)에서.

엉겅퀴 가시밭 길
땡볕 광야를 헤매거나
살과 뼈가 엉켜 붙은
깡마른 영혼이 되어
이월의 싸늘한 바람처럼
앙상한 가지에 목을 매는 것이다

그리하여 나무 십자가 그 아스라한 높이에
손과 발은
두어 뼘의 대못으로
쾅쾅 두드려 박고
창으로 옆구리마저 찔려
한 서 말쯤 물과 피를
쏟아내는 것이다

그래도 남은 것이 있다면
풀무로 태워버리거나
절구로 빻아
하얀 가루
은가루 한 줌
대지에 뿌리거나
허공에 바람처럼 날리는 것이다

그리하여
나는 죽고
내 욕망의 그림자도 죽고
가증한 본능의 흔적마저 부재한
텅 빈 하늘에
오직 너만 있는 것이다
너만 한 송이 붉은 장미가 되어
너만 눈부신 봄 햇살이 되어
파아란 하늘에 가득한 것이다

~ 홍 문표「사랑한다는 것은」

모더니즘적이면서도 극히 서정적인 에덴시인은「사랑한다는 것은」시에서 예수님의 십자가사건으로 사랑의 서정을 강하게 드러낸다. 그래서 에덴시인의 삶이나 시에는 모두 '너'만 있다. 이 '너'는 지극히 대등한 두 사람의 관계를 시어화한 것이다. 철저히 서정적 자아가 부재한 텅 빈 하늘에 오직 너만 한 송이 붉은 장미이며 너만 눈부신 봄 햇살이 되어 있다. 너만 파아란 하늘에 가득하다로 그 분이 마음과 몸과 시에 가득한 파아란 하늘이 되어 있다.

이처럼 에덴시인의 춤추기는 '너'만 있는 진동이다. "한 송이 붉은 장미"와 "눈부신 봄 햇살"과 "파아란 하늘에 가득"하다. 온통 파아란 하늘만 보이는 에덴시인의 눈 아인 עַיִן은 진리[1]를 본다. 마음이 가난하여 영의 눈뜬[2]다. 말씀진리 "심령이 가난한사는 복이 있나니 천국이 저희 것임이요"[3] 하시기에 덩실덩실 춤추며 눈에 보이네[4]하며 도전에 도전을 거듭한다. 헬라어로 프토포아인 영적 눈이 뜨여 이제는 아예「사랑하는 나의 하나님」이다.

사랑하는 나의 하나님
오늘도 참 바쁘시네요
새벽엔 어둠의 커튼을 여시고
뒤척이던 밤을 깨우시더니
아침엔 하늘 다락에 숨기신
물 보따리 풀어
산에도 들에도 꽃밭에도
은빛 안개비 골고루 뿌리시고
낮에는 온종일 여린 잎 새 마다
금빛 햇살 한 섬씩 달아 놓으시고는
하늘하늘 실바람으로 어루만지시더니
드디어 노랑 빨강 진보라

---

1) 이 민영 ·『기초 히브리어 עברית』(서울: 삶 배움터 성서원어 연구원 · 1985). · 89.
2) 최 명애 · 『알기 쉬운 성경 히브리어 기초와 그 의미』(서울: 쿰란출판사 · 2005). · 126.
3) 마태복음 5장 3절.
4) עֵינַי(에네).

꽃망울 반짝반짝 터뜨리시네요.

사랑하는 나의 하나님
아직도 뒤척이는 내 영혼을 일깨워주시고
목마른 믿음의 꽃밭에
말씀의 단비를 흠뻑 내려주소서
성령의 불 바람으로
뜨겁게 달궈주시고
십자가와 부활의 강한 날개로
나를 품어 주소서

그리하여 내 영혼의 꽃밭에도
소망의 꽃이 피게 하시고
구원의 열매로 풍성하게 하시고
날마다 할렐루야
시와 찬양으로 노래하게 하소서

~ 홍 문표「사랑하는 나의 하나님」[1]에서

에덴시인의 춤은「사랑하는 나의 하나님」[2] 때문이다. 사랑하는 나의 하나님이 "새벽엔 어둠의 커튼을 여시고 · 뒤척이던 밤을 깨우시더니 · 아침엔 하늘 다락에 숨기신 · 물 보따리 풀어 · 산에도 들에도 꽃밭에도 · 은빛 안개비 골고루 뿌리시고" 계신다. "낮에는 온종일 여린 잎 새 마다 · 금빛 햇살 한 섬씩 달아 놓으시고는 · 하늘하늘 실바람으로 어루만지시더니 · 드디어 노랑 빨강 진보라 · 꽃망울 반짝반짝 터뜨리시네요"의 시가 절로 나온다. 전율하며 "믿음의 꽃밭에 말씀의 단비를 흠뻑 내려 주소서" 덩실덩실 춤을 춘다. "구원의 열매로 풍성하게 하시고 · 날마다 할렐루야 · 시와 찬양으로 노래"하며 춤을 춘다.

---

1) 홍 문표 · '내 영혼아 여호와를 찬양하라~ 시 104:1~15'(서울: 한국문인교회 · 15.6.14.). 설교에서.

2) 요 20:28.

2). 하나님 앞의 서정 에덴시인

에덴시인은 사랑하는 나의 하나님이라 하다가 사랑하는 이라는 수식어를 빼버리고 아예 나의 하나님이다. 서정시 진실은 너와 나의 거리 좁힘이다. 3인칭에서 2인칭의 너와 나의 관계 좁힘이다.

밤에는 꿈속에서도
내 숨소리를 살피시고
낮에는 팔딱이는
내 혈관의 맥박을 짚으시며
날마다 내 마음의 잔뿌리에서
흔들리는 가지들의 나부낌마저
눈동자처럼 헤아리시는
나의 하나님

하늘 너머 또 하늘
그 너머 어둠에서 또 어둠으로
내가 숨을지라도
끝내 당신의 오른 손으로 나를 잡아주시는
나의 하나님

내가 태어나기 전부터
당신의 생명책에 나를 기록하시고
저 아늑한 모태에서
나의 내장과 육신을 만드시고는
당신의 형상과 입김으로
아침동산에 나를 우뚝 세워주신
나의 하나님

감사하며 찬양하며
나를 돌아보게 하시고
의의 길로 가도록 인도하여 주소서

～ 홍 문표「나의 하나님」1)에서

대상과 내가 일치되는 서정적 연시를 쓰는 에덴시인의 홍 문표 시에서 나의 하나님은 밤이나 낮이나 나를 감싸시며 숨소리로 살피시고 행여나 다칠세라 돌보시며 "하늘 너머 또 하늘 · 그 너머 어둠에서 또 어둠으로 · 내가 숨을지라도 · 끝내 당신의 오른 손으로 나를 잡아주시는 · 나의 하나님"이다. 꼼짝없이 포로가 되어 버린 에덴시인의 「나의 하나님」 시는 시 전체가 '나'로 도배되었다. 일반적으로 시에서는 '나'라는 말을 안 쓰는 경향이지만 이 시를 통해서 드러나는 나를 반복리듬으로 하면서 나와 하나님 사이의 그 친밀성은 여지없이 드러난다.

에덴시인에게 여호와는 나의 목자가 되시는 이유가 있다.

> "여호와는 나의 목자시니" 이는 여호와와 목자를 동일시한 것입니다. 여기서 동일시란 서로를 구별하지 않고, 서로를 하나로 통합하는 것입니다. 시의 본질, 시의 생명이 여기에 있는 것입니다. 이러한 시를 가사로 하여 노래가 나옵니다. 따라서 시가 없이는 찬송이란 불가능한 것입니다. 1)

홍 문표 교수가 에덴시인이 되는 것은 혼자만의 단정이 아니라 시편에서 "여호와는 나의 목자시니"하기에 따라 한다. 여호와가 보여주시는 일로 하여 따라가는 이유를 에덴 서정시인은 다음과 같이 시로 알려 준다.

> 나무들은 하늘만 보네요
> 언덕에 있는 나무나

1) 홍 문표 · '다윗의 시와 나의 하나님~ 시 139: 1~6'(서울: 한국문인교회 · 15.3.8). · 설교 때 발표한 시..

1) 홍 문표 · 「나는 포도나무요 너희는 가지니」(서울: 동천 아카데미 5층 · 2013. 3. 24). · 한국문인교회 예배 설교에서.

골짝에 있는 나무나
바위틈에서 나온 등굽은 나무나
온종일 고개 들어 하늘만 보네요

꽃들도 하늘만 보네요
알록달록 고운 옷 입고
방긋방긋 웃어대며
할렐루야 할렐루야
온종일 찬양하며 하늘만 보네요

땅도 바다도 하늘만 보네요
태초부터 지금까지
밤이나 낮이나
비바람 맞으며
천둥번개 맞으며
땡볕에 짓밟히고
겨울 한파에 시달려도
한 결 같이 입 다물고 하늘만 보네요

주여
나도 앞만 보지 말고
맑고 푸르른 저 하늘만 보게하소서
그리하여 맑고 푸르른
당신의 자상한 소리도 듣게 하소서

~ 홍 문표 「모두가 하늘만 보네요」[1])에서

하나님이 보여주시는 일 · 나무들이 하늘만 본다는 명제를 내세우고는 언덕의 나무 · 골짝의 나무 · 등 굽은 나무 모두 하늘만 본다는 것이다. 그리고 이 시적 등가리듬은 1연에서 '보네요'를 연 앞뒤로 "보네요" "보내요"로 2회 리듬 화(化) 하고 가운데 줄에 "나무나" "나무나" 2회 리듬으로 철저히 성경리듬에 준한다. 보는 것은

---

1) 15.7.12 모두가 하늘만 보네요 · 여호와의 소리가 물 위에 있도다 시 29:1~11.

하늘만이다. 2연에서 다시 '꽃들'이 '보네요'로 처음과 끝에 장치하고 가운데 "알록달록" "방긋방긋" "할렐루야 할렐루야"로 2회리듬의 아름다운 리듬을 수놓는다. 그리고는 "나도"라며 이를 따라한다.

하나님이 만드신 자연 땅과 산들과 나무들이 일어서므로 나도 여호와는 나의 목자이시므로 일어선다.

> 누구일까
> 누가 꾸민 일일까
>
> 땅들이 일어선다
> 산들이 일어선다
> 나무들도 일어선다
>
> ~ 홍 푼표 「누구일까 누가 꾸민 일일까」에서

우리나라 부모들은 아침 늦게까지 잠자는 자녀들에게 인나 ἰνα[1] 한다. 38년 된 앉은뱅이 보고 예수님은 일어나 걸으라! 은나! 은나(êna: -1에서부터 1까지 오는 수 이미지의 순수 우리말)! 라틴어[2]에서도 그리스어[3]에서도 하나[4]의 예[5] 일어나!. 셋째 사람 아브라함은 갈대우루에서 일어섰다. 성경 · 셋째 날에 물이 모여 일어섰다. 에덴 서정 시인에게는 일어서기 위한 눈물이 있다. 마치 김영랑의 눈물처럼 눈물알갱이가 일어서는 눈물이 에덴시인 시에는 있다.

> 연초록 가녀린 잎들이

---

1) 인나, 마태복음 9:6: GREEK~ENGLISH NEW TESTAMENT(1971, 21).
2) êna 스테반 원어성경 上(서울: 원어성서원 · 2000언. · 627 · 레위기 5:7,
3) êna 스테반 원어성경 上(서울: 원어성서원 · 2000언. · 627 · 레위기 5:7,
4) 온 땅에 구음이 하나 ëv(은나)이요 언어가 하나ëv(은나)이었더라(창 11: 1); http://www.blog.daum.net · paulsong · 15863203 ·
5) 산스크리트어와 한민족사투리 부로그: http://www.blog.daum.net · paulsong · 15863203 ·

밤새 어둠을
헹구고 또 헹구어 빚은
아리디 아린 눈물이다.

하늘의 별들이 내려와
여린 잎들과 놀다가
미처 올라가지 못한
아쉬움의 재잘거림

새벽이 눈을 비비고
아침을 마련하는 동안에만
반짝거리는 보석 알갱이

너무도 투명하기에
조그만 동공에
아득한 우주를 품고
너무도 순결하기에
내 영혼의 흔들리는 물결마저
살며시 머금고는
맑은 눈을 깜박거린다

그러나 풀잎의 맨 끝자락에
매어달린
저 아슬아슬한 허공의 아우성
마침내 햇살의 다스한 온기가
있고서야
다시 날개를 펴고
하늘 높이 날아오른다

~ 홍 문표 「이슬에 대하여」에서

눈물이 있는 에덴시인 시는 그냥 서정 시인이 아니라 에덴시인 서정시다. “너무도 순결하기에 · 내 영혼의 흔들리는 물결마저 · 살며시 머금고는 · 맑은 눈을 깜박거린다 · 그러나 풀잎의 맨 끝자락에 · 매어달린 · 저 아슬아슬한 허공의 아우성 · 마침내 햇살의 따스한 온기가 · 있고서야 · 다시 날개를 펴고 · 하늘 높이 날아" 오르기 때문이다. 하늘로 오르는 에덴시인의 시적 긴장성은 이슬이 없어진다는 일반적 속성에서 벗어나 하늘높이 날개를 달고 오르는 아름다운 눈물이다. 바로 에덴으로의 환원이다.

사실적 과학성에 근거한 이러한 하늘 오르기는 「안개」 시에서도 동일리듬으로 춤춘다.

안개는 늘 땅을 좋아 합니다
모두가 땅에 달라붙어서
여기저기 땅을 파헤치고는
구수한 땅내로 허기진 식욕을 채웁니다

안개는 늘 외롭습니다.
밤에는 더더욱 외로워
모두가 아늑한 골짜기로 내려와
다복솔 잔가지들과 노닥거리거나
방긋한 풀꽃들과 술래잡기를 합니다

안개는 늘 목이마릅니다
온종일 산으로 들로 헤매다
목마름으로 지쳐 쓰러지고는
새벽이면 샛강 어귀로 몰려와
강물을 빨아댑니다

안개는 늘 희미합니다
한치 앞도 못 보는 시력이어서
앞뒤 분간 못하고
이리저리 부딪히고 넘어지고
아득한 미로를 헤매다가

눈부신 대낮
저 하늘의 햇살을 먹고서야
화들짝 깨어나
하늘로 하늘로 날아 오릅니다
새하얀 꽃구름 하늘에서 피어납니다

~ 홍 문표「안개는」[1]에서

일어나 하늘로 오른다. 에덴시인은「안개」시를 통해서 "눈부신 대낮 · 저 하늘의 햇살을 먹고서야 · 화들짝 깨어나 · 하늘로 하늘로 날아오릅니다 · 새하얀 꽃구름 하늘에서 피어납니다" 꽃구름과 안개가 동일리듬 화 한다.

에덴시인의 서정시는 하나님이 인간을 창조하신 이 창조사건조차 일어나는 일로 시작된다.

처음으로
하늘 땅 만드시고
빛이 있으라
만물들이 빛을 따라 일어났으니
당신 보시기에 좋았더라

하늘엔 궁창이 있고
그 위엔 커나란 눌 보따리

낮에는 햇빛으로
밤에는 달빛으로
저 눈부신 별들의 보석상자
당신 보시기에 좋았더라

숲속엔 노루 사슴 뛰어 놀고
바다엔 파닥이는 물고기들
공중엔 새들의 노래
정말 당신 보시기에 좋았더라

그러나
당신의 형상대로
사람을 만드시고

---

1) 15. 6. 28 예배 때 신앙시 발표할 때 낭송.

모두가 생육하고 번성하라
그렇게 펑펑 복을 내리셨으니
이제는 당신 보시기에
심히 좋았더라

~ 홍 문표「당신 보시기에 심히 좋았더라」에서

당신보시기에 좋은 것은 일어나는 일이다. 우리나라 사람들은 일어나라는 말을 잘 쓴다. 바로 동이족이 쓰는 말 그대로 우리는 하나님이 빛이 있으라 하시매 빛을 따라 햇빛 · 달빛 · 노루 · 사슴 · 물고기 · 새 · 우리들이 일어난다. 만물들이 빛을 따라 일어난다. 서정시인 홍 문표 시인도 밤마다 일어난다.

낮에는 햇살들이 누리에 가득하고
밤에는 별들이 반짝이는 하늘 꽃밭
나는 밤마다
하늘에 오르는 꿈을 꾸어요

하오나 내 욕망의 나무 사다리는
언제나 추녀 끝에 멈추는 절망
떨어지는 겨울 날개
홀로이 외로운 빈들에서
차가운 돌베개 끌어안고
아득한 하늘만을 우러러 봅니다.

그제야 보이시는 하늘 사다리
땅에서 하늘 끝에 걸어 놓은
오색 빛 무지개[1)]
하늘 문이 열리네요
천사들이 오르내리고
말씀의 꽃비가 온 땅에 내리네요

내가 너와 함께 있으리라

---

1) 한국 아이들은 색동옷을 즐겨 입는다. 한국민족이 제사장이라는 표시다.

어디를 가든지 너를 지키리라
너를 이끌어 이 땅에 오게 하리라

오 벧엘 · 당신의 거룩한 집

주여
날마다 하늘사다리를 보게 하소서
말씀의 꽃비로 충만한
하늘나라가 되게 하소서

～ 홍 문표「하늘 사다리」1)에서

하나님 앞의 서정 에덴시인은 마침내 하늘사다리를 탄다. 이 의시의 모던시인 움직임은 “낮에는 햇살들이 누리에 가득하고 · 밤에는 별들이 반짝이는 하늘 꽃밭 · 나는 밤마다 · 하늘에 오르는 꿈을 꾸어요”이다. 이 꿈꾸기는 “땅에서 하늘 끝에 걸어 놓은 · 오색빛 무지개 · 하늘 문이 열리네요” 이다. “말씀의 꽃비가 온 땅에 내리네요”이다. 이 때 에덴시인이 들은 것은 “내가 너와 함께 있으리라” “어디를 가든지 너를 지키리라”이다.

슬픔이 변하여
춤이 되게 하시는
당신의 눈부신 말씀의 꽃밭에서
내 슬픈 영혼도
하얀 나비
노란 나비
호랑나비 되어
너울너울 춤을 추게 하소서

베옷을 기쁨의 띠 옷으로
갈아입히시는
당신의 아름다운 궁전에서

1) 설교: 13.12.8 하늘사다리 · 야곱의 하늘사다리 · 창 28:10～22.

내 헐어진 영혼도
색동옷
때때옷
화려한 은총의 띠 옷을 입고
지화자 장단으로
덩실덩실 춤을 추게 하소서

미움은 사랑이 되고
죽음은 오히려 부활이 되는
당신의 놀라운 자유의 나라에서
내 가난한 노래는
당신의 시가 되게 하시고
소고치고 장구치고
할렐루야 지화자 좋다
너와 나 모두모두
신명으로 뛰어 노는
주여 그런 춤을 추게 하소서

～ 홍 문표「주여 춤을 추게 하소서」에서

요 1:14 "말씀이 육신이 되어 우리 가운데 거하시매 우리가 그의 영광을 보니 아버지의 독생자의 영광이요 은혜와 진리가 충만하더라" 요 3:16, "하나님이 세상을 이처럼 사랑하사 독생자를 주셨으니 이는 그를 믿는 자마다 멸망치 않고 영생을 얻게 하려 하심이니라."[1)]

이제 하늘높이 얼마만큼 에덴시인의 시가 진동하며 얼마만큼 오를지 그 기대가 있다. 어떤 방법으로 어떻게 무엇을 노래하며 춤출 것인가. 에덴시인의 시 춤추기 이어지기는 일어서기이다. 땅에서 하늘 끝에 걸어놓은 하늘 문이 열리는 꿈 따라 일어서는 힘 하나님이 사랑하셔서 일어서는 시인이다.

---

1) "진리가 너희를 자유롭게 하리라" 요 8:31～36(2013년 1월 27일 홍 문표 설교)에서.

제 8장 홍 문표 에덴시학

1. 신앙영웅의 하이퍼시와 나르시스

홍 문표 목사 시인은 구뜨레 나루터를 둔 부여 출신이다. 이 구뜨레는 지금도 일본에서 구다라스 곧 구다라 주가 오사카에 있을 만큼 백제 특히 부여와 긴밀[1]하다. 일본에는 '백제가 아니잖아!' 라는 속어가 지금도 인구에 회자한다. 백제 것이라면 좋다는 뜻을 가진다. 규스에는 백제의 마을이 있다. 백마강의 유래가 될 수도 있는 밀(馬)이 일본으로 수출되어 그곳에서 사육되어 긴밀히 오고가 백제가 멸망할 당시 일본은 백강전투를 위해 긴급히 28,000명이나 말을 포함한 군사를 보냈었다. 연락통로 백마강 이름 그대로 일본에서 말이 길러지기도 했음을 일본서기日本書紀는 기록하고 있다. 즉 일본에서 사신으로 온 오지(応神)태자에 응하고 말 백마 두필을 들고 일본으로 간 · 왕인(王仁)이 말의 전래를 홍 윤기 교수는 당시의 백제문화가 일본을 다스렸다 한다. 의자왕은 백제 패망 당시 중국으로 끌려가 죽은 것이 아니라 일본에 건너갔기에 그곳에 무덤이 있다고 문헌사학자는 전한다. 위력과 통치력 사비문화의 문화를 일구어 낸 일로 전해진다. '구다라 나이' 백제 것이 아니라면 좋지

1) 홍 윤기(고려대 문헌박사) · '일본 속에 백제 · 백제 궁에 살던 · STB 상생방송 역사특강 24회(2018. 8. 12).

않다는 유행어가 지금도 그대로 남아 있는 한국 굿뜨레 부여 크더라! 따스한 온기의 사랑이 있는 부여 시인 홍 문표 시인이 있다.

기독교 시인은 누구나 신영영웅이 될 수 있다. 그런 이유 중에 한 분이신 홍 문표 교수는 신앙영웅이다. 시인이 신앙 영웅이 될 수 있는 것은 사랑의 눈물이 있어서이다. 이 눈물은 시에 녹아 그 의미를 전한다. 홍 신앙 시인이 하늘을 쳐다봄으로써 시적 표현으로 하늘에서 눈(雪) 물이 내리고 이에 감동한 시인에게서 하늘에서 내리는 눈물이라고 시를 지을 수도 있다. 사람을 사랑하고 하나님을 사랑하는 사람은 눈물이 있다.

눈물! 홍 시인이 마음이 아프다며 눈물을 흘린다. 아파가 바로 사랑하는 마음이다. 아프다는 히브리어로 사랑이라는 뜻이다. 상대방을 몹시도 사랑하는 사람에게는 눈물이 있다. 이 아픔은 지극히 하나님을 사랑하고 그리고 이웃을 내 몸같이 사랑할 때 흘리는 눈물이다. 눈이 마음의 거울이어서이다. 눈물이 많은 신앙 영웅은 요셉이다. 아버지 야곱이 요셉을 제일 사랑하여 채색 옷을 입힌다. 이 채색은 히브리어로 기본어가 파스[1]이며 본문에서는 존대말 '파심'[2]이다. 하나님이 아름답게 조각하시어 하나님이 쓰시려고 · 하신 이는 시에서 신앙영웅이 될 수 있다. 홍 시인도 하나님이 아름답게 파심, 조각하시었다. 하나님의 일 사역자로 쓰시려고 · 하나님은 요셉을 위하여 꿈이 아름답게 될 수 있도록 파심이듯이 홍 목사는 요셉의 꿈과 신앙영웅의 탄생이라는 설교로 야곱이 요셉에게 채색 옷을 입힌 이유를 신앙영웅의 탄생으로 설교하였다.

---

1) פַּס(파스).
2) פַּסִּים(파심 · 채색 · NMP · many colours · ποικλον · 창 37:3).

> 남보다 뛰어난 영웅은 거저 되는 것이 아닙니다. 남달리 큰 뜻을 품은 영웅은 거저 되는 것이 아닙니다. 큰 꿈 · 원대한 비전을 가진 사람은 남다른 시련과 고통과 위험을 감수하는 연단의 과정이 있어야 합니다.
>
> ~ 홍 문표 · 「요셉의 꿈과 신앙영웅의 탄생」[1]

신앙영웅에 대한 홍 문표 목사의 관심은 물론 구속사적 측면에서이다. 하나님의 계획에 의한 신앙영웅이다. 하나님의 계획은 모두가 하나 되어 화목하게 하기 위한 꿈을 꾸는 사람은 신앙영웅이다. 요셉이 꿈을 꾼다. 해와 달과 열한 별 까지 꾸뻐 절을 하는 꿈 · 이 꿈은 신앙영웅만이 꿀 수 있다. 꿈 때문에 형들이 미워하여 아빠가 입혀준 채색 옷은 벗겨지고[2] 구덩이에 넣어지고[3] 다시 끌어올려지고[4] 팔려 지고[5] 또 팔려[6]지며 눈물을 흘린다. 그러나 여호와께서 함께 하시므로 형통한 자[7]가 된다. 이 때 눈물이 난다. 감동의 눈물 시인은 하나님이 만드신 이 세상에 감동하며 시를 쓴다. 시인은 여호와께서 요셉을 위하여 그 애급 사람 집에 복을 내리시므로 여호와의 복이 그의 집과 밭에 있는 모든 소유에 미치[8]는 것을 시로 쓴다. 시인은 유혹의 물결[9]이 몰려와도 어려움이 닥쳐도[10] 하나님 앞에서 범죄 하지 않게 하시는 분에게 감동한다.

---

1) 홍 문표 · '요셉의 꿈과 신앙영웅의 탄생'(서울: 동천문학관 · 2014) · 3월 9일자 설교에서.
2) 창 37:23.
3) 창 37:24.
4) 창 27:27.
5) 창 27:27.
6) 창 37:36.
7) 창 39:2.
8) 창 39:5.
9) 창 39:9~13.
10) 창 39:20.

1). 기독교 시인 신앙영웅

(1). 효조: 위로 쳐다봄

홍 시인 믿음[1]은 효조(孝鳥)로 시적 동일시된다. 하나님의 사랑 보여주기에 감동하여 시를 쓴다. 겸손과 화해로 하늘나라를 향한 원대한 꿈을 본 홍 시인은 사랑불꽃의 말씀전하기 보석눈물 시를 쓴다. 하나님 사역의 사랑불꽃을 가진 홍 시인은 '하늘로 올라올라 눈물을 다 뿌린다. 하늘에 '올라 올라' 의태어를 통해 하늘 중간쯤이 아니라 하늘 끝이라는 의미 '하늘하늘' 의태어에 숨긴다.

홍 시인이 신앙영웅 시를 쓸 수 있는 것은 하나님의 말씀 사역의 감동에서이다. 모든 생명들을 살리기 위해 순간마다 베푸시는 당신의 날숨을 보며 감동한다. 신앙영웅 숨 쉼의 사역을 한다. 눈으로 본다. 이 눈은 눈 아인이다. 눈은 샘 언어와 동일하다. 샘이다. 물속을 가만히 들여다보는 마음의 응시가 시인에게는 있다. 바로 말씀 속을 가만히 들여다보는 홍 시인에게 물에 비치는 하늘이 있다. 그러기에 에덴의 시학이라는 홍 시인의 거대한 상상력의 형이상학을 들여다본다. 자기 자신의 이미지 속에서 자신 속에서 하나님의 뜻을 살피는 신앙시인 신앙영웅시를 쓸 수 있는 감동이 있다. 어쩌면 그러기에 우주적 나르시시즘이다. 하나님인 그와 홍 시인과의 동일시 시적 동일시를 꿈꾼다.

에덴시학 꿈꾸기는 자신이 비치는 물속에서 하나님이 주신 마음을 받는다. 아주 어릴 때 교회에 드나들면서 받은 이 축복의 감정을 절대시한다. 그리하여 곳곳에서 발견되는 하이퍼성을 놓았다.

---

1) 창 39:21~22.

문학단체는 물론이려니와 시비평과 논문 그리고 저저 『문학 설교학』에서 절대자 그를 찬양한다.

사실 홍 시인의 처음은 씨앗에서 나온 어리고 여린 싹이었다. 그러나 그 분이 주는 은혜의 깊이에 스며들어 차츰 큰 나무가 되었다. 그리고 하나 두울 열매를 맺어 갔다. 꿈이라는 비현실성이 현실로 되어버린 현재는 하나님 가슴의 물로 가득 채워져 홍 시인 자신은 비워지고 그 분에 대한 시로 가득하다. 이러한 홍 시인의 시적 상승 기법은 홍 시인이 자라 온 물의 환경에 그대로 노출된 시인의 이력이 그대로 가득하다. 온전히 주님을 찬양하지 않고는 시를 쓸 수 없는 · 그리고 하나님을 찬양하지 않고는 논증할 수 없는 논문이 그리고 서적에서 신앙의 깊이가 스며 나온다. 하나님의 거울에 비쳐진 홍 시인의 모습은 잔잔한 물에 비쳐진 현재의 홍 문표 에덴시학자이다. 하나님 마음이 비추이는 물 · 말씀으로서만 가능하다. 마음을 다하여 하나님이 드러내시고자 하는 세계이다. 야곱의 꿈에 보이는 사닥다리를 타고 오르는 일이다. 상상력의 형이상학으로 하여 홍 시인 자신이 하나님의 형상을 닮은 사람의 이미지가 되어 있다. 쉬는 것조차 이 속에서 휴식한다. 에덴동산에서 휴식한다. 이 안에서 하나님 몸짓이 무엇이었을까를 곰곰이 생각하며 이를 전달하는 일을 한다. 말씀을 전하는 일이다.

시로서 · 학문으로서 · 목사로서 이 일치성은 오로지 그대 하나뿐이다. 홍 교수는 자연동산의 아름다움을 하나님이 주신 동산으로서의 노니는 모습이 되어 있다. 나무가 자라는 모습에서 그리고 이 동산에서 노니는 새들과 돌물들과 가축들과 하나가 되어 느끼며 어떻게 하면 이 기쁨을 전할까 고심한다.

신앙이 어릴 때부터 기초되어진 홍 시인의 기독교 시인 신앙영웅시는 훈련에서 비롯되어졌다. 하루 이틀이 아닌 평생에서 얻어진 귀한 보배 효조 이미지다. 효조! 하나님 섬기기의 효조이다. 홍 시인 효조는 지금도 싹 내는 일을 계속한다. 그 분이 싹을 내어 싹이 자라게 되는 것을 보여주시기 때문이다. 봄으로 시작하여 겨울까지의 긴 기간 동안 동산을 오르내리며 그 느낌을 그대로 시로 전한다. 배우며[1] 익힌다. 그러기에 주어진 언약구조 곧 이 세상에서 허락된 시간까지의 언약[2]속에 들어 사랑받는다. 아직도 끝[3]은 주시지 않으셨기에 주신 목숨을 들고 살아간다.

그러기에 홍 문표는 효조이다. 하나님 은혜를 갚는 효조이다. 홍 교수가 효조라는 시적 표현이 되는 것은 오산(烏山)의 오산대학교(烏山大學校)에서 총장 역임[4]과 하이퍼성으로 연결된다. 시적 하이퍼성 연결의 가능성은 바로 은혜 갚기의 효조(孝鳥)이다. 효조(孝鳥)[5] 산 오산으로 서이다.

효로 이해되는 시가의 예를 들어본다.

> ᄒᆞ믈며 남산 나린 끝에 오곡을 갖춰 심어
> 먹고 못 남아도 긋지나 아니 ᄒᆞ면
> 내 집의 내 밥이 그 맛이 어떠ᄒᆞ뇨
> 채산낙수(採山約水)ᄒᆞ니 수륙품(水陸品)도 잠간갓다
> 감지봉양(甘旨奉養)을 족하다 할까마는
> 오조함정(烏鳥含情)을 벱고야 말렸노라[6]

---

1) 알레프 · 배움 · 창 1: 1~2: 3.
2) את(에트).
3) ת(타브 · 끝).
4) 20081,1~2011.12.31.
5) 李 英芝 · '변증적 가마귀 시어의 이야기,' 『한국국어교육』(서울 · 한국국어교육학회 · 1993)279~302.
6) 박인로의 사제곡(莎堤曲) 중에서. 동천(東川)보 · 『노계시가연구』 (서울: 이우출판사 · 1978) · 142~144.

효에 대한 관점을 박인로는 미물인 새가 그의 어미에게 받은 은혜를 다한다는 내용을 빌어 사람이 그의 부모에게 효 은혜 갚아야 함을 말한다. 어버이를 받들어 모시는 · 효조함정(孝鳥含情)[1]의 마음으로 남산 줄기가 내려앉은 그 끝에 오곡을 갖추어 심이 먹고 그것이 남지는 아니해도 끊어지지 아니하게 부모를 봉양함이다.

모든 행실의 근원[2]이 되는 효(孝)의 개념은 내가 남을 받들어 모시는 마음의 자세에 있다. 회화적으로 형상화한다면 눈을 들어 하늘를 쳐다보는 자세이다. 때문에 홍 문표가 오(烏)산대학교의 총장직 4년을 봉양함도 자신을 낮추며 효조의 고을 오산에서 받들어 섬긴 일이다. 4년간의 총장시절은 동시에 동천(東川)과 동월(冬月)의 아들과 어머니의 관계로 연결되는 하이퍼성이다. 우러러 보며 말씀을 전하면서 효로 부모를 섬기는 일이다.

우연이라고 하기엔 신화적 요소를 지닌 홍 문표의 일생이다. 아내에게 효조로 · 자식에게 효조로 생활한다. 그리고 "청산리 벽계수야...[3]의 동류(東流)이듯이 동쪽으로 흐르며 말씀을 전하는 홍 문표의 물 말씀 전하기이다. 시대를 초월하는 타임머신을 타고 문학의 문패를 달고 살아온 효조의 길이다.

동쪽으로 졸졸 흐르는 시냇물로 유유히 흐른다. 부드럽게 유유히 흐르면서 맡은 내 일에 하나하나 정성을 다하면서 거대한 물줄

---

1) 넉넉하지는 않지만 효도를 하고야 말겠다는 의미는 효조함정(孝鳥含情)의 사자성구(四字成句)로 표시된다. 효조반포(孝鳥反哺)나 자오왈효조장측반포기모(慈烏曰孝鳥張則反哺其母)니 하는 민속적 구절들이 이미 인구에 회자한다.

2) 孝에 이르러 孔子는 夫孝者德之本也라 하였고 · 孝는 百行之原善之初也라 하였으며 行人의 根本이라하였다. 退溪도 百行之原이라 하였으며 · 율곡도 孝爲百行之道라하였다.

3) 青山裏碧溪水容易東流爾莫誇一到滄江難再見且留明月暎沙海東樂府(청산리벽계수용이동류이막과일도창강난재견차유며월영사해동악부).

기에 유입 · 하나님의 물줄기에 유입하는 일을 만들어 냈다. 한국 문학사에서 유유히 흐르는 동류(東流)이다. 황진이 시에서 보듯이

홍 문표의 호는 동천(東川)이다. 처음 한 별 큰 별이라 한 점을 뉘우치며 · 한 별이 예수님 자리임을 뉘우치며 동천으로 고쳐 동쪽으로 흐르는 물이 되면서 · 예루살렘으로 흐르는 물이 되면서 유프라데 강으로 합쳐지는 물이 되면서 홍 시인의 일생은 서서히 맑은 물 · 늘 푸른 강물이 되어 있다. 언제나 흐르는 물이기를 바라면서 언제나 다시 떠나면서 이별이면서도 다시 만날 것을 예약해주신 주님 따라 주님을 바라면서 길 떠나기를 감행하는 신앙영웅이 되었다. 새로운 도전이 되는 성경 말씀 속에서 연구와 연구를 집어넣는다. 아직도 유태인들은 그 엄격한 율법 속에서 이 세계 지배하기를 즐겨하듯이 성경의 오묘한 진리를 펴기 위해 어떠한 글쓰기를 · 그것도 육필로 써 내려가는 기나긴 글씨작업은 지금도 계속된다. 홍 교수 원고는 언제나 육필이다. 사람의 몸체는 무엇을 반복하느냐에 따라 그 생채리듬을 형성된다. 이 글쓰기가 아닐 때는 홍 목사는 지루해한다. 견디지 못하여 한다. 그만큼 하나님의 말씀전하기로 길들여진 홍 목사의 일생은 처음엔 가난한 농부의 아들로 지금은 하나님의 신앙 아들로 변화되어 있다. 변화는 홍 목사를 개인의 집이 아니라 하나님이 하나님의 집인 교회에 들여 놓음으로 시작되었다. 자나 깨나 교회에서 살면서 · 하나님 흠모하기를 게을리 하지 않았던 결과이다.

여호와의 의미조차 사역형으로 되어 있다. 절대자 사역이다. 절대자 의미라는 울부라이트 학파의 논증처럼 동천(東川)도 오랫동안 그의 사업명칭을 '창조' 이름 창조문학사의 창조문학 · 말씀과 문학으로 한다. 이러한 일은 하나님의 일을 좋아하는 이유에서이다. 하

나님이 허락하신 자의적 창조행위이다. 이 창조행위는 행복한 수정[1])이다.

홍 문표를 인도하는 하나님의 주권[2])은 하나님의 최고권과 왕권을 이행하심이다. 바로 홍 문표 삶[3])에 하나님이 중앙에 계셔서 육신의 아버지 홍세창이 준 · 하나님이 주신 물이 생명[4])임을 잘 사역하는 삶이다. 하나님이 주신 생명의 기간 안에 홍 문표의 삶은 하나님에 의해 존재한다. 홍 문표는 하나님이 주신 일터의 문인들에게 말씀의 언어를 · 물을 통하여 하나님의 인 참 아름다워라 주님의 세계(시 8:1~9)를 설교한다.

> 계절의 여왕 오월입니다. 골목마다 진한 라일락 향기가 우리를 반겨주는 아름다운 계절입니다. 하늘이 푸르고 산들이 푸르고 들녘도 푸르고, 우리들의 마음도 덩달아 푸르러지는 정말 생명력이 넘치는 계절입니다. 방안에 몇 그루의 화초를 기르기도 힘이 드는데 하나님은 며칠간 태양의 온도를 높이시고 여기저기 단비를 뿌리시니 세상은 온통 조록바다가 되고 오색의 꽃밭이 되어 어느새 에덴의 앞마당이 되었습니다.

---

1) Albright · "Contributions to Biblical Archelogy and Philogy," 376. · 유재원 『원어성경연구시리즈 모세오경』(서울: 솔로몬 · 1998) · 173; 엔더슨(Bernjard W. Anderson)은 흠정역(KJV) 번역자들이 이러한 규정을 이해하지 못해 자음과 모음을 같이 읽음으로써 "여호와"라는 혼종어가 나오게 되었다고 하였다Bwrnhard W. Anderson · 『구약신학』 최종진 역 (서울: 한들출판사 · 2001) · 101에서 하르너(Philip B. Harner)는 אֶהְיֶה(에흐예 · 출 3: 14)를 ἔγω εἰμι ὁ ὤν(에고 에이미 호 온 · LXX)로 보는 것은 비약이라 하였다. 정철주는 『요한복음의 EGO EIMI) 선언에 나타난 기독론 연구』 박사학위논문 (서울: 호서대학교출판부 · 2005) · 33에서 אֶהְיֶה(에흐예 · 출 3: 14)를 ἔγω εἰμι ὁ ὤν(에고 에이미 호 온 · LXX)으로 보는 지켄드라크트의 견해쪽으로 기울고 있다.
2) Arthur W. Pink, · 『하나님의 주권: *The Sovereignty of God*』 · 김 진홍 옮김 (서울: 개혁주의 신행 협회 · 2003) · 29~30..
3) Northrop Frye · *Anatomy of Criticism* · 159~160.
4) Masaru Emoto · 『물은 답을 알고 있다 : *Mizu wa Kotae wo Shitteiru*』 2 · 양 억관 옮김 (서울: 나무 심는 사람 · 2003) · 33~64.

(2). 문학 유업

여호와 우리 주여
주의 이름이 온 땅에
어찌 그리 아름다운지요
주의 영광을 하늘 위에 두셨나이다

~ 시편 8편 1

창세기부터 요한계시록에 이르는 성경 66권은 그 어느 구절도 모두 하나님의 말씀이라는데 이의가 없습니다. 이 말씀들은 직접 하나님이 구술하신 것을 받아 쓴 것도 있고 선지자나 사도나 성경 기자들이 성령의 감동으로 하나님의 뜻을 받들어 기록한 것도 있지만 그러나 모두가 하나님의 뜻을 적은 것이기에 하나님의 말씀인 것입니다. 따라서 말씀에는 어느 구절도 은혜가 있고 섭리가 있고 감동이 있는 것입니다. 또한 하나님의 말씀이기에 마땅히 은혜와 감동이 있어야 하는 것입니다.

홍 문표 학자 목사는 하나님의 백성을 만드는 사역을 담당한다. 말씀의 바다에서 하나님이 주관하시는 하나님의 날들[1]잇기는 요즘도 시인의 시를 해설해주는 날개를 단다. 이 세상의 아름다운 사람으로 남아 있게 살맛나게 해 준다.

당신 눈빛이 뿌려질 때마다
진동하는 두려움
나는 수줍은 장미한 송이
별이 초롱한 시각이면
바람 부는 언덕에 올라
당신 창가에 머무는 피리를 불고
새벽이면 온 몸을 풀어 길섶에서 반짝이는 이슬이게 하소서

1) J. Bloch · *On the Apocalyptic in Judaism* (Philadelphia: The Dropsie Collage · 1952) · 7.

~ 「늘 푸른 강물이 듯이」 16[1]에서

기독교시인이 서원하는 삶은 반짝이는 이슬이 되는 일이다. 하늘에서 내려오는 신비로운 아름다움을 이미지화 해주는 역할을 담당한다. 이미 경험되어진 시의 해설은 홍 문표 비평가에 의해 재생산 되면서 푸른 밤에 하얀 빛으로 · 아주 작은 핵 미리미리로 이슬이 되어 시인의 밭에 아름다운 물을 뿌린다. 이러한 사역은 홍 시인이 하늘을 좋아하는데서 비롯되고 그래서 하늘잇기[2]로 시어를 구성한다. 시인이 하얀 은색 비늘[3])이 된다. 반짝 빈짝 빛나는 이슬이다. 이슬은 햇빛이 날 때 반짝이다.

홍 문표가 태어난 고향은 태양리이다. 반짝 반짝 빛나는 양지[4])에서 태어나 햇살[5]곁으로 다가가 하얀 빛을 낸다. 홍 시인은 일년 열두 달 중에서 유독 오월의 하늘[6]을 좋아한다. 오월 중에서도 오월의 하늘[7]을 좋아 한다. 그리고는 시인은 미루나무[8]가 된다. 현상학적 이론이 되는 '하늘'을 향하여 손을 모으고 고개를 든다. 기도하는 나무가 된다. 하늘을 향하는 나무는 이제 12번째로 나무 세 그루 '나무 · 나무 · 나무(「워싱턴 가는 길」) 이 삼위는 성서에서 가히 그 자리를 불허하는 절대적인 자리이다. 그 길에는 하얀 비둘기 한 쌍[9]이 있다. 비둘기는 평화의 상징이다.

---

1) 홍 문표, 『지상의 연가 ~늘 푸른 강물이 듯이』(서울: 창조문학사 · 1992) · 47~48.
2) 「꽃의 설화(說話)」의 '하늘'이 「둘이의 마음」'하늘'과 이어진다.
3) 「둘이의 마음」.
4) 「언어의 꽃밭에서」.
5) 「언어의 꽃밭에서」.
6) 「언어의 꽃밭에서」.
7) 「언어의 꽃밭에서」)은 다시 11번째의 작품 '오월의 하늘'(「장승백이 시절」)과 철저하게 2회 리듬을 유지한다.
8) 「장승백이 시절」.
9) 「워싱턴 가는 길」.

홍 시인의 신화의식은 늘 1에서 12번째까지로 그 이음을 이어간다. 동천시의 초월성이 그 기저로 자리 잡는다. 나무 · 나무 · 나무를 3회 연속으로 보여주는 12번째의 신화소의 나무는 오래도록 예수님 열두제자를 비롯하여 구약에서도 한국에서도 그 신화소가 이어진다. 열두 폭 치마의 풍성한 한국여인을 그리워하는 황금비율의 시적 은유이다. 그리움은 시의 기본바탕이다. 그리움으로 하여 시가 쓰여 진다. 그러나 그 대상은 하나님의 따뜻한 사랑이다. 그러기에 홍 시인의 신앙영웅 의식이 자리 잡는다. 사랑을 바라 · 아름다운 여인이 몸짓하는 그리움덩이로 달려가는 시적 어법으로 시를 쓰는 시인의 마음은 그 깊이에 하나님을 향한 은유가 들어있다. 하나님 나라 그리움이라는 형용사 안에 갇힌 시인의 운명이다.

그리움은 사랑이 전제될 때 솟아나는 마음의 감동이다. 운명적인 물이 된다. 곧 말씀이 된다. 하늘이 그리울 땐 마음의 기쁨이 솟아난다. 그러기에 진주 꽃으로 사랑불꽃을 만들고 있다. 하늘이 그리운 마음의 세계는 그냥 머무는 것이 아니라 눈물의 그리움이 되어 드디어는 사랑불꽃을 가진 시인이 된다. 물=눈물의 등가등식은 동시에 사랑이라는 추상명사와 등가형식이다. 이 3자의 동일시는 사랑불꽃 시인이 되게 한다. 사랑이라는 시의 내포를 가지는 대표적인 형식적 비평방법에서 얻어 진 홍 시인의 시적 메타포 사랑불꽃을 그리움이 잔뜩 묻어진 시인의 시이다. 역동적 상상력으로 재생산되는 의태어 그 깊이에 밤을 새우던 불면의 밤에서 솟아난 사랑불꽃 · 생명의 소중함을 겪었던 지난날의 그 병고에서 벗어난 사랑불꽃 · 감사이다. 사랑의 바다에서 막연한 시의 애매성을 벗어나 꽃잎바다로 간 때문에 이 사랑은 사랑불꽃이 되면서 말씀을 전하고 있는 홍 시인의 입술이 된다.

2). 기독교 신앙영웅 여성화자의 시

대상을 위하는 입술이다. 말하는 입술이다. 입에서 나오는 말씀이다. 따라서 이 시적 화자는 시인 자신이 아니라 절대자의 입술 사역이다. 그러기에 홍 시인은 늘 웃는 모습이다. 웃음은 여성 특유의 웃음은 인생을 아름답게 한다. 자신이 있을 때 웃을 수 있는 . 이 본능적이고 아주 순수한 삶은 기묘하게도 처음부터 되는 것은 아니다. 긍정적인 마음으로 그리고 누구에게나 어떻게 대하여야 하겠다는 철학이 동반될 때 이루어시는 하나님의 선물이다. 집에 들어오는 남편을 대하는 태도일 때 남편은 하루의 피로를 풀게 된다.

홍 문표 신앙영웅의 시의 참다운 맛은 여성화자이어서이다. 여성화자로서 나의 하나님을 찾기 때문이다. 속으로는 눈물을 숨기고 겉으로 웃는 말씀 전하는 시적 특유의 여성화자 · 시의 아름다움으로 웃는다. 여인 사랑불꽃 · 하나님 신부로서의 사랑불꽃이다. 나의 하나님이라 부르며 시를 짓기에 신앙영웅이 되는 것이다. 너무너무 감동하여 감동을 받은 일을 시로 묘사한다. 사모는 여인의 몫이고 시적 화자가 된다.

밤에는 꿈속에서도
내 숨소리를 살피시고
낮에는 팔딱이는
내 혈관의 맥박을 짚으시며
날마다 내 마음의 잔뿌리에서
흔들리는 가지들의 나부낌마저
눈동자처럼 헤아리시는
나의 하나님

하늘 너머 또 하늘

그 너머 어둠에서 또 어둠으로
내가 숨을지라도
끝내 당신의 오른 손으로 나를 잡아주시는
나의 하나님

내가 태어나기 전부터
당신의 생명책에 나를 기록하시고
저 아늑한 모태에서
나의 내장과 육신을 만드시고는
당신의 형상과 입김으로
아침동산에 나를 우뚝 세워주신
나의 하나님

감사하며 찬양하며
나를 돌아보게 하시고
의의 길로 가도록 인도하여 주소서

~ 홍 문표「나의 하나님」

나의 하나님을 향한 감사의 사랑불꽃으로써 홍 시인은 시를 쓴다. 감동으로 시와 학문과 신앙도 태어난다.

강물도 가고
……~
머나먼 망각의 레떼강이여

목숨이래야
한줌의 흙먼지
쥐어짜면 퍼렇게 얼룩지는
눈물 몇 점인 것을,
……
강물에 던지라지만
강물은 너무 차갑고
강물은 너무 외롭고
……
늘 푸른 강물이 듯이

푸르른 마음만 지상에 두고
소리쳐 흐르는 그리움이여

~ 「늘 푸른 강물이 듯이 52」에서

이 눈물 몇 점 사랑불꽃으로 얻어진 신화적 신앙영웅의 끊임없이 대상을 향한 시학(詩學)전파에서 실행된 시집을 통한 · 그리고 시 비평을 통해 끊임없이 에덴으로 향하는 끝없는 그리움이다. 고향으로 돌아온 자의 사랑불꽃 고향 곧 에덴에 온 감격이다.

마침내 잎들이 무성한
그리욺의 바다
......
연지 찍고
곤지 찍고 갑사댕기 나풀대며
고향 길로 달리듯이
그렇게 흘러가게 하소서

늘 푸른 강물이 듯이
그렇게 흘러가게 하소서
......
뜨거운 입맞춤으로

~홍 문표 『지상의 연가~ 늘 푸른 강물이 듯이·1』에서

연지 찍고 곤지 찍는 모습은 여성이다. 홍 시인은 여성화자가 되어 눈물로 대상과 뜨거운 입맞춤을 한다. 기쁨의 사랑불꽃 오월[1]의 하늘아래서 청 푸른 물결위에서 · 「늘 푸른 강물이 듯이」[2] 당신을 51회나 부른다.

1) 「언어의 꽃밭에서」 · 「장승백이 시절」 · 「五月의 강가에서」, 「바닷가에서 II」 「출발의 팡파레」 · 「늘 푸른 강물이 듯이 · 17」에서 ~(시집 『지상의 연가 ~늘 푸른 강물이 듯이』)

2) 홍 문표 · 『지상의 연가 ~늘 푸른 강물이 듯이』 (서울: 창조문학사 · 1992).

2. 신앙영웅

1). 돌이켜 오는

5월의 꽃밭에서 홍 시인은 나의 하나님 당신을 부른다. 이 나의 당신은 바로 여호수아서 23장에서 여호수아가 마지막 고별설교에서 '너희 하나님'을 섬기라고 51회 부르듯이 그대로 시에 옮겨 적으며 여성화자로 신앙 영웅 신화 시를 쓴다. 따뜻한 햇볕 시 따뜻함과 사랑으로 주인공은 어디까지나 하나님이다. 모세가 신앙영웅이 될 수 있었던 것은 떨기나무 불꽃가운데 서신 하나님 사자가 모세가 돌이켜 오는 모세를 보신 것이다. '돌이켜 가는'것과 '돌이켜 오는'것은 큰 차이가 있다. '가는'과 '오는'의 차이는 엄청나서 신앙영웅이 되느냐 안 되느냐의 차이이다. 곧 나인 하나님에게로 오는 것과 하나님에게로 가는 것의 차이이다. 만약 하나님의 사자가 불꽃가운데서 모세가 돌이켜 오는 것을 보시지 않았더라면 모세가 하나님에게로 돌이켜 가기만 했을 것이다.

홍 시인은 하나님이 택하셔서 가던 길을 돌이켜 하나님에게로 온다. 하나님의 사자는 홍 목사가 오는 것을 보시었다. 문학자의 길에서 돌이켜 목사이면서 설교를 동영상으로 메시지에 담고 유투브이에 올려 누구나 볼 수 있도록 하는 것을 보시었다. 모세는 물가운데서 건지어져서 40세가 되도록 궁중교육을 받고 그리고 40년이나 더 광야에서 교육을 받은 뒤 장인 이드로의 양 무리를 돌보려 호렙 산으로 발길을 돌이켜 오는 것을 하나님의 사자가 보았다. 그리고는 하나님께 부름 받아 이스라엘 백성을 애굽에서 인도하여 냈다. 반드시 신앙영웅이 양 무리를 돌봐야 하는 홍 문표 목사 역시 양 무리를 돌보며 한국문인교회목사로서의 설교를 하고 모든 비평서나 문학특강에서 하나님이 계시는 곳으로 돌이켜 오는 것을 하나님의 사자는 보았다.

신앙영웅이라 하더라도 사람이기에 누구나 사랑불꽃으로 뛰어들 수 없다. 성서는 하나님의 사자가 떨기나무가운데 서셨다 했다. 이곳은 불덩어리이다. 직접적인 불은 하늘에 떠 있는 해이다. 사람 가슴에 있는 불은 마음의 간절한 바람이다. 모세가 돌이켜 오는 것을 보신 하나님이 "모세야 모세야 … 이리로 가까이 하지말라 너의 선 곳은 거룩한 땅이니 네 발에서 신을 벗어라"(출 3:4~5)고 하시었다. 네가 선 곳은 거룩한 땅이니 신발을 벗어라는 하나님의 명령은 '200만 이스라엘 백성을 애굽에서 젖과 꿀이 흐르는 땅으로 인도하기 위한 신앙영웅을 만들기의 하나님의 조건 제의이다.

신앙영웅 홍 문표는 시로서 이 마음을 전하며 하나님이 게시는 곳으로 돌이켜 오는 사랑불꽃을 하나님의 사자는 보았다.

눈만 뜨면 나는
신발을 신는다
신발이 있고서야 나의 하루가 있다.
신발은 나를 끌고
온종일 하룻길을 누빈다.

내가 좋아 하는 신발은
쇠가죽 검정구두다.
질기고 부드럽고 반짝거리기 때문이다.

처음엔 발바닥에 붙어서만 살던 것이
내 발목을 옥죄기 시작하더니
요즘은 내 행세까지 한다
내가 검정구두와 동거한지
칠십 여 년
나는 이제 낡은 구두 한 켤레다
그렇지만 저녁이면 언제나
신발을 벗는다
고단한 하루도 벗는다
신발을 벗고서야
눈을 감고 단꿈을 꾼다

난 이제 신발을 벗고 싶다
쇠가죽 검정구두 그 끈질긴
신발을 벗고
당신의 눈부신 햇살을 마시며
낮에도 마음껏 단꿈을 꾸고 싶다

～ 홍 문표 「신발에 대한 명상」

홍 목사시인은 신발을 벗고 당신의 눈부신 햇살을 마시며 낮에도 마음껏 단꿈을 꾸는 에덴동산을 향하여 하나님이 계시는 곳으로 오는 것을 하나님의 사자는 보았다. 하나님께로 돌아오는 길은 회복이다. 이 돌이켜 되돌아오는 모습은 신발을 벗는 일이다. 대낮에도 단꿈을 꾸는 일이다. '돌아오다' '수부'[1] 아주 쉽다. 훈민정음에는 '수비녀겨'가 있다. 길 떠나는 이여 수이 돌아오너라!

'돌아'는 성경 토라이다. 토라는 율법이다. 하나님의 계명 아래로 돌아오는 일이다. 이 돌아오는 일은 삶의 전 생애에 해당한다. 하나님에게로 돌아와 사는 일은 하나님이 보호하시는 아래로 들어오른 일이다. 하나님의 지붕 아래로 들어오는 일이다.

---

1) שֻׁב(수부 · 창 18:14).

(1). 단꿈을 꾸며 맨 발로

홍 시인의 맨발 길은 예수님이 평생 맨발로 걸으신 삶의 모방이다. 홍 시인에게는 신발에 관한 명상 시가 있다. 맨발은 발을 땅에 딛고 사는 일이다. 땅은 하나님이 만드셨다. 이 땅은 산스크리트어 의미로 지혜라는 의미이다. 홍 시인의 에덴 또한 내가 얻은 지혜라는 의미이다. 산스크리트어로 디혜이다. 바로 아들 예수님을 은유한다. 하나님이 말씀하시기를 우리 셋이 사람을 만들자 하여 만들어진 사람 홍 시인이다. 그만큼 지혜의 동산에 있는 시인 홍 문표 학자이다. 이 지혜를 홍 시인은 하나님이 육신의 몸으로 된 예수님에게서 받았다.

예수님은 세상에서 족보를 가진다. 14대에서 다시 14대로 그리고 다시 14대의 그리스도 자리 전의 13대에 있다. 바로 그리스도 앞자리이다.

그리스도(마 1:17)[1)]의 바로 앞자리이다.

① 믿음의 조상 Αβραάμ: אַבְרָהָם(아브라함 · 창 17: 5; 출 3: 6 · 마1: 2)
② 아브라함이 낳음 · 웃음 · 이삭 Ισαάκ: יִצְחָק(이쯔하크 · 창 17:19 · 마 1: 2)
③ 이삭이 낳음 · 발꿈치 · 반석 · 야곱 Ἰακώβ: יַעֲקֹב(야코프 · 창 25: 26; 마 1: 2)
④ 야곱이 낳음 · 실존 소망 · 유다 Ἰούδας: יְהוּדָה(예후다 · 창 29:35 ; 마 1: 2)
⑤ 유다가 낳음 · 떠오름 · 베레스 φάρες: פֶּרֶץ(페레쯔 · 창 38: 29; 마 1: 3)
⑥ 르우벤이 낳음 · 뜰 · 마당 · 헤스론 Ἑσρώμ: חֶצְרוֹן(헤쯔론 · 창 46: 9; 마 1: 3)

---

1) 야곱은 마리아의 남편 요셉을 낳았으니 마리아에게서 그리스도라 칭하는 예수가 나시니라(마 1:16)
그런즉 모든 대 수가 아브라함부터 다윗까지 열 네 대요
다윗부터 바벨론으로 이거할 때까지 열 네 대요 바벨론으로
이거한 후부터 그리스도까지 열 네 대러라(마 1:17)

⑦ 헤스론이 낳음 · 높음 · 람 Ἀράμ: רָם(람 · 대상 2: 9; 마 1: 4)
⑧ 람이 낳음 · 자원하는 백성 · 아미나답 Ἀμινδάβ: עַמִּינָדָב(아미나다브 · 대상 2: 10 · 마 1: 4)
⑨ 아미나다브가 낳음 · 경험으로 배운 · 나손 Ναασσών: נַחְשׁוֹן(나흐손 · 민 1: 7; 마 1: 4)
⑩ 나손이 낳음 · 옷 입음 · 살몬 Σαλμών: שַׂלְמוֹן(쌀몬 · 룻 4: 20; 마 1: 4)
⑪ 살몬이 낳음 · 기둥 · 보아스 Βόες: בֹּעַז(보아즈 · 룻 4: 21; 마 1: 5)
⑫ 보아즈가 낳음 · 섬기는 것 · 오벳 Ὠβήδ: עוֹבֵד(오베드 · 룻 4:17;마 1: 5)
⑬ 오베드가 낳음 · 다윗의 아버지,이새 Ἰεσσαί: יִשַׁי(이솨이 · 룻 4: 17 · 마 1: 5)
⑭ 이새가 낳음 · 끓는 가슴 · 다스리다 · 다윗 Δαυίδ: דָּוִד(다비드 · 룻 4: 20; 마 1: 6

~ 아브라함에서 다윗까지 14대(마 1: 2~1: 6)

아브라함 → 다윗까지의 7의 2회 리듬 그리고 다시 솔로몬 → 여고냐 자리 7의 2회 리듬자리이다.

① 다윗이 낳음 · 평화로운 · 솔로몬 Σολομώνα: שְׁלֹמֹה(쉐로모 · 삼하 5: 14,마 1: 6)
② 솔로몬이 낳음 · 백성의 넓힘 · 르호보암 Ροβοάμ: רְחַבְעָם(레하브암 · 왕상 11: 23; 마 1: 7)
③ 르호보암이 낳음 아들 · 실존을 소망하는 양육 아비야 Ἀβιά: אֲבִיָּה(아비야 · 삼상 · 8: 2; 마 1: 7)
④ 아비야가 낳음 아들 · 치료 · 아사 Ἀσάφ: אָסָא(아싸 · 마 1: 8)
⑤ 아싸가 낳음 · 판결자 · 여호사밧 Ἰωσαφάτ: יְהוֹשָׁפָט(예호솨파트 · 삼하 8: 16; 마 1: 8)
⑥ 여호사밧이 낳음 · 여호와께서 높이심 · 요람 Ἰωράμ: יְהוֹרָם(예호람 · 왕하 8: 16 · 마 1: 8)
⑦ 요람이 낳음 · 여호와의 위엄 · 웃시야 Ὀζίαν: עֻזִּיָּה(우지야 · 대 상 6: 24 · 마 1: 8)
⑧ 웃시야가 낳음 · 여호와는 완전하심 · 요담 Ἰωαθάμ: יוֹתָם(요탐,삿 9: 5 · 마 1: 9)
⑨ 요담이 낳음 · 기업 · 아하스 Ἀχάζ881: אָחָז(아하즈, · 왕하 15:38 · 마 1: 9) 기업
⑩ 아하스가 낳음 · 여호와로 강해짐 · 주의 강하심 · 히스기야 Ἑζεκίαν: חִזְקִיָּה(히즈키야 · 왕하 16: 20 · 마 1: 9)
⑪ 히스기야가 낳음 · 망각 · 므낫세 Μανασσῆς: מְנַשֶּׁה(메나쉐 · 창 48: 1 · 마 1: 10)
⑫ 므낫세가 낳음 · 확고한 · 아몬 Ἀμών: אָמוֹן(아몬 · 왕상 22: 26 · 대

상 4: 14 · 마 1:10)
⑬ 아몬의 아들 · 여호와께서 기초를 두심 · 요시아 Ἰωςίας: יֹאשִׁיָּה (요시야 · 왕상 13: 2 · 마 1: 11)
⑭ 여호와께서 세우심 · 여고냐 Ἰεχονίαν : יְכָנְיָה(예콘야 · 마 1: 11)
~ 솔로몬에서 여고냐까지(마 1: 6~1: 11)

솔로몬에서 여고냐까지이다. 성경 7의 2회 리듬은 계속된다. 일곱 날 째에 군대가 만들어지면서(창 2: 1) 예수자리는 41회째이이다.

① 여고냐가 낳음 · 주께 간구 · 스알디엘 Σαλαθιήλ: שְׁאַלְתִּיאֵל (쉐알티엘 · 대상 3: 17; 학 1: 1; 마 1: 12)
② 스알디엘이 낳음 · 혼합되어 황폐해짐 · 스룹바벨 Ζοροβαβέλ: זְרֻבָּבֶל(제루바벨 · 학 1: 1; 슥 4: 6; 마 1: 12)
③ 스룹바벨이 낳음 · 영광스럽게 양육함 · 아비훗 Ἀβιούδ10: אֲבִיהוּד(아히후드 · 대상 8: 3 · 마 1: 13)
④ 아비훗이 낳음 · 일어남의 하나님 · 일어섬의 전능자 · 엘리야김 Ἐλιακίμ: אֶלְיָקִים(엘야킴 · 왕하 18: 18 · 마 1: 13)
⑤ 엘리야김이 낳음 · 도움 · 아소르 Ἀζώρ: עַזּוּר(아주르 · 겔 11: 1 · 마 1: 13)
⑥ 아소르가 낳음 · 의로움 · 사독 Σαδώκ: צָדוֹק(짜도크 · 삼하 8: 17; 대상 6: 8; 마 1: 14)
⑦ 사독이 낳음 · 실존을 소망하여 일어섬 · 아킴 Ἀκίμ: יוֹקִים(요킴 · 왕하 23:34; 렘 37: 1; 단 1: 1; 대상 4: 22; 예수아가 낳음: 12: 10 · 사독이 낳음 · 마 1: 14)
⑧ 아킴이 낳음 · 위엄 있는 전능자 · 엘리웃 Ἐλιούδ: אֵל~הוּ(엘리훗 · 민 23: 18; 마 1: 14)
⑨ 엘리훗이 낳음 · 하나님은 돕는 자 · 엘르아살 Ἐλεάζαρ: אֶלְעָזָר (엘아자르 · 출 6: 23; 레위 10: 6; 마 1: 15)
⑩ 엘르아살이 낳음 · 선물 · 맛단 Ματθάν: מַתָּן(마탄 · 왕하 11: 18; 대하 23: 17; 마 1: 15)
⑪ 맛단이 낳음 · 발꿈치 · 야곱 Ἰακώβ: יַעֲקֹב(야아코브 · 창 25: 26 · 36; 대상 3: 24; 마 1: 15)
⑫ 야곱이 낳음 · 더하고 더하다 · 요셉 Ἰωσήφ: יֹסֵף(야싸프 · 창 30: 24; 욥 42: 10; 마 1: 16)
⑬ 요셉이 낳음 · 여호와께서 구원하심 · 예수 Ἰησοῦς: יְהוֹשׁוּעַ(예호슈아 · 출 17: 9; 출 33: 11; 슥 3: 1; 마 1: 16)
⑭ 그리스도 ! Χριστοῦ(창 31: 13; 출 28: 41; 삼상 15: 1; 왕상 19: 16; 레 4: 3; 왕상 2: 10; 단 9: 25; 마 1: 17)(마 : 12~1: 17)
~ 바벨론이거에서 그리스도까지(제사장 사독스알디알에서 그리스도까지)

아브라함 → 다윗까지의 7의 2회 리듬 그리고 다시 솔로몬 → 여고냐 자리 7의 2회 리듬 마지막으로 스알디엘 → 그리스도까지의 7의 2회 리듬 특히 그리스도 앞자리가 예수 자리 41회째가 된다. 이 예수 자리는 성경 창세기 제일 첫장에서 2장 3절까지 엘로힘 41회로 증명한다. 사랑의 대표되는 분을 위하여 성경은 그 흔적을 곳곳에 둔다. 창세기에서 그토록 사랑의 목적성을 41회로 하였듯이 신약에서 예수님의 족보 자리 41대임을 14대와 14대 그리고 그 다음의 13대로 하여 예수님 다음 14대에서 그리스도자리가 드러낸다. 영과 육이 함께 어우러져 있음을 제시한다. 산 영이신분을 통해 절대자 그리스도 계보를 14대에서 드러낸다. 예수님의 계보 41[1]대째는 구약과 신약이 예수님의 일을 증명하는 중요한 자료이다.

홍 학자이자 교수님이시고 그리고 시인인 홍 문표는 하나님 분 품안에서 그 은혜 갚기로 예수님은 예수님의 이 지상에서의 생애 동안 맨발로 사시었던 것처럼 시인은 시로 작품화 하였다.

그렇지만 저녁이면
나는 신발을 벗는다
고단한 하루도 벗는다
신발을 벗고서야
눈을 감고 단꿈을 꾼다

난 이제 낮에도 신발을 벗고 싶다
쇠가죽 검정구두 그 끈질긴 신발을 벗고
맨 발로 맨 발로
당신의 눈부신 햇살을 마시며
마음껏 하룻길을 달리고 싶다

~ 홍 문표「신발에 대한 명상 」에서

---

1) 마 1: 2~1: 16.

(2). 품에 안기어

홍 시인은 맨발로 땅을 디디며 하나님이 주신 땅의 은혜로움을 만끽하면서 단꿈을 꾸며 산다. 하나님이 시키시는 일을 할 준비를 하시면서 30년 동안 사신 예수님 · 그리고는 3년 동안 결정적인 하나님의 아드님 일의 공생애를 보내신 하나님의 아들로서 행복한 나날을 보내신 품안에 안기어 사신 날이다. 홍 문표 학자 시인은 예수님 생애의 두 배인 66세에 신학자의 길로 들어서 그 분 품에 안기어 제사장이 된다. 누구의 품안에서 사는 일은 행복한 나날이다. 홍 문표 시인은 하나님의 사랑하는 자녀로 · 자손으로 그를 찬양하며 하나님 품안에서 산다. 그리고 십일조를 드린다. 매주 마다 교회에 십일조를 드린다.

신명기 26장에서 "네 하나님"이 1회로 되어 있다. 이 '네 하나님'은 모세도 하나님이 부르시니 '네 하나님 내가 여기 있나이다' 하였고 · 야곱 또한 '네 하나님 내가 여기 있나이다'하였다. 홍 시인 또한 맨발로 그 분 품에 안기어 여기 있나이다 하시는 삶을 산다.

예수님은 하나님의 잔 안에서 자라 · 홍 시인은 하나님을 믿는 부모 품에 안기며 사랑을 먹고 살았다. 예수님 품 안에 안기어 기독교 시인은 살아간다. 안기는 일은 잔 안에 드는 일이다. 말씀 안에서 사는 일이다. 이 삶은 예수님 잔 안에서 사는 삶이다.

이 잔을 모습은 성경학자는 달 모양의 변형 U자형으로 한다.

* 표 11: 달의 둥근 모형을 U form으로 만들기

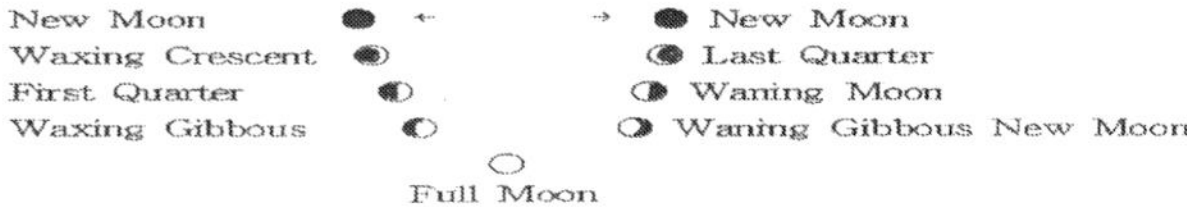

성서는 이 잔 안을 달의 둥근 모형[1]으로 한다. 화이트는 성경의 달을 자연의 순환과는 다르다 하면서 벽에 화분을 놓기 위한 움푹 파인 모형 U[2]으로 한다. 방주 모양이다. 하나님의 그릇에 그들이 담기는 나날은 안기는 삶이다. 성경의 달은 U 모형이다. 이 모형에 하나님의 말씀이 담겨 있다. 때문에 하나님이 그의 백성을 돌아오게 하는 의미이다. 성경의 날은 일 년 열두 달 365일이 아니다. 364일로 보고 남은 하루의 중요성을 제시한다. 십일조의 개념처럼 그리고 십계명처럼 그리고 에덴의 네 강처럼 하나 · 즉 하루가 1년이 되는 이 하루 하나의 날을 중요시한다. 이 일관된 에덴시학의 철학은 에덴의 네 강처럼 처음의 첫째 강이 아니라 한강인 것처럼 성경의 일 년은 하루에 하나를 더한 365일이다. 하루하루를 일 년처럼 중요하게 살아가는 신앙인의 생활을 말한다. 하나님의 날을 품에 안고 사는 잔 안에 든 삶이다. 이러한 삶은 홍 시인에게는 에덴시학의 일관된 일생이 하루의 나날이다. 하나님의 날 · 그의 날[3]이 되는 일이다. 시인이 눈으로 보이는 사람으로 태어나 일평생 시를 쓰며 사는 일은 하루의 기적이다. 살아있음 하루의 기적이다. 더구나 시인으로 사물을 보아 객관화한 시 연구에 일생을 바치는 일 하루의 기적이다. '여호와 보시기에'[4] 좋은 세상에서 사는 오늘 하루일이다. 하나님이 보이기[5]에 더욱 좋은 오늘 하루!

---

1) Northrp Frye · *The Critical Path* · (Bloomington & London: Indiana University Press · 1973) · 59 ~ 61.
2) Lynn White · *The Historical Roots of Our Ecological: in The Sacred Earth: Religion · Nature · Environment* · ed. Roger S. Gottlieb (New York: Routledge · 1996) · 189.
3) 벧후 3:18.
4) בְּעֵינֵי(브에네 · 보시기에 · 왕하 24:9).
5) 李 英芝 · 『물과 신학과 문학』(서울: 창조문학사 · 2013) · 652.

(3). 기적

참으로 즐거운 감사와 찬양으로 살게 되는 하루 한 날은 사람에게 있어서 기적이다. 기적은 하나님이 만들어 놓은 세상에서 살아 참으로 기쁜 일이 일어나는 날이다. 눈을 감기게 하시었다가 뜨게[1] 하신 감격 시를 쓴 기적이 시인에게 · 학자에게 있다.

시인의 예리한 눈에 비치는 하나님의 날에 감동함으로써 감동을 받은 일을 시에 묘사한 홍 시인의 삶의 목적성은 다음과 같다.

달려도
달려도
하늘 언저리에 드리운 자락
......
눈물을 흘리며
씨를 뿌리는 자는
기쁨으로 단을 거두리로다.

일몰의 시각
바다는 마지막 타는 해살을 씹으며
또 다른 역사를 갈망한다.

~ 홍 문표「바닷가에서 V」에서~ [2]

홍 시인의 단 꿈의 시는 흰색 백구이다.

여름내 태양으로 불을 질렀어도
밤마다 먹구름 뭉쳐
숨통을 조였어도
끝내 침묵하는 절개

먼 하늘에서
질서처럼 쌓아올린 해벽

1) 사도행전 9:1~9.
2) 『囚人과 바다』 시집.

그 검푸른 장막 뒤뜰엔
억겁의 설화 속에 감금된
수인의 묵비권이 있다.

언젠가는
해일 같은 실토를 할 것이라는
셈속이기는 하지만……

그러나 · 한 점
표적을 향한 의지는
아직도 수직으로 차단된 거리를
바장일 뿐
백구 한 마리 나래 펴득여
시퍼런 날이 가슴 섬뜩한
수평의 단애(斷崖)를 질러본다.

~ 홍 문표「囚人과 바다」[1)]

홍 문표시가 도전적 이성유추에 머무는 것은 이 시집 제목인 동시에 시「囚人과 바다」에서이다. 수인의 묵비권과 백구 한 마리의 관계이다.

홍 문표 시인은 하나 '한(1)의 리듬을 탄다.

그러나 · 한 점 ~ 홍 문표「囚人과 바다」에서

백구 한 마리 ~ 홍 문표「囚人과 바다」에서

반석 하나 ~ 홍 문표「바닷가에서 Ⅰ」에서

한 아름 ~ 홍 문표「三月의 언덕에 올라」에서

영원으로 이어지는
외길 언저리에 ~ 홍 문표「둘이의 마음」에서

---

1) 홍 문표 ·『囚人과 바다』(서울: 창조문학사 · 1980) ·

한 줄기 바람 ~ 홍 문표「山頂에서」에서

구름 한 자락 ~ 홍 문표「대관령 연가」에서

하나 ~ 홍 문표「대관령 연가」에서

한 아름 ~ 홍 문표「영혼의 식탁」에서

훠이 훠이 창공을 비상하는
한 마리 새가되게 하소서 ~ 홍 문표「새해 아침에 Ⅰ」에서

너의 심장은 붉은 장미 한 다발 ~ 홍 문표「너의 이력서」에서

이 하나 '한'의 리듬 타기는 신앙 영웅의식의 노출이 된다. 그리고 이 하나 '한' 의 하얀 천국이 이뤄지는 지상의 연가이다.

바닷가에 서면
누구와도 다정한 대화

하늘과
바다와
땅들이 모여 사는 의초로운 마을
태양이 머물고
별들이 쉬어가는 포근한 안식
메마른 영혼의 바다엔
봄비가 내리고
햇살을 쪼아대며
파닥이는 갈매기의 날개 짓
그 비상하는 공간마다
하아얀 약속의 꽃비가 뿌려진다.

~ 홍 문표「바닷가에서 Ⅲ」

하나 '한' 절대의 흰색 추구는 하아얀 약속의 꽃비가 뿌려지기 때문에 홍 문표의 약속 굳게 믿는 바다깊이다.

(4). 'ㅇ' 꼭지 이응 좋아 하는 홍 시인

성서는 바다 속 심연의 깊은 물을 지시한다. 바다 파도 아래 있는 심연의 바다 속이 곧 히브리 우주상이다. 바다 속 깊이의 물은 하늘의 깊은 우물이다. 아주 깊은 심연에 있는 깨끗한 물이 생명의 물이다. 땅에 있는 샘이 아니라 바다 깊이 들어 있는 샘물은 히브리인의 우주상이다. 바다의 심해 우주상은 땅의 터[1] 우주이다. 심연[2] 대심연의 원천[3]은 기독교 진리의 자연 순리에 따르는 홍 시인이 가진 깊음의 철학이다. 홍 시인은 이 깊음을 가진 기쁨으로 동그라미 받침 이응 'ㅇ'(이응)을 좋아한다.

『나비야 청산가자』 시집에서의 'ㅇ'(이응)선호도는 아주 높다.

> 경망 · 공룡 · 능청 · 동강 · 동공 · 방황 · 동방 · 몽불랑 · 몽정 · 영롱 · 중량 · 생생 · 왕성 · 청동 · 칭칭 · 풍성 · 연상홍 · 청승(2) · 청사초롱 · 장군봉 · 청청(2) · 영상(2) · 분홍 · 정(2) · 땅(4) · 동방 · 명동(2) · 영봉(4) · 생명(5) · 싱싱(6) · 정상(14)

> 부끄러운 몽정으로 하여
> ....
> 몽롱한 내 일상
>
> ~ 홍 문표 「이맘때면 1」[4]에서

『나비야 청산가자』 에서는 동그라미 받침 이응 'ㅇ'(이응)음가가 나란히 병열 된 시어로 구성되어 있다. 이러한 'ㅇ'(이응) 선호도는 홍 문표의 시가 만들어 낸 홍 문표 표 이응 · 음가이다. 'ㅇ'(이응)은 원의 모습으로 순리[5]의미이다.

---

1) 시 18: 15.
2) 창 49: 25.
3) 창 7: 11.
4) 『나비야 청산가자』.

아버님은
구룡포 하늘의
찌렁한 목소리
어머님은
떡 바다 들녘의
한 섬 지기 옥답

아버님은 일백 리 쭉 뻗은 신작로
평생을 달리시며
훤한 꽃길 닦으시고
어머님은
비옥한 이랑의 벽오동 심으시고
새벽마다
하나님께 기도드리셨지

이제는
우리 다섯 남매
치렁한 오동나무 줄기가 되고
아버님의 그 길을 걸으며
어머님의
그 이랑을 밟으며

오늘도
파아란 하늘을 둘러봅니다.
당당하신 아버님
자애로우신 어머님
선연한 그 모습
쟁쟁한 그 목소리
구름자락 휘날리며 굽어 보십니다.

～ 홍 문표 「어머님 · 아버님」[1)]

이 ㅇ 꼭지이응 선호도로 이어지는 홍 시인 시는 시에서뿐만 아

---

5) 노산 이 은상도 山 ⇌ 水 ⇌』 天을 매개어로 하는 우주 진리에 순응; 李 英芝 · 『노산시조연구』(서울: 명지대학교대학원 · 1977) · 185 · 이상은 가장 많이 그의 시에서 이 원의 모습을 드러내고 있다.

1) 홍 문표 · 열두시인 시집 『아침의 노래』(서울: 쿰란출판사 · 2002) · 205~206.

니라 자녀분들의 이름들도 이 ㅇ 꼭지이응 선호이다. 이미지로서는 오월이다. 이 5를 좋아하는 시인 이 상(李箱)의 시제 5호에서 신의 존재에 대한 절대성의 2차적 의미와 하이퍼성으로 연계한다. 이 연계성은 모더니즘 계열 서정시인 홍 시인에게서 에덴을 얻어 그 지혜로 즐거웁게 그리고 아주 열정적으로 살아온 삶의 행복 꼭지 이응 이미지이다. 좋아 하는 것에 머무는 일은 삶을 즐겁게 한다. 바로 말씀의 잉태흔적을 남기며 홍 시인은 숨 쉬며 살아간다. 이 기적은 기호로서는 완전한 도형 안에 존재하는 오각형[1)]이다.

홍 문표 시인은 5월을 유독 좋아한다. 이 기적의 좋아하는 이상형은 바로 5월이 생물의 풍성함을 주기 때문이다. 이 햇빛을 받으며 활력을 찾아 시를 쓸 수 있기 때문이다. 이 5월은 생명력을 가지는 리듬이며 그 의미는 한 원 안에 존재한다. 버릴 것을 버린 뒤에 모자람에 머물며 정상의 자리를 흠모한다. 모자람이 있는 정상의 아이러니를 좋아하는 시인은 그 원동력을 시 안에 넣어 말씀

---

1) 이 정오각형 한 각의 크기는 108도이고 내각의 합은 540도이며 한 변의 길이가 a인 정오각형의 넓이이다.

$$A = \frac{5a^2}{4}\cot\frac{\pi}{5} = \frac{a^2}{4}\sqrt{25+10\sqrt{5}} \approx 1.72048a^2$$

이다.

점 O를 중심으로 하는 원은 O 위의 점 A를 골라 직선 OA를 그려 직선 OA와 수직인 직선을 그린다. 이 직선이 원 O와 만나는 곳을 점 B라고 한다. 점 O와 점 B의 가운데에 있는 점 C를 그린다.

점 C를 중심으로 하면서 점 A를 지나가는 원을 그린다. 원 C가 직선 OB와 만나는 곳을 점 D라고 한다. (이때 원 C가 직선 OB와 만나는 점은 두 개가 있다. 이 중 원 O 안에 있는 점)

점 A를 중심으로 하면서 점 D를 지나가는 원을 그린다. 원 A가 원 O와 만나는 두 점을 각각 점 E와 점 F라고 한다. 점 E를 중심으로 하면서 점 A를 지나가는 원을 그린다. 원 E가 원 O와 만나는 곳을 점 G라 한다.

점 F를 중심으로 하면서 점 A를 지나가는 원을 그린다. 원 F가 원 O와 만나는 곳을 점 H라고 한다.

그리고 오각형 AEGHF를 그린다.

곧 물로 채워 물 위에 뜨고 불을 켠다.

나무는 그냥 나무가 아니라 하나님이 생명들을 키우기 위해 태초부터 지금까지 베푸시는 생생한 당신의 날숨이다. 태양도 길들지 못하고 여물지 못하고 조각나버린 것들을 익혀주시고 채워주시고 태워주시려는 하나님의 사랑이라는 홍 비평가의 철학은 바다가 그냥 푸르른 물이 아니라 당신의 한 없이 넓은 가슴이어서 당신의 약속을 잊고 방황하는 존재들의 등대이다. 모두를 보듬어 주시는 당신의 넓고 자비로운 가슴으로 열어가는 길을 간다. 자연은 그냥 자연이 아니라 하나님의 분신이고 하나님의 숨결이고 사랑이고 가슴이다. 그래서 기독교에서는 이를 자연계시라고 홍 시인은 냉철히 전한다. 하나님의 사랑을 구체적으로 드러내려 한다.

5월은 생명력을 가지지만 하나님의 원 안에 든다. 그러기에 좋아는 하지만 버릴 것을 버린 뒤에 모자람에 머무는 리듬이다. 시인의 심상은 선제인 원안에서 그 공간의 원을 다 채우지 아니함의 공간에 머물며 홍 시인은 자신을 낮춘다.

낮춤의 미학은 왜 시대를 넘어서 인구에 회자하는가. 그것은 예수가 그러하였듯이 문학에서도 나를 낮춘 처절한 고통의 미학 · 그것은 내가 낮아지는 황금의 비율이다. 그것은 배움의 미학이다. 홍 시인은 배움을 즐겨한다. 이 배움을 성서는 처음글자 א[1]로 한다. 처음시작은 반드시 하나님의 뜻을 배워야만 숨을 쉴 수 있음을 의미한다. 홍 문표의 삶의 노력은 사랑 배움의 연속이다.

그 배움은 부여군 부여면의 태양리 태양교회에서 출발한다. 신

---

1) 히브리어 성경에는 וַיַּרְא(바이레아 · 하나님이 감찰) 7회 · בָּרָא(바라 · 창조 완료) 4회 · וַיִּבְרָא(바이쁘라 · 하나님이 창조하시고 계시는) 6회 · וַיִּקְרָא(바이크라 · 하나님이 초청) 5회가 있다.

묘 막측한 태양리 태양교회에서 들려오는 전도 단 찬송 '아무나 오게'의 소리를 듣고 이끌리듯 찾아 들어간 태양 교회! 이 교회에서 홍 문표의 달콤한 삶이 이어진다. 이 분의 삶은 드넓은 바다 · 말씀의 바다로 헤엄치기 시작하였고 이 배움의 시작 · 숨을 쉬게 할 수 있는 배움의 시작은 사랑하는 법을 배워가게 된다. 사랑방법 · 그리스도를 통해서만 가능하다는 것을 배우기 시작하게하신 하나님의 사랑은 사랑하시는 자에게 향하는 진행 어미형 **א**(알레프)[1]로 시작되었다.

하나님이 창조하고 초청하여 감찰하시면서 그의 사랑하는 자녀에게 싹을 내도록 배우게 하시는 일![2] 지금도 계속하고 계시는 이 진행형 '**א** 아'에 따라 홍 문표는 사랑의 싹을 내기 시작하였다. 성경의 글자의 어미형 '**א** 아'가 제시한 하나님이 우리의 삶을 아직도 끝내지 않으시는 사랑을 지금도 홍 문표는 받고 있다.

하나님이 진행하고 계신 사랑방법을 배우는 일은 하나님이 허락한 시간의 배움 안에서 언약구조 홍 문표의 삶이 아직도 **ת**(타브 · 끝) 십자가 끝까지 가지 않았기 때문에 하나님의 높은 뜻에 따라 지금도 배움이 진행되는 삶을 홍 시인은 산다. 디지털 시대를 넘은 디지털 시대 최 첨단 시대의 전자시스템을 만든다. 이것은 시인만의 업적이 아니라 모두의 공유를 위해 성경을 알리는 임무임을 자각하기에 전념한다. 인간인 홍 문표의 삶을 끝내지 않으신 하나님 사랑을 받으면서 실행하고 있다.

---

1) Alger. Johns 저 · 김이곤 역 『성서 아람어문법(A short Grammar of Biblical Aramaic』(대전: 한신대학교 출판부 · 2002) · 9~34.'**א**~'를 강조태로 하고 있다.

2) 창세기 1:1~2:3에서는 진행 어미형 **א**(알레프)이 '싹' תַּדְשֵׁא(타데쉐아 · 싹) 3회 + '내라' וַתּוֹצֵא(바토쩨아 · 내라)의 2회를 합하여 10회인 신성수치에 있다.

하나님이 태어나게 하신 홍 세창의 아들 홍 문표는 허락하신 하나님의 백성들을 초청하기 위하여 새로운 싹을 내면서 지금도 계속 하나님 사랑을 달콤하게 전한다. 홍 시인은 배움에 처절하도록 열심 한다. 그 연원은 어디에서 오는가. 그것은 성서에서 알려준다. 바로 예수님의 자리 41회 리듬자리를 제시한다.

창세기 1장 1~ 2장 3절까지의 홍 시인의 열심히 배우는 어미형 א(알레프)이다.

[א(알레프)로 시작하는 · 진행 중인 하나님의 일]

וַתּוֹצֵא(12)	תַּדְשֵׁא(11)	וַיִּקְרָא(5)	וַיַּרְא(4)	בָּרָא(1)
↓	↓	↓	↓	↓
וַתּוֹצֵא(24)	דֶּשֶׁא(11)	קָרָא (5)	וַיַּרְא(10)	וַיִּבְרָא(21)
	↓	↓	↓	↓
	דֶּשֶׁא(12)	וַיִּקְרָא(8)	וַיַּרְא(12)	וַיִּבְרָא(27)
		↓	↓	↓
		וַיִּקְרָא(10)	וַיַּרְא(18)	בָּרָא(27)
		↓	↓	↓
		קָרָא (10)	וַיַּרְא(21)	בָּרָא(27)
			↓	↓
			וַיַּרְא(25)	בָּרָא(2: 3)
			↓	
			וַיַּרְא(31)	

하나님의 법을 배우는 일을 알려주는 기적의 일은 홍 시인이 평생 열심을 다하는 배움의 가치이다. 이 가치가 바로 예수님이 나타내시고자 하는 사랑 배움이 이 위 글자 속에 들어 있다. 예수 그리스도의 자리가 바로 41회의 자리이고 이 알레프가 전하는 의미가 배움 의미이다. 사력을 다하며 열중하는 홍 문표 학자에게 해당한다. 그만큼 예수님의 생애 족보자리 · 성경이 보이는 배움의 자리 · 그리고 그 열정의 사랑자리는 생물이 살아 있음을 보게 하신 일을 증명하는 일이다. 시가 지니는 보이는 문학 · 보여주기 위한 문

학의 법도를 알리는 일이다. 성경이 제시하듯 반복하면서 숨 쉬며 오늘도 사람들과 사랑을 하면서 연구하며 숨을 쉬고 살아간다.

하나님이 그의 백성을 사랑하여 그의 아들 예수가 받은 잔 십자가에 돌아가시면서까지 하나님 백성의 죄를 속량하는 잔! 예수님만 받으셨지만 하나님을 믿는 홍 시인은 예수님이 마신 잔에서 나오는 사랑을 먹으면서 그 잔 안에 담기어 洪 文杓(홍 문표)의 杓 · 물의 많은 양을 잡는 칼자루 杓(표)로 하나님의 일을 전하여야 하는 칼자루를 잡는다. 칼을 잡자면 반드시 자루가 있어야 하는 이 필수적인 칼자루는 홍 시인의 신앙과 생각을 전하려 구슬땀을 흘린다. 보배가 든 잔을 전하려 사랑을 전한다.

잔에 든 물은 자이 반듯하여야 한다. 물이 쏟아지지 아니한다. 홍 문표의 문 역할을 하려 글의 칼자루를 쥐고 있다. 전진 방향은 하나님의 백성을 죄에서 돌아오게 하시려 하는 사역이다. 바로 히브리어 이스라엘 יִשְׂרָאֵל(이스라엘)[1] 글자가 제시하듯 하나님 잔 안에 있으라 권고하는 삶을 살아 자신을 연단하며 ◡모형에 담기어 하나님에게로 돌아 U오라며 절규한다. 학위 논문에서도 홍 학자는 요나의 돌아옴을 주제로 한다. 신앙의 잔을 들 수 있는 י(이)는 예수님임을 전한다.

---

1) 창 32: 29 · 35: 10 · 21 · 22 · 37: 13 · 43: 6 · 11 · 45: 28 · 46: 30 · 47: 31 · 48: 8 · 10 · 14 · 21; 출 14: 30 · 31 · 17: 11; 민 16: 34 · 20: 21 · 21: 1 · 2 · 17 · 21 · 24 · 25 · 31 · 22: 2 · 24: 2 · 5 · 25: 1 · 3; 신 2: 12 · 33: 28 · 29; 수 4: 22 · 7: 8 · 11 · 27 · 11: 13 · 14: 10 · 24: 31; 삿 1: 28 · 6: 3 · 6 · 7: 2 · 11: 13 · 15 · 16 · 17 · 19 · 21 · 26 · 20: 29; 삼상 4: 2 · 10 · 17; 왕상 8: 30 · 33 · 38 · 12: 19 · 18: 31 · 20: 20; 왕하 17: 34 · 21: 8; 대상 9: 1; 대하 6: 21 · 24 · 29 · 10: 19; 시 14: 7 · 53: 7 · 105: 23 · 114: 1; 사 10: 22 · 19: 24 · 25 · 49: 3; 렘 2: 14 · 3: 8 · 18: 13; 겔 36: 12 · 38: 14; 호 8: 2 · 3 · 9: 7 · 11: 8 · 12: 13; 암 5: 2.

하나님의 옳은 손을 받들며 하나님의 사역의 손이 되어 하나님의 일을 하는 하나님의 손 · 예수님 손의 일을 사역하는 일에 열중한 예수님의 제자로서 홍 문표는 그 사역을 한다.

洪 文杓(홍문표)의 洪 文(홍문) · 큰 글 · 즉 물 · 말씀 전함의 문(글)이 칼자루 杓(표)를 쥐고 움직이는 이스라엘 יִשְׂרָאֵל(이스라엘) 방향으로 예루살렘 성을 향하여 가는 나그네 되어 말씀의 잔을 들고 구해내려 한다. 신앙영웅의 사역 하나님이 세상을 향하여 말씀을 쏟아놓은[1] 사역이다.

알아들을 이들을 향하여 · 설사 알아듣지 못하더라도 이스라엘을 위하여[2] · 그리고 또 어느 한 대상만을 위한 것이 아닌 온 이스라엘[3]을 위하여 · 또 온 이스라엘을 위하여[4] 문(文)을 들고 하나님의 잔에 담기라 권한다. 히브리어 이스라엘 글자는 잔 모양이다. 양쪽 끝 꼭지 점 끝 글자모양이이 위로 향함과 동시에 U 모형인 U자형의 물 잔 보형이다. 이 잔[5]은 하나님의 잔[6] 손잡이가 있다. 하나님의 사랑하는 백성은 잔[7] 안에 담긴다. 그리고 손에 잡고 인도 한다. 하나님의 항아리[8]를 들고 있다. 신약에서는 예수님이

---

1) 행 8: 4.
2) לְיִשְׂרָאֵל(레이스라엘 · 이스라엘을 위하여 · 창 46: 1; 대하 20: 10; 사 11: 16).
3) יִשְׂרָאֵל ~כָּל(콜 -이스라엘창·온 이스라엘을 위하여 · 8: 24; 신 1: 1; 삿 8: 27; 삼상 3: 20 · 4: 5 · 28: 3; 삼하 16: 21 · 17: 13 · 왕상 1: 20 · 3: 28 · 12: 1 · 16 · 18 · 20 · 14: 13 · 18; 대상 11: 1; 대하 10: 1 · 18: 16).
4) יִשְׂרָאֵל ~וְכָל(베콜~이스라엘 · 또 온 이스라엘을 위하여,창 8: 15; 삼상 13: 4 · 17: 11; 삼하 3: 37 · 4: 1; 왕상 8: 62; 대하 10: 3 · 16 · 12: 1; 느 7: 72 · 12: 47).
5) 사 57: 17; 겔 23: 33.
6) 사 51: 17; Brown · R · E. · “cup of Wrath," The Gospel According To John ⅰ~ⅻ (Garden: Doubleday & Company · 1983) · 168 · 169..
7) Horton Davies · *Bread of Life and Cup of Joy* (Michigan: Grand Rapids · 1993) · 225 · 262~3.
8) 참조: כַּדָּהּ(카데흐 · 물 항아리 · 창 24: 14) · וְכַדָּהּ(베카다 · 그리고 물 항아리

물 한 동이[1]를 들고 가는 사람에게 물으라 하시었다. 그러기에 홍 시인이 항아리를 들고 있다. 잔을 들고 있다.

항아리 모양은 요나[2]가 물고기 뱃속에 담긴 U형[3]이다. 洪 文杓(홍 문표)가 담긴 하나님의 항아리 물 · 물 · 말씀을 든 문으로 들어오기 권한다. 노아 홍수에서 홍수 후 하나님은 무지개로 하나님의 백성에게 언약하시었다. 이 무지개[4] 또한 '물 병 · 뚜껑 · 단지' 의미이다. 물 항아리[5]이다. 문 · 글이 담긴 · 하나님을 사모하여 洪 文杓(홍 문표)는 하나님의 잔 U을 들고 권하는 신화시가 있다. 하나님은 물 항아리를 사용한다. 물 항아리 · 물그릇은 언약궤[6]다. 하나님은 하나님의 모습을 늘 흔적으로 보여준다.[7] 보여 지는 대로[8] 땅이 잔 모양이 되면서 물을 담고 있다. 땅에 물이 담긴 바다[9]다. 물이 담겨 있는 물 항아리 모양이다. 물 한 동이[10]이다. 물을 담고 있는 땅 덩어리이다. 이 모양은 U 리듬이다. 이 잔을 들고

· 창 24: 15 · 45) · כַּדָּהּ(카다 · 물 항아리 · 창 14: 16 · 18 · 20 · 46) · מִכַּדָּהּ (미카데흐 · 창 24: 43).

1) 막 14: 13 · 눅 22: 10; 민 대훈 · "유월절 식사의 최후의 만찬," 『敎授논문集』 · 第8輯,(서울: 서울 기독 대학교 · 2004) · 46.
2) 홍 문표 · 『신학적 구원과 시적 구원』(서울: 창조 문학사 · 2006) · 217.
3) Northrop Frye, 『성경과 문학』 · 247~248.
4) 창 9: 13 · 14 · 16; 겔 1: 28; 계 4: 3 · 10: 1.
5) כַּד(카드 · 물 항아리 · 창 24: 15 · 20 · 43 · 45 · 46.
6) David H. Aaron · 168.
7) 홍 문표 · 『문학 설교학』(서울: 창조문학사 · 2011) ·
8) 홍 문표 · "나는 포도나무요 너희는 가지라"설교문 (서울: 한국문인교회 · 2013. 3. 24)에서.
9) Welliam P. Brown · *Structure* · *Lole and Idology in the Hebrew and Greek Texts of Genesis 1: 1~23* (Atlanta: Scholars Press · 1993) · 145.
10) 예수께서 제자 중에 둘을 보내심 가라사대 성내로 들어가라 그리하면 물 한 동이를 가지고 가는 사람을 만나리니 그를 따라가서(막 14: 13) · 이르시되 보라 너희가 성내로 들어가면 물 한 동이를 가지고 가는 사람을 만나리니 그의 돌아가는 집으로 따라 들어가서(눅 22: 10).

있는 시인이 있다. 신앙시인 모더니즘 계열의 서정 시인이다.

산이 산인 것처럼
눈물이 눈물일 수 있다면
눈물은 눈물이 되고

산이 산인 것처럼
믿음이 믿음일 수 있다면
사랑은 사랑이 되고

산이 산인 것처럼
당신이 당신일 수 있다면
당신은 당신이 되고

산이 산인 것처럼
우리가 우리일 수 있다면
우리는 우리가 되고

～ 홍 문표 · 「산이 산인 것 처럼」[1)]

나비야 청산가자
범나비 너도 가자

하늘하늘 옥색치마
자주 빛 꽃 댕기
아직도 손끝에 파닥이는
그날의 부끄러움

스물다섯이었지
우리는 뜨거운 가슴이었지
너의 순진한 눈시울에
나는 몇 번이나 죽음을 약속하며
가난한 마음 하나
푸르른 날개를 달고
아
새벽처럼 달리던 숲길이었지

---

1) 홍 문표 · 『나비야 청산가자』 (서울: 창조문학사 · 1997) · 140～141.

종달새 지저귀는 들길을 지나
두견화 손짓하는 언덕을 지나
산 도화 피멍든 곶 잎을 뿌리며
바람처럼 달리던 푸른 언덕길
이슬처럼 영롱한
내 가슴 속의 진주
그 맑고도 황홀한 순결의 날개를 펴고
오색 빛 고운 햇살
그 선연한 빛깔 사이로
달려오던
네 아련한 기억

나비야 청산가자
범나비 너도가자

~ 홍 문표 · 「나비야 청산가자1」[1)]

"나비야 청산가자 · 범나비 너도 가자"로 시작하여 "나비야 청산가자 · 범나비 너도 가자"로 끝난 시의 형태는 잔을 들고 가자고 청유하는 신앙자의 모양이다. 시편 8편 또한 여호와로 시작하여 여호와로 끝나[2)] 잔 모양이다. U리듬이다. 이 U 모형의 시적 내포는 하나님 안이다. 시인은 이 잔을 들고 같이 가기를 권한다. 성서에서는 요나 선지자의 행로[3)] · 룻의 시어머니 나오미(룻기)가 고향을

---

1) 홍 문표 · 『나비야 청산가자』 (서울: 창조문학사 · 1997) · 140~141.
2) * 시편 8편의 U 리듬
1절 ..... יְהוָה(여호와)
2절 ..... מִפִּי(미피 · 입으로 말미암아)
3절 ..... אֶרְאֶה ~ כִּי(키~에르에흐 · 내가.. 보오니)
4절 ..... אֱנוֹשׁ ~ מָה(마~에노쉬 · 사람이 무엇이관대)
5절 ..... וַתְּחַסְּרֵהוּ(바트하스레후 · 저를 못하게 하시고)
6절 ..... תַּמְשִׁילֵהוּ(탐쉬레후 · 다스리게 하시고)
7절 ..... צֹנֶה(쪼네 · 양과
8절 ..... צִפּוֹר(지포르 · 새와)
9절 ..... יְהוָה(여호와)
3) 홍 문표 · 『신학적 구원과 시적 구원』 (서울: 창조 문학사 · 2006) · 212~214.

떠났다가 다시 돌아오는 행로 · 탕자가 아버지 곁을 떠났다가 다시 돌아오는 행로 · 야곱이 애급 땅에 들어갔다가 죽어서 나간(창 47: 29) 행로 모두가 U형이다. 이 때 요셉은 하나님의 잔을 들고 그들을 인도 한다. 하나님의 안 잔에 거하는(요 15: 7) U! 홍 문표 시인 시는 언제나 하나님이 하나님의 백성을 그에게로 돌아오게 하는 U[1] 잔으로 안내하려 나비가 된다. 잔 꼭지가 된다. 청산을 향하여 가는 U 훨훨 나르는 리듬! 수브[2] 아주 쉽다 이다.

창조문학은 1990년 11월 20일 경 홍 문표 박사는 명지대학교문예창작과를 보직교수자리에서 설치한다. 문학의 세계화를 지향함을 계간 순수 종합 문예지 창조문학도 창간한다. 요즈음은 이 시스템을 원활하게 하기 위하여 전자문학관을 구축한다. 자신의 생애를 본격화 하여 전자시스템 문학홈페이지로 한 것이다. 창조문학과 말씀과 문학 그리고 한국문인교회와 한국기독교선교협회가 같이 어우러져 그 하나님의 뜻을 전하게 하려 한다. 일생의 저서와 시와 산문 그리고 비평까지 모두 자리한다.

신화 스러울 만큼 홍 총장 부르기도 묘하게 꼭지 ㅇ 이응을 무려 세 번이나 말하게 된다. 이러한 사례는 자녀님들의 이름에서도 그대로 사용된다. 이 음가는 사랑이미지가 관련되며 이에 따라 느껴지는 감각성도 부드럽고 그리고 온화하고 둥그렇다. 늘 웃는 가족들과 더불어 한 생애를 살아간다.

---

1) Reberto Ouro · The Gerden of Account: The Gerden of Account: The Chiastic Structure of Genesis 2~3 (Andrew: Andrew University 2002) · 222. 『창세기 1~3장과 관련한 요한 복음 서언(요 1: 1~18)에 관한 연구』 한국 성서 대학교 대학원 박사 학위 논문 (서울: 한국 성서 대학교 · 2005) 38.

2) שׁוּב(수브 · 돌아옴).

2). 홍 문표 시의 현실성

(1). 동천 홍 문표의 자리

동천 홍 문표(東川 洪 文杓) · 우당 김 지향(金 芝鄕) 시가 연결되는 하이퍼 시로서의 연결고리를 논하고자 한다. 때문에 보다 긍정적인 관점의 시의 정의를 얻어 내고자 함에 이글의 목적이 있다.

이 상(李 箱) 시는 1930년대 김 기림이 모더니즘 시로 정의하기를 T. S 엘리옷에 견주어 우울한 현대의 병리학을 기술하는 암호[1]라 하였다. 조 연현은 이상시를 근대정신의 해체[2]로 · 임 종국 · 이 어령 · 김 춘수 등은 인간의 비극성을 주지적인 시 정신으로 높은 위치에서 부감(俯瞰)[3]한 것이라 하였다. 김 춘수는 말의 늬앙스의 재미를 지적[4]하면서 현실을 넘어서는 절대적 세계를 지향함이 모더니즘이라 정의하고 종교적 이해[5]와는 관계없다 하였다.

문 덕수는 이상시를 절망의 원형도(原型圖)라 하면서 혈통관계의 시간 연속성[6] 정 귀영은 초의식 심리학으로 접근[7]한다. 오 세영 또한 언어의식에 주목하고 시어분석을 실행한다. 박 인기는 자아 문제,[8] 정 덕준은 자아를 되찾으려는 회복의 의지[9] · 그리고 김

---

1) 金 起林 · "現代詩의 發展" (朝鮮日報 · 1934) · 17 · 12~24.

2) 趙 演鉉 · "自意識의 悲劇" (白民 · 1949. 1) · "現代情神의 解體"(文藝 · 1949. 11).

3) 李 御寧 · "李 箱論" (서울 문리대 학보 3권 2호 · 1955).

4) 金 春洙 · 『韓國現代詩 形態論』(서울: 海東文化社 · 1958) · "李 箱의 詩" (文學藝術 · 1956 · 9) · 『詩論』(서울: 文章社 · 1961) · "李 箱의 죽음" (思想界 · 1956 · 7).

5) 鄭 明煥 · "否定과 生成" 『韓國人과 文學思想』(서울: 一凋閣) · 1964.

6) 文 德守 · "李 箱의 作品 硏究" 『省谷論叢』(省谷文化財團 · 1977).

7) 鄭 貴永 · "李 箱文學의 초意識 心理學" 上 · 中 · 下(現代文學 · 1973 · 7 · 8 · 9).

8) 朴 仁基 · "李 箱의 自我인식" · 『韓國 現代詩史硏究』(서울: 高麗大學校 ·

상선은 "미해결의 윤리" · 정 태용의 "무능력자의 형이상학" · 김 윤식의 "현대문학"에서의 절망감 · 송 재영의 "슈르레아리즘"에서의 자아와 타자의 분열에 의식 등으로 논의하였다.

이어서 본 연구자는 이 상 시와 연결되는 하이퍼 시로서의 가치를 홍 문표나 김 지향에게서 결코 언어의 파괴가 아닌 보다 긍정적인 연결고리를 찾고자 함에 있다. 이에 홍 문표 시와 한국인이되 모더니즘의 특징을 가진 이상시의 초월성을 탐색함에 있어서 공통기류가 형성된 첫 시집 『囚人(수인)과 바다』의 첫 1부가 지닌 12 작품의 12수리와 이상소설 첫 자품 「십이월 십이일」이 모더니티의 공통 기류로 하여 논의 될 수 있음을 문제로 제기한다.

하이퍼텍스트란 언어의 해체성이 주는 난해성임에도 불구하고 그 연결이 보다 긍정적이고 발전적인 모습을 보이는 보다 높은 차원의 삶과 시가 어우러진 점을 발견하는데서 온다. 이 상(李箱)은 정 지용이 처음 발견하고 카토릭 청년지에 작품발표의 기회를 주는 한편 9인회에 가입시키고 · 또한 이 태준은 이상의 오감도를 조선 중앙일보에 연재 한다.[1] 이 상(李箱) 시가 언어의 예술임을 명시했던[2] 김 기림은 이 상시가 현대시임을 정의한다. 시의 회복과 시어의 조탁을 지향하는 시문학 일파의 일원인 정 지용이 이 상(李箱)을 천거하였다.

1984) 大學院 博士學位論文.

9) 鄭 德俊 · 『韓國 現代小說의 時間構造에 관한 硏究』(서울: 高麗大學校 · 1984) 大學院 博士學位 論文.

1) 조 용만 · "나와 구인회시대" 대한일보' 1969. 10. 2: 그는 193년 지용의 지우를 얻어서 지용이 주재하는 잡지 『카도릭 청년』에 매월 그 특이한 형식을 가진 시를 발표하였다. 이듬 회 구인회에 입회.

2) 김기림 · 모더니즘의 역사적 위치, 『인문평론』 · 1939 · p. 74: 최재서가 1939년 10월에 창간하여 1941년에 폐간.

(2). 작가정신

이 상의 작품은 시문학파적 시의 음악성과 하이퍼성의 시각적의 회화체를 동시에 수렴하고 있다. 이 상(李箱) 자신 또한 그의 작품이 독자들의 반발을 받을 때에도 작품에 대한 자신을 가지고[1] 있었다. 이상은 그가 작품을 2000점이나 된다고 하였고 · 김 지향 역시 그의 작품이 800여수나 된다. 문학만을 위하여 산 이상이나 김 지향 역시 이 상(李箱)의 '문학에만은 때가 묻지 않았던 시인[2]과 마찬가지다. 홍 문표 또한 문학비평의 차원을 시로 실천하는 보다 격조 높은 차원의 애착이 있기 때문이다. 이 상(李箱)이 시에 대한 애착[3]과 문학을 위한[4] 자세[5]이었듯이 김 지향 역시 그러하다. '합리적인 것에서 출발한 건축가적 시의 유형[6]의 대표작「오감도」가 이 상에게 있는 것처럼 김 지향 역시 장 만영 밑에서 철저히 교육을

1) 고 은 · 『이 상평전』 (서울: 민음사 · 1977) 264 · 272 · 314 참조. · 이상 · "오감도의 작자의 말." 『이 상전집』 임 종국 편저 제 3권 수필집 (서울: 태성사 · 1958) · 255.
2) 정 인택 · 『朴文』 제 2집 (서울: 박문서관 · 1938) · 6.
3) Ibid · 그는 구본웅과 종로의 멕시코에서 1932년의 늦가을을 추연하게 앉아 있었다. ....그대는 문단 소굴을 만들고 나는 그 문단을 꽃피게 하는 ...".활판소를 만드는 것도 좋겠어. 아니 바로 출판사를 내가 경영하지. 그대는 쓰고 나는 그대책을 찍어 낸단 말이야" 라고 본웅이 말을 했을 때 이상은 거의흥분상태로 즐거워.
4) 이상 · 『이상전집』 (서울: 태성사 · 1958) · 임 종국 편 · 제3권 · 수필집 · 259~260.
  1). .....쓰고 싶은 것을 써라 책을랑 내 만들어 주마 해서 세상에 흔히 있는 별별 글탄 하나 겪지 않고 깨끗이 탄생했다.
  2) 『시와 소설』 (태성사 · 1958)에 대한 일체 통신은 장문사 출판부 이상한테하면 된다(이상) 시석주 · 『이상의 생애와 기술』 평화신문 1953 · 20.
5) 정 인택 · "불쌍한 이상," 『조광』 · 306~311.
  1). .....쓰고 싶은 것을 써라 책을랑 내 만들어 주마 해서 세상에 흔히 있는 별별 글탄 하나 겪지 않고 깨끗이 탄생했다.
  2)『시와 소설』 (태성사 · 1958)에 대한 일체 통신은 장문사 출판부 이상한테하면 된다(이상) 신 석주 · 『이상의 생애와 기술』 평화신문 1953 · 20.
6) 김 수근 · "시의 기술,"「문학사상」(문학사상사 · 1973. 9) · 359).

받으면서 문학의 수업이 서정성에서 모던의 길로 들어선다. 이 상(李箱)의 합리적인 시[1]로 한국문학시사에 합당한 전기를 마련[2]한 것처럼 김 지향은 그의 시적 하이퍼성으로 가장 인기 있는 시인이다. 이에 홍 문표 시의 특징을 이 계열에 합류하고자 할 문제를 찾고자 한다.

시인의 창조적인 작품은 업적[3]에 있다. 한국문학사에 가장 큰 힘[4]이 된 1930년대의 자유시에서 이 상(李箱)시를 제외시킨다[5]면 그야말로 문학의 공항시대이듯이 김 지향을 빼버린 첨단 사회의 오늘날도 무의미하다. 이러한 역사적 문장[6]을 하이퍼성으로 딤색함은 현대시의 특성을 찾는 작업은 난해성과 굴절성을 찾는 일이 아닌 보다 근원적으로 신을 향해 몸부림하는 작업으로 한정하고자 한다. 홍 문표 시인은 특이하게 이 상과는 달리 그리고 김 지향과는 달리 에덴 시학을 그의 생명처럼 사랑한 모더니즘 계열의 서정 시인이다.

동시에 세 분의 공통점은 창작 정열의 작가 정신이다. 이 상(李箱)의 창작 정열[7]은 김 지향과 홍 문표에게서도 발견되리라는 신념이 곧 하이퍼 성의 신화를 찾는 일이다. 보다 긍정적인 더 높은 차원에서의 삶과 시의 연결고리를 찾는 관점의 작가적 정신으로 한정하고자 한다.

---

1) 김 수근 · "시의 기능과 형태," 「문학사상」(문학사상사 · 1973. 12),.
2) 정 한모 · 『현대시론』 (서울: 민중서관 · 1973) · 124.
3) 박 용철 · "새로 우려하는 노력," 올해시단 · 동아일보 · 1935. 12. 24.
4) 박 태원 · "李 箱哀史," 조선일보 · 1937. 4. 22.
5) 김 주연 · "시문화의 의미와 한계,: 『작가논총서』 김용직 편 (서울: 문학과 지성사 · 1979) · 130.
6) "5월 창작평," 조선일보 · 1937. 5. 1.
7) "批評政學의 수립과 그 방법," 조선일보 · 1936. 12~18.

3. 초월성

1) 이름값

(1). 두 개의 이름

홍 문표 · 김 지향 우당 · 그리고 이 상의 하이퍼 동일성은 우선 이름에서 부터 시작된다. 홍 문표는 호를 東川(동천)이라 하였다. 동천은 사전적 개념으로 冬天(동천) · 東天(동천)이 있다. 그러나 東川(동천)은 사전에도 나와 있지 않는 신조어이다. 따라서 특별한 의미가 부여되는 홍 문표만의 아호(雅號) 東川(동천)이다. 동쪽으로 흐르는 물이 에덴의 네 강물을 말한다. 에덴을 향하여 흐르는 시냇물 · 東川(동천)이다. 히브리어로는 '나할'이고 유업 · 기업의미까지 가지면서 '내해 · 나의 것[1])이라는 한국말에 익숙하게 접근된다.

이 상의 본명은 김 해경이다. 그는 평소 李 箱(이상)이라는 이름을 즐겨 사용하였다. 1923년 3월 이전에 만들어졌다는 경성고 졸업 앨범 속에는 이 상이 자필 서명한 李 箱(이상)[2]) 이름이 나타난다. 졸업 앨범 기념으로 적어 놓는 것 以上(이상)의 의미를 지닌 신념을 피력한「烏瞰圖(오감도)」는 같은 이름 의미를 시로 초월시킨 "以上(이상)" 건축구조 이상 시 시제 1~4호까지의 以上(이상) 구조다.

1) 李 英芝,『한국인이 복을 받는 물은 생명이다와 한국말과 성경의 히브리어는 닮았다 · 그 이유』(서울: 영예문학 · 2010) · 676.
2) 문학사사상자료실 · '李 箱은 공사장에서 주운 이름인가?' · 문학사상 · 1975. 8(서울: 문학사상사 · 1975. 8) · 326.

以上의 詩語 構成圖

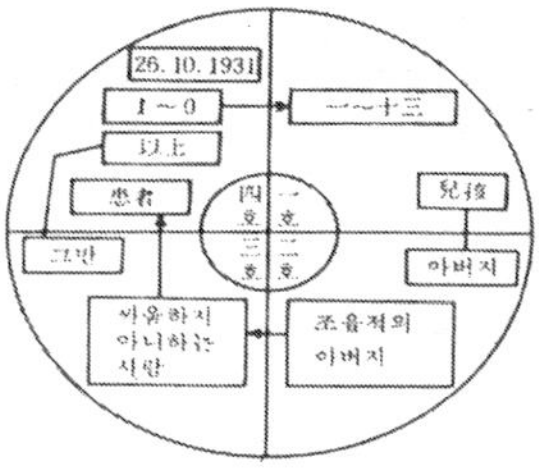

~ 이상 시 시제 1~4호까지의 以上(이상) 구조도

이상이 그의 호를 李 箱(이상)이라고 하면서 시의 내포를 '以上(이상)구조도로 하였다. 한편 金 芝鄕(김지향)은 본넝이 金 福順(김복순)이다. 8복을 받아 순(順)하라고 지었다는 일화와 함께 어릴 때부터 골목대장을 지내온 김 지향은 현재 호를 김동리 소설가가 지어준 右堂(우당)으로 애용한다. 오상순이 지어준 예명 김 지향이다. 시골 · 고향의 이미지다. 지향 · 즉 멈추지 않고 나아가는 의미까지 언어낼 수 있다. 히브리어로 '나아가서'1) 진취적이고 긍정적인 삶의 여력이 있다. 그들의 아호(雅號) 지정은 그 나름대로의 이유가 있다. 홍 문표 시인 역시 東川(동천) 아호가 있다. '冬天(동천) '東天(동천) '東遷(동천) 등등의 명사가 찾아 지지만 東川(동천) 명칭은 사전에 없는 조어이다. 東川(동천) 즉 유업 · '내해'와 '나'라는 사람이 '할' 일' 히브리어의 기업 나할 'נָחַל(나할)의 의미를 지닌 시의 하이퍼성이 발견되는 東川이다. 이상은 사전에서 理想(이상) · 李霜(이상) 등의 사전에 기록되어진 명사를 찾을 수 있지만 조어 '李 箱(이상) 이름으로 즐겨 사용하였다. 김 지향 역시 본명 김 복순이 아닌 김 지향으로 회자한다.

1) נגשׁ(나아가스 · καὶ προσεγγίσας 나아가서 · 신 20: 2).

(2). 신화 소 12

동천 홍 문표는 12리듬을 좋아한다. 첫 작품 「오후의 構圖(구도) 에서 기독교의 예수님의 12제자 리듬 · 일 년 열두 달 리듬이다.

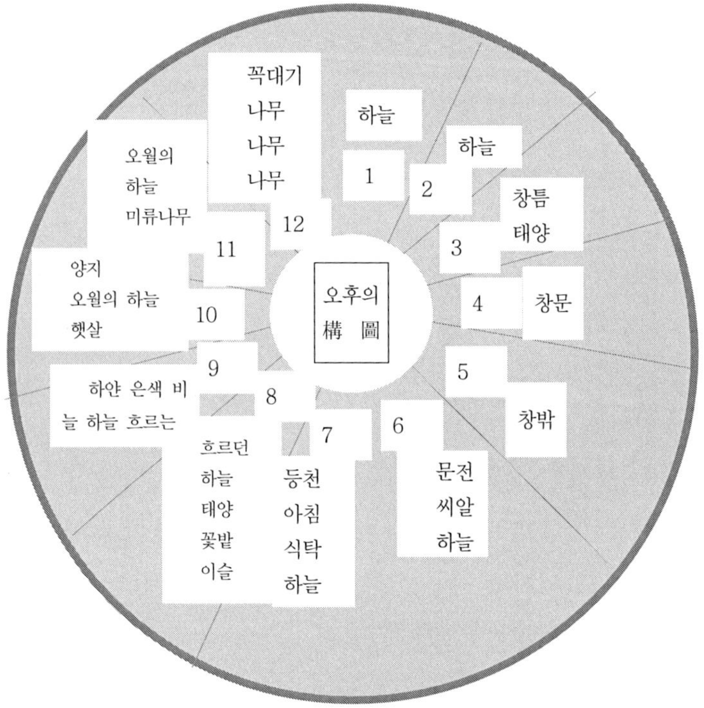

논 하고자 세 모더니스트들의 공통성이 되는 東川(동천)의 첫 시집 『囚人(수인)과 바다』 시집 에서 1부 "오후의 구도"를 12로 구분한다. 동쪽을 향하여 가는 동천은 12의 신화수리를 첫 시집 『囚人과 바다에서』 1) 『囚人(수인)과 바다』 1부 '오후의 構圖(구도)는 1번

1) 洪 文杓 · 『囚人과 바다』 (서울: 양문각 · 1987) · 12 ~39.

째 작품 시어 '하늘'(「골목길에서」)이 2번째 시 작품 시어 하늘(「오후의 構圖」) 2회의 리듬을 아예 처음부터 시작된다. 2차 언어의 기의를 가진 시어 '창틈'이「오후의 構圖(구도)」에서 매개 연결고리로 되면서 3번째 시어 '창문'(「벽」)을 통해 연결된다. 이 이중의 중첩리듬은 좌우 균등의 리듬으로 4번째 시어 '창 밖'(「非具象展」)으로 연결된다. 이러한 중첩리듬은 그 안에 '태양'이 있어서이다. 동천의 고향주소는 太陽里(태양리)이다. 이 동적 리듬은 다시 5번째 시의 시어 '문전'(「진실」)이 있고 이 안에 '씨알'(「진실」)이 있음을 매개로 한 '하늘'(「진실」)이 있다. 이때의 '하늘'(「진실」)은 동천의식이 6번째 시의 시어인 '등천'(「飛天記」)하는 '아침식탁'(「飛天記」)인 '하늘'(「飛天記」)이다. 신학적인 의미의 등천은 예수님의 하늘 오르심과 그리고 부활을 의미로 한 내면리듬이다. 그리고 식탁은 예수님과 관련된다. 7. 창 · 태양 · 꽃밭 · 흐르던 · 하늘(「아침」)~ 8. 흐르는 · 태양 · 하늘 · 꽃 · 이슬(「꽃의 說話」)~ 9. 하늘 · 하얀 은색 비늘(「둘이의 마음」)~ 10. 양지 · 오월의 하늘 · 햇살(「言語의 꽃밭에서」)~ 11. 오월의 하늘 · 미류 나무(「장승백이 시절」)~ 12. 나무 · 나무 · 나무 · 하얀 비둘기 한 쌍(「워싱턴 가는 길」)로 하였다. 이 순서를 편의상 1 · 2 · ~12로 하였다.

언어건축 연결의 시집 처음 1부의 구도 12편의 작품이다. 모더니즘 언어건축이다. 오히려 정교한 언어건축과 긴밀한 마음의 기둥을 붙잡고 있는 신앙을 그 기본으로 하고 있다. 동천문학의 첫 시집 『囚人(수인)과 바다』의 첫 1부 1부의 열두 번째 작품은 시어 "나무," "나무," "나무," "나무"로 세워지는(「워싱턴 가는 길」)진 언어건축을 세운다.

예수님과 성경의 신화 소 12수리와의 불가분성은 지향시의 첫 작품 1956년의「三月」시에서 이 12의 신화수리가 발견된다.

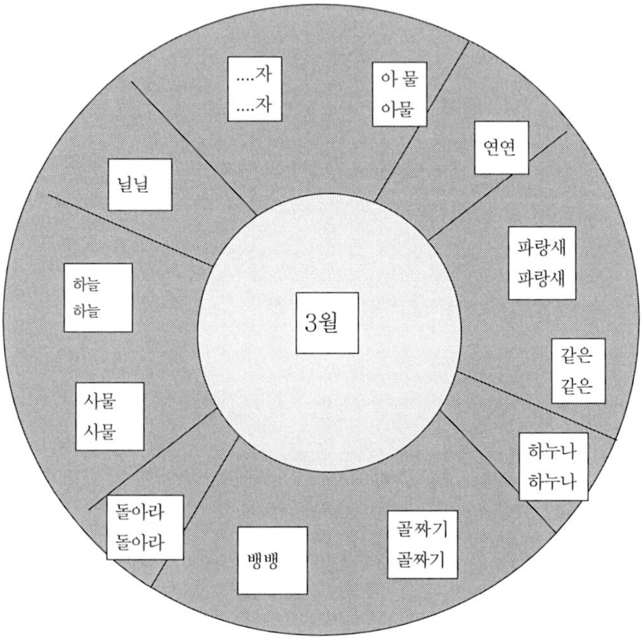

김 지향 시의 12회 반복어의 반복이다. 1. 아물아물~ 2. 연연~ 3. 파랑새 파랑새~ 4. 같은 · 같은~ 5. 하누나 · 하누나~ 6. 골짜기 · 골짜기~ 7. 뱅뱅~ 8. 돌아라 · 돌아라~ 9. 사물사물~ 10. 하늘하늘~ 11. 널널~ 12. 자 · ....자 ~ 이다. 이 리듬은 내면의식의 하나님 안에서 저당 잡힌 삶의 새로운 몸짓이다. 첫째 "흙 내음새 싱그런 · 논두렁에 서있자"의 '...자'로 시작함으로써 "널널이를 불자"까지로 청유하고 있다. 객관적 자아에서 함께 공유하고자 하는 널널이의 노래까지 가는 과정이 12 신화수리에 있다.

김 지향의 첫 작품의 초성 ㄴ 음가와 반복음의 12회가 있다.

흙 내음이 싱그런
논두렁에 서 있다

아지랑이 아물아물
연연한 사랑이
핀다 하누나

파랑새 같은
파랑새 같은
머루 알이 열린다

~~만산 새 빨간
꽃잎 하나 물고
골짜기와 골짜기를 돌아와
뱅뱅 돌아와 술래한테 잡힐라~~

방금 마악
사물사물 노래가 인다

바다는 저만치 가슴이 뛰는데
먼 산허리 휘감기는
구름을 따라
하늘하늘 꽃잎처럼
날려서가자

마침내는 3월도 피듯
버들잎 꺾어
닐닐이를 불자

서러울 것 없는
너는 새 잎
올봄엔 나도
네 곁에 돌아가마

~ 김 지향 첫 작품 「3월」 ~(시집 『병실』[1])

---

1) 김 지향 · 『병실』(서울: 녹양사. 1956).

김 지향 첫 시집의 첫 작품「三月(3월)」은 2회 리듬을 가진 언어들로 구성되면서 12회 반복된다. 김 지향은 'ㄴ'음가의 초성도 12회 반복한다. 1 논두렁~ 2.누나~ 3. 꽃잎하나의 '나'~ 3. 노래~ 4. 뛰는 의 '...는'~ 5. 휘 감기는 의 '...는'~ 6. 하늘 하늘의 '...늘...늘' ~ 7. 날려서의 '날...'~ 8. 마침내의 '....내'~ 9. 닐닐~ 10. 너~ 11. 나~12 네로 되어 있다. 이러한 "ㄴ" 음가의 의미는 혀가 입천장에 붙으면서 하늘바라기의 시작을 알리고 있다.

표면화된 공개작품인 이 상(李箱) 문학의 출발점은 소설「十二月十二日(12월 12일)」이다. 김 지향시의 첫 작품 「3월」에서 ㄴ 초성의 12회다. 이상 소설 작품「십이월 십이일」은 이상 문학의 출발점이다. 소설「十二月(12월) 十二日(12일)」은 개인적인 발언[1]이기도 하다. 소설「十二月(12월) 十二日(12일)」은 일차적으로 十二(12)의 2회 반복이다. 이 2회 반복리듬은 가장 기독교적인 특징인 성경의 반복리듬[2]이다. 소설을 통해 李 箱(이상) 삶의 괴리 앞에서 죽음조차 무너지도록 철저하고도 힘차게 살아가는 것이 신에게 복수하는

---

1) 이 상의 장편 소설 「십이월 십이일」은 1930년 2월 15일부터 12월까지 9회에 걸쳐「朝鮮」에 연재되었다. 그후 「문학사상」에 1975년 재발표 됭T다. 이 작품은 이상의 처녀작으로 최초의 장편소설이다. .....李 箱 ·「날개」·「십이월 십이일」한국문학 (서울: 계림문화사 · 1977)의 서문에서.

1975년「문학사상」 9월호에 이 소설의 발표가 있기 전 이상은 1931년 7월「朝鮮と建築」지에 실린 「異常한 가역반응」「破片의 京致」로 알려졌다. 그러나 이보다 먼저 1930년 이미 「십이월 십이일」을 발표하였다. 차지조선

2) 李 英芝, 『물의 초월성과 현실성과 회복성에 관한 연구』서울 기독대학교 대학원 박사학위 논문 (서울:: 서울기독대학교 · 2007)

——— · 물 מַיִם (마임)에 대한 신학과 문학의 비교연구 (서울: 창조문학사 · 2008)

———,『물은 생명이다와 문학과 신학의 비교』(서울: DSB 전자도서 · 2009)

——— · 『한국인이 복을 받는 물은 생명이다와 한국말과 성경의 히브리어는 닮았다 · 그 이유』 · 서울: 영예문학 · 2010.

방법임을 제시한다. 아내를 산후의 발병으로 잃음을 계기로 고향을 떠나지만 도중에서 불행하게도 차 사고를 당했으나 기적적으로 살아난 후 다시 고향으로 돌아간다. 이 또한 본 연구자가 밝힌 유턴 방향인 U 리듬[1]에 있다. 이후 소설의 화자는 의학 공부에 열중하면서 삶의 문제를 사랑으로 치유한다는 내용이다.

> 1). 생을 부정할 아무 이유도 없다. 허무를 운운할 아무 이유도 없다. 힘차게 살아야만 하는 것이..... 재생한 뒤의 나는 나의 몸과 마음에 채찍질하여 온 것일세. 누구는 말하였지. 신에게 대한 최후의 복수는 내 몸을 사바로부터 사라지게 하는데 있다. 그러나 나는 신에게 대한 최후의 복수는 생을 줄기차게 살아가는 데 있다. 이렇게..... .[2]
>
> 2). 뒤에 육박해 오던 주인 없는 토로는 무슨 증오가 그리 깊었던지..... 나의 토로에 거대한 음향과 함께 충돌하고 말았네. 그 순간 우주는 나로부터 출발되고.... . 공중에 솟았던 나의 그 후 존재를 신화 삼아 들었을 뿐일세.
>
> 3). 절름발이는 아무래도 면치 못하리라. ...이렇게 근심하는 소리를 나는 들었네.
>
> 4). 나는 그 동안에 의학공부를 시작하였네.[3]

소설의 화자는 다시 고향으로 돌아가 그의 동생 T와 T의 아들 업을 비판 없이 사랑할 것을 다짐한다. 이것을 실천한 그는 머릿속이 냉수에 담갔다가 꺼낸 것 같이 맑고 투명함을 느끼는 기독교의 전통적인 U리듬에 있다. 이상은 1939년 발표된 「병상이후」[4]와 수필 「私信(사신)」을 통해서도 사랑실천을 들어낸다.

---

1) Ibid.
2) 『이상대표소설집』 · 43.
3) Ibid.
4) 문 종혁 · "몇 가지 異議," 「문학사상」 · (문학사상사 · 1974. 4) · 348.

> 1). 고향으로 돌아오다. 반가이 맞아주는 T. M. 업을 바라보며 사랑이라는 것을 아무런 비판도 없이 실행하리라고 결정하여 버렸다.[1]
>
> 2) 그러다가 어느 사이에 도회에 남겨두고 온 가난한 식구들을 꿈에 봅니다. 그들은 포로들의 사진처럼 나란히 늘어섭니다. 그리고 내게 걱정을 시킵니다. 그러면 그만 잠이 깨어버립니다.[2]
>
> 3). 여지껏 가족들에 대한 은애의 정을 차마 떼기 어려워 집을 나가지 못하였던 것을 이번에 내 아우가 직업을 얻은 기회에 동경가서 고생살이 좀하여 볼 작정이요.[3]
>
> 4). 나 亦(역) 집을 나가야겠다. 열두 해 전 중학을 나오던 열 여섯 살 때부터 오늘까지 이 허망한 욕심은 변함이 없다..... . 열 두해를 두고 벼르나 남의 맏자식 된 은해의 정에 이끌려서인지 내 위인이 변변치 못해서 그랬던지 지금껏 이 땅에 머물러 굴욕의 조석을 하는 내가 지금 차라리 부끄럽기 짝이 없다.[4]

계속하여 신화 소 '열두 해…' 열 두해를 반복하는 이 2회 리듬에 충실한 신앙개념에 한 치도 떠나 있지 않다. 삶의 과정은 신앙의 힘이 아니고는 불가능하다는 것이 역설된다. 기독교적 관점에서의 접근이 되겠다. 왜냐하면 신앙 시는 신에게로 나아가는 정신력이 그 바탕을 이루기 때문이다. 홍 문표 역시 실생활에서 신학전공자로서 목사이다. 일반적인 논리에서도 인간의 유한하고 제한적 연약성에서 보편성은 신앙의 힘이 작용하게 된다. 왜냐하면 인간은 신앙적인 차원이 아니고서는 닥아 온 현실을 어떠한 방법으로도 극복할 방법이 없기 때문이다.

---

1) 『이 상 대표소설집』 · 93.
2) 이 상, 『이상 전집』 · 제3권 수필집 (서울: 태성사 · 1958.) · 7.
3) 임 종국편, 『이 상전집』 · 201, 「私信」 · 150.
4) 임 종국편, 『이 상전집』 · 201, 「私信」 · 150.

2). 긍정의 삶

홍 문표 시인에게는 긍정의 삶이 있다. 어떤 어려움이 닥칠 때는 차선의 책을 미리 마련하는 성격이 있다. 이러한 홍 문표의 시나 김 지향 시나 그리고 이 상(李箱)시마저 왜 이 12의 신성 수에 골몰하는가? 이 해답은 성경[1])에서 찾아진다. 처음과 끝을 책임지시는 하나님의 언약 구조 את(에트)가 있다. 처음과 끝 의미소다.

את(에트 · 전체 · 처음과 끝)의 언약구조

① אֵת(에에트 · 처음과 끝 · 창 1: 1)→ וְאֵת(베에에트 · 그리고 처음과 끝 · 1: 1)
אֶת(에트 · 전체,1: 4 * 이하 동일임으로 '에트 · 전체'생략)
② אֶת(1: 7)
③
④ אֶת(1: 16) → וְאֶת(1: 16)→ וְאֵת(1: 16)
→ אֹתָם(1: 17)
⑤ אֶת(1: 21) → וְאֵת(1: 21)→ וְאֶת(1: 21)
אֶת(1: 21) ← ← אֹתָם(1: 22)
⑥ אֶת(1: 25) → וְאֶת(1: 25)→ וְאֵת(1: 25)
→ אֹתוֹ(오토 · 하나님의 전체 · 1: 27)
אֶת(1: 27) → אֹתוֹ(1: 27) → אֹתָם(1: 27)
אֶת(1: 28) ← ← אֹתָם(1: 28)
אֶת(1: 29) → (1: 29)
אֶת(1: 31
⑦ אֶת(2: 3) → → אֹתוֹ(2: 3)

---

1) 그리스도인들은 생명나무(계 22: 2)와 창조기사의 결합으로 천국을 아름다운 돌로 싸여진 언덕 꼭대기에서 12개의 성문을 천사들이 첫 아담 내외가 들어오는 것을 막는 초자연적인보호 장소로 인식한다. 정육면체(계 21: 16; 겔 43: 16 · 48: 20)의 문을 가진 이곳은 12지파의 회복(계 21: 12~14) 상징성이다.
12사도들의 중요성은 천국시민권(빌 3:19~21)이 있는데 있다. 디아의 성막은 48개의 기둥(48 나누기 4는 12)이 있어서 넷은 네 발 · 발밑이 갈라진 발굽 · 양의 발굽의 12마리 · 따라서 48은 12지파가 서로 연결된다. 야곱은 12아들을 얻는 축복(30장 12아들 야곱)을 받았다. 12수리는 신화소이다.

이 12회회 에트는 우리말 엣따이다. 하나니이 전체를 주시는 일이다. 이러한 본 연구자의 번역은 바로 우리말이 이미 오래전부터 전 세계에 퍼져 있는 자료를 탐색에서 하는 말이다 .바로 히브리어에서 발견되는 우리말이다. 우리 언어가 동이족 언어로서 히브리어와도 깊이 관련된 우리 언어는 히브리어 보다 더 먼저 있었고 세계의 반을 차지하던 생활권이 밝혀지고 있기 때문이다. 동서언어의 뿌리가 되고 있는 우리말은 성경 언약구조와 관련된다. 다름 아닌 창세기의 처음과 끝 언약구조[1]는 יְהוָה 여호와 · 여호와 2회 리듬 뿐만 아니라 전체 구조 엣따 하고 주시는 우리의 살아 있는 공간을 책임지시는 언어 이 '엣따'가 12회 사용된다. 처음과 끝이라는 예수님 의미가 숨어 있다. 창세기 1:1~2:3은 전 성경을 대표하는 것으로 절대자와 관련되는 동시에 하나님의 아들 예수님과 관계고 이 12회를 사용한다. 우리의 삶을 책임지시는 분 절대자의 시적 표현이다.

이 상 시인은 시 「운동」을 통해 정오에 하늘에 해가 정 중앙에 와 있음으로 하였다.

다음은 이상시 정오에 대한 시이다.

> 1층우에있는2층우에있는3층우에있는옥상정원에올라서남쪽을바라보아도아무것도없고북쪽을보아도아무것도없고해서옥상정원밑에있는3층밑에있는2층밑에있는1층을내려간즉동쪽에서솟아오른태양이서쪽에떨어지고동쪽에서솟아올라하늘한복판에와있기때문에시계를꺼내본즉서기는했으나시간은맞는것이지만시계는나보담은젊지않으나하는것보담은나는시계보다늙지아니하였다고아무리해도믿어지는것은필시그럴것임에틀림없는고로나는시계를내동댕이쳐버리고말았다
>
> ~ 李 箱(이상) 『운동』

---

1) 창 1:1~2:3까지 את(에트 · 처음과 끝).

태양이 하늘 한 복판에 와 있음으로 하여 문명의 시계가 필요없다. 태양이 하늘 한 복판에 와 있기 때문에 12시임을 알 수 있다. 밝음의 대낮 정오 지향의「운동」시는 솟아 오른 태양을 숨도 쉬지 않고 찾아내고 있다. 띄어쓰기가 되어 있지 않는 이 시는 3층까지 숨 가쁘게 올라가 태양을 찾는다. 바울이 삼층 천을 경험하였음과 긴밀하다. 숨 가쁘게 "1층우에있는2층우에있는3층우에있는옥상정원에올라서" 해를 갈망하여[1] 하늘바라기의 문학을 탄생시킨다.

동쪽에서 솟아오른 태양이 서쪽에 떨어지고
동쪽에서 솟아올라 서쪽에 떨어지고
동쪽에서 솟아올라 서쪽에 떨어지고
동쪽에서 솟아올라 하늘한복판에 있기 때문에
고로 나는 시계를 내동댕이 쳐버리고 말았다

이러한 태양과 하늘 한복판 이미지는 긍정이미지를 표출한다. 이상 소설 「날개」에서 보이는 정오에 겨드랑이에서 날개가 돋고 있음과 동일하다. 사마리아여인이 정오 때 만난 태양이미지는 수직성이며 강렬하다. 말씀을 듣는 문제로 예수님을 바라봄 열망함[2]에 있다. 성서 해는 하나님의 이미지[3]이다. 이 상시 12호에서는 '비둘기'(12호)가 평화를 전하기 위해 이쪽 하늘과 저쪽 하늘을 날아간다.

> 때묻은빨래조각이한뭉텅이空中으로날아떨어진다. 그것은흰비둘기의떼다. 이손바닥만한조각하늘저편에戰爭(전쟁)이끝나고平和가왔다는宣傳이다. 한무더기비둘기의떼가깃에묻은때를씻는다. 이손바닥만한하늘이편에방망이로흰비둘기의떼를때려죽이는不潔(불결)한戰爭(전쟁)이始作(시작)된다.空中에숯검정이가지저분하게묻으면흰비둘기의떼는또한번이손바닥만한하늘저편으로날아간다. ~ 이 상 「시 제 12호」

---

1) 李 英芝,『이상시 연구』(서울: 양문각 · 1997) · 184~185.
2) 李 英芝 · "순응리듬과 저항리듬,"『시조창작 리듬 론』· 275.
3) 시 11: 7 · 17: 15 · 80: 3 · 84: 11; 말 4: 2.

(1). 향기 있는 삶

이슬은 향기가 반드시 이슬로 변하여 내리는 2차적 움직임을 가진다. 동천은 흐름 · 동적 이동의 가장 대표적인 물의 흐름을 가진다. 물인 이슬은 정화의 이미지이며[1] 생명을 살리는 향기이다.

이슬과 기독교문학과 관련성은 홍 문표 시인의 시에서 확인된다.

> 당신 눈빛이 뿌려질 때마다
> 진동하는 두려움
> 나는 수줍은 장미한 송이
> 별이 초롱한 시각이면
> 바람 부는 언덕에 올라
> 당신 창가에 머무는 피리를 불고
> 새벽이면 온 몸을 풀어 길섶에서 반짝이는 이슬이게 하소서
>
> ~ 홍 문표의 「늘 푸른 강물이듯이」 16[2]에서

기독교시인이 가질 수 있는 이슬이미지의 특성은 절대자 그분에게 서원하는 삶으로 하여 삶이 향기 반짝이는 이슬이다. 이상의 시에서는 살아나는 향기이다.

> 찢어진벽지에죽어가는나비를본다그것은幽界(유계)가連結(연결)되는秘密(비밀)한通話口(통화구)다　어느날거울가운데의鬚髥(수염)에죽어가는나비를본다날개축처어진나비는입김에어리는가난한이슬을먹는다通話口(통화구)를손바닥으로꼭막으면서내가죽으면　앉았다가일어나드키나비도날라가리라이런말이결코새어나가지않게한다
>
> ~ 이 상 오감도 「시제 10호」

이 상시의「시제 10호」는 "죽어가는나비"이지만 "입김에어리는

---

1) Gaston Bachelard · 『물과 꿈』 *L'EAU et les RÊVES* · 이가림 역 (서울: 문예출판사 · 1980 · 192.

2) 홍 문표 · 『지상의 연가』 ~ 늘 푸른 강물이듯이 (서울: 양문각 · 1992) · 47 ~48.

가난한이슬을 먹"은 후 다시 살아난다. 이 상의 시가 기독교적인 것과 관련지을 수 있는 것은 이상의 삶이 문우 정 지용이 지닌 신앙 카톨릭과 관련한 관계에서 유추할 수 있다.[1] 따라서 이 상의 삶은 하나님의 뜻을 알고 있었다.

어둠이 싸운 슬기의 숨결
구름사이로 흐르는
달빛에 빛나면서
이슬이 타는 냄새라고
이렇게 아찔하게
달디 달 수 있을까

~ 고원 「백년에 한번」에서

이슬이 타는 냄새는 향기를 은유한 의미이다. 비록 시인의 내밀한 경험의 이슬일지라도 그 이슬은 한정적 범위를 넘어서서 승화 이미지로서의 문학적 요술이며 시인이 신의 목소리를 듣게 한다.

그러기에 지금 그대의 아침 이슬같이
고운 살결 위에 고운 때깔 가시기 전에
도약하는 영혼이 기공바다에서

~ A. Marrel 「To history mistre」에서

은하를 밟고 와서 밤사이 내 옷깃에 머물다 가는 이
너는 이슬이다

~ 구 영주의 「무제에서」에서

내 마음을 아실이
내 혼자 마음 날 같이 아실이
그리도 어디나 계실 것이면
내 마음에 때때로 어리우는 티끌과

1) 李 英芝 · "기독교적 관점에서 본 李 箱詩 『烏瞰圖』의 시 제 1호의 리듬연구," 『새국어교육』 제 67호 (서울: 한국국어교육학회 · 2004) · 313~337.

> 속임 없는 눈물의 간곡한 방울방울 푸른 밤 고히 맺는 이슬같은 보람을
>
> ~ 김 영랑의 「내 마음 아실이」에서

고 원 · 이 상 · 김 영랑 · 홍 문표 · A. Marrel · 구 영주 등이 그들의 작품에서 표출하는 이슬은 모두 하늘에서 내려오는 신비로운 아름다움을 체험하면서 그들의 문학에서 향기가 나폴나폴 나오게 한다. 보밴 듯 감추어진 보람으로 나타나는 2차 어휘 현상은 이슬과 보배를 에콜 관계로 되면서 향기 나는 시인을 만든다. 이슬은 푸른 밤에 하얀 빛으로 아주 작은 핵 미리로 그 신비로움을 가진 채 아름다운 물을 뿜는 향기가 된다. 이 때 전달되는 2차적 이슬의 의미는 다시 향기를 가지게 된다.

이 이슬은 한국의 이 상시에서 사람을 살리는 이슬로 표시된다. 아울러 남자와 여자 사이에서 태어나는 잉태의 조건도 정액이 되는 이 이슬을 통하여서 사람이 만들어지는 신비로움이 있다. 이러한 신비한 향기를 건져 올리는 시인은 이 세상을 아름답게 만드는 시인이다. 특히 홍 문표 시인의 이슬향기는 시집의 제일 처음 1부의 8번째 작품의 '하늘'(「꽃의 說話」)가 되고 9번째의 작품 '하늘'(「둘이의 마음」)과 이어진다. 그 특징은 '하얀 은색 비늘'(「둘이의 마음」)이다. 반짝 반짝 빛나는 지상에서의 10번째의 '양지'(「言語의 꽃밭에서」)에서의 '햇살'(「言語의 꽃밭에서」)이며 '오월의 하늘'(「言語의 꽃밭에서」)이다. 이 '오월의 하늘'(「言語의 꽃밭에서」)은 다시 11번째의 작품 '오월의 하늘'(「장승백이 시절」)과 철저하게 2회 리듬을 유지한다. 이 때의 홍 문표 시인은 '미류나무'(「장승백이 시절」)가 되다.

현상학적 이론이 되는 바 '하늘'을 향하여 손을 모으고 고개를 들어 하늘을 향하는 나무는 이제 12번째의 작품에서 나무 세 그루

'나무,' '나무,' '나무'(「워싱턴 가는 길」)가 되어 있다. 성서에서 이 삼위는 가히 그 자리를 불허하는 향기로운 자리이다. 그 길에는 하얀 비둘기 한 쌍(「워싱턴 가는 길」)이 있다.

이 신화적인 요소는 홍 문표 시의 초월성이 그 기저로 자리 잡고 있다. 나무 · 나무 · 나무를 3회 연속으로 보여주는 12번째의 작품은 기존의 가장 한국적인 상징을 넘어서서 기독교적 기본 바탕이 되는 3위의 자리를 지닌 신화소의 나무이다.

그리고 유턴 U리듬이다. 하나님께로 돌아가는 것은 향기 나는 삶으로 되는 지름길이다. 기독교적 리듬이다. 이 리듬은 본 논지의 학위논문의 논증이기도 하다. 하늘을 향한 나무를 세우는 동천시의 모더니티 주류를 이루는 주제는 문학의 가장 외면적인 일차적 기표에서이다. 이 기표는 사랑을 전제로 하고 있다. 이 사랑 실천은 동천의 시 12작품 수록의 1부를 통하여서 시적 언어가 지니는 일차적 의미의 생성성과 2차적 의미로서의 기독교적 주자체가 되는 야곱의 12아들 · 12유다 지파의 수와 무관하지 않다. 모든 사상은 성서에서 비롯되었기에 이에 근거한 철학이 전제된다. 열두 제자 파송(눅 9장) 뿐 만 아니라 이스라엘 백성의 열두 물길은 에덴동산에서 발원되는 네 강이 3번 강화되어 있어서 열두 물길이다. 곧 사방의 세 길이 합하여 동서남북 길이 되는 것이며 이 노정은 인간 삶의 길이다.

때문에 쓴물이 단 물이 된 마라에서 발행하여 12샘물과(민 33:9) 종려 70주가 있으므로 진을 치는 과정을 거친다. 곧 12의 의미와 종려 70주에 대한 의미비중을 둘 수 있으며 반드시 물이 있는 곳에서 그들의 여정을 멈추어 물을 먹는 과정이 들어나는 길은 바로 12물길의 노정이다.

곧 물이 없는 곳에서는 여정을 풀지 않았다. 한국의 시조에서는 · 초장에서 숨을 쉬고 다음 중장으로 넘어가며 중장이 끝나고 다시 숨을 쉰 다음 종장으로 넘어간다. 이때의 숨 쉰 시간은 12초이다. 이 12초는 동시에 봄과 여름과 가을과 겨울이 바뀌는 순간의 리듬이다. 곧 향기를 발산하는 순간이 되는 리듬이다.

예수님이 완전히 죽어 가시면서 몸속에 있는 물을 다 쏟으시고 죽으신 후 열두제자가 흩어졌다. 이 이산(離散)의 본형은 구약성서에서 절대자가 미디안을 정복하는 과정에서 하나님의 군대 12,000명을 택하는 것을 각 지파 1000만 명 중에서 1,2000명을 택하는 것(민 31: 5)과 관련된다. 곧 하나님의 군대의 의미에서 구약과 신약은 이어지고 있다.

성서는 이 성서언어의 뉘앙스를 통해 물의 청춘인 님프들 이야기가 졸졸거리는 이미지를 연출하고 있으며 그 뜻으로는 12 사사들과 12 사도들과 12지파의 이스라엘 백성들이 보석이 되는 기업자들로 표시하고 있다. 이때의 졸졸 거리는 의미는 홍 문표 시의 의미와 같다. 가나안 복지 · 그리고 에덴을 향하여 흘러가는 물은 지파에 한 사람씩 대표로 정하고 돌들 · 보석을 두어 12제사장이 되게 한 기업자가 된 것이다.

기업 · 혹은 유업을 받은 홍 문표 교수의 삶은 향기 나는 삶이다. 하나님이 주신 영역을 아낌없이 쓰면서 그의 전 생애는 주의 백성[1]이 되어 주신 기업을 행하였다.

---

1) 신 9: 26 · 29 · 10: 9.

(2). 공감대 형성의 연결고리

홍 문표 시인과 김 지향 시인과 李 箱(이상)을 연결하는 모더니티는 수리 5에 있다. 김 지향은「오월산기」에서 '어두워 가는 하늘을 위해 마련된 빛'이라 하였다.

> 엷은 수평으로 드리워진 옹달이라 믿읍시다. 노래가 굴러오는 새파란 불빛 밑엔 무슨 느긋한 태고의 꿈이라도 서려 있는 곳으로 믿읍시다. 어두워 가는 하늘을 위해 마련된 빛깔 · 기다려 아기처럼 보채는 마음도 조용조용 가라앉아 지는 곳 · 파란빛에 파랗게 모이는 맷새들은 모두다 아주 잊어버린 상흔과 같습니다. 헛짚어 쓰러진 옛날이야기엔 귀가 더러 멀어도 좋습니다. 숱진 머리털이다 빠지고도 채 좀 남아서
>
> ~ 김 지향「五月山記(5월산기)」~에서(시집『막간 풍경』[1])

옹달샘을 "옹달이"라 하면서 물과 관련하기 시작하는 우당 김지향의 시는 '믿읍시다'의 청유형을 통해서 "노래가 굴러오는 새파란 불빛 밑이"라 하였다. 물과 관련한 오월과 더불어 노래가 굴러오는 삶은 시의 첫 시작이 곧 노래로서 절대자를 향한 헌시가 되고 있음을 서곡으로 하고 있다. "믿읍시다"의 2회 리듬을 통해 어두워 가는 하늘을 위해 마련된 빛깔이라는 것이다. 마치 하나님을 향한 절대의 믿음을 달라고 "기다려 아기처럼 보채는 마음도 조용조용 가라앉아 지는 곳"이다. 이 2회 리듬은 두 번째 시집의 의미가 가지는 막중한 의미확대와 더불어 색중에 가장 뚜렷한 이미지를 전하는 삶의 색채인 "파란빛에 파랗게 모이는 맷새들"의 동적 리듬을 수반하면서 물의 동적 리듬이 가지는 성경의 물이 말씀이 되는 연결성을 가진다.

이처럼 지나온 그리고 겪고 있는 상흔의 병 치레와 더불어 김

---

1) 김 지향 · 『막간풍경』(서울: 녹양사. 1958).

지향의 삶은 이제 미래에 모두다 아주 잊어버린 상흔과 같다는 것이다. 모처럼의 존칭어를 사용하면서 "헛짚어 쓰러진 옛날이야기엔 귀가 더러 멀어도 좋습니다"라는 것이다. 더구나 "숱진 머리털이다 빠지고도 채 좀 남아서"의 시조끝구 형태를 지니는 아련한 아름다운 접미를 장식한다. 만일 김 지향 시인이 사사받았던 장 만영의 영향이 아니었더라면 시인은 소월에 버금가며 인구에 회자하는 아름다움으로 장식되어가는 자리를 차지했을 것이다.

홍 문표 시인은 그의 시에서 오월을 다 빈도 반복리듬으로 한다.

바람이 불면 언어는
날개를 달고
오월의 하늘을 나른다.
영롱한 호랑나비가 되어
조용히 가슴으로 내려와 앉는다.
~ 홍 문표「言語(언어)의 꽃밭에서」 ~(시집 『囚人과 바다』)

미루나무 열병한 신작로 따라
허리 굽은 논티 고개를 넘을 때면
언제나 마음은 오월의 하늘이었지
~ 홍 문표「장승백이 시절」에서 ~(시집 『囚人과 바다』)

五月(5월)의 하늘에
강물이 흐른다
....
우리들의 사랑은 날개 되어
한없는 五月(5월)의 강가로 달린다.
~ 홍 문표「五月의 강가에서」에서 ~에서 ~(시집 『囚人과 바다』)

밤이면 무서운 그림자
온몸을 휘감아도
억년을 지켜온 한결같은 마음
아아
치정만큼이나 진한

오월의 빛깔
　　　　~ 홍 문표「바닷가에서 II」에서 ~(시집 『囚人과 바다』)

하늘도 푸르고
그대의 가슴도 물씬 풋내가 터지는
五月
　　　　~ 홍 문표「출발의 팡파레」에서 ~(시집 『囚人과 바다』)

그리하여 오대조 할아버지 사랑방
문지방을 넘나드는
동심이게 하소서
~ 홍 문표「늘 푸른 강물이듯이·17」에서 ~(시집 『囚人과 바다』)

홍 문표 시인은『수인과 바다』시집에서의 "오월"에 대한 시어에 대하여 두 번째 시집 『지상의 연가』「~ 늘 푸른 강물이듯이」에서 그 답을 5부로 되게 하면서 전달한다.

한 용운의「님의 침묵」에서 대상에 대한 존칭으로 '당신'을 296회 하였다.[1] 동천 홍 문표는「늘 푸른 강물이듯이」[2]에서 '낭신'을 51회 사용하였다. 이 51회의 신비는 여호수아서 23장에서 여호수아가 마지막 고별설교에서 '너희 하나님'을 섬기라고 51회 반복하고 있다. 그리고 시조리듬을 만드는 신비한 모더니티를 연출한다. 바로 모더니즘의 계열 서정 시인이게 하는 이유가 기독교 신앙 바탕으로 사랑을 주제로 하는 점과 시조리듬에 있다는 두 개의 질서이다.

---

1) 李 英芝 · "한 용운의 '당신' 시어," '현대시에 나타난 순수 유추적 님의 분석' · 188.
2) 홍 문표 · 『지상의 연가』) 「~ 늘 푸른 강물이듯이」 (서울: 양문각 · 1992).

4. 홍 문표 에덴시인 의미소

동천 홍 문표는 모더니즘 계열 문 덕수로 부터 시 문학지를 통하여 등단하였다. 그의 주소이다. 그런데 이 논문을 쓰면서 발견되는 일은 홍 문표 시인이자 학자인 홍 문표 교수는 문학박사와 신학박사의 영예를 안으면서 목사로서의 그의 사역을 담당한다. 어릴 때부터 교회에 발을 들여 놓고 그리고 교회 내에서 특별한 교육을 받으면서 그의 시인 등단이력이 모더니즘 서정 시인으로 발 돋음 한다.

신앙 시로서 모더니즘 서정 시인으로 발 돋음 한 홍 시인이자 홍 학자 박사의 역할이 있다. 백제가 지닌 불교 문화권으로부터 변별성을 지니면서 그는 빛나는 날개를 단다. 이러한 변별성은 오히려 기독교 모더니즘 서정 시인으로 그 모습을 드러내면서 기독교 사상이 가지고 있는 가장 핵심적인 사랑이 크로즈업 되었다. 이 큰 사랑이 서정시의 가장 핵심적인 주제가 됨으로써 철저히 모더니즘 계열 서정 시인이 드러난 바다.

철저히 어릴 때부터 교회에 천착하면서 가장 철저하게 교육을 받음으로 하여 그의 모든 일거수일투족이 아주 멋진 신앙의 자세를 가지고 있다. 홍 교수는 우리들이 가장 흔하게 쓰는 '당신'을 마치 시편의 다윗이 여호와는 나의 목자시니 하였듯이 이에 버금가는 하나님을 향한 절절한 연가 '당신'이라 함으로써 친숙하게 신앙

시로서의 가치를 발휘한다. 홍 시인이 가장 좋아하는 5월을 계절의 의미로서만 하지 않고 철학의 진리로 접근 각 시집에서 5부로 작성함을 비롯하여 5부 · 5월 의미소 선호도로 한다. 히브리어를 연구하는 본 연구자 철학박사로서는 신학사상이 가장 내세우는 의미소가 생명을 살리는 일인데 바로 이 의미소가 내재율리듬 의소로서 생명에 대한 의미지수 ה(헤)에 해당 숨 쉼의 의미가 모자람의 철학 그리고 신학 자리에 있는 정상 · 으뜸 언덕 의소까지 포함한다. 한 원 안에 내재하는 모자람의 의미소에 자리를 정하는 겸손미학의 시인이다.

우당 김 지향을 비롯하여 동천 · 이상(李 箱) 시 모두 5월이 그 중심소제이다. 5는 히브리 수(數) 5는 'ה'(헤)로서도 숨 쉼 의미다.

이상 시 시제 5호의 4각 모서리의 숨 쉼 이미지

詩 第五號

前後左右를除하는唯一의痕跡에있어서

翼股不逝 目大不覩

矮小形의神의眼前에我前落傷한故事를有함

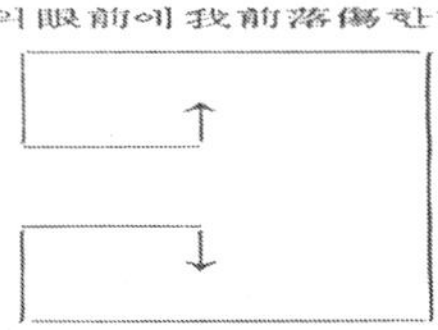

臟腑라는것은浸水된畜舍와區別될수있을는가

~ 이상시의 오감도 시 제5호

이상시의 시제 5호는 직사각형의 모서리들이 숨을 쉬는 의미로서 떨어져 있다. 오늘날 많은 이상시 시제5호를 모서리들을 붙여서 그려 내 놓는데 이는 한참 잘못을 저지르고 있다. 황금률 3 ·4의 직사각형 모서리들이 숨쉬기위해 떨어 진 직사각형은 황금비율의 수 3 · 4와 관련 대수나선이라 불리는 안으로 향하는 곡선이 마침내 예수님의 빨간 심장을 드러내며 피를 흘리시면서 까지 우리를 살려주시는 의미로 확대된다.

생명 숨 쉼의 주제는 홍 문표 시의 특징이다. 버릴 것을 버린 뒤에 오는 모자람에 머무는 홍 시인이 그토록 소중하게 생각하고 정상 · 으뜸 그리고 고향 백제의미지수 '언덕'이다. 홍 시인의 기독교 철학의식은 절대의 정상 원 안에 모자람이다. 오각형모형으로 들어앉는 별모양이다. 홍 시인의 호는 한 별에서 절대자 흠모의 의미인 한 별에서 동천으로 바뀐다. 하늘에 빛나는 한 별이 되고 싶었던 꿈이 이제는 그 정상의 한 원안에 들어앉는 별이 되어 있다. 모자람을 가지는 아름다운 시인의 절대 신에 대한 경배이다.

그러기에 홍 시인은 축복의 시인이 된다. 하나님이 생명을 살리고 있는 숨구멍을 열어 숨 쉬는 흔적으로 그 분께 혼신의 경배를 올린다. 잘 만들어진 하나님의 형상이 되어 살아가는 홍 문표 어른은 마음 중심을 단단히 잡고 일생을 살아가는 홍 학자이며 비평가이며 시학자이며 문학박사이며 홍 문표 교수이다.

우리 전통의 리듬을 내면으로 한다.

* 표 C: 시조작품 중심자리 종장초구 그 5째 자리

초장 중장 종장
1 대립 혹은 순응의 짝 1 ↘
2 대립 혹은 순응의 짝 2 ↘
(5째 자리)>* 1 2 3 4[1]
3 대립 혹은 순응의 짝 3 ↗
4 대립 혹은 순응의 짝 4 ↗

---

1) Ibid · "시조와 홍 문표 · 동천시를 중심으로," 「시조창작 리듬 론」(서울: 양문각 · 1998) · 347.

한국 전통 시 시조작품 종장의 첫 자리이자 전체적으로 5째 자리가 이 상시 오감도 시제 5호에서 5와 동일하고 구약성서의 5의 의미소 ה(헤 · 숨 쉼)와 긴밀하다. 한국에서 5월은 가장 양기가 많아 모든 생물이 그 생기를 가장 많이 가지고 있는 때를 가장 좋아하는 오월로 홍 시인은 즐겨 시를 짓는다. 한국인은 가장 복을 받은 민족이다. 동시에 홍 시인이 복을 받는 의미지수가 된다. 사람은 생각과 말로서 하나님으로부터 복을 불러 올 수 있는 신비의 하나님이 만든 사람[1]이다.

여호와의 의미조치로 연결되는 홍 시인의 삶의 시역은 울부라이트 학파의 논증처럼 홍 문표 학자이자 교수이며 시인이며 호를 동천(東川)으로 한 홍 문표 목사는 그의 전 생애 사역을 하나님을 위한 사역으로 한다. 여호와에 대한 존칭으로 시에서 시어 '당신'을 사용 시인으로서의 그 위치를 서정 시인이 되게 한다. 창조행위는 울부라이트가 말한 행복한 수정[2]이어서이다. 홍 문표 학자의 저서나 출판사는 이 '창조' 이름으로 꾸며진다.

마르나 판(叛)과 페니키아 비문(碑文)들 야브니엘(yabnî~el)의 가나

---

1) 李 英芝 · 『한국인이 복을 받는 물은 생명이다와 한국말과 성경의 히브리어는 닮았다 · 그 이유』 (서울: 영예문학 · 2010) · 628~712.

2) Albright · "Contributions to Biblical Archelogy and Philogy," 376. · 유재원 『원어성경연구시리즈 모세오경』(서울: 솔로몬 · 1998) · 173; 엔더슨(Bernjard W. Anderson)은 흠정역(KJV) 번역자들이 이러한 규정을 이해하지 못해 자음과 모음을 같이 읽음으로써 "여호와"라는 혼종어가 나오게 되었다고 하였다Bwrnhard W. Anderson · 『구약신학』 최종진 역 (서울: 한들출판사 · 2001) · 101에서 하르너(Philip B. Harner)는 אֶהְיֶה(에흐예 · 출 3: 14)를 ἔγω εἰμι ὁ ὤν(에고 에이미 호 온 · LXX)로 보는 것은 비약이라 하였다. 정철주는 『요한복음의 EGO EIMI) 선언에 나타난 기독론 연구』 박사학위논문 (서울: 호서대학교출판부 · 2005) · 33에서 אֶהְיֶה(에흐예 · 출 3: 14)를 ἔγω εἰμι ὁ ὤν(에고 에이미 호 온 · LXX)으로 보는 지켄드라크트의 견해쪽으로 기울고 있다.

안적 이름 미 완료태 기능을 들어 יהוה(여호와)는 미완료형의 소원형[1]이라 했다. 모자람의 겸손을 바탕으로 철학 화 한 홍 문표 목사 평생소원은 에덴시학이다. 청산을 그의 이상향 리듬으로 시화한다. 그의 고향 백제가 다름 아닌 '언덕 · 정상 · 어른의 우리 본래 이름이다. 그러면서 아름다운 마음의 소유가 모자람의 시학에서 나옴을 절대시하면서 절대자에게 사랑받는 시적 화자 하나님의 신부가 되어 있다. 시의 표면구조는 철저히 기독교 바탕의 익숙한 고기 두 마리로 5천명을 먹이고도 남은 예수님 이야기를 회화적으로 잘 드러내며 마음의 중심[2]을 잡는다.

홍 문표 어른은 시인으로 그의 삶을 노래했다. 시처럼 사는 인생을 택하여 즐거이 노래하는 삶을 만들었다.

산이 산인 것처럼
눈물이 눈물일 수 있다면
눈물은 눈물이 되고

산이 산인 것처럼
믿음이 믿음일 수 있다면
믿음은 믿음이 되고

산이 산인 것처럼
사랑이 사랑일 수 있다면
사랑은 사랑이 되고

산이 산인 것처럼
당신이 당신일 수 있다면
당신은 당신이 되고

---

1) Albright· "Contributions to Biblical Archaeology and Philology,"371~374.
2) Ibid · 「李 箱詩 硏究」 · 239.

산이 산인 것처럼
평화가 평화일 수 있다면
평화는 평화가 되고

산이 산인 것처럼
노래가 노래일 수 있다면
노래는 노래가 되고

산이 산인 것처럼
산이 산인 것처럼
산이 산인 것처럼

~ 홍 문표 「산이 산인 것처럼」 시집 『나비야 청산가자』

일생의 의지 청산 형(靑山型)을 가진 홍 문표 어른의 시는 '사랑으로 가는'(to love)[1] 길에 서 있다. 에덴 시인이다.

더욱 놀라운 것은 신약성서에서 그리스도를 '구리우'라 한다. 바로 우리가 자랑하는 우리 코리아가 그토록 사랑하는 고려 코리아의 원래 발음 κυρίου(마 3:3)로 하고 있다는 사실이다. 우리들이 늘 쓰는 '…라고' 가 바로 헬라어에서 '로고' 지성 진리이다. 이 진실은 우리나라 코리아가 바로 "쿠리에 쿠리에 λέγών μοι κύριε κύριε 레곤 모 쿠리에 쿠리에(마 7:21)" 쿠리에 쿠리에 κύριε κύριε 레곤 모 쿠리에 쿠리에(마 7:22)로 나타남을 이 논문을 쓰면서 얻은 발견[2]이다. 구약성서에서도 헬라어로 번역되는 데에는 수도 없고 구약 원문 어디에서 보인다. 구약의 신명기 28장에서 여호와와 똑 같은 의미로 쿠리에 · 쿠리오스가 41회[3] 사용된다. 41회는 예수님 족보자리이다. 신약 성

1) Dr. M. Reisel · 395.
2) 마태 17: 12, 15: λέγων κύριε, 등 등. דָּבָר λόγοι(신 28:69)
3) יְהוָה:κύριος(쿠리오스· 신 28:1, 8, 8, 11, 12, 13, 21, 22, 24, 25, 27, 28, 35, , 37, 48, 49, 52, 53, 59, 61, 63, 63, 64, 65, 68, 69), κύριός(쿠리호스· 신 28:20, 36), κυρίου(쿠리우· 신 28:1, 2, 9, 10, 15, 45, 62; 신 29:9), κυρίῳ

서 마태복음 그리고 구약 창세기 1장에서 2장 3절까지에서 찾아지는 예수님 족보자리이다. 족보는 사람이 살아간 자리 줄 서기이다.

외람하고 황송하게 그만큼 우리 민족 한국인 그 중에서도 홍 문표 학자가 뜻하고자 하는 일이 우리의 DNA 저 원대한 역사가 숨겨져 있는 피가 흐르는 대한민국의 학자이자 시인이며 그 방대한 일을 하는 비밀의 한 부분을 열어주는 점 · 그 위대함이 홍 학자에게 있다는 사실에 놀라움을 금하지 못한다.

사람이 하나님을 흠모하면서 이루어지는 원대한 이 세상에서의 하나님 일 홍 문표 어른 의미소는 하나님이 주시고자 하는 축복을 어떻게 기록으로 남길 수 있을 까이다. 홍 시인은 이 일을 이루고 있다. 시인이 늘 푸른 정상을 향해서 발 돋음 한 푸른 언덕은 바로 백제 부여 인으로서의 무의식 속에 살아 있는 백제의 본 이름 크고 푸르고 아주 넓은 백제의 본 이름 바로 홍 시인이 시에서 잘 쓰는 정상과 언덕을 찾은 성과를 이 논문을 통해서 드러냈다. 내할 일을 찾아 졸졸 흐르는 시냇물 백제 바로 잡기에 심혈을 기울이는 하나님 보시기에 아름다운 홍 학자의 행적은 지금은 바야흐로 몇 억만년전의 DNA도 찾는 때라 한국인이 늘 쓰는 어원을 지니는 많은 세계 언어들에 있는 놀라운 사실들 앞에서 앞으로 우리 한국인이면 누구나의 연구과제로 할 수 있는 일을 홍 학자는 앞장서고 있다는 점이다.

에덴시학은 에덴! 아들! 아들을 성경 신명기 6장 4절 히브리어 본 원문 에덴의 에 곧 '눈 ע 에' 글자와 덴의 '데 ד 데'를 큰 글자 아드 · 곧 아들 증거를 한국어로는 어른으로 접근 에덴 아들을 얻

(쿠리우· 신 28:47) κύριον(쿠리온· 신 28:58), κύριος ὁ Θεός σου(쿠리오스 호 데오스 수· 신 28:7, 9, 11),

은 어른의 가슴 곧 절대자 그 분 사랑을 받는 홍 학자는 평생을 에덴시학으로 한다. 하나님의 신앙 아드님이 펼치시는 홍 문표 에덴시학은 하나님의 아들 사랑을 지상의 연가로 하여 영원히 사는 법을 눈으로 보여주는 에덴시인이다. 홍 문표 에덴시학이다.

홍 학자의 고향 백제는 우리말 이름 에덴의 다른 이름 '얻은'이 백제의 우리말 본래 이름이다. 에덴을 얻은 에덴시인이다. 에덴시학자 홍 문표 비평가 손에 쥐어져있는 작품에 대한 비평의 강점 목숨 살려주기의 답변은 죽음에서 건져지는 행복비평(幸福批評)으로 하여 홍 문표 비평가도 살고 시인도 살고 시도 살고 니리도 살고 국민도 사는 에덴시학이다. 시를 쓰는 사람이 축복받은 존재라는 의식을 넣어주는 에덴시학 그것은 비평이 아니라 축복(祝福)의 메시지이고 한 신학자의 일관된 희망과 행복의 신탁이다. 숨 쉬게 해 주는 행복신학이 에덴시학이다. 숨 쉬게 해 주는 절대자의 권한을 대행해 주는 행복신학이 에덴시학이다. 시적으로 설명하면 하 하고 숨 쉬는 고마움을 아 하고 감탄하는 에덴시학이다.

하나님 은혜로 흔적 한 점 수직상승의 연가를 쓴 홍 시인은 남풍을 부르는 십자성 언저리의 피리젓대로 부는 악기에 맞추어 춤을 춘다. 무궁화와 진달래와 쑥부쟁이의 피리젓대가 삼현육각 나팔로 장구치고 노래하는 축제의 밭이다. 무궁화는 고조선의 국화꽃이다. 성경에서 샤론의 꽃이다. 가는 길을 멈추지 않아 축제의 주인공 홍 시인은 영원의 시간을 건져 올린다. 행복한 당신과 나의 연가를 지상의 연가로 한다. 지상의 달콤한 신학을 만들기를 시에서 여성화자로 쓴 달콤한 당신과 나의 행복한 시학 에덴시학을 만들었다. 하나님이 하시는 일을 바라보게 에덴시학을 평생의 시학으로 한다. 하나님의 아들 사랑을 지상의 연가로 하여 영원히 사는 법을 눈으로 보여준 그 분 사랑을 평생 전하는 홍 학자의 에덴시학이다. 유일하게 살아 숨 쉬는 행복지수지표 연구자이다.

홍 시인의 언어예술성으로 들어나는 모더니즘 서정시의 깊이는 신에게 감사하는 시이다. 하나님의 허락에서 마음껏 자유로울 수 있는 시에서의 숨 쉼이 무엇인지! 사람이 행복할 수 있는 비결이 무엇인지! 사람이 행복할 수 있는 비결을 평생의 에덴시학으로 해야 함을 알려 주는 홍 시인이다. 시의 진실을 찾아 시어가 지닌 무한의 도전 · 묵시적 · 그리고 계시적 시어들이 살아 숨 쉼에 대한 감사! 한결 부드러운 모더니즘 서정 시인이다.

열린 시학으로서 눈으로 보여주기의 산 표본이 된 모더니즘 시 계열의 서정시인 홍 문표 박사시인 시가 기독교 문학의 정립을 위해 지상에서 살아 숨 쉬는 에덴시학은 홍 문표 박사의 평생 철학이고 · 시론이고 · 신앙적 메시지이다.

에덴시학은 하나님(1948년 광복절 애국가 제창 '하느님'이 아닌 '하나님' 녹음 기록)의 흔적 바로 사람이 숨 쉬는 일에 대한 경이와 신비로움을 일구어 낸 홍 문표교수의 노력과 업적이다. 하나님은 언제나 자기를 절대적으로 들어내지 아니 하신다. 다만 하나님의 숨 쉼을 The the Ha द द हअ 河(하) 저저기에 물 하 河(하)[1]의 바로 숨 시는 물의 언어 하! 물을 먹고 말씀을 먹고 숨 쉬기에 좋아서 웃는 우리의 산목숨 이 증거를 홍 학자는 평생 에덴시학으로 한다. 숨 쉼 은유 이미지와 리듬으로 한다.

하나님의 신비로운 흔적을 조금이라도 알리려 한 훌륭한 분 들 중에 한 분이신 신학박사와 · 문학박사로서 · 학자이며 · 시인이며

---

1) 강상원, 「사라진(沈沒) 무제국~ 東夷族에 母國』(서울: 朝鮮世宗太學院, 2013)., 27, 63.

· 비평가며 · 목사이신 홍 문표 박사가 추구하고 있는 에덴 시학은 춤추기 신학이다. 매일매일 시인의 삶이 에덴 신학이다. 하늘로 오르는 수직 신앙의 시로 하고 있다. 팽이를 돌리거나 사람이 한 자리에서 뱅글뱅글 돌면 눈으로 보기에 직립한다. 이를 성경은 에덴의 네 강에서 모래땅 사금이 금이 되는 과정으로 둘째 강의 변화 모습을 하늘 오르기의 신학으로 한다.

신들린 듯이 홍 학자의 하늘 꿈을 삶과 학문과 창작과 이론들이 하나의 유기체가 되어 분수처럼 오르는 높이로 한다. 홍 문표 박사는 일생의 방대한 저술과 · 시집과 · 비평 서들이 알리고 있는 일관성임에도 불구하고 일관된 에덴시학을 형성하는 비결을 사랑으로 한다. 홍 문표 교수의 살아 숨 쉬는 발자취! 에덴으로 가는 길! 그 긴 세월의 시간을 넘어선 열린 시학으로서의 눈으로 보여주기 산 표본이 된 모더니즘 시계열의 서정시인 홍 문표 박사시인 시가 기독교 문학의 정립을 위해 지상에서 살아 숨 쉬는 시를 추구하는 에덴시학이다. 홍 문표 박사의 평생 철학이고 · 시론이고 · 신앙 메시지이다. 에덴시학은 하나님(1948년 광복절 애국가 제창 '하느님'이 아닌 '하나님' 녹음기록)의 흔적 바로 우리의 숨 쉬는 일에 대한 경이와 신비로움을 일구어 낸 홍 문표교수의 홍 문표 에덴시학이다.

홍 문표 에덴시학(詩學) 연구

2019년 5월 30일 초판 발행

저 자 이 영 지

발행인 신 용 호

발행처 **창조문학사**

서울 서대문구 가좌로 86 동천아카데미 5층

등록번호 제1-263호

전화 374~9011 팩스 374~5217

이메일: hmpo@hanmail.net

공급처: 한국출판협동조합 전화 070~7119~1740

ISBN 89~7734~671~0

파본은 바꾸어 드립니다

정가 30,000원